e북 YVWQ-3, 4권 요약

아직 AI가 못하는
사 주 명 리 초 중급

(저자) 유 상완
(부 저자) 유 한얼 박 진희
(감수) 유 방현
(후원) 임 경숙

*유상완

2013 열린사이버대학교 상담심리학과 편입

2015 열린사이버대학교 상담심리학과 졸업

2016 경기대학교 대학원 동양철학 석사과정

2017 동방문화대학원대학교 사주명리학 석 박사 통합과정 기웃거림

2017 열린사이버대학교 특임교수

현 사주보다학회(사람이 사주보다 먼저) 이사장

*유한얼

2021 광주여자대학교 언어치료학과 졸업

현 사주보다학회 재무

*박진희

1993 상명대학교 경영학과 졸업

2018 열린사이버대학교 상담심리학과 사회복지학과 복수 전공 졸업

현 사주보다학회 총무

*사주명리-YVWQ 소설꾸미기

*유상완 유한얼 박진희 저

*발행일 2025-7-24

*도서출판 켜(제 2023-000012 호)

*인쇄 -애플북

미 (아직 未)
　향 (그곳 鄕)

-미향 유상완-

그곳에

가고 싶다.

내 아직 언제부터 거기에 이르지 못하였으나

아니 더는 미처 다다르지 못할 수도 있겠으나

나 그곳에 한 번

꼭 가고 싶다.

e북 YVWQ-3권 요약

사 주 명 리

우리는 어디서 와 어디로 가는가

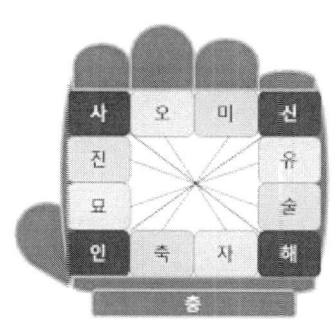

3권 3장 목차

3장 들어가기-1
들어가기 1-1 자평법 계통도 ·· 5
들어가기 1-2 학문과 시대적 배경 ································ 8
들어가기 1-3 사주이론의 한계 ····································· 10

3장 들어가기-2
들어가기 2-1 사주해석과 중화 ····································· 15
들어가기 2-2 상신과 최종격 ·· 18
들어가기 2-3 결론 ··· 19

제3장 사주보는 법 ··· 21
3장-1 사주보는 심리 ··· 26
3장-2 YVWQ의 사주보는 순서 ····································· 30
3장-3 일반적인 사주보는 순서 ····································· 31
3장-4 각 글자의 해석과정 ··· 34

3-1 의식-행운(行運) ··· 36
3-1-1 명리고전에서의 행운(行運)
3-1-1-1 『연해자평』 ·· 38
3-1-1-2 『명리약언』 ·· 41
3-1-1-3 『적천수』 ··· 42
3-1-1-4 『적천수천미』 ·· 42
3-1-1-5 『자평진전』『자평진전평주』 ····························· 47

3-1-2 의식-삶의 경지와 절정기
3-1-2-1 「출신(出身)」과 「지위(地位)」 ···························· 50
3-1-2-2 삶의 경지와 절정기 ·· 53

3-2 전의식-신법명리 ·· 60
3-2-1 순역(順逆) ·· 61
3-2-1-1 신약신강(身弱身强) ·· 62
3-2-1-2 성격(成格)과 상(용)신 ··· 66

3-2-1-3 『자평진전』으로 성격(成格)
  3213-1 관을 용신으로 쓰는 법 ··· 84
  3213-2 재를 용신으로 쓰는 법 ··· 85
  3213-3 식상을 용신으로 쓰는 법 ·· 87
  3213-4 양인, 건록, 월겁을 용신으로 쓰는 법 ························· 89
  3213-5 인수를 용신으로 쓰는 법 ·· 92

3-2-1-4 『적천수』로 성격(成格) ··· 77
3-2-1-5 『난강망』으로 성격(成格)
  3215-1 조후 ·· 78
  3215-2 십간의 조후용신 ·· 80
  3215-3 궁통보감(난강망) 조후 요약 ··········· <전자책 참고>100

3-2-2 통근(通根), 왕쇠(旺衰)
3-2-2-1 통근과 사령
  3221-1 통근과 고전 ·· 82
  3221-2 토 사용법 ·· 85

3-2-2-2 왕쇠
  3222-1 왕상쇠사 ·· 87
  3222-2 십이 운성 ·· 88

3-2-3 생극제화(生剋制化) ··· 92
3-2-3-1 합충의 개요
  3231-1 고전에서의 합충 ··· 98
  3231-2 합 ··· 103
  3231-3 합이불합과 합이화 합이불화 ····························· 106
  3231-4 쟁합과 우선순위 ··· 111
  3231-5 정리하기 ·· 115

3-2-3-2 천간의 합과 충 ··· 117
3-2-3-3 지합(육합)과 형충파해 ·· 120
  3233-1 지지의 합 ·· 123
  3233-2 형살의 조합 ·· 125
  3233-3 지충의 조합 ·· 127
  3233-4 파 해 ··· 128
  3233-5 기타조합 ·· 123

3-2-4 육신(六神)의 작용
3-2-4-1 육신과 자아 ·· 130
3-2-4-2 육신의 정체성(正體性) ·· 132
3-2-4-3 육신의 작동 원리 ··· 136
3-2-4-4 육신 생극의 통변 ··· 142
3-2-4-5 생극의 과다(過多) ·· 146
3-2-4-6 궁성별 육신활용 ··· 147

3-2-5 육친(六親)
3-2-5-1 육친(六親)의 모순 ·· 150
3-2-5-2 육친(六親)과 나선구조 ·· 152

3-2-6 십신(十神) ·· 155
3-2-7 십신(十神) 두 글자와 배합 ··· 158

3-2-7-1 비견 ·· ················· 161
3-2-7-2 겁재 ············· ······························ <전자책 참고>187
3-2-7-3 식신 ·· ················· 190
3-2-7-4 상관 ·· ················· 193
3-2-7-5 편재 ·· ················· 196
3-2-7-6 정재 ·· ················· 199
3-2-7-7 편관 ·· ················· 165
3-2-7-8 정관 ·· ················· 203
3-2-7-9 편인 ·· ················· 205
3-2-7-10 정인 ·· ················· 207

3-2-8 오행과 육신의 결손 ···································· 168

3-2-9 오행과 육신의 상(像)
3-2-9-1 상(像)과 인식의 과정 ························· 171
3-2-9-2 사주명리에서의 음양과 오행 ················ 174
3-2-9-3 오행의 상(像) ····································· 176
3-2-9-4 육신의 상(像) ····································· 181

3-2-10 기타-천간지지의 특징
3-2-10-1 지지의 특징 ······································ 188
3-2-10-2 천지 물리적 작용 ······························· 190

··

3권 4장 목차 ··· 200
4권 5장 목차 ··· 364
4권 6장 목차 ··· 486
4권 7장 목차 ··· 562
4권 8장 목차 ··· 591

3장 들어가기-1

들어가기 1-1 자평법 계통도

■1. 우리 책은 크게 『자평진전』과 『적천수』를 근간으로 한다. '서락오' 선생은 『자평진전평주』 서문에서 "사주를 제대로 보려면 먼저 『자평진전』을 읽고 『적천수』를 읽어야 한다."라고 한 것처럼 그 근원은 '서자평'의 자평법(자평술)이다.

사주명리학의 역사에는 수많은 이론이 전해져 온다. 아래 도표는 그 계통을 색깔별로 정리한 계통도이다.

고법	자평 계통	자평진전평주	적천수 계통	난강망 계통

시대		인물	관련서적	비고
고법-당		이허중	이허중명서	
신법	북송	서자평	사고전서. 낙록자삼명소식부주. 명통부	자평명리학 창시
	남송	서승	연해자평 저술	최초의 자평 역학서적
	명	당금지	연해자평 편찬	연해와 연원을 모아서 편찬한 책
		만민영	삼명통회	최초 백과사전. 3500개 사주 실례
		유백온	적천수	기세. 조후. 중화-경도가 썼다고도 함
		장남	명리정종	십이 운성과 병약설. 격국의 발전
		작자미상	난강망	월의 기운에 따른 조후
	청	구결	조화원약	난강망이 조화원약으로
		진소암	적천수 집요	경도의 원문. 유기의 원주 수록
		진소암	명리약언	자평진전과 천미 등이 체계하였음
		심효첨	자평진전	이법(일정한 법칙)적 차원에 충실
		여춘태	궁통보감	조화원약이 다시 궁통보감으로
		임철초	적천수 천미	임철초증주. 원수산찬집
	대만	원수산	명리탐원	의학. 병리학. 상학. 점술-저서다양
		서락오	궁통보감평주	(1937년 저)우연히 서점서 궁통보감 발견
		서락오	자평진전평주	적천수와 난강망 가미
		서락오	적천수징의	적천수천미에 있는 원주가 빠져 있음
		서락오	적천수보주	자신이 새로 쓴 주석을 출판
		위천리	명학강의. 팔자제요	4干에 임의로 4支를 붙여서 설명

□1.「이허중」-당(唐) 나라 허난성(河南省) 출신, 자(字)는 상용(常容), '당사주(唐四柱)'를 체계화하여 중국 고대 명리학의 종사(宗師)로 평가받는다.

□2.「서자평」-오대(五代)~송(宋) 초기 인물로 추정. 자(字)는 자평(子平) 이름은 거이(居易). '사척선생(沙滌先生)', '봉래수(蓬萊叟)'로도 불린다. 신법 즉 자평명리학(子平命理學)을 체계화하였다.

☐3.「서승」-남송(南宋) 사람, 서공승(徐公升), 서대승(徐大升)이라고도 불림. 서거이의 자평법을 계승, 일간(日干) 중심의 육신법(六神法)을 체계화하고 발전시켰다.

☐4.「당금지」-명(明) 나라 당금지는 자신이 서승의 "연해(淵海)"를 주석하여 "연원(淵源)"이라 하였고 이 둘을 합하여 "연해자평(淵海子平)"을 편찬하였다.

☐5.「만민영」-명나라 사람 자(字)는 여호(汝豪), 호號는 육오(育吾). 대녕도사(大寧都司) 출신. 진사(進士)로 벼슬길에 올랐다. '자평설변(子平說辨)'이라는 글에서 서거이가 서자평임을 밝히고 있다.

☐6.「유백온」-1311년~1375년. 청전현(青田縣) 남전향(南田鄉) 사람으로 유청전(劉青田)으로도 불린다. 자는 백은(伯溫). 원말명초(元末明初)의 군사가이자 정치가, 문학가이며 명조(明朝)의 개국공신(開國功臣)이다.

☐7.「장남」-강서성 임천현에서 대대로 벼슬한 집안 출신. 과거 거듭 낙방하고 사주,의술, 풍수에 관심 돌림. '병약설(病藥說)'이란 새로운 사주 이론을 제시하였다.

☐8.「진소암」-진지린(陳之遴)1605년~1666. 자(字) 언승(彦升), 또(又) 자(字) 소암(素菴). 절강성(浙江省) 해녕(海寧) 출신. 명말 청초 정치가. 벼슬 홍문원(弘文院) 대학사(大學士). 순치15년(順治十五年), 남북당쟁으로 전 가족이 유배를 당하였다.

☐9.「심효첨」-본명 택번(澤燔), 청나라 6대 황제 건륭제(1739년)때 진사(進士)에 급제. 호공보(胡空甫)가 건륭제(1776년)때 심효첨의 자평수록삼십구편(子平手錄三十九篇)을 책으로 간행하면서 제목을 자평진전(子平眞詮)이라고 붙였다.

☐10.「여춘태」-유감스럽게도 생몰의 개인정보가 남아있지 않다. 작자 연대 미상의 "난강강(欄江綱)"은 조선전기 관상감 관리를 선발하는 명과학 시험교재인데, 여춘태(余春台)가 중편한 것으로 추정한다.

☐11.「임철초」-청나라 6대 황제 건륭제(1739년)때 사람이다. "유백온의 적천수"에 사례를 붙이고 해제본 "적천수천미"를 저술하였다.

☐12.「원수산」-(1881~1952). 중국 장쑤성(江蘇省) 양저우(揚州) 출생이다. 북경대학과 일본동경제대에서 수학하였다. 가업(의학)을 이어 많은 의학서를 저술. 명리학자로 많은 명리서를 저술하였다.

☐13.「서락오」-1886~1948년 63세로 사망. 중화민국 초기의 대표적 명리학자. 저술로는 고전을 정리한 "자평진전평주" "적천수징의" "적천수보주" "궁통보감평주" "조화원약평주". 또한 고금의 유명인의 사주를 풀이한 "고금명인명감",

명리학의 연원을 설명한 "명리심원", 처음 명리 입문을 위한 "명리입문" 등이고. 대표적 저서는 이 모든 것을 종합 정리한 "자평수언"이라 할 수 있다.

☐14.「위천리」-1911~1988년. 12살에 명리 입문 후 홍콩을 중심으로 상담과 강의하면서 여러 권의 책을 저술. 대만 총통인 장개석(蔣介石)의 자문역, 우리나라 정재계의 인사들도 상담했다고 전한다.

■2. 로마는 하루아침에 이루어지지 않았다.(Roma was not built in a day)
신법 자평명리도 하루아침에 이루어지지 않았을 것이다. 모든 문화의 시작에는 시대적 배경이 있기 마련이다.

『삼명통회』는 『연해자평』보다 저술된 연대가 늦다. 그리고 『삼명통회』의 저자 '만민영'은 신법명리에 대하여 비판적인 태도를 보인다. 한 예를 들자면 "권일 「석륙십갑자성질길흉(釋六十甲子性質吉凶)」에서 "지금 명(命)을 논하는 사람들은 다만 정 오행만을 논하고 납음을 취하지 않으니 어찌 납음의 이치가 상(象)의 정밀함을 취한 것임을 알겠는가?[1]" 하며 고법의 원리들이 소홀해 지는 것을 안타까워했다.

이렇듯 명나라 때도 고법과 신법이 공존하였음을 알 수 있다. 그리고 청나라에 이르러 신법이 거듭 발전하게 된 사실이다. 그래서 『연해자평』이나 『명리정종』에 있는 신살의 기록은 고법과 신법이 양존하던 그 시대의 상황을 반영하고 있는지 모른다. 또한 형충회합과 지장간의 원리 등 삼명학이 자평학의 뿌리인 것과 삼명학으로 만이 가능한 해석들을 감안하면 그 시대적 신구 공존상황이 이해가 된다.

> ● Tip
>
> ○육십갑자는 십 천간과 십이 지지를 조합, 60개로 구성되어 있습니다. 그러나 납음오행은 음양을 구별하지 않으니 납음화갑자[2]는 30개로 구성되어 있는 차이가 있습니다.
> ○한편 음양오행에서 십 천간과 십이 지지로 분화되고 또한 육신오행에서 십성(=십신)으로 분화된 것을 참고바랍니다. 그 후 어떻든 신법명리에서는 납음오행 화갑자를 사용하지 않습니다. 특히 납음으로 보는 궁합[3]에서 알 수 있듯이 적중률이 낮습니다.

---

[1] 고금지설명자 지론정오행 납음불취언 기지납음 지리 취상지정 (故今之設命者 只論正五行 納音不取 焉 豈知納音 之理 取象之情)
[2] 5213-2 육십화갑자
[3] 6-3-2 궁합

| 들어가기 1-2 | 학문과 시대적 배경 |

모든 학문은 시대적 필요에 따라 그것을 배경으로 깔고 태어난다. 음양이론도 양계초에서 사송령까지 시대별로 필요와 해석이 다르다. 아리스토텔레스에서 칸트까지 그 안에 많은 사상과 철학이 존재하고 있는 것과 같다. 사주명리도 마찬가지다. 동중서의 한나라 사정이 다르고 진소암의 정나라 사정이 다르다. 그리고 유백온과 심효첨 등 한족인지 동이족(만주족)인지에 따라 또 다르다.

자평명리학이 태동하던 시기의 송나라에 인류사에 있어서 획기적인 세 가지 사건 일어나는데 ▶자평명리학, ▶주자학, ▶화승총이다.

■1. 서자평의 송나라는 북송을 말하는데 60여년의 역사로 양자강 유역의 그리 크지 않은 문사(文士)의 나라였다. 북송은 금나라의 위협으로 괴로웠지만 '이언 모리스[4]'에 의하면 '사회발전지수[5]'가 서양을 거의 1/3 이상 가장 크게 앞선 시기다 한다. 이러한 북송의 모순 속에서 ▶자평명리학이 출현하였다.
□1. 서자평은 신살로 대표되는 이전의 고법 명리를 지금의 생극제화에 의한 자평명리학으로 탄생 시켰다.

■2. 그 후 북송은 수도 개봉(開封)에서 금나라에 밀리며 항주(杭州)로 천도하게 되는데 이를 남송이라 한다. 이 남송에 이르러 ▶주자학과 ▶세계 최초의 화승총이 출현한다. 주자학은 그 후 칠백여 년 동안 동양의 정신세계를 지배한다. 그리고 화승총 또한 30여 년 후 서양으로 전해지는데, 이는 르네상스(Renaissance)가 태동하기 시작할 때 그러니까 지금으로부터 약 이백 년 전의 일이다.
□1. 신유학은 주자학으로 대표되는 성리학을 말한다. 불교와 도교 철학을 도입하여 유학을 개혁한 것이다. 동양의 학문을 이학, 기학, 심학으로 나눌 수 있는데 이학의 뿌리는 신유학이다.

> ● Tip
> ■1-삼가(三家)의 사상과 학문적 배경

---

[4] 이언 모리스(Ian Morris)-왜 서양이 지배하는가의 저자. 스탠퍼드대 역사학과 교수이자 고전학과 윌러드 석좌. 영국 출신으로 버밍엄대에서 고대사와 고고학을 전공한 뒤 캠브리지대에서 고전고대 고고학으로 박사 학위를 받음.

[5] 사회발전지수-서로마제국의 멸망 직전까지는 서양의 사회발전지수가 동양을 약간 앞섬. 서로마 제국 멸망부터는 동양이 서양을 꾸준히 앞서 나감. 그리고 동양이 서양을 가장 크게 앞섰던 시기는 북송 시기로 이때에는 거의 1/3 이상 높음. 물론 북송이 금에게 멸망당한 1130년부터 순식간에 그 격차가 줄어들기는 하지만 명나라 중기까지는 여전히 격차가 크게 유지. 그러나 18세기 말로 접어들면서 그 격차는 급격히 줄어들고 결국 1773년 역전을 허용.

정도전(鄭道傳)의 『심기리편心氣理篇』을 보면 삼가(三家)의 사상이 나옵니다. 즉 유가는 이학(理學), 도가는 기학(氣學), 불가는 심학(心學)[6]으로 규정한 것입니다.
○1.이기론(주돈이의 태극도설에서 유래)은 이학(理學)과 기학(氣學)을 아우르는데 우주론보다 심성론에 치중한 결과 때문에 심학(心學)이라고도 합니다. 그리고 신유학의 성리학에 이기론(理氣論)이 나옵니다. 조금 더 이기론을 설명하자면 조선왕조의 고봉 기대승과 퇴계 이황의 '사단칠정'[7] 논쟁을 들 수 있습니다. 사단은 체(體)로서 이성과 도덕으로 대표되는 인간의 정신적 측면을 말합니다. 그리고 칠정은 용(用)으로서 감정 혹은 정서로써 신체적 변화를 동반하는 심리적인 측면을 말한다 할 수 있습니다.
○2.이학은 자연과학, 철학, 물리학, 성리학을 이르는 말입니다. 17C 이후의 이학과 기학 그리고 심학을 다시 들여다보면 기학은 다소 논란의 여지가 있지만 양명학을 꼽습니다. 양명학을 집대성한 사람은 명나라 중기의 왕양명(1472~1528)입니다. 물론 우리 조선왕조의 혜강(惠崗) 최한기(崔漢綺) 선생은 1857년『기학』을 저술하기도 하였습니다.
○3.심학에서는 이학과 기학이 공히 자리를 같이 합니다.

■2-자평명리학과 삼가사상의 배경
  사주명리학에서도 이론(理論)과 기론(氣論)이 존재하는데 이기론(理氣論)과 유사합니다.
○1.이론(理論)의 대표적인 것이 자평술입니다. 오행(五行)의 생극제화(生剋制化)를 바탕으로 격국의 완성과 미완성을 설명하였습니다.
○2.이기론(理氣論)으로 대표적인 것이 난강망(궁통보감)입니다. 계절의 기세로써 즉 각자 월령 중심의 왕쇠를 말합니다. 그러나 이는 이미 존재하는 자평술의 왕쇠에서 비롯된 것이고, 우리 책에서의 「왕상쇠사」도 그 한부분입니다. 이론(理論)적 토대위에 기론(氣論)이 첨가되었으니 이기론(理氣論)적 입장이라 할 수 있습니다. 적천수의 강유론(剛柔論)을 보면 그의 천간 지지 특성도 이기론(理氣論)적 입장과 다르지 않습니다.
○3.심학으로서 사주명리학은 '자연론, 정성론, 천명론'[8]으로 우리 마음에 자리합니다.

□2.총의 기원으로는 핸드 캐넌(handcannon) 혹은 화총(火銃)을 들 수 있다. 최초의 화총(火銃)이 송(宋)나라에서 개발되었다고 전해진다. 석궁의 시원은 진시황의 진(晋)나라다. 이러한 석궁이 서양으로 전해지는데 삼백여 년이 걸렸다면 화총은 3~40년 밖에 걸리지 않았다.

---

6) 4-2-5-2 ●=3 기학(氣學), ●=4 염원(심학)
7) 7-2-1 ●=2 ■4 231) 퇴계 이황의 체용론-사단 칠정 (四端七情)-철학 성리학(性理學)의 철학적 개념 가운데 하나. 사단(四端)은 인간의 본성에서 우러나오는 마음씨 즉 측은지심(惻隱之心), 수오지심(羞惡之心), 사양지심(辭讓之心), 시비지심(是非之心)의 네 가지 선천적이며 도덕적 능력. 칠정(七情)은 인간의 본성이 사물을 접하면서 표현되는 기쁨(喜), 노여움(怒), 슬픔(哀), 두려움(懼), 사랑(愛), 미움(惡), 욕망(欲)의 일곱 가지 자연적 감정을 가리킴.
8) 4-2-1 천도(天道)의 세계 "자연론 정성론 천명론"

| 들어가기 1-3 | 사주이론의 한계 |

 이러한 한계의 바탕에 동양의 관념과 근대 이후의 서양 과학이 있다.9) 그래서 사주 명리를 대하는 우리의 시야 역시 과학적 사고를 통하여 관념의 모순을 직시할 수 있는 전문성과 용기가 필요하다. 즉 생극제화의 기본적 작용과 법칙을 훼손하지 않고 상(像)10)에서 파생된 모든 것을 과학에 대비하고 그 전의 오류를 인정할 수 있어야 한다. 아마 1886년 아편전쟁 후 출생한 서락오11) 선생의 생각도 우리 책과 같았을 것이다.

> ● Tip
> ○생극제화는 서양 기독교의 동정녀 마리아가 아이를 낳았다는 것을 의심하지 않는 것과 같을 것입니다. 동정녀 이야기를 신앙의 행위인 믿음으로만 보는 것과 이 배경에 초고도문명12)이 있을 수 있는 것을 상상해 보면 이해가 가능할 겁니다.
> ○생극제화도 그렇습니다. 증명할 수 없는 관념의 산물로 공격하고 터부시하기보다 그 배경의 흔적을 보아야 합니다. 이는 사람의 지혜로 동정녀가 아이를 낳을 수 있는 것을 증명해 보일 수 없는 것과 같습니다.

| ●=1 | 디론의 한계 |

 '심효첨의 『자평진전』13)', '유백온의 『적천수』14)', '여춘태의 『궁통보감』15)'은 사주명리학에 있어서 중요한 각자의 자리를 차지한다. 그러나 중요한 자리를 차지함에도 불구하고 한계 또한 여전히 존재한다. 『자평진전』은 산명술적 통변이 단순, 『적천수』는 기세를 다루다 이법 앞에서 모호하다는 평가를 받는다.

---

9) 4-3-3 서양의 동양 역전
10) 3-2-9 오행과 육신의 상(像). 4-2-2-3 ■2 ●Tip ■6-상징 보는 법. 5-2-2-1 간지물상과 근거
11) 3장 들어가기 1-1 자평법 계통도
12) 4-1-4 ●Tip ○초고도문명의 주체는 한 둘이 아닙니다.
13) 『자평진전』-청나라 건륭(乾隆) 4년(1739년) 유학자로서 진사(進士)에 급제한 심효첨(沈孝瞻)이 자평 명리학을 바탕으로 저술한 명리서. 심효첨의 본명은 택번(澤燔)이며 호는 산음(山陰). 1880년에 쓰인 후서(後序)에 의하면 "호운보(胡雲甫)가 심효첨의 39편과 함께 본래의 필사본 6편을 합하여 전후 문장을 서로 맞게 나누고 바꿔서 『자평진전』45편을 발행하였다."라고 함.
14) 유기 유백온(1311~1375)-유청전(劉青田)으로 일컬어지기도 함. 자는 백온(伯溫)이며 '적천수' 저술. 원말명초(元末明初) 시기의 군사가, 정치가, 문학가. 명조(明朝)의 개국공신(開國功臣). 원(元)나라 말기인 원통(元統) 원년(1333)의 진사(進士) 출신으로 벼슬은 강서(江西) 고안현승(高安縣丞), 어사중승(御史中丞), 태사령(太史令), 홍문관학사(弘文館學士) 등을 역임. 그는 경사(經史), 천문(天文), 병법(兵法)에 정통하였고, 주원장(朱元璋)을 보좌하여 명(明)나라 개국에 큰 공헌을 하였다. 후인들은 그를 제갈무후(諸葛武侯)와 비교했고, 주원장도 여러 차례 그를 '나의 자방(子房)'이라고 칭찬했다 함.
15) 여춘태-(광서년간(光緒帝. 1874~1904.)청나라 말기 사람, 명나라 때부터 전해오던 작자와 연대 미상의『난강강(欄江綱)』을 여춘태(余春台)가 중편했다고 전해짐, 이를 청나라 말기에서 중화민국 초기의 서락오(徐樂吾)가 『궁통보감(窮通寶鑑)』이라는 이름으로 편찬함. 난강망은 조선의 세종 때 관상감 관리를 선발하는 취재에서 사용한 명과학 시험 교재임.

> ● 간명의 원리
>
> 『자평진전평주』「와전된 학설에 대해 논함」에서 '서락오' 선생은 "옛 사람의 논명 방식이 크게 잘못된 것이 많다. 예를 들면 ▶『신봉통고(神峰通考)』는 잘못된 것이 늘 보이고, 다는 아니지만 특별한 학설로 일부의 내용을 설명하여 후세에 격국에 대한 오해를 불러 일으켰다. ▶『삼명통회(三命通會)』와 『연해자평(淵海子平)』은 광범위하고도 포괄적이지만 잡다하여 정미롭지 못하고, 편집의 순서 역시 조리가 없어 단지 참고할 뿐이다. ▶『궁통보감(窮通寶監)』은 정미로우나 단지 경험담일 뿐 원리에 대한 설명이 부족하다." 라고 나옵니다.

●=2 문자의 한계[16]

■1. 공자는 주역에서 성인지도(聖人之道) 즉 성인의 도에는 네 가지 사변상수(辭變象數)가 있다고 말한다. 그러니까 사는 말, 변의 움직임, 형상은 닮음(물상), 수의 점술을 통하여 의미를 드러내는 것이다.

주역[17]의 계사상편 12장에 "서부진언(書不盡言) 언부진의(言不盡意)"라고 나온다. 글로써 말을 모두 담아내지 못하고 말로써 뜻을 드러내지 못한다는 의미이다. 이에 대하여 공자는 "언부진의(言不盡意), 입상진의(立象盡意)"로 대안을 제시하였다. 말로 다하지 못한 것은 입상(立像-메타포 Metaphor,은유)을 통해서 뜻을 표현할 수 있다는 의미다. 그리고 우리 사주명리학에서의 메타포 역시 이 네 가지 통변의 소재를 벗어날 수가 없는 한계가 있다. 이는 지나치게 육서의 원리가 생활화[18]된 한자 문화권의 특성일 수도 있을 것이다.

> ● Tip
>
> ■-육서(六書)-한자 생성(生成)의 여섯가지 원리
> 육서는 후한(後漢) 사람 허신(許愼)이 설문해자(說文解字)를 정리한 것입니다. 허신은 부수 214개를 만들어 후대의 자전 편찬에 큰 영향을 미쳤습니다. 상형문자는 사물의 형태를 그리는 것에서 시작했는데, 상형문자로는 표현할 수 없는 개념이나 존재가 있습니다.. 이를 나타내는 방법으로 고안된 것이 육서입니다. 즉 모양(形)과 소리(音)와 뜻(意)의 세 요소에 여섯 가지 방법을 동원한 것입니다. 육서는 크게 상형, 지사, 회의, 형성은 한자 구성의 원리로, 전주와 가차를 한자 운용의 원리로 구분합니다.
> ○1.상형(象形)-사물 모양을 본떠서 만든 글자. 부수(部首)의 대부분은 상형문자입니다.
> ○2.지사(指事)-상형(象形)의 한계를 극복하는 방법으로 사용, 그려낼 수 있는 실물(물질

---

16) 3231-2 ●=2 합의 남아 있는 본질(합의본질)을 이중성이라고 할 수 있는데, 가합(假合거짓 동의, 임시방편, 무늬만 화려)과 유사하다.
17) 제8장 주역
18) 5-2-2-1 서문 "육서의 생활화"

명사)이 있는 경우에는 상형에 속하나, 실물이 없는 경우(추상명사)에는 지사에 속하는데 일(事)을 가리키다(指)라는 뜻으로 사용하는 것이 좋은 예입니다.
○3.회의(會意)-뜻(意)을 도운다(會)라는 의미로 두 개 이상의 상형자(象形字)나 지사자(指事字)가 합해진 것입니다.
○4.형성(形聲)-형성은 모양(形뜻)과 소리(聲발음)로 뜻 부분과 소리 부분을 구분하여 결합하는 방식으로, 한 글자에서는 뜻을 나타내는 형부(形付), 나머지 다른 글자에서는 음을 나타내는 성부(聲付)이며, 한자의 생성 및 발전에 획기적인 전환점이 되었습니다.
○5.전주(轉注)-새로운 글자를 만드는 것이 아니고 기존의 글자에 의미를 변화시켜 활용하는 원리입니다.
○6.가차(假借)-가차는 '가짜로 빌려 쓰다'라는 뜻 그대로, 기본적으로 발음이 같은 개념을 빌리거나, 글자 모양을 빌려 오는 등 외국어의 표기에 사용하고, 의성어나 의태어와 같은 부사어적 표현에도 쓰입니다.

■2. 예를 들어 풍수에서 문필봉(文筆峰)은 붓처럼 뾰족한 산을 말한다. 이러한 상(像)은 육서 중에서도 상형의 영향이 크다 하겠다. 그 곳 문필봉의 기(氣)가 정승 판서를 나오게 하는지, 아니면 뾰족한 상을 보면서 문필의 학문 정신이 그것을 가능하게 하는지는 알 수 없다.

● 간명의 원리

○물상의 원리는 육서19)의 영향이 큽니다. 이는 체상20)을 포함하면서 그 안에 상징, 사물, 형상, 현상이라는 단어가 어우러져 있고 그 중심에 사람의 마음(지각과 감각)이 자리합니다. 그래서 물상(메타포)의 상(象)은 절대적인 것이 아닌 사람 마음(亻+象)입니다. 즉 상(象)이 마음을 거치면21) 각색(脚色꾸밈)되어 그러한 상(像)으로 나타난 것입니다.
 1) 상징(象徵)-추상적인 개념과 사물이 구체적인 사물로 드러난 것.
 2) 사물(事物)-일과 물건을 아우르는 말.
 3) 형상(刑象, 形像)-마음 감각에 의해 떠오르는 대상(사물의 궁극적 모양 상태)의 모습.
 4) 현상(現象)-사람이 지각할 수 있는 사물의 외면적 모양과 상태.

○사주명리와 물상
 1) 상징-'간지 물상(5-2-2)'이 대표적인데 예를 들면 갑은 직선적이며 시작과 동쪽 그리고 청색 등을 상징합니다.
 2) 사물-사(事)는 '시퀀스(5-1-5-3)'으 상황과 사건, 물건은 물질세계의 구체적인 존재에서 얻는 '오행의 상(像 3-2-9-3)'과 연결됩니다.
 3) 형상-대상의 모습을 구체화한 것으로 '육친의 상(3-2-9-4)'이 될 수 있습니다.
 4) 현상-태호복희(전자책 4-1-7-1)와 칸트(4-2-4)를 비롯하여 '제4장의 역이 나오는 과정'과 '제5장의 역의 세계'가 있습니다.

■3. 어떻든 서(書)는 언(言)을 기록하는 수단이고 언어의 본질은 번쇄(너저분하고 지질구레)함에 있다. 더욱 한자는 '서'와 '언'의 괴리가 심한 경우로써 세계 언어사에서 보기 힘든 경우이다. 언어 구조가 '고립어'이기 때문이다. 특히 중국어가 그렇다. '고립어'란 어떠한 단어든 당연히 맺어져야 할 상대를 외면하는 본성을 가지고 있다. 그래서 "넣고 빼는 가필(加筆)"이 자유롭다는 점이다. 사주명리를 비롯하여 모든 저술에는 가필이 빠질 수 없다. 그래서 가필 자체는 가변성(可變性)을 동반하는데 입상진의도 그렇다.

●=3	변천과 과제

■1. 변천

대부분의 명리서적들이 '사회적 요구'와 그 시절의 '서부진언 언부진의'는 빠지고(시대적 상황) '고립된 문자'만 전해 온다. 그럼에도 불구하고 문자가 아니고서는 그만한 객관성을 담보할 방법이 마땅치 않다.

□1.'서자평'이 화산에서 진도남 등과 같이 도통하였다고 전해진다. 그러나 초고도문명처럼 오늘날의 슈퍼컴퓨터로도 해결이 안 되는 생극제화의 작용과 그 삶의 현상을 어떻게 도통했는지에 대한 '사회적 필요와 요구', 그리고 그 때의 '서부진언 언부진의'는 지금이 우리에게 전해지지 않는다. 즉 자평명리학의 시대적 배경은 베일에 가려져 있고 "자평술(子平術)『사고전서(四庫全書)』" 등 저술만 남아 있다.

> ● Tip
> ○각 시대마다 시대적 상황이라는 것이 존재합니다. 그 시대적 사조 안에는 '이데아', '페러다임', '아젠다'. '사회적 담론', '정치적 의도' 등의 단어가 자리합니다.
> ○우리 윗세대는 사대와 사대에서 벗어나 자주독립을 이루는 것이 삶의 화두였다면, 우리는 전후 혼란을 극복하고 반일 극일과 함께 배고픔 해결이 사회적 화두였습니다. 이 과정에 남북대치, 군사문화와 새마을 운동, 그리고 민주화 운동의 그늘 아래 최루탄과 고문과 독재와 독재정권이라는 단어와 문화가 숨쉬고 있습니다.
> ○사주명리학은 이러한 시대적 상황과 문화를 떠나서 존재할 수 없습니다. 그러나 오늘날 서자평의 화산 이야기를 알 수 없듯이 우리의 시대적 이야기도 사라지고 그 자리에 재관만 남아 있을 것입니다.
> ○즉 나라님이 백성을 잘 돌보지 못해서 가난한 것을, 사주가 안 좋아 그렇다는 개인

---

19) 2-1-3-2 ●간명의 원리 ○YVWQ도 마찬가지입니다. 수치를 추론하기 위해서는 육서의 단련이 중요합니다.
20) 3장 들어가기 2-1 ●=3 망령과 신살, 체상
21) 3-2-4-2 ■3 □2 3)능가경 "보이고 들리는 세계는 실체가 없는"

의 재관 탓이나 조상 묏자리가 안 좋아서라는 풍수 탓만 남을 것입니다.

□2. 사주명리에서도 오래 전 납음오행(納音五行)이 있던 인원용사에 어느 때부터 지장간이 대신하고 있다. 그러나 어떠한 필요 때문에 언제 누구에 의해서 변화가 일어났는지는 전해지지 않는다. 다만 『궁통보감』에 흔적이 남아 있다. 그래서 궁통보감의 육신 해석에서 납음오행을 불러들이면 의문이 풀리게 된다.

■2. 과제
 사주 간명은 사실을 전제로 작가의 추리로 꾸며지는 소설과 같다. 즉 간명은 각각의 이론들이 층층이 쌓여진 그 위에서 추리로 꾸며진 것이다.

□1. 사주명리를 시작하면서 '절대의 수'가 있다고 믿으며 거의 맹신에 가까운 경우가 있다. 하지만 '절대의 수'를 찾기보다 자연의 법칙을 바탕으로 인생을 추리하고 추론하는 능력 즉 소설을 쓰는 작가의 상상력이 더 중요한 과제라 하겠다.

□2. 또한 사주명리처럼 세상이 되는 것도 아니다. 우리는 이러한 것을 '자연과 문명', '역의 세계'에서 공부하게 된다. '주역'과 '사주명리' 등은 광대한 우주 속에서 몹시 작은 별, 그 지구 동녘아에서 일어난 인류의 위대한 정신적 유산 중의 하나이다. 이는 오늘날 우리에게 인간의 정서와 행동을 연구하는 심리학적, 철학적 학문 활동의 바탕이 되었다. 그러나 이러한 유산의 활용에 있어서 추길피흉(追吉避凶.좋은 것은 쫓고 흉함은 피함)의 구복(口腹)적 사고와 혹세무민(惑世誣民.세상을 어지럽히고 백성을 미혹하게 하여 속임)의 폐단을 경계해야 하는 과제도 안고 있다.

3장 들어가기-2

| 들어가기 2-1 | 사주해석과 중화 |

| ●=1 | 중화순수(中和純粹) |

■1. 『적천수』「성정(性情)」에 "오기가 어긋나지 않으면 성정이 중화하고, 탁란하고 편고하면 성정이 괴역하게 된다."22)라고 나온다. 그리고 "오기(五氣)가 하늘에 있으면 원형이정(元亨利貞)인데, 주어져 사람에게 있으면 인(仁), 의(義), 예(禮), 지(智), 신(信)의 성(性)이고, 측은(惻隱), 수오(羞惡), 사양(辭讓), 시비(是非), 성실(誠實)의 정(精)이다" 이어서 "오기가 어긋나지 않은 것은 그것을 갖춤으로써 생기는 성(誠)과 그것이 표출된 것인 정(精)이 중화(中和)하지 않음이 없다. 이와 반대인 것이 괴려(乖戾)이다'라고 계속 된다.

■2. 『적천수천미』의 저자 임철초 선생은 오기에 대하여 "사람에게 주어진 것은, 반드시 오행이 어긋나지 않고 중화순수(中和純粹)하여야 측은, 사양, 성실의 정(精)이 있다. 만약 편고혼탁하고 태과불급(太過不及)하면 시비(是非), 괴역(乖逆), 교오(驕傲)의 성(誠)이 있게 된다."라고 하였다.

이를 요약하면 중화와 괴려가 된다. 이는 사주해석에 있어서 길흉 판단의 근간이 되는데, 다음의 배합과 더불어 신살과 체상의 망령에서 결론을 맺는다.23)

> ● 간명의 원리
>
> ○그래서 사주를 잘 보려면 재관의 선망(羨望)과 유혹에서 벗어나야 합니다.
> ○재 관은 오행의 일부일 뿐입니다. 재가 돈이고 관이 직업이 되려면 중화 조화를 이루어야 합니다. 그렇지 않고 그 자체로 신살과 체상처럼 돈과 권력이 될 수 없습니다.
> ○이는 인수과 비겁도 중화와 조화가 일어나면 돈과 직업(권력)이 되는 것과 같습니다.
> ○아래 "3장-5 ■2."에 나오는 "『적천수천미』「하지장(何知章)」"을 참고 바랍니다.

| ●=2 | 배합(配合) |

■1. '임철초'의 『적천수천미』「배합(配合)」에 "배합간지(配合干支)는 정리(正理)로 탐구하고 추상하여, 쇠왕(衰旺)과 희기(喜忌)의 이치를 좇아야 한다.24)"고 나온다. 그리고 "일주의 쇠왕과 용신(用神)의 희기를 자세히 탐구하되 마땅히

---

22) 오기불려 성정중화 탁란편고 성정괴역 (五機不戾 性精中和 濁亂偏枯 性精乖逆)
23) 2-1-3-2 ●간명의 원리 ○YVWQ도 마찬가지입니다. 수치를 추론하기 위해서는 육서의 단련이 중요합니다.
24) 배합간지 필수정리 수심상추 여쇠왕희기지리 (配合干支 必須正理 搜尋祥推 與衰旺喜忌之理)

억제(抑制)할 것은 억제하고 생부(生扶)할 것은 생부하는 것이 거류서배(去留舒配)인데25)"라고 적고 있다. 이어서 "기격(奇格)이나 이국(異局)이니 신살(神殺) 등의 종류만을 좇아 망령되게 이야기 하여, 이에 화복(禍福)에 증빙이 없고 길흉(吉凶)에 증험이 없어서는 아니 된다.26)" 라고 하였다.

> ● 간명의 원리
>
> ○세상과 사람의 삶은 일생을 통하여 천번 만번 물극필반27)이 일어납니다.
> ○그런데 사주에 일간과 상관없이 한 번 앉은 신살 공망 등은 전혀 변함이 없습니다. 그래서 생극제화처럼 소멸생성과 증감의 변화가 없다던 서락오 선생은 이를 신살과 같은 시체28)라고 한 것입니다.

■2. 『적천수보주』에서 서락오 선생은 "다만 팔자배합에 있어서는, 밖으로 흘러 드러나는 것이 어떤 것인가를 살펴보아서, 그 가운데에서 그 성정을 추리하되, 하나를 고집하고 바뀜이 없어서는 아니 된다."라고 한다.

"가령 수는 지혜를 주관하나 토가 혼탁하면 도리어 우둔하고, 목은 인수를 주관하나 춘목이 금을 만나면 도리어 요절한다." 그래서 "반드시 배합과 희기를 살펴보아야 하며 하나의 예로 논하여서는 아니 된다."라고 하였다.

■3. 또한 '서락오'의 『자평진전평주』 「식신격」에서 "오행의 간지에서, 음양이 다른 배합에 순응하는 것은 재관인이고, 내가 생하는 것으로 음양이 같은 배합에 순응을 하는 것은 식신이다. 순응하면 유정하고 이를 거역하면 힘이 사나운 것이다. 사람의 성격이 강한지 유한지는 반드시 사주의 배합을 보아야지 지지에 있는지 천간에 있는지를 가지고 구별할 수 없다."

예를 들자면 궁합에서 배합을 보지 않고, '일간 대 일간', '월지 대 월지'의 한글자씩 대비29)하는 일은 경계해야 된다는 말과 같다.

■4. 위의 1, 2, 3을 종합하면 『적천수』오기에서의 성정이 『적천수천미』와 『적천수보주』의 시대와 세대를 거치면서, 성정은 한글자도 나타나지 않으니 팔자의 배합과 희기를 살피라는 말로 귀결되고 있다.30)

---

25) 일주지쇠왕 용신지희기 당억즉억 당부즉부 소위거류서배 (日柱之衰旺 用神之喜忌 當抑則抑 當扶則扶 所謂去留舒配)
26) 기격이국신살등류망담 이치화복무빙 길흉불험 (奇格異局神殺等類妄譚 以致禍福無憑 吉凶不驗)
27) 3-2-9-4 ●=2 ■6 □5 물극필반(物極必反)
28) 3장 들어가기 2-1 ●=3 망령과 신살, '체상"
29) 6-3-2-2 생년으로 보는 "단식궁합(單式宮合) 법"
30) 6112-4 ■2 ■9 ●간명의 원리 "부성입교"

□이는 신살이나 체상31)과 같이 한두 가지로 성정을 단정하지 말라는 뜻이다.
□그래서 신살은 물론 사주총량(배합)이 아닌 일지 한자를 붙이는 일주론이나, 일지나 월지 한두 자로 얻는 부실한 신약신강을 삼가해야 한다. 사주해석은 하나의 이론이나 글자로 이루어지지 않기 때문이다.

> ● Tip
>
> ○역술 즉 한 가지 상수역32)만으로는 인생을 볼 수 없습니다.
> ○이름 또는 양택이나 음택 한 가지를 바꾼다고 그 사람 전체가 바뀌지 않습니다. 혹시 바뀐다 해도 그것은 선업의 결과이거나 때가 이르러 나타나는 자연적 현상입니다.
> ○사주를 배합(총량)으로 보듯, 한 사람의 크기와 흥망성쇠도 한 가지 성명, 풍수, 관상, 구성학 등이 아닌, 명격의 총량33)을 보아야 합니다.

| ●=3 | 망령과 신살, 체상 |

『자평진전』「논성신무관격국(論星辰無關格局)」에 "성신은 마치 시체와 같아서 생하고 극하는 작용을 못하니 (이하 생략)"라고 나온다. 여기 성신은 신살이다.
 시체와 같은 신살은 신의 한 수가 아니다. 그래서 신살과 체상(體像)적 사고(사람의 상상이 만든 기발한 작품에 불과) 즉 '신통한 수'에 매달려 부분적으로 해석하는 우(愚)에서 발상의 전환이 일어나야 한다. 예를 들자면 을유 일주는 부부 궁이 흉하고, 여성 경자 일주는 거의 홀로 자식을 양육 한다 등이다.

■1. 흉한 것은 금극목에서 왔고 경자는 차가운 금생수에서 왔을 뿐이다. 차가우니 마음이 차갑고, 차가운 마음이 배우자를 차갑게 대하고, 차갑게 대하니 떠나고, 떠나고 나니 홀로 자식을 키우는 것으로 비유하는 것이다.

■2. 이는 사람의 상상이 만들어낸 '기발한 발상'34)이면서, 어쩌다 한두 번은 적중이 되는 그런 물상이자 통변의 일부이다.35) 그래서 이는 절대적인 신통한 수나, 신의 한 수가 아니라 그저 '입상진의'36)일 뿐이다. 만약 병 정화가 경금을 따뜻하게 하면 이와 같은 발상은 순간적으로 허무하게 무너진다.

---

31) 3-2-7 십신(十神) 두 글자와 배합
32) 4222-3 상수역의 종류
33) 3-1-2-1 ●=1『적천수』「출신(出身)」 "세덕과 심전과 산천"
34) 3-2-9-3 ■3 ●Tip ■2 "기발한 발상". 3-2-9-1 ■2 ●Tip "허무한 발상"
35) 2186-2 ■1 돈, 사람, 소식, 질병 등 네 가지가 오고 간다. ■2사람의 인사는 팔난으로 요약된다.
36) 제3장 ■2 ●간명의 원리 "메타포(metaphor은유, 비유)".
    3장 들어가기 1-3 ●=2 ■1"사변상수", "언부진의(言不盡意), 입상진의(立象盡意)"

● 간명의 원리

○1.'히포크라테스'는 서양의학의 아버지입니다. 그의 체액론은 체액의 비율에 따른 혈액, 흑담즙, 황담즙, 점액 등 네 가지 유형으로 성격을 설명하기 시작했습니다. 그러나 지금은 학문 발전의 과정일 뿐, 체액론으로 성격을 분석하지 않습니다.
○2.혈액형으로 성격을 보는 기원은 독일의 우생학으로 거슬러 올라갑니다. 일본인 의사 '하라'에 의해서 우리나라에도 전해졌습니다. 그러나 엄밀한 통계학 조사 및 의학 조사 어느 것도, 그 실체를 증명하지 못했습니다. 그래서 혈액형으로 성격을 보는 행위는 실체가 없는 점술에 불과합니다.
○3.오행이나 신살 한두 글자로 성격이나 궁합을 간명하는 일은 체액론 또는 혈액형으로 성격을 보는 우매함과 같습니다. 오행이 생을 하는지 극을 당하는지에 따라 배합과 순역[37]으로 보아야합니다.[38]

| 들어가기 2-2 | 상신과 최종격[39] |

■1. 사주보는 법과 최종격(사주총량=배합=질량 보존의 법칙[40])
■1) 배합과 순역[41]의 결과에서 최종격[42]이 나온다. 이것이 사주보는 법이다.
■2) 최종격은 상신에서 나오는데 상신을 중심으로 그때의 변화를 본다.
□십간 십이지지와 육십갑자를 깨우치면 바로 상신을 공부하기 권한다.
□학문이나 논문 연구가 아니면 체상(물상), 신살을 자제해야 한다. 그 많은 공부를 하고 사주가 안 풀리는 것은 이들 적중률이 현저하게 떨어지기 때문이다.
□다만 나중에 사주명리의 사고를 확장시키기 위한 도구로 활용하면 좋다.

■2. 상신(최종격) 안에 있는 국중지신[43]과 그 변화는 모두 일간의 변화에 포함된다. 그래서 특별한 경우를 제외하고 국중지신의 변화를 낱낱이 해석하지 않는다. 이들은 각각 존재하면서도 상신(최종격)을 구성하는 요소에 불과하기 때문이다.
□일간 외 모든 오행, 육신, 신살은 적천수에 나오는 국중지신(局中之神)이다.
□예를 들어 재가 있다면 파재 당하는지 재투식상인지, 재극인 아니면 인중재과(印衆財寡)인지, 재다생살인지- 최종격에 미치는 결과를 보아야 한다.

---

[37] 3-2-1 ■3 순역
[38] 6112-4 ■2 ■9 ●간명의 원리 "부성입묘"
[39] 2-1-2-2 ■4 최종격은 상신의 수기 개념이다.
[40] 3장-3 ■3 ●간명의 원리 ○질량 보존 법칙(質量保存法則)
[41] 3-2-1 ■5 순역(順逆) "그 기세에 순응하는 것"
[42] 2-1-2-2 ●=3 ■3 최종격에 대하여
[43] 1-4-6-1 ●=2 ■4 ●간명의 원리 ■-1 국중지신의 해석

■3. 상신(최종격)이 성격 되더라도 어느 때 작동(중화, 조화)44)하는지 보아야 한다. 즉 활성기와 비활성기에 따라 저울45)의 기울기가 달라진다.
□용신을 중화와 조화의 신이라 말한다. 그러나 이는 적천수용법을 가리키는 말이다. 적천수 이전의 고전대로 하면 자평용법46)의 중화 조화신은 상신이다.
□또한 용신(조화신)은 한 번 정해진 것으로 끝나지 않는다. 용신을 생 방조하는 시기에 따라 변격47)이 이루어지고 그래서 사주가 매 순간 달라진다.

● 간명의 원리

○그 많은 공부를 하고도 사주를 풀지 못하는 것은 체상(물상)의 한계 때문입니다.
 1)자(子)가 시작이면 자월(11월-겨울은 한해의 끝) 생에게는 불합리한 물상입니다. 또 자(子)쥐는 잠이 없음(야행성). 번식력 강함(다산-섹스). 시작(자시는 하루 시작)
 2)유(酉)가 오래된 것이면 유년에 갓 태어난 사람이 오래된 사람이 됩니다. 또한 유는 소녀(유래-문왕팔괘 금 태궁은 소녀 궁). 오래된 것(유시-하루 끝의 밤). 술(오래 숙성) 등 이러한 물상적 한계는 수도 없이 많습니다.

○국중지신의 변화를 낱낱이 해석하지 않습니다. 최종격의 변화를 봅니다.
 1)재극인이 신약하면 최종격이 겁격이나 인수격-(만약 신강하면 식상생재격이나 재생관격).
 2)이러한 경우 재극인을 통변하지 않고 최종격을 통변, 행운의 변화도 최종격 통변.

○일반적인 재극인은 공부 유산 무너지고 고부갈등 일어나는 등 부정의 대명사입니다.
 1)그러나 신강은 재가 인수를 극제하여 저울이 수평하게 될수록 재와 인 모두 길.
 2)인중재과(인수 많고, 재 적고)는 재극인의 역 작용이니 아내-시집살이, 아버지-공처가. 그렇지만 이마져도 적중률이 거의 떨어집니다.

| 들어가기 2-3 | 결론 |

■1. 아래는 이상심리학 DSM-5의 조현병(정신분열증) 진단기준이다.
 즉 조현병으로 진단되려면 ▶망상과 환각을 비롯한 주요 증상 5가지 중 2가지 이상이 1개월 이상 나타나고, ▶사회적 직업적 기능이 손상되어 업무 능력이나 사람들과의 관계가 예전보다 악화되는 모습을 보이며, ▶6개월 이상 병의 증후를 보여야 조현병으로 진단 가능하다. ▶또한 조현병과 비슷한 증상을 보이는 다른 질환이 없다는 것도 확인해야 한다.

---

44) 2-1-3-1 YVWQ와 용법의 성립 시기
45) 3-2-1-2 ●=1 ●간명의 원리, "저울"
46) 2-1-2-1 용어의 혼돈과 정돈
47) 1-5-4-1 변격이란?

결론을 말하자면 조현병은 한두 증상과 일시적 사건만으로 진단되지 않는다.

> ● Tip
> ■조현병(정신분열증)의 주요 진단기준
> ○조현병은 1)망상, 2)환각, 3)와해된 언어, 4)와해된 행동, 또는 긴장증적 행동 5)음성증상(정서적 둔마 또는 무욕증) 등의 증상을 보임.
> ○위 증상 중 둘(혹은 그 이상)이 1개월의 기간 동안 상당부분의 시간에 존재하고, 이들 중 최소한 하나는 1)내지 2)이거나, 혹은 3)이어야 하고
> ○현저한 기능장해 또는 환자의 고통 동반과, 최소 6개월 동안 위 증상이 지속될 때.

■2. 사주명리의 해석도 이렇다. 어느 한두 글자, 어느 한 이론으로 이루어지지 않는다. 그래서 사주명리는 어느 한쪽을 누르면 다른 쪽이 불룩 튀어나오는 풍선효과(風船效果, balloon effect)[48]와 같다. 어느 한 글자가 독립적으로 역할을 하고 끝나는 것이 아니라 사주 전체에 파장을 일으키기 때문이다

다만 사주명리를 한꺼번에 공부할 수 없는 까닭에, 한두 글자부터 터득해 가는 과정이자 수단일 수는 있다. 그래서 숙달되기 전의 학습 방법론으로서의 가치는 충분하다 하겠다. 그러나 그대로 굳어져서 한두 글자가 간명의 전부가 되는 것은 곤란하다. 이는 직업, 궁합, 적성에서도 똑같이 적용된다.

■3. 결론적으로 『적천수천미』「하지장(何知章)」을 보시라. "무릇 거부의 명조에는 재성이 많지 않는데 단지 생화유정(生化有情) 하기만 하면 재기통문호(財氣通門戶)이다." 라고 나온다. 사주명리의 세계를 "기격(奇格), 이국(異局), 신살(神殺) 등만을 좇아 망령되게 이야기 하다가, 단편적인 상상으로 더듬고 마는「존 갓프리 색스(John Godfrey Saxe)」의 『여섯 장님과 코끼리 우화[49]』가 되어서는 안 된다는 이야기이다.

---

48) 풍선효과-어떤 부분에서 문제를 해결하면 또 다른 부분에서 새로운 문제가 발생하는 현상을 가리키는 말
49) 존 갓프리 색스-19세기 미극시인. 그의 "The Blind Men and the Elephant"에서 소개. 인도스탄(인도 네팔 히말라야 파키스탄 등을 총칭)의 6명의 장님 우화는 이슬람의 수피교(Sufis). 인도 종교의 하나인 자이나교(Jainists). 불교(Buddhists), 힌두교(Hindus) 등에서도 볼 수 있음. ▶1장님-넓고 튼튼한 몸쪽에 부딪혀 쓰러짐 "신이 나에게 은혜를 베푸시는 구나 하면서 코끼리는 벽(wall)과 같다. ▶2장님-뾰족한 앞니를 만진 후 "창(Spear)과 같다. ▶3장님-코를 만지며 "뱀(Snake)을 닮았다." ▶4장님-무릎을 만지며 "나무(Tree)와 같다." ▶5장님-귀를 만지며 "부채(Fan)를 닮았다." ▶6장님-꼬리를 잡으며 "밧줄(Rope과 같다."라고 함.

제 3 장	사주보는 법

 사주를 본다는 것은 운이 좋고 나쁨을 보기보다 세상사 제 마음대로 안 되는 것을 깨닫고, 자연의 섭리 앞에 자신의 의지(생각과 행동, 감정, 마음)를 절제 조절 즉 마인드 컨트롤(mind control)하는 과정이다.

 그래서 사주를 보는 것은 불가(佛家)의 '면남간북두(面南看北斗)'일수 있고, 논어의 '서의 철학'일 수 있다. 그리고 두 얼굴의 야누스적인 음양(陰陽)과 그 변화의 법칙, 즉 생극제화(生剋制化)를 통하여 선견지명(先見之明)을 얻는 일이다.

> ● Tip
>
> ■-면남간북두(面南看北斗)
> ○얼굴은 남쪽을 향하면서 북두칠성을 본다는 뜻으로 "벽암록 28장 유설불설(有說不說)"의 계송에 나옵니다. 여기서는 "헤매다"라는 의미지만, 사주 간명에서는 '체'와 '용'을 동시에 본다는 말로 이해했으면 합니다.
>
> ■-서(恕)의 철학
> ○공자는 논어에서 서(恕)자 한글자만 제대로 깨우쳐도 군자라고 말합니다. 다산 정약용은 논어고금주(論語古今注)에서 "하늘이 사람의 선(善)과 악(惡)을 살피는 것은 오직 두 사람 사이의 교제다. 옛 성인이 하늘을 섬기는 학문은 인륜(人倫)을 벗어나지 않는다. 이 하나의 '서(恕)'로 사람을 섬길 수도 있고 하늘을 섬길 수도 있다"고 서술하였습니다.
> ○서(恕)자는 여(如)자 아래 심(心)자를 쓰니 '그 마음을 같게 한다(心+如)'는 의미가 됩니다. 즉 역지사지(易地思之)처럼 내 마음이 남의 마음과 같아져 보는 것입니다.
> ○그래서 '서(恕)'는 글자 하나로 사람을 섬길 수도 하늘을 섬길 수도 있고, 또한 내 마음과 남의 마음이 동질성을 회복할 수 있는 유연성을 내포하고 있습니다.
>
> ■-야누스(Janus)
> ○야누스는 로마 고유의 신이자 1월(January)의 어원인데 흔히 두 얼굴의 사나이로 전해집니다.
> ○이는 머리 앞뒤로 하나씩 두 개의 얼굴이 있는 독특한 모습으로 묘사되기 때문입니다. 두 얼굴은 과거와 미래, 내(內)와 외(外), 위와 아래, 시간과 공간, 성공과 실패를 의미하는데, 야누스는 전이와 단락의 신으로 알려져 있습니다.
> ○이는 사방팔방의 평면과 위아래 십방의 입체와 또 시간이 더해져 3차원의 시공간을 이루고, 다시 역사로 전이 또는 단절되는 우리 동양의 개념과 비교될 수 있습니다.

■1. 선견지명과 삶의 디자인(design)

관음(觀音)이란 무극의 어둠에서 태초로부터 태극이 양이(빅뱅)될 때 빛(관)은 물론 소리(음)도 함께 울렸다는 말이다. 이를 부도지에서는 여러 번 짐서[50]가 울렸다고 서술한다.

불가에서 관음은 "세상의 소리를 들어 알 수 있는 보살"이라는 뜻이다. 아마도 사람이 내는 모든 소리(한숨 포함)를 살펴본다는 의미일 것이다. 어떻든 글자대로 하면 音(소리 음) 觀(볼 관), 즉 소리를 보는 일이다. 그래서 청무성시무형(聽無聲視無形울림이 없어도 듣고, 모양이 없어도 보는 것)을 연상(聯想)하게 하는데, 듣고 본다는 것을 우리 책 체용의 본질(本質to be)과 현상(現象to do)[51]이라 할 수 있다.

또한 지혜(체용)는 선견지명으로 이어지는데 여기에 기획(企劃)과 설계(設計)라는 말이 들어 있다. 즉 과거와 미래의 ▶볼 수 없는 소리를 보고 ▶들리지 않는 소리를 듣고 ▶보이지 않는 것을 보며, 섭리 안에서 삶을 디자인(design)하는 일이다. 그래서 관음과 사주를 해석하는 일 또한 디자인과 다르지 않다.

■2. 하늘이 하는 일과 사람이 하는 일(모사재인 성사재천)

그리스의 철학자 데모크리토스[52]는 "우주 전체 근원은 원자와 허공이며 다른 모든 것들은 관습적으로 믿어지는 것들"이라 한다.[53] 이 말을 사주명리로 옮겨오면 근원은 오행과 그 생극제화이고, 관습은 사람이 만들어낸 디자인(design) 즉 법칙과 상(像)이라는 말이 된다.

이를 다시 사람에게 비추어 보건 ▶근원 섭리는 하늘(성사)의 것이고 ▶관습 운명(디자인design)은 사람(모사) 지각 능력의 일부라는 말이다.[54] 사람의 생각이 길흉에 머물 뿐 이 모두는 섭리 안에(호사다마 새옹지마) 있다.[55] 그래서 근원과 관습은 "모사재인 성사재천(謀事在人 成事在天)"[56]이라 할 수 있다.

■3. 따라서 사주 간명의 기능은 크게 두 가지로 나뉜다. 첫 번째 생극제화에

---

50) 4-1-1 ●=2 박금이 저술한「부도지」
51) 5-1-2-1 체용론(體用論)
52) 데모크리토스(Demokritos-BC 460년 추정~BC 370년 추정)-트라키아의 갑데라에서 출생. 부도의 막대한 유산에 의해, 일찍이 이집트와 그 밖의 동방 세계를 여행했다고 전해짐. 세계는 유와 무, 즉 충실한 것과 공허(케논 kēno)한 것으로 되어있고, 충실한 것은 불가 분할(不可分割)인 원자(原子 : atoma)로 되어진 것이라고 함.
53) 3-2-4-2 ■3 □2 3)능가경 "보이고 들리는 세계는 실체가 없는"
54) 4-2-1-3 ●=1 ●Tip ■-3 ○3 그러나 운명은 처음부터 존재하지 않았습니다. 나중에 사람에 의해 만들어집니다.
55) 4-2-1-2 ●=2 섭리와 사람의 눈
56) 모사재인 성사재천 불가강야(謀事在人 成事在天 不可强也)-일을 도모하는 것은 사람이지만, 일이 이루어지는 것은 하늘의 뜻. 그래서 사람이 강제로 할 수 없다는 말, 원(元)나라 때의 소설가 나관중(羅貫中)이 지은《삼국지연의(三國志演義)》에 나오는 삼국시대 촉한(蜀漢:220~263)의 정치가이자 전략가인 제갈 량(諸葛亮:181~234)의 말

의한 기운의 증감과, 두 번째 그 기운의 증감을 스토리화(story化)[57])하고 시퀀스별로 이것을 스토리텔링(storytelling)[58])하는 것이다. 간명에서 이를 구별할 수 있어야 한다.

● Tip

■-1 무의식과 시퀀스(업)
○한번 발생한 시퀀스는 사라지지 않고 무의식에 저장됩니다. 그러다 심리학의 취약성 스트레스 모델처럼 특정한 상황에서 병이 되어 올라오기도 합니다.
○시퀀스는 불가의 업과 같습니다. 사람에게서 한번 일어난 고락(시퀀스)은 아뢰아식(알라야식)[59])에 저장되는데 언제 의식으로 올라오지는 "삼세양중인과(三世兩重因果)"라고 합니다. 즉 전생에 생겨 현생에 아니면 현생에 생겨 다음 생에 나타는 윤회 말입니다.
○야곱은 팥죽 한 그릇으로 에서 형으로부터 장자의 정통성을 확보하는데 성공합니다. 그러나 그 후 형의 진노 때문에 평생을 피해 다닙니다. 말년에 이르러서도 오갈 데가 없어 백여 명의 가족을 데리고 초라하고 남루한 모습으로 형 앞에 나타납니다. 아마 화려했다면 형에게 죽었을지 모릅니다. 이렇게 장자의 축복에는 고난도 동반되었습니다. 그리고 이 정통성은 막내아들 요셉으로 이어지는데 요셉은 형들에 의해서 이집트 노예로 팔려가고 나중에 이집트 총리가 됩니다.
○1627년 강도회맹 후 생겨난 유조변책의 각수봉강은 그 후 1712년 "서위압록 동위토문"으로 발전하는 등 우리의 서간도를 잃는 시작이 되었습니다.[60]) 즉 그 당시는 봉금지대라는 절충 지역이 있어서 다행이었을지 모르지만 나중에는 그 땅을 잃는 흉의 원천이 됩니다. 이러한 길흉의 변천과 고락은 우리 개인사에도 수없이 발생합니다.

■-2 업과 길흉화복
○음양의 세계는 차유고피유(此有故彼有 이것이 있으니 저것도 있음)의 한 단면입니다. 어떻든 사주명리에서는 이를 길흉화복으로 표현합니다. 그러나 길흉이 '삼세' 중 언제 흉으로 나타나고, 흉이 언제 반복(윤회)되어 다시 길로 나타날지 모릅니다.
○그런데 재가 공망이어서 또는 34경계인이어서 고생한다고 하면 그것은 너무 정형화된 삼자의 해석입니다.[61]) 오히려 본인은 고생인줄 모르고 그 안에서 고락을 느끼며 행복해 합니다. 즉 사주명리라는 삼자의 눈이 객관적일 수 없습니다.
○이혼을 하면 고생이라 하는데 우리 책 제2장의 여러 시퀀스에서도 정작 당사자는 행복합니다. 즉 삼세는 고사하고 당대 시퀀스 하나를 집중하지 못합니다.
○어떻든 우리가 시퀀스를 스토리화하고 스토리텔링하는데 있어서 '삼세양중인과'를 생각할 수는 있어도 그 것을 보거나 예측하기는 어렵습니다. 그래서 지금의 길흉이라는 현상이 어떻게 차생고피생(此生故彼生) 하는지도 알기 어렵습니다.

■-3 길흉과 상담(간명)

---

57) 스토리화(story化)-어떤 사실이나 일을 이야기로 꾸미거나, 그렇게 꾸며지는 것을 말함.
58) 스토리텔링(storytelling)-'이야기하기'라는 뜻. 즉 이야기를 상대에게 전달하는 것.

○상담이 성공하려면 당사자의 마음을 얻어야 합니다. 그러려면 상담의 주체인 상대에게 위로와 희망과 용기를 줄 수 있어야 합니다. 즉 이래서 안 되고 저래서 안 되고 등 백발백중의 명리적 확신이 상담의 주체가 되어 절망을 주지 않아야 합니다. 사주명리가 적중에 급급하여 '안 되고'의 부정적으로 흐르면 소외받는 마이너스 학문이 됩니다.
○상담사 앞에 있는 상대가 자신보다 의지와 신념이 백배 막강할 수 있는 것을 방심하면 안 됩니다. 대체적으로 이런 사람들은 절망에 분노하며 불신으로 발전하고 마음을 접는 순간 비난이 시작되는 특성이 있습니다.
○따라서 삼세는 못 볼지라도 장기운[62]의 진행과 남은 정도를 보고 '무엇을 어느 정도까지 할 수 있는지'를 찾아 상대의 마음을 얻을 수 있기 바랍니다. 사람의 마음을 얻지 못하고 확신만 있으면 폐문철폐(승자의 저주)[63]의 길을 가기 때문입니다.

☐1. 기운의 증감과 YVWQ는 "성사재천"[64]에 속한다.
 기운의 증감은 하늘의 섭리(근원)에 속한다. 이는 사람이 어찌할 수 없다는 점에서 "이중예정론"[65]과 닮았다. 우리 책은 기운의 증감을 YVWQ로 나타낸다.
 1)원국의 최종격은 대운과 태세를 만나 일으키는 그때마다 기운이 변한다.
 2)기운은 순간 작용할 뿐 삶으로 이어지지 않는다. 이를 스토리화 해야 한다.
 3)예) 어려서 시작된 생 한 번이 그대로 주체가 되어 나머지 삶을 끌고 가지 않는다. 희곡 5요소[66](발단, 전개, 위기, 절정, 결말)의 한 점 모자이크에 불과하다.

☐2. 스토리화(story化)와 메타포(metaphor)는 "모사재인"이다.
 스토리화[67]는 운명(관습)이라고 하는 사람의 인식 여부가 개입될 여지가 있다는 점에서 "예지예정론"과 같을 수 있다. 그리고 이 스토리화가 통변(해설) 즉 스토리텔링으로 이어진다.

> ● 간명의 원리
> ○대략 2010년 즘의 지구 인구와 사주를 비교하면 50명 정도가 하나의 동일 사주의

---

59) 3-2-4-1 유식학(유식론) "안이비설신의(眼耳鼻舌身意)와 마나식 그리고 알라야식"
60) 4-3-5 ●=3 ●Tip ■-3 1)윤관의 9성-강희제(4대 황제)와 "백두산정계비" 지도 참조
61) 1-4-5 ●=2 ■1 ☐3 간명의 원리 ○계) 명퇴하기 싫은데 어쩔 수 없이 하면 부정의 수치와, 자발적으로 원해서 철수를 한다면 긍정의 수치와 원하는 것이 만납니다. 즉 사회적 통념을 벗어나서 선한 일이든 악한(도적질) 일이든 자신이 주체가 되고 긍정일 때 원하는 것을 얻습니다.
62) 2-2 ●-33 실제사주 ●간명의 원리 ○5 이렇게 지금의 운 즉 긍정과 부정이 일으키는 파생을 보고 자할 때는 뒤에 오는 운을 보아야 오르막(도약의 발판) 내리막(재충전과 수용)이 보입니다. 즉 장기운이 어떻게 이어지고 진행도는 장기운이 어느 정도 남았는지를 말합니다.
63) 4-2-1-2 ●=2 "승자의 저주"
64) 2-1-7 서문 "모사재인 성사재천 불가강야"(지혜로운 사람과 우둔한 사람)
65) 4242-1 ☐1 이중예정론 ☐2. 예지예정론
66) 3-2-9-3 ■1 "오행과 육신오행의 물상" 도표
67) 2-1-8-1 스토리화와 메타포와 시퀀스-"☐스토리화는 YV.WQ 수치를 언어화 하는 것이고,"

> 를 공유한다 합니다. 그러나 삶과 색깔이 각각인 것은 스토리[68]가 다르기 때문입니다.
> ○이러한 기의 증감과 스토리는 선한 일에만 쓰이는 것이 아닙니다. 도적도 운수 좋은 날을 찾듯이, 우리가 미처 상상할 수조차 없는 불의와 악의 세계에도 존재합니다.

1)스토리(비겁)는 그저 무의식적 자기개방(식상)보다는 그래도 자기체험(재성)이, 그보다는 이성적 객관성(관성)[69]이, 마침내는 자연의 섭리를 수용하는 통찰(인성)로 이루어지는 것이어야 바람직스러울 것이다.

2)사주명리의 스토리화와 스토리텔링은 전통적으로 물상을 통한 통변(通辯)[70]을 말한다. 우리 책의 통변도 메타포(metaphor은유, 비유)로 이루어지는데, 다만 막연한 물상(物像)[71]이 아닌 생극제화와 그 경우의 수를 더 중시한다.

3)그래서 체상(성격이나 심리)의 일방적 상상과 주장에 치우쳐서는 안 된다. 그 나이 때 일어날 수 있는 삶과 경우의 수(주기별 시퀀스)[72]에 집중해야 한다.

4)이러한 간명은 실제 사람의 마음과 모습을 대비해 보아야 한다.[73]

> ● Tip
>
> ○재물을 볼 때 사람은 1보는 것, 2보이는 것, 3보고픈 것, 4애써 보는 것, 5눈을 감아도 보이는 것이 있습니다.[74] 즉 경제적 마인드를 말합니다.
> 1)비겁-see(눈으로) 보다. 육식[75]의 안(眼)으로 보는데 볼 수도, 못 볼 수도 있습니다.
> 2)식상-의도하지 않아도 본능적으로 눈 뜨면 들어오는 자연 그대로 보이는 것입니다.
> 3)재성-보고 싶은 것인데 자신 능력만큼 봅니다. 열정과 사랑과 애정이 자리합니다.
> 4)관성-싫든 좋든 보아야 하고, 애써 보는 동안 연철 선철이 제련되어 강철이 됩니다.
> 5)인성-보지 않아도, 보이지 않아도 마음에 비치는 세상 즉 심안(心眼)을 말합니다.
>
> ○처음엔 상수역[76]처럼 보이는 대로 스토리가 되겠지만, 관록이 더해지면 의리역[77]의 철학적 영역처럼 '관음'이나 '청무성시무형'[78]의 인성으로 가는 수련이 필요합니다.

---

68) 3-1-2-1 ●=1 『적천수』「출신(出身)」 "세덕과 심전과 선천"
69) 3-2-4-3 ●=1 ■2 "겁 식 재는 형이하학적(물욕의 자리)인 내 뜻대로가 되고, 관(조직의 쓴 맛)을 지나 인수에 이르면 하늘의 뜻(우주의 섭리)을 알 수 있는 형이상학적(정신 즉 이성적이거나 신성)인 성숙의 자리가 된다."
70) 3-2-9 오행과 육신의 상(像)
71) 3장 들어가기 1-3 ●=2 ■2 ●간명의 원리 ○물상의 원리는 육서의 영향이 큽니다.
72) 5-1-5-3 ■1 "생의 주기별로 붙여지는 모자이크-시퀀스(Sequences)" 도표
73) 3-2-9-4 ●=1 ■3 인상과 태도와 사주팔자
74) 3-2-9-3 ■1 "오행과 육신오행의 물상" 도표
75) 3-2-4-1 유식학(유식론) "안이비설신의(眼耳鼻舌身意)와 마나식 그리고 알라야식"
    4-2-2-3 ■1 "유식사상". "유식론(유식학)"
76) 4222-2 상수역(象數易)
77) 4222-1 의리역(義理易)
78) 제3장 서문 (1) "청무성시무형(聽無聲視無形울림이 없어도 듣고, 모양이 없어도 보는 것)"

| 3장-1 | 사주보는 심리 |

사주보는 심리 안에는 자연론, 정성론, 천명론79)이 자리하고 있다. 그러나 어떤 것이든 사주보는 사람들은 두 가지 부류80)가 있을 수 있다.

■1. 현명한 사람(모사재인 성사재천 참조)81)
□1.▶나의 능력(비겁-자원과 재능)을 알고 개발하며, ▶하고 싶은 일(식상)과 ▶할 수 있는 일(재성)의 가능성에 도전하는 열정, ▶내가 해야 하는 일(관·성)을 위해 스스로 단련하는 용기, ▶할 수 없는 일에 그릇의 한계를 수용하는 지혜(인성)와 이를 위해 때를 사모하며 마인드 컨트롤(Mind Control)82)하는 이다.

□2.현명한 사람은 예시적이고 이성적83)이며 경험적 지식과 감각적 반응을 겸비한 사람이라 할 수 있다.
 1)예시나 계시는 선견지명과 자리가 같다. 이는 이성과 육감(체험)이 쌓여서 오는 직관과 영감의 영역에 속한다.84) 그래서 영감은 접신을 통하여 영으로 보는 것과 다르다.
 2)이성적 지식은 객관화가 중요한데 학문 활동을 통하여 가능하다. 시대성(역사)을 바탕으로 인과 관계를 밝히고 합리적 사고로 대안을 만들어가는 것이다. 여기에 사주의 작동과 그 현상을 신비나 초월이 아닌 인문(문학 역사 철학), 사회, 교양85) 즉 객관적으로 설명할 수 있는 것도 포함된다.
 3)경험적 지식은 삶의 도를 말하는데 지천명이 좋은 예가 될 것이다.86) 즉 사람이 매번 체험을 통하여 깨우침을 얻는 것을 말한다.87)
 4)감각적 반응은 새의 날갯짓과 같다.88) 동계훈련 기간 동안 투수들은 삼천

---

79) 5-1 천도(天道)의 세계 "자연론 정성론 천명론"
80) 4-1-5-2 ■2 두 부류의 사람(지혜로운 사람과 우둔한 사람)
81) 2-1-7 서문 "모사재인 성사재천 불가강야"(지혜로운 사람과 우둔한 사람)
82) 제 3 장 서문 자신의 의지(생각과 행동, 감정, 마음)를 절제 조절 즉 마인드 컨트롤(mind control)
83) 3-2-4-3 ●=1 ■2 "겁 식 재는 형이하학적(물욕의 자리)인 내 뜻대로가 되고, 관(조직의 쓴 맛)을 지나 인수에 이르면 하늘의 뜻(우주의 섭리)을 알 수 있는 형이상학적(정신 즉 이성적이거나 신성)인 성숙의 자리가 된다."
84) 4-2-2-3 ■2 ●Tip ■1-영감. ■2-육감, ■3-직관에 대하여
85) 3-2-9-1 ■2 ●Tip 문화 "인문. 사회. 교양"
86) 3-2-4-6 15세 지학(志學), 30세 이립(而立), 40세 불혹(不惑), 50세 지천명(知天命), 60세 이순(耳順), 70세 종심(從心)
87) 1-4-5 ●=2 ■2 □2 ●간명의 원리 ⊂5 부정은 흉한 것이 아니라 적은 투자와 작은 실패를 통하여 자신을 단련하는 시간일 수 있어야 합니다. 부정에서 교훈을 얻는 발상의 전환이 필요합니다.
88) 3-2-4-2 ■4 □2 습(習)은 깃 우(羽)와 흰 백(白)으로 구성되어 있다. 새가 날려면 날개깃이 하얗게 되도록 반복 학습하는 의미이다.

번 정도 투구해야 한다는 이론이 있다고 한다. 이렇게 투구 메커니즘이 몸에 입력되어야 실전에서 무의식적이고도 반사적으로 반응할 수 있고 부상 위험도 줄인다는 것이다.

이 네 가지가 모이면 자연 권위 있는 사람이 될 것이다. 사주를 간명하고 상담하는 사람의 목표이기도 하다. 어떻든 상담사는 물론 사람의 권위는 앎(계시, 합리적 사고, 체험, 반응)의 축척과 상대에 대한 깊은 이해와 배려에서 나온다.

우리 모두는 돈오돈수(한 번에 깨달음)가 가능하다. 그러나 그 것을 익히고 일상화하려면 한 번의 통찰로 끝이 아니다. 여러 번의 돈오점수(점진적으로 깨달음) 과정을 거쳐야 한다. 다만 점진적인 것이 지적 받는 일이거나 잔소리가 되는 것을 경계해야 한다.

특히 상담사는 전문지식과 상호존중을 바탕으로 클라이언트[89]를 대하는 줄탁동시(새가 알을 쪼며 나올 즘 어미도 밖에서 알을 쪼아줌)의 지혜가 권위의 시작인 것을 의심하지 않는다.

● Tip

■-1 사람의 사고와 행동
○우주 전체의 근원은 원자와 허공뿐인 것이고 다른 모든 것은 사람의 관습적인 관념에 불과합니다.[90] 그 언저리에 사람의 사고와 행동이 있습니다.
○심리학은 사람의 사고와 행동을 연구하는 학문입니다. 예전에는 형이상학의 범주를 벗어나지 못한다고 생각했으나 지금은 실험과학을 바탕으로 발달, 성격, 정신역동, 행동, 인지심리학과 심리검사 등등 여러 학문으로 연구되고 실생활에서 응용되어집니다.
○사주를 보는 심리는 마음이 그렇다는 것입니다. 심리는 마음의 작용이기 때문입니다.
○그 마음의 중심이 각자 삶과 행동의 근거가 되는데, 어떤 사람은 각각의 종교로 또 철학이 되기도 합니다. 그러면서 자신만이 가장 보편적이거나 우월하다고 착각합니다.

■-2 형이상학적인 것과 우월감
○그런데 자신의 근거가 그렇게 드러난 마음의 형이상학적인 현상일 뿐인 것을, 어떤 것은 미신이고 어떤 것은 신념이나 신앙이 되어 우열을 가리려고 합니다.
○한편으로는 "운명이라는 것이 있느냐?" "있다면 운명과 사주가 맞는 거냐?" 이 말은 "신이 있는 거냐?" "있다면 신이 세상을 주관하느냐?"와 같습니다. 그러면서 이를 증명해 보라고 합니다. 이러한 의문에 오죽하면 사주는 통계학이라고 변명했겠습니까?
○"죽고 삼 일만에 부활", "색즉시공 공즉시색", "배우고 익히면 즐겁지 아니한가?"처럼 그냥 그렇게 믿고 싶은 마음의 작용이라고 하면 될 것을 말입니다.
○사람의 정서와 감정은 미토콘드리아를 타고 자손에게 전이된다고 합니다. 사주도 선

---

[89] 4232-3 "클라이언트"
[90] 제3장 서문 (2) "우주 전체의 근원은 원자와 허공이며 다른 모든 것은 관습적으로 믿어지는 것들"

대의 심리가 향수(선호)식품처럼 자손에게 유전되었을 것이기 때문입니다.91)

■-3 점술과 육서의 생활화
○어떤 이들은 사주를 비롯한 점술행위가 인간의 이기심에 악용될 소지를 지적합니다.
○그러나 사주명리학을 제대로 이해하면 사람이 노력하여 되는 것과, 노력해도 안 되는 것이 있는 것을 알아차립니다.92) 그리고 언제 나아가고 머물지를 알게 되는데 이는 월동준비를 언제 하느냐와 같습니다.93)
○또한 악용될 소지란 그 자체로 사람의 성장과 성숙을 도모한다는 말도 됩니다.
○어떻든 사주명리학을 비롯한 동양 역학의 언어는 신의 소리가 아닙니다.94) 사주는 무속(점술)의 접신(신을 통함)과 달리 기세(음양오행)95)와 형이상학적인 상(像)에서 출발합니다. 거기에 한자 문화권의 독특한 육서96)의 생활화가 있습니다. 그리고 그 언저리에 동양사상과 사주명리학도 있고, 위로와 행복을 얻고 싶은 사람의 마음이 있습니다.

■2. 우둔한 사람(모르면 운 참조)97)

사람이 하는 일과 하늘이 하는 일의 경계가 모호하여 운과 운수의 영역이 넓고 높으며, 매사 관념적이며 미신행위에 익숙한 사람일 것이다. 막연하게 점술(역술)을 통한 길흉화복에 일희일비하는 경우가 많다할 것이다.

● Tip

■-1 신보다 먼저
○자신에게 보이는 것과, 자신이 보고 생각하는 것이 전부라고 생각하면 우둔한 겁니다. 마치 어린아이에게 자신의 어머니는 미스코리아보다 최고인 것과 같습니다.
○우리에게는 신이 먼저이지만 이보다 먼저 초고도문명이 있었습니다. 세계적으로 가장 오래된 기록으로 갑골쿤98)과 수메르 점토판을 들 수 있습니다. 그 점토판 일부가 제카리카 시친99)에 의해서 판독 되었고 거기에 엔키와 아눈나키가 나옵니다. 그러니까 이 신들을 외계에서 지구로 이주시킨 원동력이 초고도문명입니다. 그래서 신보다 먼저라고 한 겁니다. 즉 수메르 점토판은 사람이 아닌 신들의 기록과 유산이라는 말입니다. 이때 사람은 문자를 가지고 있지 않았기 때문입니다.

■-2 사람이 먼저
○1.그리고 신 다음에 세 번째로 호모 사피엔스 사피엔스가 나오고 학문이 생겨나는데

---

91) 5-4-2-4 밈-문화적 유전자
92) 5-1-2 ●=3 ●Tip ■-2 "라-인홀트 니쿠어"의 기도문 중"
93) 2-1-7 서문 "모사재인'성사재천 불가강야"(지혜로운 사람과 우둔한 사람)
94) 5-1 천도(天道)의 세계 "자연론 정성론 천명론"
95) 4-2-4-1 "천문학적 부호", "부호는 '정하-여 쓰는 기호"
96) 3장 들어가기 1-3 ●=2 ■1 ●Tip 육서(六書)-한자 생성(生成)의 여섯가지 원리
97) 1-6-2-8 ●=2 ■6 □1 "모르면 운이고 운명이 된다."

여기에 사주명리학도 자리합니다. 이 말은 자신이 보는 전부가 몇 번째부터인가의 문제입니다. 신만 보이는 것은 첫 번째를 못 보는 것이고 사람 문명의 산물인 문자와 학문에 얽매이는 것은 그 이상을 못 보고 자신의 어머니가 최고인 것에 불과한 겁니다.

○2.사람에게는 한계와 가능성이 동시에 존재합니다. 그 것을 볼 수 있을 까하고 체계화 한 것이 심리검사나 사주팔자일 겁니다. 그러나 심리학에서는 성격검사나 심리검사는 참고만 할 뿐이지 그 것이 사람을 단정할 수 없다고 분명하게 말합니다.

○3.참고로 심리검사의 형식과 해석은 고법명리의 신살과 유사합니다. 고법은 천여 년 전 북송(960~1127)에서 시작된 자평명리보다 훨씬 후진적인데도 말입니다.

○4.만약 이러한 전문성을 도외시 하고 심리검사가 단정으로 흐른다면 아마 혈액형으로 심리를 분석하는 것과 같은 우가 발생할지 모릅니다.[100] 그런데 오늘 날 젊은이들에게는 16가지 유형별 심리(성격)검사가 삶의 필수품이 되어 있습니다. 아마 "팔자 도망은 못한다."와 같은 이분법적 발상(흑백논리)일 겁니다.[101]

■-3 운명보다 먼저

○그러나 "성격 유형"과 "팔자 도망은 못한다."는 스스로 자성을 갖지 못합니다. 불가에서 자성은 대승의 본성이 없다는 공이나 반야이고, 소승은 불성이 없는 것을 말합니다. 서양에서는 모든 사람의 본성에 원죄가 깔려있고 그래서 메시아가 필요하다 합니다.

○어떻든 자성은 본질, 본성, 실체, 본체라는 말이고 자성이 없다는 것은 헤라클레이토스의[102] 모든 것은 변한다와 같습니다. 즉 변하니까 존재하지 않는 다는 말입니다.

○이를 데모크리토스의 세상 근원은 원자와 허공뿐이고 나머지는 삶에 의해 만들어진 관습[103]이라한 것과 비교할 수 있는데, 사람의 관습은 결국 변합니다.

○일반적으로 모든 사물은 각기 본성을 지닙니다. 그러나 사물은 자성이 있다할지라도 생명력이 없어 사람처럼 고등한 사고를 갖지 못합니다.

○학문 자체도 스스로 자성을 갖지 못합니다. 그 자성은 초고도 문명 그리고 신 다음의 세 번째 주체인 사람에게 있습니다. 지구상의 학문은 사람의 사고 속에서만 만들어지고 기억되고 있기 때문입니다. 꽃을 꽃이라 불러 줄 때 우리에게 꽃이 되는 것과 같습니다.

○사주명리학도 운명도 사람이 없으면 본질(자성)인 생명력이 없기는 마찬가지입니다. 즉 망원경으로 세상을 본다고 망원경 안에 세상이 있지 않습니다. 아마도 자성이 있는 것처럼 생각되는 것은 제한된 여건에서 오는 적은 기회를 성공으로 이끌고 싶은 절박함의 발로일 겁니다.

■-4 모르면 운명이 먼저[104]

○업(카르마)[105]이 질다는 말은 생각이 질다는 말도 됩니다. 즉 의지와 신념이 높고 신앙이 깊은데 자기가 보고 들은 것에는 몇 번째를 불문하고 집중한다는 말일 겁니다.

○운과 운명이란 상대적입니다. 수학 문제를 실력으로 푸는 사람에게 운은 그리 중요하지 않습니다.[106] 상대적으로 그 반대는 운과 운명의 영역이 크고 절대적입니다.

○사람의 가능성과 능력의 한계[107]는 실패할 수도 성공할 수도 있다는 말로 귀결됩니

다. 즉 성패는 "성격 유형"이 그래서도 "팔자 도망은 못한다."도 아닌 사람의 삶 그 자체(변화)일 뿐 정해진바 없다는 겁니다. 그래서 자신이 보고 들은 것 중에서 몇 번째인지 모르지만 최고라는 옅지 않은 생각일 수 있는 것을 감안해야 합니다.

3장-2	YVWQ의 사주보는 순서

우리 책은 YQ-1, 2(제2장의 YVWQ 산출 과정)와 YQ-3, 4(제 1장 YVWQ 해석)이 사주를 간명하는 순서가 된다.

■1. 육신과 격국을 쉽게 구사하는 경우
□1.YQ-1 신약신강 판별을 위한 천간을 산출한다. 그러면 상신과 격이 나온다.
 1)격을 통해 성정과 성격 등 사주 전반의 정보(세덕, 심전, 산천)108)를 얻는다.
 2)상신(최종격)의 활성기가 언제인지 일단 대운의 흐름을 본다.109)
 3)대운 등 행운의 간지가 간여지동일수록 상신의 수치가 분명하게 상승한다.

□2.YQ-3(상위영역, 하위영역)를 산출하여 영역별로 행운의 변화를 본다.
□3.산출된 수치를 스토리화하고 스토리텔링(해설-통변)한다.

■2. 육신과 격국이 아직 어려운 사람
□오행을 위주로 간명한다. 육신과 격을 일단 보류하고 육신의 용어를 모두 오행의 생극으로 대신한다. 비겁은 일간, 인수는 일간을 생하는 것, 식상은 일간이 생하는 것, 재성을 일간이 극하는 것, 관성은 일간을 극하는 것이다.110)

□신약 신강의 판별은 우의 숙련된 경우와 같다.

---

98) 4-1-5-2 ■1 ■1. "문자학자들은 한자가 갑골문의 진화가 아닌, 완성된 글자로 세상에 나타났다고"
99) 4-1-4-2 ●=7 수메르 점토판
100) 3장 들어가기 2-1 ●=3 ■2 ●간명의 원리 ○1 ○2 체액론. 혈액형
101) 3-2-5-1 ■2 이분법적 사고 ●Tip 참조
102) 4-2-3 서문 "헤라클레이토스"
103) 제3장 서문 (2) "우주 전체 근원은 원자와 허공이며 다른 모든 것은 관습적으로 믿어지는 것들"
104) 1-6-2-8 ●=2 ■6 □1 "모르면 운이고 운명이 된다."
105) 3-2-4-3 ●=1 ■1 □2 비겁은 업의 즈체 카르마(karma)
106) 1-6-2-8 ●=2 ■3 ●Tip ○어떤 사람은 어려운 수학 문제를 실력으로 풉니다. 그러나 운이 좋아야 풀리는 사람이 있습니다. 즉 실력으로 풀면 모사재인이고, 운으로 풀리면 성사재천이 됩니다.
107) 4-2-1-2 ●=3 ●Tip ■-2 "「라인홀트 니부어」의 기도문 중"
108) 3-1-2-1 ●=1 『적천수』「출신(出身)」"세덕과 심전과 산천"
109) 2-1-3-1 YVWQ와 용법의 성립 시기
110) 6-1-1 육신의 파생

1)인입과 인출 중 수치가 적은 것을 생하는 대운이 언제(활성기)인지를 본다.
2)대운을 포함 활성기의 행운 간지가 간여지동일수록 작용이 분명하다.

□반감기호(1-3-2-2)[111]를 참고하여 해당 시퀀스의 수치를 영역별로 산출한다.
□당해년 신수를 볼 때(1-5-2)처럼 산출된 수치를 근거로 긍정과 부정의 여섯 가지 경우에 해당되는 내용을 통변한다.

■3. 삶의 데이터(표본) 추출
□격국이 쉬운 사람이나 어려운 경우 모두 인입과 인출 중 어느 쪽이 상승해야 호사가 오는지 확인해야 한다.
□그러기 위해서는 살아온 과정에서 좋은 때와 나쁜 때를 특정하여 두세 가지 표본을 만들어야 한다. 그리고 이를 통해 미래를 예측한다.
□이때도 원국[112]은 물론 행운에서 변격[113]이 오는지 확인해야 한다. 변격이 오면 인입과 인출의 선악과 명암이 달라지기 때문이다.

| 3장-3 | 일반적인 사주보는 순서 |

위와 같은 결론에 이르기 위해서는 아래 도형과 같은 일반적인 훈련이 깔려 있어야 한다.

사주보는 순서- 1부터

행운(行運)(의식)	일간, 국중지신 희기(喜忌)		
	1	대운과 태세의 흐름	삶의 경지와 절정기-활용빈도 높음
신법(전의식)	2	순역-신약신강, 용신격국, 조후	자평진전.적천수(득령 득지 득세) 난강망-높음
	3	왕쇠, 통근(적천수. 난강망)	지장간. 난강망(원문대로 인용 곤란)-활용 보통
	4	생극제화-합충 (자평진전)	사주 전반의 합 분산-보편적으로 가장 활용 높음
	5	오행(육신)의 작용-물상(物象)	비유 은유(메타포 Metaphor)로 활용-빈도 높음
고법(무의식)		1십이운성. 2 형 파 해	1. 四座의 기세를 봄. 2(형 파>해) 크기-이법 적용
		공망(일) 년주에서 봄	공망-활용 낮음
		십이신살(일 년에서 봄)	래정법 등 점술에 用-획일. 예)사유축 동일-낮음
		일반신살(일 월 년에서 봄)	해당 경우만 적용 가능 –가장 활용범위 낮음

앞서 언급한대로 우리 책은 기초를 2~3년 정도 닦은 후 맞이할 수 있도록 서술되었다. 만약 그렇지 않다면 아래 도표 '1행운' 아닌 '5오행의 작용'부터

---

111) 1-3-2-2 반감기호
112) 1-5-4-1 ●=1 원국에서 변격
113) 1-5-4-1 ●=2 행운에서 변격

공부해야 한다.

사주보는 기초는 위처럼 ▶의식(행운) ▶전의식(신법) ▶무의식(고법)의 3단계로 이루어진다. 사주명리를 한다는 것은 사람의 정신 활동에 속한다. 추상적인 정신은 의식과 무의식의 산물로서 보일 듯해도 볼 수가 없으니 더욱 이해하기 힘들다. 마치 바다에 떠있는 빙산114)과 같다.

이를 오스트리아의 프로이드115)는 지형학적 모형116)을 들어 정신을 의식(Consciousness), 전의식(Preconsciousness), 무의식(Unconsciousness) 등으로 설명하였다.

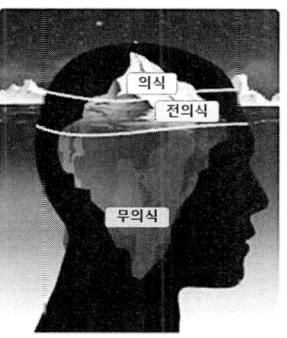

<프로이드의 지형학적 모형. 출처-구글>

●=1   의식의 세계

■1. 프로이드에 의하면 자아117)는 의식과 전의식 그리고 무의식의 모든 영역에 걸쳐 있지만 자아의 대부분은 의식에 있다 하였다. 그리고 지형학적 모형을 대체하는 '삼원적 구조모형(은초아, 자아, 초자아)'에서 자아는 본능적 욕구와는 다르다고 했다. 즉 온전한 자아라는 것은 '인도의 본원으로서의 성(誠)118)'과 궤를 같이 한다.

■2. 의식에는 오행의 희기와 행운이 떠오른다. 여기에 오행 여덟 글자의 성정과 성향이 희기로 나타난다. 그리고 행운이라는 자극이 도달하면 상황을 판단하고 역할을 수행한다. 의식119)은 정신 구조 중에서 완전히 지상으로 나와 있는 부분이다. 당연히 겉으로 드러나기 때문에 그 변화를 파악하기 쉽다.

●=2   전의식

■1. 전의식120)은 평소에 드러나지 않지만 어떤 계기가 되면, 즉 조금만 집

---

114) 4232-3 ●=1 ■3 빙산의 일각
115) 지그문트 프로이트(독일어: Sigmund Freud)-오스트리아의 정신과 의사이자 정신분석학의 창시자.
116) 프로이드는 정신을 의식, 전의식, 무의식으로 구분했는데 이를 지형학적 모형이라 함.
117) 4-2-5-1 ●=3 자아
118) 4-2-1-2 정성론-인도(人道)의 본원으로서 성(誠)
119) 의식-감각 기관을 통해서 현재 인식되고 지각되는 모든 대상을 포함. 이는 겉으로 표현되는 내용이 대부분. 그리고 외부에서 오는 자극이나 상황을 판단하고 계속해서 받아들이는 역할을 수행.
120) 전의식-의식과 무의식의 사이에 존재하는 일종의 완충 지대로서 무의식이 의식으로 보내려는 내용들을 포함하는 역할. 다시 말해서 무의식에서 정비되지 않은 욕망들이 의식으로 곧바로 보내지면 혼란이 생기고 인간의 행동이 비정상적으로 나타날 가능성이 높기 때문에 전의식이 가운데서 중재

중하고 노력하면 곧 떠올릴 수 있는 내용들이 포함된다. 지표면에 하늘의 기운이 작동되는 정도를 50cm 깊이로 추정한다. 즉 얕은 지표층에서 오행의 희기에 가장 많은 변화를 선물하고 있다.

■2. 전의식은 신약신강, 성격, 이기법, 이법, 육신, 오행의 과다 결손, 물상 등의 '신법'이 숨 쉬고 있다. 사주명리에서의 어떤 계기는 합 형충으로 인한 강약의 변화를 말한다.

●=3	무의식

■1. 프로이드의 '삼원적 구조모형(원초아, 자아, 초자아)[121]'의 원초아와 초자아도 무의식[122]의 영역이다. 시베리아의 지표 아래 동토(凍土)[123]층과 같다. 그 지표면 위로 활엽수가 아닌 건조하고 추위에 강한 침엽수가 자라고 있다.

■2. 무의식에는 십이 운성, 공망, 십이 신살, 일반신살 즉 고법의 세계가 잠자고 있다. 성정(性情)으로 존재하지만 잘 드러나지 않는다. 이는 잠들어 있는 '심리적 작용(기질과 성격을 포함)'으로써 '신법'을 떠받치는 역할을 한다.

3장-4	각 글자의 해석과정

■1. YVWQ에서는 상위영역과(원국, 대운, 태세) 하위영역(월운, 일운, 시운) 등 영역별로 해석이 이루어진다.

역할을 함.
121) 삼원적 구조모형(tripartite structural model)-프로이트(S. Freud)는 1923년 『the Ego and the Id』를 출판하면서 자아, 원초아, 초자아를 소개. 지형학적 모형을 대체하는 이모형에서 자아는 본능적 욕구와는 다른 것으로 간주. ▶자아의 의식적 측면은 의사결정을 내리고 지각된 정보를 통합하는 심리적 세계의 집행자 역할을 함. 자아의 무의식적인 측면에는 억압 등 방어기제들이 존재함. ▶원초아는 오로지 긴장을 방출하는 데에만 관심을 두며 완전히 무의식적인 정신 내적요소. 원초아는 자아의 무의식적인 측면과 구조모형의 세 번째 요소인 초자아에 의해 조절됨. ▶초자아는 대부분 의식적이지만 어떤 측면은 의식적이기도 함.
122) 무의식-기본적으로 아기가 가지고 있는 일차적인 본능적 욕구들로 구성. 배가 고프면 주변 사람들이나 어떠한 상황에도 상관없이 음식을 집어 먹거나, 잠이 오면 자고, 원하는 사람이나 물건이 있으면 가지려고 하는 등의 원초적인 욕구. 이토록 사회성이 전혀 포함되지 않는 인간의 내면으로 채워지는 무의식 속에는 당연히 사회적으로 지탄받을 금지된 성향과 욕망, 상상들이 들어 있음. 근친을 사랑하는 마음이나 특이한 버릇, 폭력적인 행동이나 이를 실행에 옮기는 상상 등도 포함. 나아가 이미 스스로는 기억 속에서 지워 버린 어린 시절에 겪었던 추억이나 경험, 트라우마와 상처, 콤플렉스도 무의식 속에서 보이지는 않지만 항상 존재.
123) 5-1-4-5 ■1 '시베리아의 통토'

■2. 일반적으로 사주 해석 과정은 '무의식(고법명리)'을 제외한 '의식(행운)' '전의식(신법명리)'의 큰 틀 간에서 아래 도표처럼 크게 네 부분으로 나누어진다.

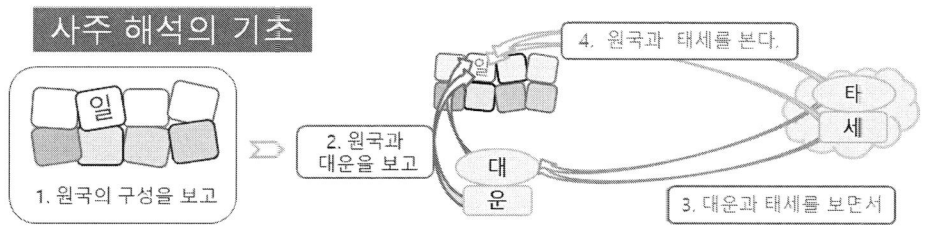

☐1.원국 사주팔자(일간과 국중지신)-원국 배합에서 신약 신강을 구한다.
☐2.행운 즉 일주와 원국, 원국과 대운, 원국과 태세는 YQ-3의 기본영역이다.
☐3.보통 단원별로 나누어 공부하게 되는데 이는 한꺼번에 학습할 수 없는 고육지책(苦肉之策)의 일환이다. 원국은 행운에 의해서 이합집산(형충회합)이 일어나면서 성정(性情)의 변화가 일어난다. 이 결과를 반영할 수 있어야 한다.
☐4.그래서 원국은 아래 도형처럼 기본적으로 '한 두 글자'가 아닌 팔자(배합)에서 격(조화, 중화)을, 그리고 행운 즉 '기본영역 12글자'와 필요에 따라 '간경 18글자'를 동시에 볼 수 있도록 단련해야 한다.

■3. 이러한 배합을 우리 책에서는 '사주 총량의 법칙(배합)'이라 하는데 이는 질량 총량의 법칙[124]에 비유할 수 있다.

● 간명의 원리

---

124) 질량 보존 법칙(=질량 총량의 법칙, =질량 불변의 법칙)-닫힌 계의 질량은 상태 변화에 상관없이 변하지 않고 계속 같은 값을 유지한다는 법칙. 근대 화학의 아버지 앙투안 라부아지에가 최초로 정식화하였으나 이전에도 미하일 로모노소프 (Mikhail Lomonosov) 등이 언급한 바가 있음.

○질량 보존 법칙(質量保存法則)을 간단하게 설명하면 물질은 갑자기 생기거나 없어지지 않는다는 것입니다. 즉 총량은 그대로인데 형태만 변하여 존재한다는 뜻입니다.
○이 법칙을 사람에게 대비하면 우주의 물질이 그 형태만 바꾸어 우리라는 개인에게 존재한다는 말이 됩니다. 다만 그 형태가 개인마다 다양할 뿐입니다.
○그 각기 다양한 사주도 마찬가지입니다. 오행으로 이루어지는 사주 네 기둥은 사람이라는 총량과 비교됩니다. 그래서 사주구조(배합)로 사람의 총량을 보아야 한다는 말이 됩니다. 체상과 신살 등 한두 글자와는 수준과 차원이 다른 일입니다.
○이를 자평진전에서는 순역125)이라 하였고, 적천수에서는 배합이라 했습니다.

■4. 사주총량과 실제사주-(병원 행정부장)

●-18 실제사주	1-3	3장-3 ■3 사주총량과 실제사주 자료
☞1. 신약 신강　　남. 병원 행정부장	9 8 7 6 5 4 3 2 1 6 6 6 6 6 6 6 6 6 6	▶2-자평 재 쓸 때 신약
병320　경60　신120　갑420	신 경 기 무 정 병 을 갑 계 임	▶용-갑　▶상신-수목
자　오　미　진　년	사 진 묘 인 축 자 해 술 유 신	▶34경계인
사　임계　욕　병기정　관　정을기　양　을계무		▶인고형

● 총론

○1.이 사주의 저울126)은 일주가 신약하여 상신(토금) 운에야 비로소 비겁과 재관이 최대한 수평을 이루어 모두 희신이 됩니다. 그러나 상신 운이 오기 전에는 신약 일주가 재관에 시달리고 있어 재관이 기신입니다. 그런데 다행히 종재격으로 변격되었습니다.
○2.편재 갑목 한 글자만 보면 미토 인성이 있어 재성이 돋보입니다. 미토는 경 신금을 생 못하는 열토(비생금토)입니다. 오히려 경이 열토에 녹아 더욱 어질어질 비실합니다.
○3.경금은 사시사철 정화 조후(제련)가 우선인데, 차선(지지는 차선) 오화 마저 화생토생금(오생미생경)으로 관인통관되어 조후 기능이 미비합니다. 일간 경금이 예리하게 제련되어 다듬어지지 못하면 갑 편재도 병든 재물이니 쓸모가 없게 됩니다.

● Tip

○1.소년기 왜 공부 안했냐고 물었더니 아버지 사업이 잘 안 돼서 마음 산란했답니다.
 1)근거 1)갑 기신이 근묘화실의 소년기-(체). 2)갑 기신이 인생 초반 대운에 상승-(용)
 2)어려서 재(하는 일)는 공부-재성 자체 기신인데 또 재 왕하면 재극인으로 공부 난망.

○2.재대 후 계유대운에 진학-무진, 기사년 경신의 YQ-3 수치 상승하여 가능합니다.
 1)무진(25세) 병+400 경+1200 신+1280 갑0으로 인출+400보다 인입+2480 상승 길
 2)기사(26세) 병-1000 경-480 신+120 갑-480으로 인출-1480보다 인입-360 상승 길

---

125) 3-2-1 ■3 순역
126) 3-2-1-2 ●=1 ●간명의 원리, "저울"

| 3-1 | 의식-행운(行運) |

 아래 도표는 저울을 형상화한 것으로 왼쪽 노란색의 행운은 무게에 따라 일간과 국중지신[127]의 기울기가 달라진다. 이 기울기에 따라 원국의 희기가 춤을 추게 되고 그로 인하여 변화무쌍한 인생의 파노라마가 펼쳐지게 된다.[128]

사주보는 순서- 1 부터

행운(行運) 의식 / 일간, 국중지신 희기(喜忌)		신법 (전의식)
1	대운과 태세의 흐름	삶의 경지와 절정기-활용빈도 높음
2	순역-신약신강, 용신격국, 조후	자평진전, 적천수(득령 득지 득세) 난강망-높음
3	왕쇠, 통근(적천수, 난강망)	지장간, 난강망(원문대로 인용 곤란)-활용 보통
4	생극제화-합충 (자평진전)	사주 전반의 합 분산-보편적으로 가장 활용 높음
5	오행(육신)의 작용-물상(物象)	비유 은유(메타포 Metaphor)로 활용-빈도 높음

(1) 『연해자평』 「론대운(論大運)」에 "대저 대운이란 천간은 오운(五運)이라 말하고 지지는 육기(六氣)라 하므로 운기(運氣)라 이름한다[129]."라고 나온다. 그리고 세운은 세군(歲君)으로 나온다.
(2) 『명리약언』에서는 "매년을 유년(流年)이라 한다.[130]" 즉 세운을 유년이라 하였다.
(3) 『적천수』에는 "대운과 태세(太歲)" 즉 세운이 태세로 표기 되어 있다.
(4) 『적천수천미』에서 임철초 선생은 대운을 "운도(運道)"라 하였다.
 이렇듯 고전에서의 대운은 운기 운도로, 세운은 세군(군왕), 유년(흐르는 세월), 태세(큰 세월)로 엄격하게 구분하고 있다. 즉 세운은 대운보다 작은 운이 아니다.

■1. 행운을 간명하는 일이란 YVWQ의 기본영역인 '원극 여덟 글자'와 '대운 두 글자' '세운 두 글자' 그래서 열두 글자를 보는 일이다.
 그 안에서 일주와 대운, 대운과 태세, 일주와 태세와의 관계를 보는 것을 말한다. ▶대운은 월지에서 나왔으니 개인의 시간이다. 그리고 ▶태세는 공유 즉 '온 우주의 시간[131]'이다.

---

127) 1-4-6-1 ●=2 ■4 ●간명의 원리 ■- 국중지신의 해석
128) 3-2-9-4 ●=1 ■2 □2 "행운에서 변화되면 인상과 태도와 보는 눈의 변화가 나타날 수 있다."
129) 부대운자 이천간일오운 지지일육기 고명운기 (夫大運者 以天干曰五運 地支曰六氣 故名運氣)
130) 조지유년(調之流年)
131) 3-1-1-1 ●=2 "자연의 생태계" "우주의 시간"

> ● 간명의 원리
>
> ○과학자들에 의하면 우리가 알고 있는 세상에 대한 지식은 우주 전체의 6%정도에 불과하다고 합니다.다.132) 아니 어쩌면 6%도 많은지 모릅니다.
> ○우리는 지금도 이 자연을 작량(酌量짐작하여 헤아림)조차도 할 수가 없습니다.
> ○그러므로 대운이 태세(세운)보다 크다 할 수 없고 비교할 수도 없는 일입니다. 대운은 대운대로 태세는 태세대로, 사람 사이에서 고유할 뿐입니다.

■2. 행운은 보통 원국을 해석한 후 다음 나오는 『명리약언』「간운법 二(看運法 二)」의 방법처럼 '근묘화실을 이용하여 인생의 주기별(유아기, 청년기, 장년기, 노년기)로 보는 것과, 대운의 상간(上干)과 하지(下地)의 횟수를 5년씩 나누어 보는 것이 일반적이다.133)

□그러나 일반적인 방법보다, 간명12글자 이상을 동시에 볼 수 있어야 한다. 아래 소개하는 '행운 보는 순서'는 앞으로 공부하게 될 내용이다. 일반적인 방법보다 ▶훨씬 정확한 해석의 정보를 얻는데 대단히 유용한 장점이 있다. ▶그러나 고도의 숙련을 필요로 하는 단점도 존재한다.

□도표에 나오는 숫자는 다음 나오는 개두 절각에서 다시 공부하게 된다.

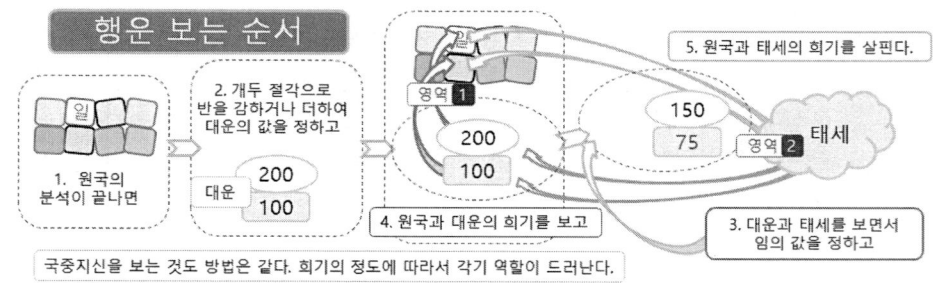

■3. 같은 오행과 육신이라도 원국과 행운의 이기법(조후) 쓰는 법이 다르다.
□1.원국-이법(생극제화)과 이기법(생금토와 비생금토 등)을 동시에 적용한다.
□2.행운-이기법(왕상쇠사)을 적용하지 않는다. 반감의 원리가 대표적이다.134)

---

132) 4-1-6 서문 (1) "▶안다고 하는 이 세계는 우주 전체의 5%에 불과. ▶뇌의 활용'에 있어서 개인들의 능력은 전체 뇌의 채 6%가 안 된다"
133) 6311-2 ●=1 ■1 "5년씩 10년"
134) 1-3-2 반감의 원리(이기법)

3-1-1 명리고전에서의 행운(行運)

사주명리는 명(命)과 운(運)으로 이루어져 있다. 명은 사주팔자 원국을 말하고 운이란 행운[135]을 말한다.

『자평진전』「논행운(論行運)」에 "운을 보는 법과 명을 보는 법은 다르지 않다."고 나온다. "명을 보는 것은 사주 간지를 월령의 희기와 배합하는 것이고, 운을 보는 것은 운의 간지를 팔자와 배합하는 것이다.[136]" 하였다. 그러니까 여기의 운이란 행운의 모든 운을 총칭한다.[137]

고전의 행운 해석을 요약하면 아래 도표처럼 다섯 가지 정도가 될 수 있다.

1	『연해자평』「논대운(論大運)」	행운 해석의 기초적 자료 제공
2	『명리약언』「간운법(看運法)」	대운 10년을 나누지 않는 해석 제시
3	『적천수』「세운(歲運)」	원국과 행운의 성극관계로 희기 구별
4	『적천수천미』개두(蓋頭) 절각(截脚)	개두와 절각에 따른 반감의 기법 서술
5	『자평진전』「논행운(論行運)」	희기의 파격과 성격을 구체적으로 나열

3-1-1-1 명리고전에서의 행운(行運) - 『연해자평』

『연해자평』「논대운(論大運)」에서 「서승」은 사주명리의 행운을 해석하는데 있어서 아주 기초적이고도 중요한 통변자료를 제공하고 있다.

그는 "자평 법에서 ▶대운은 지지를 보고 ▶세운은 천간을 본다. 운이 교차하는 것이 접목(接木)하는 것...[138]"으로 비유했다. 즉 운을 보는 법 즉 대운과 태세의 만남을 새로운 계절이 교차하는 접목으로 기술하였다. 이는 대운이라는 사주 월지에서 나온 기와, 태세라는 세상의 기가 교차할 때 새로운 변화가 발생하는 것을 뜻한다.

그 접목의 결과를 보면 "▶비겁 운은 부모와 아내를 극하며 파재쟁투. ▶상관은 자녀 극상과 송사 및 관재구설. ▶칠살은 명예이거나 태과하면 재액 질병. ▶인수 운은 경사. ▶재운은 명예와 이익이 있다."라고 말하고 있다.

---

135) 1-4-2-2 ■2 행운은 지지 뿐만이 아니라 천간과 함께 대운, 태세, 월운, 일운, 시운 등 여러 개의 운이 동시에 오기 때문이다.
136) 논운여간명무인법야 간명이사주간지 배월령지희기 이취운즉우이운지간지 배팔자지희기 (論運與看命無人法也 看命以四株干支 配月令之喜忌 而取運則又以運之干支 配八字之喜忌)
137) 2-1-3-2 ●=3 ■3 □1 3)"서락오" 선생께서 행운의 원리를 모르고 이렇게 설명하고 있는 것이 아닐 것이다. 그분이 이를 모르리가 없다.
138) 자평지법 대운간지 세군간간 교운동접목 (子平之法 大運干支 歲君看干 交運同接木...)

| ●=1 | 『연해자평』일간의 왕쇠 |

"▶일간이 왕 하면 쇠운으로 가고 약하면 왕운으로 가야 마땅하다.", "▶신살 공망 등 모든 살성을 겸해서 추론하면 증험하다.", "▶양인 도화 복음 반음 휴수 사절 쇠패는 흉 운이고 제왕 임관 록마 권인 생양 관대 묘고를 만나면 길 운이다."

즉 신강은 식재관의 설기를, 신약은 인비의 부조가 마땅하다는 말이다.

> ● 간명의 원리
> ○우리 책의 흉운과 길운은 오행의 희기에 의해서 정해질 뿐, 양인 등은 모두 흉운이고 록마 등은 무조건 길운으로 보지 않습니다.

| ●=2 | 일간과 대운과 태세의 관계 |

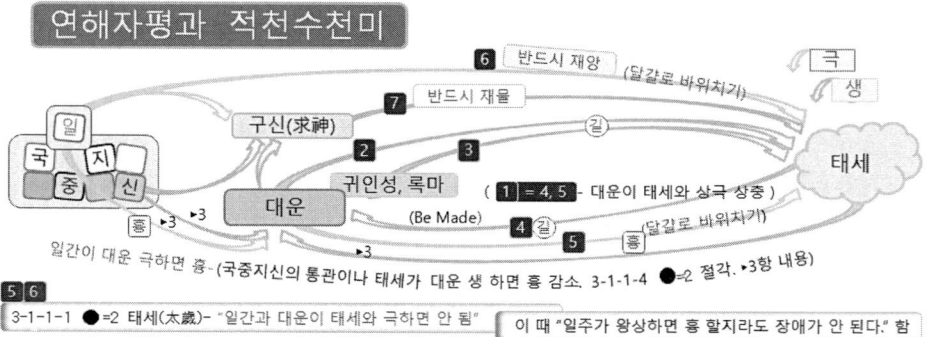

 위 도표는 모든 사주해석의 원리이자 원칙이며 YVWQ의 산출근거가 된다. 대운은 월지에서 나왔으니 원국과 더불어 각자의 주관적인 세계이고, 태세는 자연의 생태계이자 관습(인성)과 법치(관성)의 세계이니 외부의 영향이 된다. 즉 태세의 도움을 받지 못하는 것은 사람은 잘 갖추어져 있으나 천운이 따르지 않는 것과 같다. 정리하면 원국만 중요시하기보다 대운과 태세 이 세 가지를 배합하라는 말이다.

□5와 6처럼 주관이 희신이면서 태세를 극할 때는 세상에 도전하여 자신의 의지를 펴게 되고, 기신이면 달걀로 바위치기가 되어 아래 팔난처럼 몹시 아프다.

□4처럼 태세가 대운이나 일간을 극할 때 희신이면 다듬어(Making)지고 기신이면 팔난 즉 손재, 주색, 질병, 부모 형제의 우환, 학업중단, 관재가 찾아온다.

□▶3-1-1-4 '적천수천미 ●=2 절각'에서처럼 일간이 대운을 극하면 흉한데 태

세에서 구해주면 흉이 감소하게 된다.

 위의 내용 즉『연해자평』「논대운(論大運)」과 『적천수천미』「태세(太歲)」를 하나로 모으면 위 도표가 된다. 도표와 원문을 비교하면 아래와 같다
⌐"**1**은 **4 5**인데-대운(희신의 경우)이 태세와 상극 상충하면 흉운인데, 다시 형충 상극하면 또한 꺼린다.", "▶흉운이 공망이면 길하고 길운 공망이면 흉하다.",
⌐이어서 "**2**-태세와 대운이 상상, **3**-록마와 귀인이 상생하면 길하고, **4**-태세가 대운을 충극하면 길운이나, **5**-대운이 태세를 충극하면 흉운"이라고 적고 있다.

⌐또한 「논태세길흉(論太歲吉凶)」에는 "**6**-일간이 세군을 침범하면 재앙이 반드시 중하다. 그러나 ▶**7**-다른 오행이 구해주면 그해는 반드시 재물을 모은다.139)"라고 나온다.

---

139) 고불가범 범지즉흉 경운 일범세군 재앙필중 오행유구 기년반필초재 (故不加犯 犯之則凶 經云 日犯歲君 災殃必重 五行有救 其年反必招財)

| 3-1-1-2 | 명리고전에서의 행운(行運)-『명리약언』 |

■1. 『명리약언』「간운법 일(看運法 一)」에서 「진소암」은 "▶구서(舊書)에 일운(一運)의 상간(上干)과 하지(下地)가 횟수를 나누어 관장한다고 말하여, 상하가 5년씩 이라고 말하기도 하고...중략." 즉 「진소암」 선생은 한 대운이 10년씩을 관장하는 해석의 중요성을 강조하고 있다.

"▶상하의 간지가 함께 10년씩을 관장하는 것이 옳으며, ▶상하가 화합하거나 상생하면 그 힘이 동일하고 상이 하를 극하면 상의 힘이 하보다 나으며, 하가 상을 극하면 하가 상보다 나은 것이다. 이것을 명주에 맞추어 볼 때 상하가 모두 희신이면 10년이 길하고 상하가 모두 기신이면 10년이 모두 흉하며 상하 중에 하나는 기신이고 하나는 희신이라면 10년 사이에 길흉이 반반 섞이는 것이니... 중략. ▶상간(上干)은 보기 쉬우나 하지(下地)를 보기는 비교적 어렵다." 하였다.

● 간명의 원리

○이는 다음 나오는 개두 절각의 바탕이 되는 이론입니다. '임철초' 선생은 여기에 "절(節)이면 '무근(無根)'"의 원리를 더하여 더욱 이론을 진보시켰습니다.
○이는 오늘날 일부현장에서 대운을 천간 5년, 지지 5년으로 나누어 보는 것과 대치됩니다. 그래서 간명 현장에서는 10년을 관장하는 해석을 따르면 됩니다.

■2. 「간운법 이(看運法 二)」에서는 "초운은 소년을 관장하고, 중운은 중년을 관장하고, 말운은 말년을 관장하니...(중략), 이것을 사주로 추론하면 년은 소년(초운)을 관장하고, 월일은 중년을 관장하고, 시는 말년을 관장한다."라고 하였다.

이는 삶의 주기(유아기, 청년기, 장년기, 노년기)를 '근묘화실'로 구분하는 토대이기도 하다.

| 3-1-1-3 | 명리고전에서의 행운(行運)-『적천수』 |

『적천수』「세운(歲運)」에서 「유백온」은 행운과 원국의 생극 관계로 희기(喜忌)와 휴구(休咎)를 따져 보라고 한다. 그 내용을 정리하면 아래와 같다.

 "▶일주를 비유하자면 나 자신이고, 국중지신(局中之神)140)을 비유하자면 배나 말을 끌고 가는 사람이다. ▶대운(大運)을 비유하자면 임(臨)해 있는 곳이니, 고로 지지가 중요하나 천간이 없는 것이 아니고, ▶태세(太歲)를 비유하자면 만나는 사람이니, 고로 천간이 중요하나 지지가 없는 것이 아니다.141)" 라고 나온다.

 그리고 "기뻐하는 것과 기뻐하지 않는 것을 살펴보고 행운이 원국을 생하는 곳인가 벌목(伐木)하는 곳인가를 살펴보면 그 휴구를 가히 단정할 수 있는데, 태세가 한 번 이르러 오면 곧 휴구가 드러난다." 하였다.

 여기의 "지지가 중요해도 천간이 없는 것이 아니고, 천간이 중요해도 지지가 없는 것이 아니다."라는 말은 천간과 지지를 동시에 보는 우리 YVWQ의 토대가 된다.142)

| 3-1-1-4 | 명리고전에서의 행운(行運)-『적천수천미』 |

「임철초」의 『적천수천미』에 "고로 일 운을 10년으로 보되, 절대로 상하를 나누어 보지 말고 개두와 절각이 되어서는 아니 된다.143)"하는데 이는 『명리약언』과 같은 내용(상하의 간지가 함께 10년씩을 관장)이 나오면서 개두(蓋頭)와 절각(截脚)이 등장한다.

 즉 『적천수』의 '희기'에 이어서 개두와 절각으로 인하여 행운의 크기가 반감(半減)되는 경우를 서술하고 있는데, "▶개두(蓋頭)는 희신 지지의 길흉이 반으로 감해진다. ▶절각(截脚)은 천간이 희신인데 지지가 실어주지 않으니 10년이 모두 좋지 않다.144) 라고 나온다.

 아래 도표를 보면 ▶개두는 지지 희신을 천간이 극하는 것이다. ▶절각은 천

---

140) 1-4-6-1 ●=2 ■4 ●간명의 원리 ■-1 국중지신의 해석
141) 일주비여여오신 국중지신 비지주마인종지인 대운비소리지지 고중지지 미상무천간 태세비소우지인 고중천간 미상무지지 (日主譬如如吾身 局中之神 譬之舟馬人從之人 大運譬所蒞之地 故重地支 未嘗無天干 太歲譬所遇之人 故中天干 未嘗無之支)
142) 3221-1 ■3 □3 천지상응(전지감응). 『적천수천미』「월령(月令)」에 "천기(天氣)가 위에서 동(動)하면 인원(仁元)이 응(應)하고 지기(地氣)가 아래에서 동(動)하면 천기가 좇는다."
143) 고일운간십년 절물상하절간 불가사개두절각 (故一運看十年 切勿上下截干 不可使蓋頭截脚)
144) 개간두희지 운이중지 즉길흉감반 지불절간 즉십년개부 (蓋干頭熹支 運以重支 則吉凶減半 支不截干 則十年皆否)

간이 희신인데 생을 받지 못하는 경우이다. 즉 희신 천간이 극을 받는 경우와, 지지를 생하거나 극하다가 허약해지는 상태이다. 따라서 기신이 허약해지면 오히려 길하다는 뜻도 된다.-(참고 "1-3-1 개두절각의 실제")

	○운 크기(우측 개두 절각과 비교) 1순위-간여지동145). 2순위-반감(개두절각)	○개두(천간이 지지를 극)	○절각(지지가 천간을 불생. 천간이 지지를 설 극설)
목	1순위-갑인 을묘 2순위-갑진 을해 임인 계묘	경인 신묘	갑신 을유 을축 을사
화	1순위-병오 정미 2순위-병인 정묘 병술 정사	임오 계사	병자 병신 정유 정해
토	1순의-무오 기미 무술 기사 2순위-무진 기축	갑술 갑진 을축 을미	무인 기묘 무자 기유 무신
금	1순위-경신 신유 2순위-무신 기유 경진 신사	병신 정유	경오 신해 경인 신묘 경자
수	1순위-임자 계해 2순위-임신 계유 신해 경자	무자 기해	임인 계묘 임오 계미 임술 계사
○『적천수천미』에서는 병인, 정묘, 정사, 무진, 기축, 경진, 임신, 계유 절각으로 봄. ○YVWQ는 ▶병인, 정묘, 경진, 임신, 계유를-지지 인수 및 통근으로 ▶정사, 무진, 기축은-간여지동으로 ▶경인, 신묘, 임오, 계사는 개두로 봄			

●=1	『적천수천미』 개두(蓋頭)

■1. 개두에 대한 설명인데 개두가 되어 반감이 일어나는 과정이 나온다. "개두는 절(節)하니 '무근(無根)'이라 한다."가 핵심이다. 즉 천간이 지지를 극하여 뿌리를 자른 상태를 말한다. 그래서 잘린 만큼 반감의 대상이 되고, 이때 지지 5년이 흉하다는 것이다.

 반감이 일어나면 '반감의 원리146)'처럼 반쪽이 되는데, "태세가 합으로 오면 다시 회복이 되지만 충극으로 오면 또 감하여져 기세가 더욱 약해진다. 약해지는 것은 스스로 자르고 천운까지 없다는 것이니, 독불장군 비겁과 그리고 겁살, 격각살, 낙정관살의 성향과 유사하다. 따라서 부하 없는 절름발이 장수가 모든 것을 혼자 해결하는 형국이다."라고 말한다.

■2. 아래 도표는 '『적천수천미』개두(蓋頭)'에서 희신 인묘가 경신을 만나 금극목으로 개두되는 내용이다. 우리 책은 이를 숫자를 활용하여 설명하고 있다. "□1-지지 목으로 행운하여야 기쁜데 경인 신묘를 만나면 개두이다.

---

145) 3-2-10-2 ●=7 "간여지동(干如支同간지동체, 간지겁인)"
146) 1-3-2 반감의 원리(이기법)

□2-경신은 본디 흉운이나, 금이 인묘에 절(節)하니 '무근(無根)'이라 한다. 그러나 비록 십분지흉(十分之凶.흉이 많음)이 있다 할지라도 그 반을 감한다.
□3-만약 원국 천간에서 병정이 투출하여 금을 다시 극제할 수 있다면 다시 반을 감하고, ▶4-태세의 병정이 다시 극제하면 흉이 없다." 라고 했다.

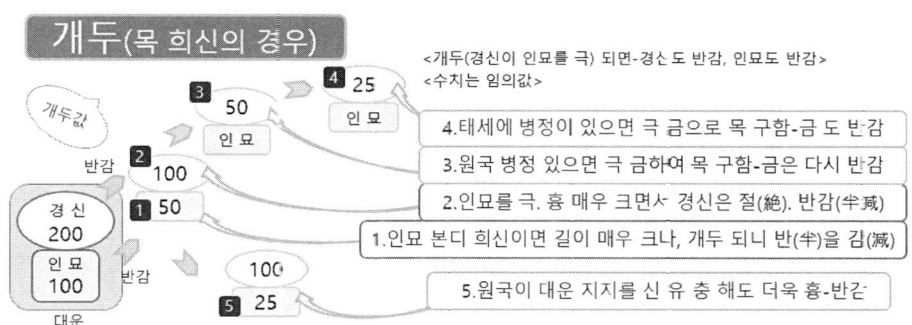

그리고 다시 도표의 ▶1로 길흉에 대한 해설이 이어지는데, "인묘는 본디 길운이나, 인묘는 개두가 된 까닭으로 경신의 극이 있으니 비록 십분지길(十分之吉.길이 많음)이 있다고 할지라도 역시 반을 감한다. ▶5-관약 원국이 지지에서 신유(申酉)의 충이 있으면 길함이 없을 뿐만 아니라 도리어 흉하다."고 나온다.
 그러니까 인묘가 희신으로 길 운에 해당될지라도, 그럼에도 불구하고 그 반을 감한다는 말이다. 또한 극을 당하면 길이 사라지고 도리어 흉하다고 전한다.

 참고로 아래는 위 도표의 수치에 대한 보충 설명이다.
□**1**은 인묘가 개두되어 수치가 100에서 50으로 절반으로 줄었다는 내용이다.
□**2**는 극하는 경신도 반감이 일어난다는 말로 역시 200이 100으로 줄었다.
□**3**은 원국에 병정이 있어 경신을 극하니 50으로 또 반감이 일어나고,
□**4**는 태세에 병정이 또 있어 저차 화극금하니 반의 반감으로 25가 되었다.

■3. 위 도표의 숫자는 개두원리를 설명하기 위해 정한 임의 값이다.
 도표를 종합하면 다음과 같은 거두절각에 대한 경우의 수가 나타난다.

1-천간 지지 같은 오행	무감	2-지지가 천간 생해도	무감
3-천간이 지지 생-절각	천간반감	4-지지가 천간 극-절각	천지반감
5-천간이 지지 극-개두	천지반감		

□개두절각은 절(節)로 인하여 브재(不載.뿌리가 없음) 자체로 반감의 대상이 된다.

□참고로 여기는 반감의 원리만 있다. 그래서 반을 감하라는 말에는 반을 더하라는 뜻과 반의 반 이라는 뜻도 있음을 감안해야 한다.

| ●=2 | 『적천수천미』 절각(截脚) |

 다음 도표는 절각에 대한 설명이자 역시 반감이 일어나는 과정을 보여주고 있다. 절각은 "절(絶)되어 부재(不載.실어주지 못함)"라는 말이 핵심이다. 즉 극하다가 뿌리를 잃고, 설 작용으로 지지를 생하다가 스스로는 생을 받지 못하는 차이인데 결과는 같다. 그래서 역시 받지 못하는 만큼 반감의 대상이 된다. 반감이 일어나는 결과는 개두에서의 결과와 같다.

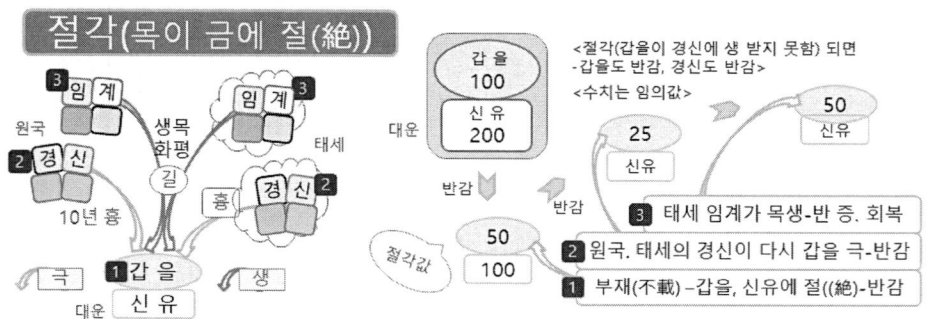

 도표의 절각은 **1**-갑을대운이 **2**-경신을 만날 때와, **3**-임계를 만날 때의 경우를 설명하고 있다. 그리고 도표 우측의 **1 2 3** 수치의 현상을 「임철초」선생은 아래와 같이 해설하고 있다.
□"천간이 목운을 기뻐하는데 지지에서 갑신 을유를 만나면 절각이다.
□**1**-목은 신유에 절(絶)되어 부재(不載.=실어주지 못함)라고 말하니 고로 갑을 운이라도 불길하다.
□**2**-만약 원국의 천간에서 다시 경신이 투출하거나, 태세의 간두(干頭)에서 경신을 만나면 반드시 흉하다는 것은 의심할 바가 없으니, 이에 10년이 모두 흉하다.
□**3**-만약 원국의 천간에서 임계가 투출하거나, 혹은 태세의 간두에서 임계를 만나면 능히 금을 밀어내고 생목(生木)하니 화평하고 흉이 없다."
□"고로 운에서 길을 만났으나 그 길함이 나타나지 않고, 흉을 만났으나 흉하지 않는 이유는 개두와 절각으로 인한 까닭이다."라고 선생은 말하였다.

| ●=3 | 『적천수천미』태세(太歲) |

태세의 내용은 '●=1의 연해자평과 적천수천미'의 도표에 포함되어 있다.

「임철초」선생은 태세에 대하여 "태세는 만나는 사람과 같으니 고로 천간이 중요하나 지지를 탐구하지 않으면 안 된다. 비록 국중지신과는 생극이 있다고 할지라도, 일주나 운도(運道)와는 충전하여서는 안 된다. 가장 흉한 것은 천극지충(天剋地沖)으로 세와 운이 충극하는 것인데, 일주가 왕상하면 비록 흉하다 할지라도 장애가 되지 않으나, 일주가 휴수(休囚)하면 반드시 흉구(凶咎)를 만난다. 태세가 일주를 범하는 것도 또한 이와 같이 논한다. 고로 태세와는 화(化)하여야 한다."라고 말한다.

그리고 이어서 "대운과 더불어서 한 부분만 가지고 논하여서는 안 된다. 가령 운에서 목을 만나면 길하나, 태세에서 목을 만나면 도리어 흉한 것은 모두가 전충(戰沖)하고 불화(不和)하는 까닭이다."라고 하였다.

● 간명의 원리

○간명에서는 반을 감하고 더하는 것이, 그 삶의 모습이자 통변의 과정이 됩니다. 즉 개두와 절각의 때는 목표한 바 욕심을 모두 채울 수 없으니 절반만 채울 수 있다고 통변하면 됩니다. 이는 격국의 성국 파국 과정과 합 형충파해의 변화 과정이 그 사람의 삶의 변화 과정인 것과 같습니다.

○세와 운이 충극하는 것과, 태세가 일주를 범하는 것도 희 기신에 따라 결과가 다릅니다. ▶희신이 충극되면 흉하고, 기신이 충극되면 더욱 흉합니다.▶또한 개두절각으로 기세가 반감되면 흉의 강도도 약해지고 반감이 없을 경우 흉의 강도가 높습니다.

| 3-1-1-5 | 명리고전에서의 행운(行運)-『자평진전』『자평진전평주』 |

(1)'심효첨'의 『자평진전』「논시설구니격국(論時說拘泥格局.격국에만 얽매임)」에 "팔자의 용신은 월령에 전적으로 의존한다. 월령에 용신이 없을 때 비로소 격국을 찾는다. 월령은 근본이고 격국은 말단과 같다. 요즘 사람들이 그 경중을 모르고 격국에만 얽매어 가짜를 고집하고 진짜를 멀리하고 있다.147)"라고 나온다.

> ●서락오『자평진전평주』에서는
>
> 무릇 사주를 볼 때는 팔자의 천간과 지지의 배합을 보되, 한 덩어리로 보아야 한다. 그리고 사주전체의 중추가 어디에 있는지를 살펴야지 한 글자에만 얽매이면 안 된다. 월령은 당왕(當旺)한 기운이니 왕쇠(旺衰)와 진퇴(進退)는 월령에 의해서 정해진다. 월령에 용신이 없으니 밖에서 용신을 찾는 것인데, 이 경우에도 오행의 올바른 이치에 부합해야만 비로소 격을 정할 수 있다.

(2)'심효첨'의 『자평진전』「논시설이와전와(論時設以訛傳訛.와전된 학설)」을 보면 "팔자에는 원래 정해진 이치가 있다. 그 이치를 모르기에 이단(異端)이 생기고 헛된 학설이 난무하게 된다. 음양의 이치를 모르면서 속서(俗書)에 기재되어 있는 체상가결(體象歌訣.형국 형상 물상)을 옳다고 여기고, 격국을 논함에 있어 오로지 월령에서 찾아야 함에도 불구하고 외격(外格)에 얽매여 활법(活法)을 바꾸고, 생극을 논함에 있어서도 희기를 자세히 살피지도 않고 무턱대고 왕한 것을 억제하고 약한 것을 돕는 것만을 고집하며, 운을 논함에 있어서도 같은 오행 가운데서도 희기가 다름이 있음을 모르고 천간과 지지가 오행만 같으면 다 같은 작용을 하는 줄 알고 한 가지로 논한다.148)"고 1739년 무렵의 일부 속세를 혹평(酷評)하였다.

> ● 간명의 원리
>
> ■체상가결(體象歌訣.형국 형상 물상)149)에 대하여...
> ○신사에서 신을 사격표지판으로, 사 화를 화약으로 보는 물상은 근거가 없습니다. 『적천수천미』「간지총론」에 음양은 동생동사(同生同死) 한다고 나오는데, 신(辛)이 사(巳) 중 인성 무토의 '생'을 받고 또한 십이 운성으로 사(巳)는 신(辛)의 '사(死)'여서 생과 사가 동생동사 입니다. 그런데 辛 글자를 사(死)에 집착하여 사격표지판으로 해석하며 총격을

---

147) 팔자용신 진빙월령 월무용신 시심격국 월령 본야 외격 말야 령인불지경중 구니격국 집가실진 (八字用神 專憑月令 月無用神 始尋格局 月令 本也 外格 末也 令人不知輕重 拘泥格局 執假失眞
148) 팔자본정리 리지불명 수생이단 망언망청 뢰불가파 여론간지 즉불지음양지리 이속서체상가결위확론 론격국즉불지전심월령 이이구니외격활변 론생극즉불찰희기 이이상왕부약위정법 론행운즉불간중유이 이이간지상류위일례 (八字本定理 理之不明 遂生異端 妄言妄聽 牢不可破 如論干支 則不知陰陽之理 而以俗書體象歌訣爲確論 論格局則不知專尋月令 而以拘泥外格活變 論生剋則不察喜忌 而以傷旺扶弱爲正法 論行運則不干重有異 而以干支相類位一例)
149) 3장 들어가기 1-3 ●=2 ■2 ●간명의 원리 ○물상의 원리는 육서의 영향이 큽니다.

> 당하게 된다는 해석은 기발한 발상일 수는 있어도 신묘한 수는 아닙니다. 오히려 사 속에 병이 있어 병신 암합을 이룹니다
> ○신묘는 개두일 뿐 하늘에서 전정가위가 꽃 봉우리를 베는 저주라고 할 만한 근거가 없습니다. ○무신을 무토 밑에 암반이 깔려서 씨를 뿌려도 싹이 나올 수 없다고 하는 것 또한 근거가 없습니다. 오히려 신중 무토는 무의 왕성한 뿌리가 됩니다.
> ○임진년만 되면 바다(임) 건너 일본(을목)이 도발을 일삼는다 하는데, 일본이 을목인 생극의 근거가 없습니다. 일본을 을목으로 보는 기발한 체상뿐입니다.
> ○경진 일주는 명예욕이 심하다는데 일주만으로는 그 근거가 없습니다. 진의 지장간 을은 재성, 계는 상관, 토는 인성일 뿐입니다. 경금의 물상은 무쇠, 칼, 수술, 금융, 혁명이고 진의 물상은 옥토, 문전옥답입니다. 나머지 여섯 글자가 와야 명예욕이 보일 겁니다.

(3)『자평진전』「논행운(論行運)」에서 '심효첨'은 "▶희(喜)는 내가 그것을 얻으면 도움이 되는 것이고, ▶기(忌)는 사주에서 꺼리는 것으로 나에게 도움이 안 되고 오히려 손해를 끼치는 것이다.150)"라고 기술하였다. 즉 희기에 따른 경우의 수를 격국의 예를 들어 구체적으로 나열하고 있는 것이다.

이렇듯 『자평진전』의 희기는 체상가결(體象歌訣)이 아닌 생극제화에 의한 옳은 이치와 그에 따른 용신 격국을 바탕으로 한다. 그리고 용신과 국(局)이라는 글자에는 일주와 월령과 나머지 오행을 뜻하는 복수의 개념이 들어 있다. 즉 하나의 수로써 간명의 결론에 이룰 수 없다는 뜻이다.

(4)『자평진전평주』는「서락오」선생이 『자평진전』을 주석한 책이다. 평주(評註)의 결과를 보면 『자평진전』을 벗어나지도 않았지만 그렇다고 『자평진전』에 매이지도 않았다. 즉 『자평진전』을 토대로 『적천수』와 『난강망』적 기법이 가미(加味)되었다고 하는 새로운 내용의 책이다.

여기에서도 "대운을 볼 때 반드시 10년을 병행해서 보아야 하며, 천간과 지지한 글자만 따로 떼어서 희기를 단정하며 논하지 않아야 한다." 하였다. 이는 자평명리의 가장 신뢰 높은 여러 고전에서 계통적으로 유지된 전통적 학설임을 볼 수 있다.

그리고 「서락오」의 『자평진전평주』에서 개두(蓋頭)와 절각(截脚)이라고 표현하지는 않았지만 『적천수천미』와 같은 내용이 기술되어 있는데 아래 도표와 같다.

이는 '심효첨'의 '희기 경우의 수'와 '임철초'의 개두 절각으로 인한 '반감의 작

---

150) ▶가위희 명중소희지신 (可爲喜 命中所喜之神) ▶가위기 명중소기 아역이시지자 (可爲忌 命中所忌 我逆而施之者)

용'을 함께 구사하고 있음을 상상하게 한다.

1	천간지지 동일	경신 신묘 임신 계유 갑인 을묘	설명할 필요 없음
2	목화 동기	갑오 을미 병인 정묘	천지 길흉 대략 비등
3	금수 동기	경자 신축 임신 정묘	
4	무근(無根)	병자 병신 경인 신묘	천간-약. 지지-강

> ● 간명의 원리
>
> ○2와 3의 갑오 을미 경자는 절각에 해당. 목화끼리 금수끼리 동기이지만 지지의 생을 못 받고 오히려 지지를 생하느라 허약해집니다.-(해석은 아래 ○4와 같음)
> ○4의 병신 경인 신묘는 개두, 병자는 절각에 해당. 무근의 경우 천간이 희신이면 복(福)이 불충분하고, 기신이면 화(禍)가 크지 않습니다.

| 3-1-2 | 의식-삶의 경지와 절정기 |

| 3-1-2-1 | 「출신(出身)」과 「지위(地位)」 |

인도의 카스트 제도는 차별에서 시작되었다. 기원전 1000년 경, 인도 대륙을 정복한 아리아인이 원주민을 피부색으로 차별한 것이 시초라고 한다.

▶1-브라만(성직자), ▶2-크샤트리아(귀족, 군인), ▶3-바이샤(상인), ▶4-수드라(육체노동자)로 나뉜다. ▶불가촉천민은 4계급보다 더 아래 신분인데 모두 세습된다.

동서고금을 막론하고 어느 사회든 출신과 지위에 차이가 있다. 다만 현대사회에서는 그 점이 잘 드러나지 않을 뿐 기득권으로 대표되는 부와 명예의 대물림에 대한 욕구는 여전할 것 같다.

삶의 경지와 절정기는 『자평진전』 격국의 높낮이 그리고 『적천수』의 「출신(出身)」과 「지위(地位)」의 또 다른 이름이다. 『적천수』를 보면 ▶출신은 원기가 중요한데 삶의 경지와 연결되고, ▶지위는 권세와 재능인데 그 사람의 절정기의 지위와 연결된다.

| ●=1 | 「출신(出身)」 |

■유백온의 『적천수』 「출신(出身)」에 "무릇 간명에서 사람의 출신을 보는 것이 가장 어렵다. 가령 장원(壯元)출신은 격국(格局)의 청기(淸奇)가 크게 남다르되, 숨은 것 같기도 하고 드러난 것 같기도 하면서 기이하여 판단하기 어려운 것인데, 필히 원기(元機)가 있으니 반드시 그것을 찾아야한다."[151]며 원기를 언급하고 있다.

■『적천수천미』의 저자 임철초 선생은 "세덕과 심전(心田 마음)이 첫째를 차지하고, 산천(山川)이 두 번째를 차지하며, 명격(命格)이 세 번째를 차지한다."라고 기술하였다. 즉 명격(命格) 앞에 분명한 전제가 있는데 그것이 세덕과 심전 그리고 산천이라는 것이다. 오늘날 세덕과 심전은 '심덕의 유전자'라 할 수 있고 산천은 심고 거두는 환경(풍수) 즉 '재물'이다. 언제부터인가 심덕은 타고 난다 하고 재물은 하늘이 내린다고 전해져 온다. 그래서 심덕을 위하여 천명론[152]을 받들고 재물을 위하여 풍수에 의지하는 문화가 발생했을지 모른다.

---

[151] 범간명 간인지출신최난 여장원출신 격국청기형이 약은약로 기이난결자 필유원기 수수심지 (凡看命 看人之出身最難 如壯元出身 格局淸奇逈異 若隱若露 奇而難決者 必有元機 順搜尋之)
[152] 5-1천도(天道)의 세계 "자연론 정성론 천명론"

> ● 간명의 원리
>
> ■-명격(命格)의 전제에 대하여
> ○도스토예프스키의 죄와 벌153)에 나오는 청년의 눈이 있습니다. 고리대금업자로서 놀면서 부를 취하는 것으로 보이는 전당포 노파와 그녀의 이복 여동생 리자베타를 도끼로 내리쳐 살해하고 시베리아로 유배를 떠나는 '라스콜리니코프'입니다.
> ○우리는 각자 세상을 보는 눈을 가지고 있습니다. 어떤 사람은 종교로, 어떤 사람은 철학의 눈으로 문제를 해결하려고 합니다. 그리고 르네상스와 종교개혁 이후 오늘에 이르러서는 과학의 눈으로 문제에 접근하고 해결하려 합니다. 그러나 어떤 눈으로도 모든 것이 해결되지 않습니다. 특히 과학이 발달하기 전에는 명리가 그 자리를 차지하며 모든 문제를 해결하는 단서를 제공하였습니다. 하지만 오늘날 과학의 눈으로 보면 오류나 허구로 정의되는 부분도 허다합니다.

■그럼에도 불구하고 우리는 상수역학 중에서도 사주명리의 눈으로 사실에 접근하고 문제를 해결하려 한다. 그러나 역시 사주명리만으로 모든 것이 해결되지 못한다. 다만 해결의 범위를 높이도록 노력할 뿐이다. 명격(命格) 앞에 세덕과 심전 그리고 산천이 있기 때문이다.

우리는 '아는 것'과 '안다고 하는 것'을 경계해야 한다. 즉 알아도 할 수 있는 것과 할 수 없는 것이 존재한다. 그런데 모르면서 '안다고 하는 것'은 세상을 어지럽게 할 수도 있다. 즉 사주명리로 해결할 수 있는 것은 해결할 수 있다 하고, 없는 것은 없다 해야 학문과 철학을 하는 사람의 바른 자세가 된다.

특히 점술사의 자세 또한 더욱 다르지 않다. 그래서 우리는 '논어' 위정편에서 중요한 교훈을 얻었으면 한다. "지지위지지 부지위부지시지야 (知之謂知之 不知謂不知是知也)" 해석하면 "아는 것을 아는 것이라고 말하고 모르는 것을 모른다고 인정하는 것이야 말로 아는 것"이라는 뜻이다.

> ● Tip
>
> ○한나라 이전의 음양이나 오행은 너무나도 평이하고 평범한 개념이었습니다.
> ○그러나 추연154), 동중서, 유향은 그것을 신비적 체계로 바꾸었습니다. 이에 양계초를 비롯하여 1920, 30년대 계몽시대 학자들은 "그것은 죄를 저지른 것"이라고 합니다.
> ○우리의 사주명리도 그 음양과 오행으로 이루어져 있습니다. 많은 시간과 돈을 투자

---

153) 도스토예프스키는 1849년, '페트라셰프스키 모임'에서 고골에게 보내는 벨린스키의 편지를 낭독했다는 죄명으로 28세에 사형선고를 받음. 다행히 사형 집행이 극적으로 취소되고, 이후 4년을 감옥에서 보내고 다시 4년 동안을 시베리아에서 복무. 이 시절을 보낸 후 자유의 몸이 되었을 때 도스토예프스키는 그야말로 극우 보수주의자(슬라브주의자)가 되어 있었음. 이 작품은 전체 6부와 에필로그로 구성, 1부에서 이미 라스콜니코프는 살인을 저지르고, 그 이후에는 그가 왜 그런 범죄를 감행했는지를 밝히는 과정이 이어짐.
154) 4-3-4 □6 추연. 5131-1 추연, 동중서, 유향

> 해서 공부한 내용이 얼마나 부풀어 있는지 실제 간명에서 그 여부를 알 수 있을 것입니다.

●=2 「지위(地位)」

『적천수』「지위(地位)」에서는 "사람의 출신을 능히 알아도, 지위의 대소에 이르면 또한 추리가 쉽지 않다."155)라고 나온다.

여기 지위(地位)에 우리들이 기다리는 결론이 있다. 내용을 보면 "사람을 포용하고, 사욕을 탐하지 않으며, 백성을 윤택하게 하는 덕이 있고, 중책을 맡아 멀리까지 다스리는 재능이 있다."라고 나오는데, 이는 천연청기가 드러난 최선의 결과이자 가치라는 것이다. 그래서 출신과 지위는 즉 삶의 경지와 절정기가 천연청기의 높낮이를 보는 과정이 된다.

> ● Tip
>
> ■-차원과 수준에 대하여
> ○스티븐 호킹156) 박사의 11막 우주론에서 우리는 4차원의 시공간을 살고 있다 합니다.
> ○논어(위정편 12장)에 공자의 군자불기(君子不器)가 나옵니다. 군자는 틀이 정해진 그릇과 달리, 틀에서 성장하지만 틀에 얽매이지 않고 경계(차원)를 넘나드는 확장성을 말합니다. 예부터 우리는 사람의 크기를 곧잘 그릇에 비유했습니다. 『적천수천미』의 세덕과 심전(心田 마음), 산천(山川), 명격(命格)은 그릇의 차원과 수준에 대한 이야기입니다.
> ○차원과 수준은 다른 말입니다. 즉 수준은 어느 차원(?) 안에서의 정도를 나타냅니다. 각자가 지닌 IQ, 성적, 의지와 열정의 수준은 서로 다른 차이를 만들어 냅니다. 물론 여기에는 종교적으로 업(불교)이나 축복(기독교) 그리고 우리의 공덕(功德)도 포함됩니다.
> ○그러나 그 차이로 설명되지 않는 그 무엇(『적천수천미』에서는 원기(元機)가 있습니다. 그럼에도 불구하고 사람들은 이 모두(5-3-1-5 전제)를 그냥 운명이라 합니다.

---

155) 능지인지출신 지우지위지대소 역불격추 약부위공위경 청중우유일종권세출입의 부전재일단이론
(能智人之出身 至于地位之大小 亦不易推 若夫爲公爲卿 淸中又有一種權勢出入矣 不專在一端而論)
156) 스티븐 호킹(Stephen Hawking 1942.1.8.~ 2018.3.14) 영국 옥스퍼드 출생. ▶우주는 11차원(10차원+시간)으로 이루어져 있다는 것. ▶그중 우리가 살고 있는 우주는 4차원(시간, 상하, 전후, 좌우)의 시공간. ▶11차원의 우주 중에서 나머지 7차원은 가장 오래 됨. 그러나 7차원 모두는 아주 작게 접혀 있기 때문에 우리 눈에 안 보임. ▶예를 들면 3차원 공간인 영화관에 2차원의 스크린이 있고 마치 이 스크린 상에서 배우들이 움직이듯 우리는 다차원 공간상에 들어있는 4차원 브레인에 살고 있다는 것. ▶그는 2008년에는 "우주의 광활함을 고려했을 때, 우주 어딘가에 원시적인 형태의 외계인이 살고 있을 가능성이 충분하며, 지적 생명체의 존재 또한 가능하다."고 말함, ▶2015년에는 인간보다 똑똑한 인공지능의 개발은 인류의 멸망을 초래할 수도 있다고 경고. 그의 이론물리학은 대부분 우주론에 대한 것이고, 직접 실험적인 검증이 불가능한 것들이 많아서 노벨상을 받지는 못했다 전함.

3-1-2-2	삶의 경지와 절정기

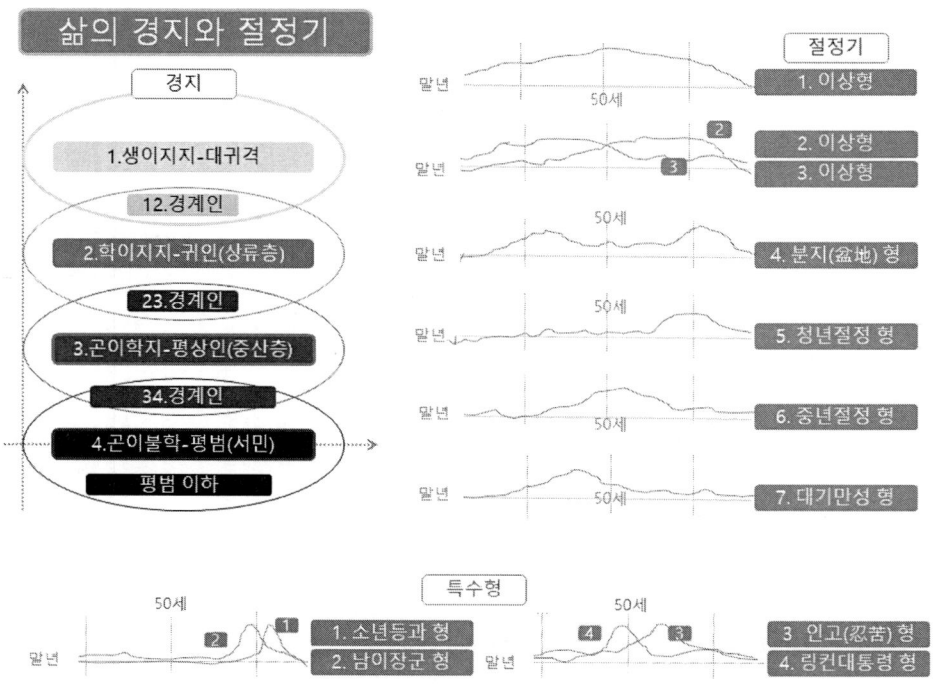

참고로 우리 전자책의 제2장에 실려 있는 72개 실제사주를 분석한 경지와 절정기 분포도이다.(오차 ±1.5%)

■1. 경지 분포도

	12 경계인	귀인	23 경계인	평상인	34 경계인	평범인	평범 이하
명		1	5	8	46	12	
%		1.38	6.94	11.11	63.88	16.66	

■2. 전체 72명 중 45명이 '34경계인'이고 아래는 46명의 절정기 분포도이다.

	1 이상	2 이상	3 이상	4 분지	5 청년	6 중년	7 대기	특수 1	특수 2	특수 3	특수 4
명	7	13	5	13		4		1	1	2	
%	15.21	28.26	10.86	28.26		8.88		2.17	2.17	4.34	

| ●=1 | 삶의 경지 |

화무십일홍157)이다. 인생도 각자 피는 때와 지는 때가 다르고, 피어 있어도 그 높낮이가 다르다.

『자평진전』「논용신고저(論用神高低)」에 "팔자기유용신 필유격국 유격국필유고저(八字旣有用神 必有格局 有格局必有高低)라고 나온다. "팔자에 용신이 있으면 당연히 격국이 있고 격국이 있으면 필연적으로 높낮이가 있다."라는 말이다. 삶의 경지는 이러한 팔자의 높낮이를 말한다. 곤이불학에서 재관(財官)이 아무리 좋아도 높낮이가 그 범주를 벗어나지 못하고 맴돈다. 절정기 또한 경지 안에 머문다. 재(財)도 절정기의 부피가 최고 크다.-(참조 2-1-3-4 그릇의 한계)

> ● Tip
> ○모든 사람은 평등합니다 그래서 생존의 기회, 행복의 기회가 공평해야 합니다.
> ○그러나 우리는 그러지 못했습니다. 어떤 이는 기득권의 특권을 누리며 과장에 나가는데, 어떤 이들은 과장은 고사하고 부역과 군역158)에 시달려야 했습니다.
> ○다만 하는 일 즉 직위와 직무에 따라 직급이 존재합니다. 군인은 계급이 겉으로 드러나지만 일반인은 그렇지 않을 뿐입니다. 어떻든 하는 일은 공평하지 않습니다.
> ○우리 책 삶의 경지는 각 사람의 재능, 지능, 학업 정도, 선천 후천을 말하고 있습니다. 즉 인격은 평등한데 경쟁자와의 차이가 어떻게 존재하는 지에 대한 고민입니다.
> ○혹시 자신의 경지를 보고 속상해 하는 사람이 있다면 우리 책이 그것까지도 다 담아내지 못한 한계에 대하여 사과드립니다. 좌절하지 않았으면 합니다.

■1.아래는 공자의 『논어』「계씨편(季氏篇)」에 나오는 이야기이다. 중용에서는 "생이지지(生而知之), 학이지지(學而知之), 곤이지지(困而知之), 급기지지(及基知之)"로 나온다. 삶의 경지는 통 8단계로 이루어져 있다. 사람의 형편을 확실하게 선을 그어 구별하기 곤란하다. 그래서 경계인이 존자한다. 편의상 단계를 간소화한 결과 경지 적용에 있어서 더 하강해야 할 부분들을 세세하게 반영하지 못한 아쉬운 점이 있다. 그러나 각 경지 안에서도 왕(상위), 상쇠(중간), 사(보통)로 그 크기와 높이가 달라진다.

논어		사주명리
1.생이지지(生而知之) 날 때부터 앎-대귀격(大貴格)	12 경계인	?
2.학이지지(學而知之) 배워서 앎-귀격(貴格)	23	상류층-고시 고위직 교수 의사 임원이상

---

157) 화무십일홍(花無十日紅) 활짝 핀 꽃이 아무리 붉어도 열흘을 넘기지 못함.
158) 4231-3 ■2 ●Tip ■-조선의 신분제도. 군포

3.곤이학지(困而學之) 어렵게 배움-평상격(平上格)	경계인 34 경계인	중산층-공직 교사 전문기술직 기업
		서민과 중산층 사이-준공무원 기술 상공
4.곤이불학(困而不學) 곤경해도 不學-평격(平格)	경계인	서민-직장인, 기술직 자영업
	미국 평범 이하	어려운 서민-수급자 일용직 노동
		?

☐(생이지지)
 -공자나 석가처럼 성인으로서 학문을 닦지 않아도 태어나면서부터 안다는 뜻이다. 그래서 사람에게는 없는 경지다.
☐12경계인
 -사람의 최고 경지로서 수재 중의 수재라 할 수 있다. 그러나 실제사람에게는 나타나지 않는다.
☐(학이지지-귀인)
 -학습과 깨달음으로 알게 되는 수재(秀才)를 가리키는 말이다. 사람이 얻을 수 있는 최고의 경지이다.
☐23경계인
 -자신의 필요에 따라 능동적으로 학습, 물론 고생이 따른다. 사회 고위층 지도자급이다.
☐(곤이학지-평상인)
 -실패(어려움)에서 얻은 교훈(학습)이 보약이 되는 사람이다. 관직이나 규모 있는 기업체에 종사하는 등 삶이 안정적이다.
☐34경계인
 -곤란 곤궁에 빠지면 그때라도 어렵게 교훈을 되돌아보는 사람이다. 사업이나 자영업 등 평상인보다 안정성이 약간 떨어질 뿐 오히려 경제활동이 왕성하다. 34경계인만 살아도 잘 사는 삶이다.
☐(곤이불학-평격 평범인)
 -배우려 하지 않지만, 궁즉통(窮則通-궁하면 통함)이다. 어려움 속에서 꽃을 피우는 의지의 사람들이 여기에 속한다. 그래서 '이것이 인생이다'의 인생극장의 이야기가 다양하고 많다.
☐(평범이하)
 -궁해도 통함이 없다. 우리 책은 미안해서 평범이하 분류를 피했다.

■2. 삶의 경지는 격국의 최종격에서 시작하여 성격의 '파격 후 성격(구응)'을 거쳐 나온다. 대표적인 것이 태과와 구응이다.159)

▢삶의 경지는 아래 도표 용법의 성립 중 '3.상신'에 해당된다.-(나머지 4와 5는 삶의 절정기에 해당)
▢파격이나 태과가 없으면 경지가 높고, 구응되지 못할수록 경지가 내려간다.
▢(체)-화답소리가 크면, 즉 최종격의 위치에 따라 경지의 높이가 다르다.
▢(용)-활성기는 비활성기보다 경지가 높고, 용은 체보다 높지만 '어떤 경우는 체의 경지가 높을 수 있다. 나머지는 '2-1-3-4 ●=1 경지 찾는 법'을 따른다.

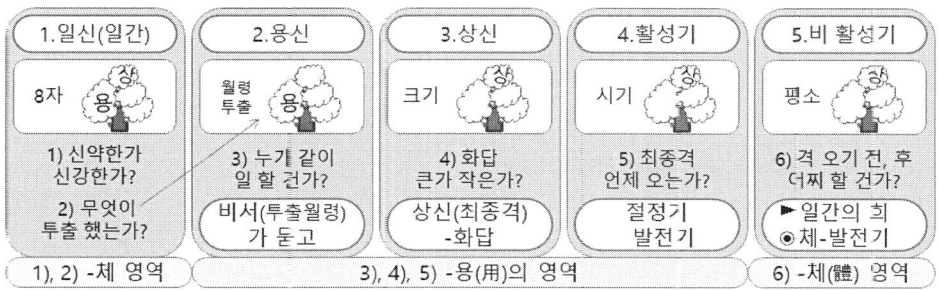

■3.삶의 경지는 실제 삶의 '실속파', 학자와 관직의 '고위직', '재력가' 등 대략 세 가지로 구분할 수 있다.
▢실속파-석 박사나 유학 등 큰 투자 없이, 또한 큰 명예나 부자가 아니어도 기복 없이 온화한 삶을 살아가는 유형이다. 우환이나 삶의 장애도 없고, 유산 같은 직장인(공직포함)이나 사회와 부모의 덕이 큰 경우로 현상유지만 잘하면 된다.

▢학자와 관직-고위직은 덕망과 명예 높은 학자나 위세 높은 고관대작(高官大爵)을 말한다. 판사, 검사-, 의사, 고시출신, 교수, 장성, 대기업임원 등이 해당된다. 명예와 위세는 높지만 실속파보다 마음이 덜 편하다. 얼굴이 엄숙하고 찰색이 맑지 않은 경우가 흔하다.

▢재력가-말 그대로 돈 많은 부자다. 자신의 것이든 남의 것이든 큰 사업 하지 만 대개 심장이나 신장 등 스트레스로 인한 심인성질환에 많이 시달린다.

---
159) 2-1-3-4 ●=2 ■1 경지 하락

| ●=2 | 삶의 절정기 |

인생 황금기(60세 이전)에 활성기가 위치해야 가장 활동이 아름답다.

삶의 절정기는 풍수에서의 '토(土)'형처럼 완만하게 상승하면서 정상이 풍만하고 완만하게 하강해야 이상적이다. 또한 금(金)형'160)처럼 정상이 부드럽고 풍만해야 한다. 위 사진의 에베레스트와 같이 뾰족하면 삶의 기복이 심하다. 기세의 증감에 따라서 아래 도표의 '삶의 절정기'처럼 인생의 그래프가 나타난다.

<에베레스트. 출처-네이버>

■1.삶의 절정기는 앞에서 본 도표 '용법의 성립' 중 '4.활성기'에서 나온다. 성격에서 최종격이 나왔으나 대부분 화답소리가 적다. 그래서 언제 오느냐에 따라 인생의 이른 비와 늦은 비가 나타난다.

■2.여기에는 1 2 3 이상형, 그리고 4 분지형, 5 청년절정형, 6 중년절정형, 7 대기만성형 외 아래 특수형 등이 있다.
□1.이상형
 -소년기에 열심히 공부하고 청년기에 사회(제도권)로 진출하여 그 탄력으로 장년기까지 일하고 노년이 온화한 경우이다.
□2.이상형
 -조금 일찍 피고 조금 빨리 지는데, 삶이 소년등과처럼 하강은 아니다. 명문대, 조기유학, 고위직(고시합격 포함), 특수계통에 속하는 경우가 많다.
□3.이상형
 -직장(관계나 학계)에서 평범하게 생활하다 중년 전후 두각을 나타내는 형인데 소년기 부조화161)가 없어야 한다. 즉 인생 초반 변격으로라도 삶을 준비하는 경우 '3.이상형'이고, 그렇지 못하면 '중년절정 형'이나 '대기만성 형'이다.
□4.분지형

---

160) 산 모양과 오행 ▶1목형-정상이 꽃봉오리나 붓 모양(문필봉). 학문 숭상, 공무원(북한산 등) ▶2화형-불꽃처럼 뾰족한 봉우리. 종교인, 예술가(설악산 공룡능선, 주작산, 월출산 등) ▶3토형-정상이 옆으로 장방형을 이루며 평평. 후덕함, 귀인(구미 천생산, 장흥 천관산 등) ▶4금형-노적봉. 재물운과 풍요.(인왕산 등) ▶5수형 -여러 개의 봉우리가 연속해서 물결처럼 부드럽게 연결됨. 예술적 재능, 청량함(서울 남산 등)
161) 2-1-3-3 ●=3 ■2 □2 소년기 부조화는 중3(대략 15세)과, 고교 시절(16 17 18세) 특히 고3의 상위영역(원국 대운 태세)수치가 하강하여 원하는 공부(진학)를 얻을 수 없는 경우를 말한다.

-초년엔 부모 덕 그리고 자신의 말년 복이 좋은 경우이다. 그러나 결혼생활에 어려움을 겪는 사람이 많다. 말년 복이 너무 늦으면 사후(종교 신앙, 묘지)나 자손 복으로 해석한다.

☐5.청년절정형
 -2 이상형 보다 오름과 내림과 절정의 순간이 짧다. 젊음의 한 때가 여기에 속한다.
☐6.중년절정형
 -'청년절정 형'과 유사하지만 때가 그보다 늦다. '특수 3 인고형'과 특수4. 링컨형이 겹친치는 인동초 같은 삶이다.
☐7.대기만성 형
 -늦게 피는 꽃이다. 의지의 상징으로 늦게는 피었으나 사회적 진출과 자식교육 등의 의무를 다하지 못한 경우가 흔하다.

☐특수1. 소년등과형
 -10대에 피고 일찍 지는 꽃이다. 특수형의 공통점은 경사도가 가파르고 극적이다. 세 살에 한시를 지은 생육신 김시습선생이 대표적일 수 있다. 소년기에 스타가 된 연예인, 스포츠 스타, 영재소년 등이 해당된다. 대부분 이러한 삶의 유형들은 두 번째 인생을 살아간다.
☐특수2. 남이장군형
 -20대운에 피고 진 꽃이다. 남이는 '북정가'라는 시에서 "20에 나라를 평정하지 못하면....."이라 했다가 그만 한명회에 의하여 28세에 시들었다. 어느 정도 자녀교육은 가능하나 아내 고생과 형제나 주위의 도움이 절실하다.
☐특수3. 인고형
 -인고의 세월을 보내다 30중반 이후 햇빛을 보는 경우로 중년절정형 보다 절정의 순간이 좁고 가파르다. 특히 늦게 결혼할수록 유리하다.
☐특수4. 링컨형
 -50대에 늦게 피자마자 진 꽃이니 인동초와 같다. 링컨은 모든 선거를 통해 낙선의 경험이 더 많다. 그리고 그중 한 번의 승리로 미국의 16대 대통령이 되었다. 그리고 한 번의 총 소리가 있었다.

■3. 기타
☐특수형 중 소년등과와 남이장군은 2이상형이나 청년절정형, 그리고 인고와 링컨대통령은 3이상형이나 중년절정형 안에 중복되어 있다.

□대부분의 특수형들은 일생 동안 한 대운 내지 한 대운 반(태세와 대운이 기신 형성)의 도움을 받는 경우이다.
□이는 간지합이나 충 그리고 생, 즉 음양의 작용이 원인이다.
 1)정이 행운에서 수를 만나면 임은 합인데 계는 충이기 때문이다.
 2)생도 마찬가지다. "●-68 실제사주(K무역)"처럼 신약 경일간은 금이 희신인데 금 행운에 수3 식상도 상승하니 물이 범람하게 되어 변격된다[162].

□그러나 우리 책에서는 이에 절망하는 경우가 있을까봐 앞서 평범 이하처럼 이를 따로 구분하지 않았다. 그래도 볼 수 있는 사람에게는 보일 것이다.

---

162) 1-5-4-1 변격이란?

| 3-2 | 전의식-신법덩리 |

전의식은 "3장-2 사주브는 법 도표"의 신법에 해당된다. 여기에는 오항작용, 생극제화, 왕쇠, 순역 등으로 꾸며져 있다. 우리 책은 위 도표의 순서대로 1.행운부터 서술되어 있다.

☐ 5.(오행의 작용)-하나의 글자 즉 오행 한 글자의 계절에 따른 변화를 본다.
☐ 4.(생극제화)-두 개의 글자가 일으키는 작용을 본다. 그리고 삼합과 태과[163] 등 세 네 글자로 발전한다.
☐ 3.(왕쇠)-두서너 글자 속에서 작용하는 각 오행의 기세를 보는 일이다.
☐ 2.(순역)-위 작용들이 모인 여덟 글자 배합은 결국 용신 격국으로 나타난다.
☐ 1.(행운)-여기에 대운, 세운 네 글자를 더하면 열두 글자를 보는 행운이다.

위 신법의 출현은 '서락오'의 『자평진전평주』「오행 생극제화의 희와 기를 논함」편에 "사계절에 따른 각 ▶1.오행작용과 ▶2.생극저화와 ▶3.왕쇠와 ▶4.순역(順逆. 따름과 거스름, 순조로움과 고단함)의 이치를 알지 않으면 안 된다."에서 기인한다. 이를 정리하면 아래 도표와 같은데, 다만 서술 순서가 기호처럼 다르다.

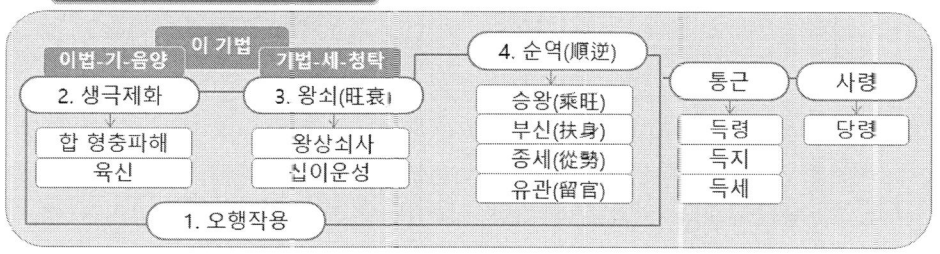

위 1,2,3,4는 기세의 강약을 나타내는 말인데, 여기에 통근(사령)을 더하였다. 통근은 기세의 강약에서 빼놓을 수 없는 영역이기 때문이다. 결론적으로 기세의 강약은 어느 한 작용으로 이루어지지 않는다는 말이다.

---

163) 2149-1 ■1 과다 ■2 태과(태왕)

3-2-1	순역(順逆)

 (1)'유백온'의 『적천수』「순역」에 "순역은 한결같이 않은데, 거슬려서는 아니 되는 것은 그 기세에 순응해야 할 따름이다."164)라고 나온다.-(참조165))
 (2)임철초' 선생 『적천수천미』는 "▶순역지기는 진퇴가 어긋나지 않은 것이며 ▶불가역은 '당령득세지신'에게는 마땅히 그 의향을 따라야 한다."166) 하였다.
 (3)그리고 기(氣)에는-(앞장 '기세의 강약' 도표 참고)
"□1-본세(本勢)에 올라타서 다른 섞인 것을 돌보지 않는 것이 있고 (승왕)
□2-타신(他神)을 빌려서 가히 성국(成局)하는 것이 있으며(신약하면 인비를 빌어 유관)
□3-왕신(旺神)에 종(從)하여 극제(剋制)하여서는 아니 되는 것이 있고 (종세)
□4-약한 것에 의지하여 도와주어야(자부 資扶) 하는 것이 있다."(부신)

 (4)이어서
"□제살(制殺)은 승왕(乘旺)만 못하고(관살을 극하기보다 신강하여 관살을 다스림이 더 좋음)
□화살(化殺)은 바로 부신(扶身)하는 것(을 일주를 신이 충할 때 병이 병신합수로 을목을 생)
□종살(從殺)은 권세(權勢)를 따르는 것(종격 중 강한 관성을 따르는 종살격(從殺格)을 말함)
□유살(留殺)은 바로 관(官)을 영접하는 것."(양인격은 칠살을 선호함)이라고 적고 있다.

 (5)결론적으로 순역(順逆)이란 글자는 따름과 거스름이다. 여기에 따르면 순조롭고 거스르면 고단하다는 말이 들어 있는데 결국 그 기세에 순응하는 것을 뜻한다. 즉 생극제화와 왕쇠로 기세의 강약을 보고, 순역(배합)은 강약이 흐르는 결과이자, 그 결과의 끝은 용신 격국이며, 용신 격국은 신약신강을 전제로 한다.

---

164) 순역부제야 불가역자 순기기세이이의(順逆不齊也 不可逆者 順基氣勢而已矣)
165) 6112-4 ■2 ■9) ■2 ■10-부성 입묘 실제사주 해석의 예
166) 순역지기 진퇴불패이이의 불가역자 당령득세지신 선종기의향야(順逆之機 進退不悖而已矣 不可逆者 當令得勢之神 宜從基意向也)

| 3-2-1-1 | 순역(順逆)-신약신강(身弱身强) |

■1. 신약신강은 통근의 연장이다. 통근은 천간 한 글자마다의 뿌리를 보는 일이다. 여기에 일간과 출생 월의 관계를 보면 득령, 일간과 일지를 보면 득지, 일간과 시지를 보면 득세가 된다. 그렇다고 일간과 통근된 두 글자가 신약신강의 전부는 아니다. 이 두 글자 외에 나머지 여섯 글자를 더하여 여덟 글자의 판세(=순역)를 통하여 신약신강이 나타난다.

그래서 이는 일간의 강·약에 따른 거류서배(去留舒配)[167], 즉 억부용신(抑扶用神.강한 것은 약하게 약한 것은 강하게 사용하는 오행)과 관계가 깊다.

■2. 신약신강은 자평명리의 중요한 화두인데, 『연해자평』의 「논일위주(論日爲主)」, 「논정관(論正官)」, 「정관시결(正官時訣)」에서 엿볼 수 있다.

ㄱ「논일위주(論日爲主)」에 "일간으로 주를 삼으니 제일 중요한 것은 일간이 어느 정도로 가림(加臨)하는가를 보아 신왕한지 신약한지를 살피는 것이다. (以日爲主 大要看日加臨於甚度惑身旺身弱) 라고 나온다.

ㄱ「논정관(論正官)」에서는 "'월령'에 정관을 얻으면 신왕과 인수를 좋아한다.(又日 令月得之是也 善身旺印綬)"

ㄱ「정관시결(正官時訣)」에는 "정관은 대개 신강해야 하고(正官大抵要身强)" 라고 나온다.

■3. 어느 때부터인가 일간과 인비를 동일시하여 신약신강을 이야기하는데 아니다. 「논일위주(論日爲主)」처럼 일간이 어느 정도를 가림하면 신강하고, 가림하지 못하면 신약이다. 또한 이러한 가림(加臨)은 용신 쓰는 법으로 이어지는데 「논정관(論正官)」과 「정관시결(正官時訣)」처럼 일단 일간이 가림하면 관(식재관)이 용신이고, 가림하지 못하면 신약이라는 것이니 일간을 생조하는 인비를 끌어 상신을 쓴다.[168] 즉 인비를 처음부터 일간과 동일시하는 것이 아니다. 이러한 예는 『자평진전』『적천수』『난강망』에서도 수 없이 출현한다.

■4. 이렇듯 『연해자평』에 소개된 '신왕신약론'은 청나라 심효첨의 『자평진전』에 이르기까지 600여 년 동안 그리고 그 후로도 일정하게 유지된 사주명리의 주요 이론이다. 기초에서 신약신강을 구분하기가 쉽지 않다. 그러나 신약신강을 바탕으로 성격이 결정되기 때문에 신살과 물상보다 더 우선적으로 공부

---

167) 3장 들어가기 2-1 ●=2 거류서배(去留舒配)
168) 2-1-2-1 용어의 혼돈과 정돈

해야 한다.

| 3211-1 | 득령(得令), 득지(得地), 득세(得勢) |

 득령을 못 얻으면 실령(失令), 득지를 못하면 실지(失地), 시지에서 세력을 못 얻으면 실세(失勢)이다

1. 득령			2. 득지			3. 득세			
	병			병		갑	병	병	갑
	사오미 월 인묘진 월			인오 일		(인) (사 시)	오) **실지**	(사 **실령**	유 합금) 신 합수)
병화가 득령하여 신강 = 2-적천수용법			병화가 득지하여 신강 일지가 합생 받아야 유리= 123자평진전용법.일지 상신			시지-인묘사오나 합이면-득세. 천간-갑을병정 중 하나 오면 득세(1-적천수용법)			

| ●=1 | 득령(得令) |

□『연해자평』「자평거요가(子平擧要歌)」의 첫 줄에서 신왕신약론은 이렇다. "조화(造化)는 먼저 일주(日主)를 자세히 아는 것이다. 관에 앉아 있고 인수에 앉아 있는 것으로 쇠왕(衰旺)을 취한다. 천시 월령을 제강(提綱)이라고 한다. 시원(時元)이 있고 없는 것으로써 왕중(旺重)을 거론하라."[169] 라고 나온다. 여기서 시원(時元)은 시주(時柱)가 아닌 월령을 말한다.

□이는 시원이 있고 없고의 월령과 앉은 자리의 쇠왕 즉 득령을 언급하고 있다. 일간이 월지나 일지의 관(식재관)에 앉아 있으면 쇠한 것이고, 인수(인비)에 앉으면 일간이 생을 얻은 것이니 신왕하다는 뜻이다. 이는 다음 나오는 득지의 조건과도 같다. 그러나 앞서 말했듯이 이는 신왕의 조건일 뿐, 월령을 얻었다고 모두 신강하지 않다.

| ●=2 | 득지(得地) |

□월령을 얻지 못하면 다음으로 일지(日支)의 인비에 통근해야 한다. 이 이론은『연해자평』「자평거요가(子平擧要歌)」의 "인수에 앉으면 일간이 생조를 얻은 것이니 신왕하다는 뜻이다."를 들 수 있다.

□또한 '임철초'는『적천수천미』「쇠왕(衰旺)」에서 "일간은 월령의 휴수를 논하지 않고 사주에 유근(有根=통근)하기만 하면 곧 능히 재관과 식신을 거두어 들

---

169) 조화선수상일주 좌관좌인쇠왕취 천시월령호제강 원유원무왕중거(造化先須祥日主 坐官坐印衰旺取 天時月令號提綱 元有元無旺重擧)

이고 상관과 칠살을 감당한다."170) 라고 하였다.
 이러한 유근을 근거로 탄생한 것이 YQ-1의 천간산출(신약신강)이다.

●=3	득세(得勢)

 득세는 ▶시지와 시간 그리고 ▶연 월간에서 인비의 방조를 말한다.
 '서락오'는『자평진전평주』「12월령의 인원 사령을 논함」에서 "일주가 반드시 출생한 월에서 건록이나 제왕이 되어야 하는 것은 아니다-. 월령에서 휴수가 되어도 연, 일, 시에서 록이나 제왕 등을 만나면 신약이 아니다."171)라고『자평진전』의 원문을 인용하였다.

■1. 시주에서 득세하는 경우
『연해자평』「논월령(論月令)」에 나오는 "시위보좌 평생조리(時爲輔佐 平生操履)"라 함은 "시의 근본은 일간을 보좌(補佐)하는 것으로서, 평생의 몸가짐과 이력(履歷)을 나타낸다."는 뜻이다. 그래서 연 월주가 희신일 때는 시주에서 생하는 것이 좋고, 기신이던 극해야 좋다.

■2.천간의 인비로 득세하는 경우
 '1- 적천수 용법'의 경우에 해당된다. 연 월 시간에서 '도표 3'처럼 인비 갑병이 용신이다. 득령 득지 득세하지 못하거나 파격될 때 유용하다. 이러한 경우 대운도 인비로 흘러야 호운이다.

● 간명의 원리

○도표 3에서 일간이 시지의 생을 받아 득세하는 경우입니다. "(오인)"처럼 시지와 일지가 생합되면 유리합니다. 극하면 통관되어야 하고 형충파해가 되면 득세가 아닙니다.
○연지에서 도표 3처럼 득세하는 것은 일간과 무정하여 약합니다. 혹시 "(사유)"처럼 연지가 월지와 합금되면 실령하게 됩니다. 또한 사신 합은 수로, 사유 합은 금으로 화(化)되어 병에게는 득세가 아닙니다.-(참고로 수목과 금수일주에게는 득세가 됩니다.)
○연지 득세 자체는 시지 득세만 못하지만 행운은 연주에서부터 작용하니 변화가 크게 나타납니다.

3211-2	신약신강 판별

---

170) 시고일간불론월령휴수 지도사주유근 사능수재관식신이당상관칠살(時故日干不論月令休囚 只要四柱有根 使能受財官食神而當傷官七殺)
171) 인지일주 불필생봉록왕 즉월령휴수 이년일시중 득장생록왕 편불위약 (人之日主 不必生逢祿旺 卽月令休囚 而年日時中 得長生祿旺 便不爲弱)

☐사주 천간은 '일간'과 '인비' 대 '식재관'의 세 요소로 구성되어 진다.
☐일간이 식재관을 감당하면 신강이고 감당하지 못하면 신약이다. 그래서 먼저 일간의 뿌리와 식재관의 뿌리를 먼저 산출하여 대비한다.

☐일간이 식재관을 감당하면 식재관이 용신, 감당 못하면 인비가 상(용)신이다.172) 신약 일간은 '인비의 생조'나 '관재식과의 합'173)으로 신강해질 수 있다.
☐신약신강은 글자 한두 자가 아닌 8글자의 배합에서 나온다.
☐천간 인비 대 식재관의 구성은 (인/설-0대3), (인/설-1대2), (인/설-2대1), (인/설-3대0) 등 네 가지 유형이 있다.
☐특히 인설 2대1에서 득령 득지하고도 신약이 나온다.174)

---

172) 2-1-2-1 용어의 혼돈과 정돈
173) 1-4-1-3 겁인 관살통관 천간합 즉 관살과 인수가 유정하여 통관되고, 관합(관살과 합) 재합(재성과 합) 인식합(인수와 식상의 합)되면 겁+인+관살+합 모두가 인입의 일원이다.
174) 3-2-2-1 통근과 사령

| 3-2-1-2 | 순역(順逆)-성격(成格)과 상(용)신 |

『자평진전평주』의 저자 서락오 선생은 용신을 억부, 전왕, 통관, 병약, 즈후용신 등 다섯 가지로 분류했다.[175] 여기 순역에서는 주로 억부(抑扶)를 중심으로 용신을 다루고 있다.

『자평진전』「논상신긴요(論相神緊要)」에
▢"월령에 이미 용신이 있으면 다른 곳에는 반드시 상신이 있게 된다."[176]고 나온다. 그리고 다음 이어지는 '보아용신자시야 (補我用神者是也)"를 해석하면 "나의 용신을 보필하게 된다."이다.
▢그리고 "사주의 전체 격국은 어느 한 글자에 의해 성격이 되는데 이 한 글자를 바로 상신이라 이른다."하고 있다.
▢또한 "용신이 심하게 상하면 내 몸까지 다치게 되고 상신이 상하면 용신이 다치게 된다."고 이어진다. 그러니까 상신이 상하면 용신기 상한 것과 같은 말이다.
▢예를 들어 식신격은 식신이 응신인데 원국의 어디에서인가 상신이 보필하고 있으니 식신의 격이 완성되었다는 말이다. 즉 상신이 성격의 조건이다.
▢우리 책 YVWQ는 한 글자로 성격되는 상신(조화신)이 격의 이름이 된다

| ●=1 | 『자평진전』의 용신과 상신[177] |

혹 상신이 용신을 보필하는 정도의 희신 개념으로 오해하는데 결코 아닙니다. 자평용법으로 성격되려면 절대적으로 상신의 조건(보필)이 성립되어야 한다.

> ● 간명의 원리
>
> ○1,2,34,5-자평용법을 쓰려면 꼭 상신이 필요합니다.-(상신 없으면 자평용법이 아님)
> ○상신을 쉽게 이해하도록 다른 용어를 사용하는 경우, 오히려 혼란만 가중됩니다.
> ○상신은 도표처럼 저울[178]의 반대편에서 용신과 마주보며 형평을 맞추는 저울추입니다.
> ○신약은 상신이 최종격이고 신강은 용신(식재관)과 상소이 최종격이 됩니다.[179]
> ○격국용신은 월지가 격이 자 용신이지만, 투출한 월령을 용하면 최종격이 달라집니다. 즉 용신은 투출한 월령이그, 신약신강을 따라 "2-1-3-1, 용법의 분류"처럼 51개의 상신을 씁니다. 도표의 경우 살용겁격인데 용은 투출한 살을, 겁은 저울 추 상신을 말합니다.

---

175) 2-1-4 용법의 요약. 6-2-1-2 용신(用神)의 종류
176) 월령기득용신 즉별위역필상 (月令旣得用神 則別位亦必相)
177) 2-1-2-3 ●=3 ■2 용법의 종류 ▢1 자평용법. ▢2 적천수용법

■『자평진전』은 물론『자평진전평주』에 "상신은 구응(救應)의 신인데" 하면서 "▶기신을 합, ▶기신을 제화하는 것. ▶통관(식상이 화겁생재) 하는 것"으로 상신의 역할과 기능이 나온다. 이 경우 상신은 병을 제거하는 약신의 개념이 된다.

이어서 "성격이 파격으로 변함은 필히 꺼림(=기신)이 있기 때문이고, 파격이 성격으로 변함은 오로지 구응이 있기 때문이다. 여기서 구응의 신이 상신이다"라고 적고 있다.

■'심효첨'은 실제 예로『자평진전』「논상신긴요(論相神緊要)」에서
"갑일간이 유금 정관을 용신으로 삼는데 정화가 투출하여 극하면 파격이다. 이때 투출한 임수가 정을 합하면 정관격이 성격된다."고 설명하고 있다. 이때 임수는 구응의 신, 상신이 된다.

■종합하면『자평진전』에서 성격이란, 격국을 쓰려고 할 때 즉 용(用쓸용)할 때 조건(보필)이 갖추어지는 것을 말한다. 용하는 신은 용신(用神)이고, 조건은『자평진전』에서의 상신(相神)이다. 즉 용신을 쓰고 못 쓰고는 상신에 달려 있다.

●=2	『적천수』와 용신[180]

> ● 간명의 원리
>
> ○1,2,3-적천수용법은 일간과 용신이 마주봅니다. 상신이 없습니다.
> ○일간이 왕 하면 식재관이 용신, 쇠하면 인비가 용신이면서 최종격이 됩니다.
> ○용신이 약하면 용신을 방조하는 오행이 희신인데, 이때 희신 용신을 같이 불러줍니다. 용신 재격이 약하면 식상생재격이라 부릅니다. 식상 없으면 자평처럼 가난합니다.
> ○신약신강의 구별은 '1-4-1-2, YQ-1의 천간산출과 실제 예'를 따르면 됩니다.

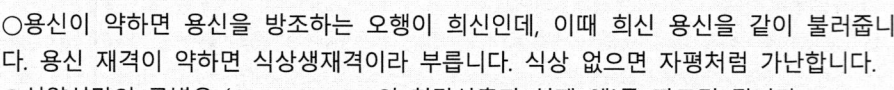

---

178) 2-1-3-2 ●=3 ■2 상신은 상신 행운에는 종격처럼 수기가 중요하지 않다. □1 저울의 가벼운 쪽에 있는 약한 상신(질)의 기운을 상신운에 더욱 응집시켜야 하기 때문이다.
179) 2-1-2-2 ●=3 ■3 최종격에 대하여
180) 2-1-2-3 ●=3 ■2 용법의 종류 □1 자평용법. □2 적천수용법

『적천수』「쇠왕(衰旺)」에 "왕즉의설의상 쇠즉희방희조 자평지리야(旺則宜洩宜傷 衰則喜幫喜助 子平之理也)"라고 나온다.
 "▶왕하면 마땅히 설(洩)하거나 절상(折傷)되어야 하고, ▶쇠하면 방부(幫扶)와 생조(生助)를 기뻐한다. 이것이 자평법이다."라고 기술되어 있다. 이는 앞에서 공부한 거류서배(去留舒配)181)를 가리키는데, 연원은 자평법이라는 말이다.
 성격의 과정에 용신 격국이 있다. 이는 신약신강(身弱身强)을 바탕으로 설(洩)하거나 절상(折傷)이 일어나는 결과이다.

■1. 『적천수』는 십정격(十正格)이 없고 아래 같이 십정격을 대신한다.
 ▣1) 순국(順局)-"순이르는 것은 내가 그것을 생한다."라고 상생을 가리킨다.
 ▣2) 반국(反局)에는 4가지가 있다.
▭군뢰신생(君賴臣生)-군주(일주)가 신하 의지, 인수태왕을 신하가 극(용재괴인)
▭아능구모(我能救母)-식신이 관살 제살하여 자식이 어머니 구함. 조후 포함. 겨울 한목일 경우 금 뿐만 아니라 수도 목도 얼게 하여 헤침, 이때 병화 자식이 해동.
▭모자멸자(母慈滅子)-인수태왕(므왕멸자)을 재성이 있어도 무기하여 용재파임(재극인)이 불가한 것을 말한다. 이때는 기세에 순응하여 子를 도와야 한다.
▭부건파처(夫建怕妻)-목 남편이 건왕해도 토 처가 생금하면 금극목이 강해지니 처가 두렵다. 이는 차 재성이 합 등으로 왕해지는 것을 의미한다.

 ▣3) 전국(戰局)-간두에서 갑경 을신을 만나면 천전(天戰)인데 지지가 순정하면 무해하다. 지지가 인신 묘유이면 지전(地戰)인데 천간이 힘을 발휘하지 못한다.
 ▣4) 합국(合局)-합하여 길한 경우, 합이 흉한 경우를 설명하고 있다.
 ▣5) 군상(君象)-일주가 군 재성이 신, 군성신쇠(君盛臣衰)는 극재를 의미한다.
 ▣6) 신상(臣象)-일주가 신 관성이 군, 신성군쇠(臣盛君衰)는 극겁의 의미이다.
 ▣7) 모상(母象)-모(일주)가 자를 생함, 모왕자고(母旺子孤)는 목다화식이 예다.
 ▣8) 자상(子象)-모가 자(일주)를 생함, 자중모고(子衆母孤)-목다수갈이 예다.

■2. 적천수의 용신과 자평의 용신이 다르다. 적천수용신의 이름을 불러줄 때도 아능구모격(자평의 식신대살격)이라 했다면 오늘날 용신으로 인한 혼돈이 덜했을 것이다. 그런데 누가 언제부터 적천수용신에 비견 겁재 식신 상관 편재 정재 편관 정관 편인 정인격의 자평 십정격을 붙여 불렀는지 알 수 없다.

---

181) 3장 들어가기 2-1 ●=2 거류서배(去留舒配)

결과는 상신이 어렵지도 않은데 다르게 부르다 혼란만 가중시킨 일은 두고두고 뒷사람들의 발걸음을 무겁게 할 것이다.-(흰 눈길 걸을 때 함부로 걷지 마라. 오늘의 발자국은 뒤에 오는 사람의 발길이 될 터이니……-서산대사)

| ●=3 | 변화무쌍한 용신 |

■1. 월령 투출

용신은 변화무쌍(變化無雙)하다. 『자평진전』 「논용신변화(論用神變化)」에 "용신은 월령을 기준하여 정한다. 그러나 월령의 지장간은 한 개만 있는 것이 아니다. 용신의 변화는 이 때문이다."182)라고 나온다.

아래는 이를 도표화한 것으로 월령에서 연, 월, 시에 투출한 격은 한 가지가 아님을 나타내고 있다. 이는 「논용신변화(論用神變化)」에서 지적한 자오묘유를 제외한 지장간의 삼원구조 때문이다.

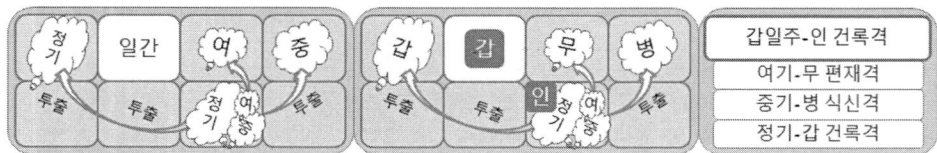

■2. 그리고 투출하였어도 아래 도표처럼 용신이 '1.뿌리가 없는 경우', '3.천간 중첩이나 천간 충' 그리고 '4.사지나 사쇠지'는 용신으로 사용하지 못한다.

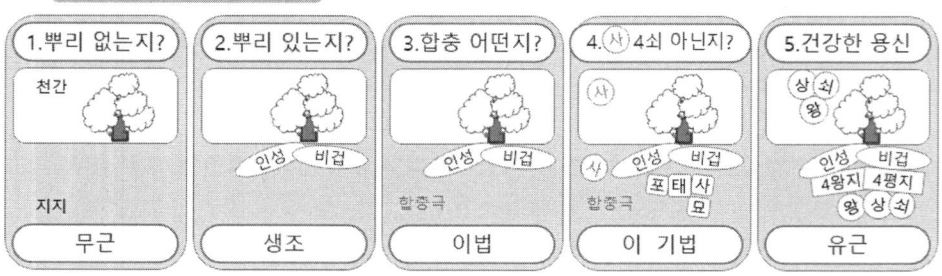

● 간명의 원리

○힘에는 1)신체의 힘, 2)본능의 힘, 3)금력-재물의 힘, 4)권력-제도의 힘, 5)염력-염원의

---

182) 용신기주월영의 연월령장불일 이용신수유변화 (用神旣主月令矣 然月令藏不一 而用神遂有變化)

> 힘이 있습니다. 이를 힘의 크기라 할 수 있는데 1)은 비겁 2)는 식상 3)은 욕심 많은 재성 4)는 관성 5)는 인성에 비유할 수 있습니다.
> ○앞서 삶의 경지에서 '실속파' '명예 고위직' '재력가' 등 세 부류를 공부하였습니다.
> ○이 중에 재력가는 의사나 교수의 명예도, 고위직의 권력도 없지만 금력 재성으로 살아갑니다. 즉 낮은 격에서도 재력가들이 존재합니다. 그래서 쓰임 즉 용신을 봅니다.

■3. 이렇게 용신이 출현하였어도 극하는 것이 있으면 파격이다.

아래 도표는 용신의 출현에서 파격과 구응까지의 과정을 설명하고 있다. 이는 상신이나 희신도 똑같이 적용된다.

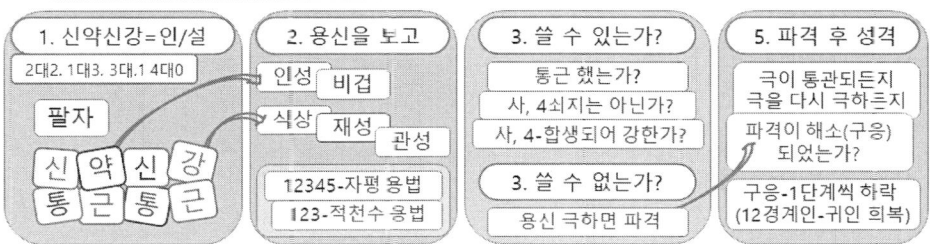

| ●=4 | 성격되지 못한 경우 |

심효첨의 『자평진전』「논시설구니격국(論時說拘泥格局)」에 "팔자의 용신(격국)은 월령에 의존한다. 월령에 용신이 없을 때 비로소 격국을 찾는다. 월령은 근본이고 격국은 말단과 같다."라고 나온다. 그리고 "요즘 사람들이 그 경중을 모르고 격국에만 얽매어 가짜를 고집하고 진짜를 멀리하고 있다."183)라고 하였다.

○위에서 말한 격국은 외격(外格)을 말한다. 그러니까 앞서 공부하였듯이 월령 즉 월지 월률분야(지장간)의 투출이나 자체에서 용신이 없을 경우 외격을 본다는 뜻이다. 그러나 외격에 얽매이지 말라는 말이다.

○월령에서 투출한 용신이 없으면 타 간지에서 가장 강력한 오행을 찾는다. 그러나 이때도 월령을 떠날 수 없다고 한다.-(신약 신강에 따른 적천수용법과 유사)

○성격되지 못하면 행운184)에서 성격되기를 기다려야한다 일간이 신약하면 인

---

183) 팔자용신 전빙월령 월무용신 시심격국 월령 본야 외격 말야 령인불지경중 구니격국 보가시진 (八字用神 專憑月令 月無用神 始尋格局 月令 本也 外格 末也 令人不知經重 拘泥格局 執假矢眞)

비 운, 신강하면 재관 운에 성격된다. 식상과 재관은 수기인지 분산인지에 따라 쓰임이 다르다.

　우리 책에서는 ▶10세 전-12경계인, ▶10전후 성격되면-귀인, ▶20전후-23경계인, ▶30전후-평상인, ▶40전후-34경계인, ▶50이후-평범인이다.

---

184) 2-1-3-4 ●=1 ■2 행운에서 성격

| 3-2-1-3 | 순역(順逆)-『자평진전』으로 성격(成格) |

| 3213-1 | 관을 용신으로 쓰는 법 |

1-자평 용법

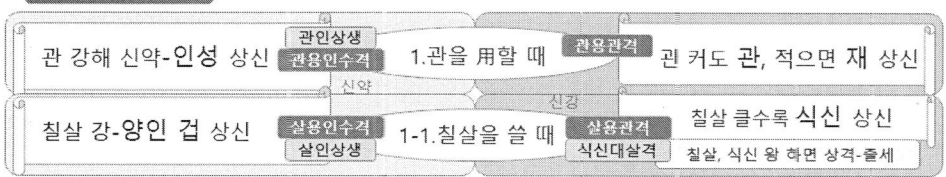

『자평진전평주』「논칠살(論七殺)」에
(1)음 일주는 칠살이 왕한 것을 두려워하지 않으며 식신의 제살만 있으면 된다. (2)그러나 양 일주는 반드시 신강해야 한다. 그렇지 않으면 극설교가(剋洩交加) 되므로 인수가 없으면 아니 된다"고 나온다.
　예를 들면 ▶음간(乙)의 식신은 음간(乙)인데 ▶양간(甲)의 식신은 양간(甲)이기 때문에 양간은 설기를 크게 유발하는 이유이다. 그래서 음 일주는 극 신약만 아니면 다소 신약하다 해도 '식신제살'만 되면 무방하다는 말이다. 만약 양 일주에 인수가 있으면 탈식(奪食식신을 극함)으로 식상을 견제한다는 뜻인데, 인수가 있으면 이미 신강일 확률이 높다.

『자평진전』「논정관(論正官)」에 "정관은 칠살과 다른 점이 있으나 일주를 극한다는 점에서는 결국 그 작용이 같은 것이다."라고 나온다.

| 3213-2 | 재를 용신으로 쓰는 법 |

2-자평 용법

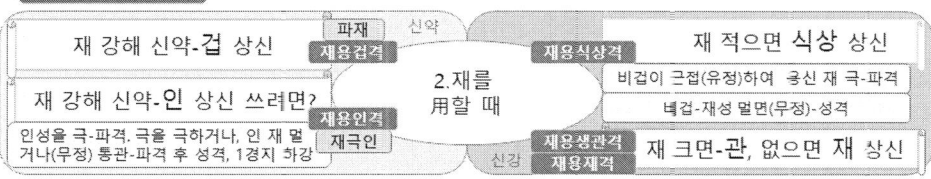

『자평진전평주』「논상신(論相神)」에서는
□"용신을 보좌하는 것이 상신인데"하며 『삼명통회』를 인용한다. 그 내용을 보면 "▶정재 격에서는 정재가 생하는 정관과 정재를 생조하는 식신이 곧 재상이 된다." 그리고 서락오 선생은 재차 "▶정관이나 식신이 없으면 재를 쓰지

못한다. 라고 말한 것과 같다." 하였다.
□재가 약하면 식신생재, 재가 왕하면 재생관해야 하기 때문이다. 우리 책에서는 식관 없으면 단독(가난)으로 쓰면서 경지가 내려간다.

> ● 간명의 원리
>
> ○옛 어른들께서 용신과 반대운이 와야 좋을 때도 있다고 했다는데 이 말은 이런 경우일 것입니다.
> ○우리 책 저울의 원리를 보면 용신 반대편에 상신이 있어 서로가 마주보고 있습니다.
> ○용신은 국중에서 가장 무겁고 상신은 대체적으로 약합니다. 그래서 상신운에 상신이 무거워져야 저울이 형평을 이루게 되는 것을 반대운이라 했을지 모릅니다.

| 3213-3 | 식상을 용신으로 쓰는 법 |

『자평진전』「논식신(論食神)」에
(1)"식신은 원래 설기하는 작용을 한다. 재를 생하는 효능이 있기에 식신을 기쁘게 여긴다. 그러므로 식신생재가 되면 좋은 격국이다."라고 기록되어 있다. 또한
(2)「논상관(論傷官)」에서는 "상관은 수기(秀氣)로서, 문인학사의 사주에 상관 격이 많다. 여름의 목이 수를 보고, 겨울의 금이 화를 보면 더욱 수기가 빼어나다. 격국 가운데 상관격이 가장 종류가 많고 변화 또한 가장 많다. 기후를 보아야 하고, 순잡(順雜)을 관찰해야 한다."라고 나온다.

『적천수』「순국(順局)」에 식상과 인수와 관의 관계가 열거되어 있다. "종아는 신강과 신약을 상관하지 않고, 단지 필요한 것은 내 자식이 다시 자식을 얻는 것이다."[185]라고 나온다. 그 이유를 보면 "무기일이 신유술을 만나서 서방의 기를 이루거나 혹은 사유축 금국이 전부 모이면 능히 수(水)기를 생하여 생육지의(生育之意)를 이루면, 이것이 유통인데 필연코 부귀하게 된다."라고 요약된다.

---

185) 종아불관신강약 지요오아우득아 (從兒不管身强弱 只要吾兒又得兒)

그리고 생육지의에 대하여 『적천수천미』에서는 "종아격은 인수 운을 가장 꺼린다." 그리고 이어서 "관운을 꺼리는데, 이는 재를 설하고 일주를 극하며 식상과 불화하여 생육지의를 잊어버리고 쟁전지풍(爭戰之風)을 일으키니 식구가 상하고 재물이 흩어진다."라고 서술하고 있다.

여기서 중요한 것은 "성육지의 즉 식신이 재를 생하면 옮겨가며 생육(生育)하고 유통하니 명리(名利)를 모두 이룬다." 즉 유통은 수기유행(秀氣流行)[186]을 말하는데, 식생재 관점에서는 인수가 식상을 상하고, 관이 재를 설기시키지 않아야 하는 점이다. 그래서 결론은 인수와 식상이 그리고 관과 재가 또한 인수와 재가 떨어져 서로 관여하지 않아야 한다.

다시 고전을 종합하면 식상은 신약 신강을 가리지 않고 '생육지의'에 의미를 둔다. 음간의 식상은 설기의 양이 적으니 신약신강을 가리지 않는다. 하지만 양간의 식상은 신강해야 한다. 양간은 설기의 양이 커서 일간을 심하게 수축시키기 때문이다.

| 3213-4 | 양인, 건록, 월겁을 용하는 법 |

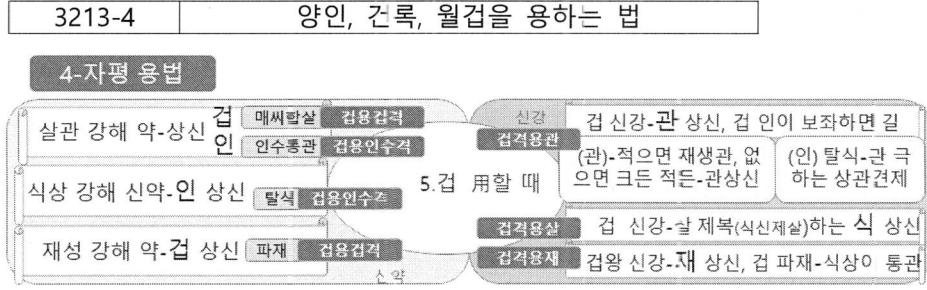

월지가 건록 겁인이면 타처에서 용신을 구한다. 신약하던 건록 양인격이 성립되지만, 신강하면 식재관의 격을 쓴다.

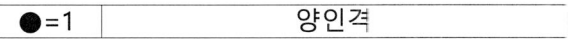
● =1   양인격

『자평진전』「논양인(論陽刃)」에 나오는 내용을 요약하였다. 양인은 오양간(五陽干-갑병무경임)에만 존재하는데 재를 겁탈하는 작용이 겁재보다 두 배나 크다. 오양간의 월지만 양인이고 오음간의 월지와 타 간지에 있는 것은 모두 겁재이다.

---

186) 1-2-1-2 서문 "수기유행(秀氣流行)"

| ●=2 | 건록월겁격 |

『자평진전』「논건록월겁격(論建祿月劫格)」의 내용을 요약하였다.

건록이란 월건이 일주의 녹당(祿堂) 즉 월령에서 녹을 만난 것을 말한다. 녹은 곧 비겁이 되지만 천간에 투출한 것은 녹이 아니고 비견이다. 그래서 건록과 월겁(月劫-월지 겁재)은 동일한 격이다.

비견 겁재는 천간에 투출하고 지지에 회국(會局 행운을 말함)되면 재관살식상 등을 취하여 쓴다. 이렇게 되면 1,2,3-자평용법 보는 법과 같아진다.

■1. 록의 구분

시지	일지	월지	연지
귀록(貴祿)	전록(專祿)	건록(建祿)	세록(世祿)

□녹격용관(祿格用官)-건록격에 정관을 쓰는 것으로 정관이 투출하면 기특하다. 재와 인이 보좌해야 좋다.
□녹겁용재(祿劫用財)-건록격와 월겁격에 재성을 쓰는 것으로 반드시 식상이 있어 겁과 재를 통관시켜야 한다. 비생식상하고 식상생재 해야 좋다.
□화겁위재(化劫爲財-겁재가 재로 변화)와 화겁위생(化劫爲生-겁재가 식상이 됨)이 되면 더욱 빼어나다.
□녹겁용살(祿劫用殺)-건록과 월겁에 칠살이 있는 경우로 칠살을 반드시 제복해야한다. 살은 양인에만 절대적이다.

| 3213-5 | 인수를 용신으로 쓰는 법 |

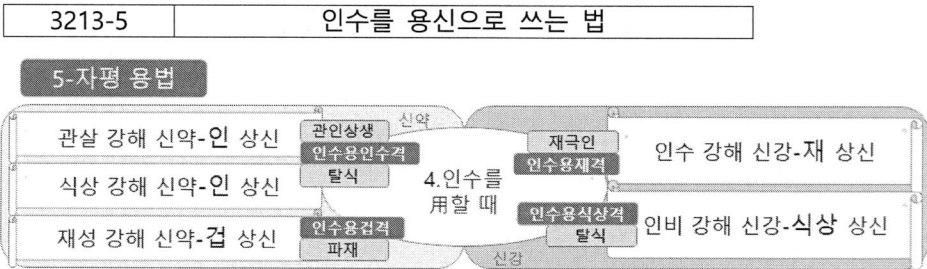

『자평진전』「논인수(論印綬)」에 "인수는 정인과 편인으로 구별되긴 하지만 둘 다 아름다운 격이다. 그러므로 재성과 인성은 정편을 나누지 않고 동일한 격으로 논한다."[187]라고 나온다.

---

187) 인수희기생신 정편동위미격 고재여인불분편정 동위일격 (印綬喜基生身 正偏同爲美格 故財與印不

(1)이에 '서락오' 『자평진전평주』는 "관과 인, 혹은 재와 관, 혹은 재와 식상의 관계처럼 그들은 상생하면서 쓰인다. 한 가지만 쓰는 경우는 아주 드물다."
(2)이어서 만약 팔자 원국 자체만을 가지고 말한다면 "신왕하고 인수가 왕하다면 정관이 많은 것을 꺼리지 않으며, 단지 정관이 청하기만 하면 좋은 사주로 본다."라고 한다.

● 간명의 원리

○사주명리의 수많은 용어들이 한자·말이어서 현란합니다. 명리를 터득하기보다 한자가 더 어렵습니다. 물론 용어들을 해석할 수 있어야 학습에 도움이 되는 것은 사실입니다. 그러나 최소한의 용어 외에는 생극의 개념을 이해하는 지혜가 더 중요합니다.

○아래는 『자평진전평주』「논용신」에 나오는 용어입니다.
 1)정관패인-월령 정관이 인수용신으로 식상을 제어하여, 정관을 극하지 못하게 보호하는 것입니다.
 2)인수용관-월령 인수가 일원을 생조하여 일원이 강, 이때 재생관하면 정관 맑고 인수는 바쁩니다. 이는 신강의 관인쌍전(官印雙全)이고, 인수가 강하지 않으면 쌍전이 아닌 신약의 관인상생입니다.
 3)인수봉살-월령 인수가 약할 때 칠살을 만나면 살이 인을 생하니 인수가 강해집니다. 이때 일주 입장에서는 자신을 헤치는 칠살을 인수가 통관시키는 것이기도 합니다. 그러나 정확한 표현은 인수봉살이라 하지 않고 살인상생이라 합니다. 용어는 다르지만 개념은 같습니다.
 4)살격봉인-월령이 칠살이면 필시 신약, 이때 일지나 시지에 있는 인은 칠살에 대항하는 무기입니다.
 5)양인로살-월령이 양인, 살격봉인의 반대, 필시 신강, 이때 용신 칠살이면 양인을 극제압합니다.

 6)재투식신-월령 재성이고 식신이 투출, 겁재를 설기하여 재성을 보호합니다.
 7)식신생재-월령이 식신이 사주의 재성을 생하는 것을 말합니다. 이때 비겁이 있으면 흉입니다.

 8)편인투식-월령편인, 식신이 왕한 일간을 설기하면 좋은데, 재성 있어 극인하는 나쁨을 말합니다.
 9)식신봉효-월령식신이 효신(편인) 만나 파괴당합니다. 재성으로 극인하여 식신을 보호해야 합니다.

分偏正 同爲一格)

| 3-2-1-4 | 순역(順逆)-『적천수』로 성격(成格) |

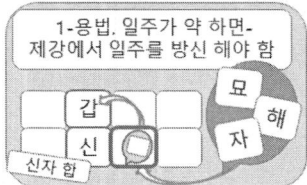
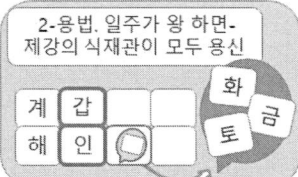
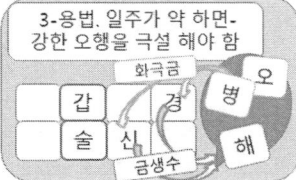

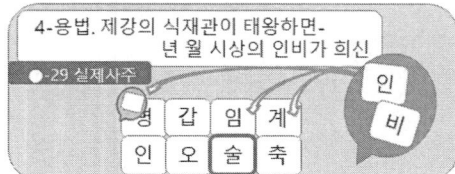
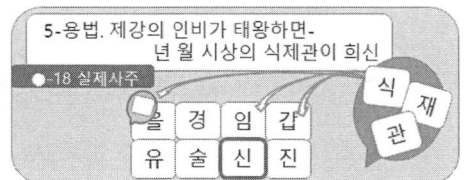

『적천수』로의 성격은 『적천수』「체용론(體用論)」에서 체용의 정법188)이 이루어지는 것, 즉 신약하면 인비, 신강하면 식재관이 용신인 것을 말한다. '체용정법'은 『자평진전』으로 성격'이 어려울 때 그 대안이 된다. 그러나 자평용법을 떠날 수 없다. 아래는 체용의 정법에서 12345-적천수용법이 나오는 과정이다.

■1. 일주가 '체' 제강(月支)이 '용'인 경우-"▶1.일주가 왕하면 제강의 식재관이 모두 용신, ▶2.일주가 약하면 제강에서 일주를 방신해야 용신이 성립되고, ▶3.반대로 강한 오행을 극설(서락오의 억부용신 개념)하는 것 모두는 일간을 위한 희신이 된다."고 나온다. 여기 제강은 월지이다.

■2. 제강이 '체', 희신이 '용'인 경우-"이 경우는 일주가 제강을 용신으로 쓸 수 없다. ▶1.제강이 식재관이면서 태왕하면 연월시상의 인비가 희신, ▶2.제강이 인비면서 태왕하면 연월시상의 식재관이 희신이다.(건록격, 양인격, 정인격, 편인격을 말함) 이 두 가지가 체용의 정법이다." 하였다. 역시 제강은 월지를 말한다.

■3. 1과 5의 용법, 2와 4의 용법은 개념이 같다. 그래서 신강하면 1, 5-용법을, 신약하면 2, 4-용법을 적용한다.

---

188) 5121-2 ●=2 "체용의 정법"

| 3-2-1-5 | 순역(順逆)-『난강망』으로 성격(成格) |

조후는 한난조습(寒暖燥濕)의 기후를 분석하고 조정하는 일이며, 조후는 수화(水火)의 조화가 유지되는 것이 핵심이다. 겨울과 여름사주가 자평과 적천수용법으로 성격되었다 하여도 조후의 결함을 보이면 파격이다. 봄가을보다 겨울은 화, 여름은 수가 필수적이다.

■『자평진전』「논용신배기후득실(論用神配氣候得失)」에 "사주를 볼때는 월령의 용신을 위주로 논하되 반드시 기후와의 관계를 참작하여야 한다."189)라고 나온다.

이어서 설명하기를 "인수격에 정관이 있으면 이름하여 관인쌍전(官印雙全)이니 귀하지 않음이 없다. 그러나 겨울철에 난 갑을목 일간이라면 인수의 월령을 받고 경신금의 정관이 투출했다그 해도 꼭 귀하게 되는 것은 아니다."라고 하는 이유는 경신금이 차가워서 더욱 물을 얼어붙게 만들기 때문이다.

■이에 '서락오'의 『자평진전평주』에서는 "한목향양(寒木向陽-얼어붙은 나무는 태양을 좋아함)이라고 했으니 오로지 병정화의 식상이 있어야 귀하게 되는 것이다."라고 했다. 조후의 조건 중 가장 대표적인 것이 금수상관190)인데, 다음과 같이 서술이 이어진다. "상관견관(傷官見官)이면 재앙이 백 가지로 발생한다. 그러나 금수상관격은 도리어 정관이 있어야 기세가 수려하게 된다. 이는 조후가 급하기 때문에 쓰이는 것이다."191) 그리고 이어지기를 "월령이 상관이견 본래 관살을 꺼린다. 하지만 금수상관격은 겨울철에 나서 금한수냉(金寒水冷)하니 오히려 화가 있어야 좋다. 화를 씀에 있어서는 정관이고 칠살이고 따지지 않는다."라고 말한다.

| 3215-1 | 조후 |
| ●=1 | 조후와 지장간 |

지장간은 조후 즉 기후에서 왔다, 지장간을 공부하면 『적천수』나 『궁통보감(난강망)』보다 더 오래 전부터 사주명리학계의 중요한 화두인 것을 알 수 있다.

---

189) 논명유이월령용신위주 연역수배기후이호참지 (論命惟以月令用神爲主 然亦須配氣候而互參之)
190) 6223-4 ※상관의 종류 "금수상관"
191) 상관견관 위화백단 이금수견지 반위수기 비관지불외부상 이조후위급 권이용지야 (傷官見官 爲禍百端 而金水見之 反爲秀氣 非官之不畏夫傷 而調候爲急 權而用之也)

●=2   궁통보감의 예

아래는 직접 번역한 궁통보감 중 갑목 인월편이다. 보통 시중에 나와 있는 궁통보감은 900페이지 정도 된다. 이를 모두 외울 수도 없고, 혹시 외운다 할지라도 경우의 수가 간명에 직접 연결되지 않는다.

또한 기억의 자연현상인 소거와 소멸 때문에, 휴대하고 다니지 않는 이상 활용에 장애가 발생하는 것을 어찌할 수 없다.

●『궁통보감』에서는

●-1 갑목

[1-三春]

봄의 나무는 점차 생장하는 상이다.

■<찬 기운>-초봄 인월은 찬 기운이 남아 있다. 火로 온난하게 하면 뻗어나가는 미덕이 아름답다. ○<水가 많으면>-수극화로 오히려 극이 되니 정신이 손상된다.
○<묘월 비겁으로 생왕하면>-庚으로 갑목을 다듬어야 동량이 된다. ○<진월 수의 고갈>-늦은 봄 진월에는 陽이 장성하여 水가 고갈되기 시작하니 水를 도와야 한다. 그래야 꽃과 잎이 번성하게 된다. ○<화>-이른 봄에는 火기운이 없다. ○<水를 더하면>-음습이 지나쳐서 木氣가 약해지면서 뿌리는 썩고 가지가 마른다. 물론 꽃도 빼어나지 못하다.
○<수화기제>-늦은 봄에는 물이 부족한데 火가 많으면 양기가 크게 성하여 더 건조하다. 그래서 갈증에 시달리면서 잎이 마르며 꽃이 수려하지 못하다. ▶고로 이 水火두 가지가 시절에 따라 서로 어울려야 아름답다.

1. 寅월 甲木

이른 봄에는 한기가 남아 있다.

■갑/인월은 <丙癸 모두 투출하면>-서로 떨어져 방해하지 않아야 부귀하며 ○<丙이 투출하고 癸가 암장되면>-차가운 목이 양을 향하여(寒木向陽) 부귀에 이른다. 풍수환경이 좋지 않아도 학식이 있어 준재가 되고 ○<丙癸 모두 없으면>-평범한 사람이다.

■갑/인 <갑목의 록왕지로서>-스스로를 포기하고 종재 종살 종화하는 특수 격의 이치가 없다. ●<한 무리의 庚辛金을 만나면>-일생 노고가 많으며 처자를 상하며 ○<재차 지지에 金국을 지으면>-요절하거나 가난하다. ●<丙丁이 없는데 水多하고 戊己토가 수를 조절하지 못하면>-수다목부가 된다. 마치 죽어도 관이 없는 것이니 의지처가 없는 사람이다. ●<한 무리의 戊己가 있고 지지 金국이면>-종재가 되지 않고 재다신약이 된다. 부잣집에서 태어나 가난해지는 부옥빈인(富屋貧人)의 형국으로 종신고생하며 결혼도 늦고 자식과 인연도 늦다.
●갑/인 <庚금이 없는데 丁화가 투출하면>-목화통명(木火通明)이 된다. 또한 정화 상관이 생토하니 상관생재 격이다. 총명하고 준수한 사람이다.
●갑/인 <癸丁이 정계 충하면>-단지 도리를 아는 선비에 불과하다. 여러 개의 癸을 보면 한편으로는 木을 적셔주지만 정화를 손상시킨다. 그래서 올빼미같이 간사한 영웅이 된다. 조조처럼 말은 좋으나 이중적 행동과 웃음 속에 칼을 감춘 형국이다. ○<단지 좋은 운이 서로 도와야 하며>-丁이 庚를 제련하게 되면 좋지 않다.

■갑/인 <지지 비겁 목국으로 기세가 강하면>-경 칠살로 극제하고 경금이 없으면 승도의 명이다. 남자는 토 재성을 극제하니 외로운 홀아비고 여자는 관살을 생금하다가 관이 아래로 보여서 외로운 과부의 상이 되고 만다.
●<지지 火국이면>-화 태과로 갑을 크게 설기하니 질병이 많고 나약하며 ◎<혹 지지 金국에 庚辛이 많이 투출하면>-木이 金에 상하게 되니 丁으로 제하여야 한다. 아니면 잔질이 있다 (식상제살)
●갑/인 <혹 지지에 水국에 戊 토가 투출 하면>-귀하게 되지만 戊가 없으면 빈천할 뿐이고 죽어도 관이 없다. ◎<고서에>-뿌리가 없는 甲목은 오로지 申子辰 인수에 의지해야 하고 土金이 투출하면 청운의 꿈을 이룬다 하였다.
●<총론하면>-寅卯월 甲목은 庚戌가 있으면 상명이며 丁화가 투출하면 대부대귀할 수 있는 命이다

3215-2	조후 용신

●=1	월별 조후용신

 아래는 궁통보감(난강망)을 도표화한 내용이자 그 해설이다. 참고로 도표의 부족한 설명을 돕기 위해 다음 '●=3 궁통보감(난강망) 조후 요약'에 원문을 발췌 정리해 두었다.

■1.갑-나무는 병 햇빛과 계로 적셔야(자윤) 성장

	인	묘	진	사	오	미	신	유	술	해	자	축
갑	병	경		계			정			경(벽갑인정)		

■2.을-음간은 왕해도 브드러움, 그래서 병화로 설기(양간· 갑은 경으로 극)

	인	묘	진	사	으	미	신	유	술	해	자	축
을	병		계			병		계			병	

■3.병-약하면 갑이나 임을 쓴다.-(수면의 빛을 산란 유도)

	인	묘	진	사	으	미	신	유	술	해	자	축
병				임					갑			

■4.정-목의 생(갑)이 없을 때 차선으로 경을 쓴다.-(갑 쪼개면 화목이 되는 원리)

	인	묘	진	사	오	미	신	유	술	해	자	축
정		경	갑	임					갑			

■5.무-지나치면 갑으로 소토, 추울 때 병 대신 토를 덮지만 탁해진다.

	인	묘	진	사	오	미	신	유	술	해	자	축
무	병		갑	임	계		병		갑		병	

■6.기-을목이 자라는 땅, 그래서 을목의 쓰임과 유사하다.-(병 햇빛, 계수 단비)

	인	묘	진	사	오	미	신	유	술	해	자	축
기	병	갑	병		계					병		

■7.경-냉하면 기능부실 정화로 제련한 후 병으로 따뜻하게 한다.

	인	묘	진	사	오	미	신	유	술	해	자	축
경	병	정	갑	임			정		갑	정		병

■8.신-보석(신금) 빛이 약하면 임수로 씻어서 광택, 강하면 임으로 설기한다.

	인	묘	진	사	오	미	신	유	술	해	자	축
신	기				임					병		

■9.임-약하면 경신이 수원, 무토로 제방해야 용수가 된다.-(따뜻해야 용수)

	인	묘	진	사	오	미	신	유	술	해	자	축
임	경	무	갑	임	계	신	무		갑	무		병

■10.계-약하면 경(큰물) 신(적은 물)금이 수의 원천.-(수 온화해야 제역할)

	인	묘	진	사	오	미	신	유	술	해	자	축
계	신	경	병	신	신	경	병		신	경	신	병

| 3-2-2 | 통근(通根), 왕쇠(旺衰) |

『자평진전』의「논십간득시불왕실시불약(論十干得時不旺失時不弱)」에 "요즘 사람들은 명리의 이치를 잘 모르고 여름 수나 겨울의 화를 보기만 하면 통근했는지 살피지도 않고 무턱대고 신약하다고 판단하고 있다."[192]라고 나온다.

| 3-2-2-1 | 통근과 사령 |
| 3221-1 | 통근과 고전 |

■1. 통근과 『자평진전』

■1) '심효첨'저 『자평진전』의 「논지중희기봉운투청(論支中喜忌逢運透淸)」에 "지지는 천간의 생지가 되고 천간은 지지의 발용이 된다."[193] 라고 하였다. 이는 아래 나오는『적천수천미』의「월령(月令)」과 같은 맥락(脈絡)이다.

이어서 "지지는 천간의 생지(生地)가 되고, 천간은 지지의 발용(發用)이 된다. 예를 들자면 원국에 한 개의 갑이라는 글자가 있다면 연월일시 네 지지를 견주어 보아서 인해묘미와 같은 글자가 있는지 살핀다. 그중에 한 글자라도 있다면 갑목의 뿌리가 된다."라고 기록되어 있다.

■2) 그리고 '심효첨'은 『자평진전』「논십간득시불왕실시불약(論十干得時不旺失時不弱)」에서, 여름 '수'와 겨울의 '화'를 거론하면서 "임이 진을 만나고 병이 술을 깔고 앉으면 임수와 병화가 통근한 것"[194]이라고 하며 통근을 언급하고 있다. 이는 수의 묘고 진 속에 계수가, 화의 묘고 술 속에 정화가 김의 뿌리라는 말이다.

■3) 또한 12운성에 대한 언급을 보면 ▶"장생과 녹왕은 뿌리가 튼튼한 것이고, 묘고와 여기는 뿌리가 약한 것이다. 한 개의 비견을 얻는 것이 지지에서 한 개의 묘고를 만남보다 못하다.(예-갑이 미를, 병이 술을)[195]" 즉 뿌리 없는 비견은 갑이 휴수 미(정을기) 속의 을을 만난 것보다 못하다는 이야기다.

---

192) 금인불지명리 견하수동화 불문유무통근 편위지약 (今人不知命理 見夏水冬火 不問有無通根 便爲之弱)
193) 지위간지생지 간위지지발용(支爲干之生地 干爲支之發用)
194) 여임봉진병좌술지류 불이위수화통근신고(如壬逢辰丙坐戌之類 不以爲水火通根身庫)
195) 장생록왕 근지중자야 묘고여기 근지경자야 득일비견 불여득지중일묘고 여갑봉미 병봉술지류 득이비견 불여득일여기 여을봉진정봉미지류 득삼비견 불여득일장생록왕 여갑봉해인묘지류 (長生祿旺 根支重者也 墓庫餘氣 根支經者也 得一比肩 不如得支重一墓庫 如甲逢未 丙逢戌之類 得以比肩 不如得一餘氣 如乙逢辰丁逢未之類 得三比肩 不如得一長生祿旺 如甲逢亥寅卯之類)

□"2개의 비견을 얻는 것은 1개의 여기를 얻는 것보다 못하다.(예-을은 진 지장 간 을계, 정은 미 지장간 정을)" 이 또한 뿌리 없는 비견의 비교이다.
□"3개의 비견을 얻는 것이 1개의 장생이나 록이나 제왕을 만난 것보다 못하니 갑이 해인묘를 만난 것과 같다." 하였다.196)
이와 같은 내용이『적천수천미』「쇠왕(衰旺)」에도 똑같이 서술되어 있다.

■2. 통근과 『적천수천미』
□'임철초' 선생은 『적천수천미』「쇠왕(衰旺)」에 "팔자는 비록 월령이 중요하여 왕상휴수 한다고 할지라도 연, 월, 시 중에도 손익(損益)하는 힘이 있다" 그리고 "고로 생월에서 설령 치령(値令=득령)하지는 않았다고 할지라도 역시 치년(値年), 치일(値日,) 치시(値時)할 수 있는데..."197) 라고 나온다. 이는 월지뿐만 아니라 타지에 통근하여도 힘의 값어치가 있다는 말이다.

□또한 「쇠왕(衰旺)」에 "비견이란 친구가 상부(相扶)하는 것이고 통근이란 가족에게 믿고 맡기는 것과 같다. 천간이 많은 것은 뿌리가 깊은 것만 못하다."라고 적고 있다. 이는 먼저 나오는 『적천수』「이기(理氣)」의 진퇴(進退)198)에 대한 설명으로 『적천수천미』에서 진퇴지기(進退之氣)와 왕상휴수(旺相休囚)와 사시(四時)와 쇠왕으로 연결되는 부분이다. 친구는 많아도 결국 남이고, 통근은 가족이라는 관계의 깊이를 비유하고 있는데 『자평진전』에도 똑같은 부분이 「논십간득시불왕실시불약(論十干得時不旺失時不弱)」에 있다.

■3. 사령과 『적천수천미』
사령은 인원용사지신(人元用事之神)을 말한다. 이는 '서락오' 『적천수보주』의 "지(支)중의 소장지신(所藏之神)이 천간에 투출하거나, 혹 지지에서 회국(會局)하여 전국의 원동력이 되었다."에 나오는 말이다.

● 간명의 원리

○여기 회국(會局)은 더한다는 뜻으로 지지가 행운에서 겁과 인수를 만나거나, 삼 방합, 육합이 되는 것을 말합니다. 그러나 원국은 지지의 겁이나 인수 한 글자로 부조할 수 있지만 행운은 한 글자로 오는 법이 없습니다.
○행운은 지지 뿐만이 아니라 천간과 함께 대운, 태세, 월운, 일운, 시운 등 여러 개의

---

196) 3222-2 ●=2 십이운성과 뿌리
197) 황팔자수이월령위중 이왕상휴수 연일시중 역유손익지권 고생월즉불치령 역능치년치일치시 기가집일이론 (黃八字雖以月令爲重 而旺相休囚 年日時中 亦有損益之權 故生月卽不値令 亦能値年値日値時 豈可執一而論)
198) 이승기행유상 진혜퇴혜의억양 (理承氣行豈有常 進兮退兮宜抑揚)

운이 동시에 옵니다.199) 그래서 여러 개 운의 총량200)을 보는 것이 YQ-3, 4입니다.

□1.『적천수천미』「월령(月令)」에 "▶지지의 인원(人元)은 반드시 천간의 인도를 얻어야 하고, ▶천간의 용신은 반드시 지지에서 사령(司令)하여야 한다."201)
□2.그리고 이어지기를 "총괄하여 말하되, ▶인원은 반드시 사령(司令)하여야 인길제흉(引吉制凶)할 수 있고, ▶사령은 반드시 출현(出現)하여야 비로소 조격보용(助格輔用.격을 돕고 용신을 보조)할 수 있다."고 이어진다.

 예를 들어 목생화가 되려면 벌과 나비 그리고 바람이 불어 초목이 수정되어야 꽃을 피운다. 사령이란 노출되어 바람을 맞고 수정되는 것과 같다. 반대로 암장되어 수정되지 못하면 불완전한 목생화로 돌기는 하나 아이가 태어나지 못한다. 다른 오행도 출현하지 못하면 무자식 즉 결과가 없기는 마찬가지이다.

□3.『적천수천미』「월령(月令)」에 "천기(天氣)가 위에서 동(動)하면 인원(仁元)이 응(應)하고 지기(地氣)가 아래에서 동(動)하면 천기가 좇는다."202)라고 말한다.
 이는 줄탁동시(啐啄同時)의 의미로서 천지가 상응(천지감응-천지응감)203)하여야 오묘하다는 말이다. 결론적으로 사령의 뜻은 '지휘하고 감독하다.'인데, 높이 투출하면 영향력을 발휘할 수 있다는 말일 것이다.

■4. 통근과 사령의 강약

---

199) 1-4-2-2 ■2 행운은 지지 뿐만이 아니라 천간과 함께 대운, 태세, 월운, 일운, 시운 등 여러 개의 운이 동시에 오기 때문이다.
200) 3장-4 ■3 ●간명의 원리 ○질량 보존 법칙(質量保存法則)
201) 고지지지인원 필득천간인조 천간위용 필요지지사령(故知地支人元 必得天干引助 天干爲用 必要地支司令)
202) 소이천기동간상 이인응지 지기동간하 이천기종지 (所以天氣動干上 而人應之 地氣動干下 而天氣從之
203) 3-2-10-2 ●=7 천복지재(天覆地載.천간으로 덮어주고 지지는 실어서 뿌리내리게 함)
  4-2-1-3 ●=1 □3 "한(漢)나라의 동중서" "천인감응사상 해석"

통근과 사령을 종합하면 위 도표와 같이 네 요약될 수 있는데 이는 신약신강의 바탕이기도 하다. 종합하면 천간의 강약은 통근에서 나오고, 지지는 사령했어도 출현하지 못하면 허무하다는 뜻이다. 위 도표는 '용신의 뿌리'와 같은 내용인데 통근의 조건에 따라 천간의 강약이 달라지는 것을 설명하고 있다.
 그래서 통근의 강약에 따라 길흉의 강약도 달라진다. 길신이 통근하면 길하고 기신이 통근하면 기세가 강해져 흉하다. 이는 월령에만 해당되는 것이 아니라 모든 천간과 지지의 강약에 적용된다.

3221-2	토 사용법204)

●=1	생금토와 비생금토

 토는 이법에서는 생금이지만 이기법에서는 금을 생하는 생금토와 생하지 못하는 비 생금토 두 가지로 나뉜다. 따라서 원국에서는 이 기법을 사용하고 행운에서는 이법만 따른다.205)-(기를 따지지 않음)

■1. (생금토) ▶진토-사철생금. ▶기토-봄 가을 겨울(인묘진, 신유월, 해자축) 자축월은 얼어 있어 병 있어야 생금하는데 통변에 반영할 뿐 YVWQ 산출에서는 생금토이다.

● 간명의 원리
○모든 사주가 그렇듯 경 신금은 토의 조력이 제한적입니다. 토와 금의 관계는 조주위학-반음설기, 전도형격-습니오옥, 반음피상-입옥자형, 토다금매-관부형격206)입니다.

■2. (비생금토) ▶무토, ▶술토, ▶미토(사오미 월)가 있다. 그래서 토는 경 신금의 뿌리가 되는데 제한적이다. 아래 도표 생금과 비생금을 색으로 구별한다.

진월		미월		술월		축월	
미	진미동합-생금	술	미술형파-비생	축	술축형-비생금	진	축진파-비생금
술	진술충-비생금	축	미축충-비생금	진	술진충-비생금	미	축미충-비생금
축	진축파-비생금	진	진미동합-생금	미	술미형파-비생	술	축술형-비생금
진	진진형-생금	미	미미동합-비생	술	술술동합-비생	축	축축동합-생금

---

204) 1-3-3 ■3) 2유형과 3유형의 토 쓰는 법
205) 1-3-2 서문 "행운은 이법만 적용한다."
　　 1-3-3 ■3) 음토와 양토-(예. 축과 천간 양토가 만나면 음양생합 +○○○)
206) 7-2-1-3 ●=7 관부형격(官府刑格)

	인월	묘월		사월	오월		신월	유월		해월	자월
미	목극토	묘미합	술	화생토	오술합	축	토생금	유축합	진	진해해	자진합
술	인술합	묘술합	축	사축합	화생토	진	진술충	진유합	미	해미합	자미파
축	우합	목극토	진	우합	화생토	미	비생금	비성금	술	우합	토극수

■3. 실제사주의 예-(PC)

시지의 진토는 경의 뿌리가 되지만, 연 월지의 술토는 경의 뿌리가 되지 못한다.

●-60 실제사주	3-1-1		3-2-2-1 ●=4 토 사용법 자료	
YQ-1 ☞1. 신약 신강	경480	을120	병300	경320
5. 토 사용법 -PC	○○○○○	○○○	○○○○○	○○○
지장간	을○ 계○ 무○	경○ 신○	신○ 정○무○ ○	신○ 정○ 무○
지지	진	유	술	술

| ●=2 | 통근과 사령의 예 |

아래 사주는 일간만 뿌리가 있다. 나머지는 암합 외 뿌리가 없다. 신약한 일간이 계 식신을 감당하지 못하는 경우이니 의욕은 앞서고 성과는 적다. 실제 모습도 그렇다.-(무근)

●-54 실제사주	2--2		3-2-2-1 ●=5 통근과 사령의 예 자료	
☞1. 신약 신강	경0	신60	계160	경60
(무근) 인/설=3/1 -무근		○	○○○	○
지장간	무○ 병○ 갑○	무○ 갑○ 임○	정○ 을○ 기○ ○	임○ 계○
지지	인	해	미	자

3-2-2-2	왕쇠

『자평진전평주』「십천간이 득시해도 왕하지 않고 실시해도 약하지 않음을 논함」에서 왕쇠강약의 네 글자는 "득시(득령)한 것을 왕(旺), 실시(실령)한 것을 쇠(衰), 무리(합) 지은 것을 강(强), 생조가 부족(극)한 것을 약(弱)이라고 한다." 라고 나온다.

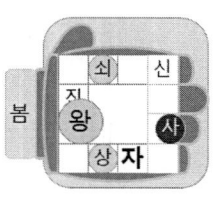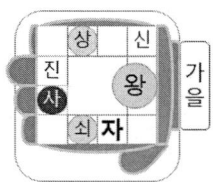

● 간명의 원리

○왕쇠는 계절의 기후에서 왔고 기후는 23.5°의 기울기에서 왔습니다. 언제부터 지구가 23.5° 기울었는지는 복희팔괘가 문왕팔괘[207]로 넘어가는 때인지 등 우리는 아직 알 수 없습니다. 또한 언제까지 23.5°가 유지될지도 모릅니다.
○그리고 그 안에서 ▶계절의 왕상쇠사에 따라 체온이 결정되는데, ▶이는 기후의 영향으로서 기후가 기분을, ▶그리고 그 기분이 인식과 성격 형성에 영향을 미치고, ▶성격은 행동을 유발시키면서 반복되면 습관 즉 삶이 됩니다.
○즉 자연과 자연의 일부인 사람은 이 안에서 오래 동안 울고 웃어야 할 것입니다.

3222-1	왕상쇠사

왕상쇠사는 월령(月令)에서 파생되었는데, 삼합의 원리에도 왕상쇠사[208]가 있음을 알 수 있다. 위 도표를 보면 ▶가을은 금이 수를 생하니 '상(相)'이고, ▶수는 겨울에 가장 왕 하니 '왕(旺)'이다. ▶봄에는 수생목으로 설기하니 '쇠(衰)'이고, ▶여름은 수의 극을 받으니 '사(死)'가 되어 가장 허약하다. 상쇠의 크기는 같다. 다음 7장에 나올 '월령과 왕쇠'[209] 역시 위 도표에 기반을 두고 있다.

● 간명의 원리

○『자평진전평주』「음간과 양간의 생왕사절을 논함」에 "생왕묘절(生旺墓絶)의 학설은

---

[207] 8-1 "문왕팔괘"
[208] 5-1-4-6 왕상쇠사
[209] 5-1-4 월령과 왕쇠

그 유래가 오래되었다."라고 나옵니다. ▶"회남자(淮南子)에서는 봄에는 목이 장(壯), 수가 노(老), 화는 생(生), 금은 수(囚) 토는 사(死) 한다." 라고 했고, ▶"태평어람(太平御覽)은 입춘에 간(艮)은 왕, 진(震)은 상(相), 손(巽)은 태(胎), 리(離)는 몰(沒), 곤(坤)은 사(死), 태(兌)는 수(囚), 건(乾)은 폐(廢), 감(坎)은 휴(休) 한다."고 설명하고 있습니다.

○"오행의 생왕사절에 대한 명칭은 서로 달라도 그 뜻은 비슷하다. 후세에 12지지를 팔괘에 배정하고 장생 목욕 등의 12운성 차례를 정하게 된 것이다. 따라서 생왕묘절의 학설이 역술가들의 발상이긴 하지만 자연의 이치에 부합함으로 비록 용어는 속되지만 그 함축하고 있는 뜻은 지극히 정수한 것으로 음양오행은 이를 벗어나지 못한다."라고 저자(서락오)는 적고 있습니다.

○우리 책은 이를 왕상쇠사(旺相衰死)로 정리하는데 왕상휴수사에서 왔습니다. 이는 왕상휴수(旺相休囚), 생장염장(生壯斂藏), 상왕수장(相旺收藏) 등과 의미가 같습니다.

| 3222-2 | 십이 운성 |

(1) '심효첨' 선생은 『자평진전』「논음양생사(論陰陽生死)」에서 "양이 출생하는 곳에서 음이 사망하고 음양이 서로 교환되는 것은 자연의 이치다."라 말한다.

(2) 그리고 『자평진전』「논십간득시불왕실시불약(論十干得時不旺失時不弱)」에 "▶장생(長生)과 록왕(祿王)은 뿌리가 깊은 것이고 ▶묘고(墓庫)와 여기(餘氣)는 뿌리가 얕은 것이다."210) 라고 나온다. 이어서 "천간에서 ▶'하나의 비견'을 얻는 것은 지지에서 하나의 여기(餘氣)나 묘고(墓庫)를 얻는 것만 못하다." 하였다. 또한 "▶'두 개의 비견'을 얻는 것은 하나의 여기를 얻는 것만 못하고 '▶세 개의 비견'을 얻는 것이 하나의 장생이나 록이나 제왕을 만나는 것만 못하다."211) 라고 나온다.

정리하면 ▶여기나 묘고는 갑이 미를 병이 술을 만난 것이고, ▶하나의 여기는 을이 진을 정이 미를 만난 것이며, ▶하나의 장생이나 록 왕은 갑이 해인묘를 만난 것과 같다. 즉 천간이 뿌리를 얻는 것을 말한다.

● 간명의 원리

○십이 운성은 이미 신법 자평명리학의 월령 개념 안에 들어와 있는데 우리 책의 왕상쇠사가 그것입니다 다만 전통적 원리가 이러할 뿐 실제 적중률은 0에 가깝습니다.
○예를 들어 재가 록지에 앉아도 월령을 못 얻으면 왕상쇠사의 사일 수 있습니다. 즉

---

210) 장생록왕 근지중자야 묘고여기 근지여자야 천간득일비견 불여지지득일여기묘고(長生祿旺 根之重者也 墓庫餘氣 根之餘者也 天干得一比肩 不如地支得一餘氣墓庫)
211) 득이비견 불여득일여기 득삼비견 불여득일장생록왕(得二比肩 不如得一餘氣 不餘得一長生祿旺)

> 인월 갑일주 재성 경금이 인에 앉으면 일간 기준으로 록이지만 이는 왕상쇠사의 사에 불과합니다. 그래서 갑의 왕쇠(왕80, 상쇠60, 사40)값이 80일 때 경은 40인 것입니다.

●=1   십이 운성과 자리

 지표면은 집으로 비유되는데 깔고 앉은 방석이다. 지장간은 방석아래 장판에 해당된다. 십이 운성은 그 장판 아래 온돌과 같다. 이는 집과 집터와 온돌로 비유될 수도 있다. 십이 운성의 중요성은 주기별, 육친별 통변보다 앉은 자리의 기세에 있다. 지지에 자리(座-자리 좌)잡고, 지지 위의 천간까지 기세의 영향을 미친다.

●=2   십이 운성과 뿌리

□1.그러니까 고전을 분석해 보면 십이 운성의 바탕은 각주 뿌리에 있다는 말이다. 다른 말로 하면 통근과 투출이다. 즉 십이 운성(기세)의 강약은 뿌리인데, 그 세기를 생로병사에 비추어 12가지 '포태양생욕대록왕쇠병사묘'라는 이름으로 부를 뿐이다. 그런데 어느 순간부터인지 모르지만 십이 운성의 통근은 사라지고 '포태양생욕대록왕쇠병사묘'의 용어와 상(像)에 집착하는 경향이 크다.

> ● 간명의 원리
>
> ○신법(자평명리학) 4천간은 4지지의 지장간(월지 월률분야와 타지 인원용사)에 뿌리를 내리고, 인접한 주(柱)와도 긴밀하게 통근(유정)이 이루어지면서 뿌리를 공유합니다.
> ○12운성은 육십갑자 각주(各柱)만의 강약이자 천간이 앉은 '지지'의 기세를 보는 일입니다. 그러나 신법은 '태'에 앉아도 인수와 육합(삼합)의 생 받으면 '태기'가 아닙니다.
> ○다시 말해서 생극제화의 저의가 없는 신살(고법명리)처럼 십이 운성도 그러한 의미가 없으며 그 후 진보된 자평명리에 흡수된 것을 뜻합니다. 이래도 십이 운성의 신비에 젖는다면 결국 코끼리 우화212)의 친구가 될 것입니다.

---

212) 3장 들어가기 2-3 ■3 『여섯 장님과 코끼리 우화』

㉠2.아래 사주를 보면 '갑'이 앉은 자리가 '신금'으로 약하다. 뿌리 무임경을 보면 갑은 임수 하나뿐이다. 그러나 이를 신법(자평명리학)으로 보면 주변의 뿌리를 더하면 5개로 갑400, 결코 약하지 않다.-(전교일등)

●-24 실제사주		1-5-1		3-2-2-1 왕쇠>●=2 십이운성. 자료										
☞ 1. 신약 신강		여. 강남 전교일등		100	90	80	70	60	50	40	30	20	10	▸3-자평식 쓸 때 신약
경160	계300	정240	갑400											▸용-갑 ▸상신-경
신	축	묘	신	정	무	기	경	신	임	계	갑	을	병	▸귀인
사 무임경	대 계신기	산 갑을	사 무임경	사	오	미	신	유	술	해	자	축	인	▸3대상형

●=3	십이 운성의 통변

 십이운성(내면심리)을 4평지(양생쇠병), 4왕지(욕대록왕), 4쇠지(포태사묘)로 구분한다. 고법명리에서는 연주를 중심으로 각주의 왕쇠를 통변하였다.
 즉 십이 운성의 핵심은 천간과, 천간이 앉은 자리인 지지를 통해 두 글자의 기세를 보는 일이고 이 안에서 통변을 찾는다. 신법의 배합(사주총량)213)에 녹아져 있는 것처럼 국(局)을 보는 것과 다르다.

■1. 위 "●-24 실제사주"를 배합과 순역(신법명리)으로 보는 방법
㉠계 일간 축(대)에 앉아 건실(나 견)하고, 사회적으로 상쇠니 건강(일-활동)하다.
㉠신약사주 정 편재는 기신이다. 정이 생지에 앉아 진취적, 사회적으로 상쇠니 진취적 사고를 펼칠 수 있으나 조용하게 할수록 결과가 좋다.-(정 하강 길)
㉠신약사주 갑 상관도 기신이다. 갑이 사지에 앉아 조용하다. 그러나 밖(사회)에서는 왕-일(공부) 조용하게 잘한다. 갑이 하강해야 길하다는 뜻은 조용하게 튀지 않음을 의미한다.
㉠경(길신) 인수 사지에 앉아 공부 약하다. 밖에서도 사로 약한데 전교일등이다. 그러나 지지 신금이 동합으로 경을 받치고, 신금과 축토 속에 경신 뿌리 있고, 특히 묘월(지장간-갑을) 경과 '경을암합'으로 경에게 호의적이다.
㉠이렇게 왕한 경금이 정화에게 예리하게 제련되어 다듬어지는(공부)것과 전교일등이 예리하게 연결된다.

■2. 십이 운성 두 글자만의 해석(통변)은 고법명리의 산물
㉠계가 대에 앉아 있어 관록 좋고 승승장구 하겠다.

---
213) 3장 들어가기 2-1 ●=2 배합

□정이 생지에 앉아 있다. 일 시작은 잘하지만 용두사미겠다.
□갑이 사지에 앉으니 조상의 기운이 약하고 조상 덕도 없겠다.
□경도 사지에 앉아 있다. 자식이 없거나 늦거나, 자손 덕이 약하겠다.

| ●=3 | 십이운성과 왕상쇠사의 관계 |

□십이운성은 이미 자평명리학(신법) 월령의 왕쇠 개념에 들어와 있다.
 1)즉 십이운성은 일간과 월지 월령에 의한 왕쇠 개념도,
 2)일간에 의한 신약 신강 개념에서 파생되는 희기의 구별이 없다.

> ● 간명의 원리
>
> ○"단순히 순차적 차례를 의미하던 월령이 명리학의 월률(月律)분야에 도입 확장 되면서부터 매우 복잡해 졌고 사계 18일 설도 변형되었다." 우리 책 '4권 5214-1 ●=1'에 나오는 내용입니다. 즉 고법이 신법을 거치면서 많은 것이 변형되었다는 겁니다.
> ○서양 의학의 시작은 체액론이라 합니다[214]. 그러나 오늘 날은 의학 발달사의 역사적 맥락에서 체액론을 공부할 뿐 이를 믿거나 반영하지 않습니다.
> ○마찬가지로 십이운성을 공부할 때도 체액론처럼 월령 확장의 역사적 맥락에서 공부할 수 있어야 합니다. 그 이상도 이하도 아닙니다.

□예전에는 십이운성의 연주를 사회적 기세(환경), 그리고 일간을 자신의 기세로 보았다.
 1)일간이 아닌 연주 위주로 사주를 보는 자체가 고법명리에 속한다.
 2)일간도 마찬가지로 지지에 앉은 자리만 보는 것이 아니라 사주의 국(局)을 통하여 강약을 판단하는 것과 차이가 있다.
 3)각 천간별로 십이 운성을 보는 것도 일간 중심의 왕쇠 철학과 거리가 멀다.

---

[214] 3장 들어가기 2-1 ●=3 ■2 ●간명의 원리 ○1 ○2 체액론. 혈액형

| 3-2-3 | 생극제화(生剋制化) |

『자평진진평주』의 '서락오' 선생의 말을 요약하면 "합이 되어 격국이 변하면 구제하는 작용도 할 수 있고, 변하여 그 구제의 기능을 상실하면 흉신이 날뛸 수도 있다."가 된다.

이러한 합충의 현상은 생극과 더불어 오행 두 글자의 문제가 아니라 격을 이루는 배합의 문제가 된다. 그 과정에 '생극 과다와 작용과 역작용'[215]이 있다. 그리고 합이 성립되면 격이 변할 수도, 아닐 수도 있는 변격[216]으로 이어진다.

> ● 간명의 원리
>
> ○예를 들어 병과 임, 사와 해는 수극화인데 충인지 아닌지에만 매달리면 안 됩니다.
> ○역작용이란 수다화식을 말합니다. 그래서 합충에 있어서 중요한 것은 역작용과 성립 여부 즉 성립 되는지 안 되는지, 된다면 어떻게 해소 되는지를 함께 공부해야합니다.
> ○사주공부를 쉽게 한다고 이 부분을 간과 하면 결국 다음단계 공부가 막힙니다.

| ●=1 | 합충의 연원과 의미 |

『자평진진평주』의 '서락오' 선생은 "『음부경(陰符經)』에서 삼형은 삼회에서, 육해는 육합에서 나온 것이다."라고 그 연원을 밝히고 있다.

'심효첨' 선생은 『자평진전』「논 형충회합」에서 "▶충은 상대를 격사(擊射), ▶회는 삼방의 친구가 모인 것, 합은 이웃과 합한 것, ▶형을 취한 이유는 모르지만 모른다고 해도 명리 판단에 아무 문제가 없다."고 의미를 나열한다.

> ● 간명의 원리
>
> ■-자평명리의 생극제화로 보는 형파해
> ○형의 인사는 목생화, 인신은 금극목, 사신은 합, 축술형, 축미충, 술미파는 토 동합(세력)인데 형이라 부릅니다.
> ○파의 자유는 금생수, 축진 동합, 인해 수생목, 오묘 목생화, 사신 합, 미술은 동합인데 파로 부릅니다.-우리 차은 수생목인지 수다목부인지가 희인지 기인지 분석-여타동일
> ○해의 자미는 토극수, 축오 화생토, 인사 목생화, 묘진 합, 신해 금생수, 술해는 합인데 해라고 부릅니다.-(YVWQ는 극과 생합의 작용과 역작용 결과가 희인지 기인지 따짐)

정리하자면 자평명리학의 사유체계(思惟體系)로 보면 합은 생이고 충은 극이다. 그래서 합충의 작용은 두 글자가 사주 전체(배합)에 일으키는 파장이 중요

---

215) 3-2-4-5 생극의 과다. 3-2-4-4 ■2 육신의 작용과 부(역)작용
216) 1-5-4-1 변격이란?

하다. 생극제화는 배합217) 안에서 일어나는 일이고 그 작용과 역작용218)의 결과는 순역과 연결된다. 즉 용신 격국을 떠나서 두 글자 작용만 보게 되면 "코끼리 우화"219)나 "호수에 비친 달"220)과 같아 간명의 실체적 접근이 곤란하다.

> ● 간명의 원리
> ○합충의 일부분과 형파해는 과다와 역작용은 물론 '일간과 행운에 의한 변화'가 없습니다. 사주 주인공은 일간인데 형파해의 두 글자 작용은 신살처럼 일간과 무관합니다.
> ○지금도 수재들의 기발한 발상은 배합(총량) 아닌 두 글자의 허무한 비유가 되기도 합니다. 이 공부가 간명과 통변에 어떤 도움이 될지는 여러분의 몫입니다.

| ●=2 | 합충과 천간 지지의 감응(感應)221) |

『자평진전』「논형충회합해법(論刑沖會合解法)」에 "삼합은 세 개의 지지가 있어야 국을 이룬다. 인오, 오술, 신자, 자진은 반 수국이다. 만약 오술, 신진처럼 四正(자오묘유)이 없으면 성국이 불가능하다."고 나온다.

그리고 『자평진전평주』에 "지지 寅戌 있고 천간의 丙丁. 지지 申辰 있고 천간의 壬癸를 만나는 경우는 성국 된다. 丙丁은 午이고, 壬癸는 子이다. 또 寅午합에 午는 없고 巳가 있고, 申辰합에 子는 없고 亥가 있으면 합의 의미가 있다. 巳와 亥는 水의 祿이므로 午子와 한 자리 차이뿐이다. 금목도 이와 같이 추리하면 된다. 이와 같이 회국(會局) 변화의 예를 설명 하였다."라고 한다.

> ● 간명의 원리
> ○우리 책의 오술, 신진은 가합(假合)222)인데 각각 화, 수 뿌리를 공유하기 때문입니다.
> ○여기 회국(會局)은 행운을 말합니다. YVWQ는 행운의 작용을 총량(수치)223)으로 나타냅니다. 그래서 수치에 가려져 있는 이러한 부분을 통변에 반영할 수 있기 바랍니다.

| ●=3 | 합충의 해지 |

---

217) 3장 들어가기 2-1 ●=2 배합
218) 5135-3 생과 극의 역작용
219) 3장 들어가기 2-3 ■3『여섯 장님과 코끼리 우화』
220) 3-2-4-2 ■3 □2 3)능가경 "보이고 들리는 세계는 실체가 없는"
221) 3221-1 ■3 □3 천지상응(천지감응). "『적천수천미』「월령(月令)」에 "천기(天氣)가 위에서 동(動)하면 인원(仁元)이 응(應)하고 지기(地氣)가 아래에서 동(動)하면 천기가 좇는다."
222) 3231-2 ●=2 합의 남아 있는 본질(합의본질)을 이중성이라고 할 수 있는데, 가합(假合거짓 동의, 임시방편, 무늬만 화려)과 유사하다.
223) 2-1-3-2 ●=3 ■3 ●간명의 원리 ○1 2)상신운도 이와 같습니다. 원국에 상신이 있든 없든 YQ-3 상신운은 여러 글자의 총합(인입과 인출)으로 나타납니다.

『자평진전』「논형충회합해법(論刑沖會合解法)」에는 "팔자에 형충이 있으면 좋지 않지만 삼합과 육합으로 해지(解之)할 수 있다."224)고 나온다. 정리하면 합이 형충을 해지하는 것은 반대로 형충이 합을 해지할 수도 있다는 말도 된다.

> ● 간명의 원리
> ○1.앞서 여러 번 언급처럼 원국에서는 위처럼 합충(형)의 해지가 가능할 수 있습니다.
> ○2.그러나 행운에서 원국의 합충(형)은 완화나 악화될 수는 있어도 해지되지 않습니다.225) 이는 한 글자 아닌 여러 개의 행운을 총량으로 보아야하기 때문입니다. 그렇지 못하면 적중률 몇%도 안 되는 때로 궁합을 보는 단식궁합법226)에 지나지 않습니다.
> ○3.우리는 합충(형)이 안 좋다는 생각에 사로잡히면 아예 사라지기를 바라는 사람의 이기적인 인식이 발동합니다. 따라서 완화는 해지와 같다는 발상의 전환이 중요합니다.

어떻든 원국에서 합으로 시작해도 충을 만날 것이고 충으로 시작해도 합을 만나게 된다. 오래 살수록 이러한 이합집산은 수 없이 반복될 것이다. 그러나 예전 평균수명이 40세도 어려운 보통사람은 두세 대운 지나면 수명이 다하게 된다.

그래서 생의 주기를 7 등별로 15년씩 배분하여 간명해도 충분했는지 모른다. 이러한 배경에서는 합으로 시작하는지 충에서 시작하는지가 중요했을 것이다. 합충 희기에 대한 구별보다 합충 자체로 선악을 논했던 경우가 대부분이기 때문이다.

> ● Tip
> ○18세기 산업화 초 영국 맨체스터 같은 도시의 평균수명은 겨우 26세 정도라 합니다.
> ○고려와 조선시대 일반연이 아닌 왕들의 평균수명이 46세 정도에 그치고 있습니다.
> ○2021년 통계청 발표에 따르면 한국인의 평균수명(기대수명)은 83.3세입니다.
> ○대운으로 보면 8~9개를 살다 가고 15년씩 네 기둥으로 보면 두세 개가 모자랍니다.
> ○사주의 합충은 이합집산(離合集散)입니다. 있어서 '좋다' '나쁘다'의 운명이 아닙니다.
> ○합은 군집(기운 증가), 충은 극(기운 분산)이니 기운의 과다와 역작용227)이 중요합니다.
> ○그래서 우리 책은 개인의 일생(8~90년)에 걸쳐 행운이 저울 형평에 미치는 집합과 분산(합충)의 효과를 중요하게 봅니다.

●=4	합충의 뿌리

---

224) 팔자지중형충 구비미사 이삼합육합 가이해지 (八字支中刑沖 俱非美事 而三合六合 可以解之)
225) 2-1-3-2 ●=3 ■3 ●단덩의 원리 ○1 1)그래서 행운 한 글자로는 원국에 없는 합충이 행운에서 생겨나지 않고 혹 반대로 있는 것이 사라지지도 않습니다.
226) 6-3-2-2 생년으로 보는 "단식궁합(單式宮合) 법"
227) 3-2-4-5 생극의 과다 3-2-4-4 ■2. 육신의 작용과 부(역)작용

■1. 합의 뿌리

합이 되면 힘이 강해진다고 알려져 있는데 뿌리를 보면 알 수 있다. 합의 정도에 따라 뿌리의 숫자가 달라진다.

아래 도표에서 해묘미가 합을 하면 갑을정무기임 등 오행과 십신의 자원이 늘어난다. 늘어나서 좋고 나쁜 결과는 오행과 십신의 희기에 달려있다.

■2. 형충파해와 뿌리

충은 힘을 감소시킨다고 알려져 왔다. 역시 위 도표를 보면 그 이유가 나타난다. 충으로 사라진 모든 오행과 십신은 그만큼의 자원 즉 뿌리의 상실이 일어난다. 천간의 뿌리로도 사용할 수 없으니 천간의 뿌리 개수에서 감산해야 하고 상실한 순간은 작용이 감소된다. 그리고 결과는 오행의 희기에 의해서 결정된다.

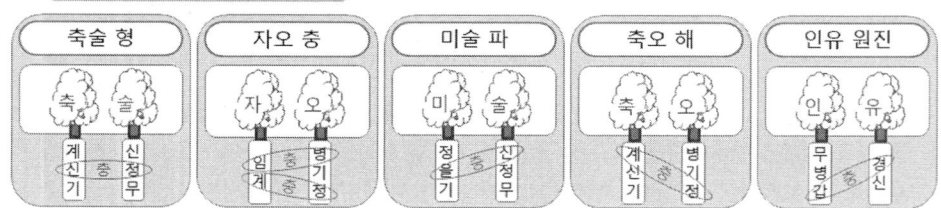

● 간명의 원리

○1.합은 기운이 모아지는 것을 말하고, 그 선악의 결과는 오행의 희기(격)에 있습니다.
○2.충은 편극이니 부정지제(不正之制) 즉 편관과 편재입니다. 그래서 충과 극을 동시에 보아야 갑경충이 금극목인데 목다금결인지 금왕득목인지를 알 수 있게 됩니다.
○3.무조건 편관 편재를 흉하게 보고, 충 모두 흉하게 보는 것은 두 글자 발상입니다.
○4.기초에서 합 충 성립 여부에 따라 충의 상을 통변을 하고, 합 충의 변화를 따라 간

명이 진행되는 것을 물론 이해합니다. 그러나 산 넘어 산, 꿈 넘어 꿈이 있습니다.[228]
○5.만약 신강 목일간을 겸 칠살이 충 하는 것을 통변하려면 ▶비겁이나 ▶겁재 을이 있어 매씨합살 되거나 ▶특히 병 식신이 식신대살하면 고위관직 권력계 오너로 대발 가능한 것을 언제 어떻게 라고 말할 수 있어야합니다.

■3. 합충과 지장간

지지 생극제화 작동은 각 지장간의 합충으로 이어진다. 우리 책은 이 작동을 통하여 생극제화의 원리를 설명하고 있는데 이는 'YQ-2'의 기본이론이 된다.

● 간명의 원리

○지지는 천간을 통해서 그 얼굴을 들어냅니다. 즉 투출(지지)과 발용(지장간)입니다.
○합충의 가감은 "운에서 투청(透淸)하면"[229]처럼 행운에서 일어납니다. 결국 합 형충 파해 본질은 지지 합충의 가감이 천간(궁극적으로는 격)에 미치는 파급을 보는 일입니다.
○적중률 거의 몇%도 안되는 중중지합(갑기), 음욕지합(정임), 무은지형(인사신), 지세지형(축술미), 부부불화(모유) 일신 주거불안(자오), 사회적 불화(마술), 관재구설(인사, 자미) 등의 물상에 치우치다 중요한 파급을 놓치는 일이 없기를 바랍니다.[230]

●=5 합충의 증감

형충의 증감은 행운에서 일어난다. 아래 도표의 합생은 기세의 증강을, 충극은 기세의 분산을 의미한다.

(합충의 가감)

흉 감소▶   ◀길 감소

충 극-	-6	-5	-4	-3	-2	-1	0	1	2	3	4	5	6	+합 생

● 간명의 원리

○1.생극에 의한 증감은 사주의 조화 중화를 이루는 수단이자 파국의 계기도 됩니다.
○2.계기는 우리 삶의 보약과 독약으로 나타나는데 쓰다고(단련, 연단) 나쁘고, 달다고 좋은 일이 아닙니다. 승자의 저주[231]나 호사다마[232] 새옹지마[233]가 그 좋은 예입니다.
○3.사람은 어려움(극) 속에서 대안 대책을 개발하고, 성취 유지 를 위해 피땀 흘립니다.
○4.그래서 생은 좋고 극은 나쁘다는 기초적 발상에서 빠른 전환이 필요합니다. 특히 월 일지를 극하면 나쁜 이동수, 합은 좋은 이동수라는 허무를 벗어나야 합니다.
○5.월 일지가 희신일 수 있고 기신일 수도 있습니다. 그래서 그 파장이 중요 합니다.

---

228) 1-4-5 ●=2 ■2 □2 ●간명의 원리 ○5 부정은 흉한 것이 아니라 적은 투자와 작은 실패를 통하여 자신을 단련하는 시간일 수 있어야 합니다. 부정에서 교훈을 얻는 발상의 전환이 필요합니다.
229) 2149-1 ■1 ●간명의 원리 ■-1 ○3"운에서 투청하면 원래 원국에 있던 것과 다르지 않다."
230) 2186-2 ■1 돈, 사람, 음식, 질병 등 네 가지가 오고 간다. ■2사람의 인사는 팔난으로 요약된다.

■1. 희신, 기신의 가감
 합은 좋아서 희신이고 충은 나빠서 기신이라 하나 그렇지 않다. 처음부터 정해진 것이 아니라, 격의 성립에 따라 오행 희기의 선악이 갈린다.234)
□희신을 합하면 희(喜)의 작용이 증강되고, 충 하면 희(喜)의 작용이 감소된다.
□기신을 합하면 기(忌)의 힘이 증강되고, 충 하면 기(忌)의 힘이 감소된다.

■2. 합충의 가감235)
□합을 충하면 합의 힘이 감소된다. 위 도표에서 합+4를 -2로 충하면 +2로 합이 약해진다. 합하면 합의 힘이 증가된다. +4에 +2 합하면 +6으로 강해진다.
□충에 합이 오면 좋다 하는데 그렇다. -6충에 합+3이 오면 충이 -3으로 하강한다. 이 충-3에 대한 하강의 선악을 살펴야 한다.
□충을 충하면 충의 기운이 감소되고, 합의 합은 기운이 증가한다. 만약 충-6인데 또 충-3 오면 충-9로 감소된다. 이 충-9의 희기를 따지는 것이 간명이다.

■3. 합생 충극과 행운
 원국만 가지고 합생 충극을 논하는 것은 갓 태어났을 때의 아이 모습을 보는 것과 같다. 원국에 행운을 대비하면236) 그때그때의 성장과정 그리고 인생의 궤적이 나타난다.237) 이는 사방팔방(四方八方) 평면에 시간이라는 부피를 넣으면 십방(十方)이라는 시공간이 나타나는 것과 맥을 같이 한다. 모든 사주명리의 작동원리가 이렇다.

---

231) 4-2-1-2 ●=2 "승자의 저주"
232) 4-2-1-2 ●=2 "호사다마(好事多魔)"
233) 4-2-1-2 ●=2 "새옹지마(塞翁之馬)"
234) 3-2-6 ●=2 ■1 "길신과 흉신이 무조건적으로 고정"
235) 1-3-2 반감의 원리(이기법)
236) 3-2-3 ●=3 ●간명의 원리 "○1원국에서는 합충(형)의 해지가 가능. ○2그러나 행운에서 원국의 합충(형)은 완화나 악화될 수는 있어도 해지되지 않습니다. ○3"완화는 해지와 같습니다."
237) 2-2 ●-33 실제사주 ●간명의 원리 ○5 이렇게 지금의 운 즉 긍정과 부정이 일으키는 파생을 보고자 할 때는 뒤에 오는 운을 보아야 오르막(도약의 발판) 내리막(재충전과 수용)이 보입니다. 즉 장 기운이 어떻게 이어지고 진행되는 장기운이 어느 정도 남았는지를 말합니다.

3-2-3-1	합충의 개요
3231-1	고전에서의 합충

■1.『자평진전』「논십간배합성정(論十干配合性情)」을 요약하면 ▶합이 오면 사라지는 '합래와 합거', ▶합이 되어도 기능을 잃지 않는 '합의 본질', ▶근묘화실과 합 성립의 우선순위에 더한 '쟁합 투합'고- '합이둘합, ▶합으로 인한 변화의 유무를 논하는 '합이화 합이 불화' 등이 된다.

이러한 합의 성립은 크게 일간과의 관계와 국중지신끼리의 관계로 나뉜다.
□1.일간과 재관이 합하면 재관의 기능은 중지되고(합거) 인수처럼 기능한다.
□2.국중지신끼리의 합은 일간에 미치는 파급이 중요하다.238) 만약 이들만의 작용으로 한정되는 순간 일간 중심의 신법(자평명리)이 아닌 구법(고법명리)의 신살과 다를 바가 없게 된다.

■2.『자평진전』「논형충회합(論刑沖會合)」에 "팔자에 형충이 있으면 좋지 않으나 삼합과 육합으로 형충을 해소 할 수 있다."239)고 하는 것을 앞서 공부하였다. 이는 회합이 형충을, 형충이 회합을 해소할 수도 있다는 내용이다.

그리고 이를 결정하는 것은 위치(근묘화실 우선순위)240)와 성질(합화, 합거, 기반)인데 그 변화가 일률적이지 않다고 서락오 선생은『자평진전평주』에서 말한다. 이를 선생은 아래처럼 두 가지로 나누어 설명하고 있다.
□1.본래 형충이 안 되는데 회합 때문에 형충이 되는 경우와
□2.본래 형충을 해소하는 회합이 오히려 형충을 부활하게 하는 제2형충이다.

■3.『적천수』「간지총론」에 '상하 귀호정협', '좌우 귀호동지'241)라고 나온다.
□1.이를 요약하면 상생은 못해도 반배(거스르고 어긋남)해서는 안 되고, 성화(生化)가 어긋나지 않는 것을 말한다. 여기서 반배는 극을 가리킨다.
□2.즉 상하 천간과 지지, 그리고 회국을 포함하여 좌우 인접기둥끼리 극한 것이 있으면 합이 성립되지 않는다는 말이다.242)
□3.극도 마찬가지다. 극을 극하면 구응되어 극이 사라진다.243)

---

238) 1-4-6-1 ●=2 ■4 ●간명의 원리 ■-1 국중지신의 해석
239) 팔자지중형충 구비미사 이삼합육합 가이해지 (八字支中刑沖 俱非美事 而三合六合 可以解之)
240) 3231-4 ●=2 ■2 연월이 일보다 먼저 합, 일월(연에서 설 극의 방해 없어야 합)이 시보다 먼저
241) 3-2-10-2 ●=3 ■2 '상하 귀호정협', '좌우 귀호동지'
242) 3231-3 ●=1 합이불합" ▶극 당하면 합 할 겨를이 없다." "상하 좌으에서 극하면 합하지 못한다." "합도 극(충)을 해소할 수 있지만 극도 극을 해소하게 된다.'
243) 1-5-4-1 서문 ❶ 3)YQ-1은 극이 없어야 좋한다. 극이 통관되거나 극을 극하면 구응되어 기능한다. 참고로 YQ-3는 극 있어도 좋한다.

□4.이러한 정협과 동지는 연간과 시간의 회국(回局)에도 똑 같이 적용된다.

■4. 실제 정협과 동지의 적용
□1.지지에서 천간을 극해도 천간의 합충이, 반대로 천간이 지지를 극해도 지지의 합충은 성립되지 못한다.
□2.그리고 고전에서는 관살처럼 인수를 극하는 경우 천간과 지지의 상하 통관도 생화의 범주에 포함하고 있다.

> ● 간명의 원리
>
> ○"2-천간이 흉인데 지지에서 생하면-무해(無害)하다" "6311-2 ●=3 대운 간지의 강약 판단"에 나오는 한 부분입니다.244)
> ○그러나 "귀호정협(천간과 지지가 상생은 못해도 거스르고 어긋나서는 안 됨)"과 "좌우동지(상하 좌우의 생화가 어긋나지 않음)245)를 이렇게 천지 한두 글자로 "무해(無害)하다"라고 바로 상(像)을 얻는 것을 자제해야 합니다. 간명은 여러 배합을 통해 이루어지기 때문입니다.
> ○즉 이 과정에서 천지의 상호 작용을 중간에 '무해하다'라고 결론 내는 것은 금물입니다. 작용은 상신의 변화로 이어지기 때문입니다. 우리 책 YVWQ는 더욱 그렇습니다.
> ○따라서 예전의 어느 강의 때 이 어수룩한 자료에 귀를 기울이던 분들께 사과드립니다.

■5. 실제의 예
■1) 회합이 형충을 해소하는 경우
□아래(미미)는 우선순위로 묘진합 회국하여 유술합이 성립된다. 즉 연시가 회국하여 충을 유술합이 해소하고 있다.246) 참고로 천간 계정충은 묘 통관된다.
□위와 같은 원리는 반대로 형충이 합을 해소하는 것에도 적용된다.

●-58 실제사주			2-2-2						3-2-3-2 ●-6 ●=4 자료						
☞1. 신약 신강			여. 미미광고			9 5	8 5	7 5	6 5	5 5	4 5	3 5	2 5	1 5	▸2-적천수 쓸 때 신강
경200	임120	계180	정180												▸용신-정 ▸희신-목
술	진	묘	유		년	계	임	신	경	기	무	정	병	을	갑	▸34경계인
관	신정무	묘	을계무	사	갑을	욕	경신	축	자	해	술	유	신	미	오	사	진	▸2이상형

■2) 회합 때문에 형충이 성립되는 경우
□1.아래(피아니스트) 1개의 묘가 두 개의 자를 형하지 못한다.247)

---

244) 6311-2 ●=3 대운 간지의 강약 판단
245) 3-2-10-2 ●=3 ■2'상하 귀호정협', '좌우 귀호동지'
246) 3231-4 ●=2 ■4 연시 회국(回局)은 연월과 시일 다음이면서 작용(합충)의 끝이다. □1 그래서 우선순위를 볼 때 연시부터 보아야 한다. 연시가 성립되면 일월, 안 되면 연부터 우선순위를 본다.
247) 3231-4 ●=1 쟁합은 지지에서 "하나의 오행이 두 개 오행을 형충하지 못한다."와 다를 바 없다.

1)이러한 원리는 모든 합충도 마찬가지다. 그래서 묘술합이 성립된다.
2)만약 시지 묘라면 회국하여 연지와 묘술합으로 월 일 자묘형 부활한다.

●-36 실제사주		1-7-3		1-5-4-5 살 간여지동인데 변격 안 됨	

Y.Q -1	1. 신약 신강	남. 디아니스트											4-자평 겁 쓸 때 신강 용-갑 상신-갑 23경계인 2이상형
	갑480	갑560	신40	병300	9	8	7	6	5	4	3	2	1
	자	자	묘	술	1	1	1	1	1	1	1	1	1
				년	신	경	기	무	정	병	을	갑	계	임
태	임계	태	임계	왕	갑을	양	신정무		축	자	해	술	유	신	미	오	사	진

□2.아래(합판) 하나의 술은 두 개의 미를 형하지 못한다.248) 만약 시지에 해가 있으면 연지와 해미합, 축이 있으면 축미충으로 월 일의 술미형이 부활한다.

●-25 실제사주		1-5-1	3-2-1		1-5-6-1 천간중첩	

Y.Q -1	1. 신약 신강	남. 합판 목재사업											3-자평식 쓸 때 신약 용-정 상신-계 34경계인 1이상형
	계160	갑180	정400	정320	9	8	7	6	5	4	3	2	1
	유	술	미	미	1	1	1	1	1	1	1	1	1
				년	정	무	기	경	신	임	계	갑	을	병
태	경신	양	신정무	묘	정을기	묘	정을계		유	술	해	자	축	연	묘	진	사	오

□3.아래(남. 부부약사)는 위처럼 1개의 묘가 두 개의 술을 합하지 못한다.

●-09 실제사주		1-2		1611-2 부부약사의 혼돈 시퀀스 자료	

Y.Q -1	1. 신약 신강	남. 부부약사											1-자편 살 쓸 때 신강 용-신 상신-재생관살 34경계인 4분지형
	신320	경240	병360	을80	9	8	7	6	5	4	3	2	1
	사	술	술	묘	7	7	7	7	7	7	7	7	7
				년	병	정	무	기	경	신	임	계	갑	을
상	무경병	쇠	신정무	쇠	신정무	태	갑을		자	축	인	묘	진	사	오	미	신	유

■3) 회합이 형충을 부활(제2형중)하는 경우
□1.아래(L 무속) 연 월의 유축합은 묘 있어 묘유충이 부활한다.
1)만약 시지가 인이면 인묘합과 유축합이 되어 묘유충은 부활하지 않는다.
2)그러나 이 사주는 정이 유를 극하여 묘유충이 안(구응) 된다.249)

●-03 실제사주		1-1		1-5-5-2 일진 안 좋은 날	

YQ -1	1. 신약 신강	여. L 무속											1-자평 살 쓸 때 신약 용-신 상신-계 34경계인 6중년 7대기만성 형
	정120	을160	정120	신560	9	8	7	6	5	4	3	2	1
	축	묘	유	축	6	6	6	6	6	6	6	6	6
				년	정	병	을	갑	계	임	신	경	기	무
쇠	계신기	록	갑을	포	경신	쇠	계신기		미	오	사	진	묘	인	축	자	해	술

---

248) 3-2-3-3 ■6 지지 형충에 있어서 "하나의 오행이 두 개 오행을 형충하지 못한다." □이를 합으로 옮기면 하나의 오행이 두 개의 오행과 합하지 못한다는 말도 된다.
249) 1-5-4-2 ●=1 ■4 2 참고로 YQ-1은 극하는 것이 없어야 한다. 단 극하는 것이 통관되거나 극을 극하게 되면 구응되어 좋을 수 있다.

■4) 연 시의 회국(回局)과 천간 지지의 기능
☐1.위(합판)의 연지의 미토가 시간의 계를 극하니 천간의 정계충이 안 된다. 물론 두 개의 오행을 하나가 충 할 수 없는 점도 있다.250)
☐2.위(남. 부부약사) 시간 신과 연지 묘(=을)가 충이니 연 시간 을신충 아니다.

■5) 천간과 지지의 통관(회국 포함)
☐아래(남. 정형외과 교수)는 연과 월간의 계와 정이 충이다.
☐모유충은 상시 해소된다. 지지와 달리 천간(계)은 항상 작동하기 때문이다.
☐천간 정계충은 월지 묘+480(YQ-2) 계보다 커 정을 통관시키니 충 해소된다.
☐시지 자가 연간 정 극하니 정 회국하여 시간 무토를 관생인(화생토) 못 한다.

●-53 실제사주	2-1-3			3-2-3-1> ●=3 ■2. 천간충 자료
☞1. 신약 신강	남. 정형외과 교수			9 8 7 6 5 4 3 2 1 ▶1-적천수 쓸 때 신약
무120	경80	계240	정240	8 8 8 8 8 8 8 8 8 8 ▶용신-무 ▶희신-금
자	자	묘	유 년	계 갑 을 병 정 무 기 경 신 임 ▶평상인
사 임계	사 임계	태 갑을	왕 경신	사 오 미 신 유 술 해 자 축 인 ▶1이상형

● 간명의 원리

○이 사주 핵심은 정인데, 묘 뿌리 있어 계극정으로 완전 파손되지 않지만 부실합니다.
○정화가 부실하니 정화의 제련(극)이 필수인 경금이 그만 무디게 됩니다.
○예리하지 못한 경금은 삶의 부피도 크지 않을 뿐더러 우여곡절을 겪습니다.
○이 사주 장점은 충이 성립되지 않는 것과 월지 경을(묘)합과 황금기 무기경신 대운이 신약을 보좌하는 것이고, 단점은 부실한 정화와 계를 무가 합하느라 계자자 3수를 무토가 기토처럼 제어하지 못하는 겁니다.
○핵심을 정리하면 혹 삶이 고단한 때는 충보다 경금이 무디어지는 이유입니다. 그래서 합 충 등, 글자 한두 개로 간명하는 것에서 빨리 벗어나야 합니다.

■5. 정리하기
다음에 나오는 세부적인 생극제화는 학습의 과정상 천간 지지가 분리되었다. 그래서 위처럼 천지가 감응251)하는 원리를 생각하며 공부할 수 있기를 권한다.

● Tip

○심리학에서 초두효과(처음 이미지를 각인) 최신효과(최근 이미지 각인)를 공부합니다.252)
○합충도 마찬가지입니다. 처음에 어떻게 공부하는지에 따라 다음 공부에 미치는 파장

---

250) 3231-4 ●=1 쟁합은 지지에서 "하나의 오행이 두 개 오행을 형충하지 못한다."와 다를 바 없다.
251) 3221-1 ■3 ☐3 천지상응(천지감응). "『적천수천미』「월령(月令)」에 "천기(天氣)가 위에서 동(動)하면 인원(仁元)이 응(應)하고 지기(地氣)가 아래에서 동(動)하면 천기가 좇는다."

이 큽니다. 합충은 육신으로 육신은 격국으로 이어지기 때문입니다.
○그런데 합충을 처음 공부할 때 두 글자에 메이고 천간 따로 지지 따로 하니, 기초를 벗어난 후에도 이 각인의 벽을 뛰어 넘기가 "세 살 버릇 여든까지 간다."는 말입니다.
○이러한 폐단에 대하여 많은 요청이 있었습니다. 특히 합충을 끝냈지만 상위 버전(용신 격국)에서 다시 합충을 공부하는 분들이 이 이야기를 꼭 전하 달라합니다.

---

252) 5-3 ●간명의 원리 ○2 "초두효과, 최신효과"

3231-2	합

●=1 합래(合來), 합거(合去)

 서락오 선생은 『자평진전평주』를 서술하면서 『삼명통회』의 "합(合)은 유(留)하게 하는 것이고, 극(剋)은 거(去)하게 하는 것이다."를 인용하였다.
 『자평진전』의 합래란 합이 온 것, 합거란 합 되어 사라졌다는 말이다. 즉 합은 합거이고 합거는 거세(去勢)와 같다. 거세는 앞서 말한 재관 기능의 사라짐을 말한다. 결과는 화(化)하지 않았는데도 제 기능을 못하고 변절(인수)된다.
 □1.이를 일간과 대비하면 관(관합)과 재가 합(재합)하면 일간(인입)의 일원이자253) 거세되어 더 이상 관과 재가 아니다. 그래서 일간을 생하는 인수처럼 변한다.
 □2.반대로 국중지신끼리 합은 공동체이니 서로 강해지고, 더 강력하게 묶인다(기반=예속)는 뜻이다. 다만 강해진 것이 일간에 미치는 결과가 중요하다.
 □3.어떻든 합, 합거 되면 가치가 떨어진다. 이를 "편벽(偏僻)이 일어나게 되고, 합으로 강하니 유연하기보다 고집 강하고, 꿈과 의욕 넘치는데 성과는 적으니 무늬만 화려하고 실속이 떨어진다."고 통변한다.

> ● 간명의 원리
>
> ○관살혼잡(官殺混雜)에서 합관류살(合官留殺관이 합되어 사라지고 살 남음)과 합살류관(合殺留官살이 합으로 제거되고 관 남음)의 예가 그렇습니다.
> ○합은 생(生)과 유사한데 극처럼 사라졌다는 것입니다. 그러나 사라졌다는 말은 묶여서(합) 거동을 못하는 거세를 말합니다. 충(격사)으로 사라지는 것과의 차이입니다.
> ○어떻든 결함 제거에 합 극을 쓰는데, 서락오 선생은 학자마다 방법이 다르다합니다.

●=2 합의 본질

 『자평진전평주』「논십간배합성정(論十干配合性情)」에서 서락오 선생은 "희신이 합되면 그 길한 기능을 상실, 기신을 합하면 흉이 상실되니 그 이치는 같다. 그러나 반드시 지지의 배합을 살펴야 한다. 지지에 통근하면 비록 합이라 할지라도 그 고유한 기능을 잃지 않으니 좋거나 나쁜 작용이 여전히 남아 있다."라고 한다.

> ● 간명의 원리
>
> ○재가 희신인데 일간과 합(재합)하니 길한 재성의 기능이 사라졌다는 겁니다. 그러나

---

253) 1-4-1-3 겁인 관살통관 천간합 즉 관살과 인수가 유정하여 통관되고, 관합(관살과 합) 재합(재성과 합) 인식합(인수와 식상의 합)되면 겁+인+관살+합 모두가 인입의 일원이다.

> 재가 인수로 기능하는 선악을 따지기 전에 재 입장에서는 기반(합거)이라는 말입니다.
> ○살이 일간과 합하면 살이 인수로 기능하니 그 흉이 사라졌다는 말입니다. 나머지 해석은 재와 같습니다.

이는 통근(인수, 비겁) 즉 인수가 있으면 화(化)나 종(從)도 못하는 근거의 한 단면이다. 그리고 "남아 있다"의 남은 것을 서락오 선생은 "본질"이라 말한다.
그래서 남아 있는 본질을 이중성이라고 할 수 있는데, 가합(假合거짓 동의, 임시 관계, 무늬만 화려)으로 이해하면 된다. 이는 우리 책 '입출상쇄','합생' 대 '충극')254)와 반대 개념이다. 즉 작용하지 않음(상쇄)과 작용(이중성)의 차이다.

> ● Tip
> ○이중성을 제자 중 어느 분이 본家을 결혼한 딸이 친정 생각하는 것이라고 합니다.
> ○'이분법적 사고'255)로 합하여 화했는데 본질이 남았다 하면 논란의 여지가 있습니다.
> ○그러나 합충이 어느 시간(연월일시)에 깨질지를 분석하기도 어렵지만 될지라도 삶에 반영하기가 쉽지 않습니다. 이중성이란 심행멸처(心行滅處 존재하지만 마음과 몸(언어 포함)으로 설명이 안 되는 한계)와 같을 수 있습니다.
> ○어떻든 하루 24시간 동안에도 12간지가 합충을 깨거나 만들면서 지나칩니다. 그래서 하루에도 합충이 되고 안되는 이중성이 존재합니다.
> ○결국 이는 체(體)와 용(用)의 개념입니다.256) 본질은 체, 화(化)는 용입니다.

위 원리를 "●-22 실저 사주(여. 교사)"에 대입하면 아래와 같다.

●-22 실제사주		1-4		1-6-1-3 이사 가는 부부자로								
YQ-1 ☞ 1. 신약 신강		여. 교사		9 5	8 5	7 5	6 5	5 5	4 5	3 5	2 5	1 5	▶2-자평 재 쓸 때 신강 ▶용-경 ▶상신-재생관살 ▶평상인 ▶1기상형
병360	정240	을80	경320	을	병	정	무	기	경	신	임	계	갑
오	미	유	술 년	해	자	축	인	묘	진	사	오	미	신
소 병기정	대 정을기	상 경신	양 신준구										

□1.위 사주의 을경은 월지가 금은 금인데 유와 충(유=소)으로 합하여 금이 되지 못한다.(합이불화) 극하는 것이 있으면 합도 성립이 안 되기 때문이다.257) 만약 유 아닌 신월이었다면 을경합화금(합이화)이 될 여지가 있다.
□2.그러나 합화금이 안 되고 합만 된다하여도 미토에 통근한 을은 본질이 남아서 정 일간을 생하는 이중성이 있다.
□3.이렇게 합의 이중성 즉 체용을 잘 구사할 수 있어야 한다. ▶을 편인이 완

---

254) 2-1-6 입출상쇄(入出相殺)
255) 3-2-5-1 ■2 이분법적 사고 ●Tip 참조
256) 5-1-2-1 체용론(體用論)
257) 3-2-10-2 ●=3 ■2 '상하 귀호정협, '좌우 귀호동지'

충지대가 되어 화극금의 파재를 막아주는 기능 ▶을목이 경금을 합으로 이끌어 신약을 보완해 주는 인수의 기능 ▶을경 합화로 금 재성의 일원이 되는 것을 모두 볼 수 있어야 한다.

☐4.이는 행운 수목이 오면 경은 (0)이하로, 토금이 오면 을이 (0)이하로 변격258)될 때 더욱 선명해진다.

---

258) 1-5-4-2 ●=1 ■1 ☐2 상신이 인입이면 인출, 인출이면 인입 상승할 때 종(변격)이 일어난다.

| 3231-3 | 합이불합과 합이화 합이불화 |

앞에서 공부한 이중성은 합해도 합을 못해도, 그리고 화와 합이불화에도 여전히 그 본질이 남아있다.

아래(전학. 2장 ●-35 실제사주) 갑기는 합이 아니다. 일 월 갑은 중첩(중복) 아니어도[259], 갑과 술 극하는 것과 두 개 갑은 하나의 기와 합하지 못해 갑기합이 아니다.

●-35 실제사주	1-7-2		1-6-2-8 전학가려는 여중3
YQ -1	☞ 1. 신약 신강	여중 3. 전학	9 8 7 6 5 4 3 2 1	▶4-자평 겁 쓸 때 신강
	기300 갑160	갑320 계180	1 1 1 1 1 1 1 1 1	▶용-갑 ▶상신-식상생재
	사 술	언 미년	갑 계 임 신 경 기 무 정 병 을	▶평상인
병	무경병 양 신정무	녹 무병갑 묘	갑을 자 해 술 유 신 미 오 사 진 묘	▶1이상형

| ●=1 | 합이불합(合而不合 합이 되지 않음) |

『자평진전』「논 합이불합(合而不合)」은 "▶간합이 되는 듯해도 멀리 떨어져 있으면 합이 되지 않는다."고 나온다. 그리고 "▶가까워도 극을 당하면 합 할 겨를이 없다."라고 한다.

즉 상하 좌우에서 극하면 합하지 못한다는 말이다.[260] 합은 모이고 묶이는 개념인데 극(관살) 뿐만이 아니라 설(식상) 극설(재) 하는 것이 있으면 힘이 분산되기 때문일 것이다.

이를 극으로 확대하면 므정하면 극이 안 되고, 극(충)을 극하면 극이 해소된다는 말이 된다. 즉 합도 극(충)을 하소할 수 있지만 극도 극을 해소하게 된다.

☐1.만약 위(여. 교사) 을과 경 떨어져(무정) 있다면 을경합 안 된다는 이야기다.

☐2.아래(여. 신 내림) 무토 일간을 인목이 극토하니 무계합이 성립되지 않는다. 또한 축은 무의 뿌리이자 비겁합이지만 계를 극수 하니 무계합이 안 된다.

●-15 실제사주	1-2-1-2	3-2-1		
	☞ 1. 신약 신강	여. 신 내림	9 8 7 6 5 4 3 2 1	▶1-자평 살 쓸 때 소 강
	계300 무240	정360 갑560	8 8 8 8 8 8 8 8 8	▶용-갑 ▶상신-신
	축 인	묘 진년	정 무 기 경 신 임 계 갑 을 병	▶평범인
양	계신기 생 무병갑	욕 갑을 대 을계무	사 오 미 신 유 술 해 자 축 인	▶7대기만성형

---

259) 3231-4 ●=2 ■3 시간과 일간의 합은 월에서 관여하지 않아야 함
260) 3-2-10-2 ●=3 ■2 '상하 구호정협', '좌우 귀호동지'

□3.거리가 멀어도 합이 되는 경우와 합이 안 되는 경우가 있다.
 1)아래(정형외과 교수)는 일지 자수가 무와 자를 연계하니 무계합이다.

●-53 실제사주	2-1-3		3-2-3-1> ●=3 ■2. 천간충 자료
☞1. 신약 신강	남. 정형외과 교수	9 8 7 6 5 4 3 2 1 8 / 8 8 8 8 8 8 8 8 8	▶1-적천수 쓸 때 신약 ▶용신-무 ▶희신-금
무120	경80	계240	정240	계 갑 을 병 정 무 기 경 신 임	▶평상인
자	자	묘	유 년	사 오 미 신 유 술 해 자 축 인	▶1 이상형
사 임계	사 임계	태 갑을	왕 경신		

 2)아래(유치원 교사) 무계는 지지에서 연계 되지 못해 합이 아니다.

●-69 실제사주	4-2-2	1-5-4	1-5-4-3 수치로 보는 변격
YQ -1 ☞1. 신약 신강	여. 유치원 교사	9 8 7 6 5 4 3 2 1 1 / 1 1 1 1 1 1 1 1 1	▶1-적천수 쓸 때 신약 ▶용신-겁인 ▶희신-화
무240	신40	계120	임240	계 갑 을 병 정 무 기 경 신 임	▶34경계인
술	묘	묘	술 년	사 오 미 신 유 술 해 자 축 인	▶2이상형
관 신정무	포 갑을	포 갑을	관 신정무		

□4.회국(回局)하여 합이 되는 경우와 그렇지 못하는 경우가 있다.
 1)아래"●-20(강 팀장)"의 시간 기와 연간 갑이 회국하여 갑기합처럼 보인다. 그러나 연 시의 기와 자(=계)가 극하니 합이 아니다. 또한 갑은 정을 생하고 기와 합하니 입출상쇄. 참고로 자묘형은 유가 있어 모유충, 모유는 축이 있어 유축합, 그러나 유축은 축이 회국하여 자축토가 안 된다.261) 만약 자축이 합이 되면 앞서 공부한 회합이 충을 부활시키는 경우가 된다.

●-20 실제사주	1-3	3-2-3	
☞1. 신약 신강	남 30후반. 강 팀장.	9 8 7 6 5 4 3 2 1 2 / 2 2 2 2 2 2 2 2 2	▶2-자평 재 쓸 때 신약 ▶용-갑 ▶상신-금
기60	신160	정240	갑560	정 병 을 갑 계 임 신 경 무	▶평범인
축	유	묘	자 년	축 자 해 술 유 신 미 오 사 진	▶2이상형
양 계신기	녹 경신	포 갑을	행 임계		

 2)아래(여. 아웃도어) 을경은 을과 축 술토가 형극하니 회국해도 합 안 된다.

●-56 실제사주	2-2-3		
☞1. 신약 신강	여. 아웃도어	9 8 7 6 5 4 3 2 1 4 / 4 4 4 4 4 4 4 4 4	▶2-적천수 쓸 때 신강 ▶용신-임 ▶희신-을
을120	기560	임200	경180	임 계 갑 을 병 정 무 기 경 신	▶34경계인
축	사	오	술 년	신 유 술 해 자 축 인 묘 진 사	▶3이상형
묘 계신기	왕 무경병	녹 병기정	양 신정무		

---

261) 3231-4 ●=2 ■4 연시 회국(回局)은 연월과 시일 다음이면서 작용(합충)의 끝이다. □1 그래서 우선순위를 볼 때 연시부터 보아야 한다. 연시가 성립되면 일월, 안 되면 연부터 우선순위를 본다.

| ●=2 | 합이화 합이불화(合而化 合而不化) |

■1. 진짜와 가짜

 '서락오' 선생은 『자평진전평주』「천간의 합의불합(合而不合)을 논함」에서 "화기에는 진(眞)과 가(假)의 구별이 있다"라고 말한다.

 그 구별을 보면 세 가지인데, "▶일간이 지지에 통근하거나 비겁과 인수가 있는 경우, ▶일주가 지지에 통근 못 했어도 화하는 오행의 기가 약한 경우, ▶진화일지라도 화한 오행을 상하게 하는 경우"라고 한다. 이를 정리하면 가화격(假化格)은 화기격(化氣格)이 아니라는 말이다.

 그리고 "▶일간이 합으로 변화하려면 화기격일 때만 가능하고", ▶화기격은 합하는 두 개의 천간만 화기가 되고 여타의 간지는 화하지 않는다."고 한다.

> ● 간명의 원리
>
> ○서 락오 선생은 "진화든 가화든 운의 도움을 받아야 한다."고 합니다. 운에서 진화도 화하는 오행이 상하면 가학가 되고, 가화 역시 운에서 진화가 될 수 있다는 뜻입니다.
> ○우리 책 운의 작용은 YVWQ 수치로 나타나는데 선생님의 운과 같습니다. 운은 한 글자만 오는 법이 없기 때문입니다.[262]

■2. 합이합은 합으로 끝날 수도 있고 합이화(화기격化氣格)가 될 수도 있다.
☐1.갑기합처럼 월지에 토가 있으면 갑기합화토로 변화하는 것이 화기격이다. 나머지 천간합도 경우는 같다. 반대로 합이불화는 합은 되지만 변화하지 않는 합이합(合而合)을 말한다. 대부분의 합은 합이불화(合而不化)이다.

☐2.아래(사우나) 을목은 합의 상대 경이 있어도 합도 합이화도 안 된다.

●-67 실제사주			1-6	4-2-1	1-5-4-9 십정격과 조후 필수
YQ-1 ☞ 1. 신약 신강		여. 사.우나 대표	9 8 7 6 5 4 3 2 1 7		▶3-자평식 쓸 때 신약
을120	경400	임360	갑120	7 7 7 7 7 7 7 7 7	▶용-임 ▶상신-유 신금
유	술	신	진 년	임 계 갑 을 병 정 무 기 경 신	▶34경계인
왕 경신	쇠 신정무	녹 무임경	양 을계무	술 해 자 축 인 묘 진 사 오 미	▶2이상형

1)을 경과 합하고 지지가 유술신이니 을목은 금으로 화(化)하는 것처럼 보인다. ▶그러나 을이 지장간 경과 연지의 계에 통근하고 있어 을경합 되어도 본질이 남아 무늬(假合가합)만 합이다. ▶또한 을유(=신)가 극하니 합도 안 된다.
2)만약 일간 을이고 시간이 경이었다면 을 일간이 금으로 화활 수 있다. 다만

---

[262] 2-1-3-2 ●=3 ■3 ●간명의 원리 ○1 2)상신운도 이와 같습니다. 원국에 상신이 있든 없든 YQ-3 상신운은 여러 글자의 총합(인입과 인출)으로 나타납니다.

위처럼 '합의 장애(극하는 것)'와 '화의 장애(비겁과 인수의 뿌리)'가 없어야 한다.

●=3	기타

■1. 심효첨 선생의 『자평진전』「논십간배합성정(論十干配合性情)」에서 '합이 되면 희신은 기신으로, 기신은 역으로 희신이 될 수 있다.' 그 예로 "▶갑일주 을은 겁재, 경은 칠살과 ▶갑일주 정은 상관, 임은 효신인데 합하면 ▶더 이상 겁재와 칠살(을경합), 상관과 효신(정임합)이 아니다"라고 한다.

● 간명의 원리

○합이 격(배합)에 영향을 미치는 것은 맞지만 합의 성립만으로 정이 편이 되고 편이 정이 되는 문제와, 그리고 그 정편 자체로 길 흉을 논할 수 있는지 의문입니다.

이를 아래(P교사)에 대입하면 다음과 같이 될 수 있다.

●-62 실제사주		3-1-2	2-3										
☞ 1. 신약 신강		여. P교사		9	8	7	6	5	4	3	2	1	9
을300	갑420	기80	경300	9	9	9	9	9	9	9	9	9	9
축	자	축	자 년	기	경	신	임	계	갑	을	병	정	무
대 계신기	욕 임계	대 계신기	욕 임계	묘	진	사	오	미	신	유	술	해	자

▶양신겁살합 신강
▶용-경 ▶상신-신금
▶34경계인
▶4분지형

□1.을과 경이 합하게 된다면 이는 국중지신끼리의 합이다.
□2.갑을 극하는 칠살 기신이 을 겁재와 합하니 칠살이 갑일간을 극하지 않게 되어 희신이 되었다는 매씨합살[263]이다. 이는 탐합망충[264]과도 같은 말이다.
□3.그러나 여기에서는 갑 경이 무정하여 매씨합살이 아니다.
□4.참고로 을경합이 탐합망충이 되려면 을과 경을 극(상하 귀호정협', '좌우 귀호동지)하는 것이 없어야 한다.[265]
□5.따라서 우리 책과 현대 사주명리는 겁상효살(겁재, 상관, 효신, 칠살)을 무조건 기신이라 하지 않는다.[266] 신강(겁 쓸 때 신강)의 경우 제일의 덕목이 살극겁이기 때문이다.[267]

■2. 또한 『적천수』「합국(合局)」에서 유백온 선생은 "합에는 마땅한 것이 있고 그렇지 않은 것이 있는데, 합이 많으면 아름답지 못하다."[268]라고 말한다.

---

263) 2-1-4-8 ●간명의 원리 ○1 "갑이 경을 만나면 칠살이다. 이때 을목이 있어 을경합하면, 경은 관으로서 극력이 없어진다." 을(겁제-매씨)이 경 살과 합하여 갑을 보호 하는 것을 매씨합살이라 함.
264) 3-2-10-2 ●=5 탐합망충(貪合忘沖합 하느라 충을 잊음)
265) 3-2-10-2 ●=3 ■2 '상하 귀호정협', '좌우 귀호동지'
266) 3-2-6 ●=2 ■1 "길신과 흉신이 무조건적으로 고정"
267) 2-1-4 ■1 용법의 요약. ■1) 자평용법. ■2) 적천수용법

나머지를 더 요약하면 "합이 희신을 도우면 마땅하고, 기신을 도우면 마땅하지 않다." 그리고 "합(合)은 화(化)가 아니지만 합은 기반(羈絆결박되어 본래 기능을 상실)이다."라고 나온다. 즉 ㄱ 반269)은 제 마음대로 못하게 재갈이나 코뚜레를 매는 줄 즉 고삐와 같다는 뜻이 된다.

이를 위에서 공부한 4기신(겁상칠효)을 대비하면, 합하여 길하게 되었다는 것은 우리 책의 관합, 재합, 인식합을 말한다. 합으로 기신은 거동불능(합거)이 되고 그 이중성은 일간의 일원(기반)으로 묶이니, 합되면 재관 대신 인수처럼 기능한다.

■3. 이를 서락오 선생은 『적천수보주』에서 '합다불위기'에 대하여 "속박되고 단단히 매어지는 것"으로 표현한다. 결론적으로 앞서 공부한 '합래와 합거(기반)'처럼 일간과 재관이 합 되면 일간에게 결박 속박되어 인수처럼 기능한다는 말과 같다.

국중지신끼리 기반은 갑일간의 신금이 정관인데 병이 있어 병신합이 되면 신금의 정관 기능이 병과 결박되는 것을 의미한다. 그래서 서락오 선생은 기반되면 "그 포부가 멀리까지 이르지 못한다."라고 한다.

■4. 또한 암합 또한 포부가 크지 않다고 말한다. 지장간은 천간이 암장된 것으로 암합은 천간과 암장과의 합으로 이루어지기 때문이다. 다만 암합은 화(化)를 논하지 않는다.

■5. 『자평진전』은 "5양간은 정재와 합(우리 책의 재합), 5음간은 정관과 합(우리 책의 관합)인데, 일간 본신이 합하는 것이니 합거(合去합하여 사라짐)로 보지 않는다."라고 말한다. 즉 일간이 합으로 강해지는 것인데, 일간은 합거가 아니지만 합되는 관과 재는 합거(거동불능)가 된다는 뜻이다. 그러나 화격이 되면 일간도 변한다.

---

268) 합유의불의 합다불위기 (合有宜不宜 合多不爲奇)
269) 3-2-10-2 ●=1 기반(羈絆 굴레를 씌워 얽어 맴)

| ●=1 | 쟁합, 투합 |

심효첨 선생은 『자평진전』「논합이불합(論合而不合)」에서 "쟁합(爭合)과 투합(妬合)이란 2신2병, 2정2임과 같은 유형이다."라고 말한다. 그리고 "남녀가 두 배우자를 섬기지 못한다 하여 생겨난 말이다. 그러나 두 개의 천간이 하나의 천간과 합하려고 할 때 간격이 있다면 쟁투가 없을 것이다."고 한다.

이어서 "이름이야 어떻든 합이 되는 것인데 단지 정(일간)이 전일(全一)하지 못하다고 하겠다."고 말한다. 이에 대하여 '서락오' 선생은 "'임정임병'은 2임이 1정을, '병신병병'은 3병이 1신과 쟁합하고 있다."는 구체적인 예를 들어 쟁합을 설명하고 있다.

아래(L 학과장) 신신이 중간(중첩)이자 쟁합이다. 그러나 정미월에 신-120 두 개가 하강하니 신-240이 된다. 물론 두 신금이 작동하면 좋을 수도 있고 나쁠 수도 있다. 이렇듯 쟁합이 전일하지 못하다는 것은 두 신금의 작동처럼 기복이 심하다는 말과 같다.

| ●-21 실제사주 | 1-3 | 3-2-1 | 1-6-2-6 영전 자료 |

YQ-1	(갑300) 상쇠	(병160) 사	(신240) 상쇠	(신160) 상쇠
병오대운 YQ-3	-300	+200	0	0
정유년 YQ-3	-300	+240	-60	-60
상위영역	-600	+440	-60	-60
정미월 YQ-3	0	0	-60	-60
영역 합산	-600	+440	-120	-120

또한 쟁합은 대부분 극하는 것이 있어 성립되기 어려운 문제가 있다.

참고로 쟁합은 지지에서 "하나의 오행이 두 개 오행을 형충하지 못한다."와 다를 바 없다. 이는 『자평진전평주』「논형충회합(論刑沖會合)」[270]에 나오는 말로 이를 합으로 옮기면 하나의 오행이 쟁합하는 두 개 오행과 합하지 못하는 것이 되기 때문이다.

| ●=2 | 쟁합, 투합과 우선순위 |

---

[270] 3-2-3-3 ■6 지지 형충에 있어서 "하나의 오행이 두 개 오행을 형충하지 못한다." □이를 합으로 옮기면 하나의 오행이 두 개의 오행과 합하지 못한다는 말도 된다.

■1. 쟁합

『자평진전』 논 합이불합(合而不合)」에 "'임정임병'은 2임이 1정을, '병신병병'은 3병이 1신과 쟁합하고 있다."고 나온다.

또한 "O정임정"은 "연간 정이 던저 임과 합하니 일간은 임(정관)과 합하지 못한다."고 예를 들었다. 즉 월간의 임수를 두고 양쪽의 정이 투기하는 것은 쟁합이 아니라는 말이다. 그래서 아래 나오는 합의 우선순위에 따라 연월의 정임합이 먼저 성립된다.

□1.정리하면 쟁합은 "정임정O"처럼 일간 정을 두고 양쪽에서 투합이 일어나야 한다는 말이다. 그렇지만 쟁합도 극하는 것이 있으면 성립되지 않는다.

> ● 간명의 원리
>
> ○우리 책의 천간중첩은 쟁합, 투합, 중간(연월만 성립)과 동일시킵니다.
> ○이상과 같은 원리를 따르면 쟁충271) 또한 그 해석의 순서가 쟁합과 같습니다.

□2.아래(J 교사)는 일월의 병신합보다 병신병의 쟁합이 통관된다.

●-16 실제사주	1-2-1-2			615-3 삼각관계 시퀀스										
YQ-1	1. 신약 신강	여.Y 어린이 집-J교사		9	8	7	6	5	4	3	2	1	▶1-자뿐 관 쓸 때 신강	
				8	8	8	8	8	8	8	8	8	▶용-병 · 상신-신왕	
병180	신160	병300	기420	병	을	갑	계	임	신	경	기	무	정	▶34경계인
신	축	인	사 년	자	해	술	유	신	미	오	사	진	묘	▶2이상형
왕 무임경	양 계신기	태 무병갑	사 무경병											

1)이 사주는 월지 축토가 있어 병 관을 통관시키니 쟁합의 의미가 없다. 실제 관살은 관합 여부보다 통관이 더 허다하다.

2)또한 월 일이 합하려면 연간에서 설 극설 극하지 않다야 한다.

3)그런데 기토가 병을 설하니 월간의 병은 입출상쇄가 되고 기토 인수(편인)도 일간 신금과 연계되지 않으니 한신에 불과하다.

4)쟁합 입출상쇄는 자원이 사장되어 보이는 것보다 실속 적다고 통변한다.

□3.혹 연간에 신금이 있으면 '신병신신'으로 병을 두고 양 신금이 다투는 쟁합, 투합으로 본다.

■2. 연월이 먼저 합, 일월(연에서 설 극의 방해 없어야 합)이 시보다 먼저

□1.연에서 방해가 없어야 하는 일월의 관계나, 아래 시일과 월의 관계는 지지에서도 원칙이 같다.

---

271) 3231-4 ●=3 ■1 쟁합과 쟁충은 그 원리가 같다.

□2.위(학과장) 'O병신신' 연 월의 신금 천간중첩(중간)되어 일간과 월간의 병신합 안 된다.
 1)만약 연이 병이어도 'O병신병'의 연월의 신병이 먼저 합이다. 순서상 신병이 먼저 합하면 일간을 향하지 않는 우선순위의 선후 때문이다. 이를 일간의 포부만 크다고 할 수 있다.
 2)또한 월간이 병이면 'O병병신'으로 연간과 월간의 역시 병신합이 먼저다.

■3. 시간과 일간의 합은 월에서 관여하지 않아야 합
□1.시 일의 합은 무계(신 내림)처럼 월의 관여(합충)가 없어야 한다.

■4. 연시 회국(回局)은 연월과 시일 다음이면서 작용(합충)의 끝이다.
□1.그래서 우선순위를 볼 때 연시부터 보아야 한다. 연시가 성립되면 일월, 안 되면 연부터 우선순위를 본다.

□2.아래(PC) 연월 병경충, 일간과 시간의 을경합처럼 보인다. 그러나 연시 회국하여 경경 중간(중첩)이니 충도 합도 성립되지 않는다.272)

●-60 실제사주		3-1-1		3-2-2-1	●=4 토 사용법 자료
YQ -1 ☞1. 신약 신강		경480	을120	병300	경320
5. 토 사용 법 -PC		○○○○○	○○○	○○○○○	○○○
지장간		을○ 계○ 무○	경○ 신○	신○ 정○무○ ○	신○ 정○ 무○
지지		진	유	술	술

> ● 간명의 원리
> ○1.근묘화실의 합충 우선순위는 연부터 먼저지만 천간과 지지의 순위가 다릅니다.
> ○2.천간은 마지막에 시가 회국하여 연과 성립되려면 먼저 연월이 연시를 관계하지 않아야 합니다. 그러나 지지는 연시에게 순위를 넘기는 차이가 있습니다.
> ○3.지지 연월의 합충형은 일월의 합충형에게, 일월은 시일의 합충형에게 순위를 넘깁니다. 그리고 시일의 합은 회국하여 또 연시 합충형에게 순위를 넘깁니다.

■5. 우선순위와 합의 장애
 위에서 공부한 근묘화실의 우선순위는 천간 지지에서 합의 장애(합을 극하는 것)가 없어야 성립된다.273)

---

272) 3231-4 ●=1 쟁합은 지지에서 "하나의 오행이 두 개 오행을 형충하지 못한다."와 다를 바 없다.
273) 3231-3 ●=1 합이불합 "▶극 당하면 합 할 겨를이 없다." "상하 좌우에서 극하면 합하지 못한다."

| ●-06 실제사주 | 1-1 | 3-3-1 | 1-5-5-1 운수 좋은 날 |

Y.Q -1	1. 신약 신강		여. 헤어(살롱)디자이너	9 4	8 4	7 4	6 4	5 4	4 4	3 4	2 4	1 4	4	▸1-자평 관 쓸 때 신약 ▸용-임 ▸상신-정 ▸34경계인 ▸3예상형
	기300	병180	임420	갑200										
	해	술	신	자	년	임 술	계 해	갑 자	을 축	병 인	정 묘	무 진	기 사	경 오	신 미
포	무갑임	묘	신정무	병	무임경	대	임계								

□위(헤어 디자이너) 사주는 갑기가 회국하여 합이지만 자수와 기트(극수)가 극하는 장애가 있어 갑기합이 성립되지 않는다.

□참고로 지지 연월의 신자합은 신술합에게 순위를 넘긴다. 일시 술해는 우합(지장간에서 정임합)이지만 순위에서는 제외된다. 그러나 연시 해자합 성립되어 신술합이 되살아난다.

● 간명의 원리

○1.신자 합이 신술 가합보다 크게 보일 수 있습니다. 그러나 광상쇠사로 보면 자보다 월령을 얻은 술이 크게 도입니다. 그래서 수치가 필요합니다.
○2.그러나 YQ-2로 보면 술(상쇠60)의 주변 토 뿌리 4(무정무무)=240이고, 자(상쇠60) 주변 수 뿌리7(임경2임계무임)=420으로 자가 큽니다. 그래서 신자-합이 성립됩니다.
○3.그러나 우리 책에서는 누구나 쉽게 YVWQ를 활용할 수 있도록 편의상 합충 우선 순위의 왕쇠가 생략되었습니다. 혹 왕쇠에 강한 욕구를 느낀다면 고려하기 바랍니다.
○4.참고로 여러 글자가 배합될수록 생극의 중화가 일어납니다.[274] 즉 격과 경지를 정하는 원국의 합충은 잠깐입니다.[275] 행운을 만나는 순간부터 모두 구응(중화)되기 때문에 욕구를 고려하지 않을 수 있었다는 말입니다.

| ●=3 | 쟁충과 중간(重=천간중첩) |

■1. 쟁합과 쟁충은 그 원리가 같다.

| ●-08 실제사주 | 1-1-1 | 1-6-2-1 애매한- 충(합) 자료 |

YQ -1	1. 신약 신강		남 아웃도어	9 8	8 8	7 8	6 8	5 8	4 8	3 8	2 8	1 8	8	▸1-자평 살 쓸 때 신강 ▸용-계 ▸상신-격 ▸34경계인 ▸2기상형
	계240	정160	계320	정80										
	묘	미	축	유	년	계 묘	갑 진	을 사	병 오	정 미	무 신	기 유	경 술	신 해	임 자
병	갑을	대	정을기	묘	계신기	생	경신								

□위(남. 아웃도어)는 일간 정을 양쪽 계가 충하는 쟁충이다. 그러나 계수를 극하는 미토가 있어 쟁충이 성립되지 않는다.

"합도 극(충)을 해소할 수 있지만 극도 극을 해소하게 된다."
274) 1-5-4-2 ●=1 ■4 □1 YQ-3는 극 있어도 종한다. 1)종이란 기운이 최대로 상승한 것이고, 나머지는 하강하여 왜소하기 때문이다. 또한 행운 여러 글자는 모두를 제화(制化)에서 해방 중화시킨다.
275) 제2장 서문 ■1 ●간명의 원리 ○3 원국은 '세덕'을 뺀 갓난아이나, 이미 성장해버린 지는 날의 갓난아이입니다.

□연 월이 정계충, 일 시가 정계충이지만 회국하여 또 정계충이다.
□그러나 묘의 관인통관으로 일시의 충은 해소된다. 또한 회국하여 정 계가 충하려고 하지만 유 극(화극금)하는 것이 있어 정계충이 안 된다.

■2. 중간
 연 월간의 중복은 중간이다. 그러나 일 월간, 일 시간의 비겁 중복은 중간(중첩)으로 보지 않는다. 이는 일간이 합 되어도 합거로 보지 않는 것과 같다.
□1.아래(약대 지원) 일 월간의 정정은 중복이 아니지만, 두 개와 하나가 합하지 못하는 것과 축이 임을 극하여 정임이 합할 겨를이 없다.

●-44 실제사주		1-9-1										1-5-7-1 천간겁인과 유사 자료
YQ -1 ☞ 신약 신강		남. 약대 지원	9 9	8 9	7 9	6 9	5 9	4 9	3 9	2 9	1 9	9	▶5-자평 인 쓸 때 신강
임480	정200	정120	을300	정	무	기	경	신	임	계	갑	을	병	▶용-을 ▶상신-재생관살
인	축	해	축 년	축	인	묘	진	사	오	미	신	유	술	▶34경계인
사 무병갑	묘 계신기	태 무갑임	묘 계신기											▶6중년절정 형

□2.아래(김 국장) 일 월의 갑 비겁도 중간(중복)으로 보지 않는다.276) 그러나 두 개의 오행은 하나의 오행과 합이 안 되지만277) ▶월간 갑의 입출상쇄와 ▶술과 갑 극하는데 자가 술을 극하여 일간과 시간의 갑기합이 성립된다.

●-57 실제사주		2-2-3	3-2-1									2-1-7-3 조후결함 자료
☞ 1. 신약 신강		여 50중반. 김 국장	9 8	8 8	7 8	6 8	5 8	4 8	3 8	2 8	1 8	8	▶2-적천수 일간 신강
기240	갑180	갑300	무200	갑	을	병	정	무	기	경	신	임	계	▶용신-신금 ▶희신-무
사	술	자	신 년	인	묘	진	사	오	미	신	유	술	해	▶34경계인
병 무경병	양 신정무	욕 임계	묘 무갑임											▶2이상형

3231-5	정리하기

■1. 합의 속성
□1.합에는 합이합, 합이불합과 그리고 합이화, 합이불화가 있다.
□2.▶합이불합의 장애는 합을 극하는 것, ▶합이불화의 장애는 합이 비겁과 인수에 통근하거나 화하는 오행을 상할 때이다.
□3.합되면(합래) 사라지는(합거) 것이 있는데 이는 사라지는 것이 아니라 거동불능(관합 같으면 관이 기능 못함)이다. 그래서 관이면서 인수로 기능하는 이중성

---

276) 3231-4 ●=3 ■2 □2 일간과 월간, 일간과 시간의 비겁 중복은 중간(중첩)으로 보지 않는다.
277) 3-2-3-3 ■6 지지 형충에 있어서 "하나의 오행이 두 개 오행을 형충하지 못한다." □이를 합으로 옮기면 하나의 오행이 두 개의 오행과 합하지 못한다는 말도 된다.

을 갖는다.
▢4.결국 일간을 제외한 나머지 오행(국중지신)의 합(묶이는 것)은 합거(거동불능)인데 이는 기반(羈絆결박되어 본래 기능 상실)과 의미가 같다.

■2. 합의 성립
▢근묘화실을 바탕으로 연부터의 선후에 따른 합 성립의 우선순우 가 있다. 여기의 우선순위는 쟁합 증간(중첩)의 처리 기준이 된다.
▢그리고 상하 귀호정협과 좌우 귀호동지278)를 따라 탐합망충279)이 일어난다.

> ● 간명의 원리
> ○기초에서 많은 시간과 돈을 합충에 투자하지만 이론과 실제의 괴리가 있습니다.
> ○결론부터 말하면 웬만해서는 합증이 성립되지 않는다는 말입니다. 그래서 합충을 공부는 하되 가볍게 여기라고 말한 것입니다. 어떻든 합충은 성립 여부가 중요합니다. '상하좌우'에서 극하는 것이 있으면 합이 성립되지 않습니다.280) 충도 개념은 같습니다.

---

278) 3-2-10-2 ●=3 ■2 '상하 귀호정협', '좌우 귀호동지'
279) 3-2-10-2 ●=5 탐합망충(貪合忘沖)
280) 3231-3 ●=1 합이불합 "▶극 당하면 합 할 겨를이 없다." "상하 좌우에서 극하면 합하지 못한다." "합도 극(충)을 해소할 수 있지만 극도 극을 해소하게 된다."

| 3-2-3-2 | 천간의 합과 충 |

| ●=1 | 천간의 합 |

 서락오 선생은 『자평진전평주』「논 십간의 합」에서 "십간의 합이 하도지합(河圖之合)이라고 하는데 그렇지 않다."라고 말한다. 또한 "명리학 합은 내경(內徑의학서 황제내경을 말함)에서 온 것으로 의학과 근원이 같다."고 기술하였다.

■1. 천간의 조합은 합 5개, 충극 10개로 총 15개이다.

| 천간 합 | 갑기합 | 을경합 | 병신합 | 정임합 | 무계합 |

● 간명의 원리

■천간합에 이 기법을 적용하면 아래와 같은 물상(物像)[281]이 가능합니다.
○갑기합-기토는 지지의 축토와 미토입니다. 나무는 물(축-습토)과 열기(미-열토)로 자랍니다. 그리고 흙으로 돌아가니 갑기합토가 됩니다.
○을경합-을목이 경의 제어(숙살지기)를 받지 못하면 정글이 되어 쓸모가 없게 됩니다. 그리고 결국 꽃(을-관목)은 열매(씨-금)가 되니 경을합금입니다.
○병신합-금(신)은 따뜻해야(병) 살기가 용체로 변하고, 보석은 빛(해-병)이 있어야 빛납니다. 금속이나 바위가 햇빛(병)에 데워졌다 식을 때 표면에 습기가 서립니다. 밤새 차가웠던 대지에 해가 뜨면 나타나는 아침안개(수)와 같습니다. 그래서 병신합수입니다.
○정임합-찬물(임)은 따뜻해야 용수가 되고, 열기(정)는 식혀야 작물이 마르지 않습니다. 그 사이 해(무갑임)에서 생을 얻은 나무가 오월 왕성합니다. 그래서 정임합목입니다.
○무계합-대지(무)에 비(계)가 내리면 무지개(화)가 뜨고 꽃(화)이 만발하게 됩니다. 그래서 무계합화가 됩니다.

■2. 아래와 같이 천간의 합이 행운을 만나면 합 기능의 변화가 발생한다.
■1-갑기 합에서 갑의 뿌리는 갑을, 임계, 기토이다. 갑이 묘의 갑을이나, 진의 을계무나, 미의 정을기 속의 을목을 갑의 뿌리로 쓰고 있다.
□그러나 행운에서 을이 오면 묘진미 속의 을이 발용되어 갑이 아닌 을의 작용이 강하게 나타난다. 그래서 을이 기를 극하여 갑기합의 합력이 저하된다.
□이러한 태과와 불급의 예는 사주명리에서 수도 없이 흔하게 나타난다.

■2-기토가 인신사해의 무토를 뿌리로 투출하였는데 행운에서 무토가 오면 무가 발용되어 갑과 극하게 된다. 역시 갑의 합력이 저하되는데, 나머지 합의 작용원리도 마찬가지이다.

---

281) 3장 들어가기 1-3 ●=2 ■2 ●간명의 원리 ○물상의 원리는 육서의 영향이 큽니다.

천간합	갑	을발용 강-을기극	을	갑발용 강-갑경충	병	정발용 강-정신충	정	병발용 강-병임충	무	기발용 강-기극계
	기	무발용 강-갑무극	경	신발용 강-을신충	신	경발용 강-병경충	임	계발용 강-정계충	계	임발용 강-무임극

* 이유1-지장간은 발용의 때를 기다림　　* 이유2-천간의 뿌리는 오행이 같지만 십간의 발용은 음양이 다르기 때문

● 간명의 원리

○그러나 이러한 합의 변화는 원국에서는 일어날 수 있어도 실제 행운에서는 일어나지 않습니다. 행운은 한 글자로 오는 탓이 없기 때문이다.[282] 다음 나오는 천간의 충도 원리는 합과 같습니다.
○참고로 '위천리'[283] 선생의 4천간에 4지지를 임의로 대비하며 그 변화를 설명하는 우수한 학습법이 있습니다. 아마도 상상력을 개발하는데 큰 도움이 될 수 있을 겁니다.

●=2　　　　천간의 충

■1. 천간 충극은 아래와 같다. 토 정체성은 중화, 그래서 충 아닌 편극이다.

천간 충	갑경충	병임충	무갑-극	경병충	임무-극
	을신충	정계충	기을-극	신정충	계기-극

■2. 천간의 충도 행운을 만나던 충의 기능과 정도가 아래와 같이 달라진다. 그래서 충의 작용은 발용과 더불어서 통관을 살펴야 한다.
□갑경 충에서도 갑 대신 을이 발용하면 을경 합이 되어 충이 해소된다.
□또한 갑목 뿌리인 임계가 오면 금생수 수생목으로 통관이 이루어져 갑경 충이 해소된다. 나머지도 원리는 같다.

간극충	갑경	을발용-을경합	병임	정발용-정임합	무갑	기발용-갑기합	경병	신발용-병신합	임무	계발용-무계합
	을신	경발용-을경합	정계	임발용-정임합	기을	갑발용-갑기합	신정	병발용-병신합	계기	무발용-무계합
	목뿌리 수발용-경갑통관		화뿌리 목발용-임병통관		토根 화발용-목생화생토		경뿌리 토발용-병경통관		임根 금발용-무임통관	

●=3　　　　천간충의 실제

충은 편극이니 부정지제(不正之制) 즉 편관과 편재이다.[284] 행운을 만나면 충극이 완화 또는 악화되기도 한다.[285]

---

282) 2-1-3-2 ●=3 ■3 □2 2)그러나 도형의 행운은 대운과 태세의 '임계' '경신'이 따로따로 오지 않고 동시에 온다. 오히려 여기에는 월운, 일운, 시운이 빠져있다.
283) 3장 들어가기 1-1 자평법 계통도
284) 3-2-9-4 ■1 정(正)작용과 편(偏)작용
285) 3-2-3 ●=3 ●간명의 원리 "○1원국에서는 합충(형)의 해지가 가능. ○2그러나 행운에서 원국의 합충(형)은 완화나 악화될 수는 있어도 해지되지 않습니다. ○3"완화는 해지와 같습니다."

아래(남. 아웃도어) 네 천간이 계정계 정계정 충하고 있다.
□우선순위로 연월의 충이 성립된다.286) 일 시의 충은 관인통관으로 충이 안 된다. 연간 정은 일간과 연계불능(무정)이고 오히려 양쪽 계에 정이 수극화다.
□이때 행운에서 계가 상승하면 수극화, 정이 상승하면 화왕득수(종왕격처럼) 된다.

●-06 실제사주		1-1-1						1-5-10 애매한 충(합) 자료				
YQ -1 ☞1. 신약 신강		남. 아웃도어		9 8	8 8	7 8	6 8	5 8	4 8	3 8	2 8	1 8	8	▸1-자평 살 쓸 때 신강 ▸용-계 ▸상신-계
계240	정160	계320	정80	계	갑	을	병	정	무	기	경	신	임	▸34경계인
묘	미	축	유 년	묘	진	사	오	미	신	유	술	해	자	▸2이상형
병	갑을	대	정을기 묘	계신기	상	경신								

---

286) 3231-4 ●=1 쟁합 "이름이야 어떻든 합이 되는 것인데 단지 전일(全一)하지 못하다고 하겠다."

| 3-2-3-3 | 지합(육합)과 형충파해 |

『자평진전』의 저자 심효첨 선생은 1716년에 태어났다. 그는 「논형충호합(論刑沖會合)」에서 "충은 상대방을 격사(擊射)한다는 뜻이고, 회(會)는 삼방의 친구들이 모였다는 뜻이고, 합(合)은 나란히 이웃과 합한다는 뜻이고, 형(刑)을 취하는 이유는 잘 모르겠지만 모른다고 해도 명리의 판단에는 문제가 없다." 하였다.

그러니까 지금으로부터 약 300년 전 즈음의 말이다. 그리고 선생은 "형은 삼형이니 자묘나 사신 등이고, 충은 육충이니 자오 묘유 등이고, 회는 삼회이니 신자진 수국 등이고, 합은 육합이니 자축합 등을 말한다. 이것들은 모두 지지의 위치에서 나온 학설이다."라고 말한다.

그 후 『자평진전평주』의 저자 서락오 선생은 「논형충회합(論刑沖會合)」에 "삼형 육충 육해 오합 육합 삼합 등에서 형과 해의 작용은 비교적 경미하다." 라고 적고 있다. 그리고 이어서 "천간의 오합과 지지 육합과 삼합과 육충은 그 작용이 매우 중대하며, 팔자의 변화는 모두 여기에서 생겨난다."라고 말한다.

■1. YVWQ에서는 지지 합 충극의 통변(물상)에 치중하지 않는다. 지지의 조합은 총 92개로 그중 합 37개, 합 형파해 중복 4 형충파해 38개, 나머지 13개가 일으키는 기능변화(반감 법칙)[287]를 중요하게 본다.

또한 지지 지장간의 조합 중 사(무경병)의 경병과, 술(신정무)의 신정은 충이다. 그러나 자체 통관(화생토생금)도 되지만 자연(기법)적인 지원 그대로 현상일 뿐, 충극으로 보지 않는다.

■2.지지 형충파해의 모든 조합에는 지장간끼리 목금충(갑경충, 을신충), 화수충(임병충, 정계충), 금화충(경병충, 신정충) 등의 충이 있다.

□1.목금충은 수 통관(금생수 수상목)으로 구응된다. 반대로 통관하는 목을 부근의 금(신유술 사유축)이 극하면 통관불능으로 목금충이 살아난다. 결과는 목과 금이 뿌리로서의 기능 상실이다.-(인해합 참고)

□2.화수충은 목 통관(수생목 목상화)으로 구응된다. 역시 반대로 통관하는 수가 토에 극을 당하면 통관불능으로 화수충이 살아나고, 화와 토는 뿌리의 기능 상실로 이어진다.-(진유합 참고) 임병충은 인신사해와 진술 속의 무토가, 정계충은

---

[287] 1-3-2 반감의 원리(이기법)

오와 미축 속의 기토가 극한다. 그래서 임병충의 변화가 더 빈번히 일어난다.

☐3.금화충은 토(무, 기)의 통관으로 구응된다. 통관하는 토가 목에 극을 당하면 충이 살아난다. 기능상실 등 나머지 작용은 목금충 화수충과 같다.

■3. 그래서 지지 충극은 크게 지장간끼리 자체 구응(통관)으로 해소되는 것과 못되는 것 두 가지로 나뉜다.

☐그중 ▶육형 중 인사, 사신, 축술, 술미 ▶해의 축오 ▶원진의 인유 ▶나머지 조합의 자사, 자술은 자체로 충이 해소되지 않는다. 나머지는 지장간끼리 자체 통관되어 충이 구응된다.
☐자체로 통관되지 않는 인사, 사신, 축술, 술미, 인유, 자사, 자술은 원국에 수, 목, 토 등의 통관 오행이 있는 경우 구응되어 충이 해소된다.

☐이외 자체 통관으로 구응되는 것 중 원국에서 수, 목, 토 등의 통관 오행을 토(극수), 금(극목), 목(극토)이 극하게 되면 반대로 위에서처럼 충이 살아난다.
☐이 모두는 행운에서 한 글자로 충이 성립되거나 구응되기 어렵다. 행운은 한 글자로 오지 않기 때문이다.288)

■4. 합충 형파해가 중복되면 우리 책은 합충 형파해 순으로 우선시 한다.
☐사신은 합이면서 형파도 된다. 인해는 합이면서 파이다. 묘진 유술은 합이면서 해이다. 인신 축미는 충이면서 형이고, 미술은 형이면서 파이다.
☐이러한 경우 우선순위를 합충 형 파 해 순으로 한다는 말이다.
☐참고로 합충은 서로 체급이 같고 형은 그 아래이며 파해는 또 그 아래다.289)

■5. 앞서 공부하였듯이 지지 합충형의 우선순위는 천간과 다르다.290)
☐그러나 이는 고법명리 개념의 합충 이야기일 뿐 생극이 빠져있다.
☐그래서 신법 일간 중심의 합충형을 보되, 연에서의 합충형은 물론 생극(설극)도 같이 보아야 한다. 즉 천간의 합 우선순위와 보는 법이 같다.291)

---

288) 1-4-2-2 ■2 행운은 지지 뿐만이 아니라 천간과 함께 대운, 태세, 월운, 일운, 시운 등 여러 개의 운이 동시에 오기 때문이다.
289) 1-4-2-2 ●=4 합충은 체급이 같고, 형은 합충보다 낮고 파해보다 높으며 파 해 원진은 서로 같다.
290) 3231-4 ●=2 ■4 ●간명의 원리 ○3지지 연월의 합충형은 일월의 합충형에게, 일월은 시일, 시일은 연시의 합충형에게 순위를 넘깁니다.
291) 3231-4 ●=2 ■4 ●간명의 원리 ○1근묘화실의 합충 우선순위는 연부터 먼저지만 천간과 지지의 순위가 다릅니다.

● 간명의 원리
○1. 근묘화실의 합충 우선순위는 연부터 먼저지만 천간과 지지의 순위가 다릅니다.
○2. 천간은 마지막에 시가 회국하여 연과 성립되려면 먼저 연열이 연시를 관계하지 않아야 합니다. 그러나 지지는 연시에게 순위를 넘기는 차이가 있습니다.
○3. 지지 연월의 합충형은 일월의 합충형에게, 일월은 시일의 합충형에게 순위를 넘깁니다. 그리고 시일의 합은 회국하여 또 연시 합충형에게 순위를 넘깁니다.

■6. 지지 형충에 있어서 "하나의 오행이 두 개 오행을 형충하지 못한다."라고 『자평진전평주』「논형충회합(論刑沖會合)」에 나온다.
□'인오오자'-하나의 자가 두 개의 오를 충하지 못한다.-(장국감의 사주)
 1)"만약 인오합이 되면 하나의 오가 남아서 자를 충하게 된다."고 한다.
 2)더불어 연 월간에 갑 을목이 있다면 통관되어 자오충이 안 될 것이다.

□'진술술미'-한 개의 미가 두 개의 술을 형하지 못한다.-(모조권의 사주)
 1)그래서 형이 아닌데 진술이 충하니 술미형이 살아났다.
 2)실제 원래 자료의 천간은 '경경임계'이다. 술미가 형으로 강하게 뭉쳐서 임계를 극하고 있다.

□이를 합으로 옮기면 하나의 오행이 두 개의 오행과 합하지 못한다는 말도 된다.

| 3233-1 | 지지의 합 |

| ●=1 | 지합(육합)의 조합 |

아래 도표를 보면 합 속에 충이 있다. 그중 자축, 인해, 진유, 사신 오미는 자체적으로 통관 구응되어 충이 해소된다. 그러나 묘술과 사신은 자체로 충이 해소되지 않는다. 합이지만 오히려 묘술은 을신충, 사신은 임병충이 작용한다.

지합	자축	임계 계신기	인해	무병갑 무갑임	묘술	갑을 신정무	진유	을계무 경신	사신	무경병 무임경	오미	병기정 정을기
	방조합		병임충-갑이 통관		을신충-뿌리 상실		을경-을신충 구응		병임충-뿌리 상실		방조합	

○만약 인해가 원국에서 경금을 만나면 갑이 극을 맞아 병임을 통관하지 못하게 된다. 그래서 병임 충이 살아나고, 병임은 뿌리로서의 기능을 상실한다. 이러한 이합집산은 사주명리에서 헤아릴 수 없이 많다.

○진유합에 원국의 기토가 유정하면 을신을 통관하는 계가 극을 맞아 통관불능이 된다. 그래서 을신충이 살아나고 을과 신은 뿌리로서의 기능이 상실된다.

| ●=2 | 삼합 방합의 조합 |

우리 책은 합의 크기를 지장간의 뿌리 개수로 나타낸다. 그리고 월령은 뿌리가 두 개인데 이는 당령(當令)의 기운은 강하기 때문이다.

■1. 삼합

○해묘미는 목 뿌리5, 해묘4(음양합), 묘미3, 해미는 뿌리3으로 구성되어 있다.
○만약 목이 월령이면 비취색의 원처럼 뿌리 하나가 추가된다. 월령은 기세가 왕하기 때문이다. 나머지도 경우는 같다.
○한편 사유축 금국은 목, 화, 수국과 다르다. 사유3(음양합)이 유축4보다 적다.

해묘미=5	해묘=4	묘미=3	해미=3
해 무갑임	무갑임		무갑임
묘 갑을	갑을	갑을	
미 정을기		정을기	정을기

인오술=5	인오=4	오술=3	인술=3
인 무병갑	무병갑		무병갑
오 병기정	병기정	병기정	
술 신정무		신정무	신정무

사유축=5	사유=3	유축=4	사축=3
사 무경병	무경병		무경병
유 경신	경신	경신	
축 계신기		계신기	계신기

신자진=5	신자=4	자진=3	신진=3
신 무임경	무임경		무임경
자 임계	임계	임계	
진 을계무		을계무	을계무

■2. 방합

○방합은 삼합과 다르다. 인묘3(음양합)이 묘진4보다 뿌리가 적다.

○신유술 금국 역시 목, 화, 수국과 다르다. 신유3(음양합)과 유술3이 같다.
○오미와 자축 육합이기도 하다. 이는 왜 육합이 큰 것인지의 단면도 된다.

인묘진=5		인묘=3	묘진=4	연진=3
인	무병갑	무병갑		므병갑
묘	갑을	갑을	갑을	
진	을계무		을계무	을계무

사오미=5		사오=3	오미=4	사미=3
사	무경병	무경병		무경병
오	병기정	병기정	병기정	
미	정을기		정을기	정을기

신유술=4		신유=3	유술=3	신술=2
신	무임경	무임경		므임경
유	경신	경신	경신	
술	신정무		신정무	신정무

해자축=5		해자=3	자축=4	해축=3
해	무갑임	무갑임		무갑임
자	임계	임계	임계	
축	계신기		계신기	계신기

■3. 정리하기
○1.생왕(해묘)과 록왕(인묘)의 음양합은 인묵 양간이 주도한다.
 -해(갑1), 묘(갑1 을2) 합화는 양간(갑2), 음간(을2)로 양간과 음간이 같다. 그래서 음양 중 양간을 따르기 때문이다.
○2.생묘(묘미)와 왕쇠(묘진) 합은 묘목 음간이 주도한다.
 -묘(갑1 을2), 미(을1) 합은 을이다. 양간(갑1), 음간(을3)으로 음간이 중심이다.
○3.생묘(인술, 해미)와 록쇠(인진)는 가합(假合)292)이라고도 한다.
 -해(갑1), 미(을1) 가합은 목으로 화(化)하지 않는다.

● 간명의 원리

○우리 책은 삼합이 큰지 방합이 큰지의 불필요한 소모적 논쟁을 하지 않습니다.
○지지 4글자 중 삼합2 방합2 글자가 올 수 있습니다. 그러나 월지 월령에 따라 글자의 왕상쇠사가 정해지면 이를 따르면 되기 때문입니다.293)

●=3		우합의 조합						
우합	축	계신기	진	을계무	미	정을기	술	신정무
	인	무병갑	사	무경병	신	무임경	해	무갑임
	병신합 수생목		을경합		정임합 을경합		정임합	

모서리 합으로 불리기도 하는데 환절기의 변화에 해당된다.

---
292) 3231-2 ●=2 합의 남아 있는 본질(합의본질)을 이중성이라고 할 수 있는데, 가합(假合거짓 동의, 임시방편, 무늬만 화려)과 유사하다.
293) 3231-4 ●=2 ■5 ●간명의 원리 ⊂˙신자 합이 신술 가합보다 크게 보일 수 있습니다. 그러나 왕상쇠사로 보면 자보다 월령을 얻은 술이 크게 보입니다. 그래서 수치가 필요합니다.

| 3233-2 | 형살의 조합 |

■1. 형살의 유래와 원리

『자평진전평주』의 저자 서락오 선생은 「논형충회합(論刑沖會合)」에서 "『음부경』에서는 삼형은 삼회에서 나온 것이고, 육해는 육합에서 나온 것이다."라고 말라는데 삼회는 삼합이다. 이어서 "인묘진 동방의 목은 신자진 삼합의 수를 만나면 수생목하여 왕성한 목이 더욱 강해지고 중화의 도를 잃게 되므로 인은 신을 형하고, 자는 묘를 형하고, 진은 스스로 형한다."라고 나온다. 그리고 "형에 대한 학설이 분분하지만 이 설이 가장 타당하다고 본다."라고 한다.

그러나 왜 인묘진과 해자축이 수국 목국을 바꾸어 만나는지의 설명은 없다.

■2. 형살의 정의

그 다음 내용을 요약하면 ▶사오미는 인오술로 강해지고, ▶신유술은 사유축으로 강해지고. ▶해자축은 수생목으로 목이 너무 강해져서 중화를 잃고 형을 하게 된다는 말이다. 그러니까 해자축 겨울에 목이 왕해져도 수목이 중화를 잃는다고 말한다. 결론적으로 목은 두 계절 왕해지게 된다.

다시 말하면 형이라는 것은 너무 강해져서 중화의 도를 잃는 것을 말한다.

> ● 간명의 원리
>
> ○『자평진전』에 "형을 취한 이유는 모르지만294)" 그런데 형에 많은 시간을 투자합니다.
> ○형살을 '끈질기다'라고 통변합니다. 그러나 끈질긴 것이 형벌만은 아닙니다.
> ○인은 신이 편관이고, 신은 인이 편재입니다. 인이 긍정이면 신 때문에 끈질기게 직업(편관)이 유지되고, 신이 긍정이면 인 때문에 끈질기게 큰 사업(편재) 합니다.
> ○미 열토와 술 건토가 만나면 끈질기게 건조됩니다. 그러나 축 습토를 만나면 끈질기게 수분을 공급받습니다.
> ○그래서 사주명리는 두 세 글자 형살이 아닌 배합으로 풀어야 합니다. 다만 두 세 글자 형살을 공부하는 것은 배합 순역을 보기 위한 과정으로 여기에 매이면 안 됩니다.

| ●=1 | 삼형살의 조합 |

삼형살이 성립되면 아래 도표처럼 가용자원이 많아진다. 즉 세 지지가 만나면 자체로 충이 해소되어 축술미의 정, 을, 계, 신, 기, 무, 그리고 인사신의 무, 임, 병, 경, 갑 모두가 천간의 뿌리로 활용된다. 그래서 이 뿌리가 희신인 경우『삼명통회』에 이르기를 인사신 삼형살이 잘 풀리면 천하의 대권을 쥐게 된다고 했는지 모른다.

---

294) 3-2-3 ■2 "▶형을 취한 이유는 모르지만"

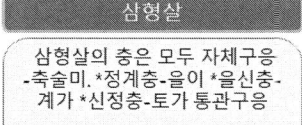
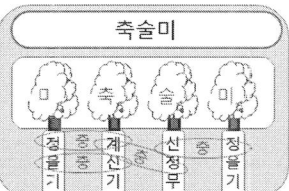
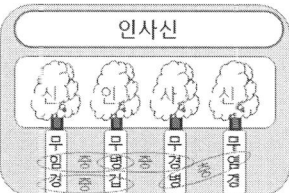

●=2 육형의 조합

□1.육형은 삼형살과 육충에 비해 충이 자체적으로 해소되지 않는다. 아래 도표를 보면 육형은 형과 충(축미충, 인신충)이 공존한다. 예를 들어 축술형은 지장간 정과 계가 충, 기능이 상실되어 천간을 지탱하는 뿌리의 숫자도 줄어들게 된다.

육형	축	계신기	술	신정무	축	계신기	인	무병갑	사	무경병	인	무병갑
	술	신정무	미	정을기	미	정을기	사	무경병	신	무임경	신	무임경
	정계 충하니 형 -정계 뿌리상실		을신 충으로 근 상실, 신정충은 토가 구응-여타 동일		정계충-을이 통관 을신충-계가 통관 그래서 수화개재		갑경이 충하니 형 -갑경 뿌리상실		임병 충하니 형 -임병 뿌리상실		병임충-갑이 통관 갑경충-임이 통관 극과 극은 통함		

□2.그래서 전통적으로 자체 해소되지 않는 부정적인 요소(충극)를, 끈질기게 따라다니며 사람을 괴롭히는 형살에 비유했는지 모른다.

□3.그러나 자원이 적어 호사를 누릴 기회가 적은 것과, 형을 사느라 흐사를 누릴 기회가 적은 것이, 호사의 측면에서는 같을지 몰라도 육형이 형(刑)은 아니다. 이는 형에 대한 ㅂ유와 은유이자 입상진의295)의 일종일 뿐이다.

□특히 형이 기신인지 희신인지의 여부와, 언제 완화 악화되는지가 중요하다.

□4.아래(자격시험) 연지 월지 인사형이지만 목생화가 희 기신인지가 중요하다.

●-27 실제사주 1-6-1

Y.Q-1	☞1. 신약 신강		자격시험과 취직. 여		9 1	8 1	7 1	6 1	5 1	4 1	3 1	2 1	1 1	▶3-자평 식 쓸 때 신강
임80		병320	정400	무480										▶용- 무 ▶상신- 임
진		진	사	인 년	정	무	기	경	신	을	계	갑	병	▶평상인
대	을계무	대	을계무	특 무경병	상 무병갑	미	신	유	술	해	자-축	인	묘	진	▶1 이상형
														▶활성기-무기경신임계

●=3 자묘 묘자 자형의 조합

자묘 묘자는 수생목이고 자형은 동합이다. 다만 강한 것이 기신일 때 형이다.

---

295) 3장 들어가기 1-3 ●=2 ■1"사변상수", "언부진의(言不盡意), 입상진역(立象盡意)"

자묘형	자묘		묘자		자형	진진		오오		유유		해해	
	자	임계	묘	갑을		진	을계무	오	병기정	유	경신	해	무갑임
	묘	갑을	자	임계		진	을계무	오	병기정	유	경신	해	무갑임

3232-3	지충의 조합

충은 편극이니 부정지제(不正之制)296) 즉 편관과 편재이다. 그러나 모든 충은 자체 천간합과 음양(비겁)합으로 구응된다. 자오 속 병임충을 정이 정임합(탐합망충)297), 정병음양합으로 충을 해소한다. 나머지 모든 충은 통관으로 해소된다. 만약 원국 타 간지에서 충을 해소하는 오행을 극하면 충이 살아난다.

충	자오	축미	인신	묘유	진술	사해
	임계 / 병기정	계신기 / 정을기	무병갑 / 무임경	갑을 / 경신	을계무 / 신정무	무경병 / 무갑임
	임병-정임 정병합 계정-임계 임정합 구응	정계충-을이 통관 을신충-계가 통관	병임충-갑이 통관 갑경충-임이 통관	갑경-을갑 을경합 을신-경을 경신합 구응	을신충-계가 통관 정계충-을이 통관	갑경충-임이 통관 병임충-갑이 통관

○만약 자오 속의 해소 오행인 정화를 타 간지의 계수가 극하면 병임충이 살아난다. 그러나 오 속 기토가 있어 계를 극수하니 실제 충이 살아나지 않는다.
○축미의 을목을 극하려면 유 술 축의 신이 와야 하는데 정화가 극금한다.
○인신의 갑목을 극하려면 사 신 유의 경이 와야 하는데 병화가 경을 극금한다. 모든 충이 이러한데 다만 충이 되면 어떻든 청수하지 못하다.-(우리 책은 경 지 하강)

● 간명의 원리

○『자평진전』「논묘고형충지설(論墓庫刑沖之說)」에서 '심효첨' 선생은 진술축미는 형충 되는 것이 가장 좋고, 입고되었는데 충을 만나지 못하면 발달하지 못한다는 학설이 속된 책들에서 많이 거론되고 있다."라고 '와전된 학설'298)에 대해 말합니다.
○그 이유로 "갑일주 진월생이 무토 투출하면 편재, 지지가 신자진 수국이면 인수이다. 만약 무토가 투출하지 않고 지지에서 진술충이 되면 재격이 청수하지 못한 것이고, 임수의 투출은 인수가 투출한 것인데 진술 충이 되면 인수가 손상을 입게 된 것이다."
이어서 "오히려 인고299)(印庫-여기서는 목고)를 충하여 열어야 한다고 억지 주장을 한다."라고 지적합니다.
○여기에 '서락오' 선생은 "충이란 극하여 없애는 것이지만 진술축미는 같은 오행끼리의 충이어서 토가 제거되지 않는다."고 합니다. 오히려 진술충 되면 "임수(진월 지장간 계에 통근)의 뿌리가 뽑히게 되어 임수에게 해로운 것이다."라고 말합니다.

---

296) 5133-4 중정지제(中正之制) 부정지제(不正之制)
297) 3-2-10-2 ●=5 탐합망충(貪合忘沖합 하느라 충을 잊음)

아마 진 속의 을계와 술 속의 신정이 을신 정계가 충으로 뽑힌다는 말일 겁니다.

| 3233-4 | 파 해 |

| ●=1 | 파의 조합 |

□1.파(波)의 조합에서 ▶자유와 오묘는 충이 없고, 축진, 인해는 통관으로 구응되어 충이 해소된다. ▶그러나 사신(임병충)과 미술(을신충)은 파이자 형이면서 자체 해소되지 않는다. 결론은 형의 전례를 따르면 된다.

파	자유	임계 경신	축진	계신기 을계무	인해	무병갑 무갑임	오묘	병기정 갑을	사신	무경병 무임경	미술	정을기 신정무
	금생수, 과하면 파		을신충-계가 통관		병임충-갑이 통관		목생화, 과하면 파		병임충		을신충	

| ●=2 | 해의 조합 |

자미해의 미는 자오가 충하는 오 옆에 있다. 해는 충을 보느라 방심하던 중 옆에서 갑자기 나타나므로 피해가 크다고 알려져 왔다. 그러나 뿌리의 작용을 보면 자미는 수생목 목생화, 묘진은 수생목이다.

해	자미	임계 정을기	축오	계신기 병기정	인사	무병갑 무경병	묘진	갑을 을계무	유술	경신 신정무	신해	무임경 무갑임
	합생-과하면 해		정계충의 해		갑경충의 해		수생목, 과하면 해		신정충 무가 통관		갑경충 임이 통관	

□1.유술과 신해 속의 충은 자체적으로 통관 구응된다. 그러나 축오와 인사는 그렇지 못하다. 그래서 기 또한 충의 전례를 따른다.
□2.인사에서 경이 재성이라면 갑은 인성이다. 경이 기신이 되면 재극인이 되어 재성의 활동력, 인성의 판단력이 손상된다. 이 의미는 모든 생극제화의 산물인 육신과 십신의 통변에도 활용되어 진다.
□3.묘진과 유술은 합도 되고 하도 된다.
 1)묘진은 갑을음양(비겁)합이면서 목극토인데 묘 속 갑기 소토(목극토)하는 토의 중화 개념이 있다.
 2)유술은 경신음양합이지만 술이 건토이자 술 속 정화가 신금을 충(극금)으로 녹이고, 무토는 정생무생신(화생토생금)으로 화극금을 통관시키지만 비생금토다. 그래서 합인지 해인지 구별이 난해하다.

---

298) 3-2-9-2 ■2 ●간명의 원리 ○3 "속설"
299) 7-1-1-2 ●=2 고(庫-진술축미) 해설 □5 도표

3)어떻든 우리 책은 묘진과 유술은 합으로 처리된다.

☐4.이렇게 합 형충파해가 중복되는 경우 상위 개념을 우선시 한다.300)
 1)묘진합은 목의 뿌리5(갑을2 을계), 유술합은 금 뿌리3(경신2 신) 늘어난다.
 2)결국 늘어나서의 희기, 감소해서의 희기를 간명에 반영할 수 있어야 한다.
 3)그리고 가까운 사이(묘진 유술)가 해를 끼치는 해 특성을 통변에 반영한다.

| 3233-5 | | | 기타 조합 | | | | | | | |

| ●=1 | | | 원진의 조합 | | | | | | | |

원진은 형충파해에 속하지 않지만 그 구조와 기능상 해처럼 취급한다.

원진	자 미	임계 정을기	축 오	계신기 병가정	인 유	무병갑 경신	묘 신	갑을 무임경	사 술	무경병 신정무	진 해	을계무 무갑임
		정계충-을이 통관		정계충		갑경충		갑경충-임이 통관		비겁합		비겁합

☐1.앞에서도 언급하였듯이 YVWQ에서는 여타 조합과 마찬가지로 원진살의 물상을 부정 재앙 이별로 보는 것보다 원진의 여섯 개 조합 중 축오와 인유는 자체적으로 충이 해소되지 않는 것을 중요시 한다.
☐2.축오는 정계충, 인유는 갑경충이 있지만 자체 해소되지 않는다.

| ●=2 | | | 나머지 조합 | | | | | | | |

나머지는 합 형충파해 원진의 조합에 속하지 않는데 이 안에 충이 존재한다. 그러나 자술 속 정계충과 자사 속 병임충은 자체로 해소되지 않는다.

1-나머지 조합	자 인	임계 무병갑	자 술	임계 신정무	자 사	임계 무경병	묘 사	갑을 무경병
		임병충-갑이 통관구응		정계충		병임충		갑경충-을경합이 구응
2-나머지 조합	오 진	병기정 을계무	오 유	병기정 경신	오 해	병기정 을계무	유 해	경신 무갑임
		정계충-을이 통관구응		병경충-기가 통관구응		정계충-을이 통관구응		갑경충-임이 통관구응
3-나머지 조합	축 묘	계신기 갑을	축 신	계신기 갑을	미 유	정을기 경신	미 진	정을기 을계무	미 인	정을기 무병갑
		을신충-계가 통관		을신충-계가 통관		신정충-기가 통관		정계충-을이 통관		비겁합

---

300) 3-2-3-3 서문 "삼형 육충 육해 오합 육합 삼합 등에서 형과 해의 작용은 비교적 경미하다."

| 3-2-4 | 육신(六神)의 작용 |

'진소암'의 『명리약언』「간육친법1(看六親法一)」의 육신을 보면 "舊取(구서에서 취하기를)" 라고 시작하는데, 구서가 무엇인지 밝히지 않았다. 다른 대부분의 사주명리서들은 이마저도 언급이 없다.

그러나 '서락오' 선생은 『자평진전평주』「논 용신과 육친 배합」에서 "육친의 명칭은 그 유래가 매우 오래되었다. 한대(漢代)의 경초(경방京焦-초연수)301)의 설괘(設卦)에서는..."하고 그나마 육신의 연원에 대하여 거론하고 있다.

| 3-2-4-1 | 육신과 자아302) |

육신은 비겁, 식상, 재성, 관성, 인성으로 이루어져 있다. 이러한 5요소는 우리 몸의 장기와 같다. ▶비겁은 심신(자아), ▶식상은 음식을 섭취하고 배설하는 소화기관, ▶재성은 뜨거운 열정을 담은 심장, ▶관성은 공기를 흡입하는 폐, ▶인성은 정신을 담은 뇌와 같을 수 있다.

불교 유식학(唯識學)303)에 육식의 안이비설신의(眼耳鼻舌身意)'와 '마나식' 그리고 '알라야식'의 마음이 나온다. 그중 '안이비설신' 오식(五識)은 ▶(안)-보고, ▶(이)-듣고, ▶(비)-냄새 맡고, ▶(설)-맛보고, ▶(신)-온몸이 느끼는 것인데, 오식 각 기관이 느끼는 것을 의(意) 즉 마음은 다 알고 있다.

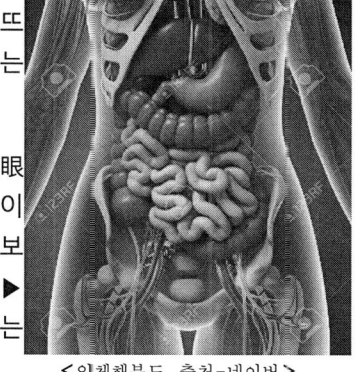

<인체해부도. 출처-네이버>

육신도 마찬가지다. 식상, 재성, 관성, 인성 무엇이 좋든 아신(자아)에 속한다.304) 즉 재가 좋든, 관이 좋든, 무엇이 좋든 '아신'이 좋은 것이다.

따라서 육신을 각 기관별로 세트해서 통변할 수 있고, 육신 전체를 심신의 주체인 하나의 자아(마음)로 통변할 수도 있다.

| ●=1 | 자아와 '3부' |

우리의 일상사가 '삼재팔난'305) 으로 집약될 수 있듯이, 온전한 자아는 논어

---

301) 8-1 팔괘(八卦)와 물상 "초씨역림"
302) 4-2-5-1 ●=3 자아
303) 4-2-2-3 ■1 "유식사상(유식론 유식학)" 이 세상 모든 것은 마음을 거쳐 제각기 다르게 나타난 것.
304) 제3장 ■2 ●Tip ○육신"1보는 것 2보이는 것, 3보고픈 것, 4애써 보는 것, 5눈 감아도 보이는 것"

'요왈편'에 나오는 '3부'와 비교될 수 있다. '부지명, 부지례, 부지언'306)이다.
☐1.부지명(不知命)-천명(天命)을 알지 못하면 군자(君子)가 될 수 없다는 말인데, "나는 누구인가?"와 같다. 즉 자신이 이 땅에 온 사명과 소명을 알 때 얻어지는 복이다.
☐2.부지례(不知禮)-예법(禮法)을 알지 못하면 세상(世上)에 나설 수 없다는 말은, 사회적 관계에서 상대를 대접할 줄 아는 양식과 품격을 뜻한다. 복을 받으려면 덕(부지례-대접)을 쌓아야 한다.
☐3.부지언(不知言)-말을 알아듣지 못하면 남을 이해할 수도 알아차릴 수도 없다는 뜻으로 분위기와 상황판단으로 얻어지는 호사이다.

> ● 간명의 원리
>
> ■온전한 자아는 화엄경의 '사법계(四法界)307)'와도 비교됩니다.
> ○1.사법계(事法界) 일 사(事)-일의 상황과 드러나는 현상을 알면 얻는 득입니다.
> ○2.이법계(理法界) 이(理)-일의 이치와 본질을 아는 순간 돌아오는 보상입니다.
> ○3.이사무애법계(理事無礙法界)-일의 현상과 본질을 모두 알아차릴 때의 복입니다.
> ○4.사사무애법계(事事無礙法界)-상황과 상황의 대립, 이권과 이권의 갈등에서 조화를 얻는 복인데, 사법계의 꽃이라 할 수 있습니다.

| ●=2 | 불안전한 자아 |

 자아가 훼손되는 때에는 ▶논리적이면서 기분파 ▶자신의 유능함만 강조 ▶열등감으로 인한 감정표출(정당한 일처리에도) ▶비난하기(자신과 견해가 다르면) ▶자기주장은 강하면서 경청하지 않는 사람 등의 현상과 비교된다.

| ●=3 | 결론 |

 결론은 각각의 장기들이 제대로 기능해야 심신이 건강하다. 우리의 자아(아신)도 육신이 제대로 기능할 때 온전한 자아 형성에 도움이 된다. 사주명리의 목적을 '정성론'308)으로 말하면 '온전한 자아'와 그 유지에 있다.

---

305) 7-1-4-1 ■5 ☐3 삼재팔난(三災八難)
306) 부지명 무이위군자야(不知命 無以爲君子也) 부지례 무이립야(不知禮 無以立也) 부지언 무이지인야(不知言 無以知人也)
307) 3-2-9-1 ■2 ●Tip "사회(사사무애-상호존중 융합)"
308) 4-2-1 천도(天道)의 세계 "자연론 정성론 천명론"

| 3-2-4-2 | 육신의 정체성(正體性) |

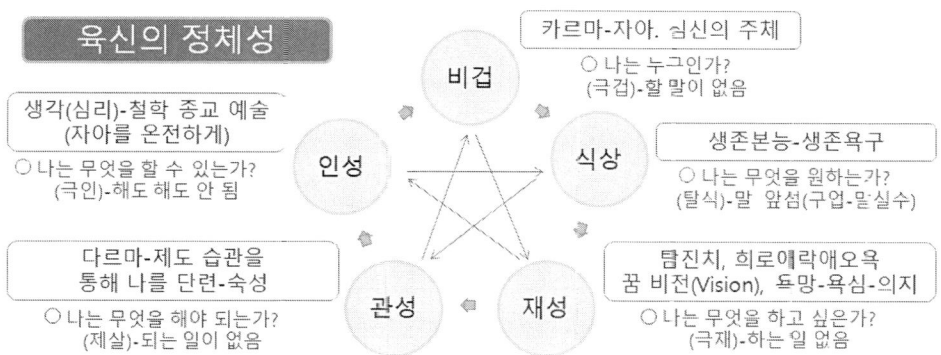

■1. (비겁)-나는 누구인가?
□1.나는 자아(自我)의 주체로서 생존(식상)을 위해 꿈(재성)을 가꾸어야 하고, 그러려면 단련(관성) 숙성되어야 하며 학습(인성)을 통해 온전해져야 한다.

좌 <미켈란젤로가 4년 걸쳐 그린 사스티나 성당의 천장화-일명 천지창조. 출처-Naver>
우 <에덴에서 나온 아담과 이브. 출처-Naver>

□2. 나(비겁)는 흙으로 빚어진 아담과 이브와 같다.
 1)나는 업의 주체 카르마(karma)[309]지만 비겁은 아직 손가락에 기(인수-정신-호흡)가 들어가기 직전이나 들어가는 중의 미완성의 존재이다.
 2)기가 유입(인생아)되면서 자아가 시작되지만 아직 벌거숭이(식상의 뿌리)이다.
 3)소크라테스의 지혜(인수)로, 헤라클레스와 삼손 같은 힘(재관)을 조절(극)한다.

---

[309] 카르마(karma) 산스크리트어-몸과 입 마음으로 만들어지는 모든 선악의 행실(업). 이는 미래에 있어서 선악의 결과를 가져오는 원인이 됨.

□3. 고대는 우리 몸(비겁)을 "영혼과 정신(자아)을 담는 하나의 그릇"이라 한다.
 1)자아의 최대 덕목은 온전한 자아(합리적 사고)에서 오는 일체유심조[310]이다.
 2)'자아(ego)'는 '초자아(super ego)'와 함께[311] 무의식적 욕구인 '이드(id)'[312]로부터 발전한 것이며, 프로이트(Freud) 이론 '퍼스낼리티'의 세 가지 요소의 하나다. 우리는 처음에 유아처럼 자극에 대한 지각체계를 발전시키면서 초기형태의 자아로 분화를 시작하였다.

■2. (식상)-나는 무엇을 원하는가?
□생존을 위한 기본 욕구이다. 즉 욕심(욕망)이 들어있지 않은 순수한 본능(식상)뿐인 벌거숭이다
 1)식욕, 수면욕, 성욕 등 의식주 해결을 위한 생물학적 욕구가 잠재되어 있다.
 2)다음 나오는 매슬로우(Abraham Maslow)[313]의 욕구 5단계 중 가장 아래 단계인 생리적 욕구에 속한다. 위에서 말한 욕구 이드(id)와는 또 다른 개념으로 생존을 위해서 필수적인 생리적 욕구본능이다.

■3. (재성)-나는 무엇을 하고 싶은가?
□1.재성(물욕)은 탐진치(꿈)가 있는 물욕의 자리이다.
 1)불가(佛家)에서 말하는 탐진치[314]와 '7정[315]의 희노애구애오욕'과 통한다.
 2)따라서 재성은 소유를 위해 활동(재물-경제-섹스)하는 동안 체험이 쌓이게 되고, 쌓인 것은 육감(삶의 데이터)으로 발전하여 삶의 도를 이룬다.

---

310) 일체유심조(一切唯心造)-'화엄경(華嚴經)'의 중심 사상, 일체의 제법(諸法)은 그것을 인식하는 마음의 나타남이고, 존재의 본체는 오직 마음이 지어내는 것일 뿐이라는 뜻.
311) 3장-3 ●=3 ■1 "삼원적 구조모형"
312) 이드(Id)는 '그것'을 의미하는 독일어의 비인칭 대명사 'das Es'의 영어식 번역. 원래 It이라고 번역하는 것이 옳겠지만, 프로이트는 대명사 It과 구별하기 위해서 Id라는 번역어를 그로덱(Groddeck)으로부터 빌려 왔다 함. 이드는 기본적으로 무의식적이고 삶욕동이나 죽음욕동과 같은 욕동의 영역에 속하며, 또한 '억압된 것'이 머무르는 정신에너지의 저장고. 이드에서는 쾌락원리(pleasure principle)가 무제한적으로 세력을 떨친다. 그리고 이러한 이드로부터 자아와 초자아로의 세 가지 분화가 생겨 났다고 함.
313) 에이브러햄 매슬로우(Abraham H. Maslow)는 '인간의 동기와 성격(Motivation and Personality, 1943)'이라는 자신의 저서에서 욕구계층설 소개. 사람은 만족할 수 없는 욕구를 가지고 있는데, 사람행동은 만족하지 못한 욕구를 채우는 것을 목표로 함. 이는 크게 기본 욕구(생리적, 안전·안정 욕구)와 상위 욕구(사회적, 자존, 자아실현 욕구)까지 5단계로 이루어지며, 기본 욕구가 채워져야 상위 욕구를 채우려 한다는 것. 일단 만족된 욕구는 더 이상 동기부여요인이 되지 못함. ▶1단계: 생리적 욕구(Physiological Needs), ▶2단계: 안전 욕구(Safety Needs), ▶3단계: 소속감과 애정 욕구(Belongingness and Love Needs), ▶4단계: 존경 욕구(Esteem Needs), ▶5단계: 자아실현 욕구(Self-Actualization Needs).
314) 탐진치-탐욕(貪慾), 진에(瞋恚), 우치(愚癡) 등 세 가지 번뇌는 중생을 해롭게 하는 독약과 같아서 삼독이라 함
315) 3장 들어가기 1-2 ■2 ●Tip ■1 ○1 "사단칠정"

☐2.욕구(본능-식상)에 욕심이 들어가면(식생재) 욕망(재성)이다.
 1)꿈과 비전 그리고 의지 염원(소원)과 함께 같은 의미로 쓰이는데, 정서와 감정이라는 삶의 색깔로 나타난다. 그 색깔이 칠정과 삼독이라 할 수 있다.
 2)보고 들리는 것에서 발생하는 욕심을 불교 "능가경"은 실체가 없다고 한다.316) 사주에서는 재생관으로 나타날 때 그 실체를 그나마 볼 수 있게 된다.

■4. (관성)-나는 무엇을 해야 되는가?(=나는 무엇이 되어야 하는가?)
☐1.관성은 다르마(darma)317)다. 꿈을 위해 질서(관=제련)에 편입되어야 한다.
 1)관성은 사회에 발탁되는 것이다. 즉 발탁(무엇이)되기 위해서 단련(무엇을)되어야 한다.
 2)당나라 태종은 과거제도를 통하여 인재를 선발하였다. 그 기준이 신언서판(身言書判)318)이다. 이렇게 되려면 제도와 시스템을 통하여 자의적이든 아니든, 싫든지 좋든지 불에 달구어지고 두들겨 맞으면서 강해져야 하는 단련(鍛鍊.=연단鍊鍛)은 필수다. 그래서 시련을 동반한다.
 3)시련을 이겨내기 위해서 강단이 있어야하고 그래야 신언서판 할 수 있다.

☐2.단련은 시련 속에서 반복으로 학습된다. 습(習)은 깃 우(羽)와 흰 벅(白)으로 구성되어 있다.
 1)새가 날려면 날개깃기 하얗게 되도록 반복 학습하는 의미이다.
 2)반복 중에서도 가장 빈번하게 하는 일이 직업이다. 학교에서의 학습은 기간이 있지만 하는 일은 평생 반복된다. 그래서 일(관성)이 돈(통장-제도)이다.

■5. (인성)-나는 무엇을 알고 할 수 있는가?(=나는 무엇을 아는가?)
☐1.알아야 내가 하고 싶은 것(알아야 면장)과, 내가 해야 되는 것에서, 내가 할 수 있는 분별이 나온다.
 1)인성(분별)은 생각(마음=심리)이고 생각(정신)은 철학 증교 예술과 연결된다.
 2)그래서 인수(인성)는 앎의 축적과 전이가 시작되는 저장고이다.

☐2.인수(인성)는 인류의 원형(元型)319)이 있는 자리이다.

---

316) 능가경-보이고 들리는 세계는 실체가 없는 꿈과 같고, 환영과 같고, 물에 뜬 달과 같고, 거울에 비친 얼굴과 같음. 이미 마음을 거치면서 각색되었기 때문이라 함.
317) 다르마(dharma) 산스크리트어-자연과 사회가 조화를 이루기 위해서 필요한 질서 체계를 지키려는 행동과 규범. 인도인들의 가장 중요한 삶의 양식이자 의무.
318) 신언서판(身言書判)- (身)-단정하고 자신감 있는 몸가짐과 표정, (言)-생각을 분명하고 조리 있게 말하며 (書)-글로 소통하고 남기며, (判)-사물과 현상과 이치에 대한 올바른 판단력과 분별력을 말함.
319) 원형(元型)-본능과 함께 유전적으로 갖추어지며 집단 무의식을 구성하는 보편적 상징. 민족이나

1)원형은 개인의 타고난 심리적 행동 유형을 유발하는 정신(영혼) 즉 사람의 심리적 작용(마음)이라 할 수 있다.
2)정신과 의사이자 정신분석학자 칼 구스타프 융(Carl Gustav Jung)의 원형 이론320)에서의 원형은 "본능과 이미지를 연결시켜주는 심리적이고 신체적인 그 무엇이다. 즉 본능과 연결되어 있고, 활성화될 경우 '행동과 정서'로 나타난다."라고 한다.

☐3.우리 한 민족의 원형에는 하늘 천(天)이 있다. "하늘이 무섭지 않느냐?"에서 보듯 하늘을 경외하고 제사하는 제천의식(祭天儀式)321) 제천문화(祭天文化)가 있다.
1)"문화는 정신에서 나온다."322) 이러한 활동에 모든 학문과 종교가 포함된다.
2)정신은 다시 자아(비겁-카르마)를 온전하게 하는 문화, 그리고 '행동과 정서'(식상과 재성과 관성)에 영향을 미치는 문화로 나타나 다시 육신을 순환한다.
3)그리고 운명, 역, 역술, 길흉화복, 피흉추길 등의 정신세계와 연결되었다.

문화를 초월하여 신화, 전설, 문예, 의식 따위의 주제나 모티프로 되풀이되어 나타나는 것으로 오랜 역사 속에서 겪은 조상의 경험이 전형화되어 계승된 결과물이라고 할 수 있음.
320) 융의 원형 이론은 세 단계를 거쳐 발달. 1912년 그는 태고적 이미지(primordial images)에 대해 썼는데, 이것은 전 인류 역사에서 나타나는 문화적 주제들과 유사. 그것들의 주요 특징은 힘과 깊이 그리고 자율성이다. 융이 말하는 집단 무의식(collective unconscious)의 경험적인 내용은 태고적 이미지로부터 옴.
321) 제천의식-『후한서』동이전(東夷傳)과『삼국지(三國志)』위서 동이전(魏書 東夷傳)에 기록된 부여(夫餘)의 영고(迎鼓), 고구려(高句麗)의 동맹(東盟), 동예(東濊)의 무천(舞天), 삼한(三韓)의 시월제(十月祭) 등
322) 4-2 들어가기 서문 '양계초에 의하면' "문화는 정신에서 나온다."

| 3-2-4-3 | 육신의 작동 원리 |

| ●=1 | 육신과 머슬로우의 욕구 단계 |

■1. 육신과 욕구
☐1. 비겁의 생식상은 기본적 욕구(의식주) 중 생리적 욕구, 안전의 욕구와 같다.
☐2. 식상의 생재란 욕구를 안전하게 해결하려면 우선적으로 돈과 연결된다.
☐3. 재의 생관은 돈의 욕구를 채우기 위해서는 수입(취자 활동) 즉 직업이 있어야 가능하다. 그리고 직장을 통해 소속욕구가 해결될 수 있다.

☐4. 관의 생인은 하는 일을 통하여 삶을 통찰(삶의 득도)하게 된다. 여기에 명예(관)와 지혜(인)가 타인으로부터 존경을 받는 바탕이 되고 이는 자아충족(자아실현)으로 연결된다.
☐5. 인수의 생겁은 성취된 목표로부터 오는 지혜와 지식이 다시 몸(비겁)으로 퍼지게 되는 과정이다. 즉 자신의 잠재력을 발휘하게 되는 것을 말한다.

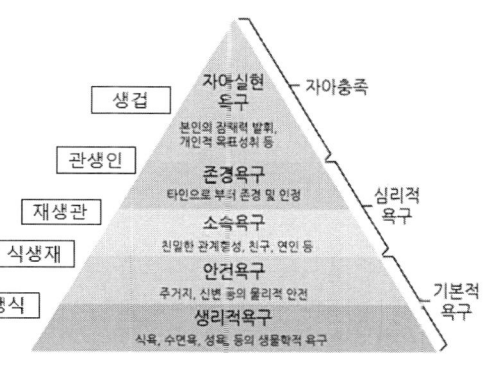

<매슬로우의 욕구 5단계. 출처-Naver>

■2. 이를 정리하면 겁 식 재는 형이하학적(물욕의 자리)인 내 뜻대로가 되고, 관(조직의 쓴 맛)을 지나 인수에 이르면 하늘의 뜻(우주의 섭리)을 알 수 있는 형이상학적(정신 즉 이성적이거나 신성)인 성숙323)의 자리가 된다. 그래서 사람은 그 지혜와 지식으로 다시 생리적 욕구와, 돈벌이(취재활동)하는데 머물 수도 있고, 더욱 성숙한 영혼을 위해 쓰기도 할 것이다.

그러나 세상은 이러한 생의 순환만 작용하지 않는다. 예를 들어 돈 욕심(욕망)이 지나치면 재극인 되어 성숙의 자리(인수)가 무너진다. 여기에 생, 설기, 극의 역작용도 포함되는데 이는 한두 글자가 아닌 일간 중심의 격국(배합)324)으로 귀결된다. 이러한 것을 다음 나오는 육신 생극의 원리에서 볼 수 있다.

| ● 간명의 원리 |

---

323) 4-2-1-3 ●=3 ●Tip ○3 "내 뜻대로 마옵시고"는 천명 앞에 가장 성숙한 태도의 일면"
324) 3-2-9-2 ■2 ●간명의 원리 ○3 "음양 한두 글자가 아닌 배합"

○이렇듯 사주는 오행 한 글자의 작용으로 끝나지 않습니다. 예를 들어 식상은 재를 생하고(식상생재), 인수는 식상을 극(탈식)하는 등 생극의 작용과 역작용이 중요합니다.
○그런데 사주를 모르면서 '재 있고 관이 있어 좋은 사주'라고 합니다. 누가 그렇게 알려 주었을까요? 그러나 아닙니다. 이러한 현실이 너무 안타깝습니다.325)

| ●=2 | 육신 생극의 원리 |

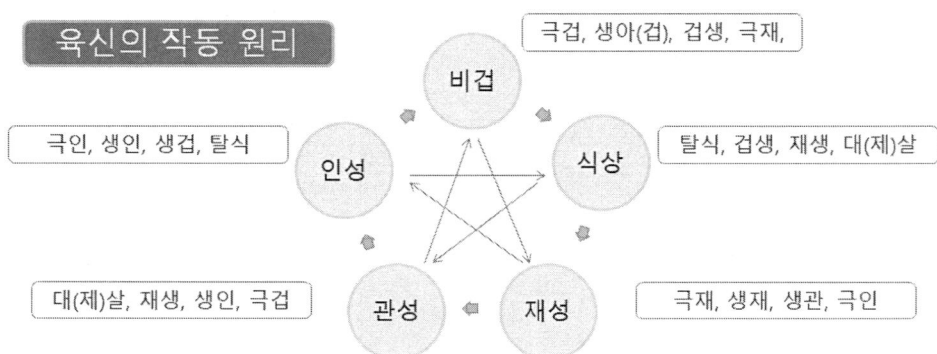

■1. 나는 누구인가?
□1.나 아신 비겁은 관극**겁**, 인생**아**, **겁**생식상, **아**극재의 귀재이다.
□2.자기관리 통제(카르마)는 가치관(인수)으로부터 생을 받고 온전(인생겁)해질 수 있다.
 2)그리고 생존욕구(겁생식상)를 창출하고 자신은 관의 통제(극겁)로 완성된다.
 3)그러나 겁이 과다하면 겁생, 겁생식상, 극재, 극겁의 역작용326)이 발생한다.

■2. (식상)나는 무엇을 원하는가?
□1.식상은 인수탈**식**, 겁생**식상**, **식**생재, **식신**대살의 주체이다.
□2.식상은 생존본능(입고 먹고 자고)이자 욕구(식상은 재의 뿌리)의 근원이다.
 1)카르마(행실)의 생(겁생식상)을 받고 욕심과 욕망(생재)을 불러 일으킨다.
 2)그리고 관(대살)을 절제시키면서, 생각(인수탈식, 극식-나태)의 지배를 받는다.
 3)그러나 식상 강하면 겁생식상, 생재, 제살(대살), 탈식의 역작용이 발생한다.

---

325) 1장-2 ■2 ■1) ●Tip "상담료 DC해 주세요" '재'는 어떻고 '관'은 어떻고
326) 1-5-4-1 ●=1 ■2 □2 1)그래서 생극 한계는 3배수 미만이고 그 이상은 생극의 역작용 일어난다.
 2)식상도 3배수 이상이면 설기과다가 된다. 우리 책은 이렇다.-(원문 도표 참조)

■3. (재성)-나는 무엇을 하고 싶은가?
□1.재성은 아극**재**, 식신생**재**, **재**생관, **재**극인의 주체가 된다.
□2.재는 본능(식상)의 날로인 욕심(욕망)이다. 의지를 불태우고 노력할수록(식생재) "꿈(재물욕, 성욕, 애종욕구)은 이루어진다."
 1)그러나 꿈꾸는 것과 현실은 다르다. 꿈(재)은 다르마(관-실정법) 안에서 이루어지고(재생관), 자기관리 통제(=재)로 다스려진다.
 2)그러나 재성이 많으면 식상성재, 생관, 극인, 극재의 역작용이 발생한다.

> ● Tip
> ○런닝머신(Running Machine)의 원조는 트레드밀(Treadmill)[327]인데 이는 밟다(tread)+방아(mill)의 합성어입니다.
> ○재성이 희신이면 런닝머신을 헬스하며 스스로 밟을 수 있지만, 기신이면 죄수들처럼 강제로 밟을 수도 있습니다.
> ○과다한 재성(욕심, 욕망)이 재생관을 하면 관(법, 절제)이 무너져 강제로 밟게 됩니다.
> ○재는 내가 하고 싶은 일을 즐겁게 하는 일, 관은 싫든 좋든 해야만 하는 일입니다. 그래서 재생관은 자신이 하기 싫은 일도 죽기 살기로 하면 성공한다는 말이 됩니다. 그러나 생관이 부정이면 돈을 받고 관직을 파는 매관매직(비리)을 떠올리기도 합니다.
> ○재가 인을 근접(유정) 극인하여 인수(유산, 공부)가 무너지면 살기 어려워 경제사범 되기도 합니다. 그래서 육신오행이 무너지면 병을 얻는 등 사람 돈 일상이 무너집니다.
> ○결론적으로 재관 뿐 아니라 모든 육신이 희신은 스스로 아니면 자의 반 타의 반, 기신은 강제로 밟게 됩니다.

■4. (관성)-나는 무엇을 해야 되는가?(나는 무엇이 되어야 하는가?)
□1.관성은 식신대**살**, 저생**관**, **관**생인, **관**극겁의 명수이다.
□2.관성은 다르마(darma)[328]다. 꿈을 위해 질서(관=제련)에 편입되어야 한다.
 1)내가 그 무엇이 되는 것(질서-관의 통제)은 욕망에서 비롯된다(재생관). 그 다음 과정을 통해 생각(관생인)이 만들어지고, 관의 냉엄한 통제에는 식상(본능-순수, 눈물)의 순수(식신대살)로 정상참작이 가능해야 한다.
 2)즉 제도(관성)를 얻은 사람은 몸(극겁)과 마음(관생인)을 중화, 조화, 조절한다.

□3.시련(관극겁)을 통하여 온전한 자아(카르마)가 형성된다. 제련 즉 단련과 연단(관성)은 쇠를 달구고 두드려 단단하게 하는 것이다.

---
327) 트레드밀-19세기 영국에서 죄수들의 형벌 도구로 사용. 발판이 붙은 원통을 밟게 하여 단순 반복의 고통을 주기 위한 고문 도구. 여러 명이 발판을 밟을 때 얻는 운통의 회전력으로 물을 푸거나 곡식을 빻게 한 것.
328) 다르마(dharma) 산스크리트어-자연과 사회가 조화를 이루기 위해서 필요한 질서 체계를 지키려는 행동과 규범. 인도인들의 가장 중요한 삶의 양식이자 의무.

1)관살의 통치와 질서를 수용해야 한다.-(직장, 옛 여성은 시댁-부정적이면 관귀)
 2)그러려면 시련 즉 두드리는 매(관성)를 이겨내는 굳센 힘 즉 강단(인수=가치관)이 있어야 돈(인수-저축)이 되고 몸(극겁)과 본능(식신대살)을 조절(극)한다.
 3)그러나 관이 지나치면 재생관, 생인, 극겁, 대살의 역작용이 발생한다.

■5. (인성)-나는 무엇을 할 수 있는가?(나는 무엇을 아는가?)
□1.인성은 재극**인**, 관생**인**, **인**생아, 식상**탈**식의 주인공이다.
□2.인수 생각(마음=심리)은 반복되는 일(관)을 통해서 만들어진다.(관생인)
 1)삶의 철학(관생인-생각, 가치관)으로 승화된다. 그러면서 욕망(재)의 유혹 앞에 자유롭지(재극인) 못하다.
 2)그러나 인수 과다하면 관생인, 생겁, 관생인, 탈식의 역작용이 발생한다.
 3)인수는 출판사나 영화사라는 제도(관성-시스템)를 통해 소설과 영화로 태어난다. '닥터 지바고[329]' '바람과 함께 사라지다[330]' 등의 수많은 작품처럼 관생인 되면 문화예술(인성)로 승화되어, 인류사의 영원한 정신적 유산으로 남는다.

| ●=3 | 신약신강의 작동 원리 |

위에서처럼 육신오행은 따로 독립되지 않고 생과 극으로 서로 연계되어 있다. 그러나 그 작용은 두 글자만으로 이루어지지 않는다. 그래서 일간과 국중지신 그리고 행운을 포함하여 사주총량[331]으로 보아야 한다.

	작용	신약-(겁인이 도우면 반전) 행운에서 겁인이 희신	신강이란-(이미 겁인이 방조) 행운에서 겁인이 기신
비겁	겁생식상	허약한 심신-(겁인이 도우면 건강)	건강한 심신-활동적
	극겁	극을 당하면 정신혼돈 신체허약 -(겁인이 도우면 조직의 수장)	잘 다듬어져 인물 수려함
	극재	극하다 재(욕심)에 무너지고	비전(욕심)이 현실이 됨
식상	식생재	부채질 부실,(겁이 도우면 욕구왕성)	의지 실천
	탈식	행운에서 신약 식상이 극을 당하면-일간이 생기를 얻고	행운에서 신강 식상이 극을 당하면 일간이 적체되고
	식신대살	신약하면 자가당착	신강하면 고운 머릿결

---
329) 닥터 지바고-보리스 파tm테르나크의 원작 소설을 1965 데이비드 린이 감독한 작품. 8세의 나이에 고아가 된 유리 지바고(Yuri: 오마 샤리프 분)는 그로메코가(家)에 입양되어 성장한 후 ▶운명의 여인 라라(Lara: 줄리 크리스티 분)를 만남. ▶1914년 1차 대전 중 군의관으로 참전한 그는 우연히 종군간호부가 된 라라와 반갑게 해후. ▶1917년 러시아 혁명정부 수립 후 우랄 산맥의 오지 바리끼노로 숨어 들었는데 우연히 그 근처로 이주해온 라라와 다시 운명적으로 만나게 됨. ▶빨치산 탈출 후 또 우연하게 전차에서 내리는 라라를 보고 황급히 뛰어가다 네 번째 만남은 심장마비로 절명.
330) 5-3-1-3 ■2 "바람과 함께 사라지다"
331) 3장 들어가기 2-1 ●=2 배합

재성	재생관	허약 헛수고(겁인 도우면-재물명예)	꿈(비전)을 실천
	재극인	타향살이-(겁이 도우면 자수성가)	유산재물이 풍족
	극재	계란으로 바위치기	신강 재성은 꽃잎332) 무성
관성	관생인	저장, 저축	신강, 종격, 태왕에 따라 다름
	관극겁	부평초 신세-(겁인 방조-무인호걸)	유덕지상
	식신대살	자가당착	고운 머릿결
인수	인생아	온전한 자아, 문서	일간적체, 만사지체
	탈식	자가당착-(겁인 광조-인물 수려함)	신화창조
	재극인	헛수고 반복 -(겁인이 도우면)-흔들리며 피는 꽃	꽃잎무성

● Tip

○1.사람은 성공과 실패에서 교훈을 얻는데, 실패에서 얻는 경우가 더 많고 큽니다.
○2.사주명리는 그 대표적인 것이 극인데, 관성에 무너지고 재성에 좌절하는 것입니다.
○3.▶(관)-무엇이 되는 동안 스스로 무너지면서 교훈 얻고, ▶(재)-꿈을 이루는 동안 시행착오마다 욕망(욕심)의 좌절을 체험합니다. 그러나 이는 괴롭고 힘든 일입니다.
○4.꽃은 흔들리며 핍니다. 한 송이 꽃을 피우려고 봄부터 소쩍새 우는 것과 같습니다.
○5.어떤 경우 자신의 바람대로 일이 이루어지면 운이 좋은 것이고, 돌아가거나 실패라고 생각하면 운이 나쁘다 하며 괴롭고 힘들어 합니다. 그러나 알 수 없는 일입니다.
○6.여기에 사람의 이기적 본능과 구복적인 발상이 미치지 못하는 '천도(天道)' 즉 호사다마 새옹지마가 있습니다.

○7."길 위에서 7년, 원나라에서 17년을 보냈어요." 일명 '동방견문록'으로 불리는 마르코 폴로의 여행기 "세계 경이의 서"에 나오는 내용입니다.
○8.마르코 폴로는 갑자기 아버지 니콜로(Niccolò)와 삼촌 마페오 폴로(Mafeu Polo)를 따라 동방여행에 나섭니다. 그러나 바로 원나라에 가지 못하고 폐 건강이 급격히 나빠져 간저우(甘州)에서 1년간 요양과 휴식을 취하는데, 이때 원나라의 풍습과 말과 글을 공부하는 계기가 됩니다.
○9.그 후 1275년 원나라 쿠빌라이 황제의 총애로 관직에 올랐고, 1295년 베네치아로 돌아왔습니다. 그리고 감옥에서 오랜 독방생활로 이탈리아어가 서툰 폴로가 작가 루스티켈로에게 동방에서 보고 들은 것을 적도록 합니다.
○10.이때까지 "세계 경이의 서"는 동양에 대해 잘 알지 못했던 유럽인들과 특히 콜럼버스를 비롯한 많은 탐험가들에게 동방에 대한 호기심을 자극하는 단서를 제공합니다. 그리고 이후의 역사는 '서양의 동양 역전'333)으로 이어집니다.

○11.마르코 폴로 이야기를 종합하면 원하지 않는 일 그리고 괴롭고 힘든 일의 연속입니다. ▶갑자기 동방으로 떠나고 ▶바로 가지 못하고 1년을 낭비한 이야기 ▶쿠빌라이 칸(황제)의 총애가 너무 두터워 원나라를 떠날 수 없다가 겨우 돌아온 일 ▶베네치아와

---
332) 3-2-9-3 ■1 "오행과 육신오행의 물상" 도표

제노바 전쟁에 말려들어 포로 신세로 제노바 감옥에 갇힌 이야기 등입니다.

○12.그러니까 관조하는 사람에 따라, 어떤 눈에는 원하지 않는 일이나 힘든 일의 연속으로 보일지 몰라도 천도(天道)에서는 세계적 역작이 나옵니다.

○13.육신의 "▶나는 누구인가? ▶무엇을 원하는가? ▶무엇을 할 수 있는가? ▶무엇이 되어야 하는가? ▶무엇을 아는가?"에서도 사람에 따라 운이 나쁜 이야기가 나오고, 힘들지만 세계적 역작이 나올 수 있습니다.

---

333) 4-1-6-3 서양의 동양 역전

| 3-2-4-4 | 육신 생극의 통변 |

■1. ▶비겁-카르마, ▶식상-본능적 욕구, ▶재성-탐진치, ▶관성-다르마 ▶인성-가치관에 정 편과 십신의 통변"334)을 융합한 자료이다.

■2. 육신의 작용과 부(역)작용

		작용(소원성취 호사연발)	부작용(삼재팔난 만사지체)
비겁	겁생식상	눈높이(카르마) 조화(자기관리) ▶일이 조절로 풀림	카르마(자기관리) 붕괴-무용 무능 ▶할 말이 없음
	겁극재 극재, 파재	탐진치(욕심)를 억제 자제 ▶바라는 일이 조화를 이룸	탐진치 고조(의기양양, 의기소침) ▶하는 일 없음(주색, 헛수고)
식상	식상생재	본능적으로 욕망(욕심) 자극 ▶꿈(비전)을 실현(노력)	욕망 좌절(나태, 식탐, 색탐) ▶말(구업-말실수) 앞서거나 각힘
	식신대살	순수한 본능(눈물, 애정)이 ▶실별(난폭) 머릿결 빗음(평온)	다르마(관제) 왕성-화(삭막), 병치레 ▶기회상실-되는 일 없음
재성	재생관	하는 일(작업-직업)이 ▶결실(실정법-통장-돈)을 맺음	탐진치 과다(법 무시 악용하다 낭패) ▶제 마음대로
	재극인	현실(작업)이 인식(공상, 망상, 중상)을 맑게 함 ▶합리적	인지왜곡(독산고목-편견, 망상) ▶해도 해도 안 됨(달걀로 바위치기
관성	관생인	습관과 행동(직업)이 ▶인지능력 향상(승화 발전)	아는 것(생각)이 병(인지왜곡) ▶생각(머리혼돈) 미루거나 중단)
	관극겁 극겁	be made, 카르마(자아)단련 ▶눈물 속에 피는 꽃(역경극복)	카르마 혼돈(관제, 질병, 상처) ▶못다 핀 꽃 한 송이(무직 실직)
인성	생아(겁) 인수, 인성	생각(정보, 가치관)대로 됨(자아 온전) ▶물가에 심어진 나무	카르마 착각(응석둥이, 공주, 도련님) ▶임의적 추론(일 꾸미고 손해)
	인극식 탈식, 도식	본능(욕구)과 생각(가치관)이 ▶복(인지조화)을 부른다.	욕구가 통제 안 됨(인지부조화) ▶이상행동(기이, 괴이), 비0 성적

● 간명의 원리

○식신대살-예전에 "아랫 부하(식신)를 관살(적)의 공격에 대적시켜, 자신을 보호 한다."고 통변했답니다. 그러나 상사가 부하(자식)를 희생시키고 살아남는다면 소모전이 아닌 이상 그 상사도 발상도 극히 허무하고, 부하가 없는 현실에서 공감될지 의문입니다.
○각자 행과 불행은 그렇게 경우가 다양하지 않습니다. 8가지 화두(팔난)를 따라가면 상황이 거의 보입니다. 만약 기발한 신수 묘수에 매달린다면 멀고 먼 사주명리의 길을 더 돌고 돌아가게 될 것이고, 물론 그 경비로 인하여 하나의 선업은 쌓을 수 있습니다.
○참고-팔난(손재, 주색, 질병, 부모, 형제, 부부문제, 관재, 학업-정보소식 장애)

---

334) 3-2-9-4 ●=2 ■2 정작용 편작용과 십신의 통변

3-2-4-5	생극의 과다(過多)

불급(不及)과 과다(過多) 즉 미치지 못한 것과 넘치는 것은 그 삶의 현상이 같다. 과다라는 말은 『적천수』「중과(衆寡)」에서 찾을 수 있다. 무리 중, 적을 과이니 과다(過多)가 된다. 강중적과(强衆敵寡)는 강한 무리 앞에서는 적은 것이 막히고, 강과적중(强寡敵衆)은 무리를 대적하려면 적은 것을 돕는 것이 길하다는 내용이다.

이를 『적천수천미』에서는 "일주와 사주를 나누어서 두 가지로 논해야 한다."라고 나온다. 우리의 신약신강은 일주로 중과를 나누는 것에 더 해당된다.

과다는 태과(太過)335)를 포함하는데, ▶『적천수천미』(3장 들어가기-2)는 시비(是非) 괴역(乖逆) 교오(驕傲)로, ▶『연해자평』「논대운(論大運)」(3-1-1-1)은 재액 질병으로, ▶『연해자평』「벽연부(碧淵賦)」(3-2-8)는 요절, 빈천 등 부정적으로 나온다. 그러나 꼭 그렇지 않다. 과다 자체보다 배합과 순역의 결과가 중요하다.

아래 도표는 오행과 육신의 과다를 합친 것으로 이러한 이법(理法)은 순역(順逆)336)으로, 이는 다시 '2-1-8-3 ●=1 상생, ●=2 상극 통변'의 기초가 된다.

●=1	인성(印星) 과다

■생이 많아 불리한 경우=생의 과다, 모자멸자(母滋滅子)

생	작용	오행 생 과다-기(忌)	인성 과다의 기(忌)
수생목	수다목부 (水多木浮)	목이 썩거나 뜬다.	부목(유랑)으로 고생
목생화	목다화식 (木多火熄)	불이 꺼진다.	소멸되어 활동중지
화생토	화다토초 (火多土焦)	토가 탄다.	사막의 열 토-생육불능
토생금	토다금매 (土多金埋)	금이 묻힌다.	매몰되어 용처상실
금생수	금다수탁 (金多水濁)	물이 탁하다.	탁해져서 정신혼미

□1.이러한 해석은 대체적으로 세 가지로 나뉘어 활용된다.
 1)모자멸자는 관인통관(관생인)이나 인성 자체가 과다(태과)일 때 일어난다.337)
 2)국중지신의 작용은 일간의 현상으로 나타난다. 즉 신강 금 일간의 화 관살 상신이 화식되면 일간이 제련되지 못한다.338) 그 결과 사람(일간)에게는 금이 제련 못 되는 것이나 화가 꺼지는 것이나 부정적인 현상은 같다.
 3)이때 화식되면 YQ-1 천간 화가 3배수 아래면 종이 일어날 수도 있다.339)

---

335) 2-1-2-2 ●=1 ■2 "왕신(旺神)이 태과한 것은 마땅히 설(洩)하고, 태과하지 않으면 마땅히 극(剋).
336) 3-2-1 ■5 순역(順逆) "그 기세에 순응하는 것"
337) 1-5-4-1 ●=1 ■2 □2 1)그래서 생극 한계는 3배수 미만이고 그 이상은 생극의 역작용 일어난다.
  2)식상도 3배수 이상이면 설기과다가 된다. 우리 책은 이렇다.-(원문 도표 참조)
338) 2-1-4 ■3 □2 관살 상신-관 약해 재 상신의 생을 받아도 관살격. 관 상신 강해도 관살격(최종격)
339) 1-5-4-1 ●=1 ■2 □2 그러나 종 대상이 일간과 천간 인수와의 합산보다 3배수 이상이면 종한다.

□2.이러한 현상은 원국에서만 일어난다. 행운은 여러 글자가 배합되어 동시에 오기 때문에 이렇게 두 글자를 대비하는 것은 의미가 없다.
□3.다음 나오는 모든 작용도 활용의 경우는 같다.

> ● 간명의 원리
>
> ○1.우리가 사주를 보는 것은 이를 통하여 사람 삶의 현상을 보기 위해서입니다. 그래서 주체는 사주가 아니라 사람입니다. 원숭이 상이지만 사람이 원숭이는 아닌 것과 같습니다.-(원숭이가 영리하지만 만물의 영장인 사람이 훨씬 더 영리.)
>
> ○2.그래서 사주 분석은 기호(오행, 육신, 용신)를 통하지만 그 현상이 사람에게 나타날 때 색깔은 같습니다.
> 1)목이 좋아도 금이 좋아도 돈 들어오고 승진되고 등 호사의 색깔은 같습니다.
> 2)반대로 목이 썩거나, 불이 꺼지거나, 토가 타거나, 금이 묻히거나, 물은 탁해지지만 사람에게는 썩어서 못 쓰나, 타서 못 쓰나 등 모두 못 쓰는 것은 마찬가지입니다.
> 3)그리고 모든 메타포340)는 여러 단어를 모아 짧을지라도 문장으로 이어져야합니다.
>
> ○3.그래서 이러한 기호341) 분석어 대한 해석 과정을 그대로 사람의 삶에 적용하려고 하면 스토리텔링342)에 실패합니다.
> 1)이미 여러분도 기호에 의한 직업이나 성격 분석을 따르지만 적중률이 떨어지는 것을 알았고 그래서 상담할수록 더욱 신중하게 되지 않습니까?
> 2)그러나 여러분의 간명 실력이 떨어져서가 아닙니다. 기호의 물상 체상343) 해석 자체가 배속과 비유일 뿐인데 이분별적이거나 신살적 사고로 기호를 대비하니 적중도가 당연히 떨어질 뿐입니다. 토 많으면 부동산 팔자라는 것과 다를 바 없습니다.344)
>
> ○4.정리하면 사주를 배합으로 보더라도 '경지와 때'345)를 얻으면 기호를 떠나야합니다.
> 1)그리고 명리학적 해석 과정을 톨스토이346)처럼 행복 또는 불행한 일상의 언어로 소설을 쓰듯 다시 추리347)할 수 있어야합니다.
> 2)즉 '호사의 색깔'과 '쓰고 못 쓰고'를 실제 삶에서 일어나는 언어로 바꾸어야 합니다. 화식은 "왜 마음이 식었는지", 토조는 "왜 애 타는지" 등으로 말입니다.

---

340) 2-1-8-1 서문 "우리 책의 사주해석은 스토리화에 메타포와 시퀀스가 만나는 일이다."
341) 4-2-4-1 "천문학적 부호", "부호는 정하여 쓰는 기호"
342) 1-4-5 ●=3 ■1 스토리텔링은 영역별로 즉 전제와 차제(내 복과 인 복)로 이루어진다.
343) 3장 들어가기 2-1 ●=3 망령과 신살, 체상
344) 6-3-3-4 ●Tip ○3 그런데 토 많다고 부동산 팔자라고 하고, 의사 겸금 일주면 외과라고 합니다.
345) 2149-2 ■2 □1 전왕격 종격은 종이 상신이고 겁인운이 상신운이며, 경지는 수기로 정한다.
346) 5-1-5-3 서문 "행복한 가정은 모두 엇비슷하고, 불행한 가정은 불행한 이유가 제각기 다르다." 톨스토이의 소설 『안나 카레니나』의 첫 문장이다.
347) 3장 들어가기 1-3 ●=3 ■2 "사주 간명은 사실을 전제로 작가의 즈리로 꾸며지는 소설과 같다."

| ●=2 | 식상(食傷) 과다 |

■2-1. 신약한 기운을 빼앗겨 허약해지는 경우=설기 과다, 도기(盜氣)

설기	설기 과다	오행 설기 과다-기(忌)	식상 과다의 기(忌)
목생화	화다목분 (火多木焚)	목이 탄다.	재가 되어 본분실종
화생토	토다화식 (土多火熄)	불이 어둡다.	빛을 잃고 방향성 상실
토생금	금다토박 (金多土薄)	토의 성분이 변한다.	야박함, 변절의 수난
금생수	수다금침 (水多金沈)	금이 가라앉는다.	침몰하여 용체상실
수생목	목다수갈 (木多水渴)	수가 줄어든다.	고갈되어 심리위축

■2-2. 신강한 기운을 설기시켜 가치를 창조하는 경우=패왕(覇旺) 설기

설기	설기의 희	오행 설기의 희(喜)	식상 설기의 희(喜)
목생화	강목득화 (强木得火)	목조가 건조(아궁이)해져 오래간다.	밝은 빛에 본분(정신)회복
화생토	강화득토 (强火得土)	강한 열기를 흙이 머금(차단)다	예의(태도)가 제자리로 돌아오는 기쁨
토생금	강토득금 (强土得金)	광산(금광)채굴-잡석분리	자기주장만 하다 상대를 이해함
금생수	강금득수 (强金得木)	담금질로 강철이 된다.	연단되어 살기가 용체로 변함
수생목	강수득목 (强水得木)	물 제공 산림(조림)형성 -홍수방지	물 흐름이 약해져 머리가 맑아짐

(우리 책의 종격(처럼)과 수기에 대한 이야기이다. '강'은 종이고 '득'은 수기이다)[348]

| ●=3 | 재성(財星) 과다 |

■3-1. 신약한데 극하다 자신이 악화되는 경우=극 과다, 재다신약(財多身弱)

아극	극 과다	오행 극 과다-기(忌)	재성 과다의 기(忌)
목극토	토다목절 (土多木折)	목이 꺾인다.	기능상실 장애의 고통
화극금	금다화식 (金多火熄)	불이 꺼진다.	활동 중단의 고통
토극수	수다토류 (水多土流)	토가 떠내려간다.	정처 없는 방황의 고통
금극목	목다금결 (木多金缺)	금이 이지러진다.	무디어져 수고 반복의 고통
수극화	화다수갈 (火多水渴)	물이 증발한다.	정신 소진의 고통

(목절 화식 토류 금결 수갈되는 것은 신약 일간이고 '다'는 우리 책의 용신 재성이다. 그래서 겁과 인수가 상신이 되어야 사주가 살아난다.)[349]

■3-2. 강왕한 기운을 극으로 분산시켜서 좋아지는 경우

---

[348] 1-5-4-1 서문 ❷ 2)본격 십정격은 인입 대 인출로, 변격은 종과 수기로 간명한다. 또한 본격(십정격)은 상신을, 변격(수기식상, 종)은 수기를 스토리화한다.
[349] 2-1-4 ■2 □2 신약은 상신 겁인이 바로 최종격(겁격, 인수격)

아극	극의 희	오행 극의 희(喜)	재성 극의 희(喜)
목극토	목왕득토 (木旺得土)	넓은 땅으로 이식-성장	새 세상, 새로운 역할
화극금	화왕득금 (火旺得金)	제련, 금은보석 세공	욕망-활동왕성
토극수	토왕득수 (旺二得水)	마른 땅이 옥토로	경작지-실리회복
금극목	금왕득목 (金旺得木)	무쇠가 연장으로 변신	건축, 장식품-창작활동
수극화	수왕득화 (水旺得火)	수력발전소 전기 생산	전기 자극, 시설가동

(우리 책의 분산을 말한다. 왕은 신강이고 득은 재성이다.)350)

| ●=4 | 관성(官星) 과다 |

■4-1. 신약할 때 칠살(七殺)의 제극으로 악화되는 경우=극의 과다

극아	극 과다	오행 극의 기(忌)	칠살 과다의 기(忌)
수극화	수다화멸 (水多火滅)	화가 꺼진다.	방향상실 활동중단
화극금	화다금용 (火多金鎔)	금이 녹는다.	액체로 변하여 용처상실
금극목	금다목절 (金多木折)	목이 부러진다.	부러져서 본분훼손
목극토	목다토경 (木多土傾)	토가 붕괴된다.	고래가 되어 소출불능
토극수	토다수매 (土多水埋)	수가 매립된다.	매립되어 정신매몰

(우리 책의 신약 일간이 관살 용신을 만난 경우이다. 이때도 겉인 상신이 답이다.)351)

■4-2. 강왕한 자신이 극을 받아 소통되는 경우

극아	극의 희	오행 극의 희(喜)	관살 극의 희(喜)
금극목	목왕득금 (木旺得金)	금이 깎고 다듬어줌	비목이 예술품 되는 기쁨
수극화	화왕득수 (火旺得水)	수가 중생제도-수양	격한 성정 수신되는 기쁨
목극토	토왕득목 (土旺得木)	뿌리가 땅 기운소통	사방사업으로 생산의 기쁨
화극금	금왕득화 (金旺得火)	쇠를 녹여 용기제작	무쇠가 그릇으로 활용기쁨
토극수	수왕득토 (水旺得土)	제방만나 흐름 멈춤	호수-용수가 되는 기쁨

(신강은 식재관이 상신이라는 말이다. '왕'은 신강이고 '득'은 관살 상신(용신)이다.)352)

---

350) 2143-2 ■1 □1 식상격(분산식상격, 식신생재격) "식상의 최대 덕목"
351) 2-1-4 ■2 □1 용법 요약 "식상 강해 신약-탈식하는 인수 상신". "관살 강해 신약-겁 상신(겁으로 대항)". "재성 강해 신약-파재하는 겁 상신"
352) 2-1-4 ■3 □2 관살 상소-관 약해 재 상신의 생을 받아도 관살격. 관 상신 강해도 관살격(최종격)

3-2-4-6	궁성별 육신활용

 사주 네 기둥353)과 사람 생의 변화 과정을 육신에 비추어 볼 수도 있다. 부모로부터 몸(비겁)을 받고 성장하는 식상(입신)의 유소년기, 재성(출사)의 청년기 그리고 관성(관정)의 장년기와 인성(후진 양성)의 노년기에 이르게 된다. 이러한 바탕에 공자의 15세 지학(志學), 30세 이립(而立), 40세 불혹(不惑), 50세 지천명(知天命), 60세 이순(耳順), 70세 종심(從心)이 깔려 있다.354)

> ● Tip
>
> ○참고로 『예기(禮記)』 곡례편(曲禮篇)에는 "▶태어나 10년을 유(幼)-배움 시작 ▶20세 약(弱)-갓을 씀 ▶30세 장(壯)-집과 처를 가짐 ▶40세 강(强)-벼슬 길 ▶50세 애(艾)-관정(官政)을 맡음 ▶60세 기(耆)-남을 지시하고 감독 ▶70세 노(老)-후진 양성 ▶80 90세 모(耄)-7세를 이르는 도(悼)와 모는 죄 있어도 불 처벌 ▶100세 기(期)-기림"이라 합니다.

●=1	비겁

 아래 청탁은 『적천수』에 나오는 말로 오행 희기와 의미가 같다. 천간을 위주로 보는데 이는 다분히 구법(고법)의 근묘화실355)적 발상이다.

□청작용-주위의 형제, 동료의 도움으로 돈이나 돈 되는 정보가 들어온다.
□탁작용-강제파경(强制鏡破), 처 또는 여자 친구와 헤어진다.

	시		일지 비겁		월		연	
청	이웃사촌의 도움 재물. 신체건강 복지혜택		형제 주위의 도움 취재 신체단련 자식결혼		형제 우군의 도움 취재, 체력건강業 사업 직장활동원활		친구의 도움 공부열중, 친구 따라 강남-출세	
탁	우군불화 동기무정 주거 빈곤. 신경증 신용不. 처자극상		우군 동기-무정 파재. 인간무덕 사별. 독신별거		우군 동기-무정 채무. 생활기복 동업실패		친구 따라 學중단 빈궁, 형제는 부자 조기사업-파산	
나이	100	90	80	70	60	50	40	30	20	10
	70세 이후 대운		50~70전후 대운		30~50전후 대운		1~30전후 대운	

●=2	식상

---

353) 7-5 ●=1 "구법에 섞어서 쓸 만한 것"
354) 논어(論語) 위정편(爲政篇)-▶지학(志學)-학문(배움)에 뜻을 둠. ▶이립(而立)-삶(도덕)의 기초 확립. ▶불혹(不惑)-유혹에 흔들리지 않음. ▶지천명(知天命)-천명을 앎. ▶이순(耳順)-귀에 들리는 것의 뜻을 이해함. ▶종심(從心)-마음대로 하여도 법도를 벗어나지 않음.
355) 7-5 서문 "체(근묘화실)만으로 간명이 완성되지 않는다. 용(육신)과 같이 보아야"

☐청작용-재물이 생기고 이성 관계 이루어진다.
☐탁작용-실익은 적고 사회적 활동은 많다. 실직, 명예 실추, 재물 상실한다.

	시		일지 식상		월		연		
청	취미생활 재물 복. 말년풍요 효자효녀		재능, 사회활동 재물증가. 봉사 부부유정		사회활동-취재 재능, 예능, 기술 신체풍후		학업 학생회 활동 학교-공부 놀이터 재물 사업번창		
탁	육체노동 손재. 말년질병 자식고통		결국손해-하정살 손재. 관재구설 사별. 자식근심		무보수 사회운동 손재. 공부난망 방황욕구		학교 밖이 놀이터 학업중단· 부모 재산도 상실		
나이	100	90	80	70	60	50	40	30	20	10
	70세 이후 대운		50~70전후 대운		30~50전후 대운		1~30전후 대운		

●=3   재성

☐청작용-재물취득 경제적 활동, 남성은 여성 만–는 행운이 온다.
☐탁작용-산재 가난, 이성은 일시적인 만남으로 성사가 어렵다.

	시		일지 재성		월		연		
청	활동공간-집, 일터 처 재물-성공출세 말년벼슬-번창		공간-사업, 직장 알부자. 사회공헌 풍류지상		무대-사업, 직장 취재-경제활동 남-이성교제 양호		활동무대-학교 면학, 자수성가 조상은덕-부자		
탁	공간-가정 밖 산재-궁핍 자손-공부 무덕		공간-집 일터 밖 손재. 저권강화 처 불화, 인정부재		무대-노동. 도화 헛수고, 외부내빈 물질경시		무대-학교 밖 학업중단. 장자역할 부모몰락-무 상속		
나이	100	90	80	70	60	50	40	30	20	10
	70세 이후 대운		50~70전후 대운		30~50전후 대운		1~30전후 대운		

●=4   관성

☐청작용-법 사회제도 드움으로 직장 얻거나 승진, 재물획득, 남편사업 잘된다.
☐탁작용-실직 좌천, 명예실추, 형제동료 우군과 불화가 일어난다.

	시	일지 관성	월	연
청	법의 보호 재물, 입신자식 말년벼슬 말년청수	법 사회의 도움 제도금융, 맞벌이 총명영리, 봉사	관(법) 사회=취재 강골두관. 관직 길 직장. 對官사업	관청=학교 면학선호 지도자의 자질
탁	법의 보호-관재 손재, 말년질병 자손근심	관재. 제도 밖 전공실각. 손재 수술. 형제불화	관재. 무직 전공부재. 손저 주거. 사업불길	제도-학교 밖 학업중단, 질병 사업장아

나	100	90	80	70	60	50	40	30	20	10
이	70세 이후 대운			50~70전후 대운		30~50전후 대운		1~30전후 대운		

●=5　　　　　　　　　인성

□청작용- 1) 문서 계약으로 재물이 생긴다.(관행慣行과 제도를 통하여)
　　　　 2) 윗사람의 도움으로 혼인 취직 승진 취재 운이 들어온다.
□탁작용-매사 불성(不成), 재물 산재(散財), 문서 계약으로 손해를 본다.

	시		일지 인성		월		연		
청	관습 제도적 도움 예술 재물후덕 학문예술교육-후손		문서 제도의 도움 학문, 재물관리 부부 연-자상지상		관습 상사의 도움 취직, 승진, 취재, 혼인, 신체건강		관습 제도의 도움 면학선호 학자-선비유전자		
탁	제도적 도움 밖 손재, 말년다병 말년고독		문서 제도의 밖 손재, 성격조급 배필불화, 잔병		관습 제도의 밖 손재, 용두사미 부양의무		제도적 도움 밖 학업중단, 가난질병 자식별거		
나	100	90	80	70	60	50	40	30	20	10
이	70세 이후 대운			50~70전후 대운		30~50전후 대운		1~30전후 대운		

3-2-5	육친(六親)

3-2-5-1	육친(六親)의 모순

『적천수천미』의 저자 '임철초' 선생은 「육친론(六親論)」에서 자평법과 다른 육친을 설명하고 있다. 여기서의 육친은 가족관계를 말한다.

"자평지법에서는 재가 처이다. …..(중략). 이에 육친지법을 지금 마땅히 고쳐서 정한다. ▶나를 생하는 것이 부모인데 편정인수이고, ▶내가 생하는 것이 자녀인데 식신상관이며, ▶내가 극하는 것이 처첩인데 편정재성이고, ▶나를 극하는 것이 관귀인데 조부이며, ▶나와 같은 것이 형제인데 비견겁재가 이것이다."356)라고 말한다.

그렇다면 식신 자식이 처를 생한다는 식생재와, 재성 처가 관성 조부를 재생관하는 모순을 설명해야 한다. 그러나 이러한 언급이 없다.

■1. 그 이유를 보면 "재가 시아버지도 되고 며느리도 되면 둘 서열이 같게 되고, 재가 아버지고 식상이 자식이면 자식이 아버지를 낳게 되고, 재는 나의 아버지이니 관성 할아버지를 낳는다는 모순이 발생한다."는 이야기다.

그 후『적천수천미』를 금과옥조(金科玉條)처럼 여기는 사람들도 임철초 선생의 육친에 대해서는 침묵을 거듭하였다. 오히려 '재는 식상이 생하는 것인데, 그렇다면 자손이 처를 생한다는 것은 모순이다.' 라고 반박 당한다.

■2. 그러나 자평육친이든 임철초 육친이든 서로 모순을 안고 있다. 자평법에서 여성의 식상은 자식이고, 재는 아버지이다. 결국 자식이 아버지를 생하는데, 이를 자식의 부모봉양으로 미호-비약시킨다.

그러나 아니다. 생명을 낳는 '생'과 봉양하는 '생'은 엄연히 수준이 아닌 차원이 다른 이야기이다. 그런데 둘 다 모순이 존재하는데 한쪽은 맞고 한쪽은 틀리다 한다. 이는 '체용의 철학'357)을 떠난 이분법적 사고의 발로이다.

> ● Tip
>
> ○인조(仁祖) 병자호란 대, 최명길은 주화론을, 김상헌은 척호-론을 그래서 조선사회가 이분법적 사고에 빠집니다.

---

356) 임씨왈 자평지법 이재우 처…..(중략). 시이육친지법 금당경정 생아자위부모 편정인수시야 아생자위자녀 식신상관시야 아극자-위부처 편정재성시야 극아자위관귀 조부시야 동아자위형제 비견겁재시야 비리정명순 내불역지법 (任씨日 子平之法 以財爲妻…..(중략). 是以六親之法 今當更定 生我者爲父母 偏正印綬是也 我生者爲子女 食神傷官是也 我剋者爲父妻 偏正財星是也 剋我子爲官鬼 祖父是也 同我者爲兄弟 比肩刦財是也 比理正名順 乃不易之法)

357) 5-1-2-1 체용론(體用論)

○최명길은 조선왕조실록에 "기민하고 권모술수에 능했다"고 했다. 더욱이 "화의론을 주장하여 선비들로부터 버림을 받았다"라고 기록된 반면 김상헌은 숭명배청(崇明排淸) 정국에서 높은 평가를 받았습니다. 또한 최명길의 후손은 증손자 후로 크게 되지 못했고, 김상헌의 후손은 안동김씨 세도정치의 주역이 됩니다. 즉 사후 대접도 다릅니다.

○최명길은 1642년 명과 내통했다는 죄목으로 청국에 소환되었고, 척화론으로 심양 남관에 수감되었던 김상헌과 감옥에서 만납니다. 조선의 선비는 '체용의 정신'과 '중용'에 도통한 학자들인데, 주화론과 척화론으로 대립하다 머나먼 이국땅에서 해후한 겁니다.

○이들은 형장의 이슬로 삶이 끝났지만 살아남은 이들과 그 후손은 청일전쟁에서 일본이 승리하기까지 350여 년 동안 청의 조공에 시달립니다.

○공물 상위 품목에 전쟁 물자는 물론 소와 말 그리고 젊거나 어린 유대녀(乳大女 가슴 큰 여성을 일컬음)가 있습니다. 소 말을 빼앗기니 그 자리를 사람의 노고로 대신한 결과 생산성이 떨어지고 국력 약화로 이어집니다. 유대녀 속에는 우리의 많은 이모와 고모 그리고 누이나 여동생 중의 누군가가 있는데, 먼 이국땅에서 노비 생활을 해야 했습니다.

○이는 스스로 명나라에 조공을 받치던 조선 초와 달리 인조 항복의 대가입니다.

○참고로 인조는 숭덕제(청 태종, 제2대 황제)에게 항복하면서 한 번 꿇을 때마다 아홉 번씩 27번 조아리면서 이마에 피가 나도록 삼궤구고두례(三跪九叩頭禮 세 번 무릎 꿇고 아홉 번 머리를 조아림)를 했는데 이를 삼전도 굴욕이라 합니다. 그러나 이러한 치욕에 대하여 어느 누구도 책임지지 않았습니다.

○사주명리를 잘하려면 체용이 중요합니다. 주화론 척화론의 이분법적 사고에 머리를 조아리게 하기보다, 나라의 질서 유지를 위한 명분 '체'와, 백성의 참혹한 현실을 보는 '용'도 구사되는 것이 중요합니다.

■3. 그래서 YVWQ에서는 이러한 상황을 다음 나오는 나선구조를 통하여 이해하려고 노력한다.

3-2-5-2	육친(六親)과 나선구조

<우리은하의 소용돌이와 삼태극. 출처-Naver>　　<태풍 소용돌이. 출처-Naver>　　<비행기 날개에 의한 소용돌이. 출처-위키백과>

 태양계는 우리은하 안에서 소용돌이처럼 회전하면서 나선형의 궤적을 그리며 전진한다. 이 소용돌이를 한자로 와류(渦流) 영어로는 볼텍스(Vortex)라고 한다. 지구도 자전하면서 태양 주위를 공전한다.358) 그러나 공전한다고 해서 같은 자리로 돌아오지 않는다. 태양이 전진하기 때문이다. 그래서 전진은 시간을 동반한다. 태풍도 비행기의 소용돌이도 마찬가지다. 시간이 지나면 위치가 바뀐다.

 동북아에서는 이러한 자연의 작동현상을 오행이라는 부호를 통해 나타냈다. 육신도 이 변화 안에 있다. DNA 나선구조의 도표를 보면 목이 순환하지만 순환 후 위치와 높이가 다르다. 재성도 마찬가지다.

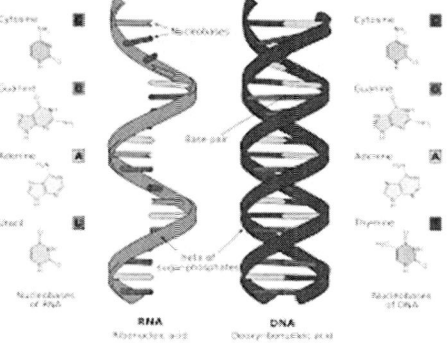

<DNA 이중 나선구조. 출처-Naver>

 적천수 육친을 이해하려면 나선운동의 위치 변화에 대한 인식이 중요하다.
 다음 도표 자평과 적천수육친을 비교하면 자리는 같으나 높이가 다른데, 점선은 나선을 의미한다. 참고로 주역의 종시終始 원리인 끝은 시작을 의미하는 '나선 시간관'과 유사하다.

육친	적천수지법	자평지법	
	남	남	여
비겁	형제	형제	형제
식신	자식	조모, 장모	자식

---
358) 4-1-2-3 우리은하와 태양계

재성	처첩	아버지, 처	아버지
관성	조부	자식	남편
인성	부모	어머니	어머니

| ●=1 | 체용과 육친 |

육친(가족)관계는 '체'인 자평육친과, '용'의 적천수육친을 함께 간명에 참작한다.

■1. (체)-자평육친 즉 육친화현법(六親化現法)은 이론적으로나 구조적으로 더 완벽에 가깝다. 그러나 아신으로부터 거리가 멀어지면 어차피 적중도가 떨어지는 결함을 안고 있다.

또한 육친을 비유한 통변이 실제 상황을 대변하지 못하는 것을 '3-2-7 십신(十神) 두 글자와 배합'에서도 볼 수 있다. 예를 들어 재극인을 고부갈등으로 통변하는 상황은 채 몇%로 안 된다. 즉 재극인은 재가 인을 극하는 것이지 꼭 처가 시어머니를 극하는 것이 아니다. 그래서 실제 적중률도 떨어지고 극히 일부에 지나지 않는 이론에 집착하기보다 육친의 합리성을 통변이 아닌 생극제화에서 찾아야 한다. 혹시 나선개념이 어려운 경우 전통적인 자평육신을 사용하여도 무방하다. 위에서처럼 고부갈등의 육친통변이 사주명리의 전부가 아니기 때문이다.

■2. (용)-나선육친은 모계위주로 당대의 육친관계를 설정할 때 어머니나 아내가 중심이 된다. ▶내가 낳아도 아내가 낳아주어도 식상은 내 자식이다. ▶내 어머니 인수를 극하는 재가 아버지이고, 내가 아내를 극하니 재가 아내이다. ▶관은 내 어머니의 부모이다. 그러나 나선구조처럼 아버지와 아내가 같은 위치가 아니다. 어머니 당대와 아내 당대의 높이가 다르다. 그래서 아내가 낳은 식상이 나의 자식이지만 이 식상이 아버지를 식생재하지 않는다. 나선의 위치와 높이가 다르다. 관도 마찬가지이다.

결론적으로 나선육친은 여성(어머니나 아내)을 위주로 당대만 본다. 자식을 볼 때도 며느리를 위주로 그 당대만 보고, 다른 육신을 보려면 모계를 위주로 재설정하여 각각 당대만 본다.

| ●=2 | 육친(六親)의 철학 |

■1. 글자로 보면 재성은 내가 극(剋-이길 극)하는, 즉 이기는 것이다. 그러나 이는 이기고 지고의 문제가 아니다. 육친에서 극의 철학적이고도 실질적 의미

는 고도의 인격적 행위이다. 내 아버지의 기운이 밖(인출)을 향하는 것이고, 그 기운을 수용(인입)하는 내 어머니는 잉태하여 생명을 낳는다.

재극인은 내 아버지가 내 어머니를 이긴 결과라고 하는 허무한 말이 아니다.

■2. 이러한 재는 아들이 아버지를 극하는, 즉 부위자강(父爲子綱) 부자유친(父子有親)의 삼강오륜을 모르는 불효자로 놔두지 않는다.

또한 재는 자식에게 상이나 받는 못난 아버지가 아니다. 이미 도크의 목과 재성처럼 나선운동에서는 위치를 달리하기 때문이다.

■3. 오행과 육신의 해석에 있어서 순환이라고 하는 '처'만 돌리고 돌리면, 불효자와 무능한 아버지가 양산된다. 그러나 시간은 순환의 위치를 변화시킨다.

● Tip

○사주명리를 하면서 개인적으로 가장 싫은 단어가 "불효자, 정부, 첩"입니다. 아마 그 어느 날에는 그렇게 비유해야 이해가 잘 되는 시대적 배경이 있었는지 모르겠습니다.
○편재는 음대음 양대양의 음양이 같은 부정지제입니다. 음양의 원리로 음양이 같으니 동성 동질이라는 뜻인데 남성의 '첩'이라고 합니다. 편관이 '정부'인 것도 그렇습니다.

○재성은 밖으로 나온 내 몸을 수용하는 옷이니 정재는 정복을, 편재는 작업복입니다.
○관성은 내면화된 내 몸을 감싸고 있으니 정관은 예복 외출복, 편관은 평상복입니다.
○취직은 정복을 입는 일, 취직 후 일할 때는 작업복을 입는 등 어떤 상황에서 어떤 옷을 입는지가 중요합니다. 작업 걸 때 작업복, 바람피울 때 외출복 그 옷이 아닙니다.

○금극목은 금이 목을 이기는 것만은 아닙니다. 이는 일방적 소견이자 편견입니다.
○목은 금의 자극을 수용하여 동량지재(棟梁之材)로 쪼개져 화목으로 귀하게 변합니다.
○목극토는 흙이 소통을, 토극수는 수가 치수를, 수극화는 수화기제의 조화를, 화극금은 제련을 도모합니다. 이기고 지는 이야기만은 아닙니다.

3-2-6	십신(十神)

| ●=1 | 십신의 작용과 역작용 |

 십신의 작용은 "3-2-4-5 생극의 과다(過多)"와 연결된다. 그리고 이 바탕에는 "과다는 극으로 태과(태왕)는 설기"로 다스리는 원리가 깔려 있다.359) 그러나 십신은 육신의 연장인 것을 알고 공부해야 한다.360)

	작용	역작용
생	인생아, 겁생식상, 식생재, 재생관, 관생인	모자멸자, 인성(印星) 과다
과다	재극인, 관극겁, 탈식, 파재, 식신대살	재성(財星), 관성(官星) 과다
태과(태왕)	인생아, 겁생식상, 식생재, 재생관, 관생인	식상(食傷) 과다

 그렇다, 작용 역작용은 자연의 이치이자 섭리인 생극제화의 일면이다. 그리고 아래 '십신의 속성'도 통변을 위한 스토리화361) 과정이자 섭리의 산물이다.
 예를 들어 식신대살(식신제살)을 "부하를 보내서 적장의 목을 친다."고 설명한다. 그러나 이러한 허무한 비유가 얼마나 타당한지 모르겠다. 적장도 부하가 방어하고 있는데 말이다. 어떻든 식쇠살왕의 역작용이 발생하면 오히려 부하의 목숨이 날아가는 역현상을 스토리화할 수 있어야 한다.

● 간명의 원리

○기초에서부터 작용과 역작용을 구분하면서 공부해야 합니다. 예를 들어 극재(파재)하면 공부 못하고 재물도 없다는데 아닙니다. 신약은 오히려 삼 방합을 극해야 잘됩니다.
○신강에서 재를 극하면 못 되지만 식상행운이나 재가 하강하는 때 잘하게 됩니다.
○보통 재관은 귀한 것이니 아무리 기신이라 해도 극하는 것은 그렇다고 합니다. 그러나 특별한 부호362)만을 신봉하는 이기적이고도 구복적인 발상에서 벗어나야 합니다.
○즉 재관을 극해서 불행한 것이 아니라 재관 자체가 기신이니 불행한 것입니다.

| ●=2 | 십신의 속성 |

■1. 길신도 둘 이상으로 과다 태과363)(2하면 흉신이 된다. 기초에서는 4길신과 4흉신으로 구분되지만 길신과 흉신이 무조건적으로 고정되어 있지 않다.
 편작용은 정작용에 비해 기세가 강하다. 정(正)작용이 둘 이상이면 편(偏)작용으로 변성을 일으키고 편작용이 둘 이상이면 과다 태과처럼 살(殺) 작용으로

---
359) 2-1-2-2 ●=1 ■2 "왕신(旺神)이 태과한 것은 마땅히 설(洩)하고, 태과하지 않으면 마땅히 극(剋)."
360) 3-2-9-4 (5) "육신의 정작용이 강해지면 자연 편작용(겁재, 산관, 편재, 편관, 편인)으로 나타난다."
361) 제3장 서문 (2) "간명의 기능은 기운의 증감(생극제화)과 스토리화(story化)
362) 4-2-4-1 "천문학적 부호", "부호는 '정하여 쓰는 기호"
363) 2149-1 ■1 과다 ■2 태과(태왕)

변성을 일으킨다. 그리고 길흉의 결과는 생극제화와 순역에 의해서 구별된다.

정작용	편작용		과다, 태과-살 작용
비견(比肩)이	겁재(劫財)로	겁재가	도살(盜殺)로
식신(食神)이	상관(傷官)으로	상관이	모살(耗殺)로
정재(正財)가	편재(偏財)로	편재가	산재(散財)로
정관(正官)이	편관(偏官)으로	편관이	칠살(七殺)로
정인(正印)이	편인(偏印)으로	편인이	도식(盜食)으로
▶ 둘 이상이면		▶ 둘 이상이면	

■2. 길신과 흉신의 양면성

길신	식신	식신은 옷과 밥이다. 하지만 흉하면 무위도식 백수팔자다.
	정인	정인은 어머니다. 흉하면 사랑이 지나쳐 모자멸자(母慈滅子)다.
	정관	정관은 직업이다. 흉하면 무 자(字)로 논다.-무 전공 무직업 무자식
	정재 편재	정 편재는 욕망(돈 애정)이다. 흉하면 재물 흩어지고 골병든다.
	편인	편인은 문화 예술이다. 흉하면 춥고 배고프다.
흉신	겁재	겁재는 파재로 가난하다. 그러나 길하면 돈과 건강한 신체가 있다.
	상관	상관은 관을 상하여 무직이다. 길하면 자유분방 다재다능하다.
	편인	편인(도식)은 식복을 상하여 가난. 길하면 예능 예술 종교 능하다.
	편관	편관은 칠살-폭력적이고 흉하다. 길하면 큰 직위를 얻는다.

■3. 정 편으로 보는 성향

정(正)-이성적-정(靜)		편(偏)-감정 감성적-동(動)	
비견	경쟁이 싫다. 혼자 산다.	겁재	요구 묵살되면 성냄-(화 못 참음)
식신	호인이면서 이기적이다.	상관	규율보다는 자유분방하다.
정재	회계 관리 등 세밀함-숨 막힌다.	편재	기부 적선에 능하다. 기분파다.
정관	위법은 없다.-시킨 일만 잘함	편관	과묵하지만 인정과 눈물 많다.
정인	학자나 선생님-보수적이다.	편인	감정이 기(技)와 예술로 승화된다.

□정작용 편작용
 동중정 정중동(動中靜 靜中動)이다. 고요한 마음속에서 감정이 움직이고 다시 감정은 이성 안에 머문다. 이성은 상생, 감정 감성은 상극으로 맥을 같이 한다.
□위 도표는 일반적인 분류이다. 나머지 변화는 '3-2-9-4 ●=2'로 이어진다.

| 3-2-7 | 십신(十神) 두 글자와 배합 |

■1.『적천수천미』「육친론(六親論)」을 보면 "구서에 일주의 쇠왕(衰旺)을 고려하지 않고 모두 "양인과 겁재는 극처(剋妻)한다."라고 하는데, 그 이치를 탐구하여 보면 실제가 그렇지 않다. 반드시 일주의 쇠왕과 희기를 나누고 사주배합을 활간(活看)해야 옳다."364)라고 나온다.

천체물리학은 먼저 가설을 세우고 그것을 입증해 나가면서 발전해 왔다. 그중 아인슈타인의 "광양자 가설"도 그렇다. 사주명리의 이론도 검증하고 입증하지 못하면 어느 가설에 불과하다. 지금까지의 사주명리학은 이러한 부분에서 크게 부족하다. 그럼에도 불구하고 갈 길은 먼데, 사주를 배합으로 활간하지 못하고 그것마저도 체상가결365)의 가설에 머무는 일은 결코 경계해야 한다.

> ● Tip
>
> ○검증은 실험과 연구방법을 통해서 가능하고 그래야 미신 행위가 아닌 학문으로 인정받을 수 있습니다. 연구 방법에는 종단연구와 횡단연구, 양적연구와 질적연구, 전수조사와 표본조사, 그리고 사례조사 등 여러 가지가 있습니다.
> ○우리가 공부하는 사주명리의 이론도 대대로 그렇게 전해져 올 뿐 연구와 조사를 통하여 검증되었다고 볼 수 없습니다. 검증되지 못하면 그것은 주장에 불과하고 기발하고 허무한 발상에 지나지 않습니다. 이러한 일 모두를 개인이 할 수는 없습니다. 그러나 각자가 이러한 토대를 바탕으로 사주명리를 이끌어야 할 것입니다.

■2. 십신별 "두 글자와 배합"에 대한 분석은 아래처럼 3단계로 구성되어 있다. 이는 소장하고 있는 책과, 시중에 출판된 여러 권의 사주명리서적과, 그리고 인터넷 검색을 통하여 얻은 일반적인 십신에 대한 자료이다. 이러한 일반적인 가설에 대하여 생극제화의 근거와 원리를 찾고, 물상적인 주장과 배합과의 차이를 비교하고 있다.

☐1."●=1 두 글자로 보는 발상"-시중에 주를 이루는 가설들을 그대로 실었다.
☐2."●=2 발상과 실제사주"-가설을 사주의 삶에 대비, 그 괴리를 분석하였다.
☐3."●=3 배합으로 보는 차이"-가설을 배합과 대비, 순역에서 답을 찾고 있다.

■3. 기호 설명

---

364) 구서, 불영관일주지쇠왕 총이양인겁재주극처 구기리 즉실비 수분일주쇠왕희기지별 사주배합간위시 (舊書, 不管日主之衰旺 總以陽刃刦財主剋妻 究其理 則實非 須分日主衰旺喜忌之別 四柱配合看爲是)
365) 3장 들어가기 2-1 ●=3 망령과 신살, 체상

(■1)-기호는 가설을 의미한다. (□1)-기호는 배합과 순역으로 보는 해설이다.

■4. 십신을 육친에 비유하는 비약에 현혹되어서는 안 된다. 실제일 수도 없고 경우의 수도 빈약하고 허무한 발상이 많다. 이는 비유가 그렇다는 것일 뿐, 명리 공부를 돌고 돌게 하면서, 몇% 적중률366)이 허덕이게 만든다.

> ● 간명의 원리
>
> ○사주명리 간명의 품격은 비유(메타포)367)에 있습니다. 육친을 정부나 첩 그리고 부정이나 바람에 비유하기보다 '허블, 케플러'를 넘어선 '제임스웹 망원경368)'처럼 더 진화 진보해야 합니다.
> ○육친이나 물상 체상369)은 상징일 뿐 "네가 어젯밤 한 일을 모두 알고 있다."라고 파노라마를 보는 일이 아닙니다. 이는 영370)을 보는 사람들도 마찬가지입니다. 14살 적 소년의 접신경험을 빌리자면, 환영(幻影), 환상, 환청(무속에서는 공수)은 보여지는 실제 파노라마가 아니라 어떠한 상징으로 나타나는 것이라 합니다.

■5. 여기의 "십신 두 글자와 배합"과, 다음 나오는 "3-2-9 오행과 육신의 상"은 사주명리학의 상과 물상에 더한 공부이다. 예전에는 상을 대비하는 행위 자체가 사주 간명의 전부라 할 수 있었을 것이다.

그러나 결론부터 말하자면 여기의 상만으로는 실제 간명에서 적중률이 몇% 되지 않는다. 그러나 이러한 학습은 사람의 두뇌를 개발하고 삶을 추론하는 능력을 배양하는데 도움이 된다.

참고로 YVWQ 수치를 스토리학하는 과정에서도 오행과 육신의 상은 상황과 시퀀스가 절대적으로 연결되지 않는다. 다만 육서의 원리로 단련된 사람은 절대적인 연결이 없어도 또 다른 추리를 이끌어 낼 수가 있다.371)

□1."1-4-6-1의 ●-27 실제사주"에 있어서도 칠살(직업)이 하강하고 일간 비겁(재를 파하여 재생관을 방해)이 상승하는데 오히려 취직하였다.
 1)오행으로 임 어둠이 하강하고 병 빛이 밝아져 취직고- 연결된다 할 것이다.
 2)그러나 육신으로 살 직업이 하강하는데 취직이라는 고순이 발생한다.

---

366) 2186-2 ■1 돈, 사람, 소식, 질병 등 네 가지가 오고 간다. ■2사람의 인사는 팔난으로 요약된다.
367) 3장 들어가기 1-3 ●=2 문자의 한계
368) 우주망원경-▶허블우주망원경-1990년에 발사. 주로 가스 광선을 관찰, ▶케플러망원경-2009년 발사, 외계 행성을 찾는 임무. ▶제임스웹 망원격-허블의 100배 성능을 가진 망원경
369) 3장 들어가기 2-1 ●=3 망령과 신살, 체상
370) 5-2-3 ●2 ●Tip ■1 "옷감"
371) 2-1-3-2 ●=5 ■2 ●간경의 원리 ○YVWQ도 마찬가지입니다. 수치를 추론하기 위해서는 육서의 단련이 중요합니다.

☐2."1613-1 ●-22 실제사주"의 상신은 경금 정재이다.
 1)오행으로 경금은 혁명가인데 실제 주인공은 대단히 온화한 사람이다.
 2)상신 경이 상승하여 이사를 가게 되었다. 정재는 성실하게 모은 돈인데, 시아버지가 이사 가라고 하니 이런 횡재가 없다. 즉 정재인데 횡재다.

☐"1614-2 ●-41 실제사주"도 갑 편재가 상승하는데 공부중단이 온다.
 1)오행으로 보면 갑은 지도자이고 공부해야 지도자가 된다. 그러한 지도자 갑이 상승하는데 공부중단이 왔다.
 2)육신으로 보면 편재도 재성 재물이다. 재물이 크려면 공부해야 얻는 것이 크다. 특히 학창시절의 재(하는 일-공부)가 상승하는데 공부중단이다. 정재가 아닌 편재니까 그렇다는 말은 부정의 비약이다. 정재가 없으면 편재가 공부를 대신하기 때문이다.

> ● Tip
>
> ○정신은 사람 두뇌 활동의 산물로서 마음, 혼, 철학과 학문, 종교와 궤를 같이 합니다.
> ○우리 동양의 관념에서 비롯된 육서[372]의 생활화 중 상(像)과 사주명리학의 오행과 육신의 '상'도 정신활동의 일부이자 우리의 정신문화의 뿌리입니다.[373]
> ○예를 들면 갑의 '상'은 설문해자에 시작의 의미로 나오는데 과학적 근거는 없습니다.[374] 다만 십간의 맨 처음이므로 사람의 정신 활동에 의해서 오행의 시작에 배속되었을 뿐입니다. 그리고 선봉 지도자 등의 '물상'으로 확대되었습니다.[375]
> ○그러나 상은 추론[376]을 이끌어내기 위한 훈련의 과정일 뿐 상에 매여서는 안 됩니다. 상에 얽매이면 공망이 괴강살이 있어서 너는 그렇다는 체상의 노예가 됩니다.
> ○그보다 공망의 허무는 "사람이 원하는 모든 것을 가질 수 없는 것"과, 괴강살의 쟁투는 "우리 모두의 생존 경쟁"의 소설[377] 같은 이야기일 뿐입니다. 그렇다고 공망 괴강 없는 사람이 허무와 생존 경쟁을 벗어나는 것도 아니 듯이 누구의 운명이 아닙니다.
>
> ○동양이 서양보다 앞섰던 시절에는[378] '상'을 통한 두뇌 활동은 물론 나침반, 화약, 종이, 비단, 도자기 등 당시의 과학문명이 정신과 함께 수레의 양 바퀴처럼 굴러갔습니다.
> ○그리고 '상'하면 빼놓을 수 없는 풍수지리가 있는데 도교의 산물이자 사주명리보다 더 오래되었습니다. 여기에서도 황천살의 '풍살'과 '수살' 그리고 '사대국 포태법'을 보는데 과학의 산물인 나침반(풍수에서는 나경 또는 패철)이 중요한 자리를 차지합니다.
> ○그래서 과학을 떠난 정신 활동은 허구에 불과한데 역학의 '상'도 마찬가지입니다. 서양에 역전 당하고도 허구를 깨닫지 못하면 곤란합니다.
>
> ○아시아 근대화의 방법론으로 조선은 동도서기, 청 나라는 중체서용, 일본은 화혼양재를 외쳤습니다. 요약하면 서양 문물을 받아 들이되 고유 정신은 지키자는 극히 자기애적인 말입니다. 그 결과 일본은 근대화에 성공했지만 조선과 청은 실패하고 맙니다.

○일본 메이지 유신의 성공을 보면 사무라이와 다이묘(번의 영주)의 신분을 철폐(남녀 누구나 평등)하고 이와쿠라 사절단으로 하여금 세계의 새로운 문물을 학습하도록 했습니다.
○청 나라의 양무운동도 초기에는 유미유동(소년 사절단)을 미국으로 보내는 등 근대화 정책을 폈습니다. 그러나 북양대신 리홍장379) 같은 사람은 기계를 만드는 기계를 들여오되 기술자는 선비들로 대체하자고 합니다.
○물론 고종황제의 조선도 청과 일본에 사절단을 보내지만 위정척사파380)과 개화파381)의 갈등을 잠재우지 못했습니다.
○위 사례를 보듯이 근대화에 성공하려면 평등에 기반하여 기술뿐만이 아니라 그 지식 기반과 그 문화까지 모두를 받아들여야 한다는 말이 됩니다. 즉 혼과 정신을 바꾸지 않고 기술만 받아들이는 것은 말만 그럴싸할 뿐 개혁에 성공할 수 없습니다.

○성악가 파바로티는 오퍼라 "아메싸비스"에서 하이C(높은 도) 9번을 아주 쉽게 반복합니다. 나 또한 무리 없이 이 발성을 할 수 있습니다. 그래서 성악을 전공하지 않았음에도 불구하고 레슨을 받는 사람들이 있습니다.
○그런데 F2나 F3(고음 내는 기법)를 내기 위한 기법을 따르지 않고 자기가 가진 재능을 살리는 사람들은 레슨에 실패합니다. 자기애가 강한 자기애적인 경우는 그렇습니다.
○대신 겨우 트왱(Twsng 소리 띄움)에 머물거나, 연구개에 지나치게 의존하여 인두(인후)가 쉬게 됩니다. 그리고 그 결과로 얼굴(인상)이 겉늙거나 기형적으로 변합니다.
○이와 더불어 성악 유학파들도 다르지 않은 것은 근대화의 실패와 다를 바가 없습니다.

○사주명리도 마찬가지입니다. 관습과 제도에 늘 동화되어야 하고, AI라는 새로운 문명과 문화에 익숙해져야 합니다. 여기에서 낙오되는 것을 운명이라 할 수 없습니다.
○그런데 오행과 육신의 상을 나침반처럼 과학문명에 기반한 즈론 개발에 쓰지 않고 상(운명)에 얽매인다면 근대화에 실패한 정신처럼 민중의 필요에서 멀어질 겁니다.

---

372) 3장 들어가기 1-3 ●=2 ■1 ●Tip 육서(六書)-한자 생성(生成)의 여섯가지 원리
373) 4-2 들어가기 서문 '양계초에 의하건' "문화는 정신에서 나온다."
374) 5-2-2-1 간지물상과 근거
375) 3-2-4-2 ■3 □2 3)능가경 "보이고 들리는 세계는 실체가 없는"
376) 1-4-5 ●=2 ■2 □2 ●간명의 원리 ○5 부정은 흉한 것이 아니라 적은 투자와 작은 실대를 통하여 자신을 단련하는 시간일 수 있어야 합니다. 부정에서 교훈을 얻는 발상의 전환기 필요합니다.
377) 3장 들어가기 1-3 ●=3 ■2 "사주 간명은 사실을 전제로 작가의 추리로 꾸며지는 소설과 같다."
378) 4-1-6-3 서양의 동양 역전
379) 리홍장(1823~1901)-청 나라 말기 인후이성 하페이시 상류층 출신으 한족. 태평천국의 난 진압. 서태후의 전폭적인 지지로 아시아 최초 근대화 운동인 양무운동 전개. 해군력에 힘을 쏟음.
380) 위정척사파-개화를 반대하고 전통을 지키자는 쇄국의식. 소현세자 이후 효종 때 소중화의 송시열에서 더 분명해지고 이항로, 기정진, 최익현 등으로 이어짐.
381) 개화파-강화도조약 이후 개화를 주장한 정치세력으로 개화당이라고도 함. 오경석, 유홍기, 박규수에서 시작하여 김옥균, 박경교, 김윤식, 유길준, 박영효, 서광범으로 이어짐.

3-2-7-1	비견(比肩)

 아래는 비견이 재성을 겁극재(劫剋財) 하는 등, 생극관계에서 파생되는 현상을 추리한 결과이다. 사주명리의 모든 물상은 이렇게 만들어지고 전해졌다. 이러한 추리는 적중률 보다, 각자 통변능력을 향상시킬 수 있는 학습 과정이 된다.

●=1	비견 두 글자로 보는 발상

※동조자 가설
■1.일간이 나와 같은 오행으로 동조자다.-(동기는 사회적 우군)-비견은 정인의 생을 받는데 정편을 나누지 않는다. 그렇지만 겁재의 반대이니 이성적이다.
■2.의타심이 없어 독립심과 자기주장이 강하다.-(심신의 주체인 것이 원인)-그래서 조언을 묵살하기 일쑤이고, 자기주장만 강함-적을 만들기 쉽다.-(신강 겁 소통되지 못하면)

※그 외 가설
■3.경제적으로 형제는 유산 경쟁하나, 신약 비견은 관살과 싸워주는 우군이다.
■4.남성 일지 비견은 처의 자리로 여필종부(女必從夫)보다는 부부충돌이 심하다.-(비견과다, 간여지동의 특성).-그러나 남편 유고시 남편을 대신하여 일처리가 능하다.
■5.여성의 비견은 남편의 처가 되니 비겁이 많으면 소실(小室)을 보거나 재가 팔자의 상이다.-(극의 원리는 맞지만 발상은 비약-경쟁자 많은 것을 비유)

●=2	두 글자 발상과 실제사주	-(미 사랑)

●-64 실제사주	4-1-1	1-7-2	3-2-7-1 비견 자료	
☞1. 신약 신강	갑480	을480	을400	무120
인/설=3/1 -미 사랑	○○○○○	○○○○○○	○○○○○	○○
지장간	무○ 임○ 경○	정○ 을○ 기○	갑○ 을○○	무○ 임○ 경○
지지	신	미	묘	신

■1.신약비겁이 왕한 편재 만나는 재다신약은 가난하다.-(신강하면 편재가 용신)
□1.을 신강이 만약 신약하면 무 정재를 목극토 아닌 오히려 토다목절-(가난함)

■2.겁왕태왕이 종하거나 설기되지 못하면 극처, 극재(財)로 삼재팔난이 온다.

□2.을 일주가 겁왕태왕, 그런데 신금이 갑을 극하고 있어 종 불능. 무 극재하니 흉하다.-(목 비겁태왕을 수생목하는 임자대운에 부부불화로 팔난 발생).-(팔난 '손재' '주색', '질병', '부모', '형제', '부부문제', '관재', '학업-정보 중단')

■3.비견과다는 극재를 막기 위해 식상의 재겁통관이 중요하다.
□3.목이 겁왕태왕한데, 을 무 사이에 만약 병정 사오가 있었다면 식상통관으로 극재를 막을 수 있었다.

■4.신약비견을 형충하면 형제 친구의 조력이 약해진다.
□4.만약 을이 신약하다면 신 행운에 을신충되어 형제의 조력이 사라진다. 그러나 이 사주는 도움 안되는 형제가 사라져야 좋다.

■5.비겁이 묘사절지(墓死絶地)에 있으면-형제 조별하고 형제들도 막힘이 많다.
□5.▶갑이 신금 태지에 앉아 있어 형제나 사회적 우군도 막힘이 많다. ▶무가 신금 태지에 앉았는데, 인목이 와서 신을 충하면 천간의 무도 충이 된다.

| ●=3 | 두 글자와 배합의 차이 |

■6.월지 형제 궁에 공망(空亡) 있으면-형제 무력하거나 사별 등 형제 덕 없다.
□6.▶월지 묘목은 록지, 그러면 형제 덕이 있다는 것이다. 그렇다면 전후가 맞지 않게 된다.▶그래서 신강 군겁쟁재(群劫爭財-형제 많아 재를 두고 경쟁)라는 배합, 즉 큰 틀이라는 전제 하에서 형제 덕이 없는 것을 보아야 한다. ▶그래야 월지로는 형제 덕이 있으나, 배합으로는 형제 덕이 없는 전후가 맞아진다.

□7.고법명리에서 12운성은 연지는 사회적 상황, 일지는 개인의 기세를 본다.
□8.그러나 신법 자평명리를 따르는 우리 책은, 월령의 왕상쇠사로 개인과 사회적 상황을, 12운성으로는 개인의 기세만 참고한다. 그래서 나머지 십신도 12운성만을 나열한 경우의 수는 자료화하지 않았다.
□9.을이 묘월에 출생 사회적으로 '왕', 묘가 록이니 개인의 기세도 강하다. 강한 기세가 시절을 만난 격이다. 이는 여성이 사회활동(사업)하는 근거가 된다.

□10.위 신강사주는 행운에서 비겁 낮고, 무 상신 커져야 길하다.-(겁용정재격)
□11.신금이 상신 아닌 이유-지지 신은 천간의 경, 그래서 갑경은 충이지만 을경은 합, 그래서 결국 가벼워져야 할 을 비견을 높아지게 하는 결함이 있다.
□12.그래서 목다토붕(극재)된 두 상신을 쓰니 34경계인으로 경지가 낮아진다.

3-2-7-4	상관(傷官)

●=1	상관 두 글자로 보는 발상

※관을 상하게 하는 가설
■1.관(官)을 극하여 상(傷)하게 한다.-(관에 불응하는 속성-제재와 재앙을 부름)

※상관은 비견의 생을 받고, 일간과는 음양이 다른 부정지제이다. 음양이 다르니 편작용이 나타나는데 감정 색깔 강하다.[382]
■2.상관은 식신보다 감정이 짙다.-(일간이 음대양으로 생하는 원인)
■3.다재다능하다.-(일간 음대양으로 생하여 강-분출본능 강-욕구발달 강 원인)-변호사, 방송인, 종교, 교육, 사회사업 등 의사를 말로 표현하는 직업에 종사
■4.고상한 기풍에 남다른 지도자 상이며 화려한 것을 즐긴다.-(음대양 생 원인)
■5.사교적이지만 남을 경시하고 거만하여 명예실추가 잦다.-(상관의 역작용)
■6.신약일주 식상 왕 하면 인색하고 허세 잘 부린다.-(식상과다의 역작용 원인)
■7.신강사주 상관 많으면 남성-예술 종교인, 여성-무용, 음악 예능 선생님이다.

※그 외 가설
■8.신강한 상관은 산업지성으로 귀명, 상관상진(傷官傷盡)은 대 귀명이다.
　▶월지가 상관이고 사주가 2,3회국(會局)하여 모두 상관 화(化)가 이루어지는 경우다
　▶또한 월지와 시(時)상에 상관있고, 타주에 관성이 없으면 '상진'이다.
　▶모두 형충파해(形沖破害) 없으며 일점 관성도 없어야 한다.

■9.상관견관-남 상관은 상속 방해. 행운이 관성 운으로 중첩되면-재화 당한다.
■10.남 관성-자녀, 견관 되면 자녀에게 액운 근심 따른다.-(견관의 고난을 비유)
■11.상관이 도화(挑化)살을 띄면-▶남성-호색가 방탕아이며 바람이 잦다. ▶여성-정부로 인해 고심이 많다.
■12.상관 재성을 생(자식)하는데, 중중하면 무자식이다.-(상관과다의 해가 원인)

※여명-여성의 상관은 자식. 상관견관(傷官見官)을 육친관계로 비유
■13.상관견관-아들(상관)이 남편(정관)극상 되니 상부(喪夫) 명이자 재가 한다-사주에 정관과 상관이 병존 하면 극부(剋夫)의 운명이며 정부(精夫)가 있다
■14.부부구설-대운 상관에 세운 정관과, 대 세운이 같은 상관인 경우다.
□15.생일이 상관이나 양인이면 남편의 횡사가 두렵다.

---

[382] 3-2-9-4 ■1 정(正)작용과 편(偏)작용

☐16.여성은 허영심과 과시욕과 우월감이 팽배하다-(상관기 기신인 경우)
☐17.여 상관-관(남편)을 견관, 상관 왕-상부(喪夫)의 명이다.-(상관견관이 원인)
　▶상관이 관성을 보지 못하면 오히려 정결(貞潔)하다.(무관사주-공격대상이 없음)

| ●=2 | 두 글자 발상고- 실제사주 | -(C 무속) |

| ●-31 실제사주 | 1-6 | 3-2-7-4 상관 자료 |

☞ 1. 신약 신강	α.C 무속	9 8 7 6 5 4 3 2 1 7	▶3-자평식 쓸 때 신강
정360	정300	무240	기30C	7 7 7 7 7 7 7 7 7	▶용-무 ▶상신-무
미	묘	진	해 년	무 정 병 을 갑 계 임 신 경 기	▶평범인
대 정을기	병 갑을	쇠 을계무	태 무갑임	인 축 자 해 술 유 신 미 오 사	▶7대기만성형

■1-상관은 재성이 희(喜)성이다.-(재극인하여 인수가 탈식 도식하는 것을 억제)
☐1.정화 일주의 묘 편인을 극하는 금이 없다-(행운에서 오면 극목 성립). 만약 금이 있다면 금극목으로 묘목을 억제하여 무진 상관을 목극토하는 것을 견제한다는 말이다. 이는 다분히 신강을 의미한다. 신약하면 재가 희성이 아닌 반대가 된다.

■2.상관이 양인을 끼고 사주에 재성이 없으면 팔방미인이다
☐2.무진 상관이 병(양인은 겁재)을 끼고(병생토) 금이 없어야 한다는 말이다. 그러나 아니다. 신금 편재가 있었다면 묘목의 극토를 견제하면서, 토의 생재를 받으니 식상생재의 부자사주가 되었을 것이다.

■3.재성은 관을 생하여 관극아(官剋我) 하니, 아생식상(我生食傷)에 장애 된다.
☐3.경신 재성이 해 정관을 생한다면, 관극아가 아닌 정임(해는 천간의 임)합이 되어 일간태왕이 되고 토 상관은 수기(秀氣)가 된다.

| ●=3 | 두 글자와 배합의 차이 |

■4.궁성으로 보는 상관의 두 글자 가설
　■연 월 상관은 양친과 처자 운 부실, 여명은 부부 운 파란만장하다.-(아니다)
　■연주 상관은 부모와 박연하고 또는 조기 생사이별이다.-(상관이 기신인 경우)
　■연주 상관 중첩하면 상신(傷身), 단명, 부귀의 지속이 불가하다.-(꼭은 아니다)
　■연과 시의 상관은 남녀 모두 자식 잉태의 어려움이 닫다.-(꼭 그렇지 않다.)
　■월주의 상관은 형제와 인연이 박하다. 월주에 상관 중첩하면, 형제 분산, 부부 이별의 명, 타주의 중첩도 재화와 노고가 따른다.-(상관과다 태과의 해를 비유)

☐4.
☐진월 정화일주가 용신 무토를 쓰면서 상신 기토의 식상용식신격이다. 그래서 상관이 상승할수록 길하니 괄호안의 "아니다."가 "길하다."로 바뀐다.

☐5."아니다."라고 하는 자료들은 상관 두 글자를 위주로 설명한 결과이지, 자료의 주인공들이 "길하다."를 모른다고 보지 않는다.

3-2-7-7	편관(偏官)-칠살

●=1	편관 두 글자로 보는 발상

※형(刑)의 가설
■1.편관은 범죄를 강제로 규제(規制) 억제(抑制)하는 형법과 같다. 권력, 군인, 검사, 투쟁 등 무력계이다.-(정관은 실정법 자체이자 판사, 행정관)

※편관은 정재의 생을 받고 일간과 음양이 같은 부정지제다. 음양이 다르니 극력이 강하여 편작용이 나타난다.
■2.두뇌 총명(편관의 속성), 야심적이고 강제적이다.-(색깔 강함)
■3.의지 왕성하고 투쟁심이 강하며 모험을 즐긴다.-(편작용 감정 색깔 강)
■4.인정과 의리 있으며 따뜻한 정이 있고 또한 그러한 것을 바란다.(색깔 짙음)
■5.남성은 강하고 늠름하지만 눈물이 많다. 여성은 리더의 자질이 강하다.
■6.편관은 나를 극상하는 것이니 상신(傷身), 병액으로 해석한다.-(편작용 강)

※그 외
■7.신약일주 편관이 쇠하면 정상적인 직업이 없어 남성-방랑의 명. 여성-연예인, 종교인(수녀, 비구니)의 명이다. 신강 편관이 쇠하면 재관행운에 호사 온다.
■8.여명 편관은 오다가다 만난 부정(不貞)의 인연이다.-(사소한 인연이라는 비유)
■9.편관은 아들이다. 하지만 정 편으로 아들딸을 구별하지 않는다.383)-체용(體用)-아들 편은 정도로 가문 계승, 딸 정은 출가하여 타의 가문을 섬김

●=2	두 글자 발상과 실제사주	-(교역자 H)

●-07 실제사주	1-1	2-3	3-2-7-7 편관 자료
☞1. 신약 신강	남.50즈반 교역자 H	9 8 7 6 5 4 3 2 1 5	▶1-자평 살 쓸 때 신약
무400	임240 무560 무480	5 5 5 5 5 5 5 5 5	▶용-무 ▶상신-종재
신 술 오 신 년	무 정 병 을 갑 계 임 신 경 기	▶34경계인
상 무임경 대 신정무 태 병가정 상 무임경	진 묘 인 축 자 해 술 유 신 미	▶4분지형

■1.신왕하고 편관이 합이나 왕 하면 대길하고 신왕 운에 대 발달한다.
□1.오월 임수가 신강했다면 화토대운에 대발한다는 말이다. 위 사주에서는 무태과를 갑목이 있어 소통(극)시켜야 가능하다.

■2.타주에 관성이 없고 오직 하나의 편관이 총명 영리하다.

---
383) 194p 9-3-1-1 육친가계도

□2.화생토하는 오를 포함하면 토 편관이 5개로 태왕하다. 지지에 수기(설기) 신금이 있어 유통되니 둔탁하지는 않다. 편관이 1개면 좋겠지만 과다하면 극(소통)이나 수기가 있어야 본질을 잃지 않는다.

■3.1개 편관을 식상 극-도리어 흉하다.-(아니다. 살왕인가 식왕인가 따라 다르다.)
□3.만약 신강하고 무 편관이 1개일 때 살쇠식왕-흉, 살왕식쇠-길하다.

■4.신강 편관이 식신의 제재(식신대살)가 없으면, 백수대살 빈궁한 명이다.
□4.신약 편관과다인데 목이 없어 견제불능이다. 그러나 시지 신금이 관인통관 되는 만큼 어느 정도 처의 조력이 작동한다.-(실제 사모님이 공인중개사)

| ●=3 | 두 글자와 배합의 차이 |

■5.편관과 삼형살(三形殺)처럼 흉신과 병존하면 삼재팔난의 연속이다. 일 또는 시에 양인(羊刃)있고 상충(相沖)되거나 괴강(魁剛), 원진(元嗔) 중에 1개 또는 2개가 병존하는 경우다. 편관이 절(絶)지에 있거나 극상이 많은 것도 포함된다.
□5.오월 임수가 허약한데, 칠살태왕으로 더욱 신약하다. 그래서 태왕한 무 칠살을 용신으로 쓰려면 임수를 생하는 겁인이 상신이다. 그래서 살용인수격이다. 신약일간이 생 받지 못하고 하강하면, 흉신과 병존하는 현상이 유사하게 발생한다.

□6.지지는 신술합도 오술합도 안 된다. 그러나 연지 시지의 신금 인수가 칠살 일부를 살인통관으로 살생인 한다. 그래서 일부 신약도 면하고 칠살도 면한다.

□7.일부라는 말은 지지가 '둘 이상일 때 작동'[384]하는 신금 동합이 회국(回局)하여 만나기 때문에 거리가 멀다는 말이다. 이 경우 금수행운이 오면 일간태왕이 되어 일간이 사주를 주도한다. 그래서 이 사주는 두 가지 삶을 살게 된다.

□8.인생초반 금수행운에는 일간태왕으로 살아가니 칠살의 해도 없고 두려움도 없다. 그래서 신학교도 마칠 수 있었고 목회활동의 장애도 발생하지 않았다.

□9.그러나 갑 대운이 시작되면서 칠살의 해가 나타나기 시작한다. 개인정보 때문에 자세히 공개할 수는 없지만 이직(개척) 등 어려움이 많다.

---

384) 2149-1 ■1 ●간명의 원리 ■-2 "지지 두 개 이상(동합, 삼 육합)일 때 작용이 현저"
3-2-10-1 ●=1 지지의 기능 □4 동합 이상

| 3-2-8 | 오행과 육신의 결손 |

『연해자평』「벽연부(碧淵賦)」이 "결손을 생부(生扶)하지 못하면 요절하고 태과한데 극제(剋制)가 없으면 빈천하다."고 나온다. 그러나 실제 그렇지 않다.

| ●=1 | 한 글자로 결손 보는 법 |

사주팔자 중에서 하나 또는 둘 이상 없는 오행이 있을 수 있다. 이때 우선 지장간을 살펴야 하고 그래도 없으면 결손오행의 전후를 살펴서 결정한다. 그러나 원래 있는 것보다는 기능과 역할이 작다고 한다.

□모왕자왕(母旺子旺), 모자멸자(母慈滅子) 어머니 없는 생명 없다. 자식에게는 이미 어머니가 있는 것, 그래서 금 어머니가 없으면 수 식상(자식)이 대신 한다.
□토 어머니는 아이를 낳거나 입양하여 키울 수 있다. 금(식상) 결손에서 토가 강력하면 금을 대신한다.

□목 한 글자의 결손을 설명하면 아래와 같다. 그러나 여덟 글자로 보면 달라진다. 그래서 한 글자를 보는 과정에서 두 세 글자로, ㄷ시 넷 여섯 글자로, 여덟 글자로, 마침내 열 열두 글자의 배합을 보는 눈으로 가능한 빨리 진보해야 한다.

> ● 간명의 원리
>
> ■-목이 없는 경우
> ○봄기운은 새롭게 시작하는 기운, 솟아오르는 기운인데 결손되면 운동성이 없습니다.
> ○그래서 시작, 계획, 교육, 창작, 대화, 타협, 설명 등이 떨어집니다. 또한 목은 아침이니 아침의 기운이 약하다고 통변해 왔는데, 목이 없어도 시작하고 솟아오릅니다.
> ■-식상이 없는 경우
> ○식신(식신-장모, 조모, 여자는 딸, 부하직원)이 없는 경우, 식신은 수복신으로 재능의 별이자 창조, 창의적, 제조, 생산, 양육입니다. 결손되면 특별한 재주나 재능이 없고 제조 생산업의 인연이 없습니다. 남자는 아랫사람이나 처갓집 덕이 없고, 여자는 딸과의 인연이 박하다고 통변되었습니다. 그러나 없어도 아들 딸 낳고 잘삽니다.

| ●=2 | 8자로 결손 보는 법 |

우리 책의 결손은 십정격의 상신이 있는지 없는지, 그리고 종격(처럼)은 수기가 있고 없고를 따라 다르다. 그렇지만 상신은 행운에서 보완 될 수 있다. 그러나 수기가 원국에 없으면 그 자체로 부정적이다.

> ● 간명의 원리
>
> ○사람은 비가 오면 비를 맞고 눈이 오면 눈을 맞는 것이 자연스런 인생입니다.
> ○그래서 이러한 자연의 비와 눈을 맞는다고 이를 운명이라 하지 않습니다.
> ○결손도 마찬가지로 운명이 아니고 사주의 섭리와도 같은 자연스런 현상입니다.
> ○사주는 어떻게든 즉 십정격 아니면 종격 그리고 종격처럼 나름대로 굴러갑니다. 그러면서 비가 내리고 눈이 내립니다. 이것이 삶의 음영입니다.
> ○결손이 비일지 눈일지 모르지만 사람의 이기적 발상으로 채울 수 있겠습니까?
> ○즉 상신이 작동 할 수도 안 할 수도, 수기가 있을 수도 없을 수도 있는 것이 인생의 자연스런 음영일 것입니다. 누구나 음영 없는 인생은 없습니다.

　8글자로 보는 것은 순역(順逆따름과 거스름, 순조로움과 고단함)385) 즉 용신 격국으로 결손을 보는 방법을 말한다. 사주가 중화를 이루어야 상격 상류층이다. 목 한 글자 재성 한 글자로 상류층이고 부유층이 되지 않는다.386)

●=3	YVWQ의 결손

□결손은 크게 상신, 조후, 수기가 있다. 이 중에 수기 결손이 가장 중요하다.
□원국의 상신은 격을 결정하고 행운에서는 상신운 여러387) 글자가 인입과 인출을 결정하기 때문에 상신 한 글자의 결손이 그리 중요하지 않다.
□그러나 조후와 수기는 한 글자로 작용을 보기 때문에 상신과 다르다.
　1)원국의 조후는 경지를 결정하지만 행운에서는 수기로 조절할 수 있다.388)
　2)그러나 수기는 결손의 장애가 분명하게 나타난다.389)

●=4	실제 결손의 예

□1.아래(과학교사) 신약은 일지 신금이 상신이다.
　1)그러면 병 무에서 변격이 오는데 병 종재격처럼 되면 진토 수기가 있고,
　2)무 종살격처럼도 신금 수기가 있어 일단 사주의 구성이 양호하다.
　3)진월 임수는 제방으로 물을 가두는 것은 맞다. 그래서 무토 사령으로 왕성한 무토를 갑목이 극으로 소토(제어)하는 것이 필수지만 진월은 조후가 급하지 않으니 신약을 다스리는 것이 먼저다.

---

385) 3-2-1 ■5 순역(順逆) "그 기세에 순응하는 것"
386) 3장 들어가기 2-3 ■3 『적천수천미』「하지장(何知章)」
387) 1-4-2-2 ■2 행운은 지지 뿐만이 아니라 천간과 함께 대운, 태세, 월운, 일운, 시운 등 여러 개의 운이 동시에 오기 때문이다.
388) 1-5-4-2 ●=3 ■3 ■1) □1 조후 없는 종격을 기법으로 식히는 것은 이법의 수기 상승과도 같다.
389) 2143-1 ●=4 ■2 □2 수기가 없거나 부정은 "절반의 성공이거나 과식(무리)으로 고난을 겪는다."

| ●-04 실제사주 | 1-1 | 3-2-4-9> ●=2 오행의 결손 자료 |

☞1. 신약 신강	여 과학교사	9 8 7 6 5 4 3 2 1 9	▶1-자평 살 쓸 때 신약
병120	임240	병60	무420	9 9 9 9 9 9 9 9 9 9	▶용- 무 ▶상신-신
오	신	진	신 년	병 정 무 기 경 신 임 계 갑 을	▶23경계인
태 병기정	행 무임경	묘 을계무	행 무임경	오 미 신 유 술 해 자 축 인 묘	▶1이상형

□2.갑목의 결손이 사주에 파급을 일으키니 못한다.
 1)갑목이 없으니 곧지 못하며 바르지 못하겠고, 목 식상이 없으니 수복은 물론 자식도 없고 창의성도 없겠다.
 2)과연 그럴까? 아니다. 한 마디로 목이 없어도 잘 사는 사주다. 왜 그럴까?
 3)화생토의 무토를 갑 없어 견제불능으로 보이지만 사는 동안 금수대운이 일간의 조화를 이루니 갑의 결손이 무해하다. 만약 대운이 신약으로 흘러 절정기 부조화였다면 갑 결손의 피해가 나타났을 것이다.

> ● 간명의 원리
>
> ○1-자평 용법. 관성을 용신으로 쓸 때 신약한 사주니 인성 신금이 상신입니다.
> ○만약 신강했다면 갑목 상신의 ㅅ신대살(격), 무토 칠살을 단정하게 다듬어야 합니다.
> ○그러나 신약하여 살인상생(격), 그래서 목의 쓰임이 중하지 않습니다.
> ○만약 갑목이 무토와 근접하였다면 용신을 극하게 되어 살용인수격 파격입니다.
> ○봄의 물을 제방으로 가두어야 용수가 되는데 진토는 습토로 제방이 젖어 있어 부실합니다. 그런데 또 만약 갑목이 있었다면 제방을 목극토하여 더욱 허술하게 되니, 용수가 고이지 못하고 흐르고 맙니다.

□3.보통 말하는 무재(無財)사주나 위와 같은 결손 이야기는 수 없이 많다.
 1)그러나 목 식상은 자식인데 식상 없어도 아들과 딸 드 명이 잘 크고 있다.
 2)식상은 수복신 그러나 먹을 복 입을 복이 없는데(식신부재), 강남과 수도권에 아파트가 두 채(나중에 수도권 하나는 매각)에 건강하다.

□4.결론적으로 목의 결손이 나거지 삶에 장애가 되지 않는다.
 1)인성 상신은 교육계, 관성 용신이니 법과 제도에 따르 관청 근무하겠다.
 2)봄 태생이 득령 못했으니 이과, 둘째 대운의 인은 의 과학이 제격이겠다.
 3)종합하면 평상인으로 경지가 높은 삶이다.

□5.그 외 살다가 우려극절을 겪는다면 그것은 눈 내리고 비 내리는 자연의 섭리이지 목 결손의 장애가 아니다.

| 3-2-9 | 오행과 육신의 상(像) |

 동양에서 상의 원리390)는 육서391)의 영향이 크다. 그러나 상은 마음을 거쳐서 나타난 상일 뿐392) 그 이상도 이하도 아니다.393) 결론적으로 상이란 그렇게 오랜 시간을 거쳐 우리 앞에 나타난 사변상수(辭變象數)394) 즉 통변의 소재에 불과하다. 논리적이거나 절대적인 것이 아니다.395)

> ● Tip
>
> ○정보인식을 『위빠사나』의 깨달음이라고 할 수 있는데 불교의 인식체계와 다르지 않습니다. 깨달음은 파장으로부터 시작됩니다. 파장이 오면 마음의 세계를 거쳐서 깨달음이 다시 실체화되는데, 마음을 거친 실체는 "있다고 해도 틀리고 없다고 해도 틀리다."라고 합니다. 이유는 마음(주관)을 거쳤기 때문이랍니다.
> ○그래서 보이고 들리는 세계의 실체를 '능가경'396)에서는 "꿈과 같고, 환영과 같고, 물에 뜬 달과 같고, 거울에 비친 얼굴과 같다."라고 말합니다. 예를 들어 잠자리의 눈에는 세상이 브라운(잠자리는 자외선을 볼 수 있기 때문)으로 보인답니다. 즉 본질과 현상과의 괴리입니다.

| 3-2-9-1 | 상(像)과 인식의 과정 |

 물은 순환한다. 높은 산에 내린 눈은 만년설과 빙하가 되어 지각운동을 통해 매일 1~2m정도 이동한다. 지하수로 스며 든 물은 다시 지표면으로 분출하는데 장구한 시간이 소요된다. 십 년, 백 년, 천 년 그 이상일 수 있다.
 오늘 우리 앞의 물은 언제의 빙하였고 그 언제의 지하수이다. 그 안에 많은 이동과 스며드는 시간이 있었다.
 우리의 인식체계도 이러하다. 마음은 뇌이고 뇌는 마음인데 서로 뉴런397)을 통해 전달되고 스며든다. 그래서 컴퓨터의 저장과 피드백(Feedback출력에 의 입력을 변화)의 과정처럼 정보를 처리하는데 시간이 걸린다.

---

390) 3장 들어가기 1-3 ●=2 ■2 ●간명의 원리 ○물상의 원리는 육서의 영향이 큽니다.
391) 3장 들어가기 1-3 ●=2 ■1 ●Tip 육서(六書)-한자 생성(生成)의 여섯가지 원리
392) 5-3-2-3 ●Tip ■-가상세계와 신 ○금강경에서는 "그러할 뿐"
393) 제3장 서문 (2) "우주 전체의 근원은 원자와 허공이며 다른 모든 것은 관습적으로 믿어지는 것들"
394) 3장 들어가기 1-3 ●=2 ■1"사변상수", "언부진의(言不盡意), 입상진의(立象盡意)"
395) 3-2-8 ■5 ○그런데 오행과 육신의 상을 나침반처럼 과학문명에 기반한 추론 개발에 쓰지 않고 상(운명)에 얽매인다면 근대화에 실패한 정신처럼 민중의 필요에서 멀어질 겁니다.
396) 3-2-4-2 ■3 □2 3)능가경 "보이고 들리는 세계는 실체가 없는"
397) 뉴런-신경계의 단위로 자극과 흥분을 전달. 신경세포체(soma)와 동일한 의미로 사용하기도 하고, 신경세포체와 거기서 나온 돌기를 합친 개념으로 사용하기도 함.

위기 대응의 시간 별 변화

국면	국면1 충돌	국면2 후퇴, 혼란	국면3 적응	국면4 재 설정, 화해
감정(색)의 변화				
구분	시간	일	주	월
반응	충돌 회피	분노, 두려움 죄의식, 격분	능동적 사고시작	희망
사고	마비, 비 일관성	모호성, 불 확실	문제해결 시작	재 설정

■1. 『위기상담학』에서의 위기에 대응하는 과정을 정리하면 아래와 같다. 국면 1,2,3,4의 상황을 거치면서 국면의 양상과 감정 그리고 반응과 사고에 대한 인식의 변화가 단계적으로 진행된다. 즉 이동하고 스며드는 시간이 소요된다.

> ● Tip
> ○사람의 감정(색)은 ▶받아(호흡)되고, ▶꽃 맺음(흔들림), ▶꽃(고조) 피고, ▶열매(절제) 맺고, ▶씨(흔적)가 되는 것처럼 피고 집니다. 상황 사건도 이와 같이 피고 집니다.
> ○위기상담의 4국면은 희곡의 5요소(발단, 전개, 위기, 절정, 결말)와 같습니다.-(다음 3-2-9-3 오행 육신의 물상 도표 참조).
> ○이는 ▶1.충돌(발단, 전개) 단계-충격으로 인한 비일관적인 터도와 말에도 주의 깊게 경청하며 반영(혼란한 상황을 정리)하고 ▶2.혼란(위기) 단계-당사자의 분노를 이해하면서 공감(힘든 상황에 심리적 동참)하며 ▶3.적응(절정) 단계-상황에 대한 직면과 통찰로 문제를 정밀하게 분석하고, ▶4.재설정(결말) 단계-흐름(사주 흐름 포함)을 통해 희망과 용기를 얻고, 등과 같은 단계적 과정과 연결됩니다.
> ○이렇게 사주와 두 기법이 융합되면 효과적인 상담과 간명이 이루어질 것입니다

■2. 오행과 물상[398]을 공부하더라도 통변이 어렵다. 인식의 파장이 도달하면 저장하고 처리하는 동안 "꿈과 같고, 환영과 같고, 물에 뜬 달과 같고, 거울에 비친 얼굴과 같다."는 것처럼 통변이 입가에 맴돌 뿐 피드백이 어렵다. 그래서 어쩔 수 없이 선배들의 피드백을 활용할 수밖에 없다. 그러나 가능한 짧은 시간에 여러분들의 피드백이 나오도록 노력해야 한다. 단 허무하지 않고 긍정적이어야 한다.

> ● Tip
> ○예를 들어 "오행 중에 목만이 유일하게 생명이 있다."라는 허무한 발상의 전환이 가

---

[398] 3장 들어가기 1-3 ●=2 ■2 ●간명의 원리 ○물상의 원리는 육서의 영향이 큽니다.

능해야 합니다. 오행은 우리에게 전달된 파동 즉 주파수로 생명이 아닙니다. 그 전달된 느낌을 우리들은 오행이라 부르기로 약속하고 쓰는 기호399)일 뿐입니다.
○그래서 ▶인문(문학 역사 철학), ▶교양(학문 지식 사회 경험을 통해 얻은 품격), ▶사회(사사무애400)-상호존중 융합)에 바탕을 둔 문화 속에서, 여러분의 노력으로 물상이 진일보된다면 '악화가 양화를 구축'하는 일은 줄어들 것입니다.

---

399) 4-2-4-1 "천문학적 부호", "부호는 '정하여 쓰는 기호'"
400) 사법계-모든 존재를 현상과 본체의 두 측면에서 관찰하여 네 가지로 파악하는 화엄학의 관점. ▶事法界(사법계). 낱낱의 차별 현상. ▶이법계(理法界). 모든 현상의 본체는 동일함. ▶이사무애법계(理事無礙法界). 본체와 현상은 둘이 아니라 하나이며, 서로 걸림 없는 관계 속에서 의존하고 있으므로 모든 존재는 평등 속에서 차별을 보이고, 차별 속에서 평등을 나타내고 있음. ▶사사무애법계(事事無礙法界). 모든 현상은 걸림 없이 서로가 서로를 받아들이고, 서로가 서로를 비추면서 융합하고 있음. 이것을 화엄의 법계연기(法界緣起)라고 함.

| 3-2-9-2 | 사주명리에서의 음양과 오행 |

'오행과 육신의 상'의 바탕에 음양철학이 있다. 양은 크고 음은 작은 것으로 해석하면 적중률이 떨어진다. 음간도 왕후장상과 고관대작이 나올 수 있다.

음양과 오행

	양	오행	음	
갑-직선	곧음—곧은 지도자-관직	목	조성-멋 꾸밈-바람-작업	을-곡선
병-빛	뻗음-망-전기-문화-화려	화	장정-성대-불꽃 꽃 찬란-문명	정-열기
무-자연	세상-나라-사원-삶의 구대	토	경작지-생산-재물-실리	기-문명
경-강직	무쇠-암반-권력-무두질-제련	금	제조-예리-금 장식-매운 맛	신-가공
임-재물	재물-지혜-생명-흐름	수	종자-증명-학문-재능-자원	계-자원

■1. 십이 운성에서 양간(갑병두경임)은 생지(생동감)이고, 음간(을정기신계)은 왕지(무성함)이다. 즉 양간 음간은 자체의 고유한 속성을 지닐 뿐, 해와 달의 크고 작은 것에 대한 이야기단은 아니다. 특히 사람을 보는 사주명리는 더 그렇다.

■2. 위 도표 보면 목이는 두 기운이 있다. 직선적인 것(갑)과 곡선적인 것(을)이다. 이러한 기운은 생장화수장에서 오고 왕상휴수사와 왕상쇠사를 지닌다.
☐1.(목생화)-목 기운이 화 생하면 음양과 상관없이 ▶직선적인 것은 뻗어 나가는 빛(병)의 속성이 되고, ▶곡선적인 것은 아른아른 불꽃과 열기(정)가 된다.
☐2.(화생토)-화 기운이 토를 생하면 음양을 떠나서 ▶빛은 자연(무)과 세상을 비추고, ▶열기와 불꽃은 경작 즉 문명(기)을 창조한다.
☐3.(토생금)-토 기운이 금을 생하면 음양과 상관없이 ▶자연은 무쇠(경) 원석을 내주고, ▶문명은 인위적인 제조 가공품(신)을 생산한다.
☐4.(금생수)-금 기운이 수를 생하면 음양을 떠나서 ▶무쇠 암반은 물(임)을 지구 내핵과 차단하여 대양과 호수를 모아 수력자원이 되기 하고, ▶인위적 가공은 수소에서 추출한 에너지 즉 수소자원(계)이 되게 한다.
☐5.(수생목)-수 기운이 다시 목을 생하면 음양과 상관없이 ▶(갑)목은 곧게 뻗으면서 자라고, ▶(을)목은 구불구불 무성하게 자란다.

● 간명의 원리

○1.『자평진전』「논십간십이지(論十干二支)」에 "기로 논하면 갑은 을보다 왕하고, 질로 논하면 을이 갑보다 견고한 것이다. 속서에서 '갑은 무성한 대림이니 쪼개야 좋다'고 하고 '을은 미약한 싹이니 상하면 아니 된다.'고 말을 하는 것은 음양의 이치를 모르는 허무한 소리일 뿐이다. 목의 이치를 가지고 나머지 오행의 이치도 추리할 수 있으리

라."라고 나옵니다. 『자평진전평주』에서는 "본래 납음에서 취하여 비유한 것인데 속된 책에서 와전되었다"고 와전401)을 강조합니다.

○2.이러한 생기와 형질에 대한 정리가 「논음양생극(論陰陽生剋)」에 나옵니다.
 "▶갑(양목)은 목의 생기이고, 을(음목)은 목의 형질이다. ▶경은 양금으로 가을의 기(숙살지기)이고, 신은 음금으로 오금(五金)의 질이 된다. ▶봄의 목기는 가을의 숙살지기에 극을 당하지만 ▶금의 질(무쇠, 칼)이 생기를 극하지 못하는 것이다."
 반대로 "목의 형질(잎)은 쇠의 형질(도끼, 칼)에 무너지지만, 기(숙살지기)를 만나면 단지 질(잎)이 떨어질 뿐 더 견고하게 되는 것이다. 이와 같은 이치 때문에 경은 갑의 칠살이 되고 신은 갑의 정관이 되는 것이다."
 ▶"병(양화)은 융화한 기운, 정(음화)은 장작불 ▶가을 기(숙살지기)는 기(융화한 기운)에 제거-그래서 칠살, 질(금속)은 기(숙살지기)에 제거되지 않고 겁내지 않음-그래서 정관" 반대로 ▶질(금속)은 질(장작불)에 누그러짐-그래서 정은 신의 칠살, ▶기(숙살지기)는 질(장작불)을 겁내지 않음-그래서 병은 신의 정관이 되는 것이다."라고 기와 물질에 비유합니다. 그러나 모든 음양은 기운이 같고 병 정화 역시 화 기운입니다. 물질은 기(기질)로 존재합니다. 다만 선생의 설명에서 음양(태극-형체 기질, 형기 체질) 철학의 깊이를 볼 수 있습니다.

○3.이에 대하여 『자평진전평주』의 '서락오' 선생은 "음양 한두 글자가 아닌 배합에 달려있다."고 합니다. 그 이유로 남녀 모두 "강왕하고 조급한 사람, 음침하고 유약한 사람"이 있는 것을 예로 듭니다. 속설(와전된 학설)도 시간 지나면 관습과 문화가 되는 것을 감안하며 공부하기 바랍니다.

■3. 위 도표의 양은 밝고 음은 어둡다. 어두우니 짙다는 말도 된다. 그래서 음의 왕함, 성대함, 그윽함도 짙음에서 나온 것이다. 음양으로 보면 갑과 을이 다르지만 오행으로 보면 같은 목 오행이다. 즉 직선과 곡선은 하나의 선이다. 그래서 갑도 바람이며 을목도 지도자가 나온다. 다른 오행도 경우는 같다.

● Tip

○선(목)은 뉴런처럼 이음입니다. 이어지면 소통되고 관계가 생겨나고 사회를 이룹니다. ▶빛(화)이 밝으면 눈길이 열리고, ▶세상(토)은 도로로, ▶품성(금)은 마음(단단하고 강직한 성품)으로, ▶물(수)은 물길로 이어집니다. 우리는 이 길로 인하여 울고 웃고 합니다.

---

401) 3232-3 ●간명의 원리 "와전된 학설"

3-2-9-3	오행의 상(像)

 실제 간명에서 오행의 상을 활용한다는 것은 벽돌 하나의 상에 불과하다.[402] 그래서 오행은 육신과 격으로 발전하는 과정이 되는데, 이때 상을 만들어내는 상상력에 대한 훈련의 일환으로 생각할수록 좋은 결과를 얻는다.

■1. 오행의 상(像)은 생장화수장[403]의 생멸(生滅) 과정에서 비롯된다. 이는 공간적으로 자연과 사람(인사) 그리고 사람 심리(성정)의 표상으로, 시간적으로 상황과 사건이 시작되고 종료(시퀀스)되는 것으로 은유- 비유[404]된다. 그래서 도표의 세로와 같이 생의 발아와 출생이 시작의 의미인 것처럼 나머지 장화수장도 그렇게 공유되기는 마찬가지다. 어쩌면 좌우동지 상하정협[405]의 환생일지 모르면서 그 한계 또한 분명하다.

오행의 물상(物象)

우주의 생성과 소멸	생	장	화	수	장
오행	목	화	토	금	수
육신오행	비겁	식상	재성	관성	인성
자연의 순환	발아	꽃 맺음	꽃	열매	씨-순환
사람	출생	양육-성장	왕성(丁)	입신	사망-환생
시퀀스(상황의 시작과 끝)	시작	전개	응용	성공-실패	종료-평가
논어와 인격의 완성	시(詩)	서(書)	화(畵)	예(禮)	악(樂)

□1.자연의 순환 과정이 그렇듯 우리 내면의 인격(인성) 완성도 그러하다. 이를 논어에서는 시(詩), 예(禮), 악(樂)의 3단계로 설명하고 있는데, ▶흥어시(興御詩 시로 시작하고), ▶립어례(立於禮 도리를 세우며), ▶성어악(成漁樂 인성 즉 수양과 학문이 악으로 완성)이 그것이다. 여기에 우리 책은 시서화 순절의 서(書), 화(畵) 회화성을 더 하여 5단계가 되었다. 언어(시)는 글이 되고 그림은 상상을 담보로 하기 때문이다.

 정리하면 온전한 자아(인격)[406]는 1)시로 마음을 일으키고(발아), 2)그것이 글씨가 되며(꽃 맺음), 3)그림처럼 상상력을 동원하고(꽃), 4)내가 좋아하는 일이 남에게 폐가 되지 않으며(열매), 5)악의 감동과 분출을 통한 정화(카타르시스 catharsis)와 승화(씨)로 완성된다. 그리고 시퀀스는 또 다른 시퀀스(환생)로 계

---

402) 3-2-9-4 ●간명의 원리 ○국중의 육신은 벽돌 한 개와 같습니다.
403) 5-1-4-1 생장화수장
404) 3장 들어가기 1-3 ●=2 ■1"사변상수", "언부진의(言不盡意), 입상진듸(立象盡意)"
    제3장 ■2 ●간명의 원리 "메타포(metaphor 은유, 비유)"
405) 3-2-10-2 ●=3 ■2 '상하 귀호정협', '좌우 귀호동지'
406) 3장-3 ●=3 ■1 "삼원적 구조모형". 3-2-4-1 ●=1 자아와 '3부'

속 이어진다.407)

> ● Tip
> ○시는 순수하고 아름다워야 하는데 리듬(운율), 심상(그림), 감동(주제) 3요소가 있습니다.
> ○그리고 우리 책에서 3요소는 1)아름다운 운율(시어-은유 비유)이, 2)글과, 3)그림이 되고, 4)예의 상대를 이해하는 것408)과, 5)악의 감동이 전이되는 5단계와 만나게 됩니다.
> ○즉 흥(내가 하고 싶어 하는 일)은 순수하고 아름다워야 하는데 1)"시" 자체는 비겁이고, 2)시를 "쓰고"는 식상, 3)"그리는 그림"은 재성, 4)"예"는 관성, 5)"악"은 인수가 됩니다.

□2.아래는 우리 책의 또 다른 분류인데 위 같은 철학을 배경으로 만들어졌다.

경제적 특성	일과 재물욕	주체 -자의식	일 욕구 -번성	일 공간 -무성 財	일 보상 -결실 錢	재충전 -저축
심리적 특성	감정의 변화	호흡(색)	방향	고조	절제	흔적
	취미 취향과 적성	인문	표현	경제	법	철학 종교
	감각적 특성	무명-무욕	본능-욕구	육감-체험	이치-이성	직관-영감
	본능적 지향	무의식적	본능적	현실적	관습적	이상적

□3.이러한 사주명리의 물상은 서양의 다른 분야 또는 학문과도 비교될 수 있다. 생성되고 소멸되는 과정이 생장화수장과 유사하다.

희곡의 5요소	발달	전개	위기	절정	결말
위기 상담학	충돌	후퇴 혼란	적응	안정화	재설정
메슬로우의 욕구 5단계	생리적	안전 욕구	소속 욕구	존중 욕구	자아실현

> ● Tip
> ○우리는 우리의 모습을 볼 때 거울을 봅니다. 사주명리 물상도 그렇습니다. 오행의 상과 같은 개념을 이해하려면 거울 즉 타 학문을 보면 물상과 대비가 더 잘될 것입니다.
> ○다분히 관념적인 우리의 물상을 이러한 거울을 통해 본다면 미처 보지 못했던 그 무언가를 볼 수 있을 것 같아서입니다.
> ○그런 의미에서 도표의 '위기 상담학'(3-2-9-1), '매슬로우의 욕구'(3-2-4-3)는 충분하지 않지만 우리 책에도 인용되어 거울을 비추고 있습니다.
> ○이러한 거울로 경제적 특성의 돈을 보면 '돈을 보는 마인드(마음)'가 보입니다.
>
> ○'희곡'은 세익스피어409)와 카잔차키스410) 같은 극작가에 의해서, '위기 상담학'은 로만라이트411), '매슬로우의 욕구'는 매슬로우412) 같은 심리학자에 의해서 과학적이고도 학문적으로 연구가 검증되고 일반화되었습니다.

---

407) 5-1-5-3 ■1 "생의 주기별로 붙여지는 모자이크-시퀀스(Sequences)" 도표
408) 제3장 서문 ●Tip ■-서(恕)의 철학

○세익스피어와 카잔차키스는 우리의 생장화수장과 같은 발달, 전개, 위기, 절정, 결말로 세계인에게 큰 감동을 선물했습니다. 로만라이트나 매슬로우는 우리 5단계와 같은 논리로 학문을 체계화하여 동 서양(상담심리학) 심리적 문제 해결에 기여하고 있습니다.

○그러나 상(관념)에 치우친 우리의 물상 입장에서는 얼마나 부러워해야할지 모르겠습니다. 다음 아래(● Tip) 나오는 검증되지 않은 허무한 병신합이 그렇고, 육신까지 확장하면 정부와 첩도 그렇습니다. 같은 오행 5단계인데 우리는 이렇습니다.

○누구인들 종으로 기생으로 첩으로 살고 싶겠습니까? 그때는 귀족이나 양반이 아니면 어쩔 수 없는 일입니다. 첩이니까 편관이 있고, 정처라고 편관 없이 정관만 있겠습니까? 편관이 있어서 남편이 바람을 피우고, 그로인하여 남편의 사랑을 받지 못하는 것일까요? 편관이 있는 여성은 있는 그 자체만으로 이렇게 슬퍼야 하나요?

○물론 그 시절 처의 권위에 비해 사람 행세 못하는 첩 팔자의 고단함을 모르는 바가 아닙니다. 그렇다고 이 시대에 그 비유413)가 삶의 고단함을 모두 담아낼 수 있을까요?

○어떻든 우리는 우리의 허무할 수도 있는 관념을 과학과 검증이라는 거울을 통해서도 볼 수 있어야합니다. 우리 책은 가급적 그렇게 씌어졌습니다.

□4.이는 동양의 유불손과 서양의 의식구조와도 일맥상통한다. 우리의 션(仙)과 도(道)414)는 유교나 불고보다 훨씬 오래되었고 우리의 무의식과 생활양식에까지 그 뿌리가 깊다.

유교 5성(性)	인(仁)	예(禮)	신(信)	의(義)	지(智)
불교 보살 5수행법	보시	지계	인욕	정진	지관
선 수련 (도교)	연신섭기-정기	연정화기-빛	연기호신-정신	연신환허-입신	연허합도-무극
서양의 의식구조	선택	번성	축복	환란	천국

---

409) 윌리엄 세익스피어(William Shakespeare)-잉글랜드의 시인이며 극작가이자 소설가. 1564년, 아버지 존과 어머니 메리와의 사이에서 닫아들이자 8남매 중 셋째로 태어 남. 그의 4대 비극-헐릿, 오셀로, 리어왕ㄴ 멕버스 유명. 특히 햄릿에 나오는 "사느냐 죽느냐 그것이 문제로다.(To be, or not to be, that is the question)" 유명.
410) 니코스 카잔차키스(그리스어: Νίκος Καζαντζάκης, 영어: Nikos Kazantzakis, 1883, 2, 18~ 1957, 10, 26). 현대 그리스 문학을 대표하는 극작가이자 소설가이자 시인. 어린시절 터키 지배하의 기독교인 박해를 겪은 경험을 바탕으로 그리스 민족주의 성향의 글을 씀. 극작으로 1946년에 <카포디스토리아스>, 1959년에는 <배교자(背敎者) 율리우스>, 1962년에는 <메리사>가 각기 상연.
411) H. 로만라이트(H. Norman Wright)-미국 켈리포니아 바이올라 대학교와 탈보트신학교 심리학 교수. 국가위기센터에서 공인한 사별 트라우마 전문가이자 트라우마 치료사. 현재 비통과 트라우마 상담, 공동체 전반에 적용할 수 있는 비통 회복 세미나 사역에 전념.
412) 매슬로우(Abraham Harold Maslow 1908, 4, 1~1970, 6, 8). 미국의 철학자이자 심리학자이다. 인본주의 심리학의 창설을 주도하였으며, 1943년에 인간의 욕구에는 단계별 위계가 있다는 '욕구 5단계설'을 주장한 것으로 유명.
413) 제3장 ■2 ●간명의 원리 "메타포(metaphor은유, 비유)"
414) 4-2-1-3 ●=1 ○4 선수련의 "조식흐흡". 4-2-2-3 ■1 ▶도교의 내단학

■2. 사주명리에서 목의 함의(含意)는 많은 의미를 포함하고 있다. 녹색식물로 일컬어지는 목(木)은 뿌리에서 흡수한 물과 이파리를 통해서 얻은 이산화탄소가 빛을 만나면 포도당과 전분을 만들어내는 작용을 한다.

목을 분리하면 갑, 을, 인, 묘와 육신오행이 된다. 다시 분리 분해하면 공직자, 지도자, 자존심, 시작, 바람, 끼, 생명력, 번식력, 다성다패, 호랑이, 토끼 등의 의미가 다양하다. 그리고 전분과 포도당을 만들어 내는 작용처럼 목다화식, 목다수갈, 목다금결, 강목득화, 목왕득토, 목능토경, 목왕득금 등으로 역할이 다양하다.

다른 오행의 경우도 분리 분해하고 작용을 드러내는 것은 목과 같다.

> ● Tip
> ○물질은 크게 순물질과 혼합물로 나눌 수 있습니다. 그리고 두 가지 이상의 원소가 화학적으로 결합하면 화합물이 됩니다.
> ○혼합물은 화합물보다 분리가 쉽고 화합물은 복잡하지만 화학적으로 분해할 수 있습니다. 오행의 의미도 이와 유사합니다. 물은 순물질이지만 100% 순수하지 않으면 혼합물입니다. 물은 화학식으로 H_2O로 표기합니다. 수소 2개와 산소 하나로 이루어졌다는 말입니다. 그리고 물은 수소와 산소로 분해됩니다.
> ○이러한 배경을 바탕으로 오행과 물상에 대한 피드백이 이어집니다.

■3. 사주팔자 유형은 총 518,400개라 한다. 하지만 그 해석의 의미는 518,400개에 머무르지 않는 이유가 여기에 있다 하겠다. 즉 사람에 따라 갑이 공무원으로도 지도자로 해석되어지는지 경우에 따라 그 적용이 다르기 때문이다.

> ● Tip
> ■1-지구상에서 미래를 보는 방법으로 보통 세 가지를 들 수 있습니다. ▶1.직관을 통해서 ▶2.수련을 통한 도통(道通)으로 ▶3.신(神)과 영(靈)을 통해서입니다.
> 그중에서 사주명리학은 학문적 배경을 바탕으로 육감과 직관을 통해서 삶의 변화를 유추(類推)하는 노력의 일환(一環)입니다. 그러나 육감(재성)과 직관이나 영감(인성)415)은 방법에서 차이가 있습니다.
> ○1.육감은 알파고와 같습니다. 알파고는 인공지능 프로그램으로 세 가지 기능이 있는데 그것은 ▶정책망 ▶가치망 ▶머신러닝입니다. 정책망과 가치망은 알파고가 수많은 경우의 수에서 선택하는 네트워크프로세스입니다. 그리고 머신러닝은 인공지능이 스스로 학습하는 기능입니다.
> ○2.상(像)과 물상은416) '경우의 수'417)로써 연관성(聯關性)과 유관성(有關性)의 집합체

(集合體)입니다. 수많은 '경우의 수'는 정책망과 가치망으로 이어집니다. 명리를 시작하는 단계에서 도(道)와 신(神)을 통할 수 없다면 직관은 필수입니다. 그래서 문자적 분석은 '경우의 수'를 학습하여 직관을 얻고 높이는데 있습니다.

■2 처음 공부하는 사람들은 물상을 '이것은 이것이다.'라고, 하늘에서 내려온 것처럼 절대적으로 여기는데 아닙니다. 오행물상은 '추연' '동중서'에서 시작하여 '유향'을 거치면서 많은 상수역학자[418]들에 의해서 만들어지고 오행에 배속되었습니다. 여기에는 기발한 발상과 상상도 있고, 근거 없는 무리한 배속도 존재합니다. 예를 들면
○1.여성 편관-정부, 남성 편재-첩, 재극인-고부갈등'처럼 허무한 것을 경계해야 합니다.
○2.병신합에서 병이 남자는 좋지만 여자는 안 좋다 합니다. 병은 높은 하늘의 태양이고 신금은 낮은 땅의 보석이니 여숲이 합되어 높으면 팔자가 세다는 것입니다.
○3.즉 여성이 남성보다 강하거나 높은 곳에 있으면 안 된다 것은 여성이 신강하다는 이유만으로 팔자 세다는 것과 일맥상통하는데, 이는 남존여비(男尊女卑)의 산물일 뿐입니다.

---

415) 5-2-3 ■2 ●Tip ■1-영감, ■2-육감, ■3-직관에 대하여
416) 3장 들어가기 1-3 ●=2 ■2 ●간명의 원리 ○물상의 원리는 육서의 영향이 큽니다.
417) 2186-2 ■1 돈, 사람, 소식, 질병 등 네 가지가 오고 간다. ■2사람의 인사는 팔난으로 요약된다.
418) 5-2-2-2 ●=2 "금문경학파(상수역학자)"

3-2-9-4	육신의 상(像)

(1) 대개 육신의 상이란 국중지신(局中之神)419) 즉 사주 8글자 각 육신을 지칭하는 독자적 개념이다. 그러나 육신의 상은 모든 십정격의 상으로도 활용된다.

> ● 간명의 원리
>
> ○국중의 육신은 벽돌 한 개와 같습니다. 여덟 개가 모아져 하나의 담장을 형성합니다.
> ○그래서 육신의 역할은 벽돌 한 개가 아니고, 하나의 벽돌이 담장 안에서 일으키는 파급 즉 생극제화(이법)입니다. 그리고 여덟 개의 글자들은 순역420)으로 모아집니다.
> ○육신의 상도 벽돌 하나하나의 상에 불과합니다. 따라서 시퀀스의 과정을 볼 때는 국중지신을 참고하고, 그 희기의 결과는 하나가 아닌 순역으로 볼 수 있어야 합니다.

(2) 육신은 오행의 범위를 확장시킨 일대사건이다421). 즉 육신은 목화토금수 모든 오행의 역할을 수행할 수 있다.

(3) 앞장 "오행의 물상" 도표를 보면 오행 목은 시작이다. 그러나 육신오행 목은 비겁 식상 재성 관성 인성이 될 수 있어 시작, 전개, 응용, 성패, 종료 모두가 될 수 있다. 우리 책의 '오행과 육신의 물상'이나 '상생 상극의 통변'도 이러한 배경을 바탕으로 하고 있다.422)

> ● Tip
>
> ○문자와 부호는 우리 사람의 약속입니다. 문자는 언어의 시각적인 기호체계이기 때문입니다. 부호는 일정한 뜻을 나타내기 위하여 따로 정해 놓은 기호를 말합니다. 사주명리에서의 모든 문자는 일정한 뜻을 함축시켜 놓은 부호와 같습니다.
> ○주역에서는 서부진언(書不盡言) 언부진의(言不盡意)라 했습니다. 글은 말을 다 담아내지 못하고 말은 뜻을 다 드러내지 못한다는 말입니다.
> ○그 대안으로 공자는 입상진의(立象盡意)를 제시합니다. 입상(立象) 즉 Metaphor(은유와 비유)423)가 그것인데 역학에서의 물상법(物像法)424)이라 할 수 있겠습니다. 그래서 물상은 입상(立象)을 위한 하나의 방법론일 수 있어도 사주해석의 전부라 할 수는 없습니다.
> ○그래서 사주간명이란 은유와 비유 그리고 부호로 체계화된 학문적 기반을 바탕으로 현재의 필요에 따라 상황을 유추(類推)하는 작업입니다. 즉 각 부호들이 내포하고 있는 많은 감정과 의미들을 해부하고 다시 그 유사성을 개인에게 적용하는 과정입니다.

---

419) 1-4-6-1 ●=2 ■4 ●간명의 원리 ■-1 국중지신의 해석
420) 3-2-1 ■5 순역(順逆) "그 기세에 순응하는 것"
421) 3-2-4-4 ■2 육신의 작용과 부(역)작용
422) 2-1-8-5 육신-태세 월운 통변
423) 제3장 ■2 ●간명의 원리 "메타포(metaphor은유, 비유)".

(4) 상도 그러하다. 그래서 오행의 상은 참고만 할 뿐, 최종 통변은 육신의 상으로 하는 것이 바람직하다. 오행은 육신으로 확대 발전하기 때문이다.

(5) 우리 책에서는 십신을 육신의 연장으로 본다. 그래서 육신의 정작용이 강해지면 자연 편작용(겁재, 상관, 편재, 편관, 편인)으로 나타난다.425) 실제 간명에서 칠살(편관)의 해는 "●-1"과 "●-2 실제사주"처럼 분명하게 나타나지만 다른 십신은 그 정편의 구별이 모호하다. 심효첨 선생의 『자평진전』에서도 재격과 인수격은 편재와 정재, 편인과 정인을 구분하지 않았다.

| ●=1 | 현실과 가상의 세계 |

■1. 사주는 가상의 공간이다.

사주의 육신과 실제 사람이 타고난 DNA의 상은 같을 수도 있고 다를 수도 있다. 즉 사주는 가상의 세계이고 오행은 그 안의 기호이자 부호이기 때문이다.

> ● 간명의 원리
>
> ■-가상과 현실의 괴리
> ○전통적으로 사주에서 사람의 성정을 추리할 때, 일지는 내면 심리와 성격을 월지로는 환경을 보아 왔습니다. 그러나 이러한 고법적 발상의 사주 가상공간은 현실과의 괴리가 존재합니다. 이는 각 기호끼리의 생극제화로 나타나는 기의 이합집산(우리 책의 YVWQ 수치)을 취하면서 기호에 의미를 부여(체상, 물상)한 결과이기 때문입니다.
> ○심리학에서는 심리검사425)를 통해 그 사람의 추상적인 성격을 현실적으로 분석합니다. 그러나 우리 책은 심리검사 대신 상과 인상으로 합니다. 이때 피검사자가 설문지를 작성 안 하니 채점 등 시간과 경비가 절약됩니다. 그러나 검사자(간명인)의 주관이 지배한다는 관점에서 객관성 확보의 단점을 극복하는 과제 또한 안고 있습니다. 즉 심리검사는 피검자 본인의 진술서가 있고 사주는 간명 주관자 상상이 진술서를 대신합니다.
> ○결론부터 말하자면 가상보다 현실이 우선이라는 말이고, 현실 그 이상을 볼 때 가상을 동원한다는 말을 하고 싶은 것입니다.
>
> ■-현실과 가상의 조화
> ○예를 들면 현실의 상으로 보이는 남성의 성격이 관성인데, 가상의 사주에도 관성이

3장 들어가기 1-3 ●=2 ■1"사변상수", "언부진의(言不盡意), 입상진의(立象盡意)"
424) 3장 들어가기 1-3 ●=2 ■2 ●간명의 권리 ○물상의 원리는 육서의 영향이 큽니다.
425) 3-2-9-4 ●=2 ■1 정(正)작용과 편(偏)작용
426) 3장-1 ■2 ●Tip ■-2 ○참고로 심리검사의 형식과 해석은 고법명리의 신살과 유사합니다. 고법

> 황금기에 절정을 이룬다면 실제 삶에서도 좋은 직업과 귀함을 누릴 것입니다. 그러나 사주팔자에 관성이 없어도 사주 상신운에는 현실의 관성 성격이 절정기를 맞이하게 된다는 말도 됩니다. 이것이 현실과 가상의 조화입니다.
> ○재성의 예를 보면 의지가 높고 매사 자기 하고 싶은 것을 추구하면서, 얼굴이 두껍고 윤곽과 선이 분명하며 두꺼비상인데도 불구하고 거부가 아닌 현실의 상을 위 관성과 같은 방법으로 설명할 수 있어야 합니다. 다른 육신별 상도 마찬가지입니다.

■2. 육신과 실제의 상

□1. 현실의 상도 가상공간의 육신처럼 분류할 수 있다.
 1)비겁이 상신이나 용신(적천수)이면 무표정이거나 화난 얼굴이거나, 그렇지만 자신의 마음에 드는 경우 얼굴이 밝아진다.
 2)식상이 그러하면 인사는 잘하지만 그냥 바라볼 뿐 표정이 무색무취하다.
 3)상신 또는 용신(적천수)이 재성이면 은진 미륵처럼 눈썹, 눈, 코, 입술, 턱 등 얼굴이 크고 두터우며 윤곽과 선이 분명하다. 가슴, 등, 목덜미가 두꺼운 두꺼비상이면서 의지(욕심)가 넘치고 고뇌와 자기생각에 가득찬 표정과 눈빛일 것이다.
 4)관성이 그러하면 석굴암처럼 방금 웃은 후의 모습으로 근엄할 것이다.
 5)인수가 상신이나 용신(적천수)이면 서산마애불[427]처럼 인상이 인자하고 온화할 것이다.

육신오행	오행	목 비겁	화 식상	토 재성	금 관성	수 인성
인상과 태도	성격	화, 다툼 리더	무사태평 원만	자유로움 의지적	규칙, 법 근엄	합리적 인자
	인상	무표정	미남미녀 또는 평범	두터움- 은진 미륵	인물 수려 -석굴암	온화-서산 마애불
	대화	어떤 말도 듣기 싫음	편하게 소곤소곤	감정을 섞어 주장	법대로 -딱딱함	원리대로 -부드럽게
	인사와 예절	맘에 들면 대접	인사 잘함	내 마음대로 대접	격에 맞게 대접	격을 높여 극진히
	돈을 보는 눈(마음)	황금을 돌보듯이	눈 뜨면 보이는 것	보고픈 것 애써 봄	싫든 좋든 봄	눈 감아도 보임

□2.또한 원래 모습이 그러할지라도 행운에서 오는 육신의 YVWQ 수치가 상승하여 변격되면 인상과 태도와 보는 눈의 변화가 달라질 수 있다.

은 천여 년 전 북송(960~1127)에서 시작된 자평명리보다 훨씬 후진적인데도 말입니다.
427) 4-3-4 ●=8 ●Tip ○"석굴암의 근엄함은 관성, 서산마애불처럼 평안하면 인성에 해당"

> ● 간명의 원리
> ○비겁 쓰는 사람(원국)은 무표정한데 재성 행운에는 놀라는 표정처럼 눈이 커집니다.
> ○신약은 원래 인수가 상신이거나 최종격인데 사람의 표정과 눈빛이 온화합니다.
> ○그러나 신약한데 식상 운이 와서 식상의 수치가 올라가면 정신이 멍하게 됩니다.
> ○이때 인수의 온화함과 식상의 멍한 눈빛은 같은 이완 상태이니 구분이 어렵습니다.
> ○하지만 이러한 인상의 변화와 사주 흐름을 대조하면 간명에 도움이 될 겁니다.

■3. 현실(인상과 태도)과 사주팔자

□1.인상과 태도를 보는 것은 현실과 사주 가상공간을 대조하는 일이다.

□2.현실(인상과 태도)로 보는 육신의 상은 가상공간428)인 사주팔자와 다르다. 즉 사주팔자의 격(상신)과 같을 수도 있고 다를 수도 있다.

□3.실제 성격과 인상 그리고 태도는 관성이나 재성이지만 사주의 격과 다를 수 있다는 말이다. 즉 그 사람의 유전적 성격과 인상이 사주명리 관념(물상)의 산물인 물상과 다르다는 말이다. 그러나 실제로 이러한 연관성을 증명할 수 있는 과학적 방법이 아직까지는 없다.

□4.어떻든 우리 책은 유전적 실체와 사주 상신(격)의 흐름과 변화(생극제화)를 같이 본다는 말이다. 여러분도 경험해 보시라.

> ● Tip
> ○우리 사람은 모계유전429)의 양상을 따릅니다. 사람의 mtDNA는 대부분 난자 세포질에서 전달되기 때문입니다. 그래서 친가보다는 외가가 정서적으로 가까운 이유입니다.
> ○어떻든 어버이에서 자식으로 유전이 이루어지는데 부자간에 오행이 서로 다르고 다를 수 있습니다. 예를 들어 아버지 계수, 어머니 병화인데 아들이 경금 일주인 경우, 우성과 열성의 '멘델 법칙'430)을 감안하더라도 경금은 부모의 형질과 다릅니다.
> ▶계, 병, 경 기호를 안개(계), 태양(병), 무쇠(경)라고 명명하니 형질이 다르게 됩니다. 즉 물상을 빼버리고 부호만 있으면 자연처럼 한 집안에 수 화 금이 공존합니다. 그런데 물상을 붙이니 안개가 무쇠를 그리고 태양이 무쇠를 낳았다는 것이 되고 맙니다.
> ▶공처가-병을 수극화 하려다 오히려 화다수갈 그래서 존재감 미약한 공처가일까요?
> ▶내주장 강함-아내는 양간(적극적) 남편은 음간(소극적)이고, 안개는 해 뜨면 사라지니 아내의 입김이 클까요?
> ▶아들이 아버지에게 효자(금생수), 어머니에게 불효(화극금)-과연 그럴까요? 경금은 정화를 만나야 제련되는데 병화를 만나니 제련되지 못해 스트레스 받아 불효할까요?
> ○이렇게 한두 글자를 보는 것은 고법적 발상입니다. 신법 자평명리학을 바탕으로 하

---

428) 4232-3 ●Tip ■-가상세계와 초고도 문명 ○"역설적으로 말하면 5%와 6%로는 이러한 사실을 증명해 내지 못했다는 말도 됩니다."

는 우리 책에서는 여덟 글자를 배합하여 나오는 격과 그 격을 완성하는 상신으로 사주를 봅니다. 그리고 이 상신을 현실의 상과 다시 대조하게 됩니다.

○그래서 오행과 육신의 물상으로 사람 성격을 파악하는 것을 혈액형[431]으로 그 성격을 파악하는 것과 같다고 한 것입니다. 오행은 기호이자 부호[432]이기 때문입니다.
○즉 사주명리의 생극제화는 '하늘의 선물'일 수 있고[433], 그 물상은 사람의 기발한 발상에 지나지 않습니다. 우리 책 YVWQ의 수치화와 스토리화가 그것입니다.[434]

○사람 '6%의 한계'[435] 때문에 예전 과학 이전의 세상에서는 그럴 수밖에 없었다 할 수 있습니다. 그러나 근대 이후 오늘날에도 그렇다고 하는 것은 곤란한 일입니다.
○하늘이 아니 '초고도 문명'[436]이 우리에게 선물했을 생극제화(기의 이합집산)를 스토리화[437]하는 과정에서, 그 6% 발상에 의한 기발한 물상(체상)[438]으로 억지를 부리는 일은 자제하고 최소화해야 합니다. 그러할수록 사주 불신론만 팽배해질 것이기 때문입니다.

●=2 육신의 통변

만약 재성을 재물로만 해석한다면 상담현장에서 공감을 얻을 수 없다. 그래서 재물의 심리(식상), 만들어지는 과정(재성), 만들어진 결과(관성)를 놓고, 울고 웃는 상황을 재현할 수 있어야 한다.

여기는 앞에서 공부한 "3-2-6 십신의 작용"이 육신의 통변으로 이어진다.

■1. 정(正)작용과 편(偏)작용

○정작용-중정지제(中正之制)-음대양 양대음-겁재 상관	정생-큼	정극-약
○편작용-부정지제(不正之制)-음대음 양대양-편재 편관 편인	편생-약	편극-큼

● 간명의 원리

○정은 '좋고' 편은 '나쁘다' 아니고 음과 양이 필요에 따라 역할이 다르다는 말입니다.
○즉 정은 기운의 작용이 적고 편은 결과적으로 기운이 크게 작동하는 것입니다.

---

429) 모계유전은 암컷 배우자 세포인 난자가 정자보다 훨씬 크고 수정란 속의 대부분의 세포질을 제공하는 특징을 가진다.
430) 5-1-3-3 서문 "멘델 유전법칙"
431) 3장 들어가기 2-1 ●=3 ■2 ●간명의 원리 ○1 ○2 체액론. 혈액형
432) 4-2-4-1 "천문학적 부호", "부호는 '정하여 쓰는 기호"
433) 5-3-2-3 ●Tip ■-가상세계와 초고도 문명 ○"하늘의 선물일수도 있는 우리의 생극제화를"
434) 2-1-8-1 스토리화와 메타포와 시퀀스-"□스토리화는 YVWQ 수치를 언어화 하는 것이고,"
435) 4232-3 ●Tip ■-가상세계와 초고도 문명 ○"역설적으로 말하면 5%와 6%로는 이러한 사실을 증명해 내지 못했다는 말도 됩니다."
436) 4-1-4 ●Tip ○초고도문명의 주체는 한 둘이 아닙니다.
437) 1-5-4-2 ●=3 ■2 □1 변격분석이란 수치 합산에서 변격 과정을 찾아 스토리화하는 작업이다.
438) 3장 들어가기 2-1 ●=3 망령과 신살, 체상

ㄱ'체' 일간을 생 방조하는 입장에서 보면
▶일간 방조는 도표처럼 비견보다 겁재가 크다. ▶일간을 생하는 것은 편인보다 정인이 크다. 그래서 정 편이 바뀌어 편인이 정, 정인이 편이 된다.

			정(正)		편(偏)	
비겁	비겁 일간을 방조	비견-방조 약	부정지제 음양 같음	겁재-방조 큼	중정지제 음양 다름	
식상	식상이 일간 허약하게	식신-설기 약		상관-설기 큼		
재성	재성 일간을 허약하게	정재-극설 약	중정지제 음양 다름	편재-극설 큼	부정지제 음양 같음	
관성	관성 일간을 허약하게	정관-극겁 약		편관-극겁 큼		
인성	인성 일간을 생조	편인-생조 약		정인-생조 큼		

ㅁ'용'의 국중지신(육신)끼리의 극을 보면 극하는 입장에 따라 정 편이 다르다.

		약해서 정(正)	커서 편(偏)
비겁	파재하는 겁	정재 비견 합으로 극 소멸(1)	정재를 겁재가 극-약
		편재를 겁재가 극-약	편재를 비겁이 극-큼
식상	극관하는 식상	정관을 식신이 극-약	정관을 상관이 극-큼
		칠살을 상관이 극-약	칠살을 식신이 극-큼
재성	극인하는 재	정인을 편재가 극-약	편인을 편재가 극-큼
		편재를 정재가 극-약	정인을 정재가 극-큼
관성	극겁하는 관	비견을 정관이 극-약	비견을 칠살이 극-큼
		겁재 칠살 합으로 극 소멸(2)	겁재를 정관이 극-큼
인성	탈식하는 인	식신을 정인이 극-약	식신을 편인이 극-큼
		상관 편인 합으로 극 소멸(3)	상관을 정인이 극-큼

※(1)양신재합, 음신관합 (2)겁살합 (3)인식합

■2. 정작용 편작용과 십신의 통견(3-2-6 ■1. 2. 3과 함께 활용)

정(正)작용=정(靜)		편(偏)작용=동(動)	
○문과, 실내, 제도권, 정규직, 봉급생활 ○지지가 편이면서 투출하지 못한 체(體) ○양간도 신약하면 정		○이과, 실외-출장, 자유업, 비정규직, 사업 ○지지가 정이지만 편으로 투출한 용(用) ○음간도 신강하면 편	
비견	주장, 상담-합리적	겁재	지시, 컨설팅-일방적
식신	말(고상)-논리적	상관	말 앞섬-자아도취
정재	사무 행정관리-온화 차분	편재	공간지배 능력-열정적
정관	조직관리-부드러운 리더십	편관	통제관리-냉정 권위적
정인	문서 공부-이성적	편인	문서, 기(技)와 예술-자유분방
정 과다하면 편작용으로 변성		편의 역작용은 정으로 변성	

ㅁ(1)양신재합, 음신관합 (2)겁살합 (3)인식상을 활용할 경으 정과 편을 먼저 보아야 한다. 정작용으로 보면 문과에서부터 이성적인[439] 것까지 모두가 정(靜)

---

439) 3-2-4-3 ●=1 ■2 "겁 식 재는 형이하·학적(물욕의 자리)인 내 뜻대로가 되고, 관(조직의 쓴 맛)을

이다. 편도 마찬가지로 모두가 동(動)이다

■3. 정 편에서 정 동을 보고 이어서 음양을 본다.-(❸)
□위에서 보듯이 경우에 따라 정과 편이 다르니 정 동도 다르다.
□결론적으로 말하면 어느 입장에서 보느냐에 따라 정과 편의 적용이 다르다.
□특히 육친은 음양(남여)과 정동을 동일시하지 않는다.

■4. 육신의 상(像) 활용

	비겁	식상	재성	관성	인성
공업의 예	공업	수공업	제조 기계	중화학공업	반도체
말과 활동	주장	본능적	감각적	논리적	인정(人情)
의상	상품	색상	재봉	재단	마케팅
미술	디자인	메이크업	의상디자이너	헤어디자이너	그래픽디자인
음악	지휘	성악 연주	기악 연주	작곡	기획
스포츠	선수 코치	취미활동	신체단련	무술	기예 무예

□▶편관이 미술과 만나면-의상 헤어 등 각 디자이너를 포함하고, ▶편인이 음악을 만나면-성악 기악 연예계 등이다.
□편인과 다른 육신 즉 ▶비겁 정재 만나면 스포츠, ▶특수기능과 기예가 비겁과 편관을 만나면 기술직 무술 등으로 전개된다.
□편관과 편인처럼 다른 육신의 경우도 위 도표를 활용하여 체용과 여러 배합[440]으로 상(像)을 만들어낼 수 있어야 한다.

> ● 간명의 원리
>
> ○위 도표처럼 스스로 입상진의(분류와 비유)를 만들어낼 수 있어야 합니다.
> ○만약 공업의 예를 서비스업에 활용하면 서비스-비겁, 수신호-식상, 음향을 통한 안내-재성, 구조적 서비스-관성, 팸플릿(pamphlet)-인성이 됩니다.
> ○수신호에 말(성악)이, 그리고 팸플릿에 마케팅이나 기획이 자리할 수 있습니다.
> ○그러나 너무 자의적인 것을 경계해야 합니다. 즉 자평법과 적천수 등의 원전을 벗어나 황당하거나 시대와 동떨어지는 남존여비[441]가 되면 곤란합니다.

지나 인수에 이르면 하늘의 뜻(우주의 섭리)을 알 수 있는 형이상학적(정신 즉 이성적이거나 신성)인 성숙의 자리가 된다."
440) 3-2-9-2 ■2 ●간명의 원리 ○3 "음양 한두 글자가 아닌 배합"
441) 3-2-9-3 ■3 ●Tip ■2 "남존여비(男尊女卑)의 산물"

| 3-2-10 | 기타-천간지지의 특징 |

  우리가 바라보는 하늘은 낮에는 태양, 밤에는 육안에 가끔 들어오는 28수 별자리이다. 그 안에 일월오성, 안드로메다와 은하수, 견우와 직녀, 어린왕자[442] 이야기 등이 있다. 그중에서도 허블광원경이 보여준 세계가 우리가 보는 거의 전부라 할 수 있다. 그러나 사람의 시야 저편에 우리 동이족의 고향 자디원을 비롯하여 우리가 볼 수 없는 것을 도함한 광활한 세계와 세상 우주가 있다.

  그러나 사주명리에서의 하늘 즉 천간은 이러한 순수한 자연의 세계가 아닌 기호이다. 우리 사람은 태어나는 순간 하늘의 부호를 받는다. 육십갑자로부터 연을 받고 생년에 따라 월 일 시의 부호를 받는다. 그리고 일간은 이 여덟 가지 부호의 주인이 되어 순역으로 하늘을 섬긴다.

  아래 나오는 발용과 사령, 생지와 인도, 사령과 출현은 앞서 '통근과 사령'에서 공부한 내용으로 한마디로 줄이면 천복지재이다.
□"천간은 지지의 발용이고 지지는 천간의 생지가 된다."[443]
□"지지의 인원(人元)은 반드시 천간의 인도를 얻어야 하고, 천간의 용신은 반드시 지지에서 사령(司令)하여야 한다."
□"사령은 반드시 출현(出現)하여야 비로소 조격보용(助格輔用.격을 돕고 용신을 보조) 할 수 있다."
  이를 정리하면 ▶지지의 쓰임새 ▶지지의 공간 ▶지장간의 발용 시기가 된다.

| 3-2-10-1 | 지지의 특징 |

| ●=1 | 지지의 기능 |

『자평진전』「논 희기 천간과 지지가 다름」에서 "갑 일주에서 정이 투출하면 상관이지만 지지에 오가 있는 것은 상관으로 논하지 않는다. 기토에 오가 오면 상관이 아닌 기토의 뿌리로 논한다."[444]는 것을 앞서 공부하였다.
□1.「희기는 천간과 지지가 다름」에서 기능이 다른 이유는 천간은 동적이고 지지는 정적이기 때문이라고 나온다. 이를 다시 허석하면 아래와 같이 된다.

---

442) 어린왕자-1943년 출판한 셍텍쥐페리의 소설. 1944년 레트로 휴고상 시상식에서 최우수 중격으로 수상. 집필 당시 시대적 배경이 2차 세계대전. 비행기를 타고 아프리카 사막을 여행하고 있던 조종사가 비행기 고장으로 사막에 불시착을 하게 됨.아무도 없을 것 같던 사막에서 생사를 고민하던 중 우연히 한 소년을 만나게 됨. 조종사는 이 어린왕자와 대화하던 중 그가 B612라는 작은 혹성에서 왔다는 것을 알게 됨.
443) 3-2-2-1 통근과 사령
444) 3-1-1-5 ●=3 ■1 □2 "▶정 투출하면 상관-"

☐2.오 혼자는 상관 기능불능이나 지장간과 십이운성 자리할 공간을 확보한다.
☐3.오 화 기능하려면 투출해야 하고 병정화가 없으면 발용을 기다려야 한다.
☐4.지지에 동합 이상이 성립되면 마침내 오행과 상관이 기능을 하게 된다.445)
☐5.정과 오는 같은 음화인데 천간과 지지의 기능이 다르다. 기 토에게 천간 정은 상관이 되지만 지지 오는 화생토로 상관이 아닌 기 토의 뿌리일 뿐이다.

● 간명의 원리

○지지 상관은 아마추어입니다. 개인이 지닌 성향이자 지향적 본능에 해당됩니다.
○상관이 식상이나 재성으로 천간에 투출되어야 프로(돈벌이=경제활동)로 기능합니다. 꼭 재성만 아니라 투출된 육신은 모두 경제활동으로 귀결될 수 있습니다.446)

| ●=2 | 지지의 공간 |

위에서 공부하였듯이 지지가 없으면 지장간과 십이 운성이 자리할 공간이 없게 된다. ▶지표면에 속하는 지지에 집이 있고, ▶그 아래 집터가 있고, ▶더 깊이 우물이 자리한다. 이를 방석과 장판과 온돌로 비유할 수도 있다.

| ●=3 | 지장간의 발용 시기 |

---

445) 2149-1 ■1 ●간명의 원리 ■-2 "지지 두 개 이상(동합, 삼 육합)일 때 작용이 현저"
446) 3장 들어가기 2-3 ■3 『적천수천미』「하지장(何知章)」

『자평진전』「논 지지의 희 기신이 운을 만나서 작용」에서 "사주 지지의 지장간은 때를 기다리던 운이 오면 투출하여 그 쓰임새를 드러낸다."447)는 것도 앞서 공부하였다. 도표를 설명하면 아래와 같다.

□도표1.처럼 투출 못한 지장간은 기능하지 못한다. 2.처럼 투간해야 기능한다.
□도표1.처럼 투출 못하면, 3. 4. 5.처럼 행운에서 해당 오행이 올 때 기능한다.
  이렇듯 지장간은 행운에서 때를 만나 발용되면 기능이 강해지는데, 희신의 발용과 기신의 발용에 따라 그 선악의 결과가 다르다.448) 나머지 발용은 "지장간과 변격"과 "지장간의 발용과 변격"449)을 참고하시라.

3-2-10-2	천지의 물리적 작용

●=1	기반(羈絆 굴레를 씌워 얽어 맴)

'합화(合化 간합, 삼합, 육합)'되어 변하면 자신의 정체성을 잃게 된다.
  '합(合)'으로 묶이는 경우 지장간도 묶여서 무용지물이다 이는 투출되지 못한 장간의 경우이다. 지장간은 발용할 때를 기다리는데, 합으로 묶여 있으면 때가 되도 못나온다는 뜻이다. 또한 기신이 합으로 묶이면 기신이 사라지지 않으니 '흉'이 증강하고, 희신이 묶이면 '길'이 증강된다.

●=2	진신(眞神)과 가신(假神)

■1.진신은 월령에서 투출한 신인데, 그 의미가 다양하다
□『적천수』「진가론(眞假論)」은 "월령 위에서 진신(眞神)을 찾아 진신을 모아

---

447) 3-1-1-5 ●=4 ■1 서문 『자평진전』"사주 지지의 지장간은 때를 기다리던 운이 오면 투출"
448) 2-1-3-2 ●=3 ■5 □2 1)한 글자 상신이 유운(流運) 즉 행운에 발용된다고 모두 긍정이 다니다. 2)행운 여러 글자가 작동하는 YQ-3의 총합은 부정적일 수 있기 때문이다.
449) 1-5-4-1 ●=2 ■4 □1 지장간의 발용은 YQ-3, 4 수치 안에 포괄적으로 포함되어 있다. 1)발용 자체는 변격을 논하지 않는다. 다만 통변이 이를 반영한다.

얻으면 가신(假神)이 진신을 어지럽게 하지 말아야 하니, 진신이 쓰임을 얻으면 평생토록 귀하고 가신을 쓰면 마침내 녹록한(보잘 것 없는) 사람이 된다."450)고 나온다.

□『적천수천미』 "월령에 진신(眞神)을 찾되 취득진(聚得眞)이면 가신(假神)은 응당 진신(眞神)을 어지럽혀서는 안 된다. 진신(眞神)이 득용(得用)하면 평생 귀하나, 가신(假神)이 용신(用神)이면 종신동안 보잘것없는 사람이다"451)고 나온다.

종합하면 진신(眞神452)은 월지(월령)에서 투출한 천간을 말한다. 가신(假神)이 진신을 란(亂어지러울 란) 즉 극설하지 말아야 한다는 이야기이다.

■2.진신은 때를 만나 시령을 잡은 신이다.
■1) 임철초의 『적천수천미』에서는 "진(眞)은 때를 만나 시령(時令)을 잡은 신이고, 가(假)는 때를 잃어 퇴기(退氣)한 신이다. 일주가 쓰는 신이 제강(=월령)에서 시령을 맡고 다시 또 천간에 투출하면 이른 바 진신을 얻은 것이니 가신에게 파손당하지 않아야 평생토록 부귀하게 된다." 라고 나온다.

■2) 여기에 '진신과 가신' 그리고 '파격'의 두 가지 의미가 있다
□▶.진신-시령을 잡은 신 즉 원국을 말하고 ▶가신-때를 잃어 퇴기하는 신 행운(行運)을 말한다. 즉 진신이 물러가는 때인데, 다시 들어오는 신이 진신일수도 있고 가신일 수도 있다.
□진신을 가신이 극하면 파격이고, 그 기신을 해소하면 진신이 다시 회복되는 파격 후 성격이다.

■3.진신은 월령에서 투출한 경우가 아닐 수도 있다.
□『적천수』「진가론(眞假論)」에서 "진신과 가신은 참치해서 분별하여 논하기 어렵고 밝지도 않고 어둡지도 않아서 머뭇거리게 되는 것이니 제강이 진신에게 비추어 주지 않더라도 어두운 곳에서 진신을 찾으면 또한 진신이 있는 것이다."453)라고 나온다.
□이는 월지에 착근하지 못하더라도 격국의 구조상 필요하면 진신이 된다는

---

450) 령상심진취득진 가신휴요란진신 진신득용생평귀 용가종위록록인(令上尋眞聚得眞 假神休要亂眞神 眞神得用生平貴 用假終爲碌碌人)
451) 진신 영상심진취득진 가신휴요난진신 진신득용생평귀 용가종위녹녹인(眞神 令上尋眞聚得眞 假神休要亂眞神 用假終爲碌碌人 眞神得用生平貴)
452) 령상심진취득진 가신휴요란진신 진신득용생평귀 용가종위록록인(令上尋眞聚得眞 假神休要亂眞神 眞神得用生平貴 用假終爲碌碌人)
453) 진가참차난변론 불명불암수둔전 제강불여진신조 암처심진야유진(眞假參差難辨論 不明不暗受迍邅 提綱不與眞神照 暗處尋眞也有眞)

말이다. 예를 들면 대가 양인격에서는 편관이 진신이 된다. 월지 양인이면서 편관이 월지에 뿌리를 드는 경우는 없다. 신강 편관격은 식상대살로 식상이 진신이다. 월지장간에 편관과 식상이 있으면서 편관이 투출하는 경우 역시 흔하지 않다.

| ●=3 | 유정무정(有精無精) |

■1.『자평진전』유정두정(有精無精)은 유력(근접) 무력(이격)과 함께 언급된다.
┐유정(직접작용-연월, 월일, 일시처럼 근접)은 작용이 빠르고 심하다. 바로 식사할 수 있는 완성된 음식에 비유된다
┐무정(간접작용-연시, 연일, 월시처럼 건너뜀)하면 작용이 드러나지 않는데 가까이 없다고 작용이 없는 것 아니다. 주차장에 주차된 자동차나 창고에 보관된 식재료로써 음덕(陰德)의 영역이다. 뚝어져 있지만 기신 작용이면 1경지 내려간다.

■2.『적천수』「간지총론」에 '상하 귀호정협', '좌우 귀호동지'라고 나온다.
□1.귀호정협-천간과 지지가 상생은 못해도 반배(거스르고 어긋남)해서는 안 된다. 그 예를『적천수천미』에서는 "관왕재왕에서 비겁이 재를 견재(파재)하면 유정(有情), 상관견관이 재 없어 통관이 안되는 것을 불협(不協)"이라고 말하고 있다. 나머지 내용을 더 정리하면 통근과 투출 그리고 생합 모두가 유정에 해당된다.
□2.좌우동지-상하 좌우가 천전일기(天全一氣)와 지전일기(支全一氣)는 아닐지라도 생화(生化)가 어긋나지 않는 것을 말한다.『적천수천미』의 예를 보면 "살왕신약을 양인이 합살하는 것과, 살이 희신이면 재가 근접 재생살해야 좋고 살이 기신이면 식신이 제살하는 것을 동지(同志)"라고 나온다.

■3. 충 사이에 합생이 있으면 충이 해소되고 합의 경우도 합 사이에 충극이 있으면 합이 해소된다.(합생은 충=형으로 풀고, 충극형은 합생으로 해소)
  일간과 멀리 떨어져 있어도 각자 회국(會局)이나 합으로 유정할 수 있다. 연간의 용신 경금이 거리가 멀지만 월간에 을목이 있다면 경을 합화로 유정하게 된다. 연주와 월주 그리고 연주와 시주의 관계도 동일하다. 유정하여도 합화나 충극으로 파괴면 파격이다.

| ●=4 | 왕자충발 쇠자충발 |

왕자충발(旺者沖發) 쇠자충발(衰者沖拔)은『적천수』에 나온다.

"왕신이 쇠신(衰神)을 충하면 쇠한 것이 발(拔뽑힐 발)하고, 쇠신이 왕신(旺神)을 충하면 왕신이 발(發)한다"고 하였다. 이때 왕쇠의 판단은 강약(합생, 극충)과 그리고 왕쇠(왕상쇠사, 십이 운성)로 결정된다.

| ●=5 | 탐합망충(貪合忘沖) |

탐합망충(貪合忘沖합 하느라 충을 잊음)이란 합과 충이 있으면 합작용이 먼저라는 의미이다. 축미가 충할 때 사나 해가 개입하면 사축, 사미, 해축, 해미로 합이 되어 충이 해소된다. 그러나 이는 극히 평면적인 좌우의 이야기다. 입체적으로 상하좌우에서 극하는 것이 있으면 합이 성립되지 않는다.454) 물론 충은 그 반대이다.

| ●=6 | 길신태로(吉神太露) |

『적천수』「은현(隱顯)」에 "길신이 천간에 노출되면 쟁탈의 바람이 불고, 흉물이 지장간에 깊이 들면 호랑이를 키우는 재앙이 된다."라고 나온다.
□1.일반적으로 지지의 재성을 길하게 보는 것은 천간의 재성은 충극이 오면 꺾이기 때문이다. 용신도 마찬가지로 암장투간(暗藏透干.뿌리가 지장간에 암장=심장) 되면 근원이 꺾이지 않는다. 그래서 뿌리(深藏심장)가 없으면 용신이 못된다.
□2.인목이 희신인 경우 신금이 충을 하더라도 지장간 병화가 신금을 견제하니 파극(波剋)이 되지 않는다. 인신충이 "다정다감'으로 통변되는데 충하러 왔다가 파극이 되지 않는 이유이다. 사해의 경우도 사중 무토가 해수를 견제한다.
□3.암장된 호랑이는 기신을 말한다. 천간의 충은 꺾이지만 암장된 충은 꺾이지 않으니 이때는 재앙이 된다는 말이다.

| ●=7 | 천복지재(天覆地載) |

천복지재(天覆地載.천간으로 덮어주고 지지는 실어서 뿌리내리게 함)는 개두절각의 반대인데 유정의 의미와 같다. 용신을 생조하거나(이법) 생하는 절기(기법) 즉 동주의 천간과 지지가 서로 상생하는 것을 말한다. "간여지동(干如支同간지동체, 간지겁인)"도 일단은 여기에 속한다. 그러나 희 용신을 생하면 길하나 기신은 천복지재가 되지 않아야 한다. 참고로 ▶간지동체는 천간 지지가 같은 오행이고, ▶간지겁인은 천간과 지지가 비겁과 인수로 구성된 것을 말한다.

---

454) 3231-3 ●=1 합이불합 "▶극 당하면 합 할 겨를이 없다." "상하 좌우에서 극하면 합하지 못한다." "합도 극(충)을 해소할 수 있지만 극도 극을 해소하게 된다."

| ●=8 | 한신(閑神)의 중요성 |

▢한신은 희용신(喜用神)과 기구신(忌仇神) 등 이 네 가지 외의 육신이다.
▶용신이란 신약하면 일간을 생조하고 신강하면 일간을 설기하는 오행이다.
▶희신은 용신을 돕고 ▶기신은 용신을 극하고 ▶구신은 기신을 생조한다. 단 신약에서 관살 기신이 인성을 생하면 관인상생의 희신이 된다.
▢또한 희용신(喜用神)과 기구신(忌仇神)이 무용지물이 되면 한신이다. 아래 무근 사주는 한신인데 희신이 되는 경우를 설명하고 있다.

●-54 실제사주	2--2	3-2-2-1 ●=5 통근과 사령의 예 자료		
☞1. 신약 신강 (무근) 인/설=3/1 -무근	경0	신60	계160	경60
		○	○○○	○
지장간	무○ 병○ 갑○	무○ 갑○ 임○	정○ 을○ 기○○	임○ 계○
지지	인	해	미	자

| ● 간명의 원리 |

○신약 미월 신금이 생 받기보다 열토에 탐, 경도 0으로 무용지물 그래서 한신입니다.
○그러나 토금행운에 경금이 상승하면, 신약 일간을 방조하는 희신이 됩니다.

| ●=9 | 정신기(精神氣)[455] |

 사주는 치우침이 없이 중화를 이루어야 한다는 건데, 이 어원은 도가의 영향이다.『적천수 천미』의 정신편에는 의학용어인 정신과 도가에서 삼보로 여기는 정신기를 언급하고 있다. 참고로 동양의학에서는 신기정혈(神氣精血)을 생명의 사대요소라 하는데 신은 기를 생하고 기는 정을 생하며 정은 혈을 생한다고 할 수 있다. 사주명리에서 정은 인성, 신은 극설(剋洩), 기는 일간을 보좌하는 비겁이다. 이 세 가지가 조화를 이루면 '삶의 경지가 높다. 정만 많으면 삶이 지체되고, 신이 많으면 일신이 허약하게 되고, 기만 강하면 소통이 어려운 고립무원(孤立無援)으로 도움 받을 곳이 없다.

---

[455] 정기신(精氣神)-도교에서 유래한 개념이나 기를 이야기하는 모든 교학에 스며들어 각이 다르고 개가 다름. 동양에서는 전통적으로 삼분법적 체계를 통해 인간 생명의 원천을 설명하고자 함. 이러한 사상의 원형은 《여씨춘추 呂氏春秋》의 형·정·기(形精氣), 《회남자 淮南子》의 형·기·신(形氣神) 등 춘추전국시대 제가백가에서 찾아볼 수 있는데, 후에 진한시기 《황제내경 黃帝內經》에 이르러서는 정(精)·기(氣)·신(神)의 체계로 정착. 고대의 원형적 정기신 학설은 추상적이고 무형인 철학 이론이었으나 《황제내경 黃帝內經》이후 구체적이고 실재적인 개념으로 전환되어 도교 내단학, 동양의학 등의 철학적 기초로 사용됨.

찾아보기-3권 3장

3장 들어가기 1-1 자평법 계통도 ■1 서자평
3장 들어가기 1-1 ■1 ○1 이허중
3장 들어가기 1-2 서문 "▶화승총"
3장 들어가기 1-2 ■2 ●Tip 삼가(三家)의 사상
3장 들어가기 1-2 ■2 ●Tip ■1 ○1 "사단칠정"
3장 들어가기 1-2 ■2 ●Tip ■1 "도가는 기학(氣學), 불가는 심학(心學P"

3장 들어가기 1-3 ●=2 문자의 한계
3장 들어가기 1-3 ●=2 ■1"사변상수", "언부진의(言不盡意), 입상진의(立象盡意)"
3장 들어가기 1-3 ●=2 고립어(중국어) "넣고 빼는 가필(加筆)'이 자유롭다는 점이다"
3장 들어가기 1-3 ●=2 ■1 ●Tip 육서(六書)-한자 생성(生成)의 여섯가지 원리
3장 들어가기 1-3 ●=2 ■2 ●간명의 원리 ○물상의 원리는 육서의 영향이 큽니다.
3장 들어가기 1-3 ●=3 ■1 □1 자평술(子平術)『사고전서(四庫全書)』"슈퍼컴퓨터"
3장 들어가기 1-3 ●=3 ■2 "사주 간명은 사실을 전제로 작가의 추리로 꾸며지는 소설과 같다."
3장 들어가기 2-1 ●=2 배합
3장 들어가기 2-1 ●=2 거류서배(去留舒配)
3장 들어가기 2-1 ●=2 배합 ■4."성정"
3장 들어가기 2-1 ●=3 망령과 신살, 체상
3장 들어가기 2-1 ●=3 ■2 "신의 한 수"
3장 들어가기 2-1 ●=3 ■2 ●간명의 원리 ○1 ○2 체액론. 혈액형
3장 들어가기 2-2 최종격(상신)
3장 들어가기 2-3 ■2 풍선효과(風船效果,balloon effect)
3장 들어가기 2-3 ■3 『적천수천미』「하지장(何知章)」
3장 들어가기 2-3 ■3 『여섯 장님과 코끼리 우화』

제3장 서문 자신의 의지(생각과 행동, 감정, 마음)를 절제 조절 즉 마인드 컨트롤(mind control)
제3장 서문 ●Tip ■-서(恕)의 철학
제3장 서문 (1) "청무성시무형(聽無聲視無形울림이 없어도 듣고, 모양이 없어도 보는 것)"
제3장 서문 (2) "우주 전체 근원은 원자와 허공이며 다른 모든 것은 관습적으로 믿어지는 것들"
제3장 서문 (2) "▶기운의 증감은 하늘의 섭리". "▶관습 운명은 사람(모사) 지각 능력의 일부"
제3장 서문 (2) 즉 근원과 관습은 "모사재인 성사재천(謀事在人 成事在天)"이라 할 수 있다.
제3장 서문 (2) "간명의 기능은 기운의 증감(생극제화)과 스토리화(story化)
제3장 ■2 스토리화(story化)와 메타포(metaphor)
제3장 ■2 ●간명의 원리 "메타포(metaphor은유, 비유)"
제3장 ■2 ●Tip ○육신"1보는 것 2보이는 것, 3보고픈 것, 4애써 보는 것, 5눈 감아도 보이는 것"
3장-2 ■1 □1 ▶대운 등 행운의 간지가 간여지동일수록 상신의 작용이 분명하게 나타난다.
3장-2 ■2 "YVWQ 사주보는 순서" "육신과 격국이 아직 어려운 사람-오행을 위주로 간명한다."
3장-2 ■3 삶의 데이터(표본) 추출
3장-3 ●=3 ■1 "삼원적 구조모형"
3장-4 ■3 ●간명의 원리 ○질량 보존 법칙(質量保存法則)
3장-4 ■4 ■4 사주총량과 실제사주

3-1 ■3 "원국과 행운의 이기법 쓰는 법"
3-1-1-1 ●=2 "자연의 생태계" "우주의 시간"
3-1-1-1 ●=2 '자연의 생태계'
3-1-1-4 ●=1 개두(蓋頭) ●=2 절각(截脚)
3-1-1-5 ■4 "『적천수천미』와 같은 내용"
3-1-1-5 ●=2 행운의 성격과 변격 "운과 배합하면 격이 이루어지기도, 격이 변하기도 한다."
3-1-1-5 ●=3 ■1 □2 "▶정 투출하면 상관"
3-1-1-5 ●=4 ■1 지지의 희신과 기신의 작용은 천간과 다름(지지 두 글자)

3-1-1-5 ●=4 ■1 서문 『자평진전』 "사주 지지의 지장간은 때를 기다리던 운이 오면 투출"
3-1-2-1 ●=1 『적천수』 「출신(出身)」 "세덕과 심전과 산천"
3-1-2-1 ●=2 ●Tip ○스티븐 호킹 박사의 11막 우주론
3-1-2-2 ●=1 ■1 "경지 안에서도 왕(상우), 상쇠(중간), 사(보통)로 그 크기와 높이가 달라진다."
3-1-2-2 ●=2 □3 "3.이상형은 소년기 부조화가 없어야 한다. 즉 인생 초관 변주으로라도 삶을 준비하는 경우 '3.이상형'이고, 그렇지 못하면 중년절정 형'이나 '대기만성 형'이다."

3-2 "기세의 강약" 도표.
3-2-1 ▣3 순역
3-2-1 ▣5 순역(順逆) "그 기세에 순응하는 것"
3-2-1-2 ●=1 ●간명의 원리, "저울"
3-2-1-2 ●=1 『자평진전』의 용신과 상신
3-2-1-2 ●=2 『적천수』와 용신
3-2-1-2 ●=3 ■1 월령 투출 "변화무쌍한 용신"
3-2-1-3 『자평진전』으로 성격(成格)
3213-1 "『자평진전평주』「논칠살(論七殺)」에 (1) "신약"
3213-1 "『자평진전평주』「논칠살(論七殺)」에 (2) "신강"
3213-1 ■3 "신약하면 나를 돕는 운이 와야 하고, 관이 약하다면 관을 돕는 운이 와야 한다."
3213-2 "『자평진전평주』「논상신(論相神)」에서는" □"재가 약하면"
3213-2 ■1 "성"
3213-2 ■1 도표 "성"-"인수와 재가 떨어져"
3213-2 ■3 재격과 행운
3213-2 ■3 반대운 "재왕생관이 되었다면 신왕운과 인수 운이좋고, 칠살과 상관운은 좋지 않다."
3213-3 『자평진전』「논식신(論食神)」에 (1) "설기", "재를 생하는 효능"
3213-3 『적천수천미』 "생육(生育)하고 유통하니" 수기유행(秀氣流行)
3213-3 『적천수천미』에서는 "종아격은 인수 운을 가장 꺼린다."
3213-3 (2) 논상관(論傷官)
3213-3 『적천수천미』 "생육지의". 수기유행(秀氣流行)
3213-3 ■1 도표 "패" "상관 제압"
3213-3 ■2 ▣1 식상용인격, 식상용겁격
3213-3 ■3 ●간명의 원리 ○3 "신약은 겁인이 재관 기능을 대신한다."
3213-4 ●=2 "재관살식상 등을 취하여 쓴다."
3213-5 (1) "상생하면서 쓰인다."
3213-5 ■1 도표 "성"-인수와 재 떨어져
3-2-1-4 서문 "체용 정법"-"신약-인비 신강-식재관"
3-2-1-5 순역(順逆)-『난강망』으로 성격(成格)
3215-2 조후 용신
3-2-2-1 통근과 사령
3221-1 ■1 ▣1) "원국에 한 개의 갑이라는 글자가 있다면 연월일시 네 지지를 견주어 보아서 인해묘미와 같은 글자가 있는지 살핀다. 그중에 한 글자라도 있다면 갑목의 뿌리가 된다."
3221-1 ■3 □2 『적천수천미』「월령(月令)」에 "▶지지의 인원(人元)은 반드시 천간의 인도를 얻어야 하고, ▶천간의 용신은 반드시 지지에서 사령(司令)하여야 한다."
3221-1 ■3 □3 천지상응(천지감응). 『적천수천미』「월령(月令)」에 "천기(天氣)가 위에서 동(動)하면 인원(仁元)이 응(應)하고 지기(地氣)가 아래에서 동(動)하면 천기가 좇는다."
3221-2 토 사용법 ●=1 생금토와 비생금토
3221-2 ●=1 토 "원국에서는 이 기법을 사용하고 행운에서는 이법만 따른다."
3222-2 ●=2 십이운성과 뿌리
3232-3 지충의 조합
3232-3 ●간명의 원리 "와전된 학설"
3-2-3 서문 "생극제화"
3-2-3 서문 "배합의 문제"
3-2-3 ●=1 『자평진전』「논 형충회합」에서 "▶충은 상대를 격사(擊射), ▶회는 삼방의 친구가 모인 것,

합은 이웃과 합한 것, ▶형을 취한 이유는 모르지만..."
3-2-3 ●=3 ●간명의 원리 "○1원국에서는 합충(형)의 해지가 가능. ○2그러나 행운에서 원국의 합충(형)은 완화나 악화될 수는 있어도 해지되지 않습니다. ○3"완화는 해지와 같습니다."

3-2-3-1 합충의 개요
3231-1 ■1 합충의 성립 "일간과의 관계와 국중지신끼리의 관계"
3231-1 ■5 □1) 회합이 형충을 해소하는 경우
3231-1 ■5 □2) 회합 때문에 형충이 성립되는 경우
3231-1 ■5 □3) 회합이 형충을 부활(제2형중)하는 경우
3231-1 ■5 □4) 연 시의 회국(回局)과 천간 지지의 기능
3231-2 ●=1 합래(合來), 합거(合去)
3231-2 ●=1 □3 어떻든 합, 합거 되면 가치가 떨어진다.
3231-2 ●=2 "화(化)나 종(從)도 안 되는 근거의 한 단면"
3231-2 ●=2 서문 "남아 있는 본질-정 일간을 생"
3231-2 ●=2 합의 남아 있는 본질(합의본질)을 이중성이라고 할 수 있는데, 가합(假合거짓 동의, 임시 방편, 무늬만 화려)과 유사하다.
3231-2 ●=2 합의 본질 "이중성-●Tip 심행멸처(心行滅處) 존재하지만 마음과 몸(언어 포함)으로 설명이 안 되는 한계)"
3231-3 ●=1 합이불합 "▶극 당하면 합 할 겨를이 없다." "상하 좌우에서 극하면 합하지 못한다." "합도 극(충)을 해소할 수 있지만 극도 극을 해소하게 된다."
3231-3 ●=1 합이불합" (2)따라서 결론적으로 '상하'의 작용은 '하(지지)'가 우선이라는 말이다.
3231-3 ●=2 합이화 합이불화(合而化 合而不化)
3231-3 ●=2 ■1 합이불화 ▶일간이 지지에 통근하거나 비겁과 인수가 있는 경우
3231-3 ●=3 ■4 " 또한 암합 또한 포부가 크지 않다고 말한다."
3231-3 ●=3 ■5 "5양간은 정재와 합, 5음간은 정관과 합"

3231-4 ●=2 ■1 □2 1)참고로 이 사주는 월지 축토가 있어 병 관을 통관시키니 병신합의 유무를 떠나서 관인통관이 된다. 실제 관살은 관합 여부보다 통관이 더 허다하다.
3231-4 ●=2 ■1 □2 3)그런데 기토가 병을 설하니 월간의 병은 입출상쇄가 되고 기토 인수(편인)도 일간 신금과 연계되지 않으니 한신에 불과하다.
3231-4 ●=1 쟁합 "이름이야 어떻든 합이 되는 것인데 단지 전일(全一)하지 못한다고 하겠다."
3231-4 ●=1 쟁합은 지지에서 "하나의 오행이 두 개 오행을 형충하지 못한다."와 다를 바 없다.
3231-4 ●=2 ■1 □1 정리하면 쟁합은 "정임정O"처럼 일간 정을 두고 양쪽에서 투합이 일어나야 한다는 말이다. 그렇지만 쟁합도 극하는 것이 있으면 성립되지 않는다.
3231-4 ●=2 ■1 □2 4)쟁합 입출상쇄는 자원이 사장되어 보이는 것보다 실속 적다고 통변한다.

3231-4 ●=2 ■2 연월이 일보다 먼저 합, 일월(연에서 설 극의 방해 없어야 합)이 시보다 먼저
3231-4 ●=2 ■2 □1 연에서 방해가 없어야 하는 일월의 관계나, 아래 시일과 월의 관계는 지지에서도 원칙이 같다.
3231-4 ●=2 ■3 시간과 일간의 합은 월에서 관여하지 않아야 합
3231-4 ●=2 ■4 ●간명의 원리 ○3지지 연월의 합충형은 일월의 합충형에게, 일월은 시일, 시일은 연시의 합충형에게 순위를 넘깁니다.
3231-4 ●=2 ■4 연시 회국(回局)은 연월과 시일 다음이면서 작용(합충)의 끝이다. □1 그래서 우선순위를 볼 때 연시부터 보아야 한다. 연시가 성립되면 일월, 안 되면 연부터 우선순위를 본다.
3231-4 ●=3 ■1 쟁합과 쟁충은 그 원리가 같다.
3231-4 ●=3 ■2 연간과 월간의 중복은 중간이다.
3231-4 ●=3 ■2 □2 일간과 월간, 일간과 시간의 비겁 중복은 중간(중첩)으로 보지 않는다.
3231-5 ■1 □4 결국 일간을 제외한 나머지 오행(국중지신)의 합(묶이는 것)은 합거(거동불능)인데 이는 기반(羈絆결박되어 본래 기능 상실)과 의미가 같다.
3-2-3-3 서문 "삼형 육충 육해 오합 육합 삼합 등에서 형과 해의 작용은 비교적 경미하다."
3-2-3-3 ■1 "사(무경병)의 경병과, 술(신정무)의 신정 충은 자체 통관(화생토생금)도 되지만 자연연적인 자원 그대로 현상일 뿐, 충극으로 보지 않는다.

3-2-3-3 ■3 충극은 크게 지장간끼리 자체 구응으로 해소되는 것과 못되는 것 두 가지로 나뉜다.
3-2-3-3 ■4 합충 형파해가 중복되는 경우 우리 책은 합충 형파해 순으로 우선시 한다.
3-2-3-3 ■6 지지 형충에 있어서 "하나의 오행이 두 개 오행을 형충하지 못한다." □이를 합으로 옮기면 하나의 오행이 두 개의 오행과 합하지 못한다는 말도 된다.
3233-1 ●=2 ■3 □1 생왕(해묘)과 록왕(인묘)의 음양합은 인목 양간이 주도한다. □2생묘(묘미)와 왕쇠(묘진) 합은 묘목 음간이 주도한다.
3233-2 형살의 조합
3233-3 지충의 조합

3-2-4-1 유식학(유식론) "안이비설신의(眼耳鼻舌身意)와 마나식 그리고 알라야식"
3-2-4-1 ●=1 자아와 '3부'
3-2-4-2 ■3□2 3)능가경 "보이고 들리는 세계는 실체가 없는"
3-2-4-2 ■4 □2 습(習)은 깃 우(羽)와 흰 백(白)으로 구성되어 있다. 새가 날려면 날개깃이 하얗게 되도록 반복 학습하는 의미이다.
3-2-4-2 ■5 □2 2)"의사이자 정신분석학자 칼 구스타프 융(Carl Gustav Jung)"
3-2-4-3 육신의 작동 원리
3-2-4-3 ●=1 ■1 □2 비겁은 겁의 주체 카르마(karma)
3-2-4-3 ●=1 ■2 □2 식상은 나의 생존을 위한 욕구
3-2-4-3 ●=1 ■3 □2 재는 본능의 발로인 욕심(욕망)
3-2-4-3 ●=1 ■4 □2 관성은 다르마(darma)
3-2-4-3 ●=1 ■5 □2 인성(=연수)은 생각마음=심리)
3-2-4-3 ●=3 ●Tip ○6 "사람의 이기적 본능과 구복적인 발상"
3-2-4-3 ●=1 ■2 "겁 식 재는 형이하학적(물욕의 자리)인 내 뜻대로가 되고, 관(조직의 쓴 맛)을 지나 인수에 이르면 하늘의 뜻(우주의 섭리)을 알 수 있는 형이상학적(정신 즉 이성적이거나 신성)인 성숙의 자리가 된다."
3-2-4-4 ■2 육신의 작용과 부(격)작용
3-2-4-5 생극의 과다(過多)
3-2-4-5 서문 "불급(不及)과 과다(過多)" "『적천수』" "「중과(衆寡)」에서 찾을 수 있다."
3-2-4-5 ●=1 □3 ●간명의 원리 ○1 우리가 사주를 보는 것은 이를 통하여 사람 삶의 현상을 보기 위해서입니다. 그래서 주체는 사주가 아니라 사람입니다.
3-2-4-5 ●=1 □3 ●간명의 원리 ○2 "그래서 사주 분석은 기호(오행, 육신, 용신)를 통하지만 그 현상이 사람에게 나타날 때 색깔은 같습니다. 목이 좋아도 금이 좋아도 돈 들어오고 승진되고 등"
3-2-4-5 ●=1 □3 ●간명의 원리 ○2 3)그리고 모든 메타포는 여러 단어를 모아 짧을지라도 문장으로 이어져야합니다.
3-2-4-5 ●=1 □3 ●간명의 원리 ○4 정리하면 사주를 배합으로 보더라도 '경지와 때'를 얻으면 기호를 떠나야합니다.
3-2-4-6 15세 지학(志學), 30세 이립(而立), 40세 불혹(不惑), 50세 지천명(知天命), 60세 이순(耳順), 70세 종심(從心)
3-2-5-1 ■2 이분법적 사고 ●Tip 참조
3-2-5-2 육친(六親)과 나선구조
3-2-5-2 ●=1 ■1 육친화현법(六親化現法)
3-2-6 ●=1 십신의 작용과 역작용
3-2-6 ●=2 ■1 "길신과 흉신이 무조건적으로 고정"
3-2-6 ●=2 ■3 정 편으로 보는 성향(정작용 편작용)
3-2-7 십신(十神) 두 글자와 배합
3-2-8 ■5 ○그런데 오행과 육신의 상을 나침반처럼 과학문명에 기반한 추론 개발에 쓰지 않고 상(운명)에 얽매인다면 근대화에 실패한 정신처럼 민중의 필요에서 멀어질 겁니다.
3-2-8 ●=2 8자로 결손 보는 법

3-2-9 오행과 육신의 상(像)
3-2-9 서문 "피드백"
3-2-9-1 ■2 ●Tip "허무한 발상"

3-2-9-1 ■2 ●Tip 문화 "인문. 사회. 교양"
3-2-9-1 ■2 ●Tip "사회(사사무애-상호존중 융합)"
3-2-9-2 ■2 ●간명의 원리 ○3 "음양 한두 글자가 아닌 배합"
3-2-9-2 ■2 ●간명의 원리 ○3 "속설"
3-2-9-3 ■1 "오행과 육신오행의 물상" 도표
3-2-9-3 ■3 ●Tip ▣2 "남존여비(男尊女卑)의 산물"
3-2-9-3 ■3 ●Tip ▣2 "기발한 발상"
3-2-9-3 ■3 ●Tip ▣2 ○2 "병신합"
3-2-9-4 육신의 상(像)
3-2-9-4 (5) "육신의 정작용이 강해지면 자연 편작용(겁재, 산관, 편재, 편관, 편인)으로 나타난다."
3-2-9-4 (5) "칠살(편관)의 해는 분명하게 나타나지만 다른 십신은 정편의 구별이 모호하다."
3-2-9-4 ●=1 ■1 "사주의 육신과 실제 타고난 DNA의 상은 같을 수도 있고 다를 수도 있다."
3-2-9-4 ●=1 ■1 □1 ●Tip 인상 도표 "석굴암", "서산마애불"
3-2-9-4 ●=1 ■2 □2 "행운에서 변격되면 인상과 태도와 보는 눈의 변화가 달라질 수 있다."
3-2-9-4 ●=1 ■2. 육신과 상
3-2-9-4 ●=1 ■3 인상과 태도와 사주팔자
3-2-9-4 ●=2 ■1 정(正)작용과 편(偏)작용
3-2-9-4 ●=2 ■2 정작용 편작용과 십신의 통변
3-2-9-4 ●=2 ■6 □5 물극필반(物極必反)
3-2-9-4 ●=3 간명의 실제 "음양-체용-정작용 편작용"
3-2-9-4 ●간명의 원리 ○국중의 육신은 벽돌 한 개와 같습니다.
3-2-10-1 ●=1 지지의 기능 □4 동합 이상
3-2-10-1 ●=1 지지의 기능.
3-2-10-2 ●=1 기반(羈絆 굴레를 씌워 얽어 맴)
3-2-10-2 ●=3 유정무정
3-2-10-2 ●=3 ■2'상하 귀호정협', '좌우 귀호동지'
3-2-10-2 ●=5 탐합망충(貪合忘沖합 하느라 충을 잊음)
3-2-10-2 ●=6 □1 암장투간(暗藏透干), 심장(深藏)
3-2-10-2 ●=7 천복지재(天覆地載)
3-2-10-2 ●=7 "간여지동(干如支同간지동체, 간지겁인)"
3-2-10-2 ●=7 천복지재(天覆地載.천간으로 덮어주고 지지는 실어서 뿌리내리게 함)

제 4 장 자연과 문명
4-1 우주 그리고 지구
4-1-1 우주의 시작
4-1-1-1 「연해자평」과 현대우주론 ················· 205
4-1-1-2 「부도지」와 현대우주론 ················· 206

4-1-2 자미궁과 태양계
4-1-2-1 동이족의 정신적 고향 자미궁 ················· 209
4-1-2-2 별들의 탄생 ················· 209
4-1-2-3 우리은하와 태양계 ················· 210

4-1-3 지구의 어제 오늘
4-1-3-1 5차례의 대멸종 ················· 213
4-1-3-2 대륙의 생성과 분열 ················· 213
4-1-3-3 운석충돌 ················· 214
4-1-3-4 빙하기 ················· 215
4-1-3-6 핵폭발 ················· 217
4-1-3-8 지구 자기장 ················· 218
4-1-3-9 지구의 재앙 ················· 219
4-1-3-10 다트와 테라포밍 프로젝트 ················· 220
4-1-3-11 재앙과 천명론 ················· 222

4-1-4 지구의 불가사의(不可思議)
4-1-4-1 실증사학 ················· 223
4-1-4-2 실증과 불가사의 ················· 225

4-1-5 사람과 생명체
4-1-5-1 연해자평과 반인반수(半人半獸) ················ 228
4-1-5-2 지혜로운 사람과 우둔한 사람 ················ 239
4-1-5-3 호모 사피엔스사피엔스 ························ 240

4-1-6 인류와 문명 ·· 243
4-1-6-1 황인종 ·· 245
4-1-6-2 아리안족 ·· 247
4-1-6-3 서양의 동양 역전 ······································ 249
4-1-6-4 역전과 우리의 과제 ·································· 251

4-1-7 삼성현(三聖賢)의 출현 ····················· <전저책 참고>253
4-1-7-1 태호 복희씨 ·· 306
4-1-7-2 염제 신농 ·· 306
4-1-7-3 황제 헌원 ·· 307
4-1-7-4 치우 천황 ·· 307

4-1-8 성인(聖人)의 출현
4-1-8-1 석가모니 ·· 309
4-1-8-2 공자 ·· 309
4-1-8-3 예수 ·· 310
4-1-8-4 기타 ·· 311

4-2 들어가기
(■-4 ○7.우리도 일본에게 ㅊ참 참혹하게 당했습니다. ·············· 255

4-2 천도와 역의 세계 ···································· 255
4-2-1 천도(天道)의 세계
4-2-1-1 자연론-자연의 도(道) ······················· 266
4-2-1-2 정성론-인도(人道) 본원의 성(誠) ········· 268
4-2-1-3 천명론-주재지천(主宰之天) ················ 272

4-2-2 역(易)의 세계
4-2-2-1 역(易)의 기원 ································· 276
  4221-1 역경(易經)의 역사와 십익 ················ 277
  4221-2 역경(易經)의 구성과 의미 ················ 277
  4221-3 오행과 구궁 ································ 278

4-2-2-2 의리역과 상수역
  4222-1 의리역(義理易) ······························ 273
  4222-2 상수역(象數易) ······························ 280
  4222-3 상수역(象數易)의 종류 ···················· 283

4-2-2-3 상수역의 세계 ································ 285
  4223-1 영의 영역 ··································· 291
  4223-2 꿈 ··· 292
  4223-3 동 서양의 꿈 분석 ························· 294

4-2-3 역(易)의 과거와 미래
4-2-3-1 역(易)의 과거 ································· 296
　4231-1 하늘에서 내려오다 ························ 297
　4231-2 천자(天子)들의 출현 ······················ 298
　4231-3 일반인들의 기구한 삶 ····················· 299
　4231-4 삶에는 '전제(前提)'가 있다 ················ 302
　4231-5 사주명리에서의 '전제(前提)' ··············· 302
4-2-3-2 역(易)의 미래
　4232-1 인식표와 사주 정보 ······················· 304
　4232-2 정보화와 사주명리 ························ 304
　4232-3 가상세계(virtual worlds)와 사주명리 ······· 305

4-2-4 역(易)과 사주명리 ···························· 312
4-2-4-1 동양오술과 사주명리학 ····················· 313
4-2-4-2 사주명리와 운명
　4242-1 운(후천) 변화 ····························· 314
　4242-2 운과 후성유전학 ·························· 315
　4242-3 운과 신경과학 ···························· 316
　4242-4 운(運)과 밈(Meme. 문화적 유전자) ········· 316

4-2-5 개운(開運)법
4-2-5-1 정신기(精神氣)와 개운법 ··················· 317
4-2-5-2 사주명리와 개운의 4요소 ··················· 318
4-2-5-3 개운(開運)의 결론 ·························· 323

4-3 들어가기(동북아 역대 연대표) ································· 324
  (■1) 동이족의 유래 ·· 326
  (■1-1. 조선 총독부 관리와 ■2-1. 여순 감옥에서 옥사 ············· 326)

4-3 역리 및 사주명리학의 역사 ···································· 332
  4-3-1 고대 역리-연산역(蓮山易) ································· 333
  4-3-2 고대 역리(귀장역 歸葬易)-은(殷) 나라 ················ 338
  4-3-3 고대 역리(주역 周易)-주(周) 나라 ······················ 338
  4-3-4 고법명리(古法命理) ·· 340

  4-3-5 자평명리학사(子平命理學史) ····························· 346
    (■-3 강희제(청 4대 황제)와 백두산 정계비 ················ 348)
    (■-6 함풍제 이후 영토 축소의 역사 ··························· 352)
    (■-7 한반도 분할 통치 ··· 353)

  4-3-6 근대 명리학사(近代命理學史) ···························· 356
    (■-1 일본의 근대화 ■-2 일본의 두 얼굴 ················ 356-358)

  4-3-7 우리의 명리학사 ··· 359

| 제 4 장 | 자연과 문명 |

연해자평에 나오는 우주의 시작에서부터 순차적으로 사람이 나오고 역(易)과 사주명리가 나오는 과정을 소개하고 있다.

| 4-1 | 우주 그리고 지구 |

| 4-1-1 | 우주의 시작 |

| 4-1-1-1 | 「연해자평」과 현대우주론 |

■1.『삼명통회456)』원조화(原造化)의 시작과 같은 내용이 『연해자평457)』에서도 나온다. "듣건데 천지가 아직 나누어지지 않음을 혼돈이라 하고, 건곤(乾坤)이 분리되지 않음을 배운(胚腪)이라 이름하니, 일월과 성신(星辰)이 아직 생기지 않았고, 음양과 한서(寒暑)가 나누어지지 않았다.

위로는 우로(雨露) 풍운(風雲) 상설(霜雪) 뇌정(雷霆)이 없어 묘합(杳合)하여 명명(冥冥)할 따름이었고, 아래로는 초목(草木) 산천(山川) 금수(禽獸) 인민(人民)이 없어 혼암(昏暗)할 따름이었다'고 나온다." 즉 빅뱅 이전의 어두운 상태를 의미한다.

이어서 "삼원이 이미 극에 이르러 혼돈이 한번 나누어지고 배운이 분열되어졌다. 가볍고 맑은 것은 천(天)이 되고, 무겁고 탁한 것은 지(地)가 되니 두 기운이 서로 이루어져서 양의가 이미 생겨남에, 화(化)하여 만물을 이루게 된 것이다."라고 하였다.

<허블망원경으로 본 우주. 제공-NASA>

아래 나뉘고 이루어진 만물의 생성 순서는 도가(道家)에서 전해오는 것과 같

---

456) 삼명통회(三命通會)-명나라 만민영 저. 명리-오대말 송초(五代末 宋初)에 획기적 변화가 있기 전의 명리학.
457) 연해자평-남송(南宋)의 서승(徐升)이 저술한 명리학(命理學) 서적. 훗날 명(明) 의 당금지(唐錦池)가 편찬

다.

순서	상태	생성	수(數)
태역(太易)	무극-아직 기가 있지 않음(하나의 기운이 서리고 얽힌 것)	수	1
태초(太初)	기(氣)는 시작되었으나 체(體)가 있지 않음	화	2
태시(太始)	형(形 모양)은 있으나 질(質)이 없음	목	3
태소(太素)	질(質)은 시작되었으나 체(體)가 있지 않음	금	4
태극(太極)	형체가 이미 갖추어진 것(음양의 균형이 온전한 상태-분화 전)	토	5

■2. 이를 오늘날 천체물리학과 비교하면, 동양의 우주론은 프레드 호일[458]의 「정상우주론」보다, 조르주 르메트르(1927년)[459]가 제시한 「빅뱅우주론」과 같다. 빅뱅 즉 허블-르메트르 법칙[460]에 의하면 우주 나이는 빅뱅 후 138억 년이다. 그리고 물질 생성순서는 수소융합-헬륨-탄소-네온-산소-규소-철의 순이 된다.

이를 다시 연해자평과 비교해 보면 ▶1) 최초 빅뱅에서 생성된 수소는 태역의 '수' ▶2) 10억 년 후 핵융합 반응에서 생성된 산소는 태초의 '화'와 태시의 '목' ▶3) 90억 년 후 초신성 폭발과정에서 생성된 황, 인, 철은 태소의 '금'과 태극의 '토'의 생성 과정과 유사하다.

<초신성 폭발-수소, 먼지 가스에서 새별 탄생 장면. 재공-NASA>

| 4-1-1-2 | 「부도지」와 현대우주론 |

■1. 박금이 저술한 「부도지[461]」는 한민족의 가장 오래된 역사서라고 한다. 그는 우주 창조에 대하여 선천(先天), 짐세(朕世)[462], 후천(後天)과 율려[463](律

---

458) 프레드 호일 (Fred Hoyle)-영국의 천문학자, 공상과학 소설가.
459) 조르주 르메트르 Georges Lemaître)-벨기에 카톨릭 신부
460) 허블-르메트르 법칙-속도 거리의 법칙. 외부은하의 후퇴 속도가 외부 은하들까지 거리에 비례한다는 것에서 걸린 시간을 측정.
461) 부도지(징심록)-신라 눌지왕 때 박제상이 저술했다는 사서인 「징심록」의 일부. 1953년에 그 후손인 박금(朴錦)이 그 내용을 발표함으로써 일반에 공개되었고, 1986년 번역본이 출간되어 널리 알려졌다. 조선 시대에 김시습에 의해 번역되었고, 그 필사본이 보관되고 있었다고 하지만 확인할 수 없다. (이유)-해방 후 월남할 때에 여러 대에 걸쳐 전수받은 원본을 함경남도 문천에 놓고 왔고 분단으로 다시 돌아갈 수 없는 상황이 되자, 과거의 기억을 토대로 원본에 가깝게 남한에서 복원한 것이라고 밝히고 있다.
462) 선천, 짐세, 후천-선천은 빅뱅 이전의 상태. 짐세는 빅뱅 이후의 상태. 짐세는 선천과 후천의 중간 단계라기 보다 생성 과정상의 현상. 우주론적으로는 빅뱅, 핵융합, 초신성 폭발에 해당.
463) 율려-양율음려(陽律陰呂), 율동여정(律動呂靜)의 순수음양 운동. 12계절의 움직임을 담은 우주의

呂)를 거론하였다. 그리고 "짐세 이전에는 오로지 여(呂) 즉, 음(音)만 있었다." 하며, "실달(實達)과 허달(虛達) 모두 여(呂), 즉 음(音)에서 나왔다. 율(律)과 여(呂)가 여러 번 반복하여 별들이 출현하였다."라고 전한다.

> ● Tip
> ○여기 여러 번 짐세는 파미르고원의 마고성 시대(후천) 이전의 시대(선천)를 말합니다.
> ○'실달성과 허달성(선천)'의 실과 허는 구체적이면서도 추상적 개념입니다. 우리말의 알과 얼로 설명되는데, 알은 양 얼은 음의 개념으로 색(色)과 공(空)으로도 설명됩니다.
> ○부도지에서 '실'은 사물의 존재 이전부터의 존재(선천)이고, '허'는 존재가 사라져도 남아있는 그 무엇(후천)과 연결됩니다.

■2. 그 반복(선천으로부터 짐세가 여러 번 반복)은 ▶1) 화일(火日) 즉 닷(火, 溫)과 햇빛이 결합되어 8여를 만드는 과정, ▶2) 8여로부터 5음 7조가 생겨나는 과정, ▶3) 운행의 원리를 통하여 질서를 갖추어 가는 과정, ▶4) 마침내 운행을 멈추고 거꾸로 분해 해체를 밟아가는 내용이다.

이는 여러 번의 폭발(짐세)과 분해 해체는 현대 우주론적 입장과 맥이 통한다. 빅뱅에서 시작, 핵융합, 적색 거성[464], 백색왜성[465], 초신성 폭발, 흑색왜성 등의 생성과 소멸(분해 해체)을 거치는 과정과 단계가 유사하기 때문이다. '그리고 여러 번의 짐세가 있었고 짐세가 열릴 때마다 율려가 부활했다'는 것은, 번개 같은 파장과, 천둥 우레와 같은 폭발음이 '율려'라는 음에 들어있다 하겠다.

> ● Tip
> ○여기서 '율'은 자유자재한 흐름을, '여'는 흐름을 구성하는 시원적 요소입니다. 그리고 닷(火, 溫)과 햇빛이 결합한 구체적인 결과가 소리이며, 8여 이전에 3음이 생겼고, 3음의 파장에 의해 다섯 소리가 더해져 8여의 소리가 됩니다.-(짐세 이전에도 율려가 몇 번 부활)
> ○닷 빛은 화일난조(火日暖照)에서 온 말로, 모든 만물이 생겨나는 출발점이라 합니다.
> ○5음 7조는 말로 표현할 수 없는 비감각적 영역입니다. 이러한 추상적인 음과 조가 구체성을 띨 때 음은 소리가 되고 조는 울림이 됩니다.

질서이고 희로애락과 오행, 궁상각치우(宮商角徵羽) 등, 이 모든 것을 함축 함.
464) 적색거성(赤色巨星, red giant)-항성진화의 후기 단계. 태양과 같은 별은 수소를 모두 태우고 나면 덩치가 수백배 더 큰 적색거성으로 팽창. 태양-50억 년 후 팽창 되어 수성과 금성은 물론 지구까지도 위협하게 될 것으로 추측.
465) 백색왜성-적색거성의 다음단계. 외곽이 모두 타버리고 중심핵만 남음. 에너지를 다 소모하고 서서히 식어 버린 차가운 별. 흑색왜성-백색왜성이 오랫동안 냉각되어 더 이상 빛을 내지 않은 상태. 아주 긴 시간이 필요.

■3. 빅뱅 후 우주공간에는 지구의 모든 모래보다 22제곱근이나 많은 별들이 흩어져 있다. 인간의 시계는 길어야 100년, 명리의 시계는 길어야 곽박466)으로부터 1600년이다. 자연과 사람의 오늘이 있기까지, 상상을 초월하는 어제의 시간이 자리 잡고 있다. 이러한 현대의 우주생성론467)적 현상을, 서양에서는 창조론468), 불교는 성주괴공(成住壞空),469) 동북아에서는 생장화수장(生長化囚藏)470)이 자리를 대신하였다.

---

466) 곽박-동진 때 사람(317~422). 그가 저술하고, 서자평이 주석한「옥조선응진경」에 사주라는 단어 처음 등장.
467) 우주생성론-▶1. 빅뱅 후 1초도 지나지 않아 4가지 힘(전자기력, 중력, 강한핵력, 약한핵력)에 의해 분리 되었고 ▶2. 빅뱅 3분 후 화씨10억도 정도로 온도가 낮아져 원자핵이 형성되면서 수소가 생성 되었다. 그 몇 개의 수소가 융합하여 헬륨이 되었으며, 38만 년 후에 빛이 암흑세계로 뻗어 나갔다. ▶3. 빅뱅 10억 년 후 별과 중 원소(질소, 산소, 탄소)가 생성 되었고 ▶4. 빅뱅 90억년 후 굴절과 중력이 결합하여 별이 탄생되는 이 과정에서, 압력 때문에 열이 발생하여 그 열로 핵융합반응이 일어났다, 그 결과 별(초신성 프함)의 탄생과 주변의 수소와 먼지 덩어리가 뭉쳐서 행성과 위성이 태어났다. ▶5. 빅뱅 137억년 후 지금 우즈는 156억 광년의 넓이로 확장 되었고 지금도 팽창 중이다.
468) 창조론-수메르의 엔키신화, 바벨론의 천지 창조설, 이집트의 주신인 레(Re, Ra)에 의한 우주창조, 기독교의 유일신 창조설 등.
469) 성주괴공-무시무종(無始無終) 속에서 생성소별의 변화를 사겁(四劫)으로 설명. 1.성겁(成劫-세계가 성립되는 긴 시간) 2.주겁(住劫-머무르는 기간) 3.괴겁(壞劫-파괴되는 기간) 4.공겁(空劫-파괴되어 아무것도 없는 상태)
470) 5-1-4-1 생장화수장-시종(始終) 구별 없이 생성과 소멸이 끝없이 이어지는 순환론적 사고.

4-1-2　자미궁과 태양계

4-1-2-1　동이족의 정신적 고향 자미궁

■1. 동아시아의 별자리 군으로 자미원[471], 태미원[472], 천미원[473] 등 3원이 있다. 이중 '자미원(紫微垣)'은 천구의 북극을 포함하며, 서양의 별자리인 큰곰자리 일부분과 작은곰자리, 용자리를 포함한다.

동이족[474]은 오래전부터 그 북극의 중심에 하늘의 상제님이 거처한다고 여겨왔다. '자미원'은 자미궁의 담을 의미한다. 그러니까 자미원 안에 우리 민족의 정신적, 영적 고향인 자미궁이 있다는 말이다.

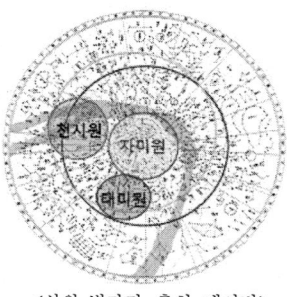

<삼원 별자리. 출처-네이버>

■2. 명리학의 신살에서 최고 길신은 천을귀인이다. 그 이유를 보면「삼명통회」에서의 '천을'이나「명리약언」[475]과 그 외 명리서의 천을[476]은 천을궁을 말하는데 태을궁과 더불어 귀인성(貴人星)이다. 자미궁 입구에서 상제(上帝)를 받들며 하늘과 사람의 일을 연결하는 귀한 일을 하기 때문이다.

4-1-2-2　별들의 탄생

☐1.빅뱅 후 1초도 지나지 않아 4가지 힘(전자기력, 중력, 강한 핵력, 약한 핵력)으로 분리되었다.

☐2.빅뱅 3분 후 화씨 10억 도 정도로 온도가 낮아져 원자핵이 형성되면서 수소가 생성되었다. 그 몇 개의 수소가 융합하여 헬륨이 되었고 38만 년 후 빛이 암흑세계로 뻗어 나갔다.

☐3.빅뱅 10억 년 후 별과 중원소(질소, 산소, 탄소)가 생성되었다.

---

471) 자미원-임금과 왕비, 그리고 태자와 후궁 등 그 가족이 사는 곳이며, 하늘을 다스리기 위한 신하와 장군들이 포진하고 있듯이 모두 170여개의 별로 이루어져 있다. 이러한 별들이 북극성 주위에 포진되어 있다.
472) 태미원-오늘날의 정부에 해당-삼태성, 헌원, 좌원장, 우원자, 오제자 등 대신 격 별자리들이 있다.
473) 천시원-백성들이 모여 사는 도성. 하늘의 시장인 천시원에는 다양한 물건들이 전시되고 매매가 이루어졌다.
474) 동이족-고대 유라시아 대륙의 동쪽 끝을 지배했던 우리 배달국과 배달민족의 조상. 단군의 조상 (4-3 들어가기 ■3 ●Tip "동이족(東夷族)". 4-1-6-1 박금의 부도지 요약)
475) 명리약언(命理約言)-청나라 진소암이 저술한 명리서적.
476) 삼명통회의 '천을'-천상의 신으로 자미원 창합문 밖에서 태을과 함께 천황대제를 섬기며 삼진에 유하고 己표 斗牛 다음에 있고 己未 井鬼之舍로 出한다. 玉衡(녹존성)을 집행하고 하늘과 사람의 일을 교량하니 천을[1]이라 명하였다. 천을은 최고로 존귀한 신이니 천을이 있는 곳에는 모든 흉살이 숨고 피한다.

☐4.빅뱅 90억 년 후 둘절과 중력이 결합하여 별이 탄생되고 이 과정에서 압력 때문에 열이 발생하여 그 열로 핵융합반응이 일어났다, 그 결과 별(초신성 포함)의 탄생과 주변의 수소와 먼지 덩어리가 뭉쳐서 행성과 위성이 태어났다.
☐5.오랜 세월 동안 태양의 파편으로 온도가 따뜻해지면서 이산화탄소와 물과 대기가 형성되었다. 그리고 물이 표면으로 모여 들어 지하수가 되고 그 지하수와 화학반응을 일으켜 생명체가 탄생하게 된다.
☐6.빅뱅 137억 년 후 지금 우주는 156억 광년의 넓이로 확장되었다.
☐7.그리고 수소와 헬륨으로 이루어진 45억 년 된 태양은 우주팽창의 결과 초당 216km 이동하고 있다.

| 4-1-2-3 | 우리은하와 태양계 |

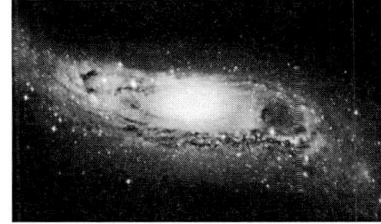 

<'s'로 휘어진 우리은하. 3D구성. 제공-NASA>　　<태양계. 출처-naver_com_20120703_181310>

| ●=1 | 우리은하 |

 우주477)는 1억 2500만거의 은하계로 이루어져 있는데 사람의 능력으로 그 크기를 작량478)하기가 쉽지 않다. 우리은하479)는 그중의 하나이다. 우리은하계 내에는 2,000억 개의 별이 있고 태양처럼 행성을 소유한 별이 60억 개가 된다. 그리고 우리지구를 포함하는 태양계는 우리은하에 속한다.

| ●=2 | 태양계와 지구 |

■1. 태양계는 은하 중심에서 2간 6천 광년 떨어진 오리온자리에 있다. 태양의 자전주기는 적도 기준 25.6일, 극 지점에서는 33.5일이다 그리고 약 2억 3000만 년의 주기로 우리은하를 나선으로 공전하는데, 그 속도가 대략

---

477) 우주-무한한 시간과 만물을 포함하고 있는 공간. 그 끝없는 시 공간의 총체
478) 4-1-1 ●=2 ■3 "우주공간에는 지구의 모든 모래보다 22제곱근이나 많은 별들이 흩어져 있다."
479) 우리 은하. 지름-약 10만 광년, 중심핵의 직경-약 1만 광년, 두께-1만 5천 광년 정도. 나선 팔 부분의 두께는 1천~2천 광년 정도의 크기긴 것으로 추산.

217km/s이다.

동시에 표면온도 섭씨 6천도에, 1초당 7억 톤의 수소를 6억5천 톤의 헬륨으로 바꾸고 있으며 8개의 행성을 거느리고 있다. 그리고 3번째 행성에 산소와 물 그리고 생명체와 사람이 머무르고 있는데 그곳이 우리의 별 지구이다.-("8-1-3-1 ●=2 간지와 28수 천문도" 참조)

아래는 태양계 끝인 명왕성 궤도에서 바라본 지구의 모습이다. 한 점 지구의 모습에서 태양계와 우주의 크기를 상상해 보시라. 지구에서 명왕성까지의 거리는 60억km이고, 이는 지구와 태양간의 거리보다 40배 멀다고 한다.

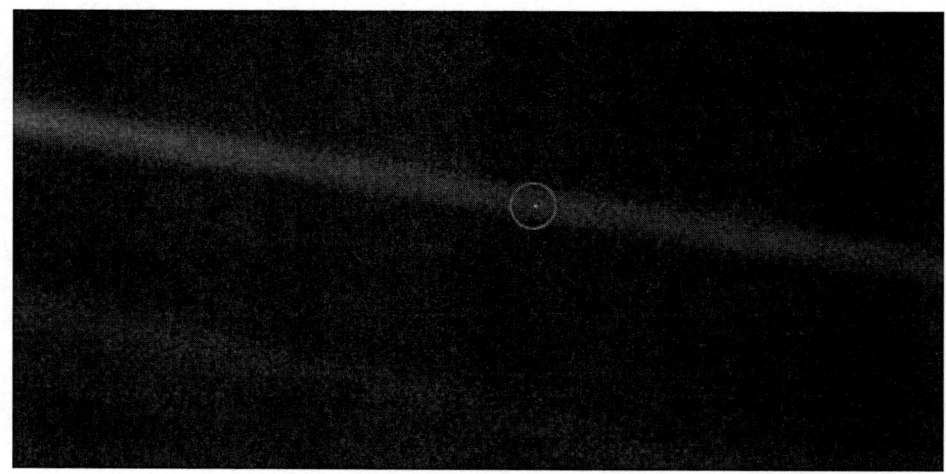

<1977, 8월에 발사된 보이저 2호가 1990, 2, 14 태양계 끝 명왕성 궤도에서 찍은 지구의 모습-출처 네이버>

■2. 지구는 그 태양계480)를 자전하며 공전한다. ▶자전주기는 23시간 56분 4초이고, 자전 속도 대략1609km/h, 0447km/s. ▶공전주기는 태양의 약 1년의 길이로 평균 365.2422일, 공전 속도 대략 30km/s.로 대단히 빠르다.

●=3	우리의 책력

■1. 이를 바탕으로 우리 조상님들은 한 달 28일, 일 년 364일+1일의 책력(冊曆)을 사용했는데, 그 내용이 '박금의 부도지'481)에 나온다. "력(曆)이 바른 즉 천리와 인사가 증합하여 복이 되고, '력'이 바르지 못한 즉 천수가 어그러져

---

480) 태양의 나이-45억 년. 수소와 헬륨으로 이루어져 있으며 우주팽창의 결과 초당 216km씩 나선형으로 이동. 동시에 표면온도 섭씨 6천도에 1초당 7억톤의 수소를 6억5천톤의 헬륨으로 바꾸고 있다.
481) 4-1-6-1 박금의 부도지 요약

괴리되어 화가 된다."라고 적고 있다.

■2. 우리 책력의 역사

원래 달력(calendar)'이라는 말은 라틴어로 '흥미 있는 기록' 또는 '회계 장부'라는 뜻의 '칼렌다리움(calendarium)'에서 그 기원을 찾을 수 있다.

☐1.우리민족은 고대 신시(神市) 배달국 시대부터 1년 13개월인 고유력482)을 갖고 있었다. 이를 부도지에서는 13기(期)와 4요(曜), 28일, 364일과 365일 등으로 전하고 있는데, 3천 년에 하루도 틀리지 않을 만큼 정밀하다.

☐2.그리고 이는 마야 칠성력의 7요, 13개달, 28일과도 같다. 이 결과 해가 가장 짧은 동지로부터 시작해서 가장 긴 하지가 1년의 가장 정중앙에 오게 된다. 또한 해가 바뀌어도 날짜와 요일이 바뀌지 않아 고정력이라고도 한다.

☐3.현재 우리가 쓰고 있는 음력은 태음태양력(太陰太陽曆)(lunisolar calendar)이다. 달의 삭망을 따르면서, 19년에 7번 21년에 8번의 윤달을 넣어 계절의 변화를 맞추어 내는 역법이다.-('8-3-4-3 절기와 지장간' 참조)

☐4.우리가 일반적으로 사용하는 달력은 세계에서 가장 많이 쓰는 태양력인 '그레고리력'인데 1년이 365.2425일이다. 교황 그레고리우스 13세가 1582년에 기존에 쓰던 '율리우스력'의 오차483)를 수정해서 공포한 책력이다. 그래서 3000년에 하루 꼴로 오자가 생긴다. 또한 그레고리력은 해가 바뀐 날짜마다 요일이 바뀌고, 28일부터 31일까지 한 달의 일수가 일정하지 않다. 4년마다 돌아오는 윤년도 번잡하다.

---

482) 부도지 고유력- "천도는 돌고 돌아 종시(終始)가 있고, 종시가 돌고 돌아 4단씩 겹쳐서 다시 종시가 있다. 1종시의 사이를 소력(小曆), 종시의 종시를 중력(中曆), 네 번 겹친 종시를 대력(大曆)이라 함." "1사(祀=년)가 13개월(祀有十三期)이며, 요(曜)의 종일(終日)은 복(服=1주)이다. 기(期=달)는 4요복(曜服) 28일이니 1요복은 7일. 1사(1년)는 13기(13개월) 52복(52주)으로 364일이지만, 매사의 시작에 대사(大祀)의 단(旦)이 있으니 365일이 됨. 3사(祀)의 반(半)에 있는 대삭(大朔)의 판(昄)은 사의 2 분절이다. 이 때문에 4년째 중첩이 되는 대력(大曆)은 하루(閏日)가 추가 되어 366일이 됨."

483) 율리우스력(曆)의 오차-태양이 실제로 춘분점에 오는 날과 당시 사용되던 율리우스력의 춘분날이 불일치

4-1-3	지구의 어제 오늘

「부도지」는 여러 번의 짐세 끝에 후천이 열렸다고 전한다. 그 여러 번의 짐세 즉 지구는 11번의 멸망을 거치면서 그때마다 새로운 세상이 열리게 된다.

원시 지구는 마그마의 바다였다 한다. 그리고 지금으로부터 대략 25억 년 전 발바라, 우르, 케놀랜드, 콜롬비아 등의 초 대륙이 있었다고 전한다.

4-1-3-1	5차례의 대멸종(1차 4억 4,300만 년 전~5차 6,600만 년 전)

그중에 지난 6억 년 동안 다섯 번의 대멸종(mass extinctions)[484]이 일어났다. 단기간에 대부분의 생명체가 멸종된 사건인데, 포유류인 인류가 나타나는 시기는 5차 대멸종 후이다.

4-1-3-2	대륙의 생성과 분열(2억 3000만 년 전)

■1. 대륙의 생성

최초 초 대륙 이후 판 구조론에서 로디니아(Rodinia) 대륙[485]은, 약 10억에서 7억 년 전 생겨나서 약 6억 년 전에 분열되었다고 추정되는 두 번째 초 대륙이다. 이후 2억 3000만 년 전에 다시 생성된 초 대륙을 '판게아[486]'라 한다. 또한 판게아 주위에 형성된 하나의 초대양(超大洋)을 판탈라사(Panthalassa)라 부른다.

---

484) ▶1차 대멸종-고생대 오르도비스기 말(4억4,300만 년 전). 갑작스런 기후변화가 발생한 결과 대기와 해양의 이산화탄소 농도 급격히 떨어지며 식물의 수가 급감. 생태계파괴-해양에 살고 있던 생물의 57% 정도가 멸종.
▶2차 대멸종-고생대 데본기 말(3억7,000만 년 전). 급격하게 기온이 낮아지면서 10만년~30만년의 간격을 두고 두 차례의 대멸종이 발생. 소행성 충돌이나 거대한 화산재를 원인으로 추정.
▶3차 대멸종-고생대 페름기. 중생대 트라이아스기 경계(2억4,500만 년 전). 지구 역사상 가장 컸던 대규모 멸종. 초 대륙 판게아가 형성되면서 지질학적으로 엄청난 변화 발생. 그리고 시베리아의 대규모 화산 폭발로 100만년 동안 3억km2의 용암이 분출돼 1,750m 이상의 침전물이 형성 됨. 지구 온난화와 해양생물의 산소 부족을 원인으로 추정.
▶4차 대멸종-페름기 말에 발생한 3차 대멸종과 유사. 하나로 합쳐졌던 판게아 대륙이 2억 년 전 점차 느리게 분열 시작. 대서양에 마그마 분포영역 형성. 대규모 화산폭발. 소행성 충돌. 800만 년 동안 지구온난화 지속.
▶5차 대멸종-중생대 백악기. 신생대 제3기의 경계(6,600만 년 전). 공룡이 모두 멸종한 시기. 100만년~250만년 동안 발생. 대멸종 가운데 가장 빠르게 대멸종이 진행. 그리고 유타칸 반도 근처에 소행성 충돌-직경 약 185km정도 깊이는 약 20km의 크레이터 형성-파충류의 시대 저물고 포유류가 번성하게 됨. <출처-이웃집과학자(http://www.astronomer.rocks)>
485) 로디니아(Rodinia) 대륙-"로디니아"라는 이름은 마크 맥메나민(Mark McMenamin)이 1990년에 명명, 러시아어로 "고향"을 의미하는 단어 "로디나(родина, rodina)"에서 유래.
486) 판게아- '라이브 사이언스(Live Science)'에 따르면 매일 맨틀 윗부분을 통해 흡수되고 있는 물의 양이 1000만 리터를 넘는 것으로 추산. 엄청난 양의 바닷물이 맨틀 내부를 스며들면서 지각 판 변동에 의해 '판게아'가 생성됐다는 연구 결과가 발표돼 주목을 받고 있다.

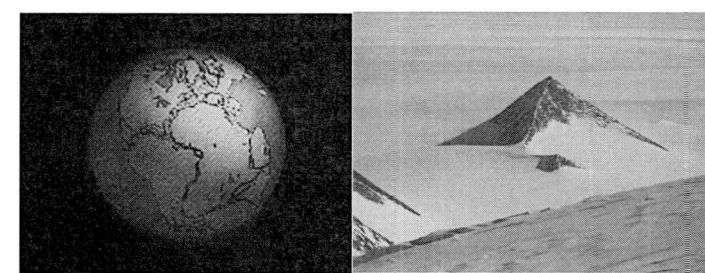

<초 대륙 판게아. 출처-ⓒWikipedia>　　<남극 대륙의 피라미드와 너도밤나무 화석. 출처-구글, 네이버>

■2.대륙의 분열 (2억 년 전)

판게아의 분리는 대략 2억 년 전에 본격적으로 시작되었다. 로라시아487) 대륙과, 곤드와나488) 대륙이 조각조각 분리되면서 현재의 모습이 되었다.

남극은 곤드와나 대륙에서 분리되었는데, '너도밤나무 화석'이 발견 되었다. 지금의 위치에 있기 1억 년 전에는 산림이 울창했다는 기야기이다. 또한 피라미드는 문명의 흔적을 달해준다. 현생인류의 일 간년 역사 이전에 수많은 일이 있었다.

4-1-3-3	운석충돌(6500만 년 전)

지구에는 약 200개의 크고 작은 크레이터(Crater)들이 있다. 우측 애리조나의 구덩이(크레이터는)는 4만에서 2만 5천 년 전의 것으로 추정되고 있다.

약 6,500만 년 전에 멕시코의 유카탄 반도에도 생긴 지름 180km의 운석충돌구가 있다. 지름 10km의 운석이 초속 20km의 속도로 충

<미국 애리조나주의 구덩기 폭800Km 깊이200m. 출처-네이버>

---

487) 로라시아 대륙-현재의 유르시아 북아게리카 판으로 발달.
488) 곤드와나 대륙-남극, 남아메리카, 아드리카, 호주, 뉴기니, 누질랜드, 아라비아 반도, 인도 대륙.

돌하여 만들어진 결과이다. 이로 인하여 C-Pg 대멸종(Cretaceous-Paleogene Extinction)이 일어난다. 중생대 백악기와 신생대 고 제3기 사이에 일어났는데, 공룡을 포함해 지구 전체 생물종의 60~70% 정도가 사라진 사건이다.

공룡은 대략 2억 2천8백만 년 전부터 지구에서 살기 시작했는데, 공룡이 살던 때는 중생대(고생대 중생대 신생대)이다. 그리고 중생대는 다시 트라이아스기, 쥬라기, 백악기로 세분화된다. 공룡이 멸종하던 약 6천5백만 년 전의 지층에서 이리듐(iridium)이 대량 발견이 되고 있다. 이리듐은 운석에서 많이 포함된 물질이다.

4-1-3-4	빙하기(12,000만 년 전)

■1. 빙하기[489]는 대륙 빙상이 상대적으로 많이 확장되어 한랭한 기후를 나타내는 기간이라고 정의된다.

신생대 4기로 들어서면서부터, 약 320만 년 전에서 100만 년 전까지 약 41,000년을 주기로 기온이 점차 하강하고 있다. 100만 년 전부터 현재까지 약 10만년 주기로 빙하기와 간빙기를 반복한다. 마지막 빙하기는 약 11만 년 전에 시작되어 1만 2천 년 전에 끝났다.

■2. 반면에 빙상이 상대적으로 많이 후퇴해 온난해진 시기가 있는데 간빙기(interglacial interval)라 한다. 현재 간빙기(홀로세)는 약 1만 2천년 정도 지속되고 있다.

그러니까 10만 년 전에 출현한 호모 사피엔스는, 대부분의 추운 빙하기를 살아온 것이다. 약 2만 년 전쯤은 추위가 맹위를 떨치던 시기다. 엠파이어스테이트 빌딩만 한 빙하가 뉴욕까지 밀고 들어와, 인류는 빙하를 피해 적도 부근으로 내려가기도 하였다.

이 시기를 '최종빙기 극성기'라고 한다. 수백 미터 두께의 얼음으로 된 베링 육교를 건너, 마야문명[490]의 후예들이 아메리카로 이주하게 되는 계기가 되기도 하였다.

■3. '최종빙기 극성기'의 지구는 현재의 기온을 0으로 했을 때 약 8.5도 정도

---

489) 빙하기(glacial age 혹은 glacial intervals)-기온이 대폭 하락하여 온대 기후이던 지역까지 빙하가 뒤덮는 시기. 빙하 시대라는 말은 20세기 자연 역사 과학자(보통 박물학이라고 함) 루이스 아가시즈가 처음 제창
490) 4-1-6-1 □2 '포폴 부'

의 평균 기온의 하강을 확인할 수 있다. 극지방에 가까울수록 기온의 변화는 더욱 심하여 생물의 생존에 많은 어려움을 주던 시기였다.

| 4-1-3-5 | 잃어버린 대륙 |

●=1 레뮤리아(MU) 대륙(9,600년 전)

「플라톤491)」 자신의 저서에 의하면, 지금의 태평양에 뮤(Mu)492)나 레무르아(Lemuria)로 알려진 광대한 대륙이 있었다고 기록하였다.

뮤 문명493)은 78,000년 전에 세워졌고 52,000년간이나 지속되었다. 그리고 레뮤리아 대륙은 네 번에 걸쳐 사라졌다.

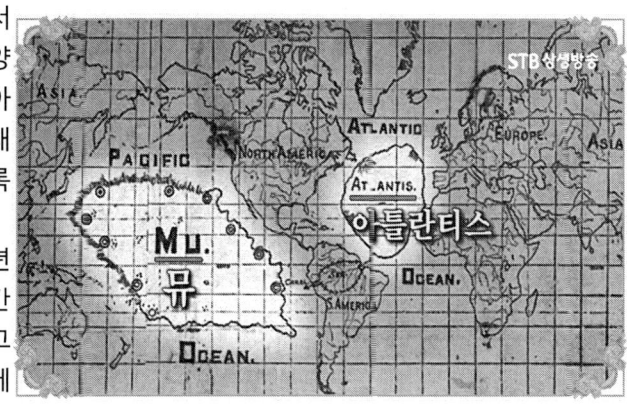

<뮤, 아틀란티스 대륙. 출처-구글>

●=2 아틀란티스(9,600년 전)

초고도 문명 아틀란티스494)는 그리스 철학자 플라톤의 저서 「크리티아스495)」

---

491) 플라톤(?~BC427)-고대 그리스 철학자. 객관적 관념론 창시자, 이데아설 제창. 소크라테스 저자. 귀족 출신.
492) 뮤(Mu)-동쪽 끝은 현재의 이스터 섬, 북쪽 끝은 하와이 제도, 서쪽 끝은 마리아나 제도, 남쪽 끝은 지금의 쿡 제도에 해당한다. 동서의 길이는 8천 킬로미터, 남북은 5천 킬로미터로 지금의 태평양 면적의 절반 크기.
493) 뮤 문명-1868년, 영국의 처치워드 대령은 힌두교 사원의 고승(高僧)이 오래된 원반 형태의 점토판 2개를 보여 주었다. 그 후 미국의 지질학자인 윌리엄 니벤이 점토판과 똑같은 문자가 마야의 고대 신전과 달력, 티세크의 돌기둥 및 아스트 파사르코의 「돌로 된 테이블」에서 발견되었고, 이스터 섬에서도 유사한 문자가 발견되었다는 보고를 받았다. 이러한 자료를 토대로 처치우드는 무 문자로 된 점토판의 해석에 성공했다고 발표했다. '태양의 제국'이라고 불리는 무 제국은 건축과 항해술이 뛰어나 세계 각지에 식민지를 넓혔는데 식민지의 지배자들은 무 제국의 자손임을 나타내기 위해 스스로를 '태양의 아들'이라고 불렀다.
494) 플라톤의 아틀란티스-바다의 신 '포세이돈'이 '클레이토'라는 인간 여인을 아내로 맞아 다섯 쌍의 남자 쌍둥이를 낳음. 이중 장남 '아틀라스'가 훗날 왕이 되어 아버지가 관장하던 영토를 다스리게 됐는데 그 나라의 이름이 아틀란티스.
495) 크리티아스-플라톤이 자기 가문의 할아버지였던 '솔론'이 말년에 이집트에 갔을 때 만났던 고위 사제와의 '세계의 종말과 고대 문명에 대한 대화' 내용을 기록한 책. 솔론이 그에 대한 저술을 하려 했으나 이루지 못하고, 솔론은 전언이 150년간 가문 대대로 내려왔다'고 서술. 그 후손 플라톤이 집안에 내려오던 솔론의 전언을 기록했다는 것.

에 처음 언급되는데, 그의 할아버지 '솔몬'이 이집트에서 만났던 사제를 통해서 들은 내용을 적었다. 그 내용을 보면 "세계는 여러 시기 동안 여러 가지 방법, 그리고 불과 물로 인한 종말을 맞은 바가 있다. 그 외에도 멸망의 역사는 헤아릴 수도 없이 많다."고 말하면서, 훌륭한 문명이 물로 멸망한 예를 들었는데, 그것이 '아틀란티스'였다 한다.

■1. 아틀란티스는 거대한 화산섬이었고, 장대한 산맥마다 초목이 무성하며, 비옥한 토지, 풍부한 자원 등 좋은 환경을 갖춘 지상낙원으로 묘사되었다.

<칠레 이스터섬의 모아이 석상과 수중의 모아이 석상(해저 23m). 출처-구글> <오키나와 남단 요나구니의 해저 피라미드. 출처-구글>

특히 "아틀란티스의 영토를 벗어나지 않고도 바다 반대편의 다른 대륙에 이를 수 있었다."고 한다. 이는 배나 지금의 대륙간탄도미사일처럼 날아서 간 것이 아니라 지구를 관통496)했다는 이야기가 되고 또 그렇게 전해오고 있다.

그러나 갑작스런 지진과 홍수가 덮치며 하루아침에 바닷속 깊이 가라앉으며 사라졌다 한다. ▶80만 년 전, ▶20만 년 전, ▶8만 년 전 ▶마지막은 아틀란티스라는 이름으로 침몰했는데, 그때가 기원전 9564년이라고 전한다. 지진, 화산폭발, 지축 이동 혹은 극이동에 의한 대규모 지각변동에 의해 멸망했다는 것이다.

■2. 현재 폴리네시아인들은 대륙이 침몰할 때 겨우 재앙을 면한 사람들이며, 일부는 아시아, 인도, 러시아, 몽골, 남미 등으로 뿔뿔이 흩어졌다고 전해진다.

4-1-3-6	핵폭발(8,000년 전)

오늘날 과학자들은 과거 화성(火星)은 물론, 지구에도 핵폭발이 있었다고 주장한다. 즉 고대에 지금 이상의 초고도 문명이 있었다는 것이다. 그 이유로 이집트 남부나, 8000년 전 인도 모헨조다로497) 등에서 핵폭발의 결과, 그 후 발

---

496) 관통-대서양 아틀란티스에서 태평양 뮤까지 지구 관통하는 핵기술. 지축이동 해일발생설.-아직 설에 불과.

생하는 유리화(琉璃化)의 흔적을 제시한다. 명리학의 신살은 학문적 근거를 제시하기에 어려움이 있다. 그러나 그 시절 핵폭발을 계산하는 슈퍼컴퓨터라면, 신살 구성에 대한 의문이 크게 달라질 수도 있다.

4-1-3-7	대홍수(5,000년 전)

BC 2800년 경 지구에 대홍수498)가 일어났다고 전해온다. 성경, 그리스 신화, 마야 신화, 바벨론 신화는 물론, 태호복희와 여와, 한국의 두 남매 이야기 등 세계 곳곳의 신화와 전설에서 홍수가 등장한다. 홍수 이전에는 지구의 황금시절이 있었을 것으로 추측된다. 내셔널지오그래피 뉴스에서는, 남북극 지역에서 발견된 공룡화석 전시를 보도한 적이 있다. 남북극이 따뜻하여 공룡이 살았다는 것이다. 그리고 홍수 이후 지구환경이 척박해졌는데, 모든 문헌들에서도 사람들의 수명이 비교할 수 없이 짧아졌다고 나온다.

<가상 Expanse(궁창). 출처-다음>

4-1-3-8	지구 자기장

지구와 화성은 쌍둥이 행성이라 한다. 그러나 화성은 대기와 물이 없다. 스스로 내핵을 잃어버렸기 때문이다.

지구는 매우 커다란 자석으로 볼 수 있다. 막대자석에 철가루를 뿌리면 자석의 'N극'에서 'S극'으로 줄이 형성된다. 지구 역시 그와 비슷한 모양의 줄 즉 자기력선을 만들어낸다. 이처럼 지구가 가지고 있는 고유한 자기장을 지구자기장이라고 한다.

---

497) 모헨조다로(Moenjodaro)-'사자(死者)의 언덕'이라는 뜻. 인도 파키스탄 남부에 위치, 인더스 문명이 남긴 최대의 도시 유적-하수도와 대중목욕탕 시설이 있다. 인도인의 조상인 아리아인에 의해 정복 당함. 고온에서 만들어지는 유리 파편 유적지 주변의 높은 방사능, 그리고 썩거나 훼손되지 않은 사체를 근거로 핵전쟁 추정.

498) 대홍수-성경에 "하나님이 궁창을 만드사 궁창 아래 물과 궁창 위의 물로 나뉘게 하시매 그대로 되니라" (창1:7). 고 나온다. 영어 성경에서 궁창은 'Expanse'로 지구를 둘러싸고 있는 '대기권'을 의미. 'Expanse'는 온실효과를 만들어냈다고 한다. 창조과학에서는 홍수 원인으로 궁창위의 물이 육지로 내려갔고, 그 결과 온실효과가 사라졌다고 주장. 하지만 빙하기와 상반되는 온실효과에 대한 연구가 더 필요. 연대를 보면 공룡의 멸종은 6,600만 년 전이고, 빙하기는 100만 년 전에 시작되었으며, 대홍수는 5,000년 전인 이유.

태양과 지구 사이의 공간은 태양으로부터 오는 대전된 입자들의 흐름에 의해서 연결되어 있다. 이 흐름을 태양풍이라 하는데 약 450km/s의 속도로 입자와 자기를 운반하고 있다. 태양풍은 태양의 활동에 영향을 받는다. 태양의 흑점과 관련된 폭발인 태양 플레어는 태양풍의 돌풍을 일으키는 원인으로 알려져 있다.

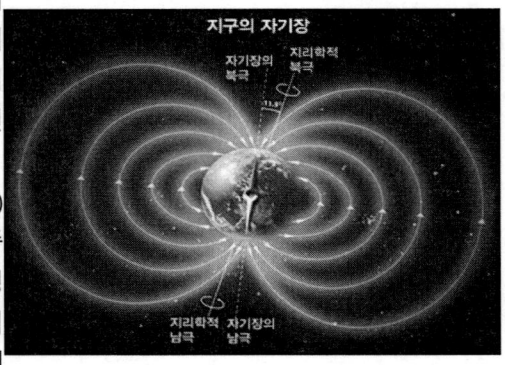

<지구자기장, 출처-Naver>

 이러한 대전된 입자들(이온과 전자)은 지구자기장에 의해 밀려난다. 즉 지구자기장이 없었다면 지구에 생명체가 존재할 수 없었을 것이다. 지구자기장은 내핵이 영구자석이기 때문에 발생하는 현상이다.

 자기장은 35억년 전 소행성의 폭발이 있었고 그 잔해가 지구로 들어왔다. 그 때 원시 마그마의 바다에 들어온 최초의 물에 의해서 생성되었다.

 자석이 되려면 자성체를 퀴리온도(약 400℃이상) 이상으로 가열한 후 강력한 전기장 속에서 서서히 냉각시키는 과정이 필요하다.

 지구에서도 35억년 전 지구 내핵이 이러한 과정을 거치면서 영구자석이 되었다. 지구에 자기장이 없으면 생명이 존재할 수 없다. 인간의 탐욕을 징벌하기 위해서 자기장이 존재하지 않는다. 이러한 자연현상(자연론)[499]을 도외시하면 막연한 주재지천(천명론)으로 흐르는 우를 범하고 만다.

4-1-3-9	지구의 재앙
●=1	폼페이의 최후

 서기 79년 고대 로마제국의 폼페이를 잿더미로 만든 사건이 있었다. 바로 베수비오 화산인데, 폭발 15분 만에 도시가 초토화되었다고 연구자들은 말한다. 이러한 사실을 두고 어떤 이들은 인간의 탐욕을 징벌하기 위한 신의 노여움으로 해석한다. 과연 그럴까? 원시 바다에서부터 식어가는 지구 내핵의 마그마는 화산활동으로 분출한다. 이는 징벌적 이야기가 아닌 극히 자연현상의 일부이다.

---

[499] 4-2-1 천도(天道)의 세계 "자연론 정성론 천명론"

●=2　　　　　공룡의 최후

앞서 보았듯이 공룡은 약 6500만 년 전 거대한 운석 충돌[500]로 최후를 맞이했다. 이날 벌어진 상처는 현재 멕시코 유카탄반도에 지름 180km의 거대한 크레이터로 남아 있다.

이러한 소행성(운석) 충돌에는 3000만 년 주기설도 있다. 태양은 우리은하를 약 2억 5000만 년 주기로 회전한다. 그러면서도 태양은 은하 원반에 대해서 수직으로도 규칙적이면서 반복적으로 진동한다. 마치 회전목마를 타는 것처럼 위아래로 오르내리며 우리은하를 크게 한 바퀴씩 회전하고 있다.

태양계의 이러한 진동주기는 약 6000만 년이라 한다. 따라서 태양은 약 3000만 년에 한 번씩 은하 원반을 수직으로 통과한다. 물리학자 리사 랜들(Lisa Randall)은 이렇게 통과할 때마다 은하 원반을 가득 채우고 있는 암흑물질의 영향을 받을 것이라 추정했다. 이 3000만 년이란 숫자와 지구에 운석이 충돌한 주기가 매우 겹친다. 만약 이 현상을 몰랐다면 '3000만 년 징벌설'이 유행했을지 모른다.

●=3　　　　　러시아의 소행성

1908년 러시아에 떨어진 50m 크기의 소행성도 원자폭탄 15개의 위력과 맞먹는 충격파로 엄청난 피해를 입혔다고 전해진다.

4-1-3-10　　　　　다트와 테라포밍 프로젝트

●=1　　　　　다트 프로젝트

태양계 내에 수십억 개에 달하는 소행성이 존재한다. 이들의 지구 충돌 가능성에 대비하기 위한 선행 연구가 다트 프로젝트이다. 우주선을 보내 소행성에 충돌시켜 어떤 진로의 변화가 생기는 지 관찰해 데이터를 수집하는 것이 주목적이다. 참고로 한국천문연구원에 의하면, 지구 근처를 도는 소행성만 해도 2만 3000 여 개라 한다. 그중 지구를 위협할 만한 소행성은 2000개 이상으로 추정하고 있다.

한편으로 금속막대 등을 이용해 소행성을 파괴하거나 궤도를 바꾸려는 연구도 이어지고 있다. 미국 존스홉킨스대 응용물리 연구소의 패트릭 킹 박사 연구팀은 100m 길이 소행성에 1메가톤급 핵폭탄을 터뜨린 시뮬레이션 결과를 발

---

[500] 4-1-3-1 5차례의 대멸종

표했다. 99.9%가 산산조각 나면서 지구를 비껴나갔다는 내용이다. 그렇지만 핵폭탄은 지구에 미칠 악영향이 우려된다.

 한편 필립 루빈 미 캘리포니아대 교수 연구팀은 금속 막대를 부착한 미사일을 발사해 충격파로 소행성을 파괴하는 기술을 연구 중이다.

●=2　　　　　　　　테라포밍

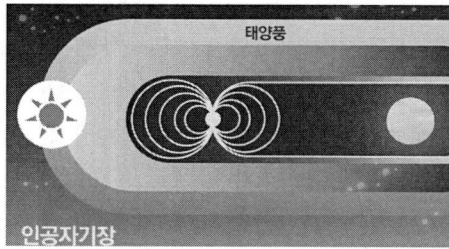
<인공자기장. 출처-구글>

<우주거울. 출처-다음>

 테라포밍(Terraforming)은 지구가 아닌 다른 외계의 천체 환경을 인간이 살 수 있도록 변화시키는 일이다. 현재까지는 화성이 최적의 후보지로 꼽힌다. 인간이 화성에 갈 수 있는 시점을 2039년이라고 NASA는 공개한 바 있다.

 화성은 스스로 대기와 중력을 잃어 버렸다. 화성의 테라포밍이 완성되려면 자기권과 대기권이 형성되어야 하고, 온도가 상승해야 한다.

▢화성에는 지구처럼 태양풍을 막아줄 자기장과 오존층이 없다. 그래서 인공자기장이나 방호벽을 설치해야 한다.

▢대기는 동식물의 호흡, 소리의 전파 등에 필수적이다. 대기를 조성하기 위해 기압을 높이고 염화부화탄소 화합물을 투입해 온실효과를 일으킨다.

▢기온을 높이는 다양한 방법 중 우선 우주공간에 거울을 설치하여 태양빛을 반사하는 방법을 생각할 수 있다. 그리고 핵폭탄이나, 화석연료를 태우는 방법도 있을 것이다.

▢물은 화성에 존재하는 빙하를 녹이거나, 인공 강우를 이용하거나, 얼음으로 이루어진 소행성을 화성에 충돌시켜 물을 얻는 방법, 육지와 바다 비율 조정 등의 방법으로 물을 만들어낼 수 있겠다. 참고로 지구에 존재하는 대부분의 물은 바다로서 저장되며, 그 비율은 97%에 육박한다.

▢먹거리는 지구의 극지방에서 생존 가능한 이끼류를 화성의 극지방에 뿌리고 인조 미생물을 퍼뜨린다. 그리고 유전공학으로 강화된 식물을 심는다.

▢인간이 생존할 수 있도록 환경을 조성하고 도시를 건설하면 화성의 테라포

밍 과정은 끝이 난다.

> ● Tip
> ○아마 우리의 지구도 그 무엇에 의해 이미 테라포밍이 되었는지 모릅니다.
> ○그 예로 인도의 샴발라501)와 같은 지하 세계의 이야기는 '포폴 부'502)에도 있습니다.
> ○이외에도 바다 밑 수중을 포함하여 남극을 비행한 조종사의 목격담은 지하 세계로 통하는 통로와 UFO503)의 존재에 의문을 제기하기도 합니다.

4-1-3-11	재앙과 천명론

베수비오 화산폭발로 폼페이가 멸망하였다. 이를 두고 인류의 향락과 타락에 경종을 울린 주재자(신)의 심판으로 해석하는 경향을 흔하게 본다. 그렇다고 운석의 충돌로 공룡이 멸종한 것을 공룡이 징벌을 받았다고 할 수 없다. 테라포밍(Terraforming) 프로젝트는 재앙으로 인한 인류와 대멸종을 염두에 둔 고민과 대안의 산물이다. 이는 모르면 운이 되고 운명이 되는 것과 연결된다.

> ● Tip
> ○광해군의 분조(分朝)-'조정을 나누다' 또는 '조정의 분소'라는 뜻으로, 선조(宣祖)가 있는 의주 평양의 조정과 또 하나 전쟁 중에 광해군이 주도하던 조정을 말합니다.
> ○1592년(선조25) 4월, 20만 일본군이 임진왜란을 일으켰을 때 선조(宣祖)가 급하게 광해군을 세자로 책봉하여 군량을 모으고 민심 수습을 위해 분조의 책임을 맡겼습니다.
> ○지구는 '11번의 멸망과 다섯 번의 대멸종'504)을 거쳤기에, 분조가 필요한지 도릅니다.

---

501) 샴발라(Shambhala)-티베트 불교에서 아시아 내륙의 어디엔가 있다고 전해지는 낙원과도 같은 이상향. 시베리아 툰드라의 영하 40도에서 순록을 몰며 살아가는 혹독한 세상과 비교가 안 됨. 샴발라 지명은 티베트 불교를 숭상한 티베트 서부 지역보다 시대적으로 앞선 상승 문화권의 여러 고대 문헌에 자주 등장. 그러나 샴발라는 점차 순수한 불교의 땅으로 인식됨.
502) 4-1-6-1 □2 '포폴 부'
503) 4-1-4 ●Tip ○초고도 문명의 주체는 한 줄이 아닙니다.
504) 4-1-3-1 5차례의 대멸종

| 4-1-4 | 지구의 불가사의(不可思議) |

 우리 책은 과거 지구에 신이든 외계문명이든 불가사의든, 결과적으로 초고도 문명이 존재했던 것을 부인하지 않는다.

 독일의 역사가인 랑케(1795~1886)의 역사 서술 방법을 보면, 본래의 역사적 자료에 충실하는 특징이 있다. 사료적 가치나 개념을 편견이나 선입견에 사로잡히지 않고 끝까지 객관적으로 서술하는데 이를 실증사학이라 한다. 그래서 랑케에게 묻고 싶다. 물증만 있고 사료가 없는 초고도 문명을 어떻게 실증사학으로 담아낼 것인지 말이다.

● Tip

○초고도 문명의 주체는 한 둘이 아닙니다. 오늘 날 UFO와도 관련되는데 이 배경에 외계문명과 외계인이 있습니다. 2021년 미국 정부는 미확인 비행물체(UFO)의 실체 규명은 어렵지만 국가 안보에 문제가 될 가능성이 있다는 조사 보고서를 발표했습니다.-(경향신문 2021 6 26 이정호 기자, 참조) 그러니까 UFO에 대하여 긍정도 부정도 아닌 것입니다.
○우리 책은 이를 환웅천황과 코미타투스[505], 수메르 점토판의 엔키[506], 플라톤[507], 인도의 베다 문헌[508], 마야의 '포폴 부'[509] 그리고 이종교배[510] 등을 통해 소개합니다.
○이는 이집트에서 발견된 고대 그노시스 문서나, 마야 파칼왕 피라미드 무덤의 판석에 새겨진 조각 등등 세계 도처의 많은 신화나 벽화로도 전해져 옵니다.
○폴 헬리어 캐나다 전 국방부 장관(1963~1967)은 당초 2~12개의 외계 종족이 있다고 믿었지만 나중에는 80개 이상의 종이 있다는 보고를 받았다 합니다.
○공부하고 싶은 사람은 라이라(LYRA), 베가(VEGA), 에이펙스(APEX), 시리우스(SIRIUS), 플레이아데스(PLEIADES), 제타 레티쿨리(ZETA RETICULI) 등을 더 검색 바랍니다.

| 4-1-4-1 | 실증사학 |

■1. 일본 교토학파의 실증사학은 랑케로부터 비롯된다. 그러나 우리 입장에게는 19세기 일제가 반도침략과 식민지배의 학문적 기반을 확고히 하기 위하

---

505) 4231-1 서문 "삼천 무리의 코미타투스"
　　4-3 들어가기 ■3 ●Tip ■2) ■-1 ○2 이들 코미타투스 삼랑(三郞)은 고조선 국자랑(國子郞), 북부여 천왕랑(天王郞), 고구려 조의선인(皂衣仙人), 백제 무절(武節), 신라 화랑(花郞), 고려 재가화상(在家和尙) 등으로 이어졌습니다.
506) 4-1-4-2 ●=11 수메르 점토판
507) 4-1-3-5 ●=2 플라톤의 저서 「크리티아스」
508) 4-1-4-2 ●=8 ■2 "베다(Vedic) 문헌에는 신이 우주를 고속으로 날아다닌다."
509) 4-1-6-1 □2 '포폴 부'
510) 4-1-5-1 유전공학과 이종교배

여 조작해낸 식민사관으로 연결되는 아픔이 있다. 이러한 실증사학은 19세기 말부터 대표적으로 시라도리(白鳥庫吉), 이케우치(池內宏), 이마니시류(今西龍)가 주도하고 1920년대까지도 활발하게 활동했다. 특히 이마니시 류는 이병도의 스승이자 삼국사기 원문을 조작·변조하는 등 우리 역사를 왜곡하고 황국신민화에 앞장섰던 핵심 인물이다. 이들은 연 월 일이 분명한 사실만 인정하는 실증주의를 앞세워 단군조선을 제외시키고 삼국시대 이후로 우리 역사를 는한다.

■2. 1930년대부터는 '조선총독부 조선사편수회'를 통해 실증사학의 논리를 한국인 학자들이 주도적으로 이끄는데, 여기에 이병도(李丙燾), 이홍직(李弘稙), 김상기(金庠基), 이상백(李相佰) 등이 있다. 식민사학자들은 대개 일본 도쿄제국대학교, 와세다(早稻田)대학교, 서울의 경성제국대학교에서 공부한 석학들이다. 특히 식민사관의 거두 이병도 선생은 해방정국에서 '서울대학교 교수' '교육부 장관' '한림원장'을 역임하게 된다.

■3. 이러한 교토학파의 역사관은 우리들의 역사 교과서에도 실린다.511) 이들은 우리민족의 국가 성립을 앞서 말한 것처럼 청동기 이후 삼국시대로 본다. 그래서 청동기 문화는 B.C 10세기 이상을 올라가지 않는다고 가르친 것이다. 이 결과 단군조선의 실재(實在)가 부정되고 신화 속의 나라 '전설 따라 삼천리'가 되었다.

> ● Tip
>
> ○1938년 조선총독부 "조선사편수희"가 펴낸 35권의 "조선사"는 실로 방대합니다. 이를 위해서 도서 4,950책 사진 4,510권, 문권, 화상, 편액 등 453점이 수집되었습니다.
> ○위에서 수집한 사료로 "조선사료총간(朝鮮史料叢刊)" 20집이 간행되었고, 또한 3권의 책으로 구성된 "조선사료집진(朝鮮史料集眞)"이 있습니다. 특히 "조선사료총간"에는 임진왜란과 관련된 사료가 압도적으로 많습니다.
> ○그러나 편년체512)로 기록된 이 역사서는 일제의 정치적 의도가 문제입니다.
> ○이러한 "조선사"는 현재에도 전체가 번역되지 못했다 합니다. 그러니까 일제가 수집한 방대한 자료가 어떻게 선택 발췌되어 왜곡되었는지 일반인은 알 수 없습니다. 즉 왜곡의 과정을 알지 못하면서 일제의 조작 결과만을 따른다는 허무한 말도 됩니다.
> ○2014년 이후 '인하대 고조선연구팀'에 의하면 "조선사"는 놀랍게 가짜역사라 합니다.

---

511) 4-3-1 ●=3 ●Tip ■1-2 "국정교과서에 실리면서 오늘에 이릅니다."
512) 4-1-7 ●=5 편년체(연, 월, 일, 순서 대로 사실(史實)을 기록), 공자 춘추필법(春秋筆法)에서 유래

| 4-1-4-2 | 실증과 불가사의 |

 랑케의 실증사학으로도 서술이 불가능한 피라미드 같은 불가사의(不可思議)가 있다. 이러한 초고도문명의 흔적은 헤아릴 수 없이 많은데, 불가사의는 『화엄경』 "부처의 지혜는 허공처럼 끝 없고 그 법(法)인 몸은 불가사의하다"에서 왔다. '말로 나타낼 수도, 마음으로 헤아릴 수도 없는 오묘한 이치나 가르침'[513]을 이른다.

| ●=1 | 안티키테라의 기계 |

<발견당시. 출처-네이버>　　　　<발견 후 조립 모습-네이버>

 1900년 그리스의 다이버가 안티키테라 섬 근처에서 30개가 넘는 톱니바퀴와 세 개의 숫자판이 있는 기계를 발견하게 된다. 기원전 1~2세기 전 난파당한 고대 그리스 혹은 로마의 화물선이 발견되면서 세상에 알려지게 되었다.
 이 기계를 다시 조립하자 해와 달, 그리고 당시에 알려졌던 다섯 행성들의 천문학적 위치를 측정할 수 있는 과학기구가 만들어졌다. 최근의 연구에 의하면 이 기계는 고대 그리스의 4년 주기 달력을 편성했다고 전한다.

 지구의 역사를 보면 16세기에는 차동(差動)기어 장치의 개념이 재발견되었다. 이 기계의 복잡한 구조와 부품의 축소기술은 18세기 가장 정교한 시계와 비교된다. 그러나 시계기능만 있는 것이 아니다.
 2016년 현재까지 발굴된 것은 부품의 일부이며, 기계의 표면에 새겨진 글자는 일종의 설명서와 같다. 이 중 약 25%에 해당하는 3,500여 개의 글자를 해독한 결과 태양, 달, 금성 등 천체들의 움직임과 위치, 일식에 관한 예측 등이

---

513) 3231-2 ●=2 합의 본질 "이중성-●Tip 심행멸처(心行滅處) 존재하지만 마음과 몸(언어 포함)으로 설명이 안 되는 한계"

담겨 있었다. 당시의 다세는 천동설이다. 그러나 지동설의 개념, 즉 당시 알려지지 않았던 행성의 운동 이론과 중력법칙에 대한 가정이 담겨 있다.

●=2 진시황의 토우

오늘날 중국은 광활한 영토 우에 일사분란하게 중국이란 하나의 이름으로 55개 민족 13억 인구가 살고 있다. 그 시작은 2,000년 전 중국 역사상 최초로 통일국가를 형성한 진에서 출발한다. 이 선봉에 시황제가 있다.

그러나 그는 위대한 업적에도 불구하고 진시황은 폭군 혹은 광인이라는 평가를 받는다.

<처음 발굴 당시병마는 채색상태였다 한다. 그러나 공기 접촉으로 색어 사라졌다 함. 출처-네이버>

1974년 진시황릉에서 남동쪽으로 1.5km 떨어진 지하 4~5m에서 병마용갱이 발굴되었다. 그가 지하에 영원한 안식처를 만들었던 것을 보면 살아서는 영웅이었으며 죽어서는 신화로 남는 불멸을 꿈꾸었는지 모른다.

지하는 전차전의 전투대형 배치와 함께, 사람과 말의 실물크기 진흙상 6000개가 발굴되었다. 그리고 똑같은 얼굴이 없다. 지금까지 3개의 갱이 발견되었다. 1호갱은 3열 종대 병사토우와 40여승의 목조전차가 있고, 2호갱의 병마용은 보조부대이고 3호갱은 경호부대가 있으며 사슴뿔, 짐승뼈등이 출토되었다.

거기에는 2천 년이 지난 지금도 날이 서 있는 칼날과 녹슬지 않는 기술력, 쇠뇌(활보다 장거리 활포)도 있었다. 그리고 크로마이징(크롬 분말을 이용해 금속을 열처리하는 기술)은 서양보다 대략 2천 년이 앞선다고 한다.

●=3 화강암 홀

오늘날 현대문명에서 석재가공에 사용되는 도구로 드릴, 절단기, 연마기, 레이저 등이 있다. 고대 석재 유물들은 특히 대부분 모스 경도가 7이상인 단단한 재질의 돌이 주종을 이루는데 여기에 현무암, 화강암, 규암 등이 있다. 그러나 지금의 도구로도 가공이 가능한지에 대한 답은 없다.

■1. (석영 컵)-재질은 석영인데 석영은 모스 경도 7에 이르는 고강도 재질이다. 참고로 강화유리 모스경도가 6이며, 다이아몬드 모스 경도가 10이라 한다. 이 컵을 가공하는 도구는 7보다 더 강해야한다.

■2. (고대 그릇)-토기는 점토를 빚어 구워서 만든다. 그러나 고대 로마와 이집트에서 발견된 그릇 중에는 돌을 깎아서 만든 그릇이 있다. 그릇의 접혀있는 날개부분이 아래 사부의 원판처럼 깎아서 만들어졌다.

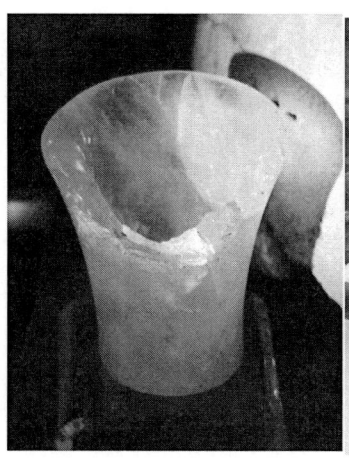

1-<석영 컵. 출처-네이버>   2-<고대 그릇. 출처-네이버>   3-<사부의 원판. 출처-네이버>

■3. (사부의 원판 Tri-Lobed Disc)-이 유물은 1936년 이집트 학자 Brian Walter Emery가 아누 지브 파라오 (Pharaoh Anedjib)의 아들인 사부(Sabu)의 무덤에서 발견 되었다. 대략 기원전 3000년 전의 것으로 추정하고 있다. 지름 61cm, 높이 10cm. 철제처럼 보이지만 아니다. 재질이 괴상 변성 실트스톤(metasiltstone)이라는 돌이다. 중앙에 홀이 있고 프로펠라처럼 생긴 3개의 날개 부분이 매우 얇다. 또한 굽힌 각도의 곡선이 예사스럽지 않다. 이 작업을 정으로 쪼아서 완성할 수만은 없다. 현재 이집트 카이로 박물관에서 소장 전시 중이다.

■4. (타공)-아래 석재에 뚫은 타공은 이집트나 잉카 유적지에서 자주 발견된다. 단단한 돌에 이 타공된 구멍들은 원이 거의 완전하고 모서리나 내면은 직각이나 정사각 형이다. 원을 측량해보면 공차율이 1/10,000 인치인 유물들이 많다고 한다.

구멍을 자세히 보면 내벽에 오늘날 드릴 가공작업에서 발견되는 나선형 그루브(Groove)가 존재한다. 이러한 나선형 그루브는 회전체나 그 이상의 도구가 있어야 한다. 우리가 보통 정으로 석재를 가공하는 개념을 벗어나는 일이다.

■5. (푸마쿤푸)-가장 오래된 것으로 추정되는 유물로 모서리는 아직도 날이 선 면도칼처럼 매우 예리하고 정교하다.
볼리비아 안데스 산맥을 탐사한 프랑스 탐험대에 의해 발견되었다 한다. 대략 1만4000년 전에 만들어진 것으로 추정하고 있다.

■6. (조적기술)-마야문명 특징 중의 하나가 특이한 조적 방식이다. 다양한 형태의 돌과 돌이 맞닿은 부분은 정밀하게 가공되어서 틘틈이 없다. 이러한 석조양식은 신전이나 성스러운 특별한 장소뿐만 아니라 사람이 사는 곳에서는 흔하게 나타난다.
아래는 이집트나 잉카 유적의 여러 타공 기술을 모은 것인데 다각형 구조도 보인다.

5-<푸마쿤푸. 출처-네이버>

4-<타공기술과 다각형 타공. 출처-네이버>   6-<마야 조적기술. 출처-네이버>

■7. (카일라사 사원Kailasa Temple)-인도 마하라 슈트라(Maharashtra)에 있다. 거대한 암석을 깎아 공간을 구성하는 공법은 세계 도처에서 발견되는데 그중 하나이다. 참고로 현대의 건축물은 거의가 조적(벽돌이나 석재를 쌓아 올리는 방식)방식을 활용한다.

7-<인도의 카일하사 사원. 출처 네이버>　　　　8-<요르단 페트라 사원. 출처-네이버>

■8. (요르단 페트라 사원)-페트라 역시 조적이 아닌 거석을 깎아서 공간을 완성하였다. 아래 사람의 크기를 비교하면 이 구조물의 크기를 짐작할 수 있다. 그러나 그 시절 이러한 구조물을 완성할 수 있었던 설계도면과 시공을 위한 장비나 도구는 전해지지 않는다. 페트라는 영화 인디아나존스의 촬영지로 유명해졌다.

●=4	나스카 라인

1<벌새. 출처-네이버>　　　2<나스카 라인. 출처-네이버>　　3< ?. 출처 네이버>

　페루 리마에서 해변을 따라 남쪽으로 약 400킬로미터 지점에 나스카가 있다. 나스카 라인은 이곳 평원에 새겨진 거대한 지상화이다. 대략 기원전 900년경부터 서기 800년 사이에 만들어졌을 것으로 추정되고 있다.
　나스카 라인이 처음 발견된 것은 1930년대에 이르러서다. 당시에 개설된 리마와 아레키파 간의 노선을 비행하던 항공기 조종사들이 나스카 사막에 널려 있는 수많은 기하학적 도형을 발견했다. 황량한 나스카 평원은 서쪽으로는 태평양, 동쪽으로는 안데스 산맥의 중간 지대다. 안데스산맥에서 불어오는 서늘한 바람과 차가운 훔볼트 해류가 만나면 습기를 형성하지 못해 비가 거의 내리지 않는다. 즉 기후가 형태 유지에 도움이 된 것이다.

■1. (벌새)-이 선들은 총 18가지로써 새, 원숭이, 거미 등과 같은 동물들, 인간의 모습, 100개가 넘는 기하학적 도형을 표현하고 있다.
 그림 한 개의 크기가 작은 것은 100m 큰 것은 300m에 달한다. 어떤 것은 8km에 달하는 직선 형태도 있다. 이는 서울시의 두 배가 넘는 1,300㎢에 달한다. 이 광활한 공간에서의 작업은 도면과 발달된 측량술이 필수이다. 그러니까 지금과 같은 아니 더 발달된 측량 기법이 존재해야 가능하다. 그러나 우리 인류가 대규모 토목공사를 가능하게 된지가 불과 1세기 남짓이다.

■2. (지상의 나스카 라인)-나스카 고원의 지표는 하얀 석회질 토양에 검은색 돌로 얇게 덮여 있는 특성이 있다. 검은 색 돌을 치워내고 30센티미터 정도의 깊이로 파서 바닥의 하얀 흙을 드러나게 하는 것만으로도 선을 그을 수 있다. 걷어낸 돌들을 옆에 둑처럼 쌓아놓은 것을 사진에서 볼 수 있다.

■3. (?)-우주복을 입은 사람인지 우주에서 온 사람인지 사료가 없다. 어떠한 상징이든지 무의미하게 그냥 그려지지 않는다. '만다라문향'514)처럼 그 무엇을 담고 있다. 하늘에서 보아야만이 보이는 도형이란 자신들 외에 또 누군가가 그것을 보고 있다는 것을 의미한다. 우리는 이 지상화가 그려지고 대략 3천 년이 지나서야 보게 되었으니 우리를 위한 그림은 아니다.
 그렇다면 우주에서도 보인다는 피리미드처럼, 나스카 라인은 자신들의 상징이자 영역을 누구에게 보여주고 있다는 것인데 우리는 그 대상을 알 수가 없다.

| ●=5 | 아비도스(Abydos) 상형문자 |

이집트의 나일강 근처 고대 도시 아비도스에 아비도스 신전이 있다. 1848년 그곳에서 유물을 발굴하던 고고학자가 신전입구에서 신기한 도형을 발견하게 된다.

---

514) 만다라문향-우주 법계(法界)의 온갖 덕을 망라한 진수(眞髓)를 그림으로 나타낸 불화(佛畫)의 하나. 원래는 '본질(ma만다라 폰트 이미지 1a)을 소유(la)한 것'이라는 의미였으나, 밀교에서는 개달음의 경지를 도형화한 것을 일컬었다 함.

<아비도스 신전의 도형. 출처-네이버>

발견 당시 고고학자들은 이 상징들을 3,000년 전 신전 건축과 함께 벽에 조각된 그저 해석이 불가능한 특이한 이집트문자로만 생각했다.

그러다 100여 년이 지난 시점에 다시 보니, 20세기에 개발된 전쟁무기들과 너무나 흡사한 것이다. 중앙 상단부터 우측으로 헬리콥터, 잠수함, 폭격기, 전투기를 연상시키는 조각들이 보인다. 특히 헬리콥터로 보이는 상징은 동체 모양과 회전날개, 항공기 꼬리, 프로펠러 등은 오늘날의 모습과 비교해도 놀랄 정도로 정확하게 묘사되어 있다.

14세기 후반의 레오나르도 다빈치(Leonardo da Vinci)는 어떠한 영감이 떠오를 때 마다 스케치하는 습성이 있었다고 전한다. 거기에는 심장의 심근 섬유주를 비롯하여 비행기부터 로봇에 이르기까지 갖가지 상상으로 가득하다. 우측은 다빈치가 남긴 노트의 한 페이지로 아래 부분에 그의 아이디어인 헬리콥터가 스케치 되어 있다.

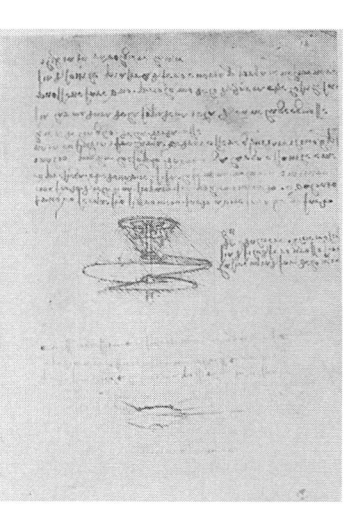

<다빈치 스케치. 출처-네이버>

그는 1505년에 하늘을 나는 새에게 영감을 얻어 비행 연구에 몰두하기 시작했고 그 상상을 노트에 옮겼다. 그가 남긴 '새의 비행에 관한 코덱스(Codex)'는 30,000개가 넘는 단어와 500장의 스케치를 담고 있다 한다. 돌이켜 보면 서양 현지에서 수 천 년을 내려오는 비행체 이야기가 다빈치의 하늘을 나는 상상을 유발시켰고, 그 영감이 이루어져 오늘날 서양의 과학문명이 탄생하게 된 배경이 된 것은 아닌지, 물증은 있는데 사료가 없다. 어떻든 아비도스 상형문자 속 헬리콥터는 다빈치의 상상보다 4,500년이나 더 빠르다.

| ●=6 | 바그다드 전지 |

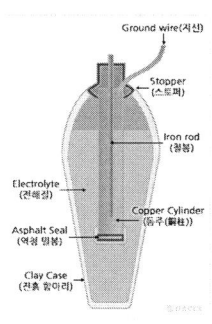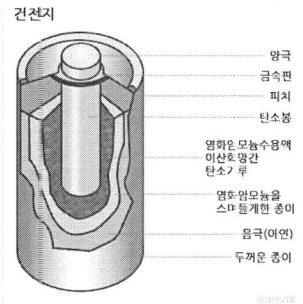

<바그다드에서 발견된 2천년 된 전지. 출처-네이버>

  전지(電池)는 이탈리아의 과학자 볼타(Alessandro Volta, 1745~1827)에 의해서 1800년경 세계 최초 발명되었다.

  위 사진은 1936년 여름 파르티아(Parthia) 왕조기 유적지에서 발굴된 진흙 항아리가 다름 아닌 전지라는 것이다. 대략 기원전 3세기에서 기원 후 7세기 사이에 이라크에서 제작된 것이라 한다.

  14센티미터 높이의 진흙으로 만든 항아리에 직경 2.6센티미터, 길이 10센티미터 가량의 구리로 된 원통이 들어 있었다. 원통의 윗부분은 역청(瀝靑-아스팔트와 같은 석유 생성물)으로 밀봉되어 있었다. 그곳의 한가운데 직경 1센티미터, 길이 7.5센티미터 정도의 철심이 원통 쪽을 향해 박혀 있는데 오늘날의 전지 구조와 같다.

| ●=7 | 수메르 점토판 |

  ■1. 이들은 점토판에 쐐기문자로 기록을 남겼다. 그러나 기록이 있고 유물이 있는데, '수메르역사'라 하지 않고 대부분 왜 '수메르신화'라고 부른다.

  기원전 7세기경의 것으로 추정되는 '아슈르바니팔' 발굴의 25,000여 점토판 중 일부가 해독되었다. 이로 인하여 수메르인의 정치와 경제, 역사, 그리고 사회문화와 종교에 관한 생생한 내용들을 알 수 있게 되었다.

  그중에서 14개의 점토판은 '제카리아 시친'[515]과 UCLA대학의 '사샤레신' 박사

---

515) 제카리아 시친-▶1920년7월11일 아제르바이젠 소비에트 사회주의 공화국 에서 출생. 영국 위임통치령 팔레스타인 (Mandatory Palestine) 에서 자랐고 University of London 에서 경제학으로 학위수여. 1952년 뉴욕으로 이주하기 전까지 이스라엘에서 편집자와 기자로 활동. ▶점토판 해석-점토

에 의해서 해독 되었는데, 천지창조, 홍수, 바벨탑 등 구약성서의 모체가 된 '사해사본516)'의 내용과 거의 일치한다.

■2. 수메르문명의 주인공들은 기원전 6,000년 경부터 지금의 이라크남부 지역에 정착해 살았다. 이들은 이집트문명이나 황하문명보다도 더 오래된 세계이자 가장 오래된 초고도 문명인들의 후예일지 모른다.-(동이족의 홍산문화 비교)
□1.60진법을 사용했는데 60진법은 60초가 모여 1분이 되고, 60분이 모여서 1시간이 되는 시간단위의 기본원리이다.

□2.그들은 점토판에 우리태양계에 12개의 별들이 존재한다고 기록해 놓았다. 원래 우리 태양계의 행성은 9개이지만(명왕성이 퇴출되었기 때문에 지금은 8개), 여기에 태양과 달, 그리고 니비루(Nibiru)행성까지 포함하면, 우리태양계는 총 12개의 별이 된다. 수메르인들이 우리태양계에 총 12개의 별이 있다고 기록한 것을 보면, 그들은 우리 태양계에 천왕성, 해왕성, 명왕성의 존재까지도 알고 있었다.

□3.백내장수술을 실시할 정도로 높은 의학수준을 지니고 있었고, 거대한 크기의 수많은 지구라트와 대신전, 화려한 궁전과 대규모 도시를 건설하였다.

<수메르 점토판. 출처-구글>

판은 수메르신화가 담겨있는데 아슈르바니팔에서 발굴(기원전 7세기경으로 추정)된 25,000여 점토판 중 일부를 해독한 것. 그중 14개의 점토판은 '제카리아 시친'과 UCLA대학의 사샤레신 박사에 의해 해독. ▶점토판 내용-인류의 발생으로부터 시작. 즉 우주에서 실제로 신이 내려왔고 당시의 원생인류를 유전자조작에 의해 현생인류로 바꿈으로써 자신들의 노예로 만들었다는 이야기인데, 그 내용이 구약성서의 모체가 된 '사해사본'(기원전 168년쯤으로 추정)의 내용과 거의 일치. (1)오래전 원래 태양계에 지구는 없었고 대신 화성과 목성 사이에 티아마트(Tiamat)라는 행성이 있었음. 마르둑이 태양으로 접근하면서 인력에 의해 티아마트 행성에 균열이 생기고, 티아마트 행성이 부서짐. 그리고 가장 큰 덩어리가 떨어져 나와 지구와 달이 되었다는 내용. (2)여기에 아직까지 확인되지 않은 태양계 12번째 행성인 니비루(공전주기 3,600년)가 나옴. 그들은 니비루의 대기에 생긴 이상을 치유하기 위해 금을 찾아 아눈나키들이 지구에 처음 도착 했다 함. 이 아눈나키들의 노동력을 대신하기 위해 에렉투스와 자신들의 DNA를 합성하여 지구인 호모 사피엔스를 창조했다는 내용.
516) 사해사본-기원전 168년쯤으로 추정. 기독교 탄생 이전의 히브리어판 구약성서와 이와 관련된 문서들. 후에 '사해 문서'라 불리게 됨. 20세기 중반 베두인의 목동에 의해서 우연히 발견.

■3. 또한 수메르점토판517)에 아눈나키(Anunnaki), 그들이 믿었던 최고의 신이자 통치자 아누(Anu)와 그 아들 엔키(Enki)와 엔린(Enl I)에 관련된 내용도 있다. 그리고 태양계의 12번째 행성으로 명명된 니비루(Nibiru) 행성에 관한 이야기도 나온다. 그들이 지구에 온 이야기에 관심 있는 사람은 "엔키의 서"를 보기 바란다.

●=8   인도 베다문헌

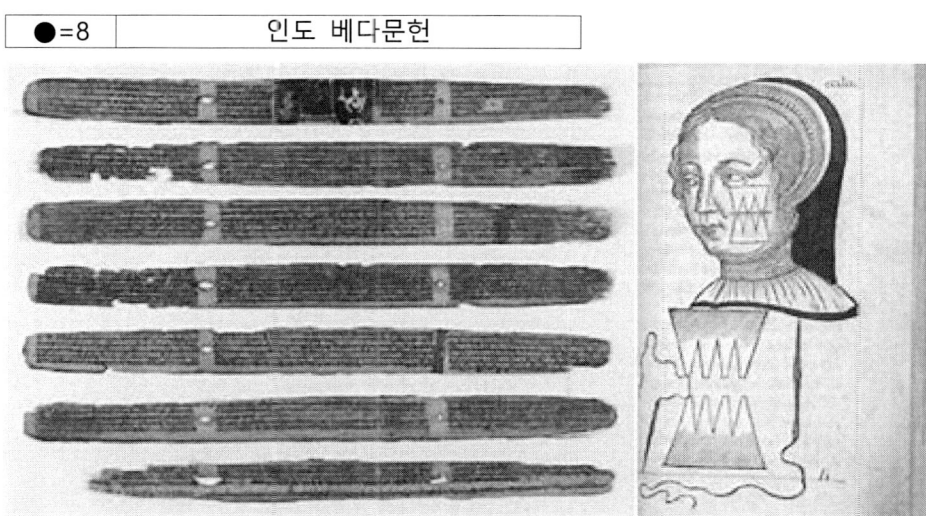

<수슈루타상히타. 출처-구글>

■1. 인도 아유르베다(Ayurveda, 허브와 약초를 이용하는 인도의 전통 의학)의술을 보면 사람에 다한 11,000개의 질병이 나온다. 그뿐 아니라 4천5백 년 전 뇌수술로 보이는 두개골의 구멍이 발견되었다.

그리고 거기에는 『수슈루타상히타(सुश्रुतसंहिता丁 Suśrutasaṃhitā, Susruta Samhita, 妙聞集)』도 있었다. '수슈루타상히타'는 1134년 전 야자수 잎사귀에 필사된 기록이다. 그러니까 그 전에 전해지던 이야기를 1134년 전에 필사 했다는 말이다.

영국 출신의 인도 역사학자 도미니크 와재스틱(Dominik Wujastyk,)은 수준 높은 성형수술, 외부 이물질 제거(쇄석술), 봉합술, 협착제거술 등 고대시대에 시술되었던 것으로 알려진 여러 수술법을 소개하였다. 그리고 심장병, 피부병, 이

---

517) 4-1-4-2 ●=7 수메르 점토판

비인후과 질환, 부인병 등 다양한 질병에 대한 설명과 함께 각 병을 치료하는 방법과 약초를 사용하는 방법이 기술되어 있다.

■2. 또한 고대 베다(Vedic)어로 되어 있는 문헌에는 신이 우주를 고속으로 날아다닌다. 그리고 비행체로 사용한 마차나 궁전 같은 불가사의한 비마나(Vimana)도 나온다. 호기심이 작동되는 사람은 개인적으로 찾아보기 바란다.

| ●=9 | 키예프(Kiev) 인형 |

아래 전사들 투구 모양(헬맷)의 인형이 우크라이나 키예프(Kiev)에서 출토되었다. 기원전 4000년경 제작된 것인데 당시 함께 출토된 인물 토기들과 전혀 달라서 놀랐다 한다. 이러한 외계인 이야기는 세계 도처에 흔하고 흔하다.

<키예프 인형. 출처-네이버>   <살라망카 성당의 우주인 수리 전>   <적색 원은 수리 후 모습. 출처 -네이버>

| ●=10 | 살라망카 성당의 우주인 |

아래 살라망카 성당의 우주인은 1992년 보수공사를 거쳐 오늘에 이른다. 사진의 적색 선이 그 차이를 가리키고 있다. 성당 벽면에는 많은 조각상이 있는데 우주인도 그중 하나이다. 당시 유명한 건축가 '알베르또 데 추리게라'는 1513년 ~1733년 건축 당시 이 우주인을 통해 무엇을 말하고 싶었는지 모른다. 아니면 1750~1755 이후 설계를 담당한 '가르시아 데 키뇨네스'가 무엇을 말하고 싶었는지 사료가 없다.

인류 최초 우주비행사는 옛 소련의 가가린이다. 그는 1961, 4, 12일에 지구 궤도를 도는 우주비행에 성공하였다. 이는 살라망카 우주인보다 232년 늦다.

●=11　　　　　　수태 고지

우측의 그림은 베니스의 초기 르네상스 화가 '카를로 크리벨리'가 그린 작품이다. 대천사 가브리엘이 성모 마리아에게 성령으로 잉태하게 될 것을 전하는 상황을 묘사하고 있다.

방 안의 여성이 성모 마리아이다. 그런데 머리 위에 황금색 줄이 하나 희미하게 보인다. 그리고 이 줄은 벽을 뚫고 구름 속의 황금색 비행체와 이어진다.

르네상스는 14C 후반에 시작되었다. '크리벨리'는 예수 사후 1400년이 지나서야 이 그림을 그린 것이 된다. 그러니까 1400년이 지난 후에도 수태 고지 이야기는 전해지고 있었다는 말이 된다.

또한 기독교가 세계로 전파되는 과정에서 현지인들의 비행체 이야기는 빠지고 순수 신앙만 전해졌다는 말도 된다.

<수태 고지. 출처-네이버>

●=12　　　　　　예수 십자가 처형

아래 예수 십자가 처형을 그린 이 프레스코(Fresco) 벽화는 대략 1350년경으로 추측할 뿐 언제 누가 그렸는지 모른다. 위 그림은 아래 그림 양쪽의 하늘을 나는 비행체(회색 원)를 확대한 것이다. 그런데 비행체 안에 사람이 타고 있다.

이 하늘의 비행체는 1903년 라이트 형제가 비행기를 만들기 2천 년 전이 된다.

서양 현지인들은 물론 시대를 관통하는 예술인('4-1-8-3' 아르트 데 헬더' 포함)들은 무엇을 말하고 싶어서 비행체를 그림으로 남겼는지 불가사의하다.

<예수 십자가 처형. 출처-네이버>

| ●=13 | 인도 쿠툰 철탑 |

쿠툰 철탑은 직경 93cm, 높이 7.2m로 용접이나 이음새가 없는 통째로 된 탑이다, 철 기둥에는 산스크리트어로 6줄의 글이 새겨져 있다.

내용을 보면 굽타왕조의 찬드라 굽타 비크라마디티야 왕(375~413)을 기리기 위해 비하르주의 어느 비슈느 사원 밖에 세워졌던 것을 지금의 자리로 옮겨 왔다는 이야기다.

이 철탑은 1,500년 동안 비바람에 노출된 상태에서도 녹슬지 않고 보존 유지 되고 있다. 이러한 불가사의한 일은 현대 과학으로도 그 주조기술을 밝힐 수 없고 그 기술을 재현할 수도 없다 한다.

참고로 이 철탑 옆에 5층으로 건축된 높이 72.5m의 유명한 쿠툰 석탑이 있다.

<쿠툰 철탑. 출처-네이버>

4-1-5 　사람과 생명체

4-1-5-1 　연해자평과 반인반수(半人半獸)

■1. 연해자평에 "처음에는 사람의 모습에 새의 부리를 가지고 있거나, 혹 사람의 몸에 뱀의 몸이 있었으니" 라고 나온다.

물론 태호복희씨와 여와518),「산해경519)」, 불경의 「화엄경520)」과 「법화경521)」, 헤로도토스522)의 「이집트역사」, 플라톤523) 「향연」등, 많은 고대문헌에서 반인반수(半人半獸)가 등장한다.

그리고 인도의 전설 속 맨티코아524), 이집트 스핑크스, 아누비스525), 숫염소526)와 그리스의 켄타우로스527)등도 이제는 신화와 과학 영화에서나 나올법한 반인반수(半人半獸)가 아니다.

이는 바로 오늘날 현대 유전공학528)에서 가능한 이종교배(異種 交配)529)의 단면이라 할 수 있다.

좌-<보티첼리 그림-아테나와 켄타우로스. 출처-위키백과>

우-<아누비스. 출처-구글>

■2. 1998년 미국의 ACT 유전공학회사와 매사추세츠대학팀이 공동으로 인간

---

518) 태호 복희씨와 여와(太皞 伏羲氏)-인간의 머리에 뱀의 몸을 하고 있다.
519) 산해경(山海經)-BC 3~4 세기 무렵의 최고 신화집이자 동북아에서 가장 오해된 지리서.
520) 화엄경의 가릉빈가(迦陵頻伽)-극락정토에 산다는 극락조. 얼굴은 아름다운 천상소녀인데 몸은 새인 반인반조의 소녀로 히말라야에서 사는 공작새의 일종.
521) 법화경의 금시조(金翅鳥)-가루다(Garuda) 또는 금시조. 용을 사냥하는 반인반조의 새.
522) 헤로도토스(Herodotos)-그리스 역사가. 키케로가 역사의 아버지라 부름.
523) 플라톤(Platon)-그리스 철학자. 소크라테스의 제자, 아리스토텔레스의 스승. 이데아론(형이상학) 국가론 등
524) 맨티코아(Manticor)-전설 속 사자인간. 산해경에 나오는 마복(馬腹)이나 스핑크스와 똑같은 사자인.
525) 아누비스(Anubis)-검은 늑대 머리를 하고 있으며 죽은 자를 인도 여러 가지 일을 겪게 하는 신.
526) 숫염소-직립으로 보행하며, 인간의 머리카락에 염소발굽, 염소 하반신과 힘센 남근을 가진 것으로 묘사.
527) 켄타우로스(Centaurus)-인간의 상체더 말의 하체를 가짐
528) 유전공학(遺傳工學 genetic engineering)-유전자를 조작하는 학문으로 생명공학의 하위 개념.
529) 이종교배(異種交配)-한 종류의 생물에서 다른 형질을 가진 개체를 상호 교배 시키는 것. 유전공학이란 개념이 없었을 뿐이지 선사시대 때부터 인류는 이미 인위적으로 생물을 변형시켜 왔다.

과 소의 세포를 융합시키는 기술 개발에 성공하였다. 즉 복제에 의한 줄기세포 기술이다. 그리고 ACT사의 호세 시벨리 박사[530]는 이 개체가 성장하면 사람의 모습에 더 가까우며, 세포 하나가 개체로 성숙할 경우 장기이식에 이용될 수 있을 것으로 전망했다. 하지만 이는 의료윤리학적으로 문제가 제기되고 있다.
「서자평」「당금지」 등도 당대에 전해 오던 반인반수를 『연해자평』에 남겼다. 우리가 오래전의 신화 아니면 초고도문명일 거라고 추측하는 이야기들이다.

| 4-1-5-2 | 지혜로운 사람과 우둔한 사람 |

「연해자평」을 보면 두 부류의 사람이 나온다. 지혜로운 사람과 우둔한 사람이다. "우둔한자는 '기호와 욕망, 이름, 국가, 군신 등이 없었고 나무 위나 동굴에 거쳐하며 누가 아비이고 자식인지를 알지 못하였다. 농사 대신 수렵으로 생활하며 음악을 즐겼다.'라고 전한다. 그리고 성현(聖賢)이 출현하여 지혜로운 사람과 우둔한 사람으로 나뉘었다."라고 적고 있다.

■1. 문자학자들은 역사학자들과 달리 한자[531]가 갑골문[532]의 진화가 아닌, 완성된 글자로 세상에 나타났다고 한다. 한자는 동이족[533]이 사용한 문자인데 갑골문이 한자에 흡수되는 때를 진나라 소전체[534]로 보는 것이다. 문자학자들의 연구가 사실이라면 한자를 쓰는 부류와 갑골문을 쓰는 부류 등 두 부류의 사람들이 있게 되는 것이다.

■2. 「삼국유사[535]」 정덕본에 '석유환국(昔有桓國)[536]'이 나오는데, 오래전에 환

---

530) 호세 시벨리(Jose Cibeli)-미국 미시간주립대학. 생물체의 형태를 결정짓는 유전자는 대부분 핵에서 비롯되므로 이 세포는 소보다 사람에 훨씬 가까운 모습이 될 것으로 예측.
531) 한자의 기원을 유추할 근거는 3,000년 전 사용된 금문과 3,300년 전 사용된 갑골문, 그리고 6,800년 전 사용된 도문. 일반으로 갑골문(甲骨文)을 한자의 기원인 글자로 보는 견해가 많다. 한비자나 여씨춘추와 같은 책에 한자는 창힐이라는 사람이 만들었다고 나옴. 창힐은 상고시대에 살았던 사람으로서 황제라는 설도 있고 황제의 사관이라는 설도 있다.
532) 갑골문(甲骨文)-약 3,300년 전 상나라(B.C.1600~B.C.1046)후기 은허(殷墟) 시기에 사용됐던 문자로서 최초의 한자 원형이다. 갑(甲)은 거북의 뼈를 골(骨)은 짐승의 뼈를 의미. 여기에 새겨진 문자가 갑골문.
533) 대만의 문자학자 이경재(李敬齋)-"동이족의 대표적인 인물은 순과 설(契)을 들 수 있다. 한자를 처음 만들었다고 하는 '창연'은 '契'과 동일인물이며 중국 문자는 동이인(東夷人)이 창조하였다. 공자도 동이족인 은나라 사람의 후예이며 공자의 고향인 곡부는 곧 소호의 옛 도시로서 동이문화의 발원지이다."라고 함.
534) 소전체-필획이 복잡한 대전자체를 간략화 하여 만든 진나라 통일 국가의 표준 글자체.
535) 삼국유사(三國遺事)-고려의 승려인 일연(一然)이 고려 충렬왕 7년(1281년)[1]에 인각사(麟角寺)에서 편찬한 삼국 시대의 역사서. 전체 5권으로 이루어져 있으며, 5권내에 다시 9편으로 나뉘어 있다.
536) '석유환국(昔由桓国)'-삼국유사 임신본(壬申本)에서는 '환국(桓国)'이 '환인(桓因)'으로 기록 됨. 불교

국이 있었다는 말이다. 그리고 한국의 후예 단군이 탄생하는데, 비슷한 내용을 기록한 「제왕운기537)」와는 내용이 약간 다르다. ▶1「삼국유사」는 사람으로 변한 웅녀가 환웅538)을 만나서 단군이 출생했다는 이야기이다. ▶2그러나 「제왕운기」에서는 단웅539) 천황이 손녀에게 약을 먹여 사람이 되게 하고, 다시 단수신(檀樹神)540)과 혼인시키니 아들 단군이 태아 났다는 이야기이다.

여기 웅녀와 손녀 두 부류의 사람이 나온다. 그 당시의 사람 눈에는 신만이 가능한 일로 보였을 것이다. 그러나 현대의 생명공학541) 기술이라면 얼마든지 유전자 조작을 상상할 수 있다. 다만 여기에서 지혜로운 사람과 우둔한 사람이 누구인지 알 수는 없다

고인류(호모 사피엔스)와 신인류(호모 사피엔스사피엔스)도 두 부류의 사람이고, 동시대를 살았던 호모 사피엔스사피엔스와 네안데르탈인도 두 부류의 사람이다.

4-1-5-3	호모 사피엔스사피엔스 (4만 년 전)

호모 사피엔스사피엔스는 현생인류를 말한다. 대략 4만 년에서 3만 년 전 사이에 걸쳐 호모 사피엔스에서 호모 사피엔스사피엔스로의 과정적 사건이 일어났는데 이를 형질인류학에서는 대전이(大轉移)라 한다.

세계 각처의 대전이 과정을 보면 ▶네안데르탈인과 같은 그 지역 토착집단의

에서 환인은 석가제환인다라(釋迦提桓因陀羅)를 줄여서 환인(桓因)이라함. 따라서 불가에서 '환인(桓因)'은 '제석(帝釋)'을 말하는데 '제석천(帝釋天)'이라고도 하며 간단히 천주(天主)라고도 한다. 『삼국유사』 전반에 걸쳐 '제석(帝釋)' 또는 '석가(釋迦)'에 관한 글이 많이 나타나는데 저자 일연이 승려인 것과 무관하지 않다.

537) 제왕운기(帝王韻紀)-고려후기 문신 이승휴가 우리나라와 중국의 역사를 운율시 형식으로 서술한 역사서. 상·하 2권 1책. 1287년(충렬왕 13)에 출간되었고, 1360년(공민왕 9)과 1413년(태종 13)에 각각 중간되었다.

538) 환웅-▶삼국유사(三國遺事)에는 환웅(桓雄)·천왕(天王)·신웅(神雄) 등으로 『제왕운기(帝王韻紀)』에는 웅(雄)·단웅천왕(檀雄天王) 등으로 기록됨. ▶하느님 환인(桓因)의 서자(庶子)로서 자주 천하(天下)를 차지할 뜻을 가지고 사람이 사는 세상을 탐내 구하고자 하였다고 한다. 그 뜻을 알아차린 아버지로부터 천부인(天符印) 3개를 받고 무리 3,000명을 거느리고 태백산(太伯山) 꼭대기에 있는 신단수(神壇樹) 밑에 내려와, 이곳에 신시(神市)를 열었다. 그리고 풍백(風伯)·우사(雨師)·운사(雲師)를 거느리고 곡식과 수명·질병·형벌·선악 등을 주관하여 세상을 다스리며 교화하였다"고 삼국유사에 기록.

539) 단웅-서효사(誓效詞)를 단재 신채호 선생은 '우리 민족 최초의 역사서이자 우리 민족 고유의 풍수지리서'라고 함. 그 서효사에 왕검의 부父는 단웅檀雄'이고 배달국의 18세 환웅으로 나옴.

540) 단수신(檀樹神)-제왕운기에 나오는 박달나무 신. 하늘에서 신단수를 타고 내려온 신. 단(檀-박달나무 단)-태양이 계속 퍼지면서 전 우주를 밝히니 밝다는 뜻. 배달국과 배달의 민족에서의 배달도 밝고 환하다는 의미.

541) 생명공학(生命工學 Bioengineering)-생물의 유전정보, 성장, 번식을 통제하고 조작하는 기술을 연구하는 학문. 유전공학 생물학, 의학, 농학, 정보학에 뿌리를 두며 신경과학 뇌과학 등 다양. 화학공학과 연관을 가진 분야도 있다.

진화 과정과 ▶이미 현생인류(호모 사피엔스사피엔스)로의 대전이가 끝난 집단으로부터의 이입 등 두 가지이다.

그러니까 네안데르탈인은 현생인류의 출현과 함께 서로 공존하다가 흡수 내지는 사라졌다는 말이다. 그리고 현생인류의 등장은 고고학적으로 후기 구석기 시대의 시작을 의미한다. 이는 사람이 사주(육십갑자)보다 먼저라는 이야기이다.

인류 진화에 대한 연구는 2000년대 중반을 기점으로 큰 변화가 일어났다. 화석을 통한 연구에서, 유전자 분석을 통하여 이루어지게 되었다. 비록 단기간의 성과지만 과거와 상반되는 내용이 비교할 수 없을 정도로 많아 놀라게 된다.

■1. 2010년 5월 막스 플랑크 진화인류학 연구소의 발표가 있었다. 아프리카 외부의 현생 인류인 호모 사피엔스사피엔스542)의 유전자에는 네안데르탈인543)에게서 온 유전자가 1~4% 존재한다는 결과였다.

■2. 그리고 2010년 12월 과학 잡지 네이처에 제3의 인류 데니소바인544)의 발견을 발표하였다. 그들은 네안데르탈인과 호모 사피엔스사피엔스와는 별개이며, 아시아에서 거주했다는 것이다.

■3. 또한 2011년 9월 애리조나주립대의 발표에 의하면 호모 사피엔스사피엔스가 네안데르탈인과 데니소바인과 혼혈을 이루는 동안, 사하라 이남에서는 전혀 새로운 고인류와545)의 혼혈을 이루었다는 점이다. 즉 니그로이드이다.

그러나 호모 사피엔스사피엔스 외에 모두는 공존과 혼혈을 남기고 사라졌다.

■4. 제임스 왓슨546)과 프렌시스 크릭547)은 최초로 현생인류의 DNA가 이중나선 구조라는 사실을 발견하였다. 그리고 이전에 없었던 유전자가 갑자기 출

---

542) 호모사피엔스(Homo Sapiens)- ▶'슬기롭고 슬기로운 사람'이라는 뜻. 7만5천 년 전 타밀 나두 지방에서 생활하기 시작. ▶4~5만 년 전부터 지구상에 퍼져나감. ▶네안데르탈인과 데니소바인들과 한동안 공존하며 혼혈관계였으나 다른 종은 절멸. ▶특화된 손과 어깨 관절을 이용하여 투척 능력에 강점을 보임. 종교적이며 도구와 문자를 사용. 1단계-불의 발견> 2단계-농업 혁명> 3단계-산업 혁명> 4단계-정보 혁명"을 일컬음.
543) 네안데르탈(Neandderthal)인-35만 년 전 유럽 출현. 2~3년 전까지 유럽에서 활동. 5만 년 전 아시아에서 사라짐.
544) 데니소바(Denisovan)인-제3의 인류의 명칭을 처음 발견된 알타이 산맥의 데니소바 동굴의 이름을 따서 데니소바인으로 명명하였다. 현재 지구 전체에 퍼져 있는 현생 인류 호모 사피엔스의 인종들 중에 유일하게 멜라네시아 인들에게서만 데니소바인 유전자가 4~6% 포함되어 있다
545) 고인류-현생인류인 호모 사피엔스도 네안데르탈인과 데니소바인의 혼혈도 아닌 알려지지 않은 고인류의 유전자-결국은 호모 사피엔스에 포함됨.
546) 제임스 왓슨(James Dewey Watson). 인디애나대학교 유전학 박사 1962년 노벨생리의학상 수상
547) 프렌시스 크릭(Francis Crick). 1947년 케임브리지대학 생물학 박사 1962년 노벨생리의학상 수상

현한 것을 근거로 지구생명의 자연 진화가 아닌 외계기원설548)을 주장하게 된다. 이는 지구상의 수많은 창조론549)과도 무관하지 않다.

■5. 호모 사피엔스사디엔스는 슬기롭고 슬기로운 사람이다. 현생인류는 호모 사피엔스사피엔스의 후예들이다. 만약 과학의 발달이 아니었다면 천동설만 알고 가신 선조들처럼 우리는 지등설과 갑자기 발현된 유전자의 실체를 알지 못하였을 것이다.

---

548) 외계기원설과 신화-수메르 점토판에서 '아눈나키(수메르어로 '우주에서 온 사람'이라는 뜻)'와 리그베다 문헌에서, 외계와 외계인을 기술하고 있는데 현대 학계에서는 신화로 인식.
549) 창조론-수메르, 베다, 포볼 부, 유일신 창조설, 이슬람, 힌두, 불교 등과 등 비슷하거나 다른 유형의 창조론.

4-1-6	인류와 문명

 (1) 우리는 우주에서 지구 문명의 수준이 어느 정도인지 알 수가 없다. 그렇지만 지구 역사상 우리는 가장 과학이 발달한 세상에서 살아간다고 생각할 듯하다.

▶그러나 미국 하버드대 교수이자 물리학자이자인 '리사 랜들'은 "인류가 안다고 하는 이 세계는 우주 전체의 5%에 불과하다."고 말한다. ▶또한 '뇌의 활용[550]'에 있어서 인류학자 '마가렛 미드'는 "그 안에서 실제 사용되는 개인들의 능력은 전체 뇌의 채 6%가 안 된다."고 한다. 그래서 우리에게 불가사의[551]가 존재하는지 모른다.

 1964년 러시아(구 소련)의 천문학자 니콜라이 카르다쇼프에 의해서 고안된 '카르다쇼프 척도'는 우주의 문명을 '유형1', '유형2', '유형3'의 세 단계로 구분한다.

 그 후 미국의 천문학자 칼 세이건은 1973년 '카르다쇼프 척도'를 소수점까지 세분화하였다. 그 결과 우리 지구의 문명은 아직 유형1에도 도달하지 못한 0.75 상태로 미개한 수준으로 평가된다.

 그렇다면 우리가 알고 느끼는 음양의 세계도 0.75 수준 안에서의 5%일 수 있고, 또한 우리가 활용하는 음양의 법칙도 각자 능력의 채 6%가 안 된다는 말일 수 있다.

● Tip

○유형1은 모성(우리는 지구)의 에너지를 모두 사용할 수 있는 수준입니다. 우리로 말하면 지구의 에너지 즉 석탄, 석유와 같은 에너지들을 자유롭게 다루는 것입니다. 이러한 에너지를 모두 활용하면 기후를 통제하여 홍수나 태풍과 같은 자연재해를 막을 수 있으며 해상도시나 해저도시 건설도 가능합니다. 그러나 여기에 이르기까지는 앞으로 100~200년 가량 걸릴 것으로 예상하고 있습니다.

○유형2는 태양 에너지를 100% 활용하는 단계입니다. 이 단계까지 가려면 1000~3000년 정도가 소요될 것으로 과학자들은 보고 있는데 엄청난 기술력과 시간이 필요하기 때문입니다. 이는 모성 주변의 행성과 위성을 테라포밍[552]하고 그 행성과 위성의 에너지까지 활용할 수 있는 단계입니다. 또한 광속에 가까운 속도로 우주를 누비고 문명의 무대를 지구 외 다른 천체로 확장은 물론 우주전쟁까지 벌일 수 있다고 합니다. 영화 '스타워즈', '스타트랙'에 나오는 문명들이 1~2단계 정도입니다.

---

550) 뇌의 활용-"흔히 보통 사람은 자기 뇌의 10%도 쓰지 못하고 죽는다. 천재는 15~20%를 사용한다."라고 19세기 심리학자 '윌리엄 제임스'가 말한 것으로 추정. 이를 '마가렛 미드'가 6%라고 수정.
551) 4-1-4 지구의 불가사의(不可思議)

○유형3은 안드로메다은하나 우리은하처럼 수천억 개의 항성이 모여 있는 은하 전체의 에너지를 사용할 수 있는 단계입니다. 이 단계의 문명은 우리 상상을 뛰어 넘는 신과 같은 능력을 지닌 문명일 것입니다. 여기에 도달하면 현재보다 500배 가량 많은 에너지를 쓸 수 있는데 전문가들은 이 단계에 도달하기 위해서는 최소 10만년에서 100만년이 걸릴 것으로 전문가들은 예상하고 있습니다.

○그리고 카르다쇼프 척도 발표 이후 Ⅳ급 이상(4급 이상) 문명이 미치오 카쿠 교수에 의해 추가되었습니다. 일경 오메가 문명이라고 불리는데 ▶Ⅳ 단계 문명-우주 한 개의 에너지를 모두 사용하는 문명, ▶Ⅴ 단계 문명-여러 다중우주의 에너지를 사용하는 문명, ▶Ⅵ 단계 문명은 모든 다중우주의 에너지를 사용하는 문명입니다. 현재 인류의 수준에서 이러한 다중우주를 대상으로 하는 것은 상상조차 하기 힘든 일입니다.

(2) 지구상의 인류 출현553)은 300만~350만 년 전의 일이다. 그리고 아프리카 기원설554)을 보면 약10만 년 전 호모 사피엔스가 갑자기 나타난다. 그 후 약 4만 년 전 현생인류의 조상인 호모 사피엔스사피엔스가 나왔다.

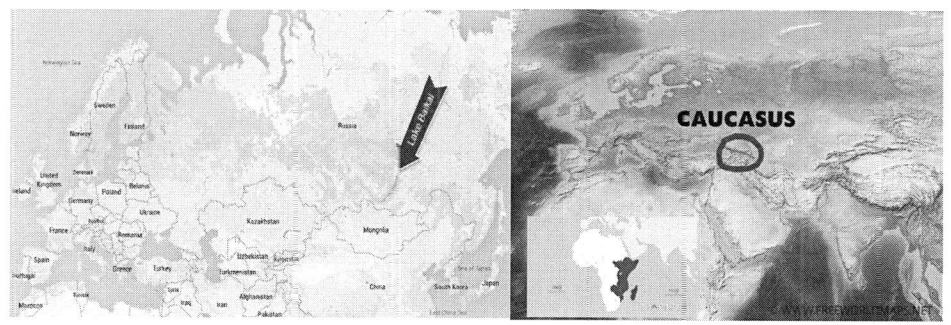

<몽골로이드 발원지-바이칼 호수>   <코카소이드 발원지-코카서스 산맥 이남>
<출처-https://bada.tv/detail?m=2794482&viewGubun=list&keyword=>   <니그로이드 발원지-사하라 이남>

---

552) 4-1-3-10 ●=2 테라포밍 "다른 외계의 천체 환경을 인간이 살 수 있도록 변화시키는 일"
553) 인류 출현-▶1.최초 인류-오스트랄로피테쿠스 약 300만~350만 년 전 (아프리카에서 화석 발견). 직립보행. ▶2호모 하빌리스-약150만 년 전. 손재주 좋은 사람 ▶3.호모 에렉투스-약200만 년 전. 곧선사람. 불을 사용. 빙하기에도 추위를 견딜 수 있게 됨. 베이징인, 자바인, 하이델베르크인이 있음. ▶4.호모 사피엔스(슬기로운 사람-고인류)-약 10만 년. 시체 매장 풍습. 내세관이 발달. ▶5.호모 사피엔스사피엔스 (슬기롭고 슬기로운 사람-신인류)-약 4만 년. 현재의 인류와 두뇌 용량과 체질이 가장 비슷.
554) 아프리카 기원설-현생인류의 직계 조상이 약 10만 년 전 아프리카에서 갑자기 출현. 5만 년 전까지 그 전에 이미 정착에 살고 있던 네안데르탈인 등 모든 다른 인종들을 대체했다는 '이른바 '단일지역기원설과 대립. 사람의 미토콘드리아 DNA(mtDNA)가 모계를 통해서만 전해진다는 점. 인류의 오랜 화석이 아프리카에서 집중적으로 출토되고 있다는 점을 근거로 함.

그중에서 인류555)의 문화사를 양분하는 두 부류가 있다. 우리 동이족이 속한 황인종 즉 몽골로이드와, 백인종을 포함하는 아리안족 즉 코카소이드이다.

구분	발원지	민족
황인종	*중앙아시아 알타이 *바이칼 호수 기원설	한국. 일본. 티벳. 만주, 선비족. 흉노족. 훈족. 투르크(돌궐)족. 위구르,키 르기즈, 거란. 몽골. 장족. 아메리카인디오, 베트남, 고대수메르
아리안	*중앙아시아 스텝 지역 *코카서스 산맥 이남	인도아리안. 게르만족. 이란(페르시아), 킴메르족. 메디아인. 리디아인. 카시트인. 스키타이. 켈트족. 오세트인. 슬라브인

4-1-6-1	황인종

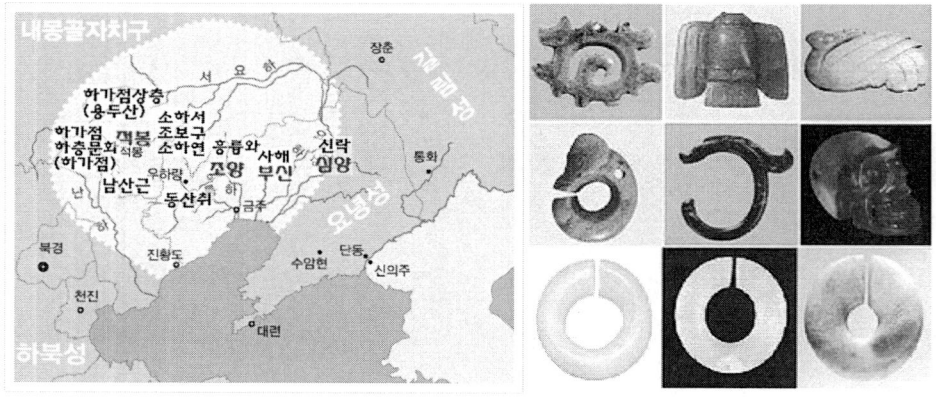

○좌-<요하문명 홍산문화-시대별로 소하서, 흠롱와, 사해, 조보구, 홍산(적봉), 소하연, 하가점 지역 위치. 황하문명보다 2000년 이상 빠름. 출처-.네이버>
○우-홍산문화(뉘우허량 유적-중국 동북 지방)에서 발견 된 다양한 모양의 옥기와 문암리 옥결(오른쪽). 옥을 자르고 다듬는 기술이 돋보임. 출처-위키백과>

박금은 「부도지556)」에서, 한민족(동이족)의 기원은 1만 1천 년 이전이라고 저

---

555) 인류-황인종을 총칭하는 몽골로이드(Mongoloid). 백인종을 포함하는 코카소이드(Caucasoid). 흑인종을 총칭하는 니그로이드(Negroid).
556) 부도지 요약-'마고'가 민족의 시조로서 등장. 선천, 짐세, 후천의 세 시대 중, 선천(先天)의 시대가 열리고 여러 번의 짐세(朕世) 시대가 있었으며, 한민족 생명의 시작은 "중앙아시아 파미르 고원의 마고성에서 시작되었다."고 한다. "짐세가 몇 차례 끝날 무렵에야 마고가 궁희와 소희1)를 낳았다."고 하며 '환인, 환웅'을 거쳐 마침내 후천의 말기에 임검씨(단군)가 등장한 것으로 기록되어 있다.

술하였다. 「부도지」는 신라 눌지왕 때 사람 박재상이 저술한 『징심록557)』의 일부인데 박금은 그의 후손이다. 우리 몽골로이드(황인종)의 활동무대는 바이칼호를 중심으로 카스피해 근처에서부터 중앙아시아 그리고 아시아대륙과 그 동쪽 끝이다.

☐1. 특히 동이족은 요하문명558) 즉 홍산문화559)에 이어 황하문명560)을 낳았고,
☐2. 만주지방 예맥561)의 후손들이 아메리카로 이주하여 '포폴 부'562) 경전을 비롯하여 거대한 '테오티우아칸 피라미드'563)와 마야력564) 등 마야문명565)을 낳았다.
☐3. 수미산566)(카일라스산)아래 머문 티벳 후손에게 '티벳 사자의 서567)'가 있고,

소리에 의해 세상이 창조되고, "오미으 화"로 말미암아 12부족이 나뉘게 되는 과정, 대홍수, 황궁, 유인, 환인, 환웅씨의 계승과, 요와 순 임금에 의해 동방(단군조선)과 화하(하나라)가 분리되는 과정이 자세하게 서술 되었다. 단군조선의 치세는 1천 년 간이며, 1천 년에 걸쳐 각 부족이 자리 잡은 이후로 '단군조선을 포함한 치세'가 7천 년으로 기록되고 있다.

557) 4-1-1 ●=2 박금이 저술한 「부도지」
558) 요하문명-요하를 끼고 형성된 문화라는 뜻에서 붙여진 이름. 요하를 중심으로 신석기문화인 ▶소하서문화(기원전 7,000~6,500년) ▶흥륭와문화(기원전 6,200~5,200년) ▶사해문화(기원전 5,600~) ▶부하문화(기원전 5,200~5,000년) ▶조보구문화(기원전 5,000~4,400년)가 형성.
559) 홍산문화-전기와 후기로 나뉨, 전기는 신석기시대(기원전 4,500~3,500년)로 출발해 후기에 석기와 청동기가 혼재된 문화(동석병용시대·기원전 3,500~3,000년)로 발전하였다. 홍산문화 후기에 들어 초기국가단계로 진입.
560) 황하 문명(黃河文明)-기원전 2000년 중국의 황하 강 중하류 지역에 성립한 옛 문명의 총칭.
561) ▶예(濊)-문헌상으로 맥보다 후에 나타남. 고대 쑹화강 일대부터 함경도, 강원도에 이르는 동 만주 일대와 한반도 북부에 존재했던 공동체. 본래 맥과는 구분되는 세력이었으며, 맥보다 동쪽에 위치하여 은주시대 이전까지 중국 문헌에 등장하지 않는다. 춘추전국시대에 이르러서야 문헌어 등장. ▶맥(貊)-고대 만주 지방에 존재한 종족. 상나라 및 주나라 때부터 간헐적으로나마 그 기록에 등장
562) 포폴 부(Popol Vuh)-키체(Mayan-K'iche) 마야 왕국의 신화, 전설, 역사를 집대성하여 기록한 문집(corpus)이자 경전. ▶전반부-세상 창조와 관련된 영적인 내용을 담고 있어 키체의 성서(sacred book)로 불림. ▶후반부에-키체 왕가의 계보가 기록되어 있다.
563) 테오티우아칸(Teotihuacár) 태양의 피라미드- BC 2세기 무렵 햇볕에 말린 1억 개의 벽돌을 쌓아 만든 것으로 높이는 66m, 한 변 길이가 약 230m이다. 총 5층의 계단식으로 되어 있고 정면에 탑 정상으로 향하는 236개의 계단이 나 있다. 그 꼭대기에는 태양신을 모시는 사당이 있다. 먹시코에는 크고 작은 10만개의 피라미드가 있음.
564) 마야력-▶마야의 1년-365.2420일로 현재의 1년-365.2422일과 차이가 거의 없음. 달(月)의 공전 주기-29.528395일. ▶ 루(1일)-킨(kin), 20일-위날(uinal), 360일-툰(tun), 7200일-카툰(katun), 14만 4000일-박툰(baktun). 즉 1개월은 20일이고 1년은 18개월이며, 1년은 360일이다. ▶BC 3114년에 시작한 13박툰의 대주기가 끝나는 때가 2012년 12월 21일이니 그 주기가 대략 5136년이다.
565) 마야문명-기원전 2세기 이전부터 메스아메리카의 저지대에서 비롯되었음. '마야'라는 이름을 제대로 쓸 수 있는 실체가 생긴 건 서기 300여년으로 추정. 놀랍도록 진보한 역법(曆法), 대단히 발달된 천문학적 지식 그리고 숫자 0과 20진법을 사용.
566) 수미산(須彌山)-수미산은 불교에서 세상의 중심이자 우주의 근원으로 보는 성산(聖山). 원래는 상상 속의 산이었지만 티베트 사람들은 티베트 서쪽 오지에 있는 피라미드처럼 생긴 카일라스산을 수미산으로 믿음.
567) '티벳 사자의 서(死者의 書)'-'파드마삼바바'가 8세기경 쓴 책. 인도 타생으로 티벳 제38대 왕 티송 데첸의 초청으로 티벳에 건너감. 동굴어 매장된 책을 '릭진 카르마 링파'가 찾은 후, 필사본과 목판본으로 티벳 지역에 전해짐. 1919 영국인 '에반스 웬츠'가 '티벳 사자의 서(the Tibetian book of the death)'라는 제목으로 발행하여 세상에 알려짐. 사람이 죽어서 죽음과 재탄생 사이의 中間界(티

☐4.또 한 무리가 천산산맥을 너머 메소포타미아에 이르게 되었다. 이 '수메르 문명'568)의 후예들 점토판569)과 아눈나키570)를 남겼는데, 이는 그들 삶의 일면이다.

2.잉카 석축. 현재도 저렇게 큰 돌을 다듬는 장비가 없음. 출처-네이버> 4.<아카드 사르곤 왕의 상두(Sang Du =머리)는 우리말 상투. 출처-네이버>

1.<맥시코 테오티우아칸 피라미드 출처-구글>   3.<수메르 지게(노란선). 우리와 유사. 출처-네이버>

4-1-6-2	아리안족

인도유럽어족571)의 코카소이드는 코카서스산맥 남쪽에서 3갈래로 흩어졌다.
☐1.한 갈래가 북 서진, 유럽대륙에 이르러 오늘날 게르만572)의 조상이 되었고,
☐2.또 한 갈래는 남하하여 이란의 페르시아제국573)을 건설하였으며, 더 남하

벳으로 bar-do)체험을 하게 되는 다양한 상황에 대한 묘사. 총 4장으로 구성. ▶제2장에서 여섯 차원의 존재 영역(지옥계, 아귀계, 축생계, 인간계, 아수라계, 천상계) ▶6단계 욕망 위의 하늘-순수한 형상의 하늘(色界天). ▶순수한 형상의 하늘[色界天] 너머-형상이 없는 하늘(無色界天) 등이 나옴.
568) 수메르문명-메소포타미아 지역. ▶초기왕조(BC 5000년경~2330). BC 3100년경에는 전역에 도시국가 체제 확산. ▶아카드 왕조(▶BC 2330)-아시리아. ▶우르 3왕조(BC 2112~2004). 아시리아(BC 2002~612). 바벨로니아(BC 1839~550). 페르시아(BC 550~330)를 포함하여 메소포타미아 문명이라 부름. 이집트, 그리스와 현대 서양문명의 뿌리. 60진법 사용-우리의 60진법(60갑자)와 유사.
569) 점토판-▶BC3000년대 말 경에 점토에 상형문자를 새기기 시작-이때는 단순한 행정기록. ▶BC 2500~2000년(표음문자로 발전) 복잡한 역사적, 문학적 작품도 어렵지 않게 표현. 당시까지 구전되어 내려오던 문학적 창작물들을 새김. ▶우르 제3왕조에서 아카드어-수메르어 사전이 만들어짐. 오늘날 수메르어 문자의 해석은 이를 바탕으로 이루어 진 것. ▶해석의 결과-엔키 (아카드어: 에아)-안의 첫 번째 아들(서자-庶子))이며 인간의 창조주이자 구세주로 기록. 성경의「창세기」에서 말하는 인간 창조와 에덴동산, 대홍수와 노아의 방주, 카인과 아벨의 싸움, 바벨탑 등의 이야기도 수메르의 문학 작품에서 유래됨.
570) 아눈나키-수메르어로 '우주에서 온 사람'이라는 뜻. ▶수메르와 아카드 신화에서 신들을 함께 묶어서 칭하는 말. ▶일곱 지배의 신-상위 50명 큰 신들은 아눈나키(Anunnaki). 나머지 하위 신들은 이기기(Igigi)로 불림.
571) 인도·유럽어족(印度-語族. Indo-European languages) 유럽, 서아시아, 남아시아에 살고 있는 민족들의 언어. 인구어족(印歐語族)이라고도 한다. 게르만어파, 그리스어파, 발트슬라브어파, 아나톨리아어파, 아르메니아어, 알바니아어, 이탈리아어파, 인도이란어파, 알바니아어, 켈트어파, 토하라어 등.
572) 게르만족(Germanic peoples)-인도유럽어족 중에 게르만어파 언어를 사용하는 민족을 총칭. 오늘날의 스웨덴인, 덴마크인, 노르웨이인, 아이슬란드 인, 잉글랜드인, 네덜란드인, 독일인 등에 해당되는 개념.
573) 페르시아제국(Persian Empire)-그 기원은 아케메네스 제국(BC 550~ BC 330)이다. 이란 고지대를 중심으로 서아시아, 중앙아시아, 코카서스 지방을 포함하는 지역을 통치하던 고대 제국. 페르시아라는 명칭은 고대부터 서양인들 사이에서 이란 민족, 혹은 이란 민족에 의한 고대제국을 가리키는 말

하여 이집트574)로 간 그들의 후예들은 아홉 주신575)과 이집트 신성문자576)를 남겼다. 또한 이집트는 고대 그리스문명577)의 근원이 되었는데, 거기에 호메로스578)의 대서사시 '일리아스579)'와 '오디세이아580)'가 있다.

☐3.그리고 나머지 한 갈래가 동진하여 인도581)로 스며들었는데, 원주민(드라비다족)의 오래된 인더스 문명을 남하시키고 베다문명582)을 일으켰다. 그로 인하

로 사용되었다.

574) 이집트(Egypt)-메소포타미아 문명과 함께 오랜 역사를 지님. 언제부터인지 알 수 없지만 약 6,000년 정도 전(약 B.C. 4,000년)부터 상이집트, 하이집트로 나뉜 국가가 등장한 것으로 추정. 약 B.C. 3100년경에 처음으로 통일된 이집트 출현. ▶선사시대-통일 이전 ▶고왕국 시대 (기원전 32~22세기-제1~6왕조) ▶중왕국 시대(기원전 21~18세기-제11~12왕조) ▶제2중간기(기원전 18~16세기-제13~17왕조) ▶신왕국 시대 (기원전 16~11세기-제18~20왕조) ▶헬레니즘 시대(프톨레마이오스 왕조, 기원전 332~기원전 30년) ▶로마 제국 시대(기원후 641년까지) ▶우마이야 왕조와 아바스 왕조 시대, 파티마 왕조(963~1159)와 아이유브 왕조(1169~1252), 그리고 십자군 전쟁, ▶맘루크 왕조 (1250~1517) ▶오스만 제국 치하의 이집트 ▶근대 이집트, ▶현대 이집트로 이어짐.

575) 아홉 주신-고대 이집트에서 나오는 엔네아드(그리스어 "Εννεάς")는 아홉 신의 집단이다. 훗날 그리스 신화로 이어진 결과 올림포스 12신의 개념과 유사. 엔네아드는 헬리오폴리스에서 숭배되었음. ▶아툼-창조신으로서 최초의 혼돈으로 가득한 심연(아비스)에서 솟아오른 '벤벤'이라는 언덕에서 스스로 존재. ▶슈, 테프누트-아툼이 스스로 낳은(혹은 아툼의 침 또는 정액이 변형된) 공기의 신과 습기의 여신 ▶게브, 누트-슈와 테프누트가 낳은 땅의 신과 하늘의 신 ▶오시리스, 이시스, 세트, 네프티스-게브와 누트가 낳은 4명의 신들이다.

576) 신성문자(神聖文字)-히에로글리프(hieroglyph). 성각문자(聖刻文字)라고도 하는데 고대 이집트의 상형문자를 말함. 히에로글리프는 히에로글리피카 그람마타(Hieroglyphica grammata-신성하게 새긴 말)의 줄인 말이다.

577) 고대 그리스문명-이집트에서부터 파키스탄의 힌두쿠시에 이르기까지 광범위하게 전파되었다. 최초로 초기 그리스어를 사용하는 부족이 펠로폰네소스 반도에 거주하기 시작한 것은 기원전 3천년~기원전 2천년 사이로 추정. 오늘날 그리스인의 대부분은 1821년 독립한 그리스와 키프로스에 거주하고 있음. 고대 그리스(Ancient Greece)란 그리스의 역사 가운데 기원전 1100년경부터 기원전 146년까지의 시대를 말함.

578) 호메로스-유럽 문학 최고 최대의 서사시《일리아스》와《오디세이아》의 작자. 두 서사시는 고대 그리스의 국민적 서사시로 그 후의 문학, 교육, 사고에 큰 영향을 끼쳤다. 작품에 구사된 언어나 작품 중의 여러 가지 사실로 미루어 보아 앞의 두 작품의 성립연대는 BC 800~BC 750년경으로 보는 것이 타당하다.

579) 일리아스-도시 트로이의 별명 일리오스(Ilios)에서 유래한 것이며, '일리오스 이야기'라는 뜻이다. 10년간에 걸친 그리스군의 트로이 공격 중 마지막 해에 일어난 사건들을 노래한 서사시이다.

580) 오디세이아-『일리아스』와 어깨를 나란히 하는 대서사시. 알렉산드리아 시대부터 24권본으로서 오늘날까지 전해지고 있다. 트로이를 공략한 후 귀로에 오른 영웅 오디세우스가 표랑을 해서 12번의 모험과 위기를 극복해서 10년 후 겨우 고향 이타케섬에 단신으로 도착한다. 남편의 부재를 지키고 있는 것은 정절을 지키는 아내 페넬로페와 겨우 성인이 된 외아들 텔레마코스이다, 이웃 땅의 귀족들은 오디세우스가 이미 죽었다고 생각, 페넬로페와 결혼하여 재산을 가로채려고 그녀를 괴롭힌다.

581) 인도문명-기원전 2500년경 인더스 강 유역에서 발생. 그러나 기원전 1500년~1200년경 아리안인들에 의하여 파괴됨. 아리다인들은 간지스 강 유역에 정착하여 도시를 건설하기 시작했으며 오늘날의 델리 근처를 중심으로 세력을 형성했다. 이 시기 아리아인들의 베다 신앙에서 힌두교가 탄생했고, 산스크리트어가 발전해 이후 2,000여 년 동안 인도의 공용어로 사용했다.

582) ▶베다, 베다서(Vedas, 산스크리트어 véda, 지식, 앎, Knowledge, Knowing), 베다 문헌(Vedic texts) 또는 베다 산스크리트 전집(Vedic Sanskrit corpus)은 모두 고대 인도를 기원으로 하는 대량의 신화적, 종교적, 철학적 성전이자 문헌들을 가리키는 말이다. ▶베다 문헌-삼히타, 브라가나, 아란야카, 우파니샤드, 수트라의 다섯 부문으로 분류된다. 이 중에서 삼히타는『리그베다』『야주르베다』『사마베다』『아타르바베다』의 4종을 의미하며 힌두교의 정전(正典)으로 '투리야'라고 부름. 그리고

여 훗날 힌두교583)와 불교584)가 탄생하게 된다.

4-1-6-3	서양의 동양 역전

1601년 마테오리치가 북경에 입성할 때만해도 동양이 서양을 앞서 있었다. 실크585) 1700년, 종이586)는 1100년을 앞서고, 그 외 도자기587), 화약588), 나침반589), 인쇄술590), 석궁591), 화승총592), 선미재593) 등도 동양에서 서양으로 전해졌다.

특히 청나라는 1400년에서 1800년까지 도자기 등의 무역을 통하여 세계 경

'투리야'는 『리그베다』를 기초로 하여 형성되었다.
▶ 전기(기원전 1600 ~ 기원전 1100)-그들의 종교 찬가인 베다를 통해서 보면 기원전 15세기경에 아리아인이 인도의 펀자브 지방에 침입하였고, 기원전 10세기경에 정착. 원주민인 문다족과 드라비다족의 수준 높은 문화는 아리아 인에게 노예계급으로 흡수당함.
▶ 후기(기원전 1100 ~ 기원전 500)-펀자브 지방에 정착하였던 아리아인들은 기원전 10세기경에 동쪽으로 이주하여 야무나 강과 갠지스 강의 중간에 있는 비옥한 평원을 점령, 이때 사제계급인 브라만을 중심으로 브라만교의 문화를 완성. 이때 카스트 제도가 브라만(사제), 크샤트리아(귀족, 왕족), 바이샤(평민), 수드라(노예)다.

583) '힌두(Hindū)-인도를 비롯한 남아시아에서 널리 믿는 종교. 산스크리트어로 '거대한 물'을 가리키는 단어 '신두(Sindhu)'에서 유래했다. '거대한 물'은 바로 문명의 발상지인 인더스 강. 힌두교의 원형은 브라만교로 아리안족의 베다에서 비롯하며 다신교가 발전한 형태.
584) 불교(佛敎, 영어: Buddhism, 산스크리트어: बुद्ध धर्म)-기원전 6세기경 인도의 고타마 싯달타[1]에 의해 시작된 종교. 불교는 그가 펼친 가르침이자 또한 진리를 깨달아 부처(붓다 · 깨우친 사람)가 될 것을 가르치는 종교. 대승불교와 소승불교가 있다.
585) 실크-기원전 6000년 무렵에서 기원전 3000년 무렵 사이 고대 중국에서 만들어지기 시작하여 세계로 퍼짐. 황제의 아내 누조(嫘祖)가 처음 비단을 만들었다함. BC1070년 고대 이집트 제21왕조의 미라에도 비단사용
586) 동양에서 완성된 종이는 751년 탈라스 전투에서 사로잡힌 당나라의 제지공에 의해 이슬람 문화권으로 전파되었다함, 실제로 793년 즈음에는 바그다드에 공식적인 제지공장이 만들어졌다. 이것이 약 900년대에 들어서 이집트로 유입된 후 1100년대에는 서양에까지 전파되었다.
587) 도자기-토기, 도기, 석기, 자기로 구분. ▶점토의 종류에 의해 분류-청자, 백자, 분청사기, 골회자기 등. ▶유약이나 장식 방법에 따라FMS분류-청화자기, 천목, 등
588) 화약-동양의 연단술사들이 단약을 제조하는 과정에서 우연히 발명. 화약은 8세기부터 군사무기로 사용되었고, 우리나라에서는 14세기에 최무선이 화약을 최초로 개발. 13세기에 서방으로도 전래되었으며, 15세기에 프랑스를 중심으로 화포의 성능이 크게 개선.
589) 나침반의 기원-학자마다 의견이 다름. 몽골 제국의 확산과 관련하여 ▶동양에서 아랍으로, 다시 십자군 전쟁을 통해 유럽으로 전파 설, ▶인도양 무역을 통해 아랍과 유럽 잔파 설, ▶유럽에서 12세기를 전후 독자적 발명설. ▶그 외 메소아메리카 최초의 문명 올멕은 늦어도 BC 천년부터 자철석으로 점을 쳤던 것으로 추정.
590) 인쇄술-목판 인쇄술과 활판 인쇄술이 있으며, 모두 동양에서 시작되었음.
591) 석궁-(石弓. Crossbow) 한국에서는 쇠뇌라고 함. 중국 삼국시대 촉한의 재상 제갈공명은 연노(連弩)를 개량해 이를 원융(元戎)이라 했다. 진(晋)나라의 주 무기. 300년 후 서양에 전래 됨.
592) 화승총-9세기 북송 때 흑색 화약 발명. 이후에 화약의 발명가들은 이후 중동, 아프리카, 유럽으로 흩어졌다. 화기의 직계 조상과도 같은 무기는 파이어 랜스이다. 파이어 랜스의 시제품은 10세기 중국에서 만들어졌으며 모든 화기들의 근본이 되었음.>
593) 선미재(船尾材)-배의 뒤끝을 마무리는 기둥. 키나 추진기(推進機)의 진동(振動)에 견딜 수 있도록 강한재료(강재-鋼材)로 만듦. 대양 항해가 가능한 선박

제를 장악했다. 그런데 1840년 길어난 아편전쟁594)을 시작으로 역전당하기 시작했다. 이는 수천 년 동안 세계를 선도하였던 동양 신비주의에 대한 과학문명의 역전이다. 불과 200여 년 전의 일이다.

> ● Tip
> ○우리는 동양학을 동양인의 전유물로 생각합니다. 그러나 미국에서 공부한 사람들의 말을 들어보면 꼭 그렇지 않습니다.
> ○미국은 각 분야에 걸쳐 학문적으로 연구가 이루어지지 않는 것이 없음에 놀라움을 금할 수 없다고 합니다. 동양학은 물론 동양의술과 명상에 이르기까지 말입니다.
> ○우리에겐 족보와 항렬(行列)이 있어 자신의 뿌리를 한 눈에 볼 수가 있습니다. 그러나 미국은 세계 어느 누구도 자신의 뿌리를 찾을 수 있도록 자료가 정리되어 있습니다. 여기에 한국의 족보도 포함됩니다.
> ○사주명리학도 그러할 것입니다. 우리만의 전유물이 아니라 어쩌면 우리보다 더 깊고 광범위하게 연구되어 있을 수 있습니다. 그들은 관념595)을 따르기보다 과학적 사고를 기반으로 하기 때문입니다.
> ○그러나 2차 대전 종전 전의 미국 지식인들은 대륙(유럽)으로 유학을 갔습니다.

■1. 산업혁명이 역전의 원인이다. 증기기관을 통한 생산성 향상이 그 이유이기 때문이다. 산업혁명 당시 인구나 영토로 보아 왜소한 영국이 인도나 중국보다 6배 이상의 생산성이 높은 통계를 참고하면 이해가 될 것이다.

■2. 일반적으로 역전의 이유를 주자학에서 찾기도 했지만 다른 분석도 다양하다. 그 중에 중국의 경제학자 '린이푸'는 1995년 자신의 논문596)에서 "'경험에 기초한 기술 발명'으로부터 '과학과 결부된 실험에 기초한 기술혁신'으로 나아가지 못했기 때문이다."라고 했다.

■3. 또한 역사적으로 '연금술597)'과 '연단술598)'에서 원인을 찾기도 한다.

---

594) 1차, 2차 아편전쟁-동양을 단순한 중개무역의 대상이 아니라 그들의 원료공급지로, 상품시장으로, 그리고 상품시장 개척을 목적으로 벌린 여러 전쟁 중 하나. 당시 영국의 대청나라 무역 역조를 타개하기 위하여, 영국의 상품을 인도로, 인도의 아편을 중국으로, 중국의 차·견직물을 영국으로 수송하는 이른 바 삼각무역 전개.

595) 3-2-9-3 ■3 ●Tip ■2 ○2 "병신합"

596) 논문제목-'왜 산업혁명은 중국에서 길어나지 않았는가?'. 경험에 기초한 기술 발명에서는 인구 규모가 발명의 속도를 좌우하는 까닭에 과거에는 중국이 앞설 수 있었지만, 유럽에서 17세기 과학혁명이 일어난 뒤에는 중국이 뒤처지게 됐다는 것.

597) 연금술- 이집트에서 황금을 만들려는 시도가 아리스토텔레스등의 고대 그리스의 학자들의 이론들을 만나게 되어 정교화된 것. 궁극적인 목표는 금속이나 물질의 제련을 통해 자신의 영혼을 더 높은 상태로 이끄는 것. 금을 만드는 것 역시 금이 완벽한 금속으로 알려져 있었기 때문에, 흔해 빠진 금속(납, 철, 구리 등)을 완벽한 금속인 금으로 변환하는 과정에서 자신의 영혼도 같이 완벽해질 것

□서양 연금술은 비 귀금속을 금으로 만드는 과정으로 화학의 전신이 되어 과학혁명으로 연결되었다.

□동양 연단술은 외단과 내단이 있는데 불로장생(不老長生)에 쓰였다. 외단은 비 귀금속인 단사(천연 황화수은)를 다루어 '불로불사(不老不死)'를 얻고, 내단은 음양 조화의 '호흡법'을 통하여 건강을 도모한다.

4-1-6-4	역전과 우리의 과제

●=1	진화론과 창조론

■1. 1925년 미국에서 원숭이 재판(The Monkey Trian)이었다. 창조론과 진화론의 싸움이 시작된 것이다. 이때는 창조론이 승소하였다

■2. 1928년 아칸소주도 공립학교에서 진화론을 금지하는 법을 통과시켰다. 이에 대해 교사들이 소를 제기하였는데. 사건이름이 Epperson vs. Arkansas이다. 결국 연방대법원까지 올라갔다. 이때 재판부는 성경 구약의 모세 5경(창세기, 출애굽기, 레위기, 민수기, 신명기)을 제외하고 창조론을 변론할 것을 주문한다. 결과는 진화론의 승소다.

■3. 1981년 루이지애나주 의회는 공립학교에서 진화론과 함께 창조과학도 가르치도록 법을 제정했다. 그러자 72명의 노벨상 수상 과학자, 20여개의 학술단체들이 반발 소송이 시작되었다. 고소인측은 특정종교의 교리를 과학의 이름으로 포장해서 학생들에게 주입시키려는 의도라고 맞섰다. 결과는 1987년 연방대법원의 창조론 패소로 마무리된다.

●=2	관념과 과학적 사고

미국의 선조들은 메이플라워호(Mayflower)를 타고 종교적 박해로부터 신앙의 자유를 찾아 아메리카로 이주했다. 그럼에도 불구하고 그 후손들은 관념(신앙)이 아닌 이성적사고(과학)를 선택하였다.

이라는 믿음에서 행해짐. 불교에서 말하는, 수행을 통해 열반에 이르려는 것과 비슷. 물론 자기수행 대신 금 제작만을 목적으로 한 사람도 많았다 함.
598) 연단술-불로장생을 위하여 금단을 조제하여 복용하는 고대 중국의 신선도술. 서양의 연금술에 비견되는 동양의 고대학문. 연단술은 불로장생의 단(丹)을 만들기가 목표. 그래서 연단술을 단학(丹學)이라고도 부름. 진(晉)나라의 갈홍(葛洪)이 지은 『포박자(抱朴子)』는 특히 외단법의 고전이라 할 수 있음. 그러나 이보다 앞선 위백양(魏伯陽)의 『주역참동계(周易參同契)』는 오히려 내단을 강조한 특징을 가지고 있다.

우리도 막연한 운과 운명에서 벗어나 그럴 수 있어야 한다.

■1. 일부에서 풍수를 기 과학이라고 말한다. 과학이란 수치로 증명되는 일이다. 그렇다면 풍수도 그럴 수 있어야 과학의 세계에서 인정하는 과학이 된다.

■2. 오행이나 십신으로 성격을 보는 일도 그러하다. 설문지가 있고, 설문지 작성자가 있고, 설문지를 채점하는 시스템 속에서 성격을 말할 수 있어야 한다. 그래야 당사자가 수긍하고 불쾌하지 않을 수 있으며, 그럴수록 자기통찰이 일어난다.

■3. 역마살은 이동수를 의미한다. 그러나 기초적인 통계는 없고 고전에서 그랬다 하는 주장밖에 없다. 주장을 증명하지 못하면 관념일 뿐이다. 특히 모세5경을 제외하고 변론하듯이 다른 체계로 증명할 수 있어야 세상에서 인정받을 수 있다.

> ● Tip
> ○내가 몇몇 학교에 관여하고 있을 때, 철도나 항공, 운수회사 등 각 기관과 M.O.U 등 기관과 기관 협약을 맺어 역마살에 대한 표본조사라도 이루어질 수 있도록 노력하였으나 어려운 일이었습니다.
> ○조사인력, 조사 집단선정, 조사 분석과 발표 등 혼자서라도 할 수 있는 일이라면 그리 했을 것입니다. 언젠가는 이러한 양적 연구(논문 포함)도 더 활성화되기를 기대합니다.

4-1-8	성인(聖人)의 출현
4-1-8-4	기타

□영국의 웰링턴(Wellington)은 1815년 6월 워털루(Waterloo) 전투에서 당시 세계최강 프랑스의 나폴레옹(Napoléon) 군대를 물리쳤다.
□고구려의 을지문덕(乙支文德) 장군은 고구려 영양왕 23년(612년) 수(隋)나라와의 침입으로부터 살수대첩을 이끈 영웅이다.
□고려의 강감찬(姜邯贊) 장군은 1018년 거란의 10만 대군을 물리친 명장이다.
□조선왕조의 이순신(李舜臣)은 임진왜란(壬辰倭亂-1592년부터 1598년 두 차례)을 승리로 이끌면서 필사즉생 필생즉사(必死卽生 必生卽死)라는 각오를 1597년 9월 15일 『난중일기』에 남겼다. 이들은 성현 성인으로 분류되지 않을지라도 국난을 극복한 영웅들이다.

그러나 이렇게 유명하지 않더라도, 일제강점기에 목숨을 걸고 상해 임시정부에 군자금을 지원한 정읍의 '보천교(증산도 전신)와 그 교도들이 있다. 미 국무성 '밀러보고서'는 당시 보천교 신도를 600만이라 적었다. 3.1운동 당시의 인구를 2천 만으로 추정할 때, 전체 국민의 1/3이나 된다. 하지만 조선총독부는 이들을 유사종교로 탄압하고 교도들은 투옥하고 결국에는 보천교를 해체시키고 만다. 일제가 우리를 얼마나 탄압하고 학살했는지 알 수가 없다. 3.1운동만 보더라도 "몇 명이 죽고 소요가 진정됐다."는 식의 기록뿐, 몇 명안에 누가 어떻게 죽었는지 전혀 기록이 없다.

그 후 일본은 사이토 마코토 총독을 보내 강압에서 회유적인 통치로 선회했다 한다. 그렇지만 제암리, 곽산, 사, 화수리, 맹산, 대구, 합천, 남원, 강계, 강서, 정주, 홍춘 등 각 지역별로 조선인 학살(총살)사건은 계속 벌어졌고 수많은 조선인이 죽었다. 이러한 상황에서 보천교도들은 생명을 걸고 군자금 지원활동을 한 것이다. 1945년 11월 23일 김포비행장에 도착한 김구 주석은 "임정(상해임시정부)은 정읍(보천교)에 많은 빚을 졌다."고 했다.

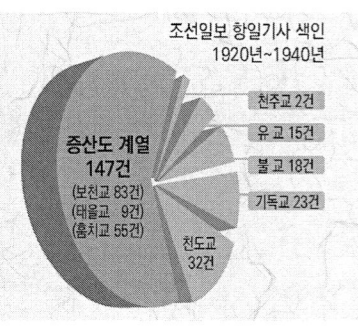

<민족종교(증산도 천도교)의 항일투쟁. 출처-상생방송>

● Tip

○1.나는 보천교도나 증산도가 아닙니다. 유(劉-묘금도 유)씨 술제공파로서 ▶하나라 유르(劉累)에서 시작, ▶한나라 고제 유방의 74세손, ▶고제의 41세손이자 북송 병조판서로 고려 문종36년(1082년 8월) 때 그려에 정착한 도시조 한림학사(翰林學士) 유전(劉筌)의 33세손, ▶고려조 좌복야(左僕射)를 지낸 봉조하(奉朝賀) 유승비(劉承備) 시조의 25세손, ▶조선왕조 옥천 부원군 유창(劉敞) 중시조의 21세손입니다.

도시조 사우는 경북 영천(구인재), 중시조는 서울 상일동(해천재)에 모셔져 있고, 전남 장성의 손계서원은 중시조와 술제공(의병장) 등을 배양하고 후진을 양성하던 곳입니다.

○2.신라 문무왕릉비에 김씨 시조 성한왕은 흉노 출신으로 흉노에서 투후에 봉해졌던 김 일제라 합니다. 아마 우측과 유사한 얼굴일지 모릅니다.

<경주 괘릉 원성왕릉의 무인석상. 출저-네이버>

○3.우리는 이렇듯 거의 ▶"퉁구스족"의 1.예맥(고조선, 고구려, 주신-여진, 숙신, 말갈)이나 2.부여(고구려, 백제, 선비, 거란, 일본), 그리고 ▶"알타이계통"의 1.흉노(신라, 혹 고구려의 통치 집단)와 2.돌궐(투르크-터기 헝가리)에서 온 그 어느 이민자의 흐손이자 동이의 후예일 것입니다. 참고로 흉노의 황제를 선우라 부르는데, 오 월나라도 고구려를 선우로 기록했습니다. 그래서 고구려를 흉노로 유추하기도 합니다.

4-2 들어가기

사람에게는 두 가지 즉 육체적 유전자599)와 문화적 유전자 '밈600)'이 있다. 사람의 정서로 대표되는 '밈'은 '미토콘트리아601)'를 타고 후손에게 전해진다. 양계초602)에 의하면 "문화는 정신에서 나온다."고 한다. 정신과 정서는 그 자리가 같은데 거기에 천도가 있다.

> ● Tip
>
> ■-1 정신은 문화로 다스립니다.
> ○제국은 무력으로 일어나 법으로 속국을 통치하지만 정신은 문화로 다스립니다. 그 "정신은 문화에서 나온다." 하는데, 이러한 문화는 종교의 또 다른 아바타입니다.
> ○19세기 이전에는 종교가 문화의 각 뿌리였습니다. 서로마는 게르만의 이동 때 멸망합니다. 즉 서고트족이 로마를 지나 스페인에 정착하는 과정에서 망했지만 그들의 국교 기독교와 기독교 문화는 살아남았습니다. 오히려 레오 교황과 함께 더 철옹성을 구축하여 오늘에 이르게 됩니다.
> ○우리도 일제 강점기하의 대종교603), 그리고 보천교604)나 증산도605)가 아니면 단군조선(고조선)을 포함하여 그 이전의 마고지나(麻姑之那 마고의 나라)606)의 존재와 그 문화를 전해들을 수 없었을 것입니다.
> ○또한 무속 문화에서 '마고와 궁희와 소희'의 흔적을 보는 것도 같은 맥락입니다.
> ○이는 스스로 마고의 후손임을 포기하고 기자607)의 후예를 자청했던 조선왕조나, 일제의 의도대로 왜곡된 조선총독부 '조선사편수회'608)가 편찬한 『조선사』와 그 성격이 다릅니다.

---

599) 유전자(遺傳子 gene)-유전형질의 기능적 단위. 모든 생명체가 세포 내에 가지고 있는 유전체 DNA의 특정 부위에 위치하는 정보서열. 세포를 형성하며 유기적 생명현상을 유지하는 데 필요한 단백질 등을 생산해 낼 수 있는 정보를 담고 있으며, 각 개체 고유의 특징을 나타내게 할 뿐만 아니라 복제를 통해 다음 세대로 유전됨.
600) 밈(Meme)-어떤 생각, 행동, 또는 양식이 사람 사이에서, 문화 속에서 전달되는 것을 말함. 종교와 선대 후대의 사고나 식습관이 대표적. 참고-리처드 도킨스(Richard Dawkins)의 저서 <이기적 유전자(selfish gene)>. 유전자처럼 자기 복제의 속성은 있지만 DNA처럼 화학적 물질에 기반을 두지 않음.
601) 미토콘트리아(mitochondria)-양분과 산소를 이용하여 에너지를 만들어 내는 세포 소기관. 1897년 칼 벤더(Carl Benda)가 세포속에 미토콘트리아의 존재를 증명. 공모양과 용수철 모양으로 생김. 거의 모든 세포질 속에 존재. 그리스어(語)로 실을 의미하는 '미토스(Mitos)'와 입자를 의미하는 '콘드린(Chondrin)'의 합성어.
602) 양계초(梁啓超, Liáng Qǐchāo)중국 근대의 사상가이자 교육가. 청 목종(穆宗) 동치(同治) 12년인 1873년에 광동성 신회헌(新會憲) 웅자향(熊子響, 지금의 장먼(江門)시 신후이(新會)구)에서 태어났다.
603) 대종교-1909년 나철이 창시한 민족 고유의 종교. '대종'이란 한얼님(하느님)이 이 세상을 널리 구제하기 위해 사람이 되어 내려오셨다는 뜻. 대종교는 우리 민족의 기원 신화에서 비롯되어 단군(단군왕검)을 섬기며, 삼신일체설을 믿고 있음.
604) 보천교-차경석(車京石)이 창시한 증산교(甑山敎) 계열의 민족종교. 증산교를 창교한 강일순(姜一淳, 호 甑山)을 만나 자신의 이종사촌 누이인 고판례(高判禮)를 강일순의 부인으로 추천. 그러나 신도들이 크게 늘어나게 되자 차경석은 교권을 장악하고 신도들과 고판례와의 접촉을 차단. 이에 고판례

■-2 한 번 생겨난 문화는 사라지지 않고 늘 환생합니다.
○조선의 경우 우리 선조들의 정신문화를 소중화(송나라 주자의 정신과 학문)로 몰고 가는데 일조한 것이 모화사상609)입니다.
○즉 주자학(성현의 도)을 떠나 어떤 것도 공부하면 안 되고, 무슨 일도 하면 안 됩니다. 심지어 과장에서 도교나 불가의 단어를 구사하는 선비들을 귀양 보냈습니다.
○그중에 판소리 적벽가나 초한가를 부르는 사람들은 예술을 할 뿐이지 거기에 모화사상은 없다고 말할 것입니다. 그러나 적벽가를 부르면 조조가, 초한가에서는 초패왕이 예술 속에서 환생합니다.
○마치 어떤 꽃의 시인이 방송에서 "시인은 순수하게 아름다움만을 노래하면 되고, 현실 참여는 정치하는 사람들의 몫"이라고 예술의 순수성만을 말하는 것과 닮았습니다.
○결과적으로 80년대 군사독재 시절, 교회의 설교가 성경 외 사회문제를 말하면 안 된다고 통제 감시했던 것과 같고, 사주(생극제화)만 보고 역사(스토리화)610) 즉 자신의 정체성(전제)611) 대하여 말하지 말라는 것과 같아 보입니다.

■-3 문화의 속성과 생명력
○일제는 미국의 폭스트롯을 받아들여 엔카를 탄생시켰습니다 물론 우리 트롯의 뿌리도 마찬가지이기는 합니다. 그러나 일제강점기 초기 우리의 음반을 조선이 아닌 동경에서만 제작하게 합니다. 그리고 필수 조건으로 일본인이 편곡을 맡는 것이었습니다.
○즉 편곡을 통해 일본의 정서를 유입시키려는 의도가 분명합니다. 그 결과 이때 우리의 고유한 육자배기나 판소리 그리고 민요의 다양한 리듬이 사라지게 되는 원인이 되기도 합니다.
○지금에 와서는 트롯을 전통가요라고 하는 사람도 있습니다. 그리고 트롯이 좋아서

는 별개의 종단을 설립. 보화교(보천교)는 1920년에 전국의 신도를 60방주(方主)의 조직으로 묶고, 55만 7,700명에 달하는 간부를 임명하기도 함. 1922년에는 정읍군 입암면 대흥리에 대규모 교당을 신축, 건축자재를 백두산의 원시림에서 가져다 쓰면서 6백만 신도를 호칭할 정도로 교세가 대단. 1936년 차경석이 죽고 이어 조선총독부가 유사종교해산령을 선포함에 따라 교단이 해체 됨. 8·15광복 후 다시 조직화되었지만 신파와 구파로 분열.
605) 증산도-강일순(1871~1909)의 셋째 부인 고판례가 1911년에 개창한 선도(교)가 기원이자 그 종통을 계승하여 1974년 봄 안세찬이 대전에서 창시한 민족주의성향의 증산계열의 증산도. 증산 강일순(姜一淳)을 세상의 주재자인 옥황상제(玉皇上帝)라고 믿음. 강일순과 고판례의 언행을 수록한 증산도 도전(道典)과 환단고기를 주요 경전으로 삼고, 태을주를 중심으로 하는 주문수행을 하며, 지성(천주교의 미사, 개신교의 예배)을 종교행사로 지냄.
606) 4-1-1 ●=2 박금이 저술한 「부도지」에 나오는 마고성. 고려사에도 실려 있음.
607) 4-1-8-2 "은나라 마지막 주(紂)왕의 이복형으로 미자와 기자 형제가 있다."
  4-3 들어가기 ■2 □7 기자 위만조선 "단군조선의 강역인 번조선에서 일어난 일부 사건에 불과"
608) 4-1-4-1 '조선총독부 조선사편수회' ●Tip "37권의 "조선사"는 실로 광대"
609) ●1장-2 ■2 ■2) ●Tip "모화사상(慕華思想 중화의 문물과 사상을 흠모하며 따르는 사상"
610) 제3장 서문 (2) "간명의 기능은 기운의 증감(생극제화)과 스토리화(story化)
611) 4231-4 삶에는 '전제(前提)'가 있다.

부를 뿐 친일과 아무런 상관관계가 없다고 말하기도 합니다.
○마치 이생진 시인의 '술에 취한 바다'에서 "나는 내 말만 하고 바다는 제 말만 하며 술은 내가 마시는데 취하긴 바다가 취하고."처럼, 술 마시는 사람 따로 취하는 사람 따로 라는 말과 다를 것이 없어 보입니다. 그러나 문화의 속성이란 아무런 관계가 없다고 하는 거기까지 노리며 침투하고 있음을 알아야 합니다.
○해방 후 광화문 중앙청이 일본인들에게는 한국관광시 조선총독부 건물 앞에서 조선을 통치한 기념사진으로 둔갑했던 적이 있습니다.
○그저 좋아서 트롯을 부를 뿐이고 또한 친일이 아니라고 하지만, 그 안에는 기념사진처럼 일본의 정서가 망령처럼 살아나는 문화적 속성과 생명력이 자리하고 있습니다.

■-4 종교와 문화는 정치에 악용되기도 합니다.

○1.나라님이 정치를 잘못해서 가난한 것을, 조상의 뫼를 잘 못 쓴 결과라고 풍수 탓을 하게 합니다. 즉 풍수라는 문화에 젖게 되면 나라님의 잘못이 개인의 잘못이 됩니다.
 나라가 잘 못 하여 조공품의 공녀로 끌려가고, 코와 귀를 베어 풍신수길의 전리품으로 바쳐져도 사주팔자가 기박하여 그런 것이니 팔자 탓으로 돌려 버리고 말게 됩니다.

○2.티벳(토번)은 당나라 태종이 문성공주612)를 송첸캄포(토번 33대 왕)에게 시집보내 화친을 맺을 정도로 강성한 나라였습니다. 그러나 761년 이후 '티손 데첸왕'은 스스로 불교를 국교화합니다. 그러나 그 평화는 오래가지 못했습니다. 지금도 테벳 자치구의 장족(티벳족)은 중국(서남공정)으로부터 독립을 요구하는데 그 저항과 탄압이 알려진 것보다 상상을 초월한다 합니다. 송첸캄포 시절의 토번이 아닙니다.

○3.여기에 돌궐(투르크메니스탄과 같은 민족으로 터키까지 방대하게 분포)로 불리는 신장 위구르(서북공정) 자치구의 독립 요구도 마찬가지로 모두 일제치하의 우리와 비교됩니다.

○4.1492년 이후 스페인 정복자들은 인디언들을 학살하고 노예로 삼았습니다. 그리고 그들을 영혼 없는 짐승으로 취급하며 무력을 통한 선교를 주장합니다. 대포를 쏘기 전 라틴어를 모르는 인디언들을 향해 '개종 권유문'을 낭독하고 무참하게 살육하였습니다.
 그중 콜럼버스가 처음 도착했던 히스파니올라 섬(Island of Hispaniola)의 인구는 25년 만에 500백만의 인구가 5만으로 줄었습니다.

<유럽 정복자들의 원주민 학살 판화, 방화와 도륙과 알몸 완전 목맴, 출처-네이버>

○5.그러나 신의 이름으로 자행된 범죄행위에 맞서 인디언들도 하느님의 아름다운 창

조물이라고 항의하는 '바르톨로메 데 라스카사스' 신부가 있었습니다. 그의 보고서에 따르면 20년 동안 1200만 이상의 인디언들이 학살당했다고 전합니다.

그럼에도 남미의 후손들은 그들 응징은 고사하고, 대부분 기독교(카톨릭) 신자가 되었습니다. 학살자가 심어준 종교와 그 문화가 피해자의 영혼으로 스며든 것입니다.

○6.우측은 콩고의 어린이들인데 손목이 잘려 있습니다. 천지창조를 믿는 나라의 레오폴드 2세(Leopold II 1835, 4월 9~1909, 12, 17) 벨기에 국왕이 고무 채취 할당량을 못 채운 어린이들의 손목을 자른 것입니다.

<콩고의 손 잘린 어린이. 출처-네이버>

○7.우리도 일본에게 처참 참혹하게 당했습니다. 경신참변 때 부녀자의 상의를 벗긴 체 참수하는 현장입니다. 일본도를 내리치는 저 광기와, 그 아래 무릎 꿇은 여성이 비녀를 꼽던 머리를 상투를 매 듯 위로 끌어 올렸습니다.

왜 그랬을 까요? 많은 더리숱, 쳐지지 않은 가슴으로 보아 분명 우리 딸 더느리보다 젊디젊습니다.

<KBS 역사저널 그 날 39회. 출처-네이버>

좌측은 작두로 만행을 저지르는 사진인데 작두에 누인 남성의 신체를 보면 건장한 것이 보입니다. 젊다는 것은 처자식이 어리다는 말인데 아비가 죽으면 처자식은 어떻게 되

었을까요? 아니면 집단 학살 때 같이 죽임을 당했을까요?
　우측은 남녀 양민(의병)들 처형 장면이라 하는데 앞의 여성은 발이 풀린 것으로 보아 이미 처형이 끝난 상황일 겁니다. 당시 저들은 공포 분위기를 과시하느라 간도학살(경신참변) 등의 사진을 남겼겠지만 이제는 만행의 증거가 됩니다.
　이렇듯 저들이 남녀노소를 가리지 않고 얼마나 우리에게 가혹했는지 헤아릴 수 없습니다. 그런데 지금 우리의 할머니 할아버지와 같은 저분들은 당시 공포스러운 칼과 작두 아래에서 그리고 저 형틀에 묶여 무슨 생각을 하며 죽어갔겠습니까?

■-5 역사는 통치행위에 의해 왜곡되기도 합니다.
○『조선왕조실록』은 모두 변역되었지만 『승정원일기』는 아직 번역되지 않았다고 합니다. 왕이 승하하면 승정원일기 등을 바탕으로 실록을 편찬하는데, 승정원일기에 있는 고려의 "제왕"과 "단군"의 역사가 조선왕조의 혁명세력이 편찬한 조선왕조실록에 빠져 있습니다.
○또한 혁명세력이 쓴 『고려사』613)도 마찬가지입니다. 그들은 고려와 그 황제614)를 왕으로 축소 내지 왜소화했습니다. 그 결과 훗날 고려 북쪽의 국경선 철령과 공험진615)이 지금의 원산 근처로 옮겨오게 되는 빌미가 되었을 것입니다. 이는 단군을 신화로 왜곡하는 지금의 세력이나 그때 혁명세력이나 다를 바가 없습니다.
○뿐만 아닙니다. 일제(조선사편수회)616)가 쓴 조선사는 엉뚱하게도 갈석산 근처에 있었던 한사군을 평양으로 왜곡했습니다. 중국의 동북공정 또한 이와 다르지 않습니다. 원래 갈석산은 만리장성의 동쪽 끝으로 요동이 시작되는 곳입니다. '임나일본부'설도 허구이기는 마찬가지입니다.
○아마도 조선을 건국한 혁명세력에게는 정권의 정통성에 대한 고려 적통세력의 단죄와 민심이 두려웠을 것입니다. 친일세력 또한 그 행적으로 인한 단죄가 무거운 나머지 기존의 질서를 매도하고 자기부정에 빠져야 살아남는 공통점이 있나봅니다.
○그렇다고 민심이 돌아설 까요? 그런다고 80년 광주 학살이 정당화 되나요?
○그럼에도 불구하고 조선왕조가 정권의 정통성에서 자유롭지 못한 것처럼, 일본의 의도를 그대로 복제하는 것이 친일 숭일(崇日)인 것을 모르는 그림자도 그러할 것입니다.

■-6 역사적으로 중국 동북공정은 물론 특히 일본 식민사관의 의도를 알아야합니다.
○고구려 장수왕은 평양 천도 이후 국호를 고려(고리 구리)라고 한 기록이 생생합니다.
○그러나 근 현대 사가들이 왕검의 고려와 구별한다는 이유로 고구려를 연상케 하는

---

612) 4-3-4 ●=8 ○5 ●Tip "문성공주를 시집보내면서" "손주가 설마 외할아버지의 나라를 치겠는가?"
613) 고려사-세종의 명으로 시작 문종 원년에 편찬. 태조에서 공양왕까지 32왕들 연대기 등 수록. 조선 건국의 합리화라는 정치적 목적으로 편찬. 그러나 사료 선택의 엄정성과 객관적 서술 태도 유지.
614) 4-3 들어가기 ■2 □8 고려는 황제국이다.
615) 4-3-5 ●=3 ●Tip ■-3 1)윤관의 9성-강희제(4대 황제)와 "백두산정계비" 지도 참조
616) 4-1-4-1 '조선총독부 조선사편수회' ●Tip "37권의 "조선사"는 실로 방대"

평양의 고려를 지운 것 같습니다.
○백제 성왕은 국호를 남부여로 개칭하였습니다. 그러나 우리의 역사에서 고조선의 후신인 부여를 인정하지 않으려 하니 남부여라 불러 주지 않았을 것 같습니다. 오히려 단군조선(고조선)의 정신이 역사 속에서 살아날까봐 부여617)를 왜곡했다고 봐야할 것입니다.
○지금도 일본의 조작과 왜곡으로 만들어진 자료를 보고 공부한 사람들 중의 일부에 의해 그 불러주지 않는 의도가 은연중에 살아납니다. 그들이 이것이 역사의 진실이라고 말할 때 더욱 그렇습니다.

○마치 2차 대전 후 소련의 스탈린이 몽골을 소련의 위성국가로 만들면서, 몽골의 역사와 정신과 혼을 지우기 위해 성씨를 없애 버린 것과 같을 수 있습니다. 이것이 오래전 징기스칸에 점령 당한 역사의 보복이라 합니다. 일본도 역시 우리에게 창씨개명을 강요했습니다.
○물론 고구려 광개토태황이 일본 열도를 정복한 역사가 있습니다. 또한 세종 조의 태종 상왕시절 왜구들의 노략질을 막기 위해 대마도를 정벌한 역사 또한 엄연합니다. 오히려 2차 대전 종전 후 일본이 대마도에서 철수하지 않고 지금에 이르고 있습니다.618)
○그런 이유일까요. 일본 후생성의 대마도인의 혈통조사(B형간염 유전자 조사 물질 검사) 결과를 보면 한국인과 거의 일치한다고 밝힌바 있습니다. 그러나 일본이 반도에서 창씨개명을 하는 등 스탈린 같은 한을 우리에게 품고 있었는지는 알 길이 없습니다.

○5~6세기 왜의 도래인 중에는 다수가 백제계이고 일본이란 국호를 사용한 것도 7세기 이후입니다. 백제계의 뿌리는 부여입니다.
○일본의 아키히토(明仁) 전 일왕은 자신의 뿌리가 백제계619)라고 말하는데 정한론620) 자들과 그리고 이마니시 류621)는 물론 해방 후 두계 이병도622)와 그 후예들의 생각은 다르게 나타납니다. 자신의 조상(뿌리)을 치고 부정하는 일을 주저하지 않는 것입니다. 조상을 부정하고 잘 될까요?
○그러나 교과서623)에 의해 세뇌624)당한 사람들도 우리의 이웃이고, 그들도 YVWQ로 사주를 볼 것입니다. 아니 보고도 안 보았다 할 것입니다. 그렇지만 서로 적대시하고 싸우기보다 통찰을 기다리며 그것까지도 안고 가야하는 역사적 과제가 있습니다.

---

617) 4-1-7 ●=1 ■2 "북부여 202년'을 계승한 고구려 907년" "국통맥의 역사"
618) 4-3-5 ●=3 ● Tip ■-6 조선왕조의 영토 축소의 역사
619) 4-3-6 ●=2 ●Tip "간무천황의 어머니가 백제 무령왕의 자손이라고 속일본기(續日本記)에 기록"
620) 4-3-6 ●=2 ■1 ●Tip ○2 "정한론-일본에서 등장한 조선 침략론"
621) 4-1-4-1 "이마니시 류는 이병도의 스승이자 우리 역사를 왜곡한 핵심 인물"
622) 4-3-1 ●=3 ●Tip 두계 이병도와 조선사편수회
623) 4-3-1 ●=3 ●Tip ■1-2 "국정교과서에 실리면서 오늘에 이릅니다."
624) ●1장-4 ■2 ●Tip ○2 세뇌

■-7 역사는 영원한 현재입니다. 문화도 그러합니다.
○육체가 정신을 담은 그릇이라면 매 시간은 공간을 담은 그릇이 됩니다. 공간이라는 사방팔방에 시간을 담으면 3차원이 되지만, 시간 속의 어느 때라는 공간이 역사가 되기 때문입니다. 그래서 시간은 역사이자 역사는 영원한 현재가 됩니다.
○시간 속의 정신문화도 사라지지 않는 한 영원한 현재입니다. 그래서 역사를 왜곡하면 정신도 왜곡되게 됩니다.
○구한말 을사오적 중에서도 이완용은 매국노 중의 매국노 대접을 받습니다. 그러나 광복과 해방 이후 세대는 우리 선대보다 대접이 덜한 것 같습니다.
○우리의 왜곡된 역사는 광복되지 못했습니다. 그래서 지금처럼 후대에도 역사논쟁이 일어날 때마다, 우리의 정신을 왜곡하려할 때마다, 조선왕조의 혁명세력은 물론 두계 이병도와 그 후예들의 이름이 불편한 진실과 함께 끊임없이 오르내릴 것입니다.

■-8 선대의 삶은 후대의 역사가 됩니다.
○그 후 율곡 다산 등 조선왕조의 대다수 선비(주류세력)들도 기자[625]의 후손이라는 혁명세력의 기조를 유지 계승합니다. 그리고 해방 후 교토학파[626]의 논리를 따르는 그 후예들 역시 기자의 후손과 다르지 않아 보입니다.
○어떻든 우리의 의도와 상관없이 세상은 돌아가는데 동북공정과 식민사관의 의도가 어떠한지를 미안하게도 다음 나오는 "4-3-5 ●=3 ●Tip ■-7 오늘날 중국의 시각"에서 볼 수 있습니다.

■-9 정리하기
○이렇듯 일제가 우리에게 심어준 것이 열등감입니다. 중국의 동북공정 또한 다르지 않습니다. 청동기 시대를 넘지 못하는 짧은 역사(단군조선은 역사 아닌 신화), 한사군의 속국, 임나일본부설, 고구려 발해는 중국의 지방정권, 조선왕조는 명 청의 속국 그리고 반도의 좁은 땅, 사색당파, 역대적 가난, 미개, 일본에 의한 근대화 등은 우리에게 열등감을 강요하는 그들의 단골 소재입니다.

○우리의 정신문화에는 배달(환웅)의 자손이자 거기에 상제님(옥황상제)이 있습니다. 그런데 상제님이 어느 날 불교 비로자나불[627]이 되어 대웅전에 있습니다. 웅은 환웅을 말합니다.
○조선왕조의 정권 유지를 위한 수서령[628]은 민족의 정신과 영혼을 중화주의[629]에 편승하게 합니다. 모화사상[630]의 발로인 판소리 적벽가[631]도 후손들에게 이어져 불립니다. 그 후 송자 송시열을 필두로 성리학 즉 주자 이념을 실천한 소중화

---

625) 4-1-8-2 "은나라 마지막 주(紂)왕의 이복형으로 미자와 기자 형제가 있다."
   4-3 들어가기 ■2 □7 기자 위만조선 "단군조선의 강역인 번조선에서 일어난 일부 사건에 불과"
626) 4-1-4-1 "일본 교토학파의 실증사학은 랑케로부터 비롯된다."

가 되어 만절필동의 만동묘632)에 제향하고, 그 정신은 쇄국으로 이어져 결국 일본에 나라를 잃습니다. 두보는 명성팔진도633) 돌무더기 앞에서 "명성팔진도 강류석부전634)을 노래했습니다. 지금의 우리는 만동묘 앞에서 '강류석부전(물은 흘러가고 돌만 남음)'의 비애를 느낍니다.

○이제 일제 내선일체를 강요받던 자리에 단군 아닌 여호와635) 하느님(아버지)이, 그리고 일본의 식민화 의도가 이식된 트롯636)은 벌써 전통 가요가 되었습니다.

○그러나 우리의 오늘에 후세에게 어떻게 비쳐질지 가슴이 두근거리는 것은, 이 사회에 구한말 순진한 친일파와 같은 사람들이 있을지 모르기 때문입니다. 기회주의자 이완용(흥사단 활동도 했음)을 비롯한 그들은 일본을 버경으로 정권을 잡으려 했지 일제가 강제합방까지 할 줄 몰랐을 거란 이야기입니다-.

○이러한 즉 우리라고 티벳이나 남미나 몽골처럼 되지 마라는 법이 없습니다. 대웅전이나 하느님 아버지는 그렇다 할지라도 특히 만동묘나 학살자의 역사관이 시들지 않는 한 그러할 것입니다.637) 정복자들의 원주민 학살이나 제암리 등 각지에서 자행된 일제의 학살 만행638)이 다를 바 없기 때문입니다.

○우리 책은 두고두고 국내는 물론 국외로 인용되며 번역되어 질것입니다. 그때 사주보는 문화와 YVWQ를 공부하는 사람이 사라지지 않는 한, 이 스토리639) 역시 쉬지 않고 계속 환생될 것입니다.640) 우리가 무슨 생각을 하고 있는지 말입니다.

---

627) 비로사나불(毘盧舍那佛) 노자나불·자나불이라고도 함. 산스크리트로 '태양'이라는 뜻, 불지(佛智)의 광대무변함을 상징하는 화엄종(華嚴宗)의 본존불(本尊佛)을 말함.
628) 4-1-7 ●=3 ■2 "수서령(收書令)"
629) 중화주의-한족(漢族)들이 자기 민족을 세계문명의 중심으로 생각하며 우월성을 자랑하는 태도
630) ●1장-2 ■2 ■2) ●Tip "모화사상(慕華思想 중화의 문물과 사상을 흠모하며 따르는 사상"
631) 적벽가(赤壁歌)-삼국지연의(三國志演義)의 일부가 판소리 된 것으로 화용도(華容道)도 라고도 함. 삼국지 연의는 명나라때 나관중이 쓴 장편소설로 정식 명칭은 "삼국지 통속 연의".
632) 만동묘와 '만절필동(萬折必東) 선조가 임진왜란 후 명 황제에게 보내는 편지의 네 글자. 황하가 만 번 휘어도 결국 동쪽으로 흐르듯, 황제 폐하를 향한 충성은 변치 않는다.'는 뜻. 1689년 남인과 정쟁 끝에 사약을 받은 노론의 영수 송시열은 제자들에게 "명황제를 기리는 사당을 만들라"고 유언. 명 마지막 황제 숭정제가 즉고 60년이 지난 1704년 정월 7일 그 제자들은 화양동 계곡의 화양서원에 만동묘(萬東廟)를 세움. 간동은 그 '만절필동'에서 옴.
633) 명성팔진도-촉한의 제갈량이 어복현 강가에 돌들을 모아 그린 진영 도형. 남아 있는 둘은 그 흔적.
634) 두보 팔진도-두보가 팔진도 흔적을 보고 쓴 시. 공개삼분국 명성팔진도 강류석부전 유한실탄오(功蓋三分國 名成八陣圖 江流石不轉 遺恨失呑吳) 세운 공은 셋으로 나뉜 천하를 뒤덮었고, 그 명성 팔진도를 이루었네. 강물은 흘러도 그 돌들은 굴러 없어지지 않으니, 남은 한은 오나라를 치라는 말씀을 따른 실책이어라.(제갈량은 위 조조를 치자고 주장, 그러나 묵살되고 오를 친 것이 실책이 됨)
635) 여호와-'스스로 있는 자, 나는 나다(I AM WHO I AM)'란 뜻. 하나님의 영원하심과 자존(自存)하심, 그리고 원인이 없으신 절대 유일하신 존재임을 강조하는 하나님의 고유한 성호(聖號)요 영광스러운 신명(神名)이다(창2:4; 출3:14-15; 6:3). '여호와'는 자기 백성과 관계되는 구원이나 언약 성취 그리고 하나님 자신의 신실하심과 인자하심과 관련해 주로 사용된다.
636) 트롯-폭스트롯이 효시. 우리나라는 일제강점기 1920년대 말부터 도입 시작. 독일인 '프란츠 에케르트'가 대한제국의 '애국가'와 일본의 '기미가요'를 작곡. 당시 서양에서 유행했던 4분의 4박자인 '폭스트롯을 각국의 민요와 섞어서 만든 것이 트로트(한국 민요)와 엔카(일본 민요)의 시작. 그러나

■1. 다음 나오는 천도의 세 가지 ▶자연론 ▶정성론 ▶천명론은 개인별로 모든 상수역학과 사주명리를 하는데 있어서의 중요한 지향점이 된다. 즉 어떤 정신으로 세상을 보느냐의 문제이다. 천도라는 말은 천명사상에서 왔다. 5-1-3 ●=2 "천명사상" 각주를 보면 이렇다.

> ● 각주
> "천명사상-천의(天意), 천도(天道), 천심(天心) 등과 더불어, 만물을 낳고 기르는 주재자인 천(天)이 갖고 있는 작용력을 가리키는 유교교리. 천명, 천의, 천도, 천심 등은 모두 같은 천의 작용이지만, 이 작용이 마치 명령하는 것과 같은 작용이라는 의미에서 천명, 당연히 해야 하는 도리라는 의미에서 천도, 사람의 의지와 같은 것이라는 의미에서 천의, 사람의 마음과 같다는 의미에서 천심이라 한다."

5-1 서문 중 "고대 동북아에서 천(天)의 개념"을 요약하면 천의(天意), 천명(天命)은 인격적인 천이고, 천리(天理), 천도(天道)는 형이상학적인 천이다. 그러나 각주에서 보듯이 모두 같은 작용이라 한다. 그러니까 개체의 본질을 말할 때는 성이라 하고, 하늘의 작용을 의미 할 때는 천명이라 할 수 있다.

참고로 풍우란[641] 선생의 천(天) 개념은 ▶물질지천(物質之天백성은 밥이 하늘) ▶주재지천(主宰之天상제(上帝)의 인격적인 하늘) ▶운명지천(運命之天사람이 어찌 할 수 없는 대상) ▶자연지천(自然之天자연의 법칙) ▶의리지천(義理之天우주의 작동 원리)이다.

■2. 우리 책에서의 천도는 인격적인 것과 형이상학적인 것을 모두 포함한다. 그중에 의리역[642]의 철학적 발상을 정성론으로, 주재지천(主宰之天)의 천지신명을 천명론으로 분류하였다. 그래서 제3장 서문에 "이고 운명은 사람 지각 능력의 일부이다."라고 서술한 것이다. 즉 섭리와 이치를 모르면 막연하게도 운

일본의 간섭이 심함. 녹음하는 과정도 일본에서 해야 하는 경우가 대부분이고 이때 일본인이 편곡을 담당하는 조건으로 녹음 허가. 그래서 일본의 식민화 의도대로 한국 민요의 선율에 일본 가요 엔카를 이식. 그럼에도 불구하고 한국에서 크게 유행. 해방 후 80여년 지금도 크게 유행.
637) ●1장-4 ■2 ●Tip ○2 세뇌
638) 4-1-8-4 "일제가 우리를 얼마나 탄압하고 학살했는지 알 수가 없다." "조선인 학살(총살)사건은 계속 벌어졌고 수많은 조선인이 죽었다."
639) ●1장-2 ■2 ■2) ●Tip "민족의 스토리는 매번 부활하고 환생"
640) 4-3-5 ●=3 ●Tip ■-9 사주(YVWQ)보는 문화와 그 환생
641) 풍우란-중국 현대 철학자. 신정주의 학파. 북경대 졸업. 미국 유학. 중국의 전통 철학인 송 및 명의 이학(理學)을 현대 철학의 관점에서 재생. 신정주학파(新程朱學派)라고도 불림. 인민 공화국의 성립 후 자기의 계급적 입장을 반성. 그의 주저인 『중국철학사』(中國哲學史, 1934)는 고대 이래의 중국 철학사에 관한 최초의 체계적 저작으로 꼽히고 있다.
642) 4222-1 의리역(義理易)

명지천이 되는데 사람에 따라 개인차가 크다. 이렇게 막연할 때 사람 의지의 정성론으로 갈지, 신명을 따르는 천명론으로 갈지가 우리 삶의 방법론이 된다. 물론 자연현상의 자연론으로 가는 이도 있을 것이다.

 그래서 간명도 세 가지 천도의 정서적인 측면과 문화적 성향에 따라 각기 추구하는 바가 다르다.

> ● Tip
>
> ○1.상담에서 중요한 것은 간명을 의뢰한 사람이 어느 분류에 속하느냐 입니다.
>
> ○2.어떤 부류는 사주를 모르면서 사주를 폄하 비하합니다. 그런 사람들은 여기저기 돌아가며 운명(천명론)을 믿지 않으면서 자식 혼사를 위해 운명을 찾고, '재다신약'인지 '신왕재왕'인지 고려없이 재만 보고 '좋다' '안 좋다' 수준에 일희일비하며 고민합니다.643)
>
> ○3.자신의 의지대로 사는 사람이 좌절하면 운수 보러 몇 군데 들립니다. 그리고 간명의 정확도보다는 자신이 원하는 메시지가 나오는지 아닌지를 더 중요하게 여깁니다.
>
> ○4.누구나 하늘(천명)의 섭리를 알면 사람이 운명을 대처할 수 있다 생각할 것입니다.
> ○5.그러나 가르친다고 되고 배운다고 되지 않습니다. 사람이 정성(의지)으로 할 수 있는 것과, 천명(하늘)이 허락해야 되는 일이 있습니다.644) 이것이 자연의 이치입니다.
> ○6.즉 10개의 수학문제 중 8개를 실력으로 풀고 2개를 운으로 푸는 것은 모사재인645)의 영역이 큰 것이고, 2개를 실력으로 풀고 8개를 운의 푸는 사람은 성사재천으로 운의 영역이 큰 것입니다.
>
> ○7.따라서 길흉화복 중 피흉추길을 하는데 급급하다가 절망하며 운에 맡기기보다, 극 화 흉을 피하지 않고 단련(섭리)을 통하여 약진의 발판이 되어야 합니다.
> ○8.그렇지 못하면 자기애적인 사람이 되어 보상(구복)과 징벌(죄와 벌)에 떨게 됩니다.646) 이는 결과적으로 공의(섭리, 객관화)가 없는 사람과 같습니다.647)
>
> ○9.사람은 살아가면서 수많은 가로등을 만납니다. 오늘의 주인공에게 상담사는 그 수많은 가로등 중 하나일 뿐입니다. 그 사람의 인생이 가로등 하나로 바뀌지 않습니다. 훗날 회상의 계기가 될 수만 있어도 다행으로 생각해야 합니다.

---

643) ●1장-2 ■2 ■1) ●Tip "상담료 DC해 주세요" '재'는 어떻고 '관'은 어떻고
644) 제3장 서문 (2) 즉 근원과 관습은 "모사재인 성사재천(謀事在人 成事在天)"이라 할 수 있다.
645) 2-1-7 서문 "모사재인 성사재천 불가강야"(지혜로운 사람과 우둔한 사람)
646) 1-4-5 ●=2 ■2 □2 ●간명의 원리 ○2 너희 안에 거하는 것이 자기애적인 사람은 구복에서 오는 보상과 응징(천벌)일수 있고 지혜가 열린 사람은 공의(섭리, 객관화)일 수 있습니다.
647) 1-4-5 ●=2 ■2 □2 ●간명의 원리 ○4 이러한 공의(높은 공공성과 도덕적 감수성, 합리적 사고)가 없으면 아무리 사주 좋고 운세가 긍정일지라도 잘 살수가 없습니다.

4-2	천도와 역의 세계

4-2-1	천도(天道)의 세계

데카르트648)와 흄649)과 칸트650)가 말하는 이성은 서로 색깔에서 차이651)가 난다. 이 차이는 칸트에 의해서 재건되는데 자연 법칙을 통하여 인간의 정체를 파헤칠 수 있다는 것이다. "자연법칙은 인간이 자연을 바라보는 시각의 소산이며, 자연현상도 부분적으로는 인간의 선천적 인식능력의 산물이라는 것"이 그의 입장이다

흄과 칸트는 윤리학에서의 '마음의 투명성'에 대한 논의로 가장 첨예하게 대립 한다. 그리고 칸트는 신의 존재에 대한 증명을 3분류로 체계화 하였다. 이 중에서 데카르트는 존재론적 증명만 가능하다. 우주론적 증명과 목적론적 증명은 자연세계의 확실성이 전제되어야 하는데 데카르트는 확실성이 없었기 때문이다. 그래서 그는 신을 이성적으로만 증명하게 된다. 어떻든 칸트의 말을 요약하면 '자연법칙'과 '우주론적 증명', '인식 능력', '신의 존재' 등이 된다.

헤라클레이토스652)는 우주의 섭리, 즉 만물이 하나의 '로고스'에 의해 지배되

---

648) 르네 데카르트(René Descartes)1596년 출생, 근대철학의 포문을 연 프랑스의 천재 철학자·수학자·물리학자. '나는 생각한다. 고로 나는 존재한다.'는 말로 유명. 데카르트는 '생각하는 내가 있고 이 나는 존재한다.'를 통해 신이 없어도 내가 존재할 수 있다는 것을 말함. 데카르트는 가장 확실하고 의심할 여지가 없는 진리를 찾으려 했다. 그가 살았던 시절 유럽대륙은 최후의 종교전쟁인 30년 전쟁으로 혼란에 빠진 상태였기 때문에, 종교적·정파적·문화적 차이를 초월하여 존재하는 절대적 진리만이 혼란으로 인한 사회와 역사의 붕괴를 막을 수 있다고 봤기 때문.
649) 데이비드 흄(David Hume)(1711~1776년)-철학자, 경제학자, 역사학자. 그의 저술은 『인성론(A Treatise of Human Nature)』으로1738년출판.「지성에 대하여」,「정념에 대하여」,「도덕에 대하여」세 권으로 이루어져있다. 그에 의하면 지식의 역할은 존재를 파악하는 것이 아니라, 실생활을 인도하는 능력을 갖는 것이다. 여기서 이미 그가 회의론의 입장에 있으며 불가지론의 주장자라는 것을 알 수 있다.
650) 4-2-4 ■1 독일의 임마누엘 칸트(Immanuel Kant)
651) 차이- ▶데카르트는 1637년 '방법서설'을 내고 근대 철학의 시대를 염. 그는 신을 철학에서 추방하고, 그 자리에 대신 인간을 세움. 하지만 영국의 데이비드 흄(1711-1776)은 근대 철학의 한계를 드러냄. 소위 철학사의 '300년 인식론 전쟁' 속에서 근대철학의 출발점이었던 '주체'와 목표점이었던 '진리'라는 두 개념이 와해됐다.'고 함. 주체'의 붕괴를 보면, 데카르트는 '나는 생각한다, 고로 존재한다.'는 유명한 명제를 통해 '나'라는 즉 철학의 '주체'를 확립했다. 중세의 신(神)으로부터 독립한 새로운 철학의 주체 탄생을 선포한 것. 그러나 ▶흄은 이 '주체'의 기반을 흔들어 버리는데, '어떻게 그 견해들을 수정해야 할지 또 어떻게 그것들을 일관되게 만들 수 있을지 솔직히 알 수 없다"고 탄식함. ▶칸트는 근대 철학의 두 영역인 '주체'와 '진리'의 재건에 나섬. 주체가 제대로 된 인식 능력을 갖고 있다는 걸 보여주고, 포착할 수 없다던 '진리'를 어떻게 할 것인지를 새롭게 설명. 1)주체의 재건-칸트는 사람('주체')이 타고난 인식 능력을 갖고 있다고 하는데 이는 데카르트'본유(本有) 관념' 이다. 2)'진리개념의 재건'-칸트 이전 철학자들은 진리를 대상에서 구하려는 노력이 실패. 인간 능력으로 알 수 없기 때문. 여기서 칸트는 '진리'를 버리고, '현상'을 취하라고 가르침. 대상의 실체인 '진리'는 애당초 알 수 없으니, 사물이 감각에 비치는 '현상'에 집중하라고 함.

는 것을 주목하였다. 사람도 만·물에 속한다. 동양에서는 우주 즉 자연의 질서 자체가 하늘이고 사람에게는 천도다.

고대 동북아에서 천(天)의 개념은 매우 다양하다.『시경』은 오래된 책인데 여기서 천은 두 가지로 나타난다. 바로 인격적인 천은 천의(天意), 천명(天命)이고 형이상학적인 천은 천리(天理), 천도(天道)이다. 그 외의 고대 문헌을 보면 천은 ▶1-자연의 도(道)를 '자연론' ▶2-인도(人道)의 본원으로서 성(誠)은 '정성론' ▶3-주재지천(主宰之天)을 '천명론' 등으로 정리될 수 있다.

여기에 꼭은 아니지만 칸트의 ▶자연 법칙은 천도의 '자연론', ▶인식 능력은 천도의 '정성론' ▶신의 존재는 천도의 '천명론'과 비교될 수 있다.

4-2-1-1   자연론-자연의 도(道)

사람은 생로병사나 자연재해를 겪으며 살아간다. 이러한 현상을 어떻게 받아들이느냐에 따라, ▶자연론 ▶정성론 ▶천명론 등 세 가지 범주 안에서 살게 된다. 생로병사나 자연재해는 자연의 일부이다. 전생의 업도 아니고, 징벌적인 형벌도 아니라고 생각하는 것을 우리 책은 자연론으로 분류한다.

●=1   자연의 도(道)

주돈이[653]는 태극도설[654]에서 무극[655]이 태극이라 했는데, 이는 빅뱅 이전을 말한다 할 수 있다.『주역[656]』에서는 "하늘의 도(道)를 세워 음양이라 한다."라고 하였는데, 빅뱅 이후와 비고 된다. 음양의 출현은 앞에서 언급한 '저4장 자연과 문명'에서의 138억 년 된 우주이다. 해가 뜨고, 별이 빛나고, 바람이 불고, 계절이 바뀌는 등 뜰 때 뜨고, 질 때 지는 것이 음양의 도(道)이다.

『노자[657]』의 말을 빌면 "주재자 천도는 편애함이 없으며 늘 착한 사람과 더

---

652) 4-2-3 서문 "헤라클레이토스"
653) 주돈이(周敦頤)-북송의 성리학의 기초를 닦은 유학자이자 사상가, 철학가, 문학가. 도가와 불교의 주요 인식과 개념들을 수용하여 우주의 원리와 인성에 관한 형이상학적인 신유학 이론을 개척.
654) 태극도설-우주의 생성, 249글자로 인륜의 근원을 논한 글, 그 뒤 남송(南宋)의 대유(大儒) 주자(朱子)가 그의 정치(精緻)한 해석을 통하여 자신의 철학을 서술하였으므로, 주자학(朱子學)의 성전(聖典)으로 여겨지고 있다. 이것은 '태극도'의 설로서, 그 5위(五位)의 순서에 따라 무극이태극(無極而太極)·음정양동(陰靜陽動)·5행(五行), 건곤남녀(乾坤男女), 만물화생(萬物化生)의 전개를 나타낸다
655) 무극(태극)-음양이기(陰陽二氣) 즉 음양 두 기운이 나오기 이전의 근원적 존재. 도가의 무극은 만물이 돌아가야 하는 근본적 도라는 의미로 사용, 수련가 사이에서는 무극을 최고의 수련경계로 삼는 경향이 있음.
656) 주역-본시 복희(伏羲)에 의해 시작되었다고 함. '주역周易'이란 '주周나라의 역易'이라는 말로 받아들임이 일반적이다. 하지만 '두루[周] 적용되는 보편적인 역易'이라는 말로 보는 견해도 있다. '주(周)'를 빼고 '역경(易經)'으로 부르기도 한다.
657) 노자-중국 고대의 사상가이며 도가(道家)의 시조. 성은 이(李), 이름은 이(耳), 자는 담(聃).『노자도

불어 함께한다."고 한다. 즉 도가(道家)에서 노자의 천도는 자연의 도를 의미한다. 유가(儒家)의 정성론의 개념과 차이가 있다.

●=2   생명의 질서

□동양에서는 이 음양의 질서를 다른 말로 율려(律呂)라 한다. 우리의 역사서 「부도지658)」는 "이 세상은 최초에 율려(律呂)로부터 창조되었다."라고 전하고 있다. 율려가 부모에게 임하면 유전자가 되고, 다시 그 유전자는 율려로 가득 차게 된다. 그래서 율려는 생명의 도(道)이다.
□율려의 '율'은 양이고 '려'는 음이다. '율은 동(動-움직임)'이고 '려는 정(靜-고요함)'659)'으로 순수 음양운동이자 생명운동이다.

그래서 모든 생명체 속에서 에너지로서 작동한다. 그 율려로 호흡하면 생명이 되고, 율을 악기660)에 담고 생명의 리듬에 소리를 얹으면 음악이 되고, 말로 아름다움을 노래하면 시가 되고 예술이 된다.

●=3   자연과 사주명리

자연은 음양오행이고 사주의 여덟 글자다. 우주는 파동으로 연결되어 있다.-(3권 4223-2 ●간명의 원리 '파동' 참조)

그 파동이 우리에게 도달 되었을 때, 그 기운을 '음양오행'으로 나타낸 것이 사주팔자다. 사주명리에서 선천은 원국으로, 후천은 행운으로 볼 수 있다.
□선천(원국)도 율려로 시작되며 기질, 성격, 재능, 자원, 개인차661)로 나타난다.
□후천 행운(行運) 변화도 율려로 작동되며 대운, 세운 등을 통해서 완성된다.

덕경』이라고도 불리우는 『노자』는 제자백가(諸子百家)가 상당히 발전한 무렵부터 한(漢)대까지의 도가 사상의 소산(所産)이다. 무위자연(無爲自然)의 정치사상과, 무위무욕(無爲無欲)의 겸양을 강조하는 처세술이 특징.
658) 4-1-1 ●=2 박금이 저술한「부도지」
659) 양율음려(陽律陰呂), 율동여정(律動呂靜)
660) 가야금(伽倻琴)-12줄에 옮겨 놓음. 12율은 1옥타브의 음정을 12개의 반음으로 나눈 것을 말함. 1개의 율은 1개의 반음을 가리킨다고 함.
661) 개인차-넓은 의미로는 개인과 개인들 간의 차이, 좁은 의미로는 유사한 특성을 가진 구성원들 사이에서 나타나는 지속적인 차이를 말함. 개인차는 유전적 소질, 환경적 자극 즉 개인의 성장 발달에 영향을 미치는 교육, 사회, 환경들과 개인이 형성한 가치화 등에 의해 발생. 개인차는 두 종류로 분류할 수 있는데 ▶1-개인 간의 차이(inter individual difference)는 한 학급의 구성인원 또는 또래집단 가운데서 개별학생이 나타나는 특성을 말하고, ▶2-개인 내의 차이(intra individual difference)는 한 개인의 정신기능의 여러 가지 요소들이 불규칙적이거나 불균형적으로 발달한 것으로 그 개인이 갖고 있는 능력들 간의 차이를 설명하는 개념.

| 4-2-1-2 | 정성론(인도(人道)의 본원으로서 성(誠)) |

생로병사나 자연재해는 전생의 업도 아니고, 징벌적인 형벌이 아닐지라도 사람이 어찌 할 수 없는 두려운 사건이다. 우리가 지혜를 동원하여 열과 성을 다한다면, 생로병사를 늦추거나 다스릴 수 있고 또한 자연재해로부터 피해를 줄일 수 있다고 생각한다. 사주명리는 각자 그 지혜를 찾기 위한 수단이다. 이러한 사람의 의지를 우리 책은 정성론으로 분류한다.

| ●=1 | 정성론의 유래 |

■1) 천도를 주관하는 최고의 신, 천명(론)이 대대로 이어져 내려왔다.
■2) 고대 하(夏) 은(殷)시기에는 제(帝) 즉 '인격신으로 변화되어 나타난다.
□이 후로도 천명론과 인격신의 변화는 계속 반복을 거듭하게 된다.

■3) 주나라 때 그 인격신 민의(民意) 천의(天意)가 다시 천명(天命)으로 바뀌게 된다. 주(周)나라에서 제작된 종정이기(鐘鼎彝器)662)의 명문(銘文)을 보면, 은주(殷周) 교체기부터 '제(帝)'가 '천(天)'으로 대체되는 것을 알 수 있다.

■4) 춘추시대에 이르러 이러한 천명론이 다시 또 동요하기 시작했다. 그래서 춘추 말에 초월적 신성이 인격신으로 바뀐 것이 인도(人道)이고, 우리 책은 이를 정성론이라 부른다.
□1.이때 천(天)은 인간사회를 지배하는 이법(理法)으로서 객관화된다. 천명(天命)663)도 인간의 의지와 관계없이 인간의 행위와 존재를 결정짓는 외부의 힘, 즉 '운명(運命)'의 뜻으로 바뀌었다.
□2.이 시기에 천과 대치되는 도라는 관념이 출현하게 되고 '운명'과 함께 우리 삶을 아우르는 핵심으로 자리 잡는다.
□3.인도(人道)는 '천인합일사상664)'을 뿌리로 발전했는데 유교적 개념이다.
□4.사주명리학에서는 '천지상응'이라 하는데 『적천수천미』「월령(月令)」665)에 나온다. 또 다른 말로 하면 '천복지재'666)이다.

---

662) 종정이기(鐘鼎彝器)문자-청동기 주둘 틀에서 종이나 솥이 나올 때 글자까지 양각되어 나오는 종정문(鐘鼎文이). 갑골문에 비하여 굵고 둥근 형태가 특징. 갑골문과 거의 일치하여 그 뜻을 해석하는데 서로 유익. 명문(銘文), 길금문, 이기문자라고도 함.
663) 4-2-1-3 ●=2 "천명사상은 '천인감응사상' 체계를 발판으로"
664) 천인합일-하늘과 땅과 사람은 합일체라는 말. 하늘과 사람의 관계에 관한 관점으로 동양철학의 기본 신념이다. 《중용》에서는 천명지위성(天命之謂性)이라 하여 인간의 본질인 성을 천명과 동일한 것이라고 했다.
665) 3221-1 ■3 □3 천지상응(천지감응). "『적천수천미』「월령(月令)」에 "천기(天氣)가 위에서 동(動)하면 인원(仁元)이 응(應)하고 지기(地氣)가 아래에서 동(動)하면 천기가 좇는다."
666) 3-2-10-2 ●=7 천복지재(天覆地載 천간으로 덮어주고 지지는 실어서 뿌리내리게 함)

□5.『중용』667)의 '천명지위성(天命之謂性)'은, 사람의 본질인 성(性)을 천명과 동일시하고 있다. 『중용』은 "성실한 것은 천도요, 성실하게 하는 것은 인도다"라 한다.
□6.춘추시대 말부터는 '천명론(天命論)보다는 천도와 인도를 따로 구별'668)하게 된다. "천도(天道)는 멀고 인도(人道)는 가까우니 천도는 알지 못한다." 한 것이다.

□7.맹자(孟子)의 천인합일사상은 "마음을 다하는 것은 성(性)을 아는 것, 성을 아는 것은 하늘을 아는 것"이라 하며 진심(盡心), 지성(知性)으로써 천명을 얻는다 했다. 정성론은 맹자의 성(性)에서 나온 말이다.
□8.성리학669)의 주자(주희)670)는 "하늘과 사람은 일물(一物)인데, 내외(內外)가 일리(一理)로 유통 관철하므로 간격이 없다"라고 설명했다.
□9.인도(人道)는 사람의 마음과 성이 본래 하늘과 일체, 즉 사람의 마음이 하늘인 것을 말한다. 이는 프로이드 '삼원적 구조모형'671)에서 '자아'의 의식적 측면과 통한다 할 수 있다.

■5) 하지만 천명론이 완전히 사라진 것은 아니다. 천인합일이 천과 인이 분리되었다가 다시 합일한다는 의미를 내포하고 있기 때문이다.

| ●=2 | 섭리와 사람의 눈 |

세상이 내 마음대로 되지 않는 것은, 사람의 눈과 하늘의 섭리가 다른 것과도 맥을 같이 한다. '이기적(利己的)인 사람'의 구복(九服)을 추구하는 눈앞에, 호사다마(好事多魔)672) 새옹지마(塞翁之馬)673)나 승자의 저주674)가 보일 수 없다.

---

667) 중용-공자(孔子)의 손자인 자사(子思)가 저작. 대학(大學)《논어(論語)《맹자(孟子)》와 함께 사서(四書)로 불림, 송학(宋學)의 중요한 교재. 여기서 '中'이란 어느 한쪽으로 치우치지 않음, '庸'이란 평상(平常)을 뜻함.
668) 4-2-1-2 정성론-인도(人道)의 본원으로서 성(誠)
669) 성리학-도학(道學)·이학(理學)·성명학(性命學) 또는 이것을 대성시킨 이의 이름을 따서 정주학(程朱學)이라고도 함. 이(理)·기(氣)의 개념을 구사하면서 우주(宇宙)의 생성(生成)과 구조(構造), 인간 심성(心性)의 구조, 사회에서의 인간의 자세(姿勢) 등에 관하여 깊이 사색함으로써 한과 당나라의 훈고학이 다루지 못하였던 형이상학적(形而上學的), 내성적(內省的), 실천철학적인 여러 분야에서 새로운 유학사상을 수립.
670) 주자-본명은 주희(朱熹). 자(字)는 원회(元晦), 중회(仲晦). 남송 철학자. 성리학을 집대성(창시자로 알려짐)
671) 3장-3 ●=3 ■1 "삼원적 구조모형"
672) 호사다마(好事多魔)-말에서 떨어져 다리 불구가 됨. 불구자는 전쟁에 나가지 않으니 오히려 복.
673) 새옹지마(塞翁之馬)-키우던 말이 집 나가 슬픔. 그런데 며칠 후 말이 집으로 친구를 데리고 들어옴.
674) 승자의 저주-경쟁에서 이겼지만 경쟁과정이나 그 후에 과도한 비용과 대가로 인하여 과도한 후유

'톨스토이'675)의 단편소설 『사람은 무엇으로 사는가676)』의 이야기가 그것을 말해준다.

| ●=3 | 인도(人道)와 사주명리 |

사주명리를 통하여 개운(開運)할 수 있도록 철학(哲學)을 얻는다. 인간의 이기(利己)와 구복(口腹)677)을 경계하고 정성(精誠)을 다하여 덕을 쌓는다.

'공맹사상'678)과, DNA의 염기서열 변화 없이 유전자 발현을 조절하는 '후성유전학679)'과, 쓸수록 발달하는 진화생물학680)의 '뇌 신경가소성681)'은 '마음을 다하고 성(性)을 아는' 수단과 방법으로 활용될 수 있다.

> ● Tip
>
> ■-1 『하느님께서는 아담을 에덴동산에 데려다 놓으시고 이렇게 명령하셨다. "너는 동산에 있는 모든 나무에서 열매를 따 먹어도 된다. 그러나 선과 악을 알게 하는 나무에서는 따 먹으면 안 된다. 그 열매를 따 먹는 날, 너는 반드시 죽을 것이다."』 (창세기

증에 시달리는 현상. 1950년 멕시코만의 석유 매장량이 예상보다 적어 비용만 과도한 것에서 유래. 피로스의 승리와 같은 개념.
675) 4-2-1-2 ●=2 "톨스토이"
676) <사람은 무엇으로 사는가>-주인공 구두장이 시몬이 한 겨울 벌거벗은 청년을 데려와 조수로 동거. 청년은 귀족이 주문한 두꺼운 가죽 두두 대신, 부드러운 가죽 슬리퍼를 만든 이야기.-주문한 귀족은 집에 가던 중 마차에서 죽었고 그 하인이 찾아와 가죽신 대신 수의로 신겨 줄 슬리퍼로 바꿔 만들어 달라고 함. 이때 청년은 미리 만들어 둔 슬리퍼를 하인에게 주었음.-청년은 다름 아닌 신에게 벌을 받고 쫓겨난 천사 미하일.
677) 1-4-5 ●=2 ■2 □2 ●간명의 원리 ○4 이러한 공의(높은 공공성과 도덕적 감수성)가 없으면 아무리 사주 좋고 운세가 등정일지라도 잘 살수가 없습니다.
678) 공맹(孔孟)사상-공자와 맹자의 유교사상. ▶공자(BC 551년~479년)-노(魯)나라 출생. 춘추전국시대의 유학자. 그의 상징으로 인(仁), 호학(好學), 극기복례(克己復禮)와 정명(正名)등이 대표적. 한무제가 유학을 본격적으로 진흥하기 시작한 이래 공자는 중국의 역대 왕조들이 만세의 스승으로 하늘같이 떠받들었다. 청나라 말기부터 유교는 전근대성의 상징으로 한동안 '공자 지우기' 바람이 거세게 일어남. ▶맹자(BC372~289), 노나라의 정치가, 사상가. 공자 사후 100년 정도 지나서 출생. 공자(孔子)의 '인(仁)' 사상을 현실 정치에 적용하기 위해 논리적으로 체계화한 인물. 그 과정에서 '인'에 짝하는 주덕(主德)으로서의 '의(義)'를 부각.
679) 후성유전학(epigenetics) 271)-DNA 염기서열의 변화 없이 나타나는 기능의 변화가 유전되는 현상을 연구하는 학문. 일반적으로 후성유전학은 DNA 염기서열 이외에 DNA의 구조적 변형과 염색질(chromatin)의 구조적 변형의 정보를 다루고 있다. 유전적으로 동일한 세포 또는 개체들이 유전자의 발현을 달리함으로써 표현형의 차이를 가져오는 것을 의미.
680) 진화생물학-생물학의 한 분파. 인간을 '자연 선택에 의하여 유전자의 생존과 증식을 위해 만들어진 기계'라고 봄. 또한 인간의 사고, 윤리, 행동 등은 두뇌의 산물이라고 주장한다. 신경과학은 유전학, 생화학, 생리학, 약리학, 병리학, 등의 학문과 밀접한 연관을 맺고 있는데, 진화생물학도 그 중 하나.
681) 뇌 신경가소성-뇌의 신경경로가 외부의 자극, 경험, 학습에 의해 구조 기능적으로 변화하고 재 조직화 되는 현상. 신경경로는 일생을 통해 끊임없이 변하며, 새로운 언어나 운동기능의 습득이 왕성한 유년기 때 활동성의 최대치를 보임. 성년기나 노년기에는 그 잠재성은 약간 감소하지만, 여전히 새로운 언어나 운동기술을 어느 정도의 수준까지 습득할 수 있어, 일정한 수준의 뇌 신경가소성을 일생동안 유지하게 됨.

2,16-17)』

○그러니까 "따 먹는 날 반드시 죽을 것이다."는 경고뿐, "따 먹는 날 반드시 죽을 것이다." 해도 '너희들은 꼭 먹을 것'이라는 정해진 운명에 대한 말은 어디에도 없습니다.
○여기에는 선악과를 먹지 말라고 했을 뿐, 선악과를 따 먹을 수도 있고 안 먹을 수도 있는 사람의 자유의지가 담겨져 있습니다.

■-2 변화와 수용을 위한 「라인홀트 니부어」의 기도문 중에 『"주님, 내가 변화시킬 수 없는 것은 그것을 받아들일 수 있는 평화로운 마음을 주시고, 내가 변화시킬 수 없는 일을 위해서는 그것에 도전하는 용기를 주시며, 또한 이 둘을 구분할 수 있는 지혜를 주소서"』라는 부분이 나옵니다. 우리는 사람의 자유의지로 할 수 있는 일과 없는 일이 있습니다. 그 사이에 수용(평화)과 도전(용기)의 한계 즉 임계점이 존재합니다.
○수용(포기)은 자신의 의지를 내려놓고 자연의 이치(한계)를 깨닫는 통찰(득도)의 시작입니다. 이치는 자연히 존재하는 자연론이고, 하늘의 뜻(운명)이라고 하면 천명론입니다.
○도전(용기)은 정성론으로서 각자의 세덕과 심전[682], 지능, 지식, 학습정도, 사회적 경험에 따라 개인차를 보입니다. 물론 개인차는 보이지도 않으면서 실제측정도 작량도 막연합니다. 그래서 모르면 미지의 세계 즉 막연한 운과 운수의 영역이 되고 맙니다.

■-3 보통 일이 잘 되지 않는 한계를 만나면 운이 없거나 그것이 운명이라 말합니다. 반대로 잘 되면 성공한 도전이거나 운수가 좋았다고 합니다. 그러나 이러한 막연한 운은 점술이 아니더라도 ▶1-호사가 올 경우 생각대로 또는 뜻밖에 일이 잘 되며 스스로 결정할 선택의 여지가 있고, ▶2-호사가 아닌 경우 해도 해도 안되며 피하고 싶어도 선택의 여지가 없음을 시간의 흐름으로 알 수 있습니다.
○따라서 운과 우리 삶은 정성론으로는 후성유전학과 뇌신경가소성의 원리를 동원하여 사람의 '자유의지'를 최대한 실천 실현하고, 임계점 이후의 영역은 '이치(자연론)와 섭리(천명론)'를 따르는 진인사대천명(盡人事待天命)[683], 모사재인 성사재천(謀事在人 成事在天)[684]일 때 가장 아름답습니다.

---

682) 3-1-2-1 ●=1 『적천수』 「출신(出身)」 "세덕과 심전과 산천"
683) 4-2-1-2 ●=3 ●Tip ■-3 진인사대천명(盡人事待天命), 모사재인 성사재천(謀事在人 成事在天)
684) 2-1-7 서문 "모사재인 성사재천 불가강야"(지혜로운 사람과 우둔한 사람)

| 4-2-1-3 | 천명론-주재지천(主宰之天) |

생로병사나 자연재해는 전생의 업이거나, 주재자의 진노로 인한 징벌적인 형벌일 수 있다. 또한 주재자(주재지천)는 우리의 운명까지도 주관한다. 그래서 천명을 따르는 것이 운명지천(運命之天)이다.

| ●=1 | 천명(天命)의 유래 |

□1.환인(桓仁) 천재의 환국(桓國), 환웅(桓雄)천황의 배달국, 단군(檀君)의 조선(朝鮮) 그리고 하(夏) 상(商) 서주(西周) 시대에는, 하늘(천명)을 자연과 사회를 주재하는 최고의 신(神)이라고 생각했다.

□2.선진유학(先秦儒學)에서 천은 직접 인간을 창조하는 주체로 표현된다. 『시경』의 '천생증민(天生蒸民)', 『좌전』의 '천생민이수지군(天生民而樹之君) 이라는 말에서도 알 수 있듯 하다.

□3.한(漢)나라의 동중서[685](董仲舒)는 '하늘이 최고의 신이며 인간은 하늘이 창조했다'고 보았다. 바로 천인감응'(天人感應)의 사상체계이다. 이것은 '천인합일사상'을 계승하여 천명론과 음양오행설(陰陽五行說)을 결합한 결과가 되었다.

□4.우리 천명론(天命論)의 천덕사상에는 신교제천문화, 선교문화가 있다. 신교의 사상은 역(易)과 유교도통맥[686]으로, 제천문화의 일부는 오늘 날 무속으로 이어졌다. 그리고 선교의 선사상과 선수련의 조식호흡[687](調息呼吸)은 도교[688]의 원형으로 전해져 온다.

□5.특히 우리의 선조들은 초월적인 신성(神性)을 지닌 주재자를 하늘, 상제, 상제님 또는 옥황상제로 불렀다.

> ● Tip
>
> ■-1. 우리 인류에게는 원형이 있습니다. 원형이란 타고난 심리적 행동 유형이면서 본능과 연결되어 있고, 활성화될 경우 행동과 정서로 나타납니다.
> ○행동과 정서는 미토콘드리아(Mitochondria)를 통해 유전된다고 알려져 있습니다.
> ○의사이자 심리학자 칼 구스타프 융(Carl Gustav Jung)[689]은 과학의 방법을 아는 의사인 동시에 신비 체험자였고 임사체험을 경험한 사람입니다.
> ○그는 신을 믿느냐는 질문에 "나는 그분을 믿는 게 아니라, 그분을 압니다." 라고 했

---

685) 동중서-중국 전한(前漢) 때의 유학자. 천인감응사상을 해석하는 기제로 오행을 사용한다.-(춘추번로 오행지의)에서 오행상생설 주장. 그리고 오행을 매개로 하늘과 땅 그리고 인간을 합일시킨다.
686) 2-1-8-2 상생 상극의 유래-음양도통맥(=유교)
687) 4-3 들어가기 ■3 ● Tip ■2) 동이 의 조식문화
688) 4-2-2-3 ■1 ▶도교의 내단학

습니다.
○'융'의 이론에서 가장 유명한 개념은 바로 '집단무의식[690]', '원형[691]'인데, 그림자[692]와 자기원형[693]의 이야기도 나옵니다.

■-2.우리 민족의 원형에 주재지천(主宰之天)이 있습니다. 만물을 하늘이 주관합니다.
○원형이 유지되는 여러 방법 중에는 족보와 제사 행위 그리고 여성중심의 가신신앙(家神神仰)[694]도 있습니다.-(주로 집에 있는 신에 대한 숭배崇敬 신앙)
○이러한 주재지천은 사회적 패러다임(Paradigm)이 바뀌어도 소멸되지 않습니다.
○우리나라에만 있는 불교의 대웅전은 환웅이 계신 전각(殿閣)이라는 말입니다. 비로자나불 등이 모셔진 곳인데 환웅의 대웅전이라 합니다.
○유교가 국가 시스템(System)의 큰 축인 적도 있지만 민족 원형은 그대로 전해집니다.
○2018년 정부의 '한국종교 현황보고서'에 따르면 현재 스스로 종교를 가지고 있다고 답변한 사람은 약 2,100만명(전체 인구의 43.9%)으로, 전체 인구의 절반이 되지 않습니다. 그중 개신교 9,675,761명, 불교가 7,619,332, 천주교가 3,890,311로 3위입니다.
○여기에 '융'이 말한 우리의 본능과 연결된 집단 무의식이 무종교는 물론 타 종교 안에서, 얼마나 의식화되고 행동화되고 있는 지에 대한 통계는 없습니다.

■-3.우리 사고의 원형에 운명지천(運命之天)이 지배하고 있습니다.
○1.일제강점기 3.1운동 당시 조선에 파견되었던 미국의 헐버트선교사가 본국에 보낸 보고서에 "▶조선의 생활과 삶 속에는 유교가 지배하고, ▶사상과 사고는 불교가 지배

---

689) 3-2-4-2 ○2 "의사이자 정신분석학자 칼 구스타프 융(Carl Gustav Jung)"
690) 집단무의식-모든 사람에게 공통된 것으로, 고대에서 만물의 공감이라고 불렀던 것의 기초"라고 융은 설명. 또한 원형은 "집단무의식의 내용"이며, 그중에서도 "고대의, 또는 원초적 유형, 즉 고대로부터 존재해 온 보편적 이미지를 뜻함.
691) 원형-본능과 함께 유전적으로 갖추어지며 집단 무의식, 신화, 전설, 문화, 문예, 의식 따위의 주제를 통해 반복되어 나타나는 것으로 오랜 역사 속에서 겪은 조상의 경험이 전형화되어 계승된 결과물.
692) 그림자-무의식에 들어 있는 자아의 어두운 면, 또는 다른 면이며, 대개 의식이 부정하거나 외면하는 성격. 대부분의 사람은 자신의 그림자를 다른 사람에게서 발견하는 '투사' 작용을 행한다. 그림자와 유사한 것이 '아니마'와 '아니무스'. 아니마는 남성의 내부에 있는 여성적 경향의 인격화이며, 아니무스는 여성의 내부에 있는 남성적 경향의 인격화이다. 우리는 그림자와 아니마 그리고 아니무스의 존재를 인정함으로써 우리 의식에 통합시킬 수 있다고 융은 말함.
693) 자기실현의 최종 단계인 '자기'는 의식과 무의식이 온전하게 통합된 것을 말하며, 우리의 의식을 일컫는 '자아'보다는 더욱 큰 개념이다. 융은 이것을 '자기원형'이라고 불렀으며, 그 궁극의 형태는 신(또는 기독교에서 말하는 하느님)과도 유사한 개념이라고 융은 간주.
694)가신신앙 ▶터주(基主-基地神)-집터를 관장하는 신, ▶성주(成造,聖祖-住宅神)-가옥의 본체 담당, ▶삼신(産神-胎神)-이이를 점지, ▶업왕가리(業積-財神) 업신-재물신(집구렁이나 두꺼비) 등, 조왕신(竈王神-부엌신), 측신(厠神-뒷간신), 터주나 성주는 독 또는 단지에 새로 지은 곡식을 넣어 신물(神物)로 삼고 가신(家神), 농신(農神), 재백신(財帛神)을 아울러 섬기는 것이 보통. 삼신은 고리짝에 옷을 넣어 신물(神物)로 삼는 것이 보통. 삼신(三神)은 단군 3대환인(桓因) 환웅(桓雄) 단군(桓儉)를 섬기는 3신이라고도 하지만 태신(胎神)을 말함.

> 하고, ▶개인의 어려움과 위기에는 샤머니즘이 지배한다." 라고 적었습니다.
> ○2.헐버트 눈에는 샤머니즘이지만 우리에게는 주재지천, 운명지천, 천명지천일 겁니다.
> ○3.그러나 운명은 처음부터 존재하지 않았습니다. 나중에 사람에 의해 만들어집니다.
> ○4.운명을 주관하는 주관자가 분명하지 않기 때문입니다. 우리가 '카르다쇼프 척도'[695] 를 모르고 '수메르 점토판'[696]이나 '베다문헌'[697]을 해석할 수 없을 때는 막연하게도 운명지천이었다는 말입니다.
> ○5.사람 일(모사재인)은 선천의 복덕(세덕과 심전과 산전)과 후천 자신의 재능과 노력 그리고 어떠한 계기와 기호가 성패를 좌우합니다.
> ○6.아무리 잘 살아도 사람은 능력의 한계가 있습니다. 그리그 한계를 알아차리는 지각[698]은 사람마다 다른데, 그 지각의 일부에 각기 다른 운명지천이 있습니다.
> ○7.능력의 한계는 자연스럽게 '변화와 수용'[699]부릅니다. 그런데 이를 받아들이는 지각의 일부를 운명이라고 말하고 싶은 사람이 있을 수 있다는 말입니다.

●=2 천덩론(天命論)과 신

천명사상[700]은 '천인감응사상[701]' 체계를 발판으로 하는데, 하늘이 자연과 세상을 주재(주재지천)하는 최고의 신(神)이라 여긴다. 단테[702]의 신곡[703]도 마찬가지다. 피라미드 구조의 최상위에, 모든 질서를 창조한 신이 위치한다.

●=3 천명과 사주명리

사람의 생각이 하늘의 뜻과 다를 수 있다. 이것이 사람의 한계이다. 그래서

---

695) 4-1-6 서문 (1) '카르다쇼프 척도'
696) 4-1-4-2 ●=7 수메르 점토판
697) 4-1-4-2 ●=8 ■2 "베다(Vedic) 문헌에는 신이 우주를 고속으로 날아다닌다."
698) 제3장 서문 (2) "▶기운의 증감은 하늘의 섭리". "▶관습 운명은 사람(모사) 지각 능력의 일부"
699) 4-2-1-2 ●=3 ●Tip ■-2 「라인홀트 니부어」의 기도문 중"
700) 천명사상-천의(天意), 천도(天道), 천심(天心) 등과 더불어, 만물을 낳고 기르는 주재자인 천(天)이 갖고 있는 작용력을 가리키는 유교교리. 천명, 천의, 천도 천심 등은 모두 같은 천의 작용이지만, 이 작용이 마치 명령하는 것과 같은 작용이라는 의미에서 천명, 당연히 해야 하는 도리라는 의미에서 천도, 사람의 의지와 같은 것이라는 의미에서 천의, 사람의 마음과 같다는 의미에서 천심이라 한다.
701) 천인감응사상-"사람은 하늘에 근본하여 만들어졌으며 하늘은 사람의 아버지"라고 함. 디에 따라 인간의 일체 행위가 천의(天意)에 부합하는 것으로 인정했다. 이와 함께 하늘과 사람 사이에는 상호 감응이 작용해서, 양자가 합해져 하나가 된다고 설명했다.
702) 단테-13세기 이탈리아의 시인. 예언자, 신앙인으로서, 이탈리아뿐 아니라 전 인류에게 옷원불멸의 거작 《신곡》을 남김. 중세의 정신을 종합하여 문예부흥의 선구자가 되어, 인류문화가 지향할 목표를 제시하였다. 주요작품-《신생》,《농경시》,《향연》등.
703) 신곡(La divina commeda)』-35세 때 영적 여행인 동시에 우주를 관통하는 여행. 여행 중 많은 사람을 만남. 지옥에서 시작하여 연옥을 지나 잠시 지상의 낙원을 거쳐 마침내 천국에서 하느님을 마주함으로써 공간과 시간을 초월하여 떠다니는 상태에 이름.

사주명리를 통하여 천명이 주관하는 일을 알아낼 수 있어야 한다. 그분의 뜻을 헤아리고 거스르지 않기 위해서다.

더불어 모든 신앙과 종교 그리고 그 행위는 천명의 좋은 예가 된다.

> ● Tip
>
> ○1."엘리 엘리 라마 사박다니?"는 "나의 하느님, 나의 하느님, 어찌하여 나를 버리셨나이까?(마태복음 27:46)"인데 이는 예수가 십자가 위에서 고통 중에 외친 말입니다. 이에 대한 설명은 각 종파나 교단과 교회의 해석을 따르기 바랍니다.
> ○2.그러니까 예수는 자신의 십자가 처형을 미리 알았다고 합니다. 그래서 전 날 최후의 만찬이 끝나고 겟세마네 동산에서 "내 아버지여 만일 할 만하시거든 이 잔을 내게서 지나가게 하옵소서."라고 기도합니다. 그리고 이어서 "그러나 내 뜻대로 하지 마옵시고 하나님의 뜻대로 하옵소서(마태복음 26:39)"로 이어집니다.
> ○3.여기 "내 뜻대로 마옵시고"는 천명 앞에 가장 성숙한 태도의 일면일 수 있습니다.
> ○4.사주명리학의 겁 식 재는 내 뜻대로가 되고 관(조직의 쓴 맛)을 지나 인수에 이르면 하늘의 뜻(우주의 섭리)을 알 수 있는 자리입니다.[704]
> ○5.사람은 형이하학적이나 형이상학적인 것만으로 살 수 없습니다. 그러나 대부분은 내 하고 싶은 것(내 뜻대로)이 우선이자 거기에 머물고 싶어 합니다. 그렇다면 우리들의 성숙은 어떤 것일까요?

---

[704] 3-2-4-3 ●=1 ■2 "겁 식 재는 형이하학적(물욕의 자리)인 내 뜻대로가 되고, 관(조직의 쓴 맛)을 지나 인수에 이르면 하늘의 뜻(우주의 섭리)을 알 수 있는 형이상학적(정신 즉 이성적이거나 신성)인 성숙의 자리가 된다."

4-2-2	역(易)의 세계

4-2-2-1	역(易)의 기원

「주역(周易)」'계사(繫辭)705) 상전(上傳)'에 황하(黃河)에서는 그림이 나오고, 낙수(洛水)에서는 글이 나와, 성인이 이것을 본받았다고 나온다.

역(易)의 시작은 「하도706)」와 「낙서707)」이다. 하도는 복희(伏羲)가 황하(黃河)에서 얻은 그림이고, 낙서는 하나라708)를 세운 우(禹)임금이 낙수(洛水)709)에서 얻은 것이다. 우(禹)는 이 둘을 가지고 천하를 다스리는 '홍범구주(弘範九疇)710)'를 만들었다고 전해진다.

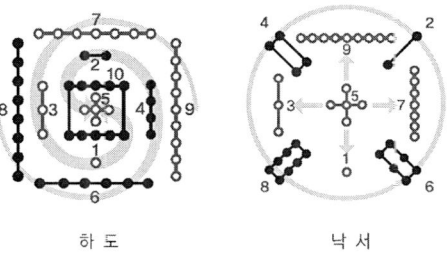

하도   낙서

<하도 낙서. 출처-네이버, 상생방송>

□하도와 낙서의 차이점

하도	낙서
중앙에 5와 10기 있고	중앙에 10기 없고, 5만 남음
양과 음의 수가 3,8 등으로 짝이 되어 동서남북 사방에 위치	각각의 수가 따로 떨어져 팔방에 위치
오행-시계 방향으로 회전-상생(相生) 목생화(2.7)-화생토(5.10)- 토생금(4.9)-금생수(1.6)-수생목(3.8)	오행-시계 반다 방향 회전-상극(相剋) 목극토(5.10)-토극수(1.6)- 수극화(2.7)-호극금(4.9)-금극목 (3.8)

---

705) 계사전(繫辭傳) > -≪주역(周易)≫ <십익(十翼)> 중 하나. ≪주역≫ 사상의 난해한 내용을 체계적이고 철학적으로 서술한 책. '계사'는 글자 그대로 '말을 매 단다'는 뜻 바꾸어 말하자면 ≪주역≫의 괘사와 효사를 총괄하여 해설한 글이다. 계사 상전과 하전으로 구성.
706) 용마하도(龍馬河圖)-6천 년 전 복희씨 때, 황하(黃河)에서 머리는 용(龍), 몸은 말(馬)의 형상을 한 신비로운 용마(龍馬)가 출현. 그 용마의 등에 별모양과 같이 흰점과 검은 점들이 1에서 10까지 55개의 무늬가 질서 있게 배열돼 있었다. 이를 '용마하도(龍馬河圖)'라 함. 희황제(羲黃帝)는 이를 보고 그 모양이 천지창조의 원리와 삼라만상의 생성 변화의 이치가 담겨 있음을 깨닫고 역(易)의 원리와 팔괘(八卦)를 창안했다고 함.
707) 신구낙서(神龜洛書)-4천 년 전 중국 하(夏)나라 우(禹)임금 때 낙수(洛水)라는 곳에서 치수공사 중 신령스런 거북이 발견. 거북이의 등에 45개의 점상(點象)이 마치 글자 획(劃)을 그은 듯이 선명하게 나타나 있었다. 우임금이 예를 보고 수(水)를 다스리고 왕도정치에 활용했으며, 주 문왕이 신구낙서를 보고 신묘한 이치와 원리를 깨달아 후천팔괘(後天八卦)를 만들었다 함.
708) 하나라-(夏) 기원전 2050년~기원전 1500년
709) 낙수 유역-중국 동부 허난 성(하남 성-河南省) 서북쪽과 섣서 성(陝西省) 동남쪽에 걸친 지역.
710) '홍범'은 '큰 법'이라는 뜻을, '구주'는 9개 조항을 말함. 따라서 '홍범구주'는 나라를 통치하는 이념으로 9개 조항의 큰 법을 뜻함.

□하도는 변하지 않는 선천적인 체(體)로서 선천수가 되고, ▶낙서는 삼라만상의 변화와 성장을 나타내는 후천적 용(用)으로서 후천수가 된다. ▶그리고 하도와 낙서에서 '금과 화'의 자리가 바뀌는 것을 금화교역(金火交易)이라 한다.

| 4221-1 | 역경(易經)의 역사와 십익 |

| ●=1 | 역사 |

지금의 역경[711]은 『주역』을 말한다. 주나라에서 체계화한 경전이라는 뜻이다. 주역 이전에도 역경이 있었다. 하나라 신농시대에 '간괘'로 시작하는 '연산역(蓮山易)'이 있었고, 은나라 황제시대에는 '곤괘'로 시작되는 귀장역(歸葬易)이 있었다. 주역과 더불어 삼역이라 하는데 오늘날 전해지지 않는다.

동양 문화의 기본사상은 모두 『역경』에서 나왔다. 대만의 국사 남회근 선생은 "역경은 사서오경 등 일체의 사상이 존재하는 최 정점이다."하였다. 그 원리를 보면 천문, 지리, 사물, 인류의 활동, 생명의 변화 등을 관찰한 결과이다. 즉 현대의 데이터베이스이다. 유가나 도가 및 제자백가 사상, 풍수지리 등 모든 학법과 술수가 『역경』에 기초를 두고 있다.

| ●=2 | 십익 |

역전과 역경은 주역을 의미하는데, 『한서(漢書)』 「예문지(藝文志)」에 여러 가지 역전(易傳)이 나온다. 『단사상전(彖辭上傳), 단사하전(彖辭下傳), 상사상전(象辭上傳), 상사하전(象辭下傳), 문언전(文言傳), 계사상전(繫辭上傳), 계사하전(繫辭下傳), 설괘전(說卦傳), 서괘전(序卦傳), 잡괘전(雜卦傳)』 등 일곱 종류 10권인데, 이는 한나라 때 시작된 것으로 십익(十翼)[712]이라 한다. '익'은 '보조'의 의미이니, 경문을 이해하는데 도움을 준다는 뜻이다.

| 4221-2 | 역경(易經)의 구성과 의미 |

| ●=1 | 구성 |

『계사상전』에 "태극(太極)이 있고, 이것이 양의(兩儀)[713]를 낳으며, 양의가 사

---

711) 역(易)-자연의 이법인 64괘(卦)를 말하고, 역경-역에 괘사와 효사(爻辭)를 포함한 것을 높여 부르는 말. 역전-주역을 주석하거나 그 이치를 설명한 책 등 저작물을 말함.
712) 십익(十翼)-공자(孔子)가 역의 뜻을 알기 쉽게 정리했다고 하는 책. 7종류 10권의 책.
713) ▶태극(太極) ▶양의(兩儀)-양(陽)● 음(陰)○ ▶사상(四象)-태양(太陽)⚌ 태음(太陰)⚏ 소음(少陰)⚎ 소양(少陽)⚍ ▶팔괘(八卦)-건(乾)☰ 태(兌)☱ 리(離)☲ 진(震)☳ 손(巽)☴ 감(坎)☵ 간(艮)☶ 곤(坤)☷

상(四象)을 낳고, 사상이 팔괘(八卦)를 낳는다." 하였다.
▶복희씨는 팔괘714)와 64괘(제 2장 참조)를 그렸고, ▶문왕이 64괘의 괘사(卦辭.=단사彖辭)를 짓고, ▶그의 넷째 아들 주공이 괘(卦)715)를 구성하는 여섯 개의 효(爻)716)의 위치와 역할에 대하여 풀이하였는데 이를 효사(爻辭)라 한다.
이렇게 64괘와 괘사와 효사가 합해진 것이 역경이다

●=2	의미

역은 이간(易簡), 변역(變易), 불역(不易) 등 세 가지다.717) ▶이간-간역(簡易)이라고도 한다. 자연의 생성소멸이 끊임없이 이루어지며 변화하는데, 그 안의 보편적 법칙은 간단하고 평이(平易)하다. ▶변역-천지만물은 멈추어 있는 것 같으나 항상 변하고 있다. 양과 음의 기운(氣運)이 교역(交易)하는 현상을 말한다. ▶불역-모든 것은 변하고 있으나, 일정한 법칙 그 자체는 영원히 변하지 않는다. 변하는 것은 일정한 항구불변(恒久不變)의 법칙을 따라서 변하기 때문이다.

4221-3	오행과 구궁

'사상(四象)'에서 오행기 팔괘에서 구궁이 나왔다. ▶팔괘는 주역을 구성하는 기본 요소이자 구궁(九宮)이 나오는 자리이다. ▶오행은 전국시대 제나라 「7-2-2-1」(BC403~221)이 '토'를 더하여 음양오행설(陰陽五行說)을 제창한 것에서 비롯된다. 오행보다 음양의 역사가 훨씬 오래되었다.

---

714) 팔괘(八卦)-하나의 괘는 3개의 효(爻)로서 이루어지는데, 8가지의 팔괘(八卦)가 있다, 그리고 3개의 효(爻)가 위와 아래로 구성되어, 6개의 효로 이루어지는 64가지의 육십사괘(六十四卦)가 있다. 전자를 단괘(單卦) 또는 소성괘(小成卦)라고 부르며, 후자를 중괘(重卦) 또는 대성괘(大成卦)라 함.
715) '괘(卦)'-'복(卜)'과 '규(圭)'의 합성어, '구'는 음을 나타내고 '복'은 양. '복'은 본래 거북 껍질을 불에 태워 점을 칠 때 나타나는 균열상(龜裂象)을 보고 그린 문자.
716) 효(爻)-역(易)의 괘(卦)를 나타내기 위해 가로로 그은 획. ' - '을 양(陽)으로 하고 '--'을 음(陰)으로 하며 밑에서부터 세어 초효(初爻), 이효(二爻)라고 하고, 맨 위 여섯 번째의 것을 상효(上爻)라고 한다.
717) 3-2-9-4 ●=2 ■6 □5 물극필반(物極必反)

| 4-2-2-2 | 의리역과 상수역 |

 원래 주역은 점서(占筮)로 출발하였다. 나중에 철학과 점으로 분화하게 되는데 전자를 의리역(義理易)718), 후자를 상수역(象數易)719)이라 한다. 다시 말하면 의리역은 점서(占筮)의 학문적인 기능에 주목하였다. 공자가 한나라의 고문학파에 의해 내려오던 주역을 점서에서 십익(十翼)으로 철학서(의리역)를 만들고, 경방은 주역에 오행설(五行說)을 가미하여 상수역을 정착시켰다. 특히 상수역은 사주명리학과 모든 상수역학의 연원(淵源)이 된다.

| 4222-1 | 의리역(義理易) |

 의리역은 주역의 십익(十翼)을 바탕으로 궁리진성(窮理盡性)720) 진덕수업(進德修業)721)을 통하여 학문적 차원을 높인 것이다. 이는 고문경학(古文經學)722)을 연구하던 학파들에 의해서 유행되었다.

---

718) 의리역(義理易)-이론적인 역학(繫辭), 한나라 고문학파, 괘사(卦辭)를 중심으로 형이상학적인 면과 덕성을 연구하는 학문, 우주의 구조와 자연의 변화에 근거해서 인간의 도덕적 당위를 이끌어내고 역전(易傳)의 글 뜻을 근거로 경문을 해석하며 의리(義理)의 천명에 주력하는 윤리적 측면에서〈주역〉을 해석하고자 하는 학파. 위진 현학파(玄學派)의 역학(왕필), 송나라 정자(程子,정이천,易傳)·주자(朱子,주희)에 의해 정리되었다. 송나라 정이(伊川)는 고문학의 비씨(비직)역학과 직접 관련이 있다. 주희(朱子)는 의리역과 상수역을 종합해서〈周易本義,역학계몽〉을 저술.
719) 상수역(象數易)-응용(실용)적인 역학(象數), ▶한나라 관방역학인 금문학파(유학+재이설+상수역), 효(爻),상(象),수(數) 등 형이하학적인 사물을 중심으로 술수를 통해 그 처한 상황을 분석해 피흉추길하는 학문, ▶유교 경전의 하나인〈周易〉을 상수, 즉 괘효(卦爻)의 조합과 수(數)의 원리로써 해석하는 학파. ▶전한(前漢)말부터 후한(後漢)과 삼국시대에 걸쳐 성립 전개된 학설. ▶북송(北宋)에 이르러 진희이(화산도사, 진단), 소옹(邵雍,소강절), 주돈이(렴계), 유목, 이지재가〈주역〉과 도교의 사상을 융합하여 상수학의 체계를 완성(도서학, 象易學), 이를 선천의 선천학(先天學)이라 하며 청나라 혜동(易漢學), 장혜언(우씨(우번)역)으로 이어짐. ▶상수역에는 전한의 맹희(孟喜)의 소식설(消息說), 초연수, 경방, 易緯(건착도 등), 후한의 정현, 순상, 위백양, 삼국시대 오(吳)나라 우번, 등 여러 걸출한 학자들이 있는데, 대개 자연의 변화와 인간사의 길흉을 괘효(卦爻)의 조합으로 풀이. ▶소옹(강절,皇極經世書)은 도교의 사상과〈주역〉의 사상을 융합하여 세계의 구조를 설명하는 '선천의 선천팔괘도'(先天八卦圖-하도의 복희팔괘)를 제작. 소옹(강절)이 "선천의 선천학문은 심법(心法)이다. 그 도식은 모두 마음(心)속에서 일어나고 모든 변화와 모든 일이 마음(心)으로부터 생겨난다."라고 하듯, 이 학설은 주관적인 '심'(心)에 근거하고 있다. 상수역은 술수역이다.
720) 궁리진성(窮理盡性)-사물의 이치를 궁구하고 타고난 본성을 다해 천리(天理)에 이른다는 뜻.『주역』체계 안에서 해석되던 궁리진성이, 송나라 성리학이 격물치지(格物致知)를 학문의 방법론으로 채택되면서 새롭게 의의를 부여받게 됨. 주희(朱熹)는 "'궁리'는 진정한 앎에 이르기 위한 것이고 '진성'은 바른 실천을 목표로 하는데, 실천에는 앎이 선행되어야 한다."고 함. 궁리는『대학』의 격물치지,『중용』의 도문학(道問學)에 해당, 진성은『논어』의 극기복례(克己復禮),『중용』의 존덕성(尊德性)에 해당.
721) 진덕수업(進德修業)-주역(周易) 중천건(重天乾) 문언전(文言傳)에 나옴. 벼슬길에 나아가 백성을 위하여 경륜을 펴고자 한다면, 올바른 행실을 행하고 업(業)을 닦으며 기회를 기다려야 한다는 뜻.
722) 고문학파-진시황(秦始皇)의 분서갱유(焚書坑儒)이후 경서의 수집과정에서 금문학파(今文學派)와 고문학파(古文學派)로 구별. 고문학파란 전한의 황제 경제(재위 기원전 157-141, 문제文帝의 아들로 이름이 유계劉啓) 때 공자孔子의 옛 집을 수리하다 발견된 것, 대전체(大篆體)인 주서로 쓰인 경전이며 이를 기반으로 하는 학파를 말함. <주서(籒書- 주(周)나라 선왕(宣王)때의 태사(太史)였던 주가 창작하였다고 하는 한자의 자체(字體)의 한 가지. 전서(篆書)의 일종>

□비직(費直)은 전한의 경학자로 고문역학(古文易學)인 비씨역(費氏易)의 창시자이다. 고문역학의 시작은 '비씨'로부터라고 말할 수 있다.
□위(魏)나라 왕필(王弼 226-249)은 '주역'을 주석할 때, '비씨역'에 근원을 두었다. 상수(象數)이론을 모두 제외 시키고, 여기에 다시 의리사상(義理思想)을 덧붙여서 『주역주(周易注)』6권을 저술하였다.

4222-2	상수역(象數易)

●=1 상수역[723)과 금문경학(今文經學)[724) 학파

상수역은 근원적으로 술수역을 포함한다. 금문경학파(상수역학자) 들은 즈로 관변에서 벼슬하며, 관학(官學)을 주도하면서 편하게 상수역을 연구를 했다고 추측한다. 여기에 점복종(占卜宗)[725), 기상종(禨祥宗)[726), 조화종(造化宗)[727)이 있다.

■1. 상수역학(象數易學)은 과학 이전의 과학이다. 자연과 천체의 기(氣)를 눈으로 볼 수는 없지만 이것을 학문화 한 것이 역학이다. 이로써 ▶건강에 미치는 영향 ▶성격에 미치는 영향 ▶경제적으로 미치는 영향 등을 추론하는 학문이다

■2. 상수를 춘추좌씨전(春秋左氏傳)에서 "구점(龜卜-거북점)은 형상을 나타내고 서(筮)는 수(數)를 나타낸다 하는데, "만물은 생겨날 때부터 형상이 있고, 형상이 있고 난 뒤에 불어나며, 불어난 뒤에 수(數)가 있게 된다."라고 적고 있다.

■3. 주역에서 상(象)이란 괘효(卦爻)[728)를 말하고, 수(數)란 음양의 수나 효수

---

723) 4222-2 상수역(象數易)
724) 금문학파-분서갱유(焚書坑儒)이후 한나라 초까지 살아남은 유생의 기억을 되살려 당시 예서체(隷書體)로 쓰인 경전을 기반으로 한 학파. 경학의 출발은 공(孔),맹(孟)이라 여김. 당시 금문경전을 공부해야 벼슬 출세.
725) 점복종(占卜宗)-주역중에서 점서(占筮)를 연구하는 것, 귀점, 서점, 물점, 풍수지리, 관상 등, 한대의 경방과 초연수, 삼국시대 관로, 동진의 곽박, 송대의 소옹(강절), 명대의 유백온, 청대의 왕흥서가 있다. 점서파는 초연수의 역림, 경방의 경방역전, 소옹(강절)의 매화역수, 유백온의 황금책, 황흥서의 복서정종을 주로 사용.
726) 기상종(禨祥宗)-음양오행과 재이(災異)를 실생활에 응용하는 역(易-占을 쳐서 피흉추길한다), 한나라의 맹희, 초연수, 경방 등의 상수역학자들에서 나타남.
727) 조화종(造化宗)-송대의 진희이(화산도사, 진단), 소옹(강절)이 연구하여 완성한 역(易). 여순양(呂純陽)이 창시하고 진희이가 지은 자미두수나, 소옹이 지은 황극경세서의 철판신수(鐵板神數)와 같은 선천의 선천 상수학과 음양오행설 등 우주 자연의 이치로 인간의 길흉을 점치는 역(易)을 말함.
728) 8-4-1 "변효(變爻)와 변괘(變卦)"도표 참조

(爻數)를 말한다. '구점(龜占-卜)'은 상(象-균열)을 보고, '서점(筮占)'은 수(數)로 보는 것이다. 그 수(數)는 양수의 합은 25이고, 음수의 합은 30이며, 천지수는 55이고, 대연수는 50(실제 사용 대연수는 50-1태극수=49) 등이다.

●=2   상수역과 천부경

상수역의 시작은 「천부경(天符經)」729)이라고 한다. 「김시습730)」이 '징심록'731)을 읽고 소감을 기록한 것이『징심록추기732)』다. 그중에 "천부금척(天符金尺)733)이 나오는데, "허실(虛實)의 수가 9가 되어 10을 이룬다."라고 하였다. 1에서 3으로 오고, 3에서 1로 가는 '一·三, 三·一'의 원리이다.

■1.「천부경」에 하나가 쌓여 열을 이루는 "일적십거(一積十鉅)"가 나온다. 숫자 '0'은 수학사에서 매우 중요하다. 아라비아 숫자 '0'은 인도에서 전해졌다고 하나 천부경에 이미 오래 전부터 '십=0'이 있었다.

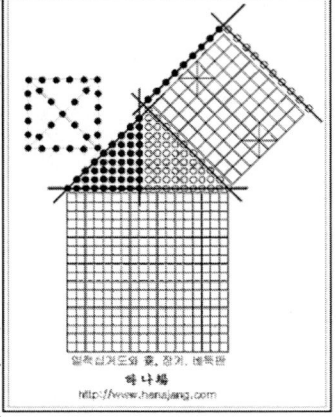

<일적십거도-바둑판 장기판 윷판. 출처-구글>

■2.「천부경」의 일적십거도를 보면 삼각형 밑변이 19점 좌변이 9점 우변이

---

729) 천부경은 환국(桓國)에서 입으로 전해 내려오던 경. 9자 1구로 하여 9중 81자로 구성. 원래 환웅 1세 거발환(서기전 3898-3805)이 천산(天山)에서 지상의 태백산 신시(神市)에 내려와 도읍하고, 신지(神志:神誌)이던 '혁덕'을 시켜서 기록 보존하게 함. 신지가 녹두문자로 빗돌에 새긴 것을 고운(孤雲) 최치원(崔致遠) 선생이 한문으로 번역하여 서첩(書帖)으로 꾸며 세상에 전한 것, 4250(서기 1917)년에 지금의 묘향산(妙香山)에서 수도 중이던 스님 계연수(桂延壽)에 의해 세상에 알려진 오래된 경전(經典).

730) 김시습(金時習)-본관은 강릉(江陵). 자는 열경(悅卿), 호는 매월당(梅月堂). 서울 출생. 3살부터 한시를 지은 천재, 생육신의 한 사람. (저서)『매월당집』에 전하는 「상류양양진정서(上柳襄陽陳情書)」 윤춘년(尹春年)의 전기(傳記), 이이의 전기, 이자(李耔)의 서문(序文), 『장릉지(莊陵誌)』, 『해동명신록』 『연려실기술』 등.

731) 징심록(澄心錄)은 신라 눌지왕 때 박제상이 저술했다고 전해지는 역사서. 현전하지 않는다. 박금이 피난 오면서 함경남도 문천에 두고 왔다 함. 실존 여부를 확인할 수 없고 부도지로 재탄생.

732) 징심록추기(澄心錄追記)-영해박씨 문중에 내려오던 징심록 15지를 조선 초 대학자 김시습이 영해 박씨 집안의 박효손으로 부터 전해 받고, 이를 읽은 소감을 기록한 글.

733) 천부금척(天符金尺)-금척은 신라를 세운 근본이 부도 즉 금척의 법에 있으며, 이것이 환국 시대에서 내려 왔다고 함. '금척지'에 대하여 김시습은 ▶"내가 일찍이 금척지를 읽으니 그 수사(數辭)가 매우 어려워서 알 수가 없었다. 대저 그 근본은 곧 천부의 법이다. 그것을 금(金)으로 만든 것은 변하지 않게 하기 위한 것이요. 자(척-尺)로 제작한 것은 다 같이 오류가 없게 하기 위함이었다."라고 적음. ▶"그 형상은 삼태성이 늘어선 것 같으니 머리에는 불구슬을 물고 네 마디로 된 다섯 치이다 (其形象則如三台之列하니 頭含火珠하고 四節而五寸)."라고 설명하고 "그 허실의 수가 9가 되어 10을 이루니, 이는 천부의 수다(其虛實之數이 九而成十하니 此則天符之數야)."라고 그 수의 내용을 풀이함. 이로써 금척과 81자로 된 천부경과의 관계를 확인 가능.

10점, 이것을 칸으로 하게 되면 밑변이 18칸, 좌변이 9칸, 우변이 9칸이다. 바둑과 윷과 장기가 금척(천부경)의 일적십거도 원리에 기반을 두고 있음을 알 수 있다.

● Tip

■-(바둑)
○부여계인 고구려와 백제 그중에서도 백제에 바둑의 고수들이 많았다 전해집니다. 오늘날 일본의 바둑이 발달한 것도 백제 문화의 유입과 무관하지 않다고 봅니다.
○바둑 기원에 대한 확실한 문헌은 없습니다. 그러나 가장 오래된 기록으로 중국의 장화가 쓴 『박물지』에 요나라 임금이 바둑을 만들어 아들 단주를 가르쳤다고 나옵니다.
○여기서 말하는 중국 중화는 오늘날의 중국이 아니고 중원[734]을 지배한 세력입니다.
○오늘날 중국인들도 요 임금을 동이족[735]이라고 말하고 있습니다.

■-(윷)
○토정비결은 윷과 함께 점술을 구사합니다. 그러나 오늘날 윷을 던지는 기능이 빠진 채 토정비결만 전해집니다. 주역의 괘를 얻을 때 50개의 산대를 사용하는 번거로움보다 윷가락을 던지는 것이 훨씬 수월하다는 상상을 해 봅니다. 참고로 토정비결의 출현을 19C 말에서 20C 초로 볼 때, 토정 이지함(1517~1578) 선성과 연대 차이가 많이 납니다. 그러나 1900년 전후 어떤 경로를 통해 토정비결이 나왔는지 아직 알려진 바가 없습니다.
○윷놀이에 대해 지금까지 알려진 가장 오래된 자료는 중국의 『북사(北史)』와 『태평어람(太平御覽)』입니다. 여기에 부여의 저포(樗蒲) 악삭(握槊) 등의 잡희(雜戲)가 나옵니다.
○따라서 백제, 고구려, 신라에도 윷놀이가 전승되었을 것으로 추측되며 윷놀이의 기원은 삼국시대 이전으로 소급될 수 있습니다.

■-(장기)
○옆 사진과 비슷한 삽화를 본적 있습니다. 구한말 어느 프랑스 신부가 그렸는데, 제목이 "나라는 기울어 가는데…?"였습니다.
○우리의 장기에 대한 기록은 고려 인종 때 김부식(金富軾)이 쓴 『삼국사기(三國史記)』에 처음으로 나옵니다. 그러나 어떤 경로로 전래되었는지는 정확하게 알 수 없습니다.

<출처, 네이버>

■3.「김시습」의 『징심록추기』를 신뢰 할 수 있다면, 십의 숫자를 동서남북 사

---
734) 4-1-7 ●=2 "동이족, 한족, 거란족, 몽골족, 만주족이 한 때 중원의 주인"
735) 4-3-1 ●=1 ■1 □2 "98년판 상해출판사"

방에 배치하여 최초로 하도를 창안한 원조가 '태호복희씨'736)라 하겠다.

4222-3	상수역(象數易))의 종류

☐1. 명리학(命理學-사주학)-고대의 음양오행설을 발전시킨 것으로 계절을 중시하며 강약이나 조후로 용신을 잡아 길흉을 판단. 고법명리학(三命學)와 신법명리학(子平學)가 있다.

☐2. 문왕과(文王課) 오행역, 화주림괘법-6爻소속의 간지와 오행의 상생 상극, 일월의 간지와 신살로 길흉을 판단한다.

☐3. 매화역수(梅花易數)-송나라 소옹(소강절), 연월일시에 고유 수(數)를 더해 8로 나누어 상하괘를 세우고 6으로 나누어 변효(變爻)를 잡는다. 괘사와 결합하고 오행의 상생 상극과 연관해 길흉 판단한다.

☐4. 하락이수(河洛理數)-송나라 소옹(강절)의 철판신수와 비슷. 자평명리와 인도의 점성술 영향을 받아 일어난 북송의 상수역: 사주를 뽑고 하도와 낙서의 수(數)를 뽑아 괘를 만들고 납갑(納甲)과 세응(世應)을 육친에 붙여 길흉을 판단한다.

☐5. 기문둔갑(奇門遁甲)-한나라 장량(황석공), 술수학의 제왕이자 방위학. 어느 시점의 연월일시를 사주로 뽑아 천간수와 지지수를 더하여 9로 나눠 숫자를 구하고 9宮을 그린 다음 천반(天盤)과 지만(地盤)을 짠다. 8門과 생기(生氣), 복덕(福德)을 붙인 다음 육의(六儀)와 삼기(三奇), 구성(九星), 신살을 붙혀 길흉을 판단. 오행, 팔괘, 천문, 하도, 낙서를 이용한다.

☐6. 자미두수(紫微斗數)-여순양(呂純陽)이 창시, 오대 말~북송 초 진희이(화산도사, 진단) 저술. 기문이나 구성술은 9宮(칸을 9개)으로 구성, 자미두수는 12宮(12개)로 나누어 길흉을 판단. 天文을 중시한다.

☐7. 점성술(占星術)-과로성종, 천문의 28수, 칠요(七曜-5星 일월)와 사여(四餘)로 인사의 길흉 판단한다.

☐8. 풍수지리(風水地理)-음택(陰宅-묘자리)과 양택(陽宅-집터)으로 산과 물의 배합을 보는 학문. 동진의 곽박의 장경(葬經)에 "기(氣)가 승(乘)하면 바람이 흩어진다. 산의 경계는 물이다. 바람을 막고 물을 얻는다."라고 風水가 나온다. ▶ 장승생기(葬乘生氣-조상은 동질이므로 그 자손에게 생기(生氣)의 파장 즉 에너지로 기운을 전해 준다) ▶지리요역(地理要逆-묘지의 혈을 잡을 때 반대로 취한다).

---
736) 4-1-7-1 태호 복희

☐9. 관상술(觀相術-萬相不如心象. 심상이 최고)-달마상법, 마의상법, 유장상법
☐10. 토종비결(土亭秘訣)-이지함(土亭)이 만들었다고 하나 가탁설이 있다. 토정비결은 8×6×3=144數고 주역은 8×8×6=384爻이다. 천간과 지지를 주역의 선천수와 황극수 그리고 연월일시에 따라 숫자를 대입하고 나이를 첨가하면 상괘가 되고, 생월의 숫자와 월건수를 더하여 6으로 나누어 중괘를 잡으며, 생일과 일건수를 더하여 3으로 나누면 하괘가 성립되어 길흉을 판단하는데 일 년 신수를 본다.

| 4-2-2-3 | 상수역의 세계 |

산명(算命)은 운수를 점치는 행위와 그 점괘를 말하는데 두 가지 영역이 있다.
☐1.이성적 세계에 '산명술'(사주명리, 풍수)과 '역점'(하락이수, 매화역수)이 있다.
☐2.영적 영역에 신점(무속의 점)과 육임(육효, 주역점)이 자리한다.

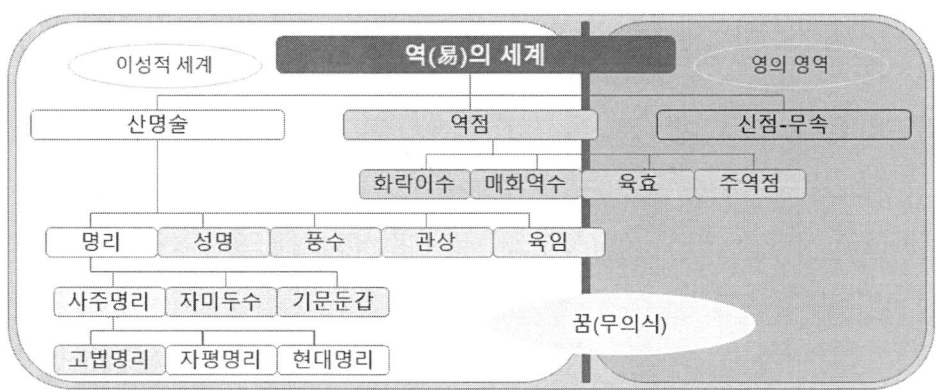

<참조-조규문 저 '운'>

■1. 꿈은 두 영역과는 별개로 환상(幻相)과 환영(幻影) 즉 뇌 작용의 일부이다. 직관(直觀)과 영감(靈感)의 작동을 원활하게 하려면 축척된 경우의 수가 두꺼워야 한다. ▶도교의 내단학[737], ▶유식사상[738] 그 중에서도 불교의 유식론[739]에 속하는 제7식(마나식-직감)과 제8식(아뢰야식-저장), ▶현대의 데이터베이스 등이 도움이 될 수 있다.

■2. 사주명리에서 육감(肉感)은 '재성'에 해당하고, 영감(靈感)은 '인성'인데 편인성(偏人性)에 가깝다. 그러나 영역의 경계가 명확하지 않다. 그래서 직관(直觀)은 직감(直感)이니 이 둘 어디에도 속하지 않지만 나타나는 현상은 비슷하

---

[737] 단학(丹學)-연명 장수와 도통신선을 위하여 불로장생을 기원하는 신선술에서 유래해 외단학과 내단학으로 체계화된 도교수련법. 환반지학, 금단지학, 연단지학 등이 체계화되면서 외단학(外丹學)과 내단학(內丹學)으로 구별. ▶외단학은 벽곡(辟穀:곡식은 먹지 않고 솔잎·대추·밤 등을 날로 먹는 일)이나 단약(丹藥), 즉 선약(仙藥)을 연조(煉造)하여 복용함으로써 신단(神丹)을 연마하고 신선을 이루는 타력적·외적 방법. ▶내단학은 자력적, 내적 수련에 의한 공행(功行)을 쌓음으로써 천지운행의 법칙에 의하여 몸 안에 음양의 조화를 도모하는, 즉 몸에 단을 형성하여 장생불사(長生不死)하려는 본성의 수련법.
[738] 유식사상-만물의 궁극적 실체는 마음. 모든 것은 마음을 통해 나타나는데 각각 다를 뿐이라는 사상
[739] 불교의 유식론(유식학)-불교 법상종(法相宗)의 주요 경전. 안이비설신 5가지 감각기관과 의식을 포함하여 6가지 식이 있고, 직감(直感)이 모든 것을 감수하고 작용하는 마나식. 그 저변에는 그러한 행위들이 모두 저장(貯藏)되어 있는 아뢰야식이 존재한다.

다. 이 둘 사이에 법과 법칙에 따른 '관례'의 공간 있는데 사주명리에서는 '관성'의 자리이다. 전국시대 제자백가의 하나인 법가740)의 사상이 대표적이다. 그 안에 진시황741)을 감탄시킨 '한비자'742)가 있다.

> ● Tip
>
> ■1-영감에 대하여
>
> ○영감(靈感)은 신령스런 예감이나 느낌을 말합니다. 접신을 통해서 영과 교감하는 것과 다릅니다. 그래서 영감은 외부의 자극과 정보(신령한 기운 포함)가 유입되어 작동하게 되는데 여기에 영, 영혼, 혼, 혼백, 정신, 넋 등이 자리합니다. 개념적으로 동 서양의 차이가 있고, 조금 다른 의미지만 텔레파시(telepathy)도 포함됩니다. 사주명리에서는 인성에 해당될 수 있습니다.
>
> ○영은 자연(산신령이나 가신신앙이 대표적)과 사람에게 작동하고, 혼은 사람에게만. 혼백은 비물질적인 것으로 돈과 정신을 다스립니다. 그리고 몸이 죽어도 영원히 남아 있다고 생각하는 초자연적인 것은 넋도 의미가 같습니다. 이러한 경은 우리에게 어떠한 환상, 환영과 환청(무속의 공수 포함)으로 다가오는데 가수면(세타(ϴ)파 4223-2) 상태에서 잘 보입니다.
>
> ■2-육감에 대하여
>
> ○육감(肉感)은 몸이 느끼는 지각(알아차림)을 말합니다. 육체적(안의비설신의)743) 경험을 통해 얻는 감각, 경험, 연상, 판단, 추리 등의 사유 작용이 쌓였다가 반응하는 것입니다. 사주명리는 재성을 통해 가능할 것입니다.
>
> ○이는 안의비설신의(3-2-4-1) 여섯 가지 식(識)의 체험이 무의식(제8식-알라야식 3-2-4-1)에 저장되고 그것이 표출된 경우의 수로서 알파고와 같습니다.
>
> ○그래서 육감은 영감(외기 유입-접신)과 달리 자신 내부의 표출을 의미합니다.
>
> ■3-직관에 대하여
>
> ○영감도 육감도 거치치 않고 순간적으로 나타나는 것이 있는게 바로 직관입니다.
>
> ○직관(直觀)은 직감(直感)이 모든 것을 감수하고 작용하는 마나식(3-2-4-1)과 통합니다. 그러나 직감이 대상을 거치지 않았다 할지라도 감(感)에 선행 사건이나 상황이 누적되

---

740) 법가-유가(儒家) 사상과의 대립하는 항쟁 과정에서 발달, 전국시대의 전제적 지배를 지향한 군주에게 채용됨, 진(秦)·한(漢)나라의 통일제국 성립을 뒷받침한 중요한 사상이 되었다. 《한서(漢書)》<예문지(藝文志)>에 의하면, 신상필벌(信賞必罰)의 질서 있는 정치를 주장한 장점이 있고, 오로지 형법(刑法)에 의거하여 따르는 육친의 정까지도 저버린 것이 단점으로 평가 됨.

741) 진시황-성은 영(嬴) 이름은 정(政)으로 진나라 소양왕의 증손자이자 장양왕의 아들. 한족으로 황하와 양자강 유역을 최초로 통일한 인물. 통일 이후, 문자, 도량형, 화폐 등을 통일하였으며 이로 인해 중국을 하나의 문화권으로 통일 하는데 영향을 미침. 만리장성과 아방궁, 병마용갱 등의 건설로 백성들에게 많은 부담을 지게 하였다. 이런 가혹한 토목 공사와 법체계는 진승과 오광의 반란을 계기로, 각지에서 일어난 반란에 의해 진나라가 멸망하게 되는 계기가 되기도 하였다.

742) 한비자-전국(戰國)시대 말기 한(韓)나라의 공자(公子)로 법치주의(法治主義)를 주장한 한비(韓非:BC 280?~BC 233)와 그 학파가 저술한 책 55편 20책에 이르는 대저(大著).

743) 3-2-4-1 유식학(유식론) '안이비설신의(眼耳鼻舌身意)와 마나식 그리고 알라야식"

어 있다면 그것은 이미 육감입니다.
○이러한 직관은 감정(感情-어떠한 현상에 대한 마음의 느낌과 기분)과 기분(氣分-마음에서 일어나는 유 불쾌한 감정)으로 나타납니다.

■4-촉에 대하여
○이 둘 즉 영감과 육감 그리고 직관이 응감(應感)744)하는 자리에 촉(觸)이 있습니다.
○감(感-느낌, 생각)은 불교에서의 촉(觸)이라 할 수 있는데, 이는 주관(피부를 이르는 신근身根과 식識)과 객관(대상對象)의 접촉으로 만들어진 정신작용을 말합니다.
○어떻든 촉에 육감(피부), 영(정신), 직관(감정) 응감하고 있어 서로 경계가 모호합니다.

■5-영감, 육감, 직관, 촉의 상징
○이 모두는 어떠한 상징745)과 상황 그리고 감정과 기분으로 나타나는데 인지치료의 '자동적 사고'746)나 정신역동의 꿈을 포함 '자유연상'747)처럼 떠오르기도 합니다.

■6-상징 보는 법
○상징을 보기 위해서는 보고 싶은 주제 즉 화두가 설정되어야 합니다. 그리고 호흡(단전호흡이나 요가호흡-날숨을 길게 내 쉬고 멈춤)과 함께 화두를 놓아버리고 무아지경에 들어갑니다.
○그러면 어느 때 순간적으로 상이 떠오르게 됩니다. 이는 몇 분이 소요될 수도 있고 유도 현장에서 떠오르지 못하면 클라이언트 혼자 일상에서 호흡하며 며칠이 소요될 수도 있습니다. 그래도 떠오르지 않으면 길이 보이지 않는 것으로 해석합니다.
○이때 몸은 높은 층에서 엘리베이터를 타고 내려오는 것과 같고, 물속에 떠 있는 것과 같고, 하늘을 유영하는 새처럼 편하면서 이완 상태가 됩니다.

■7-상징 유도문
○여기 상징 유도문은 최면에서의 최면 유도문과 흡사한데 의심을 버리고 무아의 상태여야 합니다. 정해진 틀이 없으니 각자 클라이언트(client-상담 의뢰자)의 이완에 유리한 대로 응용하기 바랍니다.
○처음에 안구가 아래로 축 쳐지도록 깊게 날숨을 쉬며 길게 들숨을 쉬며 심호흡을 합니다. 그리고 소리마저 내려놓고 무아지경에 이를 준비를 할 수 있도록 안내합니다.

 자 지금부터 날숨을 길게 내쉬면서 심호흡을 하겠습니다. 심호흡을 할수록 온몸에 힘

---

744) 4-2-1-3 ●=1 □3 "한(漢)나라의 동중서" "천인감응사상 해석"
745) 4223-1 ●=1 ■2 내단(內丹) 수련으로 도통했어도 무속인의 공수를 제외한 영으로 보는 것, 신령한 점괘, 그리고 어떤 종교의 예시와 계시도 상징과 비유의 범주를 벗어나지 못한다.
746) 자동적 사고-벡(A. T. Beck)이 제안한 인지적 성격이론의 주요 개념. 자극에 대해 자발적으로 일어나는 것으로서 검증되지 않은 순간적, 구체적으로 떠오르는 역기능적인 개인의 신념이나 생각
747) 자유연상-내담자에게 마음속에 떠오르는 생각, 감정, 기억들을 아무런 수정도 가하지 않고 이야기하도록 하는 정신분석의 한 기법

이 빠지며 편안해 집니다. 호흡을 하는 동안 머리에서부터 발끝까지 힘이 빠지면서 몸이 새털처럼 가벼워지는 것을 느끼실 것입니다. 네 좋습니다. 다시 한 번 같은 방법으로 심호흡을 하겠습니다. 네 좋습니다. 아주 좋습니다.

이제는 새털처럼 가벼워진 몸을 바람에 실려 저 하늘을 유영하듯이 날아가 보겠습니다. 계속 마음속으로 심호흡을 하면서 날아갑니다. 날아갑니다. 날아가면서 평소 좋아하던 산이나 그렇지 않으면 아무 산을 떠올려도 좋습니다. 그곳으로 날아갑니다. 날아갑니다. '후~~~' '후~~~' 마음속으로 심호흡을 하면서 날아갑니다.
(※ 갈수록 최면사의 '후' 소리가 묵직하면서도 속삭이듯이 작아져야 합니다.)

자 다 와 갑니다. 네 네 곧 도착하게 됩니다. 네 아주 좋습니다.
마침내 산 정상에 왔습니다. 계속 눈을 감고 마음의 눈으로 사방을 둘러보겠습니다. 오른쪽에서 왼쪽으로 왼쪽에서 오른쪽으로 그리고 가슴을 향해 불어오는 시원한 바람도 느껴보시기 바랍니다.

지금 이 산 정상 옆에는 케이블카가 있습니다. 그곳으로 발길을 옮겨 보겠습니다.
얼마 후면 케이블카가 바로 선생님 발 앞에 오게 됩니다. 발을 옮길 준비를 하시기 바랍니다. '후~~~' 기다리는 동안 마음속으로 계속 심호흡을 하시기 바랍니다.
자 이제 발을 옮기면서 케이블카에 오르셔도 됩니다.

이제 케이블카가 내려갑니다. 내려갑니다. 엘리베이터가 내려가듯이 아주 조용하게 스르르 내려갑니다. 어떠한 상징이 떠오를 것이라는 기대를 하셔도 좋습니다. 내려갑니다. 내려가다가 어떠한 상이 떠오르면 바로 말씀하셔도 됩니다.
(※ 내려 갈 때 시를 읽듯 운율을 띄우면서 아다지오(adagio-매우 느리게)보다 더 천천히 여유 있게 내려가야 합니다.)
(열)-내려갑니다. 내려갑니다.
(아홉)-내려갑니다. 스르르 내려 내려갑니다.
(여덟)-내려갑니다. 스르르 케이블카가 내려갑니다.
(일곱)-내려갑니다. 내려갑니다.
(여섯)-내려가는 동안 마음의 눈으로 마음의 눈으로 창밖의 풍경을 보셔도 좋습니다.
(다섯)-풍경의 느낌이 어떠한지 말씀하셔도 됩니다.
(※ 이 부분에서 클라이언트와 느낌에 대하여 간단하게 대화를 주고받을 수 있습니다. 색깔은 어떠한지? 빛이 밝은지 탁한지? 기분은 어떠한지? 등등. 만약 반응이 없으면 생략하고 내려갑니다.)
(넷)-내려갑니다. 다 내려가면 케이블카 승강장 옆으로 연못이 있고 작은 배가 떠 있을 것입니다. 내려갑니다. 계속 내려갑니다.
(셋)-이제 다 와 갑니다. 스르르 다 와 갑니다.
(둘)-다 와 갑니다. 스르르 다 와 갑니다. 내리실 준비를 하셔도 좋습니다.
(하나)-'후~~~' 다 내려 왔습니다. 이제 연못 옆에 있는 작은 배에 올라 잠깐 쉬어 가

겠습니다. 계속 마음속으로 심호흡을 하시면 더욱 좋습니다.

여기는 선생님이 탄 마음속의 작은 배입니다. 그대로 마음속으로 누우시면 됩니다. 누우시면 물속에 떠있는 듯 편안함을 느끼실 것입니다. 그리고 누워서 어떠한 상징이 떠오르는지 마음의 눈으로 마음의 눈으로 떠오르는 것을 살펴보시기 바랍니다. 만약 보이거나 떠오르는 생각이 있으면 말씀하셔도 좋습니다.

(※ 이 부분에서 적당한 적막이나 최면사의 호흡소리를 들릴 듯 말 듯 아주 작게 내줍니다.)

이 과정에서 무슨 생각이 떠올랐는지, 어떤 상황인지, 그 때 기분을 어떠했는지 등 클라이언트와 대화하면서 클라이언트가 충분이 더 집중적할 수 있도록 유도합니다.

이 과정이 끝나면
잠시 후 하나, 둘, 셋과 함께 잠재의식과 무의식에서 벗어나겠습니다. 셋과 함께 눈을 뜨면서 크게 기지개를 펴시기 바랍니다.
저 그럼 시작하겠습니다. 하나, 둘, 셋, 네 수고 많이 하셨습니다.

○마지막으로 피드백-상징 유도 과정이나 가수면(최면) 상태에서 느낀 점이나 떠올랐던 상을 말하게 합니다.

■8-상징의 해석
○상징은 조금만 집중하면 누구나 볼 수 있습니다. 그러나 해석은 전문성이 필요합니다. 기 수련이나 명상과 호흡, 선몽 그리고 영적활동을 하는 경우 더 유망합니다.
○그러나 똑같은 상징이라도 각자마다 해석이 다르게 나타날 수 있습니다.
 1)벌레(구더기)가 벽이나 집안에 가득하면 배우자의 부정행위를 상징하고, 불이나 물을 보면 길하다 하는데 모두 그렇지 않습니다.
 2) 떠오르는 시기, 떠오르는 상황, 상징과의 연관성에 따라 해석이 달라집니다. 그래서 전문성748)이 중요합니다.

○전문성은 축척된 경우의 수에서 나옵니다. 해석에 앞서 많은 시간과 많은 사례를 통하여 검증하고 그 검증을 축척하는 '빅 데이터'가 필수입니다.
○예를 들면 이렇습니다. 7년 동안 성악 발성을 레슨 받는 제자가 있었습니다.
 1)술 피아토(Sul fiato)를 코칭하는데 닭이 모이 찾는 모습만 보였습니다. 그러다 어느 날 고개를 들고 나를 바라보는 장면이 보여서 "아 이제 되었구나!"라고 생각했습니다.
 2)술 피아토의 반대 꼴 피아토는 닭 울음처럼 쉰 소리는 물론 무겁고 탁합니다. 그런데 울음소리 아닌 항상 먹이 활동만 보인 것은 항상 하던 일(꼴 피아토)의 상징입니다.

○이렇게 상징은 물리나 음양의 법칙을 벗어납니다. 그래서 자신만의 '데이터'가 중요하다고 한 것입니다. 보이는 상은 다양할지라도 개인마다의 패턴은 몇 가지 안 됩니다. 그 패턴을 몸(안의비설신의)이 기억하면 육감이 되고 '데이터화'가 됩니다.

○특히 사주와 직관이 만나는 것은 감(기분과 의지)이라고 하는 자유분방에서 오는 허황함과 허망함을 경계할 수 있는 상호 보완제가 됩니다. 마치 사주와 상담심리학, 사주와 인문학, 사주와 의학처럼 그런 음양의 조화(상호대대, 상호의존, 상호순환)[749] 말입니다.

■9-상징의 사례
○인적사항-여 50세
○상담형식-개별면담 후 전화상담
○상담일시-2022. 12
○상담주제-직장생활 계속 아니면 사업전환 할 것인지?

○상담의 개요-명리상담이 끝나고 기존의 직장생활에서 사업으로 전환해야 하는지를 물어 왔습니다. 그러나 언제 전환할 것인지의 확실한 날짜가 없으니 YQ-3 산출이 불가했습니다. 그래서 육감으로 보게 된 사례입니다.
○그런데 현장에서 상징을 떠올리지 못하여 상담이 종료되었고, 며칠 후 전화 상담으로 이어진 내용입니다.
 1)상담 종료 3일 후 직장 생활 상징-빛바랜 남편의 중2 흑백사진이 보였다 합니다.
 2)그리고 또 3일 후 사업 상징-가족과 휴가 가는 상(象)을 보았다고 연락이 왔습니다.

○이 두 상징을 보면 두 번째 상징이 더 선명하고 휴가 가느라 즐겁습니다. 즉 선명한 것에 호감이 더 갈 수 있습니다.
○그러나 상담사가 본 상징은 다릅니다. 그래서 상징의 상황을 재구성하며 내담자의 기억을 다시 더듬어 올라갔습니다.
 1)직장 생활을 볼 때는 희미한 사진이지만 중2 때 사진은 서울로 전학 와서 대학, 결혼, 취직 등 발전으로 이어집니다. 이때 상담사는 대규모 농장을 봅니다.
 2)사업을 놓고 볼 때는 가족의 휴가 일정이 맞지 않아 늦게 출발하게 되니 휴가가 온전하지 않았습니다. 이 상황에서 상담사는 겨우 텃밭을 봅니다.

○총론하면 내담자 스스로 지금의 직장생활이 더 유망하다는 결론에 이릅니다. 사진은 결혼 취직과 대규모 농장으로, 휴가는 온전하지 않고 겨우 텃밭인 이유입니다.

■10-정리하기
○내담자는 전문가가 보여 주는 것보다 자신이 본 것을 선호하고 확신합니다.
○그래서 상담사의 상징('대규모 농장'과 '겨우 텃밭')을 말하지 않고 재구성했습니다.
○참고로 '신령함'이나 '7 수련', '명상과 호흡', '최면과 심령치료' 등의 전문성은 '상징 보는 법'에 있어서 일부분에 불과하지만 도움이 됩니다.
○사람이 영을 본다는 것은 쉬운 일이 아닙니다. 그러나 누구든지 육감과 직관이 쌓이

---

748) 3-2-9-1 ■2 ●Tip 문화 "인문. 사회. 교양"
749) 5-1-3-3 음양의 작용(상호대대, 상호의존, 상호순환)

> 면 이러한 상징을 유도하고 해석할 수 있는 능력이 생겨날 수 있습니다.

4223-1 영의 영역

400년 전 프랑스 철학자 데카르트는, '마음은 몸으로 설명될 수 없다'고 하였다. 지구상의 대다수 93% 사람들이 '영혼'의 존재를 믿는다 한다. 사람의 정신작용은 물리학적 법칙으로도, 생물학적 원리로도 설명하기가 쉽지 않다.

●=1 동양에서의 영(靈)

영(靈)자는 신령(神靈) 즉 모든 신(神)과 관계된다. 靈은 雨(비)+口口口(사람들 또는 주문)+巫(무당)로 구성된다. '물(水.비)'로써 천지가 소통된다. 현대의 텔레파시[750]도 소통의 한 부분이다. 물리적 법칙이 지배하는 차원을 넘어서는 영역이다. 종교적으로는 '심령현상의 일종'이라고 할 수 있다.

■1.'초심리학'에서는 투시, 텔레파시, 예지, 세 가지를 동질의 현상으로 정의한다. 영(靈)은 사람에게 정신적 작용으로 존재한다. 그 작용으로 환상(幻相)과 환영(幻影)을 들 수 있는데, 이 작용은 상징으로 나타나기 때문이다. 그래서 상징과 영의 음성을 듣는 환청(幻聽)과는 현상이 다르다.

■2.내단(內丹)[751] 수련으로 도통했어도 무속인의 공수[752]를 제외한 영으로 보는 것, 신령한 점괘, 그리고 어떤 종교의 예시와 계시도 상징과 비유의 범주를 벗어나지 못한다. 그래서 그 해석이 다양할 수밖에 없다.

또한 스스로 수십 년간의 영적체험과 수련을 통하여 확인한 바이기도 하다. 이러한 상징이 사주명리에서는 '형국'으로 비유된다.

●=1 신경과학에서의 영(靈)

신경과학자들은 백여 년 전부터 영혼이라는 비물질적 정신작용들이, 물질적 속성에서 비롯됐다는 것을 증명해왔다. 뇌에 신경전달물질 양을 바꾸고, 뇌의

---

750) 텔레파시(telepathy)-초상현상의 하나로 원격정신반응이라고도 번역한다. 보통은 멀리 떨어진 곳에 있는 사람끼리 일어나는 현상, 가령 친한 사람의 죽음을 멀리 떨어진 곳에서 알 수 있는 현상을 말한다. C.G. 융은 물리적 시간과 공간의 제약을 초월한 초월적인 차원이 존재하며, 그런 높은 차원을 통해서 초상현상이 일어나는 것으로 생각했다.
751) 4-2-2-3 ■1 ▶도교의 내단학
752) 공수-신이 무당의 입을 빌려 인간에게 의사를 전하는 일. 주로 강신무들이 점괘를 풀어보는 과정 혹은 굿 도중에 인간에게 내리는 신탁 중 말로 된 부분을 가리킴.

특정 영역에 전기 자극을 줌으로써 정신작용의 조절이 가능하다는 사실을 밝혀냈다.

■1. 2016년 '가상현실 체험'이라는 연구753) 결과가 「국제학술지」『소셜 뉴로사이언스』에 발표된 적이 있다. '영적체험'이라고 하는 것은 사실 '뇌'에서 발생하는 전기 자극으로 인해 만들어졌다는 것이다. 특히 전전두엽 피질과도 관계가 깊은데, 연구진은 '영적 체험을 느끼는 1에서 3초 동안은, 뇌의 보상중추가 강하게 반응한다.'고 밝혔다.

■2. 과학이 발달하지 못하였다면 우리는 '영'의 신비에서 벗어나지 못하였을 것이다. 결론적으로 신경과학에서 '영적체험'의 비밀은, 현실과 같을 수도 있고 다를 수 있다. 이는 "뇌 보상중추의 과잉 활성화"로 나타나는 '가상현실'이기 때문이다. 상담이나 사주간명은 전문성을 지닌 '선생님'이 할 수 있다. 그래서 가상현실에 대한 인식 부족으로, 신비주의754)에 빠지거나 혹세무민755)을 전문가는 경계해야 한다.

4223-2	꿈

잠을 자는 동안은 의식도 잠을 자는데, 잠재의식은 오히려 활성화된다. 이때 잠재의식에 억압되어 있던 욕구나 감정이 꿈이라는 형태로 표출된다.

●=1	꿈과 뇌파의 종류

꿈은 뇌 활동으로 인하여 수면 중에 일어나는 일련의 시각적 심상을 말한다.
■1. 비 렘수면(non-REM sleep)은 몸이 자는 동안 뇌도 깨어있지 않은 현상 즉 숙면상태를 말한다. 따라서 숙면 중에 꿈을 꾼다 하여도 의식하지 못하게 된다.

---

753) 연구진-미국 유타대 생명공학과, 하버드대 뇌과학센터, 매사추세츠종합병원 신경과 공동연구진은 영적, 종교적 체험이 실제로는 뇌의 보상중추가 과잉 활성화되면서 느타나는 현상이라고 밝힘. 사랑이나 도박, 음악, 약물에 중독되는 것과 비슷한 현상이라고 발표.
754) 신비(mystic)라는 말은 눈이나 입을 닫는다는 뜻의 그리스어 mystikos에서 유래한 것. 신비체험은 접신, 임사체험(죽음에 대한 경험), 유체이탈 등 이성적인 것과 상반됨. 신비주의는 동양의 신비적 합일체험(mystical union)으로, 나와 신적인 존재, 혹은 우주 전체와 합일하는 경험을 말함.
755) 혹세무민(惑世誣民)-혹(惑)은 정신을 혼란스럽게 하여 어지럽힌다는 뜻, 무(誣)는 없는 사실을 가지고 속이거나 깔본다는 뜻을 포함. 그릇된 이론이나 믿음을 이용해 사람들을 속이고, 그들을 이용해 자신의 이익을 추구하는 모습을 가리킴. 사이비(似而非) 종교 교주, 그릇된 주장을 내세우는 학자와 정치가 등이 해당.

■2. 렘수면(REM: Rapid Eye Movement sleep)은 몸은 자고 있으나 뇌는 깨어 있는 상태로 도표에서처럼 세타파가 나온다. 이때도 많은 꿈을 꾸는데, 그 중에 깨어나기 직전의 꿈만을 기억하고 회상하게 된다. 그래서 회상몽(回想夢)이라 한다.

■3. 뇌파의 종류
□델타(δ)파 초당1~4Hz. 비 각성상태의 뇌파(완전 이완). 일반적(깊은) 수면, 혼수상태, 중증 뇌장애에서 나타난다.
□세타(θ)파 초당5~8Hz. 기억(회상), 꿈(비몽사몽), 최면, 졸음, 명상 등 가수면 상태에서 나오는 뇌파로 해마와 시상에서 발생한다.
□알파(α)파 초당8~12Hz. 각성 상태의 뇌파이면서 비교적 이완 상태(휴식). 시각 영역과 매우 밀접한 관계가 있다. 후두엽 주위에서 발생한다.
□베타(β)파 초당12~20Hz. 뇌 전체에서 광범위하게 발생하며 산책 등 활동상태(각성상태), 일상적인 인지작용 및 사고활동(정신활동)에서 발생한다.
□감마(γ)파 초당30Hz. 이상. 매우 높은 집중 상태의 뇌파. 자애명상. 스트레스, 감마파부터는 뇌파 측정 및 유지가 어렵다.

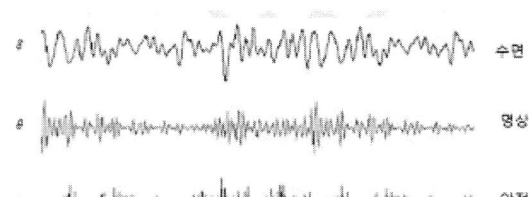

<뇌파의 종류. 출처-네이버>

● 간명의 원리

○물리학에서 파동은 사이클과 주파수의 연합이며 주파수는 음파나 전파가 1초 동안 진동하는 횟수(몇 번의 사이클)를 말합니다.
○보강간섭(constructive interference)은 같은 위상의 두 파동이 중첩될 때 즉 마루와 마루 또는 골과 골이 만나서 합성파의 진폭이 2배로 커지는 것을 말합니다.
○상쇄간섭(destructive interference)은 반대 위상의 두 파동이 중첩될 때 즉 마루와 골이 만나서 합성파의 진폭이 0이 되는 간섭으로 소멸간섭이라고도 합니다.

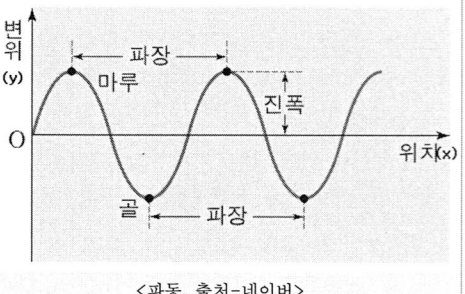

<파동. 출처-네이버>

○사주명리학에서 합 생은 보강간섭과 같고, 충 극은 상쇄간섭과 같습니다.
○우주는 파동(3권 4-2-1-1 ●=3 '파동')으로 연결되는데 그중 어떤 파동이 우리에게 도달했을 때의 느낌을 부호화한 것이 오행(목화토금수)이고 이들은 생극의 작용을 일으키기 때문입니다.
○다만 아직 오행을 뇌파-처럼 주파수로 표현하고 있지 못 할 뿐입니다.756)

4223-3	동 서양의 꿈에 대한 분석

●=1	동양의 꿈

'꿈의 철학(글 유문영(維文英), 네이버)'에 주례(周禮)에 기록된 다섯 가지 꿈757)과, 동한(東漢) 사람 「왕부(王符)」『잠부론(潛夫論)』의 열 가지 꿈758)이 나온다.

● Tip
○주례는 삼례(三禮)의 하나로 주(周)나라의 종법제도 및 관제(官制)를 적은 책(冊)인데
○주공 단(周公旦)이 지었다고 하나 후세(後世) 사람이 증보(增補)한 것으로 여겨집니다.
○이러한 주례는 훗날 공자와 주자로 이어져 동양 예의 근본을 이루게 됩니다.

■1. 불교에서의 꿈은 대략 네 가지 정도로 정리된다.
□1.사대불화몽(四代不和夢). 체내 지수화풍(地水火風)의 에너지가 흩어져 기가 허약한 상태.-(땅이 무너지고, 허공을 날고, 도적이나 맹수에게 쫓기는 상을 꿈)
□2.선견몽(先見夢). 낮에 인상 깊게 본 것을 그대로 밤에 꾸는 꿈.-(검은색이면 검은색, 컬러면 컬러, 산천이면 산천, 사람이면 사람, 본 그대로 꾸는 꿈)
□3.천인몽(天人夢), 하늘과 사람이 감응하는 꿈.-(착한 사람은 선한 꿈을 꾸게 하여 희망과 위로를, 악한 사람에게는 악한 꿈을 유도하여 두려움을 갖게 함)
□4.상몽(想夢). 평소 생각이 꿈에 나타남.-(대표적으로 짝 사랑을 꿈에 만남)

---

756) 4-1-6 서문 (1) "▶안다고 하는 이 세계는 우주 전체의 5%에 불과. ▶뇌의 활용'에 있어서 개인들의 능력은 전체 뇌의 채 6%가 안 된다"
757) 주례에서 꿈 5가지 ▶1-자연이 꾸어지는 정몽(正夢) ▶2-가위눌림, 신음 등의 악몽(惡夢) ▶3-꿈속에서 사고하고 활동하는 사몽(思夢). ▶4-벽일몽처럼 꿈속에서 현실처럼 착각하다 깨게 되서야 꿈인 줄 아는 오몽(寤夢) ▶5-즐거운 꿈 희몽(喜夢)과 두려운 꿈 구몽(懼夢)으로 구별.
758) 잠부론. ▶1.꿈꾸는 대로 되는 직몽(直夢) ▶2.꿈과 비슷하게 되는 상몽(象夢) ▶3.깊은 생각이 꿈이 되는 정몽(精夢) ▶4.낮에 생각이 밤에 꿈이 되는 상몽(想夢) ▶5.높거나 낮거나 사람에 관한 인몽(人夢) ▶6.오싹 함 등 차가움과 더움에 관한 감몽(感夢) ▶7.오행의 왕상에 따른 시몽(時夢) ▶8.밝아지고 어두워짐에 따른 길흉의 반-몽(反夢) ▶9.병에 관한 병몽(病夢) ▶10.심성의 좋고 –쁨에서 정해지는 결과에 대한 성몽(性夢).

■2. 주례의 '악몽', 잠부론의 '시몽', 불교의 '사대불화몽'은 서로 통한다. 이 연관성을 다시 요약하면
☐1.선몽 즉, 죽은 사람이나 신령 등이 나타나는 '현몽(現夢)',
☐2.태몽처럼 어떤 일을 암시해 주는 '예지몽(豫知夢)'.
☐3.간절한 소원이 의식과 무의식을 들어 올리는 '의지몽(意志夢)' 등 세 가지로 분류할 수 있다.

■3. 여기에 앞서 공부한 천도의 세계[759]로 꿈을 분류한다면
☐1.'자연이 꾸어지는 꿈',
☐2.성(誠)을 다하는 자체가 꿈이 되는 '의지몽',
☐3.천명이 꿈에 나타나는 '현몽(선몽)' 등 세 가지가 된다.

| ●=2 | 서양의 꿈 |

■1. 프로이트[760]는 꿈이 무의식적인 소망 그리고 성취와 관계된다고 보며, 꿈은 '무의식으로의 지름길'이라고 하였다.
☐1.▶'꿈'은 꾸는 사람들의 무의식적인 마음을 반영하고, ▶'꿈 내용'은 무의식적인 소망 성취를 위한 욕구에서 형성된다고 이론화하였다.
☐2.이러한 이론은 피상적이고 의미 없는 '현시적(나타내 보임) 내용'과, 환상을 비롯하여 심층적인 바램의 '잠재적 내용'을 모두 가지고 있는 것이 된다.

■2. 게슈탈트[761] 심리치료[762]의 꿈도, 내면의 일부를 외부로 투사한 것으로 본다. 꿈에 등장하는 사람과 사물을 무의식의 표출, 즉 '투사물'로 보는 점이다. 동 서양의 꿈을 종합해 볼 때 가장 객관적인 근거는 무의식에 있다. 실제 상담현장에서 꿈을 범주별로 분석해 보면, 각자 현실에 처한 심리적 상태의 표출이 거의 대부분이다. 모든 꿈의 무의식에 사람의 '의지'가 자리하고 있다.

---

759) 4-2-1 천도(天道)의 세계 "자연론 정성론 천명론"
760) 프로이드(Sigmynd Freud. 1856~1939)-오스트리아의 정신과 의사이며 정신분석학의 창시자.
761) 게슈탈트-게슈탈트는 독일어 'gestalten(구성하다, 형성하다, 창조하다, 개발하다, 조직하다 등의 뜻을 지닌 동사)'의 명사형으로, 전체, 형태, 모습이라는 의미. 자신의 욕구나 감정을 하나의 의미 있는 전체로 조직화하여 지각한 것. 게슈탈트라는 용어가 도입된 초기에는 '형태'라고 번역되었지만, 지금은 한국어에서 원뜻을 살릴 수 있는 단어가 적절하지 않아 원어 그대로 사용하고 있다.
762) 게슈탈트 심리치료-쫓기는 악몽을 꾸었다면 반대로 쫓게 하여, 자기 내면의 압제자와 만나게 함. 이렇게 괴롭히는 사람이 무의식속의 자신임을 깨닫게 함. 이를 '꿈 작업'이라 한다.

| 4-2-3 | 역(易)의 과거와 미래 |

역(易)763)의 사전적 의미는 64괘(卦)764)이다. 64괘는 세상의 모든 변화를 나타내는 부호이니 역은 변화하는 모든 것의 총칭이라 할 수 있다.

▶이간(易簡)의 생장호·수장765)에서 ▶변역(變易)의 정중동 동중정766)에서, ▶불역(不易)에서 헤라클레이토스767)의 로고스768)를 통하여 세상의 변화를 보았다. 헤라클레이토스는 '신에게 있어 모든 것은 정의롭고 올바르지만, 인간에게 어떤 것은 정의롭고 어떤 것은 그렇지 않다고 생각한다.'고 했다.

여기에서 우리는 사람이 '무엇을 할 수 있을까?', 그리고 '어디까지 행복할 수 있을까?' 하는 의문을 역의 과거와 미래를 통하여 고찰(高察)해 보고자 한다.

| 4-2-3-1 | 역(易)의 과거 |

우리는 그 무엇에 의해 다스려진다. 팍스 로마나(Pax Romana-로마)와 팍스 시니카(Pax Sinica-차이나)에 이어 팍스 브리태니카(Pax Britannica-영국)를 거쳐 팍스 러스아메리카나(Pax Russo-Americana-소련 미국)가 그랬고, 지금도 팍스 아메리카나(Pax Americana-미국)가 그렇다.

이뿐만이 아니다. 이들이 다스리는 질서 위에 그 무엇이 또 있어 보인다. 이를 공부한 사람은 안다. 그것이 ▶수메르769)의 엔키나 긴도 베다770)에 나오는 신(神)처럼 사람과 비교 불가능한 대상인지, ▶플라톤의 「크리티아스」771)와 세계 각처에서 발견되는 불가사의한 초고도문명772)의 주인공인지, ▶그리고 앞으로의 AI와 그 주체가 누구일지는 알 수 없지만 말이다.

---

763) 4-2-2 역(易)의 세계
764) 8-3 "64 괘상(卦象) 해석"
765) 5-1-4-1 생장화수장
766) 정중동 동중정(靜中動 動中靜)-고요 속에 움직임이 있고 움직임 속에 고요가 깃들어 있음. 정(靜)과 동(動)은 현상이 다를 뿐 본질은 같음.
767) 헤라클레이토스(Heraclitus of Ephesus)-기원전 6세기 말의 고대 그리스 사상가, 소크라테스 이전 시기의 주요 철학자. 그의 어록 '모든 것은 변한다. 변하지 않는 것은 변한다는 사실 뿐이다.', '우리는 같은 강물에 두 번 들어갈 수 없다' '태양은 날마다 새롭다'
768) 로고스(Logos)-헤라클레오 토스는 다양하게 변화하는 만물의 뒤에서 이들의 생성과 소멸을 이끄는 세계법칙(우주의 섭리), 즉 만물을 지배하는 세계이성 '로고스'에 주목했다. 그는 로고스의 영원한 섭리와 법칙에 따라 세상만물이 대립·투쟁·조화를 이루며, 근원에서 태어나고 다시 돌아가는 것을 반복하고 있다고 생각했다.
769) 4-1-4-2 ●=7 수메르 점토판
770) 4-1-4-2 ●=8 ■2 "베다(Vedic) 문헌에는 신이 우주를 고속으로 날아다닌다."
771) 4-1-3-5 ●=2 플라톤의 저서 「크리티아스」
772) 4-1-4-2 서문 "불가사의한 초고도문명의 흔적은 헤아릴 수 없이 많은데"

> ● Tip
>
> ■-사람이 아닌 신
> ○적어도 수메르 점토판[773]을 해석한 결과에 따르면 수메르 최고신 엔키는 기독교 엘로힘(Elohim-히브리어로 하느님)의 한 뿌리가 되기도 합니다.
> ○인도 힌두교 3대신 브라흐마(창조의 신) 비슈누(유지의 신) 시바(파괴의 신)가 있습니다.
> ○고대 이집트에는 9주신(아툼-슈, 테프누트-게브, 누트,-오시리스, 이시스, 세트, 네프티스)이 있습니다. 그러니까 아툼의 자식과 그 손주들입니다.
> ○그리스 신화에도 올림포스 12신(제우스, 헤라, 데메테르, 아프로디테, 아테나, 아레스, 아폴론, 아르테미스, 헤르메스, 헤파이스토스, 포세이돈, 디오니소스)이 나옵니다. 물론 분류하는 사람에 따라 차이는 있습니다.
> ○우리에게 널리 알려진 트로이 전쟁도 신들의 전쟁입니다. 트로이의 왕자 파리스는 황금 사과를 두고 다투는 아프로디테에게 주인이 되도록 심판을 내립니다. 그리고 아프로디테는 그 대가로 세상에서 가장 아름답다는 스파르타의 왕비 헬레네를 얻게 해줍니다. 이에 아내를 빼앗긴 메넬라오스가 형 아가멤논과 함께 트로이 원정길에 나서면서 전쟁이 시작됩니다. 여기에 바다의 여신 펠레우스로 시작하여 그리스의 아킬레우스가 트로이의 헥토르를 무너뜨리는 이야기 등 많은 신들이 등장합니다.
>
> ■-신들의 정체성
> ○이 많은 신들은 각자의 역할 즉 위력이 있는데 사람이 감당할 수가 없습니다.
> ○현대인들은 핵이나 핵무기의 위력에 대해 그런대로 알고 있습니다. 그 핵의 위력으로 바다의 여신 펠레우스가 아니더라도 해일(쓰나미)을 일으킬 수도 있고, 시바가 아니더라도 세상을 파괴(초토화)할 수 있다는 것을 압니다. 그리고 브라흐마가 아니더라도 생명공학을 통하여 생명체를 창조해 낼 수 있는 것도 마찬가지입니다.
> ○아마 고대인들은 신화처럼 이러한 위력은 신만이 가능하다고 여겼을지 모릅니다.
> ○그러나 우리는 그 신의 자리에 과학문명의을 대비하고, 또 그 자리에 과거의 초고도문명[774]을 고찰해 보면서 스스로 질문을 던집니다. 이 위력을 어떻게 해석해야 할까요?

4231-1	하늘에서 내려오다.

『삼국유사』「고조선조[775]」에 아버지 환인천제(桓因天帝)[776]와 그의 서자 환웅

---
773) 4-1-4-2 ●=7 수메르 점토판
774) 4-1-4-2 서문 "불가사의한 초고도문명의 흔적은 헤아릴 수 없이 많은데"
775) 고조선조-《고기》에 이르기를「옛날 환인(제석신)의 서자 환웅이 있었으니, 자주 하늘 아래 세계에 뜻을 두고 인간의 세상을 구제하고자 하였다. 아버지가 아들의 뜻을 알고 아래로 삼위태백을 굽어 보니 인간에게 널리 이익을 줄만하기에, 천부인 세 개를 주어 보내 그 곳을 다스리게 하였다. 환웅은 3천의 무리를 거느리고 태백산 꼭대기(지금의 묘향산) 신단수 아래에 내려와 그 곳을 『신시』라 일컬으니 이가 곧 환웅천황이다.」

천왕(桓雄天王)⁶¹⁾과, 삼천 무리의 '코미타투스777)' 등 세 부류가 나온다.

■1. '삼국유사'의 저자 일연스님은 환인천제를 불교의 최고신인 제석신778)으로 주석을 달았다. 어떻든 환인천제는 신이든지 초고도문명의 주체이든지 일반 사람은 아니다. 환인으로 하여금 그의 세상을 다스리게 하는 것이다.
아들 환웅천왕 역시 일반사람이 아니다. 아버지의 허락을 받고 하늘에서 내려왔기 때문이다. 또 일반·인이 아닌 무리 삼천 명이 하늘에서 내려왔다.

■2. 조대기(朝代記)779)에서의 환웅은, 삼국유사의 내용과 조금 다르다. 안파견780)의 서자(庶子) 환웅이 아니라 서자부(庶子部)의 대인(大人) 환웅으로 나온다. 그 다음 천부(天符)와 인(印) 3개와 군사 삼천과 함께 신단수 아래 신시배달국을 열었다는 내용은 같다.

4231-2	천자(天子)들의 출현

이후로도 하늘의 아들을 지칭하는 '천자(天子)'들이 나타난다. 그들은 하늘이나 신의 선택을 받고 황제, 교황(영주 포함)이 되어 제왕, 제후, 귀족, 기사, 사대부들을 거느리고 이 땅을 지배한다.
■1. 여기에는 ▶엘로힘781)의 기독교-21억(구교+신교), ▶알라의 이슬람-13억+?, ▶브라만의 힌두교-9억. ▶공자782), 주자783), 산명술784)의 유교 및 도교-4억+?,

---

776) 환인천제-『삼국유사1)』「고조선조」L-오는 환웅의 아버지. 환단고기 삼성기에 환국(인류 최초의 국가)의 한님을 이르기를 '천제환인' 또는 안파견(安巴堅)이라 나옴.
777) 코미타투스(comitatus)-로마 공화정 시대에 군사 지휘관을 수행하였던 정예 부대. 그러나 그 역사는 훨씬 더 오래됨. 전통적으로 내려오던 영웅적 주군과 그의 코미타투스라는 이상형은 음유시인들의 찬가나 노래로 이어져 '베오울프', '장가르', '마나스', '게세르' 같은 영웅 서사시들은 글이나 입으로 전해져 오늘날까지 보존. 코미타투스는 히타이트, 아케메네스조 페르시아, 스키타이, 호레즘(Khorezm), 흉노, 고대 및 초기 중세의 게르만 사산조, 훈, 에프탈(Hephthalite), 고구려, 초기 왕조시대의 일본, 투르크(튀르크, 카자르, 의구르 포함), 소그드, 티베트, 슬라브, 키탄(Khitan, 거란), 몽골 기타 등등의 여러 사료들에서 직간접적으로 확인 됨. <고조선-국자랑. 고구려-조의선인. 백제-무절. 신하-화랑. 고려-제가화상. 주군과 생사를 같이 하는 친위부대.>
778) 제석신(帝釋身)-제석은 불교에서 세계의 중심을 상징하는 수미산 위의 제석천을 주관하는 천신. 인드라로 불림. 인도의 신령이 불교로 수용되고 중국에 전해지면서 우리나라에 들어와 토착화 된 신. 제석신(帝釋身)은 인도의 가장 오래된 경전이자 브라만교의 근본경전인 『리그베다』최고의 신으로서 비와 번개를 동반하며, 악마의 두리를 퇴치하는 무장이기도 함.
779) 조대기(朝代記)-환국의 혼인부터 대진국(발해)까지의 역사책, 대진국 멸망 후 태자 대광현이 고려로 전했다 함. 환단(桓檀)이라는 단어가 언급 되는 최초 문헌. 현재 묘향산지에 조대기 일부 전해지고 일부 현존. 조대기는 진역유기(고려말 이명)→규원사화(조선 북애자)에 인용 됨. 세조가 전국에 내린 수서령(수거) 중 하나의 책.
780) 4231-1 환인천제(桓因天帝) 각주-"안·파견(安巴堅)"
781) 엘로힘-기독교의 유일신, 알라-이슬람의 유일신, 브라만-힌두교 창조신, 싯다르나-석가모니의 본명

▶싯다르타의 불교-3억7천+? 안에서 대단한 영(靈)의 힘이 작용하고 있다. 각자의 '뇌 보상중추의 활성화'[785]에 대한 높고 낮음의 차이만 있을 뿐이다.

현실법체계의 무신론자, 불가지론자(11억)들마저도, 종교, 문화, 관습을 토대로 만들어진, 법의 정신과 통치를 통하여 관리된다고 볼 수 있다.

■2. 천자들의 말이 사실이라면, 그들은 영적 작용과 텔레파시를 통하여 몇 십억 사람들의 '뇌 보상중추'를 한 방향으로 활성화시킨다. 그래서 문화적 유전자 '밈'[786]이 형성되고 후손에게 전해지니, 결국 그들은 막강하고 영원하다.

그리고 사람들은 편도체[787]를 통하여 그들에 대한 두려움을 생성하고, 해마를 통하여 그 두려움을 저장하고 유지한다. 그리고 이러한 일은 계속 반복되어 진다. 더 나아가 광유전학[788]을 이용한다면 사람들의 기억을 지우거나 회생시키기도 할 것이다.

4231-3	일반인들의 기구한 삶

보통 사람인 우리들은 아무래도 이 세 부류에 속하지 않을 것 같다. 오히려 세 부류로부터 지배를 당하는 사람이다 할 수 있다. 더러는 귀족, 기사, 사대부로서 권한을 부여받고 행사할 수 있는데 이것이 출세이다.

그러나 그 출세는 주어진 한도 안에서의 '조삼모사[789]'일 수 있다. 그래도 '전제(前提)'[790]를 뛰어 넘을 수 없는 처지에서는 이것만으로도 너무 큰 최선 또

---

782) 4-2-1-2 ●=3 "공맹사상"
783) 주자-본명은 주희(朱熹). 자(字)는 원회(元晦), 중회(仲晦). 남송 철학자. 성리학을 집대성(창시자로 알려짐)
784) 4-2-4-1 동양오술 "산명술"
785) 4231-2 ■2 '뇌 보상중추의 활성화'. "편도체"
786) 4242-4 밈-문화적 유전자
787) ▶대뇌 변연계(▶1.편도체-감정과 정서. 공포 ▶2.해마-장기 기억). ▶대뇌피질-감각 및 운동 정보를 처리(1.후두엽-시각정보의 처리. 2.측두엽-청각 정보의 처리, 언어의 수용과 기억 담당. 3.두정엽-감각과 운동. 4.전두엽-운동 행동, 언어의 표현 및 지향적 주의를 담당.)
788) 광유전학-2014년 브라이언 윌트겐(Brian J. Wiltgen) 교수를 비롯, 미국 켈리포니아 대학 데이비스(the University of California, Davis) 연구팀이 광유전학을 이용 유전자 조작된 쥐의 특정 기억을 지우는 실험을 성공하고 '학술지 '뉴런'(Neuron)'에 발표. ▶광유전학(optogenetics-빛(opto)과 유전학(genetics)이 결합되어 만들어진 학문. 빛과 유전공학 기술을 이용하여 뇌 신경세포인 뉴런을 레이저나 전기 자극으로 조절하는 기술, 뇌 연구와 관련하여 주목받고 있는 새로운 학문 중 하나.
789) 조삼모사(朝三暮四)-「아침에 세 개, 저녁에 네 개」라는 뜻으로 열자(列子)의 황제편(黃帝篇)에 나옴. ▶당장 눈앞에 보이는 차별(差別)만 알고 그 결과(結果)가 같음을 모름. ▶간사(奸邪)한 꾀로 남을 속임. ▶송나라 저공(狙公)이 원숭이 먹이를 아침에 세 개, 저녁에 네 개씩 주겠다는 말에는 원숭이들이 적다고 화를 내더니 아침에 네 개, 저녁에 세 개씩 주겠다는 말에는 좋아하였다는 데서 유래.
790) 4231-4 삶에는 '전제(前提)'가 있다.

는 차선일지 모른다. 신분의 제약으로 인하여 모두에게 출세의 기회가 오지 않기 때문이다.

■1. 옛날부터 사람의 운명은 이 지배의 질서 영역을 벗어나서 존재하지 못했다. 지배자의 의도에 따라 전쟁에 나가야 하고, 부역을 해야 하며, 세금을 내야 한다. 추운 빙하기를 거치는 동안의 감기로 인한 폐렴 그리고 흑사병, 조류 독감, 천연두로 인한 사망의 고통을 수 없이 견디며 오늘에 이른다.

■2. 러시아의 대문호 톨스토이[791]의 '전쟁과 평화'[792]에 나오는 「나타샤」, 마거릿 미첼[793]의 장편소설 '바람과 함께 사라지다'[794]의 「스칼렛」에서 일반인들의 기구한 삶의 일면을 엿볼 수 있다. 그리고 우리나라를 돌아보면 '다산'[795]의 「애절양[796]」이 있다.

---

791) 레프 톨스토이(Lev Nikolaevich Tolstoi)-러시아의 소설가이자 사상가. 주요 작품으로 '전쟁과 평화', '안나 카레니나', '부활' 등. 19세기 러시아 문학의 거장으로 종교와 인생관, 육체와 정신, 죽음의 문제 등을 작품 속에서 논하면서 나름대로 해답을 독자에게 제공.

792) '전쟁과 평화'-나폴레옹이 러시아를 침공. 등장인물 다양. 그 중 나타샤와 피에르 두 번의 결혼이야기. 피에르는 외국 유학에서 돌아와 아버지가 남긴 막대한 유산을 상속 받음. 그리고 아름다운 엘렌과 결혼하지만, 엘렌은 피에르를 버림. 군인이 아닌 피에르가 전쟁에 참전하고 나타샤를 만남. 그 전에 나타샤는 젊은 나이에 전쟁에서 돌아온 유부남 안드레이와 약혼하지만 엘렌의 오빠가 나타샤를 납치. 이때 피에르가 등장하여 나타샤를 위로. 나타샤가 피난길에 부상병 중에서 안드레이를 찾았지만 끝내 병사. 나타샤의 오빠 니콜라이는 장교 출신으로 전사한 안드레이의 누이동생 마리아와 결혼. 약혼자를 잃은 나타샤가 아내를 잃은 피에르와 결혼.

793) 마거릿 미첼(Margaret Mitchell)-'바람과 함께 사라지다'를 쓴 미국 소설가. 1,037페이지의 대작을 10년 넘게 집필하여 퓰리처상(賞)을 받음. 발간 후 즉시 영화화되어 아카데미 작품상을 비롯한 8개 오스카수상. 조지아주 애틀랜타 출생. 남북전쟁 때의 일화(逸話)를 들으면서 성장.

794) 바람과 함께 사라지다.-남북전쟁을 배경으로 한 여주인공 스칼렛의 인생 역정과 3남자(애슐리, 케네디, 도박꾼 버틀러) 이야기. 스칼렛 오하라는 조지아주 에 있는 타라 농장주 제럴드 오하라의 장녀. 애슐리가 자기 사촌 멜라니와 결혼. 이에 대한 질투로, 사랑하지 않는 멜라니의 오빠 찰스의 구혼을 받아들임. 남북전쟁이 발발. 찰스는 전장에 가보지도 못하고 병사. 스칼렛은 결혼 6주만에 애까지 딸린 미망인이 됨. 남부의 패배. 과거의 사회적, 경제적 지위를 완전히 잃음. 억만 장자가 된 버틀러를 찾아가지만 그는 수감중. 여동생 수엘렌의 애인 프랑크 케네디를 이용 그의 재산으로 타라를 지켜냄. 스칼렛은 흑인 슬럼가에서 성추행을 당하고 케네디는 보복하러 갔다가 살해당함. 그 뒤 스칼렛은 레트 버틀러의 청혼을 받아들여 다시 결혼. 결정적으로 그들의 첫딸인 보니 버틀러가 다섯 살의 나이로 낙마해 죽은 사건이 파국에 이르게 함.

795) 다산 정약용(茶山 丁若鏞)-정조 때 문신(文臣)이자 학자. 1762년 남양주에서 출생. 조선 후기 최고의 유학자 중 한 명. 원효, 이황과 함께 한국 철학 사상사에서 가장 중요한 인물로 평가. 현재는 그의 학문 체계를 그냥 '다산학'이라고 부르기도 함. 전남 강진의 18년 유배시절 동안 경학(經學)집 232권과, 일표이서를 포함한 경세학서(經世學書) 138권에, 시문집과 기타 저술을 포함한 문집 260권을 합하여 총 492권을 저술.

796) 애절양(哀絶陽)-1803년 가을, 다산이 강진 유배시절, 군역에 시달리는 고통을 전해 듣고 쓴 절양가(絶陽歌). 요약하면 <갈밭에 사는 한 백성의 생후 사흘 된 아이가 군적에 등록되고, 이정(里正)이 소를 빼앗아 감. 그 백성이 "내가 이것 때문에 곤액을 당했다"며 칼로 자기의 생식기를 스스로 벰. 그 아내가 생식기를 들고 관가에 갔는데, 그때까지도 피가 뚝뚝 떨어짐. 아내가 현감 뵙기를 울며 호소했지만 문지기가 막아섬.>

● Tip

■-아마 우리는 사극(史劇)을 보면서 양반처럼 산 것을 당연시 할지 모릅니다.
■-조선시대 통계
○조선시대의 호구(戶口) 통계자료에 중종 38년(1543)의 반도의 인구가 사백만 명 정도 그리고 구한말 순종황제(융희 4년-1910) 때의 인구가 천이백만 명 정도로 나옵니다.
○조선의 신분표시를 기록한 장적(帳籍)에 양반인구의 구성비가 적혀 있습니다. 대체로 17세기 후반에는 7%, 18세기 전반에는 13~19%, 18세기 후반에는 23~32%, 양반의 수가 증가 추세를 보입니다. 즉 상민층의 부담이 그만큼 늘어나게 된 것입니다.
○19세기 29~67% 높은 증가는 조선이 아닌 일제 강점기와 해방 이후가 됩니다. 이때는 조선사회가 무너져 족보를 사고파는 일과 양반의 증가와 무관하다 할 수 없습니다.

■-조선의 신분제도
○조선시대 양천제(양인과 천인) 신분제도에서 양인은 과거 응시와 관직 진출에 제한이 없고, 조세, 공납, 역 등을 담당하였습니다. 특히 양반은 군역에서 제외되었습니다. 사주가 아무리 나빠도 군역에서 제외됩니다.
○천인은 국가 또는 개인에게 소속되어 천역(천한 일)을 담당하고 관직 진출이 불가능했습니다. 18세기 중반부터는 상민층에게만 군포부담이 주어져 군역을 전담하게 됩니다. 사주가 좋아도 군역을 피하지 못합니다.
○그래서 일반백성들은 평생 동안 1년에 군포 2필을 납부해야 합니다. 남성 1인당 2필씩이면 보통 한 가족에 남자가 3~4명, 1년에 6~8필, 이 보다 남자가 더 많은 집은 더 많은 군포를 납부해야 합니다. 그래서 1년에 6~8필 납부해야 하는 눈물의 이야기가 다산의 '애절양(각주 132) 참조)' 속에 있습니다.

■-조선의 군포
○군포는 면포 또는 마포(삼베)를 말하는데 마포의 경우 대마를 심어 재배하고 대마줄기를 삼고 껍질을 벗겨낸 후(면은 씨아를 돌려 목화의 씨를 빼고, 물레를 돌려 실을 얻음) 다듬어 실로 만들고 다시 직물로 짜야하는 고단한 수고가 필요합니다.
○여성들이 낮일 하며 한 달간 밤잠을 설치며 짜야 겨우 베 1필이라 합니다.
○조선 초기 베 1필은 쌀 한가마니(지금의 80kg 기준)와 같고, 중중 이후에는 2필이 쌀 한가마니가 됩니다. 참고로 당시 서책 한 권의 가격이 대략 쌀 한가마니라고 전합니다.
○보통 성인의 1달 식량이 쌀 20kg 정도일 때 8인 가족이면 160kg(쌀 두가마니)이고, 중종 때의 시세로 환산하면 면포나 마포 4필이 됩니다. 즉 우리 어머니 혼자 4개월을 짜야 8인 가족 한 달 식량입니다.
○일제강점기 때 노동자 하루 일당이 대략 쌀 1되 정도, 그전에는 일당 일도 없던 시절입니다. 그러니 입에 풀칠하기도 어렵다는 말이 나왔을 것입니다.

○이 외에도 여러 형태의 수탈은 전국적으로 계속됩니다. 하의도 330년 동안의 토지분쟁[797]을 비롯하여, 특히 고부 군수 조병갑의 만석보[798]는 동학운동의 계기가 되었습니다. 그리고 일제의 토지조사와 약탈, 과세지 면적증가, 식민지 지주제 강화는 농민 몰락으로 이어집니다.

■-삶의 전제
○23~32%를 제외한 70% 정도의 우리는 드라마 속의 양반이 아닙니다. 18세기 후반 양천제라는 삶의 전제를 관통해 내려온 DNA의 후손입니다. 또한 지금도 삶의 전제가 어떻게든 존재한다는 것을 알고 있는 우리입니다.

| 4231-4 | 삶에는 '전제(前提)'가 있다. |

'전제(前提)'의 사전적 의미는 "어떤 사물이나 현상을 이루기 위하여 먼저 내세우는 것"이다.
우리들은 현재가 있기까지 먼저 유무형의 유산이 존재한다. 가까이는 선대나 부모형제가 되지만, 위에서 열거한 세 부류에서부터 유산의 '전제'가 시작되었다. 그리고 그것은 신분인데, 신분은 얻을 수도 있고 주어지기도 한다.

| 4231-5 | 사주명리에서의 '전제(前提)' |

사주명리에서의 '전제[799]'는 ▶첫째 밈[800]을 통한 '무의식의 유전(1권 338p 세덕과 심전과 산천)'이다. 심리는 마음의 작용인데 그 표출은 자신의 상황과 무의식과의 결합이기 때문이다. ▶두 번째 신분 즉, 양육과 교육의 기회를 통하여 스스로 직업을 얻는 일이다. 현대인의 신분은 직업에서 계층이 정해진다

---

797) 하의도의 전답은 입도조(入島祖) 농민들에 의해 개간 된 후 삼백 년에 걸친 통한의 분쟁역사를 안고 있음. 1600년대 초 선조 맏딸 정명공주방(貞明公主房)에게 하의3도(하의도, 상태도, 하태도)에 절수권(국가의 토지세를 대신 받음)을 줌. ▶그러나 정명공주의 증손자인 홍석보가 죽으면서 공주에게 준 면세전 20결이 그 후손들에게 상속되었는데, 징세 기한이 지나서도 세 섬의 모든 토지이 절수권을 받았다면서 백성들에게 세금을 받아간 것. ▶그 후 일본 조선 통감부(1905)는 국유화 조치를 취했고, 이때 홍씨들은 하의 3도의 토지를 국유화에서 탈루시켜 홍우록의 사유지로 지권을 발급받음. ▶홍우록은 지권을 집안의 홍우승에게 양도하고, 홍우승은 다시 서울갑부 조병택에게 1만 5천원의 값으로 팔아넘김. ▶이에 하의도 사람들은 일본인 변호사를 선정해 홍씨들을 상대로 부당 기득반환 및 토지확인 청구소송을 제기해서 1심에서는 패하고 2심에서 승소한 역사적 사건.
798) 만석보-전라 고부 군수 조병갑은 불필요한 만석보를 다시 쌓게 하면서 농민들을 강제로 동원한 것은 물론 수세를 강제로 징수한 사건. 이는 제1차 농민봉기(1894)로 이어짐. 참고로 부친의 공덕비 건립 명목으로 약 1천 냥의 돈을 사취하는 등 온갖 횡포와 착취를 일삼았음.
799) 3-1-2-1 ●=1 『적천수』「출신(出身)」"세덕과 심전"
800) 4242-4 밈-문화적 유전자-

■1.사주명리를 처음 시작할 때는, 신살과 물상 그리고 육친을 그대로 옮겨오면 간명이 완성되리라고 생각한다. 하지만 사주명리를 잘하려면 '전제(前提)'를 보는 혜안(慧眼)이 있어야 한다.

■2.고법명리에의 전제(前提)는 '태원(잉태시기)'이고 당 사주에서는 '전생 운'이다. 고법은 엄밀히 말해서 사주가 아니라 오주인 셈이다. 하지만 이들은 '전제'로써 기능이 미약하다. 신법 자평명리에서는 '연주', '월지', '인성'이 그 기능을 대신하고 있다. 그래서 사주오행의 구성과 배치 상황에서 '전제'를 찾아야 한다.

■3. 남성들에게 '편재' 날은 술과 여자 친구 생기는 날이다 한다. 하지만 꼭 그렇지 않다. 그래서 간명의 적중률을 높이려면 원국의 재성이나 용신의 큰 운이 '전제'되어야 한다.
 그 다음 행운과의 생합, 극충의 여부에 따라 원국의 강약이 결정된다. 물론 대운의 크기도 세운에 따라 달라진다. 이처럼 생극제화의 결과에 따라 줄줄이 순차적으로 원국에 영향을 미친다. 그래서 술과 여자 친구가 편재 날에 생길 수도 있고, 다른 날에도 생길 수도 있다. 이것을 볼 수 있어야 한다.

| 4-2-3-2 | 역(易)의 미래 |

| 4232-1 | 인식표와 사주정보 |

심리학에도 낙인[801]이 나온다. 사회적으로 찍히면 사실이 아님에도 불구하고, 평가절하 되어 그렇고 그런 사람으로 인식되고 만다.

원래 낙인(烙印)은 뜨겁게 달군 인두를 노예나 죄인, 가축 등의 피부에 고의적으로 화상을 입히는 것을 말한다. 즉 정보를 담은 인식표라 할 수 있다.

■1. 이러한 인식표는 바코드[802], RFID[803], 베리칩[804]으로 진화하고 있다. 그 안에는 개인의 신분에 관한 신상정보, 계좌 등 금융거래 정보, 유전자와 같은 생체 정보, 질환 및 진료 기록과 같은 의료 정보 등을 모두 확인할 수 있다. 그리고 GPS와 연결되면 언제 어디서든 개인의 위치 추적도 가능하다.

■2. CCTV와 함께 얼굴인식[805]과 홍체인식[806] 기술이 더해진다면 RFID과 더불어 언제 어디서든지 정보의 시너지효과가 더욱 다양하게 일어난다.

여기에 시스템에 대한 사회적 합의가 이루어진다면, 입력된 생년월일시에 의하여 개인의 사주정보까지도 가능해진다.

| 4232-2 | 정보화와 사주명리 |

90년대 중반 정보화의 시작과 함께 컴퓨터가 대중에게 일반화되었다. 특히 만세력을 통하여 손수 '사주체(四柱體)'를 얻는 일은 이제 옛말이 되었다.

---

801) 사회심리학의 낙인효과-고프먼(Goffman, 1963)은 낙인 또는 사회적 낙인이란 어떤 개인에 대하여 완전하고 평범한 속성을 부정하고, 더 흡혀지거나 가치가 떨어지는 사람으로 축소도는 것.
802) 바코드(barcode)-영숫자나 특수글자를 기계가 읽을 수 있는 형태로 표현하기 위해 굵기가 다른 수직 막대들의 조합. 광학적으로 판독이 가능. 상품의 가격을 표시, 책의 표지에서 도서 관리를 위한 정보 표시, 출퇴근 카드 등 물품을 구분하기 위한 다양한 용도로 사용되는 인식 코드.
803) RFID(radio frequency identification)-무선인식이라고도 하며, 반도체 칩이 내장된 태그(Tag), 라벨(Label), 카드(Card) 등의 저장된 데이터를 무선주파수를 이용하여 비접촉으로 읽어내는 인식시스템.
804) 베리칩(Verichip)-환자의 병력을 추적하기 위해 환자의 몸에 붙이거나 삽입할 수 있는 장치.
805) 얼굴 인식(Face Recognition)-사람 얼굴의 대칭적인 구도, 생김새, 머리카락, 눈의 색상, 얼굴 근육의 움직임 등을 분석해 얼굴의 특징을 알아내는 작업. 실물 또는 사진 속의 얼굴을 인식할 수 있으며 얼굴 모양새를 통해 성별과 나이도 인지해 낼 수 있다. 정지된 얼굴뿐 아니라 웃는 표정을 포함한 얼굴 요소의 움직임과 근육의 변화도 파악하는 방향으로 진화하고 있다. 홍채, 정맥과 함께 대표적인 생체 인식 기술 중 하나.
806) 홍체(망막)인식(iris recognition)-망막 표면의 혈관 패턴이나 홍채에 형성되는 무늬로 생후 만 3세 이전까지 대부분 형성. 일란성 쌍둥이라도 서로 다름. 또한 특별한 외상이나 심각한 질병이 걸리지 않는 한 평생 동안 변하지 않음. 특히 눈의 표면에 위치하여 안구 내 질병과 눈의 충혈과도 무관.

■1. 그중에는 사주 명리에 관한 유용한 프로그램들도 있었다. 그런데 그 프로그램들의 효능이 개발자의 기대만큼 크지 못했다.

이유를 분석해 보면, 대체적으로 일반인들은 사주해석에 있어서 '된다.', '안 된다.', '좋다.', '나쁘다.' 등의 이분법적인 지침을 기다린다. 물론 여기에는 '인간의 이기(利己)'[807]가 숨어있고 자신이 원하는 긍정의 한 수를 기대하는 모순도 있다.

■2. 하지만 물상과 법칙에서 오는 사주해석은 단답형이 아닌 은유와 비유로 나타난다.[808] 그래서 컴퓨터에 입력되고 출력되는 결과는 각자 삶의 현상과 괴리가 존재한다. 그로 인하여 그 해석을 각자의 삶으로 구체화하고 일반화하기가 쉽지 않다. 하지만 가상세계(virtual worlds)에서라면 말이 달라진다.

4232-3 가상세계(virtual worlds)와 사주명리

'빅데이터'[809], '스마트'[810], '인공지능'[811], '알고이즘[812]'은 가상세계[813]의 단어이고 이는 메타버스[814]로 거듭난다. 이는 방대한 양의 데이터정보(개인포함)가 바탕에 깔려야 하는데, 사물지능통신[815]의 확산은 디지털 정보를 폭발적으로 증가하게 한다. 그리고 기업들은 자신들만의 강점을 가진 비즈니스 플랫폼[816]

---

[807] 4-2-1-2 ●=3 "인간의 이기(利己)와 구복(口腹)"
[808] 제3장 ■2 스토리화(story化)와 메타포(metaphor)
[809] 빅데이터(Big Data)-과거 아날로그 환경에서 생성되던 데이터에 비하면 그 규모가 방대하고, 생성 주기도 짧고, 형태도 수치 데이터뿐 아니라 문자와 영상 데이터를 포함하는 대규모 데이터를 말함.
[810] 스마트(SMART)-정보 통신, 정보의 축적과 검색이 자연 언어로 이루어지고, 컴퓨터가 그 정보를 읽고 처리하여 상관관계가 높은 것부터 순차적으로 검색 결과를 출력하는 대형 정보 검색 시스템.
[811] 인공지능(artificial intelligence)-인간의 지능으로 할 수 있는 사고, 학습, 자기 개발 등을 컴퓨터가 대신하도록 연구하는 컴퓨터 공학 및 정보기술의 한 분야. 컴퓨터가 인간의 지능적인 행동을 모방하도록 하는 것.
[812] 알고리즘(algorithm)-주어진 문제를 논리적으로 해결하기 위해 필요한 절차, 방법, 명령어들을 모아놓은 것. 넓게는 사람 손으로 해결하는 것, 컴퓨터로 해결하는 것, 수학적인 것, 비수학적인 것을 모두 포함.
[813] 가상세계(virtual worlds)-사이버공간(cyberspace), 가상공간(cyberspace), 인공현실(artificial reality)이라고도 부름. 인터넷, 컴퓨터 통신망이 만들어 내는 가상 사회이자 인터넷, 컴퓨터 통신망 자체를 가리키기도 함.
[814] 메타버스(Metaverse)-3차원의 가상세계. 이는 '가상현실'이라는 말보다 진보된 개념으로 1992년 닐 스티븐슨의 소설 '스노 크래시(Snow Crash)에서 유래. 현실과 가상이 혼재된 세계이며 서로 상호작용을 통하여 다양한 경제 사회 문화적 활동이 벌어지는 세상. 게임, 누리 소통망 서비스(SNS), 교육, 의료 등 모든 산업에 활용 가능.
[815] 사물지능통신(M2M, Machine to Machine)-사람과 기계, 기계와 기계가 서로 정보를 주고받음.
[816] 플랫폼(Platform)-▶본래 많은 기차를 타고 내리는 공간(정거장)이나 강사, 음악 지휘자, 선수 등이 사용하는 무대, 강단 등을 뜻함. 사람이 몰려드는 곳. ▶컴퓨터, 자동차 등 다양한 분야에서 특정 장치나 시스템 등에서 이를 구성하는 기초가 되는 틀이나 골격을 지칭하는 말로 변신.

을 활용하여 클라우드서버817)에 저장시키고 다시 클라이언트818)에게 서비스를 제공한다.

> ● Tip
>
> ■-가상세계와 초고도 문명
> ○"인류가 안다고 하는 이 세계는 우주 전체의 5%에 불과하다." 물리학자 '리사 랜들'의 말입니다. 그리고 인류학자 '마가렛 미드'는 '뇌의 활용'에 있어서 "실제 사용도는 개인들의 능력은 전체 뇌의 채 6%가 안 된다."라고 말합니다.819)
> ○어쩌면 우리는 이 5%~6%가 안되는 능력으로 가상세계를 말하고 있는지 모릅니다.
> ○또한 그 능력으로 누군가는 하늘의 선물일수도 있는 동정녀가 아이를 낳았다는 것과 우리의 생극제화를 불신하거나 비과학적인 미신적 사고로 치부하는지 모릅니다.
> ○그러나 이를 역설적으로 말하면 5%와 6%로는 이러한 사실을 증명해 내지 못했다는 말도 됩니다. 그래서 지구에 오래 전부터 존재했던 '초고도 문명'820)을 생각하면 우리의 상상이 달라질 수 있습니다. 우리 책에 나오는 호모 사피엔스사피엔스821)와 불가사의822)가 그렇고, 예수823)가 세례 받는 모습과 문자 학자824)들의 이야기 그리고 하늘에서 내려 온 코미타투스825)도 그 중의 일부입니다.
>
> ■-가상세계와 신
> ○서양에서의 가상세계는 천국입니다. 이는 믿음(구원)으로 가는 나라입니다. 실제 여부를 떠나서 아직 죽음을 거치기 전 이곳에서 바라보는 그곳이 그렇다는 말입니다.
> ○불가는 해탈로 얻는 극락과 인과로 얻어지는 사바(현실)세계가 있습니다. 금강경에서 "그러할 뿐(무유정법-정해진바가 없음)"이라 하는데, 사람 눈에 그렇게 보일(不垢不淨불구부정) 뿐이라는 말입니다.
> ○우리의 가상세계는 더 다양합니다. 여기에 아이를 점지해주는 삼신할머니도 있고 사람이 죽으면 씻김굿을 거쳐 조상신이 되는가 하면, 산에는 산신, 집에는 가신(예-부엌의 부뚜막에는 조왕신)826) 등 많고 많습니다.
>
> ■-가상세계와 천상세계
> ○보통 신은 하늘에 있다고 생각합니다. 불교의 수미산827), 서양의 천국 그리고 우리의 자미원828)이 그렇습니다.
> ○자미원은 서양의 별자리인 큰곰자리 일부와 작은곰자리와 용자리를 포함하는데 지구에서 약 46광년 멀리 있으니 빛의 속도로 가면 46년 걸립니다. 그러나 인도 베다기록829)에서는 거문고자리 방향으로 약 25.3광년 떨어진 베가로 추측되는 항성을 일주일

---

817) 클라우드 서버(cloud Server)-cloud(구름). 데이터를 인터넷과 연결된 중앙컴퓨터에 저장해서 인터넷에 접속하기만 하면 언제 어디서든 데이터를 이용할 수 있는 환경. 대표적으로 애플, 구글, 아마존, 페이스북 등.
818) 클라이언트(client)-원래는 고객이라는 의미. 정보통신분야에서는 정보를 열람하거나 특정의 프로그램을 사용하는 컴퓨터 또는 소프트웨어를 말함. 정보를 공급하는 컴퓨터를 말하는 서버와 반대개념으로 사용됨.

만에 다녀온 이야기가 나옵니다.
○그러나 그 하늘이 성층권830), 중간권, 열권 아니면 대기권 밖 우주인지 막연합니다.

■-가상세계와 편도체
○뇌 보상중추831)가 활성화되면 신의 두려움을 느끼게 됩니다. 우리 뇌에서 두려움을 느끼는 기관은 편도체이고 해마는 그 두려움을 기억합니다. 그러니까 뇌가 두려움을 느끼고 기억하지 못하면 신이 있을 자리도 없게 된다는 이야기입니다.
○11막 우주론의 스티븐 호킹832)은 우리 뇌의 죽음을 컴퓨터의 전원이 나간 것에 비유합니다. 즉 우리 뇌의 전원이 꺼지면 천상의 신도 두려운 신도 생각할 수가 없습니다. 물론 살아 있을 때 찾아오던 혼령(죽은 자의 넋)과 혼백도 그렇게 될 겁니다.

■-가상세계와 유전공학833)
○네안데르탈인834)이 지구에 살고 있던 시절 갑자기 두개골의 용적이 큰 인류가 나타납니다.835) 바로 우리의 조상 호모 사피엔스사피엔스입니다.836) 진화의 시간상 이 정도의 용적이 커지려면 상당한 시간이 필요한데 갑자기 커졌다 합니다.
○이러한 근거와 수메르 점토판837)을 종합하면 호모 사피엔스사피엔스는 창조되었을 수 있다고 보는 것입니다. 그렇다면 그때 신의 두려움을 알도록 편도체를 크게 유전자 조작했을 개연성을 배제할 수 없습니다. 신에게 사람을 예속시키기 위해서 말입니다.

■-가상세계와 숙주
○숙주란 기생 생물에게 영양을 공급하는 생물을 말합니다. 쥐는 한타 바이러스의 최종 숙주로 폐렴과 유행성 출혈열을 일으킵니다, 그러니까 쥐가 없으면 한타 바이러스가 이러한 질병을 일으키지 못합니다.
○디엔에이(DNA)는 유전자의 본체이자 진핵생물은 주로 세포 핵 속에 있습니다. 그리고 염기서열에 따른 유전 정보가 들어있고 그 정보에 해당하는 단백질을 만듭니다.
○우리의 몸과 정신은 그 유전 정보 안에 있고 세포를 통하여 자손에게 유전됩니다.
○정리하면 우리 몸의 편도체는 신을 두려워하는 DNA의 숙주가 되고 그 의식은 유전자를 통해 다음 세대에게 전이됩니다. 그리고 숙주인 우리 뇌는 전원이 꺼지면 그만이지만 DNA는 세대를 이어 내려갑니다.

■-가상세계와 의식
○이렇게 숙주를 거친 의식은 신을 지각하는 또 다른 정신세계를 형성하게 됩니다.
○여기에 신과 산 사람과 산 사람, 그리고 산 사람에게 죽은 사람의 넋이 연결되는 정신세계가 있습니다. 즉 가상세계는 의식이 꺼지기 전 즉 살아 있는 사람 이야기입니다.

■-가상세계의 주체
○이러한 신은 교황과 영주, 황제(천자 포함), 왕을 통하여 우리를 다스려 왔습니다.838)
○그러나 보는 눈에 따라 어떤 이들은 신이 있고 없고 등(유신론 무신론)에만 매달리는 경우가 있을 것이고, 어떤 이는 더 나아가 신과 초고도 문명의 주체를 보는 차이도 있

을 것입니다.839)
○앞으로 우리를 지배하게 될 가상세계도 마찬가지입니다. 즉 AI840)의 주체가 누구냐의 문제입니다. 미국처럼 기업으로 가려 하기도 할 것이고 어떤 나라(중국)처럼 정부일 수도 있습니다. 그러나 기업이든 정부든 그 위에 그 이상의 초고도 문명이 또 있을 겁니다.

■-가상세계와 사주
○우리 사주명리와 운명도 가상세계 그 자체입니다. 생극제호에 의한 기운 증감(왕쇠)이 그렇고, 신살을 보면 슈퍼컴퓨터841) 없이는 그 조합이 불가능한 것을 알게 됩니다.
○어떤 이들은 운명이 있다 없다. 그리고 사주가 맞다 안 맞다. 등에만 매달릴 것입니다.842) 그러나 이제는 이러한 가상세계와 현실이 교감하는 자리에 인공지능(AI)이 있게 될 겁니다.

●=1 빅데이터와 클라우드서버

우리는 하루의 많은 시간을 PC와 인터넷에 할애한다. 스마트폰으로 쇼핑뿐 아니라 은행, 증권과 같은 금융거래, 교육과 학습, 여가활동, 자료검색과 이메

---

819) 4-1-6 서문 (1) "▶안다고 하는 이 세계는 우주 전체의 5%에 불과. ▶뇌의 활용'에 있어서 개인들의 능력은 전체 뇌의 채 6%가 안 된다"
820) 4-1-4 ●Tip ○초고도문명의 주체는 한 둘이 아닙니다.
821) 4-1-5-3 호모 사피엔스사피엔스. "대전이(大轉移)"
822) 4-1-4 지구의 불가사의(不可思議)
823) 4-1-8-3 예수
824) 4-1-5-2 ■1 ■1. "문자학자들은 한자가 갑골문 진화가 아닌, 완성된 글자로 세상에 나타났다고"
825) 4231-1 서문 "삼천 무리의 코미타투스". 4231-2 천자(天子)들의 출현
826) 4-2-1-3 ●=1 ●Tip ■-2 "가신신앙"
827) 4-1-6-1 □3 수미산
828) 4-1-2-1 동이족의 정신적 고향 자모 궁
829) 4-1-4-2 ●=8 ■2 "베다(Vedic) 문헌에는 신이 우주를 고속으로 날다닌다."
830) 성층권-지구 대기권의 한 영역으로 대류권 위 그리고 중간권 아래에 위치. 평균적으로 대략 10km에서 50km 사이의 고도를 말함. 중간권은 50~80km 사이. 열권은 80~1000km 사이-사실상의 우주
831) 4231-2 ■2 '뇌 보상중추의 활성화' "편도체"
832) 3-1-2-1 ●=2 ●Tip ○스티븐 호킹 박사의 11막 우주론
833) 4-1-5-1 유전공학과 이종교배
    4-1-5-2 ■2 "두 부류의 사람(지혜로운 사람과 우둔한 사람)". "생명공학"
834) 4-1-5-3 ■1 네안데르탈인
835) 4-1-5-3 호모 사피엔스사피엔스. "대전이(大轉移)"
836) 4-1-5-3 호모 사피엔스사피엔스
837) 4-1-4-2 ●=7 수메르 점토판
838) 4231-2 천자(天子)들의 출현
839) 4-1-4-2 ●Tip ○초고도 문명의 주체는 한 둘이 아닙니다.
840) 4232-3 ●=2 인공지능과 알고이즘
841) 3장 들어가기 1-3 ●=3 ■1 □1 자평술(子平術)『사고전서(四庫全書)』 "슈퍼컴퓨터"
842) 4-2-1 천도(天道)의 세계 "자연론 정성론 천명론"

일, 문자 등 모든 활동이 저장된다.

쇼핑의 예를 데이터의 관점에서 보면, 과거에는 물건을 살 때만 데이터가 기록되었다. 반면 인터넷쇼핑몰의 경우에는 구매를 하지 않더라도 관심 상품, 머문 시간 등 방문자의 흔적이 자동적으로 저장된다. ▶카메라의 기술 발전은 찍히는 모든 것을 저장할 수 있고 가상에서만 볼 수 있는 사물을 만들어 내기도 한다. ▶스마트폰의 발달은 카메라 성능뿐만 아니라 그것을 즉시 소셜미디어에 게시할 수 있게 한다. ▶그물망처럼 설치된 CCTV는 얼굴인식을 통하여 RFID나 베리칩을 이식하지 않았어도 신분과 신용정보 등을 식별해 낸다.

그리고 매 순간의 상황을 저장하며, 의료나 범죄 등 각 분야에 즉시 활용된다.

■1. 도가(道家)에서 입신하는 경우 3년의 표주(漂周)과정을 거친다. 의술(醫術), 점술(占術), 학술(學術)을 바탕으로 무일푼 신세가 되어 전국을 떠돈다. 지방마다의 지리, 인사, 풍물, 특산품과 흐름 등 데이터를 수집하기 위해서다. 득도(得道)하였다고 하나 실물 정보에 취약하면 도사(道士) 체면이 말이 아니다.

■2. '사주첩경'의 저자 자강(自彊) 이석영(李錫暎) 선생은 평북 삭주 출생으로 고성이씨(固城李氏) 가문의 후예다. 집안 대대로 도학(道學)과 유학(儒學)을 기반으로 높은 학문과 더불어 역사에 밝았고 수많은 도사와 관리를 배출했다. 사주첩경의 배경에 고성이씨(固城李氏) 가문의 유구한 삶의 데이터가 자리하고 있다.

<빙산의 일각. 출처-구글>

■3. 도계(陶溪) 박재완(朴在琓) 선생은 화두843)가 장점이다. '재월령즉 위재이환'844), '풍표낙엽 차복전파'845) 등 화두는 은유와 비유의 극치로써 많은 정보

---

843) 화두-공안(公案), 고칙(古則)이라고도 함. '말머리', 즉 이야기의 첫머리나 주제를 뜻하는 말. 혹은 어떤 주제가 화제가 되고 있을 때 '~가 화두가 되다'라는 표현을 쓰기도 함. 선종 중에서도 임제종 등 간화선 쪽에서 중시하는 수행법. 화두수행은 '말(話)보다 앞서는(頭) 것'을 뜻하는데, 말 그대로 생각이나 말을 떠올려내기 전에 존재하는 자신의 마음을 찾아내는 방법
844) '재월령즉 위재이환'(財越嶺卽 爲災而還) "지금은 운이 좋다. 그러나 10년쯤 지나면 즉, 재(財)가 재(嶺)를 넘으면 재(災)가 되어 돌아온다." 도계 선생이 12,12 신군부 주체들에게 안가로 초빙(납치)되어 가서 간명하였다고 그의 제자 유충엽 선생이 전함. 도계의 저술로 '명리요강'(命理要綱)과 '명리사전'(命理辭典)이 있음.
845) '풍표낙엽 차복전파'(楓飄落葉 車覆全破). 도계의 간명에 김재규 전 중정부장은 '단풍잎이 떨어지고 낙엽이 지면 차가 엎어져 전파된다.'로 해석하고 차사고 조심했다함. 그러나 차지철 전 경호실장에

즉 데이터의 응축이다.

이렇듯 사주명리는 숲을 표현하는 방법 중 '빙산의 일각'846)일 수 있다. 물속에는 4/5의 큰 인문학적(문학, 역사, 철학) 배경이 잠재되어 있기 때문이다. 하지만 앞으로의 정보 수집은 과거와 다르다. 여기에 빅데이터와 가상세계가 있다.

| ●=2 | 인공지능과 알고이즘 |

인공지능이 사람을 이겼다. 바둑은 경우의 수가 많은 게임인데, 알파고가 이세돌 9단을 이긴 것이다. 이른바 "딥러닝"이 가능한 스스로 학습하는 인공지능이 출현한 것이다. 즉 인간이 입력한 수가 아니라 알파고 스스로 몇 십만 번의 계산 결과로 나온 수이다. 그리고 그 후에 출시된 알파제로는 바둑을 배운지 3일 만에 알파고를 이겼다. 알파고처럼 사람의 데이터 입력(기보)없이 스스로 학습한 결과이다.

인공지능에는 머신러닝847) 등 몇 가지의 기술을 필요로 한다. 바로 인공신경망848)과 딥 러닝849)이 그것인데, 딥 러닝의 핵심은 분류를 통한 예측이다. 여기에 '지도학습(supervised learning)'과 '비지도 학습(unsupervised learning)'이 있다.

□'지도 학습'-기존 기계학습 알고리즘은 대부분 '지도 학습'에 기초한다. 컴퓨터에 먼저 정보를 가르치는 방법인데, 예를 들어 "이 사진은 사과"라고 입력하면 컴퓨터는 미리 학습된 결과를 바탕으로 사과 사진을 구분하게 된다.

□'비지도 학습'은 이 배움의 과정이 없다. "이 사진은 사과"라는 배움의 과정 없이 컴퓨터가 스스로 학습하여 "이 사진은 사과"라고 구분한다. 지도 학습과 비교해 진보한 기술이며, 컴퓨터의 높은 연산 능력이 요구된다 하겠다.

게 엎어지고(그도 엎드린 채로 사망) 전두환 전 대통령에게 전파 됨.
846) 4-2-5-1 ●=3 자아
847) 머신러닝(Machine Learning. 기계학습)-인공지능의 한 분야. 1959년 아서사무엘은 기계학습을 "컴퓨터에 명시적인 프로그램 없이 배울 수 있는 능력을 부여하는 연구 분야"라고 정의. 즉 사람이 학습하듯이 컴퓨터에도 기본적인 규칙(데이터)들을 주고 학습하게 함으로써 새로운 지식을 얻어내게 하는 분야.
848) 인공 신경망(ANN-Artificial Neural Network, 人工神經網)-사람 또는 동물의 뉴런 구조를 본떠 만든 기계 학습 모델의 총칭. 기계 학습(machine learning)의 세부 방법론 중 하나. 신경 세도인 뉴런(neuron)이 여러 개 연결된 망의 형태. 한 개의 입력층과 출력층 사이에 다수의 은닉층(hidden layer)이 있는 다층 퍼셉트론(multilayer perceptron). 인공 신경망은 하드웨어로 구현될 수도 있으나, 주로 컴퓨터 소프트웨어로 구현.
849) 딥 러닝(Deep Learning)- 기계학습 알고리즘의 한 종류라 할 수 있음. 사물이나 데이터를 군집화 하거나 분류하는 데 사용하는 기술. 인공신경망의 한계를 극복하기 위해 제안된 기계학습 방법. 입력과 출력 사이에 있는 인공 뉴런들을 여러 개 층층이 쌓고 연결한 인공신경망 기법을 주로 다룸. 인공신경망을 여러 개 쌓으면 Deep learning, RNN을 여러 계층으로 쌓으면 Deep RNN... 등.

●=3　　　사주명리와 알고이즘

　사주명리가 삶 속에 구체화되고 일반화되려면 두 가지 전제(前提)가 선행되어야 한다. 첫째는 명리의 법칙을 건전하게 숙지해야 하고, 두 번째는 삶의 배경에서 오는 인식과 행동이 사회적으로 잘 익숙해져야 한다.

☐명리 법칙은 신살, 물상, 이법, 이 기법, 신약신강, 행운으로 이루어져 있고
☐삶의 배경으로는 우주의 탄생과 변천 과정, 인류의 출현과 진화, 천도와 역의 세계가 있다.

　예전에는 명리를 공부하는 일 따로, 도사(道士)의 표주과정처럼 삶의 데이터를 수집하는 일이 따로 이루어졌지만 이제는 다르다. 우리는 알고이즘에 주목해야 한다. 알고이즘은 '딥 러닝'을 통하여 개인에게 필요한 명리 법칙을 스스로 학습한다. 여기에는 각 시대별, 학파별, 문파별 이론들이 모두 포함된다.

　그뿐만 아니라 빅데이터 기반의 풀렛폼을 활용한 클라우드서버에 연계되어 그 사람의 ▶신분증, 자격증, 면허증, ▶인성이나 성격검사 결과, ▶배달 선호 음식, 상품의 구매습관과 이력, ▶병력과 치료에 관한 건강정보, ▶주 활동무대와 취미생활, ▶직업과 근무 연한, 신용(금융자산)의 크기 등, 관련법에 따라 스스로 학습할 수 있다.

　이렇게 알고이즘은 명리학습과 표주과정을 동시에 아우르고 있다. 그래서 예전의 컴퓨터에 입력한 대로 출력되는 사주해석과는 차원이 다를 것이다.

| 4-2-4 | 역(易)과 사주명리 |

이 세상에서 사람만이 유일하게 하늘과 신을 섬기는(제사와 종교행위) 지능과 지혜를 타고났다.

또한 사람만이 자연의 운동 법칙을 정신적 작용으로 승화시켜 문명을 창출하였다. 그리고 그것을 삶에 활용하는 재능 안에 사주명리가 있다.

<BC 2333년 단군왕검이 천제를 지낸 강화도 참성단. 출처-구글>

■1. 독일의 임마누엘 칸트(Immanuel Kant)[850]의 사상 체계는 크게 세 가지 질문[851]으로 요약 된다.
□인식론의 "나는 무엇을 알 수 있는가?"
□윤리학 "나는 무엇을 해야 하는가?"
□종교철학(예술, 미학)에서 "나는 무엇을 희망해도 좋은가?"이다.
□이 세 질문을 알게 된다면, 최종적으로 "인간은 무엇인가?"라는 질문에 답할 수 있게 된다는 것이다,

■2. 한편으로 사람과 다른 생명체와의 차이를 문화와 문명에서 찾는다면
□뇌 발달에서 오는 '높은 인지능력',
□'시간(과거와 미래)'에 대한 기억과 기록 능력,
□종교 속 상호대화가 사회 집단을 결집시켜서 생존과 번성을 도왔다는 견해,
□발달심리학과 비교심리학의 '마음이론(타인 마음 상태를 상상할 수 있는 능력)',
□루이스 월퍼트를 비롯한 발달생물학자들이 말하는 '인과적 사고에서 파생되는 인간의 고유 특성' 등에서 연인을 찾을 수도 있다.

■3. 우리는 제2장에서 생명체 중, 사람만이 이해할 수 있는 천도(天道)를 공부 하였다. 이와 더불어 사주명리의 육신[852]을 활용하여,

---

850) 임마누엘 칸트(Immanuel Kant)-프로이센 왕국기에 활동한 독일의 철학자. 서양 근대 철학사에서 데카르트로부터 이어지는 합리주의와 존 로크로부터 이어지는 경험주의를 종합하였으며, 인식론, 형이상학, 윤리학, 미학 등 분야를 막론하고 서양 철학의 전 분야에 큰 족적을 남김.
851) 세 질문-첫째 질문의 제1 비판은 『순수 이성 비판』, 둘째 및 셋째 질문의 일부는 제2 비판인 『실천 이성 비판』의 저술에서 다루어짐. 그 외 제1 비판-『형이상학 서설』, 제2 비판-『윤리형이상학 정초』, 『윤리형이상학』, 『이성의 한계 안에서의 종교』 등도 아주 중요한 저술의 일부. "인간은 무엇인가?"라는 질문에 대하여서는 어떠한 명확한 저술도 남기지 않음.
852) 3-2-4-3 육신의 작동 원리

□(비겁) "나는 누구인가?",
□(식상) "나는 무엇을 원하는가?",
□(재성) "나는 무엇을 하고 싶은가?",
□(관성) "나는 무엇이 해야 되는가?",
□(인성) "나는 무엇을 알고 할 수 있는가?"의 질문을 알게 된다면, 칸트의 "인간은 무엇인가?"에 대하여 사람만이 삶의 도(道)를 찾을 수 있을 것이다.

| 4-2-4-1 | 동양오술과 사주명리학 |

사주명리의 중심에 사람이 있다. 사람만이 자연의 원리와 인생을 대입 시킬 수 있는 능력을 가졌다. 이를 통하여 ▶사람이 변화되어온 과정을 이해하고 ▶어떻게 변화해 나갈 것인지를 예측하고 ▶향후 인생 계획을 수립하는데 관심의 초점을 둔다. 여기에서 추길피흉(追吉避凶)의 방법을 찾을 수 있다고 여겨왔다.

'4-1 자연과 문명'에서 '4-2 천도와 역의 세계'가 나오고 상수역853)의 산명술에서 사주명리가 나왔다. 사람의 운명을 예지하고 생로병사와 길흉화복을 모색하는 학문으로 동양오술(東陽五術)이 있다. 이는 '역'의 원리를 바탕으로 하는데, 산명술에 의(醫)와 산(山)이 추가된 것이다.
□1.명(命)-사주명리 (四柱命理), 자미두수 (紫微斗數-동양 점성술)가 대표적이다.
□2.복(卜)-주역점, 육임점(六壬占), 태을신수, 기문둔갑 등이 복점에 속한다.
□3.의(醫)-의술로 명(命)을 다스린다. 동양의 방제(方劑)와 침구(鍼灸)가 해당된다.
□4.상(相)-현상(現像)과 기(氣)로 나뉜다. 관상, 풍수지리, 성명 등을 들 수 있다.
□5.산(山)-심신의 수련을 통하여 명(命)을 다스린다. 식이(食餌), 축기(築基)로써 기공수련과 명상, 권법(拳法)으로써 무술과 무도 등이 있다.

<택견-세계문화유산 등재. 출처-구글>

오술 중에서 명, 복, 상은 상수역학854)에 속한다. 이처럼 상(像)을 보거나 산명

---
853) 4222-1 의리역(義理易). 4222-2 상수역(象數易)

(山命)을 구사하는 것을 '성상(星相)의 학문'이라 한다. 사주명리학은 상수역 중에서도 가장 이성적인 성상의 학문이다. 이는 천문학855)적 지식을 기반으로 하고 있기 때문이다. ▶'천문학적 부호'856)인 10천간, 12지지를 활용하고 있고, ▶방술학(方術學)이면서도 나름 과학적 사고로 천문 변화에 근거를 두고 있다.

4-2-4-2	사주명리와 운명

 사주명리는 운명857)이라는 말과 동일시되어 왔다. 운(運)은 동(動-움직임)을 말하고 명(命)은 움직임이 없는 정(靜-고요)을 나타낸다. 그리고 '정속에 동이, 동속에 정이' 동시에 작용한다. 예를 들자면 우리 몸 안의 정(靜)은 매일 새로운 세포로 신진대사 동(動)이 이루어지는데, 위장은 2~3일 그 외 연조직은 일주일 그리고 뼈 경조직은 7년 정도 소요된다. 이러한 새로운 세포의 증식은 유한하다. 언젠가는 끝이 나는데 그 순간까지 삶은 지속된다. 그래서 유한(有限)한 삶을 사는 우리는 평생 정중동 정중동858) 속에 살아간다.
 사주명리의 체용859)에서 후천(後天) 행운은 용(用)으로써 동(動)이 되고, 선천(先天) 원국은 체(體)로써 정(靜)이 된다. 그래서 주어진 유한한 체(體)를 바탕으로 그 안에서 그때그때 일어나는 용(用)의 변화를 감당해 가는 것이 운명일 것이다.

4242-1	운(후천) 변화

 서양에서는 '어거스틴860)', '루터861)', '칼빈862)'으로 이어지는 '이중예정론'과

---

854) 4222-3 상수역(象數易)의 종류
855) 천문학(astronomy)-지구 밖의 천체나 물질을 연구하는 학문. 천문학은 4,000년 이상의 긴 역사를 가진 의학과 더불어 가장 오래된 학문의 하나. 고대 천문학은 천문관측을 바탕으로 역법을 정하거나 농사에 응용하기 위해 하늘을 연구하는 것. 오늘날의 천체물리학(天體物理學, astrophysics)은 우주를 대상으로 하는 물리학(物理學, physics)의 한 분과. 천체물리학은 크게 ▶천문학(天文學, astronomy)을 물리학적인 방법으로 연구하는 '구조론(構造論)'과 ▶과거 우주탄생 및 진화를 연구하는 '우주론(宇宙論, cosmology)'으로 나눌 수 있다. 물리학적 구조론 없는 우주론은 신화에 불과함.
856) 4-2-4-1 "천문학적 부호", "부호는 '중하여 쓰는 기호"
857) 제3장 서문 (2) "▶기운의 증감은 하늘의 섭리". "▶관습 운명은 사람(모사) 지각 능력의 일부"
858) 4-2-3 서문 "정중동 동중정"
859) 5-1-2-1 체용론(體用論)
860) 성 어거스틴(St. Augustine)-354년 티카스테에서 출생. 신앙심 좋은 거머니 모니카의 사랑 안에서 자라났지만 젊은 시절 방탕과 혼돈 속에서 살았다. 384년 밀라노로 건너가게 되면서 암브로우스 주교를 만나고 2년 뒤 회심하게 됨. 397년 히포의 주교가 된 어거스틴은 3년간 『참회록』을 집필.
861) 마르틴 루터(Martin Luther. 1483~1546)-독일의 성직자. 1521년 1월 3일 교황 레오 10세로부터 파문당함. 이 사건은 훗날 중세를 마감하고 르네상스 이상으로 근대를 여는 계기가 되어 개신교(프로테스탄트)의 탄생을 가져 옴.

314

'웨슬리863)'의 '예지예정론'이 있다.

☐1.이중예정론을 보면 인간의 어떤 선택이나 의지가 전혀 개입할 수 없는, 즉 모든 것이 정해졌다는 것에서 천도864)의 '천명론865)'과 유사하다.

☐2.예지예정론은 신이 제시한 것을 사람 자신의 의지로 선택할 수 있도록 허락해 놓았다는 것이다. 여기에 '사람의 의지'가 천도에서의 인도와 통하고 있다.

사람 의지로 성(誠)을 다하는 후천개발의 방법론으로써 '후성유전학', '신경과학, '밈'의 원리가 사주명리의 행운(行運)에서도 작동될 수 있다. 이는 예지예정론과 유사하다.

4242-2	운과 후성유전학866)

후성유전학은 후생유전적 유전자 발현을 조절 연구하는 유전학의 하위 학문이다. ▶후성유전학 연구는 세포의 전사적인 잠재성 내에서 역동적인 변화를 설명하려고 하는 것이다. ▶후생유전자(Epigenome)는 염기 서열에 영향을 주진 않지만 히스톤 단백질의 변화 및 DNA 메틸화867) 등에 의해 후대에 유전될 수도 있는 유전자 기록을 말한다.

후성유전학은 DNA의 염기서열이 변하지 않으면서도 또 다른 운명이 발현된다.

운명에서 ▶운(運) 후천은 후생유전자의 역동적인 변화에 해당되고 ▶명(命) 선천은 염기서열 즉 사주오행을 바꾸지 않고도 역동적으로 운(후천적 변화)을 작용시켜 새로운 삶이 전개되게 한다.

---

862) 죤 칼빈(John Calvin, 1509-1564)-루터나 츠빙글리에 비해 한 세대 정도 후배 종교개혁자. 그는 프랑스 인문주의적인 기반에서 성장. 그는 기독교 교부, 특별히 아우구스티누스 전문가로서 이 신학을 배경으로 인문주의와 논쟁하는 개신교 신학을 창출.
863) 죤 웨슬리(John Wesley.1703~1791)-영국의 종교개혁자 ·신학자. 메서디스트(감리교)교회의 창시자. 영국 성공회의 주교. 산업혁명을 배경으로 하여 대규모적인 신앙운동을 전개. 1735년 동생과 함께 미국 조지아주(州)의 선교사로 건너갔다가 실효를 거두지 못하고 귀국.
864) 4-2-1 천도(天道)의 세계 "자연론 정성론 천명론"
865) 4-2-1-2 정성론-인도(人道)의 본원으로서 성(誠)
866) 4-2-1-2 ●=3 인도(人道)와 사주명리
867) 메틸화(Methylation)-단순히 유기화합물에 메틸기(-CH3)가 첨가되는 것을 의미하지만 그 역할은 매우 다양. 메틸화는 아미노산의 합성, 뉴클레오티드의 합성과 같이 여러 생합성과정에서 유기화합물에 탄소를 제공하는 것 이외에도 DNA/RNA의 메틸화, 히스톤과 같은 단백질의 메틸화를 통하여 유전자 조절과 같은 다양한 기능에 관여.

| 4242-3 | 운과 신경과학 |

신경과학(神經科學, Neuroscience)은 뇌를 포함한 모든 신경계에 대해서 연구하는 학문이다. ▶신경과학은 우리가 외부 환경을 어떻게 인지하며 경험하는지, 다른 사람과 어떻게 상호관계를 맺는지 등을 밝혀나는 데 중점을 둔다. ▶신경과학은 유전학, 생화학, 생리학, 약리학, 병리학, 진화 생물학 등의 학문과 밀접한 연관을 맺고 있다.

사람의 두뇌는 가소성의 원리 즉 경험이 축척되면 될수록 뇌세포와 신경세포의 기능이 발달하게 된다. 특히 진화 생물학과 뇌 신경가소성의 원리는 세포의 발달 자체가 후천적 변화(운)를 일으키는 것과 밀접하게 통한다.

| 4242-4 | 운(運)과 밈(Meme. 문화적 유전자)[868] |

밈은 생명의 진화 과정에 작용하는 자기복제자의 한 종류이다. ▶유전자가 자가 복제를 통해 생물학적 정보를 전달하듯이, 밈은 모방을 거쳐 뇌에서 뇌로 개인의 생각과 신념을 전달한다. 대표적 예로 종교를 들 수 있다. ▶밈은 유전자와 동일하게 변이, 경쟁, 자연선택, 유전의 과정을 거친다. 그리고 수직적으로 혹은 수평적으로 전달되면서 진화한다.

밈(Meme)은 한 사람이나 집단에게서 생각 또는 믿음이 주위의 다른 지성으로 전달되는 것을 말한다. 정서와 감정 등 모방 가능한 사회적 단위의 총칭이다.

모방은 행동치료[869]에서 모델링(Modeling)이라 한다. 이는 다른 사람의 바람직한 행동을 관찰하고 학습하여 그것을 따라하는 것이다. 이 모방이 운(후천의 변화)을 일으키게 하는 요소가 된다.

---

868) 4242-4 밈-문화적 유전자
869) 행동치료(behavior therapy)-모든 행동은 학습된 것. 이상 행동도 학습 이론에 따라 재학습시킴으로써 정상 행동으로 바꿀 수 있다고 봄. 고전적 조건화 이론과 상호 저지 이론, 작동적 조건화 이론, 사회 모방 이론 등과 같은 실험적 학습 이론에 근거한 행동 변화의 이론과 기법을 모두 가리킴.

4-2-5	개운(開運)법

4-2-5-1	정신기(精神氣)와 개운법

정은 어머니 인성, 신은 극작용의 재관(=설기), 기는 몸이니 비겁을 말한다. 정이 넘치면 온실의 화초로 삶이 지체된다.
☐신 즉 극하는 재관이 없으면 풍류지객으로 인생이 허무하고
☐기만 강하면 고집 막강하여 소통이 단절되어 삶이 답답하다. 또한 정이 약하면 신약하여 곤란하고 신과 기가 약하면 부귀가 오래가지 못한다.

●=1	정(精)

정은 자신을 생해주는 멘토다. 오디세우스870)가 트로이 전쟁에 나가면서 집안일과 아들 텔레마코스의 교육을 그의 친구인 멘토에게 맡긴다. 그가 돌아오기까지 20여 년 동안 멘토는 친구, 선생, 상담자, 때로는 아버지가 되어 그를 잘 돌보아 준다.

이후 멘토는 한 사람의 인생을 이끌어 주는 사람을 칭하는 어원이 되었다. 운명을 바꾸려면 자신을 지지하고 지원해 주는 사람이나 세력을 만들어야 한다.

●=2	신(神)

신은 자신을 자극하는 라이벌(Rival)이다. 라이벌은 'river'에서 왔고 그 어원은 'bank of a river'이란 뜻의 'ripa'이다. 작은 개울을 놓고 같은 목적을 가졌거나 같은 분야에서 일하며 이득을 다투는 '맞수'라는 의미이다.

사주에서 겁재만이 경쟁자가 아니다. 재관 즉 재물과 직업의 현장은 경쟁천지이다. 인비는 극(=설기)을 통하여 땀을 흘려야 하는데 땀에는 경쟁이 따른다. 그래서 라이벌 즉 맞수가 있어서 자극을 받고 경쟁을 이겨내야 한다. 이러한 사람은 발전하고 성공하여 개운에 이르게 된다.

●=3	기(氣)

기는 온전한 자아(自我)871)이다. 건강한 몸에서 건강한 정신이 나온다.

---

870) 4-1-6-2 ☐2 오디세이아
871) 자아(自我)-자아와 그 자기의식은 근대 철학의 가장 근본적인 개념. "데카르트와 더불어 근대의 교양과 사유가 시작 된다"고 함. 이 자아를 원리로서 세련화한 사람이 칸트. 자아는 "나의 모든 표상에 수반하는 '나는 생각한다.'는 '초월론적통각'이자 표상의 다양, 경험적 소재를 결합하여 통일로 가져오는 '종합적 기능'을 담당한다. 그것은 경험을 가능하게 하는 활동이자 경험의 주체이기 때문에 그것 자체는 실체로서 현상 속에 나타나는 것이 아니다." 라고 함.

'헤스터 프린이'의 옷깃에는 진홍빛 'A'자가 유난히도 곱게 수놓아져 있다. 사생아 딸 '펄'을 안고 교수대 앞에 서있는 '주홍글씨'872)의 주인공이다. 청년 목사 딤즈데일을 침묵으로 지키면서 형벌, 즉 조롱과 멸시를 견디고 있는 것이다.

여기에서 우리는 세 가지의 각기 다른 '자아'를 만난다. ▶묵묵히 자신을 지켜내는 '헤스터 프린이', ▶교묘하고 집요하게 괴롭힘을 가하는 남편 '칠링워스', ▶양심의 가책을 견디지 못하는 펄의 아빠 '딤스데일'이다.

'자아'873)는 사고, 감정, 의지 등의 여러 작용의 주관자이다. 그리고 이 여러 작용에 수반하고, 또한 이를 통일하는 주체가 된다. 즉 주체로서 '사고'와 '감정'과 '의지'를 잘 다루는 것이 개운의 지름길이다.

| 4-2-5-2 | 사주명리와 개운의 4요소 |

상수역학874)의 모든 산명875) 행위에는 개운법이 들어 있고 또한 그러한 것을 목표로 하고 있다. 개운법으로는 인식, 직업, 풍수, 성명 등이 활용될 수 있다.

	산명술	칸트	연관성
1	인식	"인식론-나는 무엇을 아는가?" 자연(사물)은 어떻게 인식되는가.	순수이성비판, 의리역, 이학, 철학종교, 성격심리학, 인지심리학
2	직업	"윤리학-무엇을 해야 하는가?" 옳고 그른 것들 사이에 차이가 있는가.	실천이성비판, 전공, 취미, 인지 행동심리학. 성격심리학
3	풍수	"종교 예술-나는 무엇을 바라는가?" 예술은 인간에게 어떤 쾌감을 주는가.	환경(음택, 양택), 동기응감설, 종교와 신앙, 문화예술, 기학,
4	성명	"사회철학-인간이란 무엇인가?" 인간은 어떻게 해서 사회를 이루는가.	성악, 기학, 심학, 소리오행

| ●=1 | 인식(認識) |

---

872) 주홍글씨(The Scarlet Letter, 朱紅글씨)-미국의 작가 N.호손의 장편소설. 1850년 간행. 17세기 중엽, 청교도의 식민지 보스턴에서 일어난 간통사건을 다룬 작품. 늙은 의사와 결혼한 헤스터 프린이라는 젊은 여인은 남편보다 먼저 미국으로 건너 옴, 남편으로부터는 아무런 소식도 없었고 그러는 동안 헤스터는 펄이라는 사생아를 출산. 헤스터는 간통한 벌로 공개된 장소에서 'A(adultery)'자를 가슴에 달고 일생을 살라는 형을 선고받지만 간통한 상대를 밝히지 않음. 남편 칠링워스는 우연한 기회에 헤스터의 상대가 젊은 목사 딤스데일이라는 것을 알고, 그에게 정신적 고통을 자극하는데 골몰. 그 후 딤스데일은 양심의 가책으로 쇠약해져 죽음.
873) 4-2-5-1 ●=3 자아
874) 4222-2 상수역(象數易)
875) 4-2-2-3 "산명(算命)은 운수를 점치는 행위"

인식의 사전적 의미는 "사물을 분별하고 판단하여 앎"이다. 인식은 모든 인지적 작용을 포함하며 행동의 뿌리가 된다. 여기에는 성격도 한 자리를 차지한다. 칸트의 순수이성 비판, 동양의 의리역, 공맹과 주자의 이학(理學), 철학종교, 인지[876]능력, 성격[877]특성 등이 사람들의 인식에 영향을 미친다. 인식, 인지, 이성, 이성적 판단은 사람의 운명을 좌지우지 하는데 성격과 함께 첫 번째로 가장 큰 비중을 차지한다.

| ●=2 | 직업(職業) |

사람의 행동은 습관을 낳고 습관이 쌓이면 운명이 된다. 생각이 현실화 되는 현상이 행동인 것이고 그래서 지금 하는 일이 중요하다. 칸트의 실천이성 비판, 직업과 전공, 취미 활동 및 생활, 행동[878]심리, 발달[879]심리, 성격심리 등이 사람의 행동과 함께하고 있다. 이렇게 습관을 만드는 직업행동과 일하는 행위는 사람의 운명을 바꾸는데 두 번째로 영향을 미친다.

| ●=3 | 풍수지리(風水地理)[880] |

■1. 풍수는 기(氣)다. 동기감응설(同氣感應說)[881]은 같은 기운끼리 통한다는 말이다. 기[882]를 눈으로 확인 할 수 없지만 구성은 산(山), 수(水), 방위(方位),

---

876) 인지심리학(cognitive psychology.認知心理學)-인간의 여러 가지 고차원적 정신과정의 성질과 작용 방식의 해명을 목표로 하는 과학적·기초적 심리학의 한 분야. 인간이 지식을 획득하는 방법, 획득한 지식을 구조화하여 축적하는 메커니즘을 주된 연구 대상으로 함. 인공지능·언어학과 함께 최근의 새로운 학제적(學際的) 기초과학인 인지과학의 주요한 분야를 이룸.
877) 성격 심리학(personality psychology)-성격을 기술 설명하고 성격의 형성 과정, 성격의 분류진단 측정 방법 등을 연구하는 심리학의 분야.
878) 행동심리학(psychology of behavior, 行動心理學)-심리학을 행동의 과학이라고 파악하는 심리학의 총칭. 행동심리학은 반드시 특정학설이나 입장을 가리키는 것이 아니고, 행동의 연구를 주제로 하고 객관적인 관찰법을 채용하는 것을 특징으로 하는 심리학 전체를 가리킴.
879) 발달심리학(developmental psychology)-사람의 전 생애를 통해 신체적, 심리적 및 사회적 변화를 연구하는 심리학의 분야.
880) 풍수(風水)-생기가 흩어지고 머무는 현상. 음양론과 오행설을 토대로 땅에 관한 이치를 체계화하여 길흉화복을 설명하는 종교용어. 풍수지리·감여설. 구성은 산(山)·수(水)·방위(方位)·사람 등 네 가지의 조합으로 성립.
881) 동기감응-곽박은 『청오경(靑烏經)』을 인용하여 "살아 있으면 사람이요, 죽으면 귀신이다. 부모가 돌아가시어 장사를 지냈는데 그분들이 지기를 얻으면 같은 종류의 기가 서로 감응하게 되고 그 복은 반드시 살아 있는 자식들에게 응험이 있을 것이다" 함. 살아 있는 사람은 땅속 생기 위에 자리 잡고 살아가면서 그 기운을 얻는 반면, 시신은 땅속에서 직접 생기를 받아들이기 때문에 더 크고 확실한 생기를 얻게 됨. 이렇게 해서 얻는 생기는 후손에게 그대로 이어진다고 하여 이를 동기감응(同氣感應) 또는 친자감응(親子感應)이라고 함.
882) 기(氣)-만물 또는 우주를 구성하는 기본 요소로 물질의 근원 및 본질. 이(理)와 대치되는 개념으로 기. 동양에서 모든 존재는 기가 모이고 흩어지는 데 따라 생겨나고 없어지는 것. 따라서 생명 및 생명의 근원으로 보기도 함. 원래는 호흡을 하는 숨(息), 공기가 움직이는 바람(風)을 뜻하는 가벼운 의미에서 시작. 도가(道家)인 노자·장자가 우주의 생성 변화를 기의 현상이라고 하는 데서부터 여

사람 등 네 가지의 조합으로 성립된다. 그 형식을 보면 형국론(形局論), 형세론(形勢論論) 안에 간룡법(看龍法), 장풍법(藏風法), 득수법(得水法), 좌향론(坐向論) 그리고 정혈법(定穴法), 소주길흉론(所主吉凶論) 등이 있는데 이는 삶과 삶, 삶과 죽음간의 소통이다.

예술과 종교에 영혼이 깃들어 있듯이 풍수에도 혼백이 작용한다고 믿는다. 여기에 환경적인 면으로 음택(陰宅), 양택(陽宅), 동기응감설, 종교 신앙, 문화예술, 기학(氣學)883) 등이 관련되어 있다. 풍수는 운명을 바꾸는데 인식과 직업 다음, 세 번째로 영향을 미친다고 본다.

■2. 그러나 서양은 우리보다 더 풍수를 과학적으로 연구하고 있다. 하버드대 제임스 롭슨(James Robson) 교수의 책 '장소의 힘(Power of Plsce)'을 보면 장소에는 특별한 힘이 있다고 나온다. 동양의 풍수(Feng Shui)에서 과학적으로 한 발 더 나아간 것이다. 즉 성지처럼 특별한 장소에는 사상 인물 등 특별한 힘이 나타나는데 이를 종교지리학(Religious Geojraphy)으로 표현하고 있다.-(문광 스님 '한국학 에세이' 참조)
□장소학(place studies)-우리의 풍수처럼 장소를 연구하는데, 튀르키에 이스탄불은 기독교도 이슬람도 성지가 되는 것을 말한다.
□성지지리학(sacred geojraphy)-안동 경주 등 불교가 오면 불교 사원, 도교가 오면 도교의 성지가 된다는 것을 연구하는 것이라 한다.
□지리역사적 방법론(geohistoric mathodlogy)-역사를 연구하면서 지리학적 방법론을 결합하는 것이라고 한다
□신경건축학(neuro architecture)-특별한 공간이 주는 영향을 연구하는데 특히 공간과 장소에 따른 뇌파의 변화로 감정의 안정성을 연구하는 학문이다.

●=4	성명철학(姓名名學)

■1. 성명철학의 사전적 의미는 "이름의 좋고 나쁨에서 사람의 운명과의 관련성을 찾고 그에 따라 이름을 짓거나 풀이하는 점술을 철학에 빗대어 이르는 말"이라고 나온다. 작명에는 음양오행, 발음오행, 자원오행, 기본수, 81수 수리와 원형이정 그리고 이 여섯 가지의 법칙과 어울리는 음과 한자가 적응 되면 이름이 완성된다.

러 가지 어려운 뜻을 가지는 철학용어로 발전. 한(漢)시대에는 음양오행(陰陽五行)으로 기의 이론이 복잡하게 전개되면서 우주 자연의 운행 천문 지리, 그리고 양생(養生) 의학 및 길흉화복과 관련되는 일상생활에까지 기를 적용.
883) 기학(氣學)-성리학적 이기론(理氣論) 가운데에서 리(理)보다 기(氣)가 더 근본적이며 중요하다고 보는 입장. 조선 후기 '기' 철학자인 혜강 최한기의 이론 체계를 특정하여 말하기도 함.

'인간이란 무엇인가?'를 개인에게 대입하면 '나는 누구인가?'이다. 사회 속에서 나는 이름으로 불리운다. 그 이름이 불려질 때마다 소리오행의 긍정과 부정의 기운이 파장으로 작동된다고 보는 것이 성명학의 원리이다. 그래서 성명에는 기의 철학(기학)884)과 마음의 염원(심학)885)이 담겨진다. 그리고 그 기운은 운명에 연결되는데, 풍수 다음으로 네 번째가 될 것이다.

■2. 성명학과 일본식 81수 수리작명법
 그동안 우리들의 이름을 짓는데 엄격한 기준이 되는 81수에 의한 수리작명법은 일제의 산물이다. 한 번 생겨난 문화는 사라지지 않는 것과 같다.886)
 1936년 7대 총독으로 부임한 미나미 지로(南次郞)에 의해서 황국신민화 정책의 일환으로 창씨개명이 시행되었다. 그리고 이렇게 만들어져 민적(호적)에 오른 이름은 인구 이동과 강제 징용의 자료로도 활용되었다.

● Tip

■-81수 수리작명법
○아래 우측은 그 당시 친일 기관지 『매일신보』(5-2-2)에 실린 1940년 2월 26일자 창씨개명과 구마사키 광고입니다. 이때 한자(漢字)의 획수로 작명하는 구마사키 겐오(熊﨑健翁)의 81수 수리작명법이 일본으로부터 들어옵니다.
○그러나 81수 수리작명법을 사주명리학적 입장에서 보면, 단순하게 없는 오행이나 부족한 오행을 보강해 주는 것을 중화로 여기는 순진한 오류가 있습니다.

■-YVWQ와 성명학
○그래서 원국의 배합과 순역의 산물인 상신(최종격)이 중화의 모체이어야 하고,
○사주명리학적으로는 상신이나 최종격을 생하는 오행으로 작명되어야 합니다.

<출처-네이버, 김만태 저 명리학 강론>

■3. 작명에 사용하는 훈민정음 원본은 세종 28년(1446)의 초간본인 훈민정음 해례본이다. 이는 "예의"와 "해례"로 나뉘는데, 1940년에 이 두 가지가 실린 정본(일명 간송본)이 발견되었고 해방 후 일반에게 공개된다. 그전까지는 훈민정음

---

884) 3장 들어가기1-2 ■2 ●Tip ■1 "도가는 기학(氣學), 불가는 심학(心學)"
885) 심학(心學)-마음(心)의 문제를 사상의 핵심으로 삼는 근대 이전 한자문화권 내의 학문체계. 넓은 의미로는 마음을 수양하는 학문으로 유학 전체를 말하기도 하나, 일반적으로 성(性)을 최고 원리(理)로 하는 정주(程朱)의 성리학(性理學)에 기인. 육구연과 왕수인 계열의 심을 최고 원리로 하는 철학을 심학(心學)이라고 함.
886) 4-2 들어가기 ●Tip ■-2 한 번 생겨난 문화는 사라지지 않고 늘 환생합니다.

원리를 추축할 뿐이었다.

☐1.예의는 세종이 직접 썼는데 만든 이유와 사용법을 대략 적었고, 해례는 집현전 학사들이 자음과 모음 등 만든 원리와 용법을 설명한 글이다.

☐2.그동안 이러한 해례본을 한글로 풀이한 운해본이 여러 권 전해져 왔다.

☐3.'해래'는 송나라 황공소의 운회(韻會)와 우리나라 발음을 중시하여 오음을 정했고, 숙종 때 신경준의 '훈민정음 운해'는 송나라 소옹의 "황극경세성음창화도(皇極經世聲音唱和圖)"를 그대로 따랐다고 한다.

> ● Tip
> ○그러나 해례본을 무조건 수용할 수 없다는 주장이 강합니다. 후대에 "사성통해"887)에서 발음오행을 수정한 것은 해례본의 음운에 문제가 있었다는 논리입니다.
> ○해례본은 순수한 한글 발음체계를, 운해본은 자음의 오행 분류에 있어 한글을 초 중 종성의 한자음에 적합하게 합니다. 정신은 물론 뼈 속까지 소중화입니다.888)

☐4.이러한 해례본과 운해본(사주명리 분류도 동일)의 차이는 토와 수에 있다. 이는 오행의 배속889)처럼 근원이 허공이며 관습은 정허진 것이 없음을 뜻한다.890) 즉 토와 수를 해례나 운해 중 어떻게 써야 잘 지어진 이름이고, 인생 또한 잘 되는 것인지 답이 없는 말이다.

	목 (어금니소리)	화 (혓소리)	토	금 (잇소리)	수
해례본	ㄱ ㅋ	ㄴ ㄷ ㄹ ㅌ	ㅁ ㅂ ㅍ (입술소리)	ㅅ ㅈ ㅊ	ㅇ ㅎ (목구멍소리)
운해본	ㄱ ㅋ	ㄴ ㄷ ㄹ ㅌ	ㅇ ㅎ (목구멍소리)	ㅅ ㅈ ㅊ	ㅁ ㅂ ㅍ (입술소리)

☐5.한편 작명은 유연하야 한다. 즉 이와 더불어 자원오행을 써도 무방하다.
 1)그래서 우리 책은 해례본을 통하여 순수한 한글로 작명하고, 한자는 한글의 발음을 따라 획수에 맞는 자원오행을 쓰기를 권한다.
 2)이러한 관습이 아니면 뼈 속까지 소중화를 벗어 날 방법이 없을 것 같다.

"홍무정훈역훈"의 음계를 따라 "속첨홍므정운"을 887) 사성통해(四聲通解)-조선 전기의 학자 최세진의 운서. 명나라 "홍무정운"을 고친편찬. 신숙주의 "사성통고"와 형식 비슷.
888) 4-2 들어가기 ●Tip ■-ⓒ 정리하기 ○"그 후 송자 송시열을 필두로 성리학 이념을 실천한 소중화가 되어 만절필동의 만동됴에 제향하고, 그 정신은 쇄국으로 이어져 결국 일본에 나라를 잃습니다.
889) 5136-1 전국시대 이후 음양오행사상을 바탕으로 오행에 만물의 배속이 이루어졌었다. 그 후에도 여러 상수역학자들의 노력에 의하여 거듭 다듬어진 것이다.
890) 제3장 서문 (2) "우주 전체의 근원은 원자와 허공이며 다른 모든 것은 관습적으로 믿어지는 것들"

■4. YVWQ의 성명 철학은 원국의 부족함을 보강하는 단순한 작명과 다르다. 행운의 변화를 반영하기 위하여 본명과 예명을 동시에 작명한다.
☐1.우리 YVWQ에서는 대운의 흐름으로 활성기 상신을 본명에 반영한다.
☐2.변격되는 때는 예명을 불러 주는데, 예명은 변격만큼 여러 개 일 수 있다.

☐3.참고로 예전의 우리의 이름은 한두 가지가 아니었다. 이황 퇴계 선생도 호가 52개 정도 되는데, 그중 퇴계는 말년에 고향 토계천(낙동강 상류)에 머물 때 쓴 아호로 "퇴(退)"는 물러나 있음을 뜻한다.

아명(兒名)	태생 시 얻는 별칭-영아 사망률과 관계 깊음
휘(諱)	어릴 때 이름-본명
자(字)	어른 되어 얻음-여성과 남성 모두 생식 가능한 때
호(號)	애칭, 별칭-처소, 원하는 뜻, 환경, 선호하는 것을 따라 지음
시호(諡號)	본인 사후 임금이 내린 이름
묘호(廟號)	망자를 제사 지내는 사당
택호(宅號)	여성의 집이나 지역 이름을 넣어 부름
당호(堂號)	살던 집이나 건물 이름으로 지은 호

4-2-5-3	개운(開運)의 결론

위에서 열거한 바와 같이 사람의 운명을 개운(開運)하는데 있어서 어느 하나의 작용만을 강조할 수 없다. 예를 들어 이름을 바꾸면 성공한다 하여 개명하였으나 그렇지 않는 사람도 많다.

물론 개명의 완성도라는 수준의 문제도 있을 수 있다. 그러나 개운에는 우선순위가 있고 또한 성명 하나만으로 세상이 바뀌지 않기 때문이다. 즉 큰 천도891) 안에 사람이 있고 사람에게 이름이 따르는 것이 자연의 섭리이다.892)

● 간명의 원리

○이름이 잘 못 지어져서 그렇다는 말에 개명을 고민하는 사람 많습니다. 물론 그렇다고 말하는 사람들도 나름대로 공부를 많이 했을 것입니다.
○그러나 원리를 생각해 보게요. 운과 사주와 사람의 삶은 북극에 떠 있는 유빙과도 같습니다. 그런데 고정된 원국만 보고 한두 글자 보강한다고 그 사람의 바라는 바가 이루어지겠습니까? 아마 단식궁합법893)처럼 그 이상도 이하도 아닐 겁니다.

---

891) 4-2-1 천도(天道)의 세계 "자연론 정성론 천명론"
892) 1-4-5 ●=2 ■2 ☐2 ●간명의 원리 ○4 이러한 공의(높은 공공성과 도덕적 감수성, 합리적 사고)가 없으면 아무리 사주 좋고 운세가 긍정일지라도 잘 살수가 없습니다.
893) 6-3-2-2 생년으로 보는 "단식궁합(單式宮合) 법"

4-3 들어가기

■1. 동북아 역대 연더표

한족(漢族)			연대		동이족(東夷族)	
			BC 7197~3897	환국(桓國) 환인-부도지, 징심록추기, 환단고기, 삼국유사		
(※)삼황(三皇)-사기(사마천)-신화		BC 3000	BC 배달국 3897~2333	환응-부도지, 환단고기, 징심록추기, 삼국유사		요하문명
(※)오제(五帝)-사기(사마천)-역사		BC 2000				
청동기 황하문명	하(夏)		2000~1600	BC 2333~238	단군조선(檀君朝鮮)-부도지, 징심록추기, 혼단고기, 삼국유사	홍산문화
	※은殷 (상-은허)동이		1600~1050			
	※서주(西周호경)동이		1050~770			
춘추(春秋)	770~403		동주(낙양) 770~221	BC425~AD494 대부여	? BC1122~195 기자조선	
전국(戰國)	403~221			BC239~BC37 북부여	? BC194~108 위만조선	
진(秦)			221~207			
서한(西漢)			BC206~AD8		(북부여 계승) 고구려 (高句麗) BC37 ~AD 668	신라 (新羅) BC69 ~ 7-야 (伽倻) (42~532) 병합 668~935 통일신라 (統一新羅)
신(新)			8~23			
동한(東漢)			25~220			
위(魏)	220~265		3국			
촉(蜀)	221~263					
오(吳)	229~280					
서진(西晉)			265~316	위魏 진晉 남북조		백제 (百濟) BC18 ~AD660 538년 성왕 남부여로 개칭
동진(東晉)			317~420			
5호(胡) 16국(國)			304~439			
송(宋)	420~479	남조 南朝				
제(齊)	479~502					
양(梁)	502~557					
진(陳)	557~581		남북조 420~589			
북위魏	386~534	북조 北朝				
북제齊	550~577					
북주周	557~581					

			남북국시대	후삼국			
수(隋)		581~617					
당(唐)		616~907		발해(渤海) 698~926	태봉 893~918	후백제 892~936	
후양(後梁)	907~923	5대 907~960					
후당(後唐)	923~936						
후진(後晉)	936~946						
후한(後漢)	947~950						
후주(後周)	951~960						
십국(十國)		907~979					
북송(北宋)	960~1127	송 960~1279	918~1392	고려 (高麗)			
남송(南宋)	1127~1279						
요(遼) -거란족		916~1125					
서하(西夏) -티벳 탕구트족		1038~1227					
금(金)-만주족		1115~1234					
원(元)-몽골족		1279~1368					
명(明)		1366~1644	1392~1897	조선(朝鮮) 왕조			
청(靑) -만주족		1644~1911					
중화민국		1912~	1897~1910	대한제국(大韓帝國)			
중화인민공화국		1949~	1948~	대한민국(大韓民國)			

■2. 중원의 내력

☐1.중국 또는 고대 중국으로 불리는 중원은 정확히 동북아와 화북지방이다.

☐2.지금 중국은 손문 이후 1912년 장계석총통의 중국국민당이 대만으로 밀려났고 그 후 모택동주석의 중화인민공화국이 그 자리를 차지하고 있다.[894]

☐3.그 중원의 지배 세력에는 진, 한, 수, 당, 명, 송, 중화인민공화국의 한족과 서하의 티벳을 제외하면 환국, 배달국, 하, 은, 주, 단군조선, 고구려, 대진국(발해), 요, 금, 원, 청나라는 동이족 계열이다.[895]

☐4.특히 한족은 동이 문화(紫氣東來자기동래)를 선망하면서도 태호복희를 동이로 부르는 등 스스로를 동이와 구별하였다.[896]

☐5.동이는 예와 맥[897]의 주신계, 부여계, 투르크계, 흉노계 등을 아우르는 말이다.[898]

---

894) 4-1-7 ●=2 "중국이라는 호칭"
895) 4-1-7 ●=1 동이족과 한족의 비교
896) 4-1-7 ●=1 ■3 이민족(오랑캐)
897) 4-1-6-1 ☐2 "만주지방 예맥"
898) 4-1-8-4 ●Tip ○3 "동이 후손"

○6.동이의 나라들은 위 도표처럼 조선과 고려 대략 오백 년, 고구려 칠백 년899), 신라 천 년, 단군조선, 버달국, 환국은 천 년900) 그 이상이다. 그러나 한족은 그렇지 않다.
○7.도표의 ?기자조선과 ?위만조선은 그 역사적 실체를 더 증명해야 한다. 혹시 단군조선을 침략한 사실이 있었다 할지라도 그것은 단군조선의 강역901)인 번조선(요하 일대)에서 길어난 일부 사건에 불과하다.
○8.고려는 황제국이다. 고려 성터인 만월대에 남아 있는 사대문(숭평, 신봉, 창합, 회경) 유적지의 건물이 5칸으로 세워진 것을 보면 짐작 가능하다. 이는 천자국이 사용하는 양식인데 조선왕조처럼 3칸이 아니다. 조선 초 태조 이성계의 지시로 편찬된 고려사는 황제와 천자 같은 표현이 왕으로 바뀌었다. 고려의 국경선도 우리가 아는 것과 다르다.902)

■3. 동이족903)
○동이의 '이(夷)'는 오랑캐 '이'자다. 국어사전에는 '이만융적'으로 오랑캐를 이르는 말이라 나오는데 동이, 서융, 남만, 북적 중 동쪽의 오랑캐라는 뜻이다. 수나라 역사서 수서열전에 고구려는 백제 신라와 함께 동이로 분류되어 있다.
○'夷'는 大와 弓으로 이루어졌는데 거대한 활을 사용하는 대궁사(大弓師)를 뜻한다. 우리 책은 우리 조상을 오랑캐 '이' 아닌 대궁(大弓) 큰활 '이'라 부른다.
○그러나 문자학에서는 동아줄에서 동이의 어원을 찾는다. 해빙기가 되어 수렵에서 어로(漁撈)의 전환기에 활을 감았던 실을 풀어서 그물을 만들었는데 그물을 잡아당기는 줄(벼리)이 동아줄이다.-(기토의 물상이 '벼리-동아줄')904)

> ● Tip
> ■1) 동이족(東夷族)의 유래
> 우리 책 제 4장 전반에 걸쳐 유라시아 동쪽에 환국, 배달국, 단군조선으로 불리는 대제국을 건설한 동이족의 이야기가 전개됩니다.
> ○1901년 고종황제 때의 화폐 '환(圜)'은 환국과도 연결됩니다. 고종은 하늘과 땅에 제사 지내는 원구단을 복원하고 천자로서 조선왕조 시작과 함께 선조(태조 이성계)에 의해서 사라진 환국의 천자문화를 조선이 끝나기 전 재현한 후손입니다.
> ○우리가 배달의 민족이라거나 배달의 자손이라는 것도 배달국에서 왔습니다. 배달은

---

899) 4-1-7 ●=1 ■2 "북부여 202년을 계승한 고구려 705년"
900) 4-1-7 ●=1 서문 "천 년을 유지하는 나라"
901) 4-3-1 ●=3 ■2 ●Tip 분할통치 "하얼빈의 진조선, 평양의 막조선, 발해만 연안의 번조선으로"
902) 4-3-5 ●=3 ●Tip ■-3 1)윤관의 9성-강희제(4대 황제)와 "백두산정계비" 지도 참조
903) 4-1-2-1 동이족의 정신적 고향 자미궁
904) 5-2-2-2 ●=6 기토 ■2 □ 동아줄

'밝다'에서 왔다고 합니다. 백의민족, 백두산의 백(白)도 '하얗다' '밝다'라는 뜻인데 이는 광명을 상징하는 말입니다.

■2) 동이의 조식문화
조식문화란 수행이나 수련법으로써 조식호흡905)을 말합니다. 이는 두뇌 개발과 유지, 신체 건강과 안모(인상) 형성에 중요한 자리를 차지합니다.

■-1 동이족의 호흡수련906)과 의술 무술
○1.의술-전통적으로 기(氣)라고 불리는 에너지는 순환이 정체, 중단, 분산될 때 질병이 발생한다고 합니다. 이러한 기의 막힘과 흐름을 치료하는 수단으로 기공, 침술, 한방, 경락 마사지, 식이요법 등으로 이어져 내립니다.
○2.무술-『삼국유사(三國遺事)』에 배달국의 환웅(桓雄)이 거느린 무리 3,000명이 나옵니다. 이들 코미타투스 삼랑(三郎)은 고조선 국자랑(國子郎), 북부여 천왕랑(天王郎), 고구려 조의선인(皂衣仙人), 백제 무절(武節), 신라 화랑(花郎), 고려 재가화상(在家和尙), 등으로 이어졌습니다. 이들은 기공수련을 물론 호흡을 통해 학문과 무예를 연마하고 심신을 수련하였습니다.

■-2 흡(respiration)-모든 생물이 영양물질을 산화시켜 에너지를 얻는 대사과정입니다.
○외호흡-폐의 폐포와 모세혈관 사이에서 일어나는 산소 이산화탄소 교환을 말합니다.
○내호흡-모세혈관과 조직 세포 사이의 산소와 이산화탄소의 교환 및 조직 세포에서 영양소가 산화되어 에너지가 발생하는 과정이 내호흡입니다.

■-3 신경계와 호흡과 뇌파
○부교감신경-우리 몸은 호흡을 할 때 자율신경계 중 특히 부교감신경이 활성화됩니다. 이때 혈압이 정상 범위에 들어서고 혈액순환이 원활해지면서 혈관을 통한 산소와 영양공급이 원활해집니다. 특히 부교감신경이 활성화되면 될수록 긍정 호르몬 세로토닌(Serotonin), 엔도르핀(Endorphin), 옥시토신(Oxytocin)의 분비가 촉진됩니다. 특히 복식호흡에서 부교감신경이 활성화됩니다.
○교감신경-각종 스트레스로 인하여 교감신경이 과도하게 활성화되는데 이를 막는 것이 매우 중요합니다. 교감신경의 지나친 활성화로 발생하는 만성 스트레스는 다양한 질병을 유발하는 주요 원인이기 때문입니다.
○뇌파-우리가 깨어 있는 동안은 크게 명상할 때의 α파(알파-초당8~12Hz), 일상적 활동의 β파(베타-초당12~20Hz) 그리고 긴장상태에서는 γ파(감마-초당30Hz. 이상)를 사용합니다.-(참조. 4223-2 ●=1 ■3 뇌파의 종류). 베타와 감마는 날숨이 짧아지고 들숨을 길게 마시게 됩니다. 그러나 명상파의 기본 호흡은 황제내경907)의 출삼입일(出三入一 날숨3 들숨1)입니다. 즉 신체 활동이 활발할수록 높은 주파수를 필요로 하는데 부교감신경의 활성화는 낮은 주파수와 관련이 깊습니다.

■-4 호흡 요령
○복식호흡은 들숨에서 배가 나오고 날숨에 배가 등 쪽으로 들어가는 것을 말합니다.
○단전호흡-날숨 후 숨을 1~2초간 멈추어 하단전에 기(氣)를 축기하는 복식호흡입니다.
○요가호흡-날숨 2호흡, 멈춤 4호흡, 들숨 1호흡 즉 2:4:1 비율의 복식호흡입니다.
○건강걷기호흡-날숨에 입을 가볍게 벌려 내쉬고, 들숨은 입을 다물고 코로 마십니다.
○조식호흡-우리 조상님들의 일상호흡으로 날숨 들숨을 길고 고르게 하는 호흡법인데 입을 다물고 천천히 날숨이 길고 들숨이 짧은 출삼입일 호흡법입니다.
○이외 수련단체마다의 여러 호흡법이 있습니다. 또한 어려운 수련용어들을 생략하였고 호흡의 결과에 따라 파생되는 현상에 주목하였습니다.

■-5 호흡수련(단전호흡, 요가, 명상)
○1.단전호흡은 하단전의 축기를 통하여 기혈을 소통시켜서 건강을 개선하는 호흡법입니다. 날숨과 들숨을 똑같이 하며 길고 깊게 호흡에 집중합니다. 아랫배에 의식을 두고 숨을 입으로 길게 내쉽니다. 날숨 후 1~2초간 멈추는 것만으로도 하단전의 축기를 이룰 수 있고 숨을 멈추는 시간이 길수록 강한 기가 생성됩니다
○2.요가 수련법에는 복식호흡, 정뇌호흡, 교호호흡, 풀무호흡 등이 있습니다. 복식호흡은 요가의 가장 기본 호흡으로 2:4:1 비율을 유지합니다. 수영의 '음파호흡'도 수면 위에서 고개 들고 음-들숨 수면 아래에서 파-날숨과 멈춤 그래서 요가호흡과 유사합니다. 큰 힘을 쓰거나 격렬한 운동에 유용합니다.
○3.명상에는 대체로 ▶사마타 명상(Samatha concentration meditation-집중명상), ▶위빠사나 명상(Vipassana insigt meditation-지혜(관찰)명상), ▶사념처(四念處) 마음 챙김 명상(Mindfulness meditation)이 있습니다. 마음 챙김의 호흡명상은 생각을 쉬게 하여 몸과 마음을 치유(힐링)하며 바로 '지금 여기'에 깨어있게 합니다.

■3) 조식과 일상에서의 호흡
■-1 호흡의 형태
○1.호흡은 세타(θ) 알파(α)파 영역의 정적인 호흡과, 베타(β) 감마(γ)파가 발생하는 동적인 호흡 두 가지로 나눌 수 있습니다.
 1)정적인 호흡은 움직임이 없거나 움직임이 적을 때 날숨을 후~~~'나 '후우~~ 하고 길게 내쉬는 "출삼입일"입니다. '술~술~' '술~수울'도 같은 원리이자 '술술 풀다.'의 근원이기도 합니다.
 2)동적인 호흡은 걷기 이상이나 힘든 일, 고도로 흥분 집중할 때 등 맥박이 매우 빨라집니다. 그러나 숨이 찰수록 성악의 술피아토(sul fiato)처럼 날숨이 부드러워야 부교감신경이 활성화 됩니다. 몸에서 '붕'하고 나가는 가스(방귀)를 생각해 보기 바랍니다.

---

905) 4-2-1-3 ●=1 □4 선수련의 "조식호흡"
906) 4-3 들어가기 ■3 ●Tip ■2) ■-4 호흡 요령
907) 4-1-7-3 "황제내경"

○2.그러다 시간이 걸리겠지만 우리처럼 태식호흡으로 이어지는 것이 이상적입니다.
 1)태식호흡은 호흡과 의식이 끊어지는 것으로 도가의 연허합도908)와 무위호흡에 비유할 수 있습니다. 이를 불가에서는 지멸의 단계라고 합니다.
 2)이는 태아가 탯줄로 숨 쉬는 방법으로 조식법이 발전하여 배꼽과 항문 쪽으로 호흡이 일어나는 현상이기도 합니다.

■-2 조식호흡의 장점
○1.암등 불치병을 기도나 안수나 선몽으로 치료했다는 경험담에는 공통적으로 "파스(뇌 호르몬)" 이야기가 나옵니다. 즉 몸이 나을 때 파스를 바른 것처럼 온몸이 시원했다 합니다.
○2.호흡을 단련하는 사람들은 이러한 파스 효과와 같은 청량감을 일상에서 느낍니다. 단전호흡의 초기에는 축기가 일어나고 그 다음 운기가 될 때 파스 효과가 옵니다. 숙련이 되면 언제든 일상화 될 수 있는데 그 자리에 조식호흡도 있습니다.
○3.이때 음률(주문)을 띄울 수도 있는데 "온 몸에 파스"를 길게 반복하면 됩니다.

■-3 호흡과 주문
○1.정적인 주문
 호흡909)에 쓰이는 주문은 여러 가지인데 이는 성명학에 나오는 '소리오행'이자 '음 오행'과 같은 개념입니다. 자신에게 어울리는 것을 선택하면 됩니다.
 1)불교 화두참구(의심을 일으킴)의 염화두(念話頭) 송화두(頌話頭)처럼 '어떻게' '어째서' '이 뭐꼬' '지금 여기에' 등을 활용합니다.
 2)나무아미타불이나 이를 줄여서 '무우~~'의 '우~~~'해도 되고, 티벳 불교의 '옴마니반메훔'이나 이 역시 줄여서 '오옴~~'도 가능합니다.
 3)증산도 태을주나 그 중의 훔치 훔치를 활용하여 '후우우우'나 '후훔~~'은 물론 앞에서 보았던 술술이나 '술~수울'의 리듬을 활용해도 됩니다.
 4)이 외에 각자 선호하는 종교의 음악과 주기도문의 일부나 주문 등을 활용할 수 있고, 성악가의 경우 발성법의 일부를 구사해도 좋습니다.

○2.동적인 주문
 1)택견에서는 이러한 소리의 원리를 단전에 힘 들어가는 소리와, 새어 나오는 소리로 설명합니다. '익흐'는 힘이 들어갈 때 '이익'하며 강하게 나오고, 바람이 새는 소리는 '흐'인데 이것이 '이크~~'라 합니다. '이크에크'라 하는 단체도 있습니다. 그러나 날숨 등 호흡이 부드럽지 못하게 되는 것을 경계해야합니다.
 2)복싱 선수들의 '쉭쉭'이나 노동에서 쓰이는' 노동요'도 가능합니다.

■4) 호흡의 결과
■-1 발성과 호흡과 인상
○성악에서의 호흡은 두 가지로 ▶요가호흡과 ▶들숨을 깊게 쉬는 경우가 있습니다.

○요가호흡은 환한 얼굴(인상)에 박자가 길어도 호흡이 짧지 않고 소리가 앞으로 나아갑니다. 우리 국악도 기본적으로 날숨에 속합니다. 다만 성대 의존율이 높고 무대가 아닌 방이나 마당의 특성상 소리가 성악보다 옆으로 퍼집니다.
○들숨 깊은 호흡은 횡격막과 인두와 두성을 심하게 사용하는 경우로 시간이 지나면,
▶심한 경우 동공이 이완되어 커지거나 ▶눈동자와 흰자위가 갈색으로 변합니다.
▶눈과 눈두덩 그리고 광대뼈가 돌출하며 ▶눈가의 눈시울과 눈빛이 사나워집니다.
▶눈을 크게 뜨지 못하며 곁눈질하듯 하고. ▶웃어도 억지웃음처럼 부자연스럽습니다.
▶미간에 세로 주름이 깊게 나타나며 심오하고 ▶이마가 좁아지고 어둡게 됩니다.
▶나이보다 많이 늙어 보이면서 오래될수록 인상이 기묘하고 이상하게 변합니다.
▶소리가 머리와 가슴으로 오르내리면서 두통과 어지러움을 유발 쉽게 피곤해 지고
▶'ㅔ와 ㅐ' '면과 문' '서'와 '소' 등의 발음이 부정확하여 가사를 알아듣기 힘들고
▶높은 음에서 '주' 소리가 '추'로 나는 등 거칩니다.

○국내외 유명 성악가나 가수들의 사진과 함께 설명할 수도 있습니다. 그러나 인상과 관상학적인 분석을 넘어서 개인의 초상권에 관한 문제가 되는 것을 양해 바라면서 개인적으로 살펴보시기 바랍니다.

■-2 운동과 호흡
○운동에서도 요가호흡이 절대적입니다. 날숨 후 멈춤은 중량운동이나 격한 운동에서 더욱 그렇습니다. 들숨 후 멈춤은 결국 한숨과 같습니다.
○복싱처럼 스피드와 순발력도 들배지기의 포효도 그렇습니다.
○만약 무호흡을 더 길게 사용한다면 지구력이 떨어지고 일본의 사무라이나 스모선수와 같은 눈빛이 될 겁니다. 기가 상기되면 안구가 위로 압박을 받기 때문입니다.

■-3 언어와 호흡
○말을 많이 하는 직업일수록 날숨을 길게 써야 합니다. 날숨을 길게 쓰면 날숨 후 멈춤이 옵니다. 그리하면 중저음을 사용하게 되고 발음이 분명하면서 소리가 앞으로 전달되는데 용이합니다. 대표적으로 아나운서들이 그렇습니다.

■-4 집중과 호흡
○공부나 독서 업무에서도 ▶호(날숨)와 흡(들숨)이 고르든지(같든지), 또는 ▶요가호흡이나 ▶날숨 길게 쉬어야 합니다. 수험생도 마찬가지입니다.-(들숨이 길면 한숨)
○날숨이나 날숨 후 멈춤에서 외호흡 즉 피부호흡이 일어납니다. 그래서 어느 정도 기운의 축척이 가능하게 됩니다.-(들숨은 일반적으로 기가 상기 되어 단전에 축기가 안 됨)

---

908) 도교 의식 개발의 4단계-▶1단계(체교)-연정화기(煉精化氣) 내재된 기를 느끼고 감각으로 제어. ▶2단계(기교)-연기화신(煉氣化神) 감각으로 느끼는 기를 빛으로 바꿔서 제어. ▶3단계(신교)-연신환허(煉神還虛) 빛을 제어하여 전신의 공간을 여는 단계. ▶4단계(영교)-연허합도(煉虛合道) 전신의 공간을 열어 내 몸과 우주가 공(空)으로 하나 되는 단계.
909) 4-3 들어가기 ■3 ●Tip ■2) 동이의 조식문화

■5) 결론
○사람에게는 행복을 얻는 방법으로 돈, 명예, 종교, 사랑 등 여러 가지가 있습니다.
○그러나 선천의 복으로도, 후천적으로 의지(욕심)를 불태운다고 채워지지 않습니다.
○보통 평소에는 좋아하는 음식(식상, 재성)을 먹고, 아프면 약(관성, 인성)을 먹으면서 건강을 유지하는데 호흡은 먹지 않고 건강을 유지하는 방법입니다.-(운동-비겁, 침 수술-관성)
○군대에서 고된 훈련을 마친 병사들이 군가를 부르며 이동합니다. 노래에 날숨을 사용하는 복식호흡과, 노래하는 동안 숨을 잠깐 멈추는 단전호흡의 원리가 체력을 향상시키기 때문입니다.
○사람의 심리적 어려움은 불안 우울 강박에 기인한 바가 큽니다, 이러한 어려움은 생물 심리 사회적 기법을 동원하여 치유 과정을 거치는데, 그중 상담사는 클라이언트[910]의 의뢰를 받고 심리적 문제를 다루는 직업입니다. 생물학적인 처방은 의사의 영역이고, 상담사가 가족처럼 사회적 우군이 될 수 없기 때문입니다. 이 심리(마음)의 자리에 호흡(부교감신경 활성화)이 있습니다.
○우리 동이족의 조식문화에는 건강한 신체와 온전한 정신(심리)이 있습니다. 그리고 우리들 삶 속의 호흡으로 대대로 이어져 내려옵니다.

---

[910] 4232-3 "클라이언트"

4-3   역리 및 사주명리학의 역사

역의 세계는 사주명리의 세계보다 훨씬 오래 되었다. BC2300 이전부터 내려오는 고대의 연산역(運山易)에서부터 은(殷)나라의 귀장역(歸葬易), 그리고 주(周)나라의 주역(周易)이 전해져 내려온다. 이러한 역을 바탕으로, 춘추전국시대(春秋戰國時代)이후 음양오행(陰陽五行)의 발달과 함께 사주명리의 세계가 열리게 된다.

사주라는 단어가 최초로 등장하는 시점과 사주명리학의 창시자가 누구인가에 대하여 여러 설이 있다. ▶곽박(4C초), ▶원천강(7C초), ▶이허중(9C초), ▶서자평(10C초) 기원설 등이다. 그러나 문헌에서는, 동진(317~420)의 곽박이 저술하고 오대(907~960)말 서자평이 주석한 『옥조신응진경(玉照神應眞經)』에 「사주」라는 단어가 처음 등장 한다. 그리고 사주명리의 역사는 북송 이전의 고법명리와 그 이후의 자평명리로 나뉜다.

●=1   고법명리(삼명학)

삼명학(三命學)이고도 하는데 삼명은 ▶생년의 천간, ▶생년의 지지, ▶연주의 납음오행을 말한다. 조상궁인 연주를 기준으로 운명을 해석하는 연주 위주의 명리학이다. 12신(身)을 위주로 하여 신살, 태원, 월주, 일주, 시주의 순서대로 신(身)에 따른 성(聖)911)을 대입하여 간명한다.

왕조사회에서는 조상과 가문의 혈통적 조건에 따라 개인의 신분과 지위가 결정되었다. 연주 중심의 고법명리는 신분과 통치 제도에 따른 숙명적 상황이, 개인적 희비보다 우선한 결과라고 추정된다.

☐1.삼국시대(三國時代)-관로(管輅) 동진(東晉)-곽박(郭璞), 북제(北齊)-위정(魏定)
☐2.당대(唐代)-원천강(袁天罡), 여제(餘祭), 일행(一行), 이필(李泌), 상도무(桑道茂), 이허중(李虛中) 등이 활동하였다. 이허중은 『귀곡자유문(鬼谷子遺文)』에 주석을 달아 『이허중명서(李虛中命書)』를 저술하였다.

●=2   자평명리(子平命理)

일간 중심의 명리학이 10세기 중반 서자평(徐子平)에 의하여 탄생되었다. 오행(五行)의 생극제화(生剋制化)를 기반으로 명(命)을 추론한다.

---

911) 12성(十二聖)-천귀성(天貴聖), 천액성(天厄聖), 천권성(天權聖), 천파성(天破聖), 천간성(天奸聖), 천문성(天文聖), 천복성(天福聖), 천역성(天驛聖), 천고성(天孤聖), 천인성(天刃聖), 천예성(天藝聖), 천수성(天壽聖)

□1.송(宋)-서자평(徐子平), 서대승(徐大升)
□2.명(明)-당금지(唐錦池), 유백온(劉伯溫), 장남(張楠), 만민영(萬民英)
□3.청(淸)-진소암(陳素庵), 심효첨(沈孝瞻), 여춘태(余春台), 임철초(任鐵樵) 등

4-3-1	고대 역리(연산역(蓮山易))

●=1	연산역(蓮山易)의 시대

■1. 태호복희씨(太皡伏羲氏)912)-성은 풍씨(風氏). 고대 동이족(東夷族),
□1.선천역(先天易)-음양(陰陽) 팔괘(八卦)-이전에는 결승문자(結繩文字) 사용-세끼 줄 등 매듭을 지어 기호로 삼은 최초의 문자
□2. 98년판 상해 출판사-『역대 제왕론(歷代帝王論)』에 태호복희(太皡伏羲)왕은 진국(陣國)(동방)출신으로 기술.
□3.『태평어람(太平御覽)』 권78 「제왕세기(帝王世紀)」에, 태호복희씨조에서 저자 북송(北宋)의 이방(李昉)도 진국(陣國)(동방)출신으로 기술.

● Tip
○『환단고기』는 태호복희를 팔괘의 시초이자, 배달국 제5대 '태우의' 환웅의 열두 아들 중 막내라고 전합니다. 그의 후손이 현재의 산시 성(山西省, 산서성)에 살았다 합니다.
○삼황 모두 우리 동이족입니다. 그러나 우리고대사는 한사군 식민지에서 시작합니다.

■2. 염제신농씨(炎帝神農氏)913)-성(姓)은 강씨(姜氏)-진주 강씨 시조,
□1.연산역(蓮山易), 『신농본초경(神農本草經)』-한약의 경(經)으로 불림, 농사와 의술의 아버지.
□2.1998년판 상해 출판사-『역대 제왕론(歷代帝王論)』과 사마정(司馬貞)의 사기(史記)『삼황본기(三皇本紀)』등에 고대 동이족으로 기술

□3.신라(新羅) 이후-농신(農神)으로서의 신농씨(神農氏)와 후직씨(后稷氏)에 대한 제사를 지냈음.
□후직(后稷)은 제곡고신(帝嚳高辛)의 아들, 헌원(軒轅)의 후손.
□4.조선(朝鮮) 선농단(先農壇)-임금이 직접 밭을 갈고 제사 지냄(설렁탕 유래)

■3. 기타

---
912) 4-1-7-1 태호 복희
913) 4-1-7-2 염제 신농

☐1.치우천황(蚩尤天黃)914)-청동 투구
☐2.황제헌원(黃帝軒轅)915)-철기, 나침반
☐3.대요(大撓)-십간(十干), 십이지(十二支).-갑골문에도 십간, 십이지 출현

| ●=2 | 사마천과 고대사 |

한나라 사마천(司馬遷)은 자신의 저서『사기(史記)』에서 삼황은 신화의 시대로, 오제는 역사의 시대로 서술하였다.

■1. 삼황(三皇)
☐태호복희(太皞伏羲), ☐염제신농(炎帝神農), ☐황제헌원(黃帝軒轅)-『상서(尙書)』『제왕세기(帝王世紀)』에 기술됨.
☐다른 문헌에는 황제헌원(黃帝軒轅)대신 여화(女媧), 수인(燧人), 축융(祝融), 공공(共工) 등이 들어감.-『춘추운두추(春秋運斗樞)』『상서대전(尙書大典)』『백호통(白虎通)』『통감외기(通鑒外紀)』등에 기술.

■2. 오제(五帝)
☐소호금천(少昊金天), ☐전욱고양(顓頊高陽), ☐제곡고신(帝嚳高辛), ☐제요도당(帝堯陶唐), ☐제순유우(帝舜有虞)-『상서(尙書)』『십팔사략(十八史略)』에 기술.
☐문헌에 따라 오제(五帝)의 인물이 각기 다름-『사기(史記)』『상서(尙書)』『전국책(戰國策)』『예기(禮記)』『회남자(淮南子)』등 참조.

> ● Tip
> ○제순유우는 순임금을 뜻하는데 "순은 제풍에서 태어났고, '쿠하'로 이사하였으며, 명조에서 죽었다. 제풍, 부하, 명조는 동이의 땅이다. 순은 동이 사람이다."고 맹자(孟子) 이루장구하(離婁章句下)이 나옵니다.916)
> ○순(단군조선 태생)이 요임금의 사위가 되어 선양받고 임금이 되었는데 우나라입니다.
> ○순임금 뒤를 이어 즉위한 우(하우씨)왕이 세운 나라가 하나라입니다.
> ○순도 동이, 이때 오제는 역사의 시대인데, 우리역사에서는 언급이 없습니다.
> ○요임금과 순임금 시대 9년 동안 단군조선에도 대홍수가 발생했습니다.
> ○참고로 노아 홍수연대(BC 2348년)와 순(제위 9년, BC 2320~3212) 연대가 유사합니다.
> ○초대 단군왕검이 맏아들 부루태자를 순임금의 우나라로 보니, 사공(司空) 우(禹)에게 홍범구주(洪範九疇)를 전합니다.
> ○이 '홍범구주'에는 오한치수의 비결이 들어 있는데, 이때 '오행'이 문헌에 나타납니다.
> ○그런데 공자의 『서경』, 사마천 『사기-송미자세가』등에서는, 『신지비사』 일명 "서

---

914) 4-1-7-4 치우 천황
915) 4-1-7-3 황제 헌원

효사"에 나오는 고조선의 국가경영지침인 '홍범구주'에 대하여 '우(순)임금이 하늘로부터 받았다.'라고 합니다.
○한편으로 『중용』은 '홍범구주'에 대하여 '기자가 주나라 무왕에게 주었다.'라고 기록하고 있습니다. 그러나 기자는 순임금의 우나라 9년 대홍수가 끝나고 1,100여 년이 지난 후 주나라가 건국되던 시기의 사람입니다.

●=3 조선상고사

조선상고사는 단재 신채호 선생이 쓴 것으로 여기 조선은 단군조선을 말한다.
□우리 고대사는 강단사학에서 보는 관점과 민족사학에서 보는 관점이 다르다.
□강단사학에서는 민족사학을 유사역사학으로, 민족사학은 강단사학을 식민사관이나 중화사관으로 부른다. 여기 양 진영을 대표하는 두 사람, 두계 이병도 선생과 단재 신채호 선생이 있다.

> ● Tip
>
> ■1-1. 부귀영화와 천수를 누리다 간 조선 총독부 관리 출신 '두계 이병도'
> ○3.1운동이 일어나던 해 1919년, 일본 와세다(早稻田)대학 사학과를 졸업하고 조선사편수회의 '수서관보'로 취직하여 10여 년 동안 일했습니다.
> ▶1933년 불교전문학교 강사, ▶1934년 진단학회(震檀學會) 이사장, ▶1941년부터 이화여자전문학교에 출강 그리고 8·15광복 이후에는 ▶1946년 서울대학교 교수, ▶1954년 학술원 종신회원에 선임, ▶서울대학교 대학원장에 취임, ▶1960년 문교부장관에 등용, 같은 해 ▶대한민국 학술원 회장에 선임, ▶1962년 서울대학교 명예교수, ▶1965년 동구학원(東丘學園) 이사장, ▶1966년 성균관대학교 교수 겸 대동문화연구원장에 취임, ▶1969년 국토통일원 고문에 추대, ▶1976년 동도학원(東都學院) 이사장에 선임, ▶1980년 전두환 정권 국정자문위원(國政諮問委員)에 위촉되었습니다.
>
> ■1-2. 두계와 조선사편수회917)
> ○조선사편수회는 우리의 민족의식을 배제하고 조선침략과 식민 지배의 당위성, 그리고 통치 목적에 부합하도록 한국사를 조작하기 위해 설립한 조선총독부 소속의 기관입니다.
> ○1932~1938년 식민사관을 바탕으로 35권의 『조선사』와, 『조선사료총간』, 『조선사료집전』 등을 간행하며 '단군조선'을 신화로 왜곡하고 한국사를 왜곡 말살하였습니다.
> ○이러한 내용이 1949년 이후 국정교과서에 실리면서 오늘에 이릅니다.-(광복 이후 1949년 교육법이 제정되면서 초·중등의 교과서는 국정과 검정 교과서를 기본으로 사용)

---

916) 순생어제풍 이어부하 졸어명조 제풍부하명조 동이지지 순동이지인야(舜生於諸風 移於負荷 卒於鳴條 諸風負荷明條 東夷之地 舜東夷之人也)

■2-1. 차디찬 여순에서 옥사한 '단재 신채호'
○조선 말기, 일제강점기의 역사가, 언론인, 독립운동가. 한말 애국계몽운동에 힘썼으며, 항일비밀결사인 신민회 조직에 참여하였습니다. 저서로는 『조선상고사』, 『조선상고문화사』, 『조선사연구초』 등이 있습니다.
▶26세 되던 1905년 2월 성균관 박사, ▶「황성신문」의 기자, ▶「대한매일신보」 주필, ▶28세 무렵 항일비밀결사인 신민회 조직, 국채보상운동 참여. ▶1910년 블라디보스토크 광복회를 조직하고 부회장으로 활약, ▶그해 12월 『권업신문』 창간 주필로 활약, ▶1913년 박달학원 설립. ▶1919년 북경에서 대한독립청년단 조직하고 단장, 그해 4월 상해임시정부 수립에 참여하고 임시의정원 의원, ▶1922년 1월 초 상해에서 개최된 국민대표회의에 창조파의 괭장으로 활약, ▶이후 한국고대사연구에 전념, ▶1925년 민족독립운동의 방편으로 무정부주의등방연맹에 가입, ▶1928년 4월 무정부주의동방역맹대회에 참석, 행동 투쟁에 나섰다가 대만에서 체포되어 10년형 선고받고 여순 감옥으로 이감됩니다.
○그리고 1936년(57세) 영하 20도의 강추위 속에서 7년간의 곤진 옥살이 끝에 죽음을 맞이합니다. 이렇게 독립운동이란 가난과 굶주림과 생명의 위협을 감수하는 일입니다.

■2-2. 단재와 조선상고사
○조선상고사는 1931년에 『조선일보』 학예란에 연재되었고, 이후 1948년 종로서원에서 단행본으로 발행되었습니다. 원래 이 책은 신채호의 『조선사』 서술의 일부분이었으나, 그 연재가 상고사 부분에서 끝났기 때문에 『조선상고사』로 불리게 됩니다.
○이 책은 단군시대로부터 백제의 멸망과 그 부흥운동까지 서술하고 있습니다.
○기존의 단군, 기자918), 위만·삼국으로 계승된다는 인식체계를 거부하고, 수산(修山) 이종휘(李種徽)의 『동사(東史)』와 유사한 대단군조선, 3조선, 부여, 고구려 중심의 역사인식체계를 수립하였습니다.
○종래의 한사군도 한반도 내의 존재를 부정하고, 한사군이 실재하지 않았거나 요하(遼河)지역에 존치(存置)되었을 것이라고 주장하였습니다.-(실제 이러한 사료 수없이 많음)
○『삼국사기』에서는 고구려가 서기전 37년부터 서기 668년까지 705년간 존속한 것으로 되어 있으나, 선생은 고구려 900년 설을 내세우면서 앞부분의 북부여 200여 년이 삭감되었다고 주장하였습니다. 따라서 선생은 한 무제와 대결한 세력이 고구려라고 주장합니다.

■3. 결론
○우리 책은 강단사학이 폄하하는 유사역사학을 신봉하지 않습니다. 다만 교과서에서 배우지 못한 조선상고사와 같은 내용을 최대한 균형적으로 서술하고 싶을 뿐입니다. 그래서 후세들이 역사를 평가할 때, 고대사 논쟁에서 자유롭기를 바라는 마음입니다.

---

917) 4-1-4-1 '조선총독부 조선사편수회' ●Tip "37권의 "조선사"는 실로 방대"
918) 4-1-8-2 "은나라 마지막 주(紂)왕의 이복형으로 미자와 기자 형제가 있다."
     4-3 ■2 □7 기자, 위만조선 "단군조선의 강역인 번조선에서 일어난 일부 사건에 불과"

■1. 배달국(倍達國-BC2333 이전-동북아 연대표 참조)과 배달의 민족
■2. 역사가들은 삼황오제 이전의 동아시아에 거대한 두 제국이 있었다 한다.
□하나는 환국 배달국을 계승하면서 유라시아 동쪽에 대제국을 건설한 단군조선이다.
□또 하나는 나중에 일어난 흉노제국(동이족의 한 갈래)인데, 서양에서는 훈(Hun)또는 훈을 '한'이라 부른다. 이들은 동쪽으로는 단군조선과 경계를 이루고 서쪽으로는 카스피해 연안에 이르는 거대한 제국을 건설하였다. 우리에게 전해졌다고 하는 스키타이 지역의 청동기문화도 발원지가 카스피해 근처이다.
사마천은 이를 아는지 모르는지『사기』를 저술하면서 전혀 언급하지 않았다.

● Tip

○전통적으로 동아시아는 분할통치가 잘 이루어졌는데, 단군조선도 마찬가지입니다.『신지비사』에 나오는 저울대(진한) 저울판(마한) 저울추(번한)를 보면, 하얼빈의 진조선, 평양의 막조선, 발해만 연안의 번조선으로 나누어 다스립니다.
○천자가 못 되면 제후, 제후가 못 되면 사대부가 되듯이919), 권력에서 멀어지면 태호복희처럼 백제의 온조와 비류처럼 새 세상을 개척하여 제후나 영주가 됩니다.
○백제도 처음에는 십제(10개 제후국)로 시작 백제가 되고, 큐슈와 산동반도 연안에 왕족을 파견하여 22담로(지방행정구역)를 거느립니다.
○중원의 삼황오제시절 권력의 상층부에 동이족의 포진이 많은 것은 이러한 현상 때문일 겁니다. 또한 이와 관련된 근거나 기록을 찾아내는 노력이 더욱 절실합니다.

<삼한과 저울. 출처-네이버, 상생방송>

---

919) 4231-4 삶에는 '전제(前提)'가 있다.

| 4-3-2 | 고대 역리(귀장역 歸葬易-은(殷)나라) |

☐1.귀장역(歸葬易)-황제헌원(黃帝軒轅)에서 주 문왕(周 文王)까지 완성
☐2.갑골문(甲骨文)-육십갑자(六十甲子), 음양(陰陽), 오행(五行), 간지(干支) 출현.
☐3.단군조선의 삼분할 통치(『사기』의 「조선열전」에 나옴.-진조선(眞朝鮮)-하얼빈, 막조선(莫朝鮮)-한반도, 번조선(番朝鮮)-요하
☐4.기자조선(箕子朝鮮)-기자는 '은 왕족', 번조선(番朝鮮)으로 이주(한나라 이후 기록에 나타남)

● Tip

○사마천의 사기(史記)에도 "은(殷)은 동이족 나라다." 또한 후한서[後漢書] 동이열전(東夷列傳)에도 같은 내용이 나옵니다.
○상(은)나라는 탕왕이 하나라 폭군 걸왕을 물리치고 세웠는데, 기원전 11세기 무렵 주왕 때 주나라 무왕에게 망했습니다. 역사적으로 이때 주문920)이 나타납니다.
○참고로 폭군의 대명사 걸주는 하나라 걸왕과 은나라 주왕을 말합니다.
○갑골문은 은 왕조(B.C 3400~3100)의 도성 유적지인 은허에서 출토되어 은허문자라고도 합니다.

| 4-3-3 | 고대 역리(주역 周易-주(周)나라) |

☐1.주나라 역-주역(周易), 주지육림(酒池肉林. 호화사치), 경국지세(傾國之勢)
☐2.주역의 효(爻)-복희(伏羲) O 후 문왕(文王)과 주공(周公)을 거쳐 한(漢)때 완성
☐3.문왕(文王) 전까지 귀장역(歸葬易) 사용.

● Tip

○사마천 사기(史記)에 "주수서백유리(紂囚西伯羑里, 주왕은 서백을 유리에 가두었다)"라고 나옵니다. 주는 은나라 주(紂)왕이고, "서백"의 이름이 희창(姬昌)인데 훗날 주 문왕이 됩니다.-희창의 둘째 아들 희발이 폭군 주(紂)왕을 멸망시키고 주(周)나라를 세움, 그리고 아버지 서백을 문왕으로 추존하고 스스로는 주 무왕이 됨.
○이때 희창이 감옥에서 복희씨의 선천팔괘(先天八卦)와 그의 문왕팔괘 즉 "천도(天道), 지도(地道), 인도(人道)사상을 결합한 64괘에, 괘사와 효사를 만듭니다. "군경지수(群經之首)"인 『주역』이 이렇게 탄생하였습니다.
○주 무왕이 죽자 주공(문공)은 어린 조카 성왕(희송)을 도와 즈 왕조의 기틀을 확립합

---
920) 4-2-1-2 ●=1 ■3 주(周)나라에서 저작된 "종정이기(鐘鼎彝器)"

니다.-주 문공은 동이족 '강태공', 연나라의 '소공 석'과 함께 주나라 창업 공신.
○그로 인하여 주공은 노(魯)나라의 제후에 봉해졌지만 봉지에는 아들 백금을 보내 통치하고, 자신은 수도인 호경에서 주 무왕의 아들인 성왕을 보좌합니다.
○강태공(태공망) 역시 그 공으로 제(齊)나라[921] 제후에 봉해져 그 시조가 되었습니다.

---

[921] 4-1-8-2 참고 "노나라 지도"

| 4-3-4 | 고법명리(古法命理) |

●=1 춘추전국시대(春秋戰國時代)

☐1.노자(노나라)의 『노자도덕경(老子道德經)』
☐2.제자백가(諸子百家)-유(儒) 도(道) 묵(墨) 법(法) 명(名) 병(兵), 음양가(陰陽家)
☐3.낙록자(珞琭子)『낙록자삼명소식부((珞琭子三命消賦)』
☐4.귀곡자(鬼谷子)『귀곡자전서(鬼谷子全書)』
☐5.굴원(屈原) 이소경(離騷經). 초(楚)나라 재상(宰相)-생(生), 연(年), 월(月), 일(日), 시(時)로 운명판단 및 작명
☐6.추연(鄒衍). 제(齊)나라-음양가(陰陽家). 오덕종시설(五德終始說)
☐7.서시(西施)-월나라 저라산 출신. 미인의 대명사. 고대중국의 사대미인(四大美人)-서시(西施), 양귀비(楊貴妃), 왕소군(王昭君), 초선(貂蟬)

● Tip
○묘하게도 이시기에 지구상의 성현내지 성인이 많이 출현합니다.-(석가모지 공자 맹자 제자백가 소크라테스 플라톤 등)
○『낙록자삼명소식부((珞琭子三命消賦)』와 『귀곡자전서(鬼谷子全書)』는 사주명리학의 기원을 논할 때 한자리를 차지합니다.
○추연은 동중서와 함께 음양오행의 새로운 지평을 열었다 할 수 있습니다.

●= 2 진(秦)나라

☐1.진시황제(秦始皇帝)-아방궁(阿房宮)과 수릉과 같은 대규모 토목공사에 국력낭비.-중앙집권화를 위하여 봉건제를 폐지. 무리한 통일정책. 분서갱유(焚書坑儒)
☐2.여불위(呂不韋)의 『여시춘추(呂氏春秋)』-명리서 아닌 백과사전

● Tip
○중국 최초 통일왕조로 군현제 실시, 도량형과 문자 통일, 만리장성, 아방궁 등의 업적이 있지만 분서갱유로 인한 학문(역리, 사주명리 포함)의 암흑시대 또한 존재합니다.

●=3 한(漢)나라

☐1.새해를 입춘(立春)으로 변경-정월(正月)—인월(寅月)—성명활동(자궁).
☐2.그전(前) 동지(冬至)가 새해—자월(子月)—제로 점(입태)
☐3.도가의 책. 별자리-1년 365일, 19년 7윤달-일자 일간(택일)

☐3.초패왕(楚覇王) 항우(項羽)의 애첩 우미인(虞美人)-항우가 패하자「답항왕가(答項王歌)」로 위로.-전승의 황우가 해하(垓下) 전투에서 유방(劉邦)에게 한 번 패하고 몰락.

☐4.초연수(焦延壽)의『초씨역림(焦氏易林)』-상수역학(象數易學)
☐5.경방(京房)의 육효(六爻)-상수역학(象數易學)
☐6.왕충(王充)『논형(論衡)』「명정론(命定論)」-운명결정론(運命決定論)-잉태순간(孕胎瞬間) 운명결정. 태교(胎敎). 관상(觀相) 골상(骨相)은 상수역(象數易)-동시 결정.
☐7.왕필(王弼). 주역(周易)-의리역(義理易)-『주역주(周易注)』6권 저술. 노자(老子) 도덕경(道德經)을 해석하여 이 둘을 접목-도가(道家)+유가(儒家)
☐8.동중서(董仲書)의『춘추번로(春秋繁露)』. 음양오행(陰陽五行)-상생상극(相生相剋)의 완성-그전엔 상생(相生)만 존재
☐9.곽박(郭璞)『장서금란경(葬書錦囊經)』. 풍수(風水)를 정리-『청오경(靑烏經)』,『청오자(靑烏子)』
☐10.사마천(司馬遷)의『사기(史記)』-역서 및 천관서(天官書)
☐11.반고(班固)의『한서오행지(漢書五行志)』-전한의 역사 서술.『백호통(白虎通)』.『백호통의(白虎通義)』.『예문지(藝文誌)』- 반고가 최초 저작.

☐12.장릉(張陵)-오두미도(五斗米道). 도가(道家)에서 도교(道敎-종교)로 전환.-오두미교(五斗米敎), 천사도(天師道), 정일도(正一道) 등.
☐13.유안(劉安)의 회남자(淮南子)-유방(劉邦)의 조카-명리서 아니고 백과사전.

> ● Tip
> ○한나라는 단군조선이 멸망하자 갈석산 근처까지 진출하는 등 중화를 벗어나서 활동하기 시작합니다. 여기에는 철제무기를 먼저 선점한 제철문화가 있습니다.
> ○한고조 유방(劉邦)은 최초의 통일왕조 진나라가 불과 15년 만에 멸망하자 내전이 발생, 이를 수습하고 통일왕조인 한나라를 세운 초대 황제이자 중국 역사상 4번째로 황제라는 칭호를 공식적으로 쓴 인물입니다.
> ○흉노의 '평성(오늘날 산서성 일대)'을 공격했다가 오히려 7일이나 포위되기도 했습니다.
> ○이때 조공을 바치는 굴욕적 화친을 맺는데 7대 한무제 전 까지 60년간 계속됩니다.
> ○그러나 한나라는 문화적인 면에서 비약적인 발전을 하게 됩니다.-(새해의 시작-입춘)
> ○여기에 의리역의 왕충, 사주명리학에서 사용하는 음양오행의 동중서 등이 있습니다.

●=4 　　삼국시대(三國時代)

■1.촉한(蜀漢)-유비(劉備)
□제갈량(諸葛亮)의 명성팔진도(名成八陣圖)-기문둔갑(奇門遁甲)

■2. 위(魏)나라-조조(曹操)⇒덕(德)과 힘
□1.왕충(王充), 위(魏)나라 장수(정정법-우물, 정-멍자)⇒유비(劉備)가 돌려보냄.
□2.사마의(司馬懿)⇒사마중달(司馬仲達)-위진(魏晉) 때 사람.『삼국지연의(三國志演義)』, 읍참마속(泣斬馬謖). ▶죽은 제갈(諸葛)이 살아있는 중달(仲達)을 달아나게 한다지만 ▶삼국지 최후의 승자로서 사마(司馬) 가문의 손자- 사마염(司馬炎)이 '서진(西晋)'을 세우는 기초가 됨.

■3. 오(吳)나라
□1.손무(孫武)의『손자병법(孫子兵法)』-손무는 제나라 출신 오나라 장수.
□2.손빈(孫臏)의『손빈병법(孫臏兵法)』-손무의 후손으로 제나라에서 활동.

●=5 　　위진남북조(魏晉南北朝) 시대

□1.달마상법(達摩相法)-이때 신라(新羅)로 전래.-송에서 저작된 마의선사의 '마의상법(麻衣相法)' 뒤편에 부록처럼 끼여 있던 저술내용.
□2.고초문-인도 점성술, 밀교의 종교 의식-기도, 주문, 단다라(曼茶羅).
□3.유럽 천문학 유입. 서양의 헬레니즘 점성술-회귀 황도대 사용.
□4.인도 점성술-두 춘분점의 점진적인 세차 맞춤-항성 황도대 사용.

●=6 　　수(隋)나라

□1.만법귀종(萬法歸宗)-도교 수련서, 부적, 추바도 ―타로카드(주역 64 그림)
□2.소길(蕭吉)『오행대의(五行大義)』
□3.이연(李淵)-[당 고조(唐 高祖)]-수에서 활동, 훗날 명 개국.
□4.이연의 아들-건성(建成), 건성(建成)의 동생 세민(世民)-훗날 당 태종(唐太宗). 정관(貞觀)의치(治). 당 태종(唐太宗)의 어록-정관정요(貞觀政要)

> ● Tip
> ○북주(北周)의 어린 정제(靜帝, 579~580)는 581년 수국공(隨國公) 양견(楊堅, 541~604)에게 제위를 물려줍니다.
> ○양견은 연호를 개황(開皇)으로 하고 나라 이름을 수(隋 581~618)로 바꾸었습니다.

9년 후 거의 100년 동안 분열되어 있던 중국 대륙을 통일했습니다. 비록 38년 만에 멸망했지만, 과거제도를 통해 관료를 선발하고, 경제와 문화, 군사력을 크게 발전시켰습니다.

○수(隋)나라 문제는 고구려 정벌에 나섰다가 을지문덕 장군에게 일격을 당한 일로 유명한데, 통일을 이룬 지 16년 만인 604년, 64세를 일기로 세상을 떠납니다.

○그 뒤를 이은 수 양제는 대규모 토목공사와 궁전, 그리고 대운하를 건설하였습니다. 당시 동북아의 최강 고구려 원정을 실천에 옮기기도 합니다.

○특히 세 차례나 고구려(高句麗) 정벌에 나섰다가 실패한 후, 618년에 발생한 쿠데타로 장군 사마덕감(司馬德戡, 580~618)과 우문화급(宇文化及, ?~619)이 양제를 목졸라 죽임으로써 수나라의 짧은 역사는 끝나고 말았습니다.

●=7 측천무후(則天武后) 시대

□1.당 고종(唐 高宗) 이치(李治)의 황후(皇后)-태산(泰山)에서 봉선제(封禪祭). 왕은 남쪽보고 정사를 봄-사직우선 종묘는 다음. 여제(女帝)-『명리반론』

□2.이순풍(李淳風)의『을사정』

□3.원천강(袁天綱)의『원천강오성삼명지남(袁天綱五星三命指南). 사천감(司天監)-별자리 관서

●=8 당(唐)나라

□1.인도 불교 점성술. 구담실달(瞿曇悉達) 인도명-고마다 싯다르타의『개원점경(開元占經)』-천문이나 점술(占術)에 관하여 기록한 책.

□2.풍수(風水) 관상(觀相)이 명리(命理)보다 먼저. 육십갑자(六十甲子)는 더 먼저.

□3.납음(納音.=화갑자) ▶궁상각치우(宮商角徵羽)+육십갑자(六十甲子)로 이루어짐.

□4.당사주(唐四柱) ▶납음(納音) 오행(五行). 육십갑자(六十甲子)

□5.이허중(李虛中)의 『이허중명서(李虛中命書)』-당송팔대(唐宋八大) 시인(詩人) 한유(韓愈)가 이허중을 위한 묘지명을 지음-창려문집.『귀곡자찬(鬼谷子撰)』.『이허중주(李虛中註)』등

● Tip

○당나라는 한나라에 이어 국제적으로 활동합니다.-(고구려 백제 멸망, 티벳 정벌)
○나당연합군 즉 당군 13만, 신라군 5만이 백제를 침공, 백제와 세 번의 전투에서 승

○리하고 웅진도독부를 설치하게 됩니다.
○(세 번의 전투)-▶1.사비성 함락922) ▶2.백제 부흥군923) ▶3.백강전투924))
○백제 의자왕은 사비성 전투에서 패하고 웅진성으로 옮겨 갔는데 그때 웅진성 성주 예석진의 배반으로 당나라에 끌려 갑니다.
○이로 인하여「서효사誓效詞(=신지비사)」에 나오는 단군조선의 저울대(진한) 저울판(마한) 저울추(번한)925) 중, 저울추 번조선의 강역(요서 발해연안· 산동반도 이남)과 백제의 22담로 중 대륙백제가 우리 동이족의 영역에서 사라지게 됩니다. 그러나 산동반도 근처에는 동이족의 풍습인 고인돌과 적석총이 남아 있습니다.

○고구려는 연남생의 배신으로 멸망합니다.
○당은 668년 고구려를 멸망시킨 후, 9도독부(都督府) ·42주(州) ·100현(縣)으로 나누고, 이를 관장하기 위하여 평양에 안동도호부를 설치하였습니다.
○여기에는 ▶1.부여성 전투 ▶2.살하수 전투 ▶3.사천(蛇川) 전투 ▶4.평양성 전투 등 여러 격렬한 전투 현장들이 거론되고 있습니다.926)

<단군조선의 강역. 출처-네이버, 상생방송>

○이로 인하여 단군조선의 저울대에 해당하는 진조선(만주지방)이 동이의 역사에서 사라집니다. 후에 대조영에 의해 대진국(발해)이 개국되었으나 3C0년을 넘지 못했습니다.

○당 태종은 641년에 토번(吐蕃, 서장(西藏), 지금의 티베트)의 찬보(贊普, 토번 군주를 칭함)인 송찬간포에게 당나라 종실(宗室)의 딸 문성공주를 시집보내면서 "손주가 태어나면 설

---

922) ▶1.사비성 함락-의자왕은 귀양살이 하던 흥수에게 대책을 물었는데, 흥수는 성충의 편지 내용(높은 곳에서 적을 맞아야 하며, 땅으로는 탄현을 지나지 못하게 하고, 물로는 지벌포의 언덕으로 들어오지 못하게 막아야 이김.-'삼국사기에 수록')과 같은 대책을 말했다. 그러나 간신들은 "좁을 좁은 탄현의 길로 들어오게 하고 갑자기 공격하자"고 했다. 결과는 간신들의 대패.
923) ▶2.백제 부흥군-백제 유신들의 부흥운동을 일으킴. 흑치상지와 의자왕의 종형제인 왕족 복신(福信)과 승려 도침(道琛)은 일본에 있던 왕자 '부여 풍(扶餘豊)'의 귀국을 준비하면서 주류성(周留城:현재 韓山)을 근거로 몇몇 성을 제외하고 거의 백제 영토를 회복. 그러나 부흥군 지도층의 내분이 발생, 복신이 도침을 죽이고, '부여 풍'마저 제거하려다가 역으로 살해당함. 이 와중에 당군은 공격으로 '부여 풍'은 고구려로 달아나고 주류성은 함락.
924) ▶3.백강전투-서기 663년에 백강에서 신라, 당나라 연합군을 상대로, 백제 부흥군과 왜군이 연합하여 맞서 싸운 전투. 나당연합군이 승리하면서 3년 전 의자왕이 항복한 후 백제부흥운동의 세력들은 사실상 완전히 소멸.
925) 4-2-2-1 서문 '홍범구주(弘範九疇)
926) ▶1.부여성(요령성 봉성이 위치한 오골성으로 추정)함락 ▶2.살하수 전투-부여성을 구원하려다가 일어난 전투. ▶3.사천(蛇川) 전투-남쪽의 신라군을 막기 위한 전투. 그리고 '자치통감' 기록대로 승려 신성이 배신하여 스스로 일부 성문을 열었다고 하더라도 나머지 ▶4.평양성 군영 전투, 평양 남교(南橋) 전투, 평양소성 전투, 평양성 대문 전투, 평양성 북문 전투, 평양성안 전투 등 여러 성문에서 격렬한 전투가 벌어졌음을 짐작.
927) 3-2-9-4 ●=1 ■1 □1 ●Tip 인상 도표 "석굴암", "서산마애불"

○마 외할아버지의 나라를 치겠는가?" 라고 했답니다.
○당 현종(唐玄宗)은 747년 고선지를 장수로 승진시켜 토번(吐蕃 티벳) 정벌을 명하였고, 그의 활약으로 당시 서역 72국이 당나라에 조공을 바치는 등 당나라 위상이 달라집니다.
○고선지(?~755) 장군의 부친은 고사계(高舍鷄)로 고구려가 망하고 당(唐)나라에 끌려간 유민으로「구당서」는 기록하고 있습니다.

○당나라 때 문화적으로 불상의 얼굴이 근엄해지기 시작하는데, 우리의 석굴암도 근엄합니다.-(권위적인 사회적 분위기의 일면, 당 후기로 갈수록 더욱 근엄함.) 그러나 그 전 위진(동이의 왕실로 추정)의 불상도, 동시대 백제의 서산마애불처럼, 밝고 평안한 얼굴입니다. 인상학적으로 석굴암의 근엄함은 관성, 서산마애불처럼 평안하면 인성에 해당됩니다.927)

○근엄하다는 것은 경직의 대명사인데 이는 사주보는 사회 분위기와도 연결됩니다.

○그러나 이를 문헌을 통해 확인할 방법이 제한적입니다. 다만 유연한 생극제화보다 경직스러운 신살이 대세를 이루었던『이허중명서(李虛中命書)』의 고법 명리를 통해 그 시절의 경직된 분위기와 사주 해석을 유추할 뿐입니다.

○당나라에는 사주명리학의 기원을 논할 때 빼놓을 수 없는 당사주가 있습니다. 당사주(唐四柱)는 그림책으로 되어 있는데, 지금도 역술의 한 분야로서 자리를 차지합니다.

○이때의 납음오행은 동양철학이나 동양의학에 널리 활용되어 왔으나 현대 사주명리에서는 사용되지 않습니다.

<서산마애불. 출처-Nave>

| 4-3-5 | 자평명리학사(子平命理學史) |

| ●=1 | 송(宋)나라 |

☐1.서자평(徐子平-출생은 오대(五代), 활동은 북송)-일간(日干) 중심의 사주. 자평술(子平術) 『사고전서(四庫全書)』.『낙록자삼명소식부주(珞琭子三命消息賦注)』-곽박(郭璞) 저술의 『낙록자부(珞琭子賦)』에 서자평이 주석을 담. 『명통부(明通賦)』 격국을 설명한 책 등 저술.

☐2.서대승(徐大升. 남송南宋 1127~1279)의 저술 『연해자평(淵海子平)』『연해자평평주(淵海子平 評註)』

☐3.진박(陳搏)의 『신상전서(陳搏神相全書)』-관상(觀相). 진박은 『마의상법(麻衣相法)』을 저술한 마의선사(마의태자)의 제자.

> ● Tip
> ○송나라는 북송과 남송으로 나뉩니다. 조광윤이 후주 최후의 황제 공제(恭帝)에게서 선양을 받아 송나라를 건국하였으나, 금나라(신라 마의태자 후손들이 세운 나라)에 밀려 개봉에서 남하한 뒤에는 남송과 구별하여 북송이라 합니다.
> ○그래서 북송(北宋, 960년~1127년)의 역사는 60여 년으로 짧습니다.
> ○그러나 이 짧은 기간에 불멸의 ▶자평명리학, ▶주자학, ▶화승총이 출현합니다.[928]
> ○서자평은 진도남 등과 화산에서 활동한 화산파입니다. 동양에서는 새로운 문물이나 인물이 도(道)를 통해서 나타나는데, 서자평도 그중 한 사람입니다.
> ○그러나 고대에 존재하던 지구 초고도문명[929]과 '도'의 연관성을 증명할 수 없습니다.
> ○어떻든 자평명리학은 서자평에 의해 시작되고, 서대승에 의해 계승 발전되었습니다.

| ●=2 | 명(明)나라 |

☐1.명대 말 이탈리아의 마테오리치(1552~1610)가 서양역법 소개.

☐2.당금지(唐錦池)-▶『연해(淵海)』와 그에 대한 구결을 모아서 주석한『연원(淵源)』을 합하여 『연해자평(淵海子平)』을 편찬. 서대승(徐大升)의『연해자평평주(淵海子平評註)』가 시대를 거치면서 노어해시(魯魚亥豕.글자 모양이 비슷해서 오류를 범하는 것)발생. 이에 당금지가 많은 오류를 잡음 ▶『자평삼명통변연원(子平三命通辯淵源)』-후대학자들의 문집과 구결을 더하여 저작된 것.

☐3.유기(劉基), 호는 백온(伯溫)의『적천수(滴天髓)』-골수를 쪼개는 하늘의 물이라는 의미. (경도(京圖)가 지었다는 설도 있음)

---

928) 3장 들어가기 1-2 서문 "▶화승총". 4-1-6-3 서문 "화승총"
929) 4-1-3-6 핵폭발

☐4.장남(張楠) 호-신봉(神峰)의 『명리정종(命理正宗)』,『삼명통회(三命通會)』-삼명통회의 저술에 대하여 장남과 만민영(萬民英), 호는 육오(育吾)의 양설이 존재.

☐5.『난강망(欄江網)』-연대와 작자 미상-훗날 청나라 여춘태(余春台)의『궁통보감(窮通寶鑑)』으로 탄생

> ● Tip
>
> ○하나의 나라가 개국되면 제도정비 하는데 보통 100년 정도 걸린다 합니다.
> ○조선왕조는 세종(실제는 상왕 태종)~성종까지, 고려는 광종~성종까지로 봅니다.
> ○유백온은 명나라를 개국한 주원장을 도와 명의 기틀을 세우고, 태사령에 올랐습니다.
> ○어떻게 보면 조선왕조의 태종과 하륜(河崙)과의 관계와 비교될 수 있습니다.
> ○명나라는 사주명리학에 있어서 격랑의 시기입니다. 자평명리학을 혁신하는『적천수(滴天髓)』[930]가 출현하고, 자평명리학을 견제하며 고법을 살리고자 삼명통회(三命通會)가 정비 됩니다.-(▶육신이 적천수와 자평진전이 다름, ▶적천수에서는 10정격 없음 등)
> ○훈민정음으로 쓴 문학작품 "월인전강지곡"은 백성의 쉬운 접근을 의도하고 있습니다.
> ○당시 조후(이 기법) 등 유백온의 혁신적인『적천수(滴天髓)』가 명나라 사람들에게, 사주명리학적으로나 실제 간명에 있어서 얼마나 접근이 쉬웠는지 알 수는 없습니다.
> ○어떻든『적천수(滴天髓)』는 현대 사주명리학에서도 중요한 한 자리를 차지합니다.
> ○정관의치[931]-(貞觀之治, 627년~649년) 당나라 2대 황제 태종 이세민의 치세를 일컫는 말,개원(開元:현종의 연호 713—741)의 치(治)와 함께 중국 역사의 황금시대로 꼽힙니다.
> ○정화선단[932]-정화 원정에 대하여 동남아시아 등지의 조공무역국을 늘리기 위한 목적이라고 하지만, 정난의 변 이후 생사불명인 건문제를 찾아 나섰다는 설도 있습니다.

●=3	청(淸)나라

☐1.진소암(陳素菴)의『적천수집요(滴天隨輯要)』『명리약언(命理約言)』

☐2.심효첨(沈孝瞻1716~?)의『자평진전(子平眞詮)』

☐3.임철초(任鐵樵1763~1847)의『적천수천미(滴天髓闡微)』-유백온(劉伯溫) 원주(原註)를 임철초(任鐵樵)가 증주(增註)하고, 원수산(袁樹珊)이 찬집(撰集).

---

930) 3장 들어가기 1-1 자평법 계통도 ■1 서자평
931) 정관의치-중국 역사상 가장 번영했던 시대 가운데 하나로써, 이때 태종을 보좌했던 재상으로는 위징, 방현령, 장손무기 등이 있음. 돌궐을 제압하는 한편 토번을 회유했으며, 안으로는 조용조 제도와 부병제, 균전제 등의 제도를 마련하고 과거제를 정비, 이로 인해, 당의 기틀이 마련되었다 함.
932) 정화선단-정화의 대원정은 1405년 7월 11일 시작해 1433년에 끝난 7차까지 모두 합쳐 16여 년에 걸쳐 이루어짐. 항해 거리만 185,000km. 사료에는 정화의 보선이 길이 44장 4척, 너비 18장이라고 기록. 이 기록 대로 한다면 보선은 축구장보다 긴 길이 134.5m(44장 x 3.03m + 4척 x 0.303m), 너비 54.5m(18장 x 3.03m). 그러나 원사료가 모두 파기된 후, 후대에 라무등(羅懋登) 작가가 쓴『三寶太監下西洋記通俗演義』라는 창작집에 기록되어 신빙성 의문. 어떻든 중국 '무적 함대'의 영광은 오래지 않았음. 중국인들 스스로 배의 목재를 뜯어내고 항해 기록을 불살랐다 함.

□4.여춘태(余春台)의『궁통보감(窮通寶鑑)』-원명은 '난강망(欄江網. 원 작자 신원 미상)'. 난강망을 수정 보완한 책.

> ● Tip
>
> ■-1 청나라 과거제도
> ○청의 과거제도는 ▶1차-동자시(童子試)933), ▶2차-정식고시(正式考試)934), ▶3차-전시 후 전3명을 제외하고 나머지 사람은 보화전에서 시험을 다시 칩니다.-(황제가 직접 주제)
> ○1차만 합격하여도 가문의 영광이 될 만큼 과거시험은 어렵고 경쟁이 심했습니다. 그래서 그 결과를 운명 아니고는 받아들일 방법이 없었을 겁니다.

> ■-2 청나라의 부(富) 도자기
> ○중국 경덕진935)은 한(한족)나라 때부터 청(만주족)나라에 이르기까지 자기로 유명합니다. "우과천청(雨過天靑), 비 그친 후의 하늘빛 같은 청자를 만들라" 중국의 상류층에서 백자와 청자를 두고 의견이 분분할 때 '북송의 8대 황제 휘종'이 한 말입니다.
> ○고려에서는 고려청자로 발전하게 되는데, 비색청자입니다.-(더러는 한 수 높게 평가)
> ○명나라가 멸망하면서 경덕진(景德鎭)의 자기산업이 일시 쇠퇴하고, ▶유럽으로의 자기수출을 일본의 '이마리도자기'와 '아리타(有田)도자기'가 대신하게 됩니다. ▶이는 임진왜란 당시 나베시마 나오시게(鍋島直茂, 1536-1618) 부대에 조선 도공 이삼평(李參平, ?-1655)이 인질로 잡혀 1610년 일본큐슈 아리타 지방으로 끌려오면서 자기 발달과 생산이 이루어진 결과입니다.-(동양의 자기는 유럽뿐 아니라 중남미 멕시코 등에도 다량 수출.)
> ○청 건국 이후, 초기 사회적 혼란을 수습하면서 경덕진은 다시 부(富)를 되찾습니다.

> ■-3 강희제(4대 황제)와 "백두산-정계비"
> ○고려사와 명나라 명사(明史)에 나오는 고려 국경선은 아래 지도처럼 철령에서 공험진까지입니다. 참고로 이 경계 이남은 산악지대이고 이북은 평야지대(만주벌판)입니다.
> 1)고려 1107년(예종 2년) 여진족을 소탕한 윤관은 점령지역에 9성을 축조했는데, 고려사지리지에 "두만강 밖 7백리 선춘령(공험진 근처)에 고려 국경을 삼는다."고 나옵니다.
> 2)이외 9성에 대하여 '세종실록지리지' '동국여지승람' 등의 사료가 남아 있습니다. 그러나 고려가 여진족의 간청으로 9성을 돌려주었다는데『태종실록』은 이와 다릅니다.

---

933) 청나라 과거제도-동자시는 다시 현시(縣試), 부시(府試)와 원시(院試)로 나누어지며, 동자시를 통과하면 생원(生員)의 격을 얻게 되고, 비로소 정식과거시험에 참여할 수 있는 자격을 부여.
934) 정식과거는 향시(鄕試), 회시(會試)와 전시(殿試)로 구분. 향시는 정식과거의 제1급-8월에 시험을 치므로 추위(秋闈). 회시는 정식과거의 제2급-2,3월 시험 그래서 춘위(春闈). 전시는 최고급의 과거-황제가 주재. 우리의 과거시험은 정소과？에 해당.
935) 경덕진(景德鎭)은 강서성(江西省)의 동북부에 위치한 고을의 이름. 상해에서 남서쪽으로 500여 km 지점. 한나라 때부터 도기를 만들기 시작하여 수와 당나라 시절에는 백자와 청자류를 생산. 그러나 송대에 이르면서 경덕진은 자기의 명산지로 명성을 얻었으며, 그 후 계속되는 원, 명 그리고 청나라 시대에 이르기까지 자기의 독보적인 생산지로서 자리를 지킨 곳.

3)『太宗實錄태종실록』 '5년(1405) 5월 16일'에 태종이 김첨을 통해 "공험진 이북은 요동으로 환속하고 공험진 이남에서 철령까지는 그대로 본국(조선)에 붙여 달라"는 태종의 요청을 명 태조가 받아들였다고 전합니다.

4)이는 고려 말 우왕이 명 태조 주원장에게 확인받았던 철령~공험진까지의 고려시대 국경선이 그대로 조선과의 국경선이 되었음을 뜻합니다.

5)그러나 우리 중등 교과서의 고려국경선은 일제가 왜곡하고 그 역사관을 따르는 학자들에 의해 해방 후 70여년이 지나도록 우측 지도처럼 4에 머물러 있습니다.

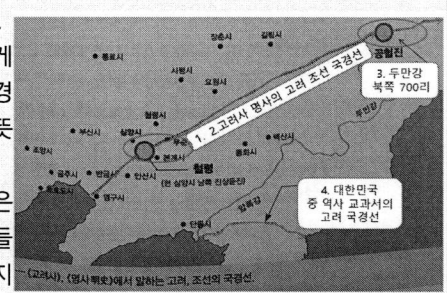

<철령~공험진. 출처-이덕일의 한국통사, 네이버>

<윤두서의 동국여지지도, 출처-네이버>   <1745년 제작된 키친지도, 출처-대한사랑>

○조선 후기 지도에도 공험진, 선춘령은 두만강 북쪽 700리라고 적고 있습니다. 참고로 좌측 지도는 18세기 초 공재 윤두서(숙종 연간의 문인화가) 선생이 그린 동국여지지도(東國輿地之圖)입니다. 백두산 천지와 아래 두만강변의 무산(茂山)과 우측 상단(검정 점선)의 공험진이 선명합니다.

2)우측은 1745년 토마스 키친이 '유니버설 트래블러'라는 책에 제공했다는 지도인데 백두산과 압록강이 유조변(조청의 경계)보다 훨씬 남쪽에 위치합니다.

3)또한 1749년 제작된 '당빌지도'에서는 압록강 넘어 간도를 알파벳으로 분명하게 평안도로 표기하고 있다 합니다.

○그 후 1627년에 이르러 정묘호란(丁卯胡亂) 후 강화조약인 강도회맹(江都會盟)에 의해 조선과 후금의 국경선 유조변책(柳條邊柵 버드나무 조림=유조변), 변문(邊門 목책과 나

무울타리)이 금에 의해 설치됩니다.

1)그리고 후금은 '각수봉강(各守封疆 서로 침범하지 않고 각자 지킴)'을 앞세워 무인지대를 설정 했는데 그것이 오늘날 비무장 지대와 같은 '봉금 지대'입니다. 참고로 봉금지역을 포함한 서, 북간도를 합치면 지금의 한반도보다 넓습니다-

2)참고로 우측 지도는 1750년(영조 26년) 발간된 '해동지도'라는 지도책에 수록된 지도입니다. 유조변책을 기준으로 조선과 청, 여진과의 서북방의 경계를 나타내고 있습니다.

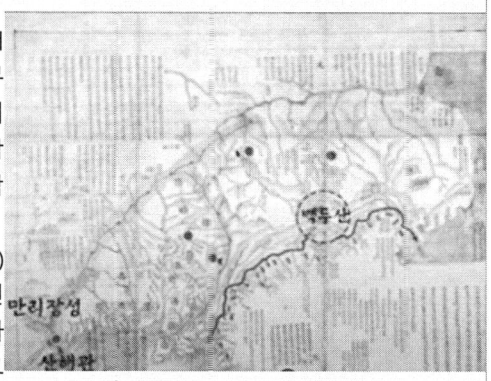
<하늘색으로 그려진 삼각형부분이 봉금지역, 출처-대한사랑>

○그런데 1712년 청 황제(강희제) 명에 따라 조선과 청의 국경회동이 열립니다. ▶조선 대표는 접반사 박권과 함경도 관찰사 이선이고, ▶청 대표는 길림 지역을 다스리던 오라총관 목극등(穆克登)입니다.

1)목극등은 조선의 나이든 대표들을 배려(?) 한 채, 조선의 몇 명 하급관리와 청 관리를 데리고 백두산에 올라 일방적으로 양국 최초의 극경비(백두산정계비)를 세웁니다.

2)"서위압록 동위토문(西爲鴨綠 東爲土門)"은 서쪽은 압록강 동쪽은 토문강이 경계라는 뜻입니다. 그리고 마른(건천) 토문강을 나타내기 위해 석퇴(돌탑, 돌무더기)를 여러 곳에 쌓았는데 지금도 일제가 찍었던 석퇴사진이 전해집니다.

3)그러니까 봉금지대를 포함한 철령에서 공험진까지의 국경이 "서위압록 동위토문"으로 축소된 것입니다. 즉 서간도가 청에 넘어 가게 됩니다.

4)참고로 구당서(舊唐書) 등 여러 문헌에서의 압록강(鴨綠江)의 록은 한자로 '삼수 渌'과 '실사 綠' 두강이 있습니다. 즉 같은 강이 아닙니다. 대체로 '삼수 渌綠江'은 요하를, '실사 鴨綠江'은 지금의 압록강을 말합니다.

5)지금도 현지인들은 요하를 구려강이라 한다는데 구려 구리는 고구려 또는 고려를 뜻합니다. 역사 속의 글자 하나 해석에 따라 이렇게 우리의 현실이 달라집니다.

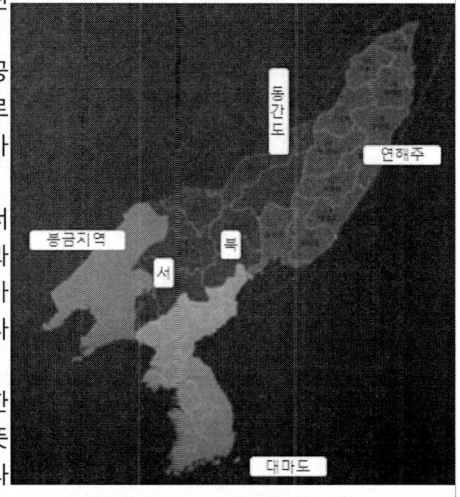
<장계황의 영토 축소, 출처-네이버, 대한사랑>

○이후 1860년 연해주를, 1867년 대마도를, 1909년 동 북간도를, 1962년 해방 후 일부 회복했던 북간도가 우리 영토에서 사라집니다. 이 과정은 아래 함풍제에서 다시 이어

집니다.

■-4 건륭제(6대 황제)와 "열하일기"
○청나라 건륭제(乾隆帝)는 1780년 열하(熱河)에서 칠순연(七旬宴)을 엽니다. 열하는 만리장성 밖 몽골 땅(북경 동북 약 230km지점)에 있는 청 황제의 여름 피서산장입니다.
 1)청나라의 시작은 몽골 정복을 시작으로 만주 몽골 동맹이었습니다. 그리고 유목 제국인 '준가르'와 70년 동안 몽골 티베트를 차지하기 위한 패권 전쟁에서 승리하게 되고, 준가르의 영향력에 있던 위구르 무슬림까지 복속시킵니다. 건륭제는 이렇게 정복한 영토를 신강이라 불렀습니다.-(건륭제때 현대 중국의 영토 완성)
 2)이러한 청은 중국 역사상 최대 영토를 가진 왕조로 이민족 고유 풍속을 유지시키면서 몽골, 티베트, 신강은 번부(藩部)라고 칭하며 달리 다스렸습니다. 몽골지역에선 야삭(몽골의 기본 법률)제도를 유지했고, 티베트에선 달라이 라마를 정점으로 하는 정교일치 사회를 보전했고, 신강에서는 '베쿠' 등 현지 유력자를 통해 유화적으로 통치했습니다.

○열하는 이러한 열하정치의 산실로 황제가 1년 중 서너 달을 열하에서 보내며 그곳으로 정복지의 몽골 티베트와 신강 등의 지도자들을 불러 모았습니다.
 1)그리고 북경의 방식이 아닌 사냥(스포츠)과 연회와 피서를 즐기며, 의례(열하에 각자의 종교사원과 시설 유지)도 올리며 자신의 방식인 동맹과 화친을 유지하기 위한 친목을 다졌습니다. 특히 사냥은 몇 만 명이 참가하는 군사훈련이었습니다.
 2)조선 정조도 사신을 보냈는데, 그중 한 사람 연암 박지원이 열하일기를 남겼습니다.

■-5 청의 강건성세
○강건성세(康乾盛世)는 청의 강희제 옹정제 건륭제 134년 통치기간을 말합니다.
○도자기 수출로 얻은 부와, 강건성세로 나라는 부강하였지만 개인의 삶은 과거합격처럼 경쟁과 고난의 연속이었습니다.
○이러한 배경에서 심효첨 서락오 등에 의해 사주명리학이 발달하게 됩니다.

■-6 함풍제 이후 조선왕조의 영토 축소의 역사
○1860년 11월 베이징조약의 체결로 연해주 지역이 러시아의 땅이 됩니다.
 1)1856년 2차 아편전쟁이 발벌하자 영불연합군에 함락 위기을 느낀 함풍제(청 9대 황제)가 열하 행궁으로 옮겨(도주)갑니다.
 2)이때 사촌 동생인 공친왕이 러시아 대사에게 중재를 요청합니다. 그 중재의 결과로 청과 영불연합군 그리고 청과 러시아 사이에 조약이 체결되는데, 그 대가로 우수리강 동쪽의 연해주가 우리의 의사와 상관없이 러시아에 넘어갑니다.

○1867년 일본에 바쿠우가 천황에게 국가 통치권을 돌려주는 대정봉환이 일어납니다.
1)그리고 1년 후 메이지유신이 일어나 막번 체제가 무너지고 왕정복고를 이룩합니다.

2)이때 대마도는 이토오 히로부미의 강압에 의해 판적(영지와 영민)봉환 대상이 됩니다.
3)그러나 대마도(마한을 바라보는 섬)는 삼국시대 이전부터, 그리고 세종조 태종의 상왕 시절의 대마도 정벌 등 조선에 번신의 예를 갖추던 우리 땅입니다. 어떻든 판적봉환의 대상이 아닌데 강탈된 것입니다.

○청일 간도협약(間島協約 1909 9 베이징)에서 1905년 불법적인 을사늑약 체결로 조선의 외교권을 빼앗은 일본이 저들 감대로 간도를 청에 넘겨줍니다.
 1)청은 일본에게 만주철도부설권과 푸순탄광 채굴권 등 다섯 가지를, 일본은 청에게 한 가지 간도(동간도 북간도)를 넘겨주는 협약입니다.
 2)이때 토문강(지금 중국의 오도백하)이 두만강으로 둔갑합니다. 지도에서 토문강은 백두산 천지에서 남쪽으로 흐르다 북쪽으로 꺾여 올라갑니다. 백두산 근처에는 두만강이 없습니다. 실제 두만강은 백두산 동쪽 60Km 지점에서 발원합니다.

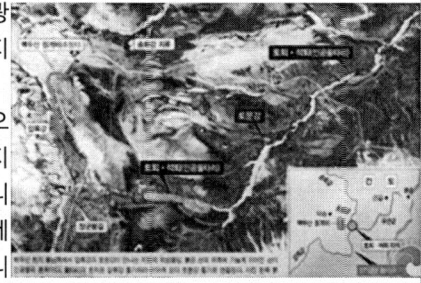

<백두산 천지와 토문강의 장줄기, 출처-네이버, 대한사랑>

○1947년 소 중 조선 사이에 하얼빈조약이 체결됩니다. 소련기 중국을 견제하기 위한 의도이지만 원래 우리 땅인 간도, 안동, 길림을 북한이 직접 행정 관할하게 합니다. 그리고 연길, 목단강, 무릉지역에 북한의 정규군이 주둔하게 됩니다.
 1)그러나 한국전쟁 후 ´962년 북한과 중국 간의 '조중변계조약'이 체결되는데 이는 유엔에 등록되지 않은 비밀조약입니다.-(아직도 그 내용 비공개)
 2)어떻든 중국은 한국전쟁 참전의 대가로 북한과 백두산 천지를 분할하고, 하얼빈조약에 의해 일부 회복되었던 간도가 중국의 영토가 되어 오늘에 이릅니다.

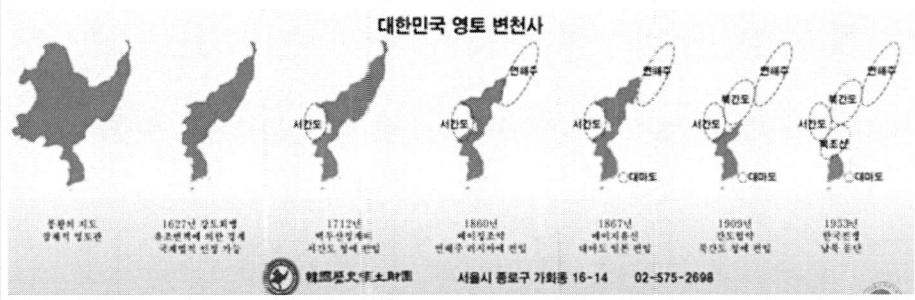

<장계황의 영토 축소, 출처-네이버, 대한사랑>

○위 지도는 지금까지의 우리 영토 축소 과정을 정리한 자료입니다. 한국전쟁 이외 모두 전쟁 한 번 없이 타의에 의해서 우리의 영토는 이렇게 사라져 갔습니다.

○천지의 동쪽 20Km 근처에 "천녀욕궁지"라는 원지가 있는데 이는 만주족이 자신들의 발원지로 여기는 곳입니다. 여기에 1712년 이후 250년이 지나도록 강희제의 명은 대대로 집요하게도 서 있습니다. 그러나 각종 조약과 봉금지역의 기록, 그리고 유조변책과 석퇴사진이 지금도 엄연합니다.

■-7 오늘날 중국의 시각

○시진핑 중국 국가 주석이 트럼프 미국 대통령에게 "한국은 역사적으로 중국의 일부(C일보 2017, 04, 20 '조의준 기자' 참조)"라고 말합니다.

○아래 지도는 2015년 8월 4일 'M 방송사' 보도인데, "해킹 조직인 원전반대그룹이 정부기관을 해킹하여 2015년 7월 13일과 8월 3일 두 차례에 걸쳐 공개한 문건"이라고 합니다. "중국이 한반도에서 전쟁이 일어나면 종전 후 북한지역을 4개국이 분할 점령하는 방안을 미국 측에 제안한 내용이 담겨 있어 논란이 되었다."라고 합니다.

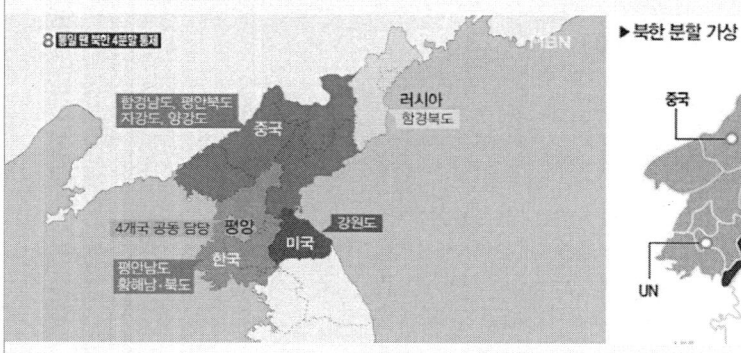

<한반도 분할 통치, 출처-구글>

○우측의 사진은 이보다 앞선 2009년 9월 9일 'S 신문사' 보도입니다. "미국 국방부는 2010년 초 의회에 제출하는 '국방정책 4개년 보고서(QDR)' 준비과정에서 북한 붕괴시 유력한 시나리오 중 하나가 '북한의 4개국 분할통치 계획'이라고" 보도했었습니다. 그런데 우리 대한민국은 없고 거기에 한반도 남부 관활권936)을 요구했던 일본이 들어와 있습니다.

○결론적으로 철령과 공험진의 고려 국경선937)이, 조선왕조 혁명세력의 생각과 조선사편수회938)가 주장하고 대한민국 중학교 역사 교과서에 실린 고려 국경선과 거의 같습니다.

---

936) 4-3-6 ●=2 ■1 ●Tip○5 "일본은 자료의 대가로 한반도 관활권을 요구"
937) 4-3-5 ●=3 ●Tip ■-3 1)윤관의 9성-강희제(4대 황제)와 "백두산정계비" 지도 참조
938) 4-1-4-1 '조선총독부 조선사편수회' ●Tip "37권의 "조선사"는 실로 방대"

■-8 임을 향한 행진곡
○신권정치와 왕권정치
 1)1392년 8월 조선건국의 주역 삼봉 정도전 어른께 묻습니다. 어른께서 신권정치를 기획 할 때 이왕 하실 거면 그리스의 직접 민주주의, 평민은 참정권이 없지만 로마의 공화정, 비록 나폴레옹 황제에게 무너졌지만 1972년의 프랑스 같은 공화정을 생각하실 수 없었는지요? 아직까지 그 이후 어른만큼 세상(왕조)을 바꾼 사람이 없습니다.
 2)왕권강화를 위해서 골육상쟁도 마다하지 않고 삼봉과의 후계 싸움에서 승리하신 당시 방원 정안군 나리께 묻습니다 생전에 나리께서 비가 내리지 않아 농사를 짓지 못하면 죽어서라도 비(후세는 봄비를 태종우라 함)를 내리게 하겠다고 하셨습니다. 지금 군포939)는 없지만 아이를 낳고 키울 수 없는 이 세상에 태종우를 내려주실 수 없는지요?
 3)어떻든 두 분이 추구했던 조선왕조의 결말은 헬조선입니다. 만약 신권강화와 골육상쟁의 힘을 요동정벌에 모았다면 후손들이 공녀로 끌려가는 비애에서 벗어날 수 있지 않았을까요? 두 분은 우리의 운명을 결정지을 수 있는 인물 중에 인물이었으니까요?

○삼궤구고두례와 인조의 치욕
 1)능양군께서 사가에 계시다가 갑자기 반정세력의 추대로 왕(인조)위 올랐으니 후계수업을 체계적으로 받지 못한 점 이해합니다. 더욱이 삼전도에서 한 번 절할 때마다 세 번씩 머리를 조아리고 그걸 아홉 번이나 하셨으니 개인적으로나 일국의 왕으로서 그런 치욕이 어디 있겠습니까?
 2)그러나 소현세자를 그렇게 보내야만 했을 까요? 세자는 비록 볼모로 잡혀간 몸이지만 청이 산해관을 넘어 경을 접수할 때 청의 도르곤(누루하치의 14남, 청나라 최초 섭정왕, 청 설계)과 현장을 함께한 산증인입니다. 세자는 거기서 아담 샬(독일 출신 예수회 선교사)과 교류하는 등 서양문물에 익숙한 사람입니다. 만약 지금이라면 개인적 치욕을 뒤로 하고 세자의 식견을 빌려 쇄국(주자의 혼령)을 거두시겠습니까?
 3)후세는 세자 시신이 시퍼렇던 것과 각혈 등을 두고 독살되었을 것을 의심합니다. 또한 귀국 일 년 후 세자빈 강씨는 역모에 몰려 사약을 받았고(1646 인조24) 아들 3명은 제주도로 귀양을 가서 둘은 죽었습니다. 그러나 성종의 계비 윤씨를 폐한 인수대비가 연산대군을 해하지 않은 것과 달리, 자신의 핏줄 셋을 내치는 것으로 보아 독살설을 면하기 어려울 것 같습니다. 특히 적손 소현세자의 아들이 아닌 봉림대군(훗날 효종)을 후계자로 삼았으니 말입니다.

■-9 사주(YVWQ)보는 문화와 그 환생
○조선은 소현세자 사후(1645 인조23) 232년 만에 일본의 강압에 의해 강화도조약을 맺습니다. 그리고 236년 후 1910년 나라를 잃었습니다.
 1)세자의 귀국길에는 화포, 천리경. 천문학, 수학 책 등 새로운 문물이 가득했습니다.
 2)이때 우리는 세계사적 흐름을 읽지 못하고, 강화도조약940)보다 232년 먼저 신문물

---

939) 4231-3 ■2 ●Tip ■-조선의 신분제도. 군포

○을 학습할 기회를 놓치고 말았습니다.

○유대인들은 서기 70년 경 로마군에 의해 이스라엘 땅에서 쫓겨났습니다.
 1)그 후 세계 도처를 떠돌며 살았지만 민족은 사라지지 않았습니다. 여기에 그들의 정체성을 유지하는데 역사서인 구약성경과 탈무드와 할레문화가 있습니다.
 2)특히 탈무드는 유대인의 교육 방식인 수많은 논쟁과 토론을 기록한 책으로서 종교와 도덕의 결합에서 과학적(합리적), 실용적(경제, 신문물)인 삶의 지침을 제공합니다.

○우리의 사주(YVWQ)보는 문화와 그 환생도 그렇습니다.
 1)그동안 우리는 북송 서자평 선생의 신법명리를 한다면서 당나라 이허중 선생의 고법을 병행해왔습니다. 그러나 이제는 우리 땅에서 시작된 YVWQ를 통하여 우리의 사주명리를 할 수 있을 거라고 봅니다.
 2)그리고 YVWQ와 더불어 우리 책 전반에 걸쳐 우리 민족(동이족)의 역사와 정신문화에 관한 서술이 펼쳐지고 있습니다. 그러나 이러한 자료는 아직까지 우리 학생들의 역사 교과서에서 다루어지지 않습니다.
 3)그래서 말씀드립니다. YVWQ를 공부하는 사람들만이라도 우리의 정체성을 지키고 전하는 코미타투스941)이기를 바랍니다. 이스라엘은 유대 민족 전체가 코미타투스일 겁니다. 그 이스라엘이 해체되지 않는 것처럼 우리도 그랬으면 합니다.
 4)또한 YVWQ로 사주를 보는 문화가 누구에 의해서든지 반복 되풀이될 때마다 우리가 지켜야할 역사와 정신문화도 환생되어질 것을 기대합니다.

---

940) 강화도조약-1876년(고종 13년) 2월 강화부에서 조선과 일본 사이에 체결된 불평등조약
941) 4231-1 서문 "삼천 무리의 코미타투스"
　　4-3 들어가기 ■3 ●Tip ■2) ■-1 ○2 이들 코미타투스 삼랑(三郞)은 고조선 국자랑(國子郞), 북부여 천왕랑(天王郞), 고구려 조의선인(皂衣仙人), 백제 무절(武節), 신라 화랑(花郞), 고려 재가화상(在家和尙) 등으로 이어졌습니다.

| 4-3-6 | 근대 명리학사(近代命理學史), |

| ●=1 | 중화민국(中華民國) |

☐1.『협기변방서(協記辯方書)』-슬수(術數) 백과사전

☐2.원수산(袁樹珊)의『명리탐원(命理探原)』『명보(命普)』

☐3.서락오(徐樂吾)의 ▶『궁통노감평주(窮通寶鑑評註)』-생각을 골똘히 므은 귀중한 책이라는 의미. ▶『자평진전평주(子平眞詮評註)』 ▶『적천수징의』-유백온(劉伯溫) 원저(原著), 임철초(任鐵樵) 편주(編註), 서락오(徐樂吾) 증주(增註), ▶『적천수보주(滴天髓補註)』

☐4.위천리(韋天里)의『명학강의(命學講義)』,『팔자제요(八字提要)』

☐5. 그 외
▶오준민의『명리신론(命理新論)』, ▶화제관주의『명학신의(命學新義)』. ▶하건충의『팔자심리학(八字心理學)』 ▶종의명(鐘義明), ▶장백명, ▶요구거사(了無居士), ▶이철필(李鐵筆) 등

| ●=2 | 일본(日本)의 명리학사(命理學史) |

■1.아베 다이장, 타까끼 죠, 사토 로꾸류 등

☐1.아베 다이장의『아부태산전집(阿部泰山全集)』22권-일본에서 가장 대표적인 인물, ▶1963년-종전 후 자료 분석정리. ▶중일 전쟁당시 종군 기자로 북경 주재하면서 중국의 고문헌 들을 방대하게 수집. ▶한국 명리학계에 큰 영향력을 전파

● Tip

■-1 일본의 근대화
○1.일본은 동양에서 스스로 근대화를 이룬 국가이자 세계적으로도 근대화 과정에서 내전을 겪지 않는 나라입니다. 어듷든 일본 근대화의 뿌리도 화혼양재(혼은 일본, 재주는 서양)인데, 만약 영국처럼 강한 나라가 해군력을 앞세워 쳐들어오면 어떠한 수단으로도 방어할 수 없는 것을 고민합니다. 그러나 기존의 정치 구조와 세력에 의한 자강, 즉 군함 대포 등 무기 만드는 기술만을 고집하는 청이나 조선과 결과가 다릅니다.
 1)250개 번의 다이묘(영주)들이 통치하던 일본은 1869년 3월을 시작으로 판적봉환을 거쳐 1871년 8월 폐번치현을 통해 중앙집권 체제로 마무리됩니다.
 2)일본의 메이지 정부는 1871~1873 미국과 유럽으로 이와쿠라 사절단을 파견합니다.
 3)사절단은 증기선에 올라 요코하마를 출발 태평양을 건넙니다. 센프란시스코에서 미

국 대륙을 횡단 워싱턴 DC, 이후 대서양을 건너 영국, 프랑스, 벨기에, 네델란드, 독일 러시아, 덴마크, 스웨덴, 이탈리아, 오스트리아, 스위스를 거쳐 스웨즈 운하를 통과하여 1973년 9월 요코하마에 돌아옵니다.
  4)미국에 8개월 머물면서 제도와 문물을 익히고 유럽에서는 각국 정상들을 만납니다.
  5)그리고 귀국 후 문화적 충격을 나름 비판적 관점에서 수용하면서 "특명전권대사 미구회람실기"라는 총 100권 5편 5책의 보고서를 남깁니다.
  6)이러한 사절단의 영향으로 메이지 정부는 영국을 모델로 하는 해군의 육성, 독일 헌법을 학습하여 '대일본제국헌법'을 만들게 됩니다.

○2.공맹을 앞세워 쳐들어오면 공맹을 사로잡는 것이 공맹의 도리다.
  1)이는 앞서 야마자키 안사이(1618. 12~1682. 9) 일본의 주자학자가 한 말입니다. 뼈 속까지 공맹을 받아들여 성현의 도를 실천하려는 만동묘942)의 우리와 다릅니다.
  2)모토오리 노리나가(1732. 6~1801. 11) 에도시대 국학자는 일본의 역사가 한자로 쓰여 있어 한자를 공부해야 하고 중국의 약점을 알기 위해서 공맹을 공부해야 한다고 합니다. 여기 국학은 일본 고유의 문화 사상을 고전과 고대사에서 재발견하는 것입니다.
  3)1960년대 후반 학생들 교과서에서 한자를 완전 폐지했던 우리나라와 다릅니다.

○3.자강을 앞세운 조선과 청나라는 근대화에 실패합니다. 자강이라는 말은 이론적으로 아주 우수합니다. 그러나 세계열강이 통상을 앞세워 자강을 방관하지 않는 국제 정세에 어두웠습니다.
  1)조선은 개국과 함께 과거제도를 통해 이미 중앙집권 체제를 구축했습니다. 그러니까 먼저인 구축한 조선은 실패, 나중의 일본은 성공했다는 말이 됩니다.
  2)다만 두 나라의 차이가 있다면 청나라의 속방인 것과 아닌 것이 다릅니다. 어떻든 조선은 위정척사파와 개화파 대립에서 개화파 갑신정변(1884)의 삼일천하로 끝납니다.
  3)물론 조선도 1881년 5월 신사유람단으로 알려진 조사시찰단을 일본에, 그리고 1883년 7월 외교사절단으로 미국에 보빙사를 파견하지만 결국 나라를 잃습니다.

○4.청나라의 중체서용(사상 정신은 중국, 과학 기술은 서양)은 조선의 동도서기(동양의 도, 서양의 기술)와 맥을 같이합니다.
  1)하지만 자강운동은 과학 기술을 탄생시킨 서양의 정신과 문화를 도외시하는 오류를 범하고 맙니다. 그 결과 서태후 시절 자강운동인 양무운동을 전개하여 1860년대 동치중흥의 일시적 만회도 일어나고, 1872년부터 유미유동 사절단을 미국에 보내지만 결국 실패합니다.
  2)1884~5 청나라 남양함대가 청프전쟁에서, 북양함대가 청일전쟁에서 패합니다. 중체서용의 청나라는 어떻게 군함(증기선)은 보유했지만 전술을 따라가지 못했습니다. 그 와중에 청일전쟁 배상금이 1894년 당시 2억 3천만 냥 정도 됩니다. 이는 당시 청나라 일 년 세수 약 8,300냥의 3배에 달하는 금액이고 한꺼번에 배상 못해 7년 동안 여덟 번에 걸쳐 지불합니다. 아편전쟁 배상금 약 1500만 냥의 무려 15배입니다.

■-2 일본의 두 얼굴

○1.일본의 아키히토(明仁) 전 일왕은 2001년 12월 자신의 조상에 대하여 "나 자신, 간무(桓武) 천황의 어머니가 백제 구령왕의 자손이라고 속일본기(續日本記)에 기록되어 있어, 한국과의 인연을 느낍니다.'라고 자신의 생일날 공개석상에서 스스로 백제의 후손임을 고백합니다.

○2.정한론이란 1873년 10월 정한론 정변 당시의 주장을 말하는데, 에도 막부 말기에서 메이지 초기에 일본에서 등장한 조선 침략론을 가리킵니다.
 1)에도 막부 말기에 "야마토 정권이 조선을 지배했다"는 "『고사기(古事記)』와 『일본서기(日本書紀)』"를 근거로 조선 침략을 주장하는 이야기인데, 그때 주장은 정치적 영향력을 발휘할 정도까지는 아니었습니다.
 2)그러나 대표적 정한론자 요시다 쇼인(吉田松陰 1830~1859)에 이르러, 일본이 서구 열강의 압박을 극복하기 위해서는 조선은 물론이고 만주와 중국을 정복해야 한다는 주장을 펼쳤습니다. 이는 무력 강경책으로 조선을 상대한다는 기도 다카요시 등의 정한론으로 이어지게 됩니다.
 3)인천상륙작전 당시 맥아더사령부는 해상과 육상자위대에 한국관련 자료를 요구합니다. 그러나 일본은 자료의 대가로 한반도 관할권을 요구하는데, 물론 거절당합니다. 그리고 1.965년 한일수교 후 군사적 정복은 피했지만, 경제적으로 대일무역적자는 극심합니다.
 4)오늘날 일본의 보수화 우경화는 전쟁 가능한 군사대국화, 즉 헌법 제9조를 바꾸어 일본도 자위권 행사를 위한 군대 소유를 뜻합니다. 이안에 정한론도 살아 있습니다.

○6.조비(曹丕)와 조식(曹植)은 아버지 조조와 어머니 변태후 소생의 같은 형제인데, 형이 동생을 조식을 죽이려 하는 동안 칠보시943)를 읊고 있습니다.
○7.우리 앞에는 칠보시 속의 백제 후손 아키히토(明仁) 전 일왕과, 정한론의 요시다 쇼인 두 얼굴이 있습니다. 그리고 일본 사주명리학의 아베 다이장 『아부태산전집(阿部泰山全集)』22권이 있습니다.

---

942) 4-2 들어가기 ●Tip ■-9 정리하기 ⊃"그 후 송자 송시열을 필두로 성리학 이념을 실천한 소중화가 되어 만절필동의 만동묘에 제향하고, 그 정신은 쇄국으로 이어져 결국 일본에 나라를 잃습니다.
943) 칠보시(조비가 동생 조식에게 "일곱 걸음 안에 시를 짓지 못하면 큰 벌을 내리겠다." 그래서 조식이 읊은 시-.자두지작갱 녹시이위즙 기재부저연 두재부중읍 본시동근생 상전하태급(煮豆持作羹 漉豉以爲汁 其在釜底然 豆在釜中泣 本是同根生 相煎何太急). 콩을 쪄서 국을 만들고, 콩자반을 걸러 즙으로 하려는데, 콩대는 솥 아래서 타고, 콩은 솥 안에서 울고 있구나. 본디 한 뿌리에서 났는데, 불 때어 달이기를 어찌 그리 서두르는고.

| 4-3-7 | 우리의 명리학사 |

■1.고려(高麗)의 명과학(命課學)
고려에서는 숙종(肅宗)때 서운감(書雲監)을 설치하여 명과학을 관장하였다.

■2.조선(朝鮮)의 명과학(命課學)
□1.세종 때 관상감(觀象監)이 세워졌고 명과학을 하는 관리들이 관서감[944]에서 일하였다.
　□2.조선(朝鮮)의 명과학(命課學) 시험과목으로 5종류가 있었다. ▶1-원천강(袁天綱), ▶2-서자평의 『자평삼명통변연원(子平三命通辯淵源)』 ▶3-응천가(應天歌), ▶4-범위수(範圍數), ▶5-극택통서(剋擇通書)와 ▶그리고 경국대전(經國大典)이 있었다. 경국대전(經國大典)은 서운감(書雲監), 관상감(觀象監), 음양가(陰陽家) 등 관리등용의 필수 공통과목이다.
□3.이순지(李純之)의 『천문유초(天文類抄)』는 세종(世宗) 때 추가되었다 한다.

> ● Tip
> ○사문난적(斯文亂賊)은 성리학의 교리를 어지럽히고 그 사상에 어긋나는 언행을 하는 사람을 말합니다. 그러나 이는 주자의 정신이 아닌 그가 쓴 문자에 얽매인 결과입니다.
> ○주자의 정신은 실사구시에 있습니다. 문(文)은 도(道)를 깨우치기 위한 수단으로 도를 깨우치면 문자의 터득은 자연 따라온다는 말입니다. 그러나 문자에 얽매이면 문자의 아름다움에 심취할 수는 있어도 도(변화)[945]에 이르지 못한다고 합니다.
> ○우리 조선의 성리학이 그랬습니다. 조선 후기에 오면 실학의 실사구시가 등장합니다.
> ○주자의 주자학 자체가 실사구시의 구현을 목표로 하는데, 주자학(성리학)을 하는 조선에서 실사구시가 일어난 겁니다. 문자로 쓰여진 교리에 집착하다가 실사구시의 도에 이르지 못했다는 말입니다.
> ○그 결과 우리 후손들은 그 많고 많은 눈물을 흘려야 했고 앞으로 또 얼마나 흘려야 할지 모릅니다. 어떻게 하면 우리의 눈물이 멈추어질 수 있을 까요?

---

944) 관서감(官署監)은-관원이 소속되어 근무한 중앙과 지방의 관청을 말함.
945) 4-2-3 서문 "헤라클레이토스"

찾아보기-3권 4장

4-1-1 ●=2 박금이 저술한 「부도지」
4-1-1 ●=2 ■3 창조론
4-1-1 ●=2 ■3 "우주공간에는 지구의 모든 모래보다 22제곱근이나 많은 별들이 흩어져 있다."
4-1-1 ●=2 ■3 성주괴공(成住壞空).
4-1-1-1 ●=1 ■2 "허블-르메트르 법칙더 의하면 우주 나이는 빅뱅 후 138억 년"
4-1-2-1 동이족의 정신적 고향 자미궁
4-1-2-2 □7 "수소와 헬륨으로 이루어진 45억 년 된 태양"
4-1-2-3 우리은하와 태양계
4-1-3-4 빙하기
4-1-3-5 ●=2 플라톤의 저서 「크리티아스」
4-1-3-6 핵폭발
4-1-3-10 ●=2 테라포밍 "다른 외계의 천체 환경을 인간이 살 수 있도록 변화시키는 일"

4-1-4 지구의 불가사의(不可思議)
4-1-4 ●Tip ○초고도문명의 주체는 한 들이 아닙니다.
4-1-4-1 "일본 교토학파의 실증사학은 랑케로부터 비롯된다."
4-1-4-1 '조선총독부 조선사편수회' ●Tip '37권의 "조선사"는 실로 방대"
4-1-4-1 "이마니시류는 이병도의 스승이자 우리 역사를 왜곡한 핵심 인물"
4-1-4-2 서문 "불가사의한 초고도문명의 흔적은 헤아릴 수 없이 많은데"
4-1-4-2 ●=7 수메르 점토판
4-1-4-2 ●=8 ■2 "베다(Vedic) 문헌에는 신이 우주를 고속으로 날아다닌다."
4-1-5-1 유전공학과 이종교배4-2-1 유전공학과 이종교배
4-1-5-2 ■2 "두 부류의 사람(지혜로운 사람과 우둔한 사람)". "생명공학"
4-1-5-2 ■1 ■1. "문자학자들은 한자가 갑골문의 진화가 아닌, 완성된 글자로 세상에 나타났다그"
4-1-5-3 호모 사피엔스사피엔스. "대전이(大轉移)"
4-1-5-3 ■1 네안데르탈인
4-1-5-3 ■5 "호모 사피엔스사피엔스는 슬기롭고 슬기로운 사람"
4-1-6 서문 (1) "▶안다고 하는 이 세계는 우주 전체의 5%에 불과. ▶뇌의 활용'에 있어서 개인들의 능력은 전체 뇌의 채 6%가 안 된다"
4-1-6 서문 (1) '카르다쇼프 척도'
4-1-6-1 □2 "만주지방 예맥"
4-1-6-1 □2 '포폴 부'
4-1-6-1 □3 수미산
4-1-6-1 □4 '점토판'
4-1-6-2 □2 오디세이아
4-1-6-3 서문 "화승총"
4-1-6-3 서양의 동양 역전

4-1-7 『사마천』의 『사기』
4-1-7 ●=1 동이족과 한족의 비교
4-1-7 ●=1 서문 "천 년을 유지하는 나라"
4-1-7 ●=1 ■2 "북부여 202년'을 계승한 고구려 907년" "국통맥의 역사"
4-1-7 ●=1 ■3 이민족(오랑캐)
4-1-7 ●=2 "중국이라는 호칭"
4-1-7 ●=2 "동이족, 한족, 거란족, 몽골족, 만주족이 한 때 중원의 주인"
4-1-7 ●=3 ■2 "수서령(收書令)"
4-1-7 ●=5 편년체(연, 월, 일, 순서대로 사실(史實)을 기록), 공자 춘추필법(春秋筆法)에서 유래
4-1-7-1 태호 복희
4-1-7-2 염제 신농
4-1-7-3 황제 헌원

4-1-7-3 "황제내경"
4-1-7-4 치우천황
4-1-8-2 "은나라 마지막 주(紂)왕의 이복형으로 미자와 기자 형제가 있다."
4-1-8-2 참고 "노나라 지도"
4-1-8-3 예수
4-1-8-4 "일제가 우리를 얼마나 탄압하고 학살했는지 알 수가 없다." "조선인 학살(총살)사건은 계속 벌어졌고 수많은 조선인이 죽었다."
4-1-8-4 ●Tip ○3 "동이 후손"

4-2 들어가기 서문 '양계초에 의하면' "문화는 정신에서 나온다."
4-2 들어가기 ●Tip ■-1 "기독교 문화는 살아남았습니다."
4-2 들어가기 ●Tip ■-2 한 번 생겨난 문화는 사라지지 않고 늘 환생합니다.
4-2 5장 들어가기 ●Tip ■-9 정리하기
4-2 들어가기 ●Tip ■-9 정리하기 ○"그 후 송자 송시열을 필두로 성리학 이념을 실천한 소중화가 되어 만절필동의 만동묘에 제향하고, 그 정신은 쇄국으로 이어져 결국 일본에 나라를 잃습니다.
4-2 들어가기 ■2 ●Tip ○5. "가르친다고 되고 배운다고 되는 일"
4-2 들어가기 ■2 ●Tip ○11. "주장 강하면 상대는 의지가 꺾여 상처받게 됩니다."
4-2-1 천도(天道)의 세계 "자연론 정성론 천명론"
4-2-1-1 ●=2 생명의 질서(율려)
4-2-1-1 ●=3 파동으로 연결
4-2-1-2 정성론-인도(人道)의 본원으로서 성(誠)
4-2-1-2 ●=1 ■3) 주(周)나라에서 제작된 "종정이기(鐘鼎彝器)"
4-2-1-2 ●=1 ■4) □3 "인도(人道)는 천일합일사상 을 근원으로 발전"
4-2-1-2 ●=1 ■4) □5 "사람의 본질인 성(性)을"
4-2-1-2 ●=2 섭리와 사람의 눈
4-2-1-2 ●=2 "호사다마(好事多魔)"
4-2-1-2 ●=2 "새옹지마(塞翁之馬)"
4-2-1-2 ●=2 "승자의 저주"
4-2-1-2 ●=2 "톨스토이"
4-2-1-2 ●=3 "공맹사상"
4-2-1-2 ●=3 "인간의 이기(利己)와 구복(口腹)"
4-2-1-2 ●=3 인도(人道)와 사주명리
4-2-1-2 ●=3 ●Tip ■-1 "선악과를 따 먹을 수도 있고 안 먹을 수도 있는"
4-2-1-2 ●=3 ●Tip ■-2 "「라인홀트 니부어」의 기도문 중"
4-2-1-3 ●=1 □3 동중서
4-2-1-3 ●=1 □3 "한(漢)나라의 동중서" "천인감응사상 해석"
4-2-1-3 ●=1 □4 선수련의 "조식호흡"
4-2-1-3 ●=1 ●Tip ■-2 "가신신앙"
4-2-1-3 ●=1 ●Tip ■-3 ○3 그러나 운명은 처음부터 존재하지 않았습니다. 나중에 사람에 의해 만들어집니다.
4-2-1-3 ●=2 천인감응사상 "사람은 하늘에 근본하여 만들어졌으며"
4-2-1-3 ●=2 천명사상 "만물을 낳고 기르는 주재자 천(天)"
4-2-1-3 ●=2 "하늘이 자연과 세상을 주재하는 최고의 신(神)"
4-2-1-3 ●=3 ●Tip ○3 "내 뜻대로 마옵시고"는 천명 앞에 가장 성숙한 태도의 일면"

4-2-2 역(易)의 세계
4-2-2-1 서문 '홍범구주(弘範九疇)
4221-2 ●=2 간역(簡易)5-2-2-2 ●=2 "금문경학파(상수역학자)"
4222-1 의리역(義理易)
4222-2 상수역(象數易)
4222-2 ●=2 ■1 "일적십거(一積十鉅)"
4222-3 상수역(象數易)의 종류

4-2-2-3 ■1 "유식사상(유식톤 유식학)" 이 세상 모든 것은 마음을 거쳐 제각기 다르게 나타난 것.

4-2-2-3 ■2 ●Tip ■1-영감, ■2-육감, ■3-직관에 대하여
4-2-2-3 ■2 ●Tip ■6-상징 보는 법
4-2-2-3 "산명(算命)은 운수를 점치는 행위"
4-2-2-3 ■1 ▶도교의 내단학
4-2-2-3 ■2 ●Tip ■1 "영감"
4223-1 ●=1   ■2 내단(內丹) 수련으로 도통했어도 무속인으 공수를 제외한 영으로 보는 것, 신령한 점괘, 그리고 어떤 종교의 예시와 계시도 상징과 비유의 범주를 벗어나지 못한다.

4-2-3 "정중동 동중정"
4-2-3 서문 "정중동 동중장"
4-2-3 서문 "헤라클레이토스"
4-2-3 이간(易簡), 변역(變易), 불역(不易)- "▶이간(易簡)의 생장화수장에서 ▶변역(變易)의 정중동 동중정에서, "▶불역(不易) 에서 헤라클레이토스의 로고스를 통하여 세상으 변화를 보았다."
4231-1 환인천제(桓因天帝) 각주-"안파견(安巴堅)"
4231-1 서문 "삼천 무리의 코미타투스"
4231-2 천자(天子)들의 출현
4231-2 ■2 '뇌 보상중추의 활성화'. "편도체"
4231-3 ■2 ●Tip ■-조선의 신분제도. 군포
4231-4 삶에는 '전제(前提)'가 있다.
4232-3 "클라이언트"
4232-3 ●Tip ■-가상세계와 초고도 문명 ○"하늘의 선물일수도 있는 우리의 생극제화를"
4232-3 ●Tip ■-가상세계와 즈고도 문명 ○"역설적으로 말하면 5%와 6%로는 이러한 사실을 증명해 내지 못했다는 말도 됩니다"
4232-3 ●Tip ■-가상세계와 스 ○금강경에서는 "그러할 뿐(무우정법-정해진바가 없음)"
4232-3 ●=1 ■3 빙산의 일각
4232-3 ●=1 ■3 빙산의 일각
4232-3 ●=2 인공지능과 알고이즘
4-2-4 서문 "사람만이 유일하게 하늘과 산을 섬기는(제사와 종교행위)"
4-2-4-1 동양오술 "산명술"
4-2-4-1 "천문학적 부호', "부호는 '정하여 쓰는 기호"
4242-1 □1 이중예정론 □2 예지예정론
4242-4 밈-문화적 유전자
4-2-5-1 ●=3 자아
4-2-5-2 ●=3 기학(氣學), ●=4 염원(심학)

4-3 들어가기 ■1 동북아 역대 견대표
4-3 들어가기 ■2 □2 지금의 중국
4-3 ■2 □7 기자 위만조선 "단군조선의 강역인 번조선에서 일어난 일부 사건에 불과"
4-3 ■2 □8 고려는 황제국이다.
4-3 ■3 ●Tip "동이족(東夷族)"
4-3 들어가기 ■3 ●Tip ■2) ■-1 ○2 이들 코미타투스 삼랑(三郞)은 고조선 국자랑(國子郞), 북부여 천왕랑(天王郞), 고구려 조의선인(皁衣仙人), 백제 무절(武節), 신라 화랑(花郞), 고려 재가화상(在家和尙) 등으로 이어졌습니다.
4-3 들어가기 ■3 ●Tip ■2) 동기의 조식문화
4-3 들어가기 ■3 ●Tip ■2) ■-4 호흡 요령
4-3 들어가기 ■3 ●Tip ■3) ○3 "연허합도"
4-3-1 ●=1 ■1 □2 "98년판 상해출판사"
4-3-1 ●=2 ■2 ●Tip 신지비사(=서효사)
4-3-1 ●=3 ■2 ●Tip 분할통치 "하얼빈의 진조선, 평양의 막조선, 발해만 연안의 번조선으로"

4-3-1 ●=3 ●Tip 두계 이병도와 조선사편수회
4-3-1 ●=3 ●Tip ■1-2 "국정교과서에 실리면서 오늘에 이릅니다."
4-3-4 □6 추연
4-3-4 ●=3 □5 경방(京房)의 육효(六爻)
4-3-4 ●=8 □5 ●Tip 문성공주를 시집보내면서 "손주가 설마 외할아버지의 나라를 치겠는가?"
4-3-4 ●=8 ●Tip ○"석굴암의 근엄함은 관성, 서산마애불처럼 평안하면 인성에 해당"
4-3-5 ●=3 ●Tip ■-3 1)윤관의 9성-강희제(4대 황제)와 "백두산정계비" 지도 참조
4-3-5 ●=3 ●Tip ■윤관의 9성-강희제(4대 황제)와 "백두산정계비" 지도 참조
4-3-5 ●=3 ●Tip ■-6 조선왕조의 영토 축소의 역사
4-3-5 ●=3 ●Tip ■-9 사주(YVWQ)보는 문화와 그 환생
4-3-6 ●=2 ■1 ●Tip "간무천황의 어머니가 백제 무령왕의 자손이라고 속일본기(續日本記)에 기록"
4-3-6 ●=2 ■1 ●Tip ○2 "정한론-일본에서 등장한 조선 침략론"
4-3-6 ●=2 ■1 ●Tip ○5 "일본은 자료의 대가로 한반도 관할권을 요구"

e북 YVWQ-4권 요약

사 주 명 리

철학관 안 가도 나 사주 푼다.

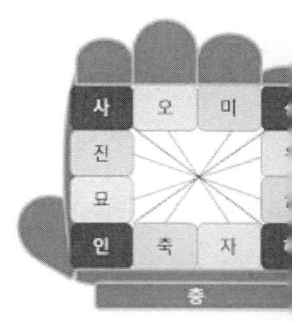

4권 5장 목차

제 5 장 기초 1-자평명리학
5-1 들어가기

5-1 구성
5-1-1 구조적 구성 ··· 370

5-1-2 철학적 구성
5-1-2-1 체용론(體用論) ·· 373
5121-1 사주경리와 치용론(體用論) ··· 377
5121-2 명리고전에서의 체용(體用) ················ <전자책 참고>15

5-1-3 기능적 구성
5-1-3-1 음양오행론(陰陽五行論)
5131-1 음양오행사상(陰陽五行思想)의 유래 ······················· 377
5131-2 음양오행사상(陰陽五行思想) ······································ 378

5-1-3-2 음양론(陰陽論)
5132-1 음양의 의미 ··· 382
5132-2 음양의 발전 ··· 383
5132-3 천간지지의 음양 ··· 384

5-1-3-3 음양의 작용 ·· 386
5133-1 상호대대 ·· 387
5133-2 상호보완 ·· 387
5133-3 상호순환 ·· 388
5133-4 사주명리와 음양 ································· 389

5-1-3-4 오행론(五行論) ································· 390

5-1-3-5 오행의 기운과 작용
5135-1 오행과 기운 ······································· 392
5135-2 오행의 작용 ······································· 393
5135-3 생과 극의 역작용 ······························ 395

5-1-3-6 음양오행의 활용 ······························ 397
5136-1 오행(五行)의 유상(類象) ··················· 398
5136-2 태과 ·· 399

5-1-4 월령과 왕쇠
5-1-4-1 생장화수장 ·· 400
5-1-4-2 오행과 생장화수장 ···························· 401
5-1-4-3 왕상휴수사 ·· 402

5-1-4-4 육신오행의 파생 ·· 402
5-1-4-5 왕절에 따른 육신오행 ···································· 403
5-1-4-6 왕상쇠사(旺相衰死) ·· 405

5-1-5 근묘화실(根苗花實) ·· 407
5-1-5-1 근묘화실(根苗花實)로 자신을 보는 경우 ············ 409
5-1-5-2 근묘화실로 사회적 관계를 보는 경우 ············ 410
5-1-5-3 근묘화실과 시퀀스(Sequences) ······················ 413

5-2 들어가기 ·· 415
5-2 천간 지지 육십갑자 지장간 ·························· 416
5-2-1 간지
5-2-1-1 천간 ·· 417
5-2-1-2 지지 ·· 418
5-2-1-3 육십갑자 육십화갑자
5213-1 육십갑자 ·· 420
5213-2 육십화갑자(納音化甲子) ···································· 423
5213-3 선천수(先天數)와 후천수(後天數) ························ 425

5-2-1-4 지장간(支藏干) ·· 428
5214-1 지장간(支藏干)의 특성 ······································ 429
5214-2 지장간(支藏干)의 구성 ······································ 431

5214-3 절기와 지장간 ·· 431
5214-4 절입일과 윤달 ·· 433
5214-5 월률분야(月律分野) ·· 435
5214-6 중기(中氣)와 조후 ·· 436
5214-7 정기와 12지지의 성정(性情) ···························· 437

5-2-2 간지(干支) 물상
5-2-2-1 간지물상과 근거 ·· 440
5-2-2-2 천간의 물상 ··· 444
5-2-2-3 지지의 물상 ··· 459

5-3 합 형충파해 ·· 469
5-3-1 천간의 합충
5-3-1-1 천간합 ··· 472
5-3-1-1 천간의 충 ··· 473

5-3-2 지지의 합충
5-3-2-1 지지의 합 ··· 475
5-3-2-1 지지의 형충파해 ··· 477

4권 6장 목차 ·· 486
4권 7장 목차 ·· 562
4건 8장 목차 ·· 591

| 제 5 장 | 기초 1-자평명리학 |

5-1 들어가기

아래는 제3장에 있는 내용이다. 우리 책은 독학을 목적으로 씌어졌다. 그래서 실제 강의 내용과 더불어 반복되는 부분이 있다. 여기는 최종격을 얻는 과정인 만큼 기초에서 물상[946]에 에너지 낭비하고 지치지 않기를 바라는 마음이다.

■1. 사주보는 법과 최종격(사주총량=배합=순역=질량 보존의 법칙)[947]
　■1) 배합과 순역의 결과는 초종격으로 이어진다. 이것이 사주보는 법이다.

　■2) 상신(최종격)이 빨리 나오고 이를 중심으로 그 때 변화를 보아야 한다.
□학문이나 논문을 쓰지 않으던 체상(물상), 신살을 자제해야 한다. 그 많은 공부를 하고 사주가 안 풀리는 것은 이들 적중률이 현저히 떨어지기 때문이다.
□다만 훗날 사주명리의 사고력을 확장시키는 도구로 활용하는 것은 좋다.

　■3) 최종격 안의 국중지신과 그 변화는 모두 최중격의 변화에 포함된다.
□그래서 특별한 경우가 아니면 국중지신의 변화를 낱낱이 해석하지 않는다.
□기초 물상에 연연하기보다 최종격에 미치는 결과를 염두에 두어야 한다.

　■4) 최종격 성격 되어도 조화신이 언제 작동(중화, 조화)하는지가 중요하다.[948]
□용신을 중화와 조화의 신이라 말한다. 그러나 이는 적천수용법을 가리키는 말이다. 적천수 이전의 고전대로 하면 자평용법의 중화 조화신은 상신이다.
□이러한 용신(조화신)은 한 번 정해진 것으로 끝나지 않는다. 활성기와 비활성기에 따라 저울의 기울기가 달라져 변격이 이루어지고 사주가 매 순간 변한다.

　■2. 사주해석과 체용
"사주를 해석하고 해설하는 간명의 기능은 크게 두 가지다. 첫 번째 생극제화에 의한 기운의 증감과, 두 번째는 그 기운의 증감을 스토리화(story化)하는 것이다." 제3장 서문에 나온다. 즉 최종격의 증감을 스토리화하고 스토리텔링(통변)한다.

---

946) 3장 들어가기 1-3 ●=2 ■2 ●간명의 원리 ○물상의 원리는 육서의 영향이 큽니다.
947) 3장-4 ■3 ●간명의 원리 ○질량 브존 법칙(質量保存法則)
948) 2-1-3-1 YVWQ와 용법으 성립 시기

■1) (체)오행과 육신으로 메타포(metaphor) 즉 통변을 만드는 것은 당연하다.

■2) (용)팔난과 시퀀스로 통변
□팔난949)-사람의 인사는 팔난 안에 있다. 즉 손재(부도), 주색(이성문제), 질병(사고 포함), 부모, 부부, 형제(가정사), 관재(민 형사), 학업(인식과 정보)으로 일어난다.
□시퀀스950)-"근묘화실에는 생의 주기별로 붙여지는 모자이크가 있다." '5-5-3'에 나오는 말이다. 팔난도 삶의 모자이크에 따라 색깔이 달라진다.

■3. 결론
 기초를 하는 이유는 이러한 과정을 위해서다. 오행은 사람이 만든 기호이자 부호951)다. 이는 추연, 동중서, 유향952) 같은 선배들에 의해 만들어진 경우의 수인 것을 감안해야 한다. 사람이 만든 것은 영원하지 않다. 변한다. 그래서 체를 보되 용을 겸해야 한다. '체'에만 매달리면 사주가 술술 풀어지지 않는다. 그래서 사주 간명에 '용' 인문학은 필수적인데, 허무하고 허접한 일은 경계해야 한다.

> ● Tip
> ○주역(역경)을 몰라도, 음양을 몰라도 사주명리를 하는데 아무런 지장953)이 없다고 말하는 이들도 있습니다. 과연 그럴까요? 정말 그럴까요?
> ○아마도 음양의 하늘과 땅, 해와 달의 물상을 몰라도 지장이 없다는 말일 것입니다.
> ○역경의 의리954)은 인문학적 사고를 부추기고, 음양 작동은 생극제화로 나타납니다.
> ○생극의 작용은 십신에 나오는 '중정지제와 부정지제'955)의 바탕입니다. 그리고 물상도 여기에서 만들어졌는데, 이러한 근거가 있어 체상보다 조금 나을 수는 있습니다.
> ○만물의 영장인 사람을 통해 세상을 보는 것은 가히 인격적인 일입니다. 그러나 동물이나 그 외 상을 통해 사람을 보는 것은 본말이 전도된 이야기일 겁니다. 닭띠가 가난한 것은 모이를 흩으면서 먹기 때문이라는데 클라이언트956)가 몹시 불쾌해 합니다.
> ○이러다가 동양(관념)이 서양(과학)에 역전957)된 뼈아픈 역사가 우리에게 있습니다.

---

949) 7-1-4-1 ■5 □3 삼재팔난(三災八難)
950) 5-1-5-3 ■1 "생의 주기별로 붙여지는 모자이크-시퀀스(Sequences)" 도표
951) 4-2-4-1 "천문학적 부호", "부호는 '정하여 쓰는 기호"
952) 5131-1 추연, 동중서, 유향. 6-1-4 □6 추연
953) 3장 들어가기 2-3 ■3『여섯 장님과 코끼리 우화』
954) 4222-1 의리역(義理易)
955) 3-2-9-4 ●=2 ■1 정(正)작용과 편(偏)작용
956) 4232-3 "클라이언트"
957) 4-1-6-3 서양의 동양 역전

5-1	구성

 사주명리의 구성은 구조적인 부분과 철학적 부분 그리고 기능적 부분으로 나뉜다. ▶1.구조적 구성의 간지력 등은 체(體)로서 '사주'를 성립시키는 바탕이 되고, ▶2.철학적 구성은 '체(體)와 용(用)'[958]을 넘나들며 ▶3.기능적 구성은 용(用)으로서 왕쇠 강약 등을 나타내는 작용이 들어 있다.

5-1-1	구조적 구성

 사주 명리가 정립되려면 다섯 가지의 조건이 선행되어야 한다.-(참조. 김만태 저 '명리학 강론') ▶1.음양오행사상 ▶2.천간과 지지 ▶3.육십갑자 ▶4.점성술 ▶5.정명론이 그것이다.

■1. 음양오행사상의 도입
 음양오행사상은 ▶전국(戰國)시대(BC403~221)말 추연(鄒衍 BC305~240)에 의해서 이론적으로 거의 완전한 형태를 갖추게 되었다. ▶동증서(BC179~104. 한나라의 유학자)에 의하여 천인감응(天人感應)설, 제이설 등으로 발전하였는데 이후 술수(術數)학에 튼튼한 기초를 제공하게 된다.

■2. 천간지지의 음양오행 배속
 간지의 오행 배속에 더한 부분은 '유안'이 저술한(BC2 경) 『회남자』에 나온다.

■3. 60갑자 간지력(干支曆)
'간지기년법'은 육십갑자를 순서 대로 표기하는 것으로 서기 85년 일반화되었다. 이전에는 목성 공전주기에 따라 '세성기년법'[959], '태세기년법'이 사용 되었다.

■4. 점성술(占星術)
 길흉 해석에는 점성술(占星術)이 필수적으로 필요하다. '성수신앙'(聖宿信仰)이

---

958) 5-1-2-1 체용론(體用論)
959) 세성기년법(歲星紀年法)-동양에서는 목성을 세성(歲星)이라고 불렀는데, 목성의 공전궤도를 12등분 하여 목성의 위치에 따라 해[年]의 이름을 바꾸어 부르는 것. 태세는 세성과 반대 방향으로 움직이는 가상의 별. 이 가상의 별을 활용하여 기년하는 것을 태세기년법(太歲紀年法)이라함. 12차는 세성기년법에서 사용되는 용어이고, 12진은 태세기년법에서 사용하는 용어.

동한(22~220)말 환제(147~167)때 불교와 함께 전래되었다. 이는 도교의 점성 관념과도 밀접하게 결합되어 발전하게 된다.

■1) 서양의 점성술
이는 하늘의 행성과 별이 사람의 삶을 주관하고 인간사에 직접 영향을 준다는 믿음이다. ▶수메르, 바빌론, 칼데아를 포함 메소포타미아에서 BC3000년경 시작되어 ▶이집트와 인도에 전파되고 ▶그리스 문명권에서 꽃피웠다.

■2) 동양의 점성술
□1.《왕충(27~100?. 동한의 사상가)의 정명론》-그에 의하면, '사람은 출생 시 자기의 별을 하나씩 가지고 태어난다.' 하였다. 그 별의 존비(尊卑) 대소(大小)의 등급 차이에 의하여 각자의 빈부(貧富) 귀천(貴賤)이 결정된다고 보았던 것이다. 정해진다는 점에서는 천명론과 같으나 주체가 신이 아니고 자연이다.
□2.《천인합일사상과 천인감응사상》-이 두 사상은 점성신앙의 중요한 세계관의 작용에 일조를 거듭한다. ▶위진 남북조를 거쳐 수, 당시대 크게 발전하였다. ▶위진 시대 이후 불교와 도교의 점성신앙에서 개인에 대한 '점복'이나 '운명학'으로 확장 발전하였다.
□3.《12지지와 12황도 12궁》의 관계-당사주의 12성과 점성술의 황도 12궁은 그 의미가 다르지만, 12지지와 띠와 천문방위에 따라 배열되는 공통점이 있다.

12성	천귀	천액	천권	천파	천간	천문	천복	천역	천고	천인	천예	천수
띠	쥐	소	호랑이	토끼	용	뱀	말	양	원숭이	닭	개	돼지
12지지	자	축	인	묘	진	사	오	미	신	유	술	해
12궁	보병	마갈	인마	천헐	천칭	쌍녀	사자	거해	쌍자	금우	백양	쌍어
별자리	물병	염소	궁수	전갈	천칭	처녀	사자	게	쌍둥이	황소	양	고기

<참조-김만태 저 '명리학 강론'>

■5. 정명론(定命論)
동한(東漢)의 사상가 왕충[960]은 자연정명론(自然定命論)에서 "사람이 태어날

---

960) 왕충(王充)-후한 시대(25~220)의 유물론자. 그의 주요 저서『논형(論衡)』외에도 예를 비판하는『기속절의(譏俗節義)』12편과 규모가 잘 알려지지 않은 정치에 대한 저서『정무(政務)』한 권을 저술하였으며, 죽기 전에『양성서(養性書)』16편을 저술하였다고 전함. 사회적으로 불우한 생애를 보냄, 또 최근까지 이단시되어 정당한 평가가 내려지지 못했는데, 그것은 공자, 맹자를 비판했기 때문. 그는

때 처음 받은 천지(天地)의 기가 그 사람의 일생의 운명을 대부분 결정한다." 하였다.

바로 정명론(定命論)961)으로써 '사람이 행운(幸運)을 만나거나 거듭해서 해(害)를 만나는 것 모두가 명(命) 때문이다' 했다. 동한(=후한後漢)에서 시작된 결정적 운명론은 사상적인 면으로단 치우치지 않았다. 즉 운명은 태어나면서부터 지니는 것으로, 후천적으로 바꿀 수 없는 '필연적'인 것으로 보았다

'생사수요(生死壽夭)의 명'과 '빈부귀천(嬪婦貴賤)의 명' 등 사람의 수명(壽命)은 부모가 생명의 '율려'962)를 불어 넣을 때 이미 그 길흉이 결정된다는 것이 '품기설'과 '정명론'이다.

당대에 유행한, '하늘에는 합목적적 의지 활동의 능력이 있고 이것이 사람의 일에 영향을 끼친다.'고 하는 천인상관설(天人相關說)이나, 미신적 예언설인 참위설(讖緯說)을 비판하고 부정하였으며, 자연으로서의 천(天)과 제 현상은 '기'(氣)의 작용에 의해 필연적으로 일어난다고 하는 유물론을 주장함.

961) 정명론-일반적으로 인간의 행위와 존재를 포함하여 삼라만상(森羅萬象)은 미리 결과가 정해져 있음. 모든 사상(事象)의 진행에 있어서 인간의 의지와 지력(知力)은 전혀 무력하다고 봄. 예로부터 '명(命)'은 대명(大命)을 가리킨 것으로 문자 그대로 하늘의 명령을 받는다는 뜻.

962) 4-2-1-1 ●=2 생명의 질서(율려)

5-1-2 철학적 구성

사람은 생각 없이 존재할 수 없다. 그 중심에 형이상학적인 사상과 철학이 있다. 그래서 성격, 심리, 행동 등 그 무엇으로 발현될 때 그 실체를 느낄 수 있다.

사주명리의 철학적 구성으로는 체용론, 음양오행론, 음양론, 오행론 등이 있다. 이들의 작용은 드러나지 않는 듯해도 사주명리 전반에 걸쳐 생극제화가 발현될 때 그 속에 이미 작동이 이루어지고 있다.

5-1-2-1 체용론(體用論)

체용(體用)은 이기(理氣)와 마찬가지이다. 이기는 음양처럼 하나이면서 둘이고, 둘이면서 하나이다. 체용론(體用論)은 궁극적인 근거 즉 변하지 않는 본질과 유형적이거나 물질적인 것 즉 변화를 포함하고 있다. 즉 사물을 체와 용의 두 가지로 나누어, 각각의 의미와 상호 연관성 속에서 사물을 이해하는 사고방식이다.

●=1 체용의 핵심

체는 사물의 본체, 근본적인 것을 말하고, 용이란 사물의 작용 또는 현상으로써 파생적인 것을 가리키는 개념으로 사용된다. 이는 변화하지 않는 것과 변화하는 것의 상대적 차이라 할 수 있다. 이 점을 설명하기 위하여 체용, 비은, 음양, 이기, 본질과 발현 등의 단어들이 동원되었다.

□'체(體)'는 은(隱), 음(陰), 이(理), 본질(本質to be)로서 변화하지 않고,
□'용(用)'은 비(費), 양(陽), 기(氣), 발현(發現to do)으로서 변화를 의미한다.

체(體)-불변성	용(用)-가역성
체·은·음·이·본질	용·비·양·기·발현

●=2 체용의 역사

유교에서의 체(體)는 형이상학적인 본체적 존재이다. 그리고 용(用)은 형이하학적 세계 즉 오관(五官)으로 감지할 수 있는 현상을 지칭하는 철학적 용어이다.

고대 동북아에 인도 불교가 전래될 때, 그 이론을 체계화하기 위하여 서당불교(書堂佛教) 즉 격의불교(格義佛教)가 발생하는 과정에서 사용하기 시작하였

다. 또한 송나라 유학자들이 이를 유가 철학에서 이론적이고 조직적으로 사용하였다.

■1. 그러나 '체용'의 사상은 기미 『중용』에서 '비은(費隱)'963)의 개념으로 표현되고 있었다. 하지만 체용론의 연원은 '비은'보다 멀리 한대(漢代)에까지 올라갈 수 있다. 정현(鄭玄)이 보여주는 체용론은 『예기 禮記』 「서(序)」에서 "마음을 통제하는 것을 '체'라 하고 그것을 실천하고 행하는 것을 '용'이라 한다."고 나온다.

■2. 삼국시대 위(魏)나라의 하안(何晏), 왕필(王弼) 등에 의해서 체용론적인 사고방식이 제대로 정립된 것을 볼 수 있다. 그들이 사용한 본말(本末)964)의 개념은 체용론의 원형이다 할 수 있기 때문이다. 다만 그들은 체용이라는 말은 사용하지 않았을 뿐이다.

■3. 송 대에 성립된 성리학965)은 불교적 체용론을 받아들여 자신의 이론체계를 구축하게 된다. 우주론과 인성론을 체용 개념으로 설명함으로써 체용이 철학적 용어로 정착되었는데, 여기에 「주돈이966)」, 「정이367)」, 「주희968)」 등이 있다.

---

963) 비은-중용 12장에 "비는 그 작용이 강대한 것이요, 은은 그 본체가 은밀 미세함이다."라고 나옴.
964) 본말론-도가의 무(無)와 유(有)에 관한 설명을 본말론으로 체계화하여, 변화가 무궁한 천지만물에 대해 그 본체인 '무'는 적연부동(寂然不動)하다고 하며, 본체가 있어야만 개개의 현상이 존재한다고 함. 이러한 본말론이 뒤에 불교사상을 수용하는 과정에서 체용론으로 발전. 불교에서 체용의 논리는 인과의 논리와 대비되는 것으로, 원인과 결과의 관계가 바람과 파도의 관계로 비유, 그래서 체와 용의 관계는 물과 파도의 관계이다. 따라서 인과론에서는 원인과 결과가 서로 별개의 것이지만 체용론에서는 체와 용이 서로 다른 실체를 가리키는 것은 아님.
965) 송대의 성리학-특히 주희는 이 체용론을 자유자재로 구사해 자신의 이론체계를 수립했는데, 그는 "형이상(形而上)인 것으로부터 말한다면 아득한 것(沖漠者)이 체가 되며, 그것이 사물 사이에서 발현하는 것이 용이 된다. 형이하인 것으로서 말한다면 사물이 또 체가 되고 그 사물의 이치가 발현하는 것이 용이 된다. 따라서 일률적으로 형이상을 도의 체라 하고, 천하의 달도인 5가지를 도의 용이라 할 수는 없다"고 했다.
966) 주돈이(周敦頤)-'무극이태극(無極而太極)'을 형이상자로서 천지만물이 생성되기 전의 본체로 보았고, 그 본체의 작용으로 동정(動靜), 음양(陰陽), 오행(五行)이 나오고 다시 교감상태(交感狀態)에서 천지만물이 형성된 것이라고 함.
967) 정이-북송(北宋) 중기의 유학자. 형 정호(程顥)와 함께 주돈이에게 배웠고, 형과 아울러 '이정자(二程子)'라 불리는 정주학(程朱學)의 창시자. '이기이원론(理氣二元論)'의 철학을 수립하여 큰 업적을 남김. 「정이」는 체와 용을 영구불변의 본체적 존재를 '체'라 하고, 기의 변화하는 작용을 '용'이라 함. 이는 '형이상자로서의 도'와 '형이하로서의 기'로 보는데서 유래. 여기에서 도를 이로 대체하면 체용이 '이와 기'가됨 그리고 이것을 관념적으로 다르게 표현하기도 하였는데 도를 태허 또는 무형과 연결시키고 기를 질료(質料-물질의 생성변화에서 모든 것을 받아들이는 본바탕)적인 존재인 기 또는 음양 또는 유형과 연결시키기도 함.
968) 「주희」는 천지만물의 본체를 '체'라고 하고, 이와 체를 구체화하는 작용을 '용'이라고 함. 기에 마음을 성과 정으로 나누면 심의 주체인 '성이 체'가 되고, 심의 작용인' 정이 용'. 성은 착한 바탕이지만 그것이 정으로 작용할 때는 기의 청착으로 말미암아 선하기도 하고 선하지 않기도 한다고 봄.

■4. 이처럼 체용론은 동북아와 우리나라의 '전통철학'[969]에서 중요한 범주를 형성한다. 이는 우리 조선왕조에서도 중요한 사고방식으로 자리 잡았으며, '퇴계 이황의 체용론'[970]도 그중의 하나이다.

그는 주희의 "이(理)를 체로, 이(理)가 상(象)으로 드러난 것을 용으로 파악"하는 것보다 한 걸음을 더 나아가서 이 자체를 체와 용으로 나누어 설명하였다. 그리고 퇴계는 체(體) 즉 이(理) 자체가 드러나는 것만이 '용'이 아니라, "이(理)가 발동하는 자체만으로도 용이다" 고 말한 점에서 체용의 상대적 현상을 확인 할 수 있다. 이러한 사상은 사주명리를 향해서도 중요한 체용의 개념을 제공하게 된다.

| ●=3 | 삶에서의 체용 |

앞서 '체'는 바탕이고 '용'은 발현으로 공부하였다. '용'이 극대화 될 수 있다면 그 사람은 유능한 인재가 된다.

■1. IQ와 체용

IQ가 높다고 무조건 성적이 높은 것은 아니다. IQ '체'가 높아도 노력 '용'을 활용하지 않으면 성적은 올라가지 않는다.

■2. 어머니와 체용

낳아 주신분이 내 어머니로써 '체'가 된다. 그런데 자당(慈堂.친구 어머니의 존칭)도 어머니라 부른다. 그래서 벗(사주에서는 비겁)이 많을수록 '용'은 더욱 다양해진다.

■3. 호흡과 체용

호흡은 들숨과 날숨으로 이루어지진다. 호흡 자체가 '체' 라면 들숨 날숨의 호

---

[969] 전통철학-체용론은 19세기 이후 서양세력의 침략을 받으면서 그들 기술문명의 우월성을 깨닫고, 그것을 극복하기 위한 방향을 모색하는 과정에서 제시된 중국의 중체서용론(中體西用論)이나 우리나라의 동도서기론(東道西器論)에 논리적 근거를 제공하는 역할을 하기도 함.

[970] 이황 체용론-기대승과 사단칠정논쟁(四端七情論爭)을 벌이면서 사단은 이의 발(發)로, 칠정은 기의 발로 설명하는 이기호발설(理氣互發說)을 주장. 심성론에서의 이발설은 그의 사상체계에서 우주론에서의 이동설(理動說), 인식론에서의 이자도설(理自到說)과 함께 성리학의 이기론에 중요한 문제를 제기하는 것이었다. 원래 성리학에서는 동정(動靜)하는 것은 기이며, 이는 그 동정의 소이(所以)일 뿐 그 자체가 동정하는 것은 아님. 이에는 정의(情意)와 조작(造作)이 없다고 하는 것이 바로 그것. 따라서 이황의 이발설, 이동설·이자도설은 분명히 성리학의 이에 대한 설명과는 배치됨. 이때 이황이 자신의 논리를 설명하기 위해 사용한 것이 체용론. 그는 "대개 정의가 없다고 운운한 것은 본연의 체요, 발하고 생(生)할 수 있는 것은 지묘(至妙)한 용이다"라고 함. 즉 체는 정의와 조작이 없다는 것을 말하며, 이가 발동하고 생한다는 것은 이(理)의 용(用)이라함.

흡법은 '용'이 된다. 그런데 들숨과 날숨의 '용' 즉 사용법이 각각 다르다.971)

■4. 운명과 체용
 '체'-과학적 사고와 정보가 뒷받침이 되지 않으면 '용'-운명이 되고 만다. 즉 알지 못하면 막연한 운명이고 이치(吏治)와 원리(原理)를 깨달으면 앎이 지혜가 된다. 일상에서 깨닫지 못하면 운이나 요행을 기대하고 빌게 된다. 하지만 통찰이 이루어지면 위에서 본 B와 같이 '체'-과학적인 정보를, '용'-삶에 반영하고 발용(發用) 시키면서 가진 자능과 자원을 더욱 극대화 할 수 있다.

| 5121-1 | 사주명리와 체용론(體用論) |

 사주명리에서 체용론(體用論)의 '체(體)'는 전제(前提)로서 드러나지 않는 음(陰)이자 이(理) 즉 정(靜)과 같고, 드러나는 '용(用)'은 작용으로서 양(陽)이자 기(機) 즉 동(動)이다. 여기 동하는 것에 이법과 이기법 그리고 용신 등이 있다.
 사주명리의 역사에서 체용은 대략 네 가지로 전개되는데 아래 도표의 색깔처럼 시대별로 계통을 이룬다.

	시대	인물	관련서적	비고
	고법-당-이허중		이허중명서	체(體)에 비중을 두는 관법
신법	북송	서자평	삼명소식부, 명통부	체-일주, 용-월령(제강)
	남송	서승	연해자평평주	체-원국, 용-대운
	명	유백온	적천수	체-일주 용-제강, 체가 제강이면 용은 희신
	청	심효첨	저평진전	서자평, 서승과 동일
		여춘태	궁통보감	체-일주, 용-조후용신
		서락오	자평진전평주	체-일주 용-제강 다운 억부용신

 체용에서의 신(神)은 좌(座)와 같은 의미이다. 그래서 체좌(體座)하면 아신(일주)의 자리를 말하고 용좌(用座) 하면 월령(月令)의 자리인 월지(月支)를 말한다. 그 자리에 '체'는 무형적인 바탕이, '용'은 유형적인 기(機)가 자리하고 있다. 즉 자리만 차지하고 있을 뿐 아직 쓰지는 못한다.
 만약 '용좌를 용신'으로 쓰려면 상신이나 희신이 격을 성격시켜 줄 때만이 가능하다. 즉 조건이 형성되어야 용(用)의 자리에 있는 용(用) 글자가 비로소 쓸 수 있는 쓸용(用=작용)으로 활용된다. 이 부분은 용신격국에서 다시 공부하게 된다.972)

---

971) 4-2-1-3 ●=1 □4 선수련의 "조식흐흡". 4-3 들어가기 ■3 ●Tip ■2) ■-4 호흡 요령
972) 3-2-1-3 『자평진전』으로 성격(成格)

5-1-3	기능적 구성

5-1-3-1	음양오행론(陰陽五行論)

은(殷 BC1600~1046)나라와 주(周 BC1046~771) 나라의 교체기를 지나면서 오행이 적극적으로 음양과 결합하여 체계적인 이론으로 발전하기 시작한다. 그러나 정확한 기록은 없다.

그러니까 춘추전국시대 이전에는 음양과 오행의 단어들이 흔치 않았다. 그 의미도 매우 평이 할 뿐만 아니라, 음양과 오행은 원래 서로 상관없는 개념이었다. 모든 경전과 공자, 노자, 묵자, 맹자, 순자, 한비자 등의 사상가들도 음양[973]과 오행을 언급하지 않았다.

그 후 무극이태극(無極而太極)이란 말은 남송 주돈이의 태극도설에서 유래한다. 참고로 성리학의 이기론[974]도 태극도설에서 유래되었다. 여기서 주자는 무극을 '무한한 궁극자', 태극은 '존재의 거대한 궁극자'로 읽으며 무극은 태극이라고 하였다. 이 태극이 움직이면서 음양을 낳고 음양이 오행을 낳으며 만물을 만들게 되는데, 주돈이는 태극이 리(理)이고 음양오행이 기(氣)라고 주장했다.

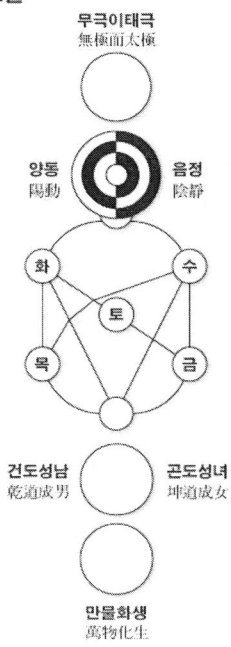

<주돈이 태극도설. 출처-네이버>

5131-1	음양오행사상(陰陽五行思想)의 유래

음양오행설의 시작은 추연(鄒衍)[975], 동중서(董仲舒)[976], 유향(劉向)[977], 3인방

---

973) 5132-1 음양의 의미
974) 3장 들어가기1-2 ■2 ●Tip 삼가(三家)의 사상
975) 추연-『사기』「맹자순경열전(孟子荀卿列傳)」에 추연에 대하여 "음양의 운동을 깊이 관찰하여 괴이하고 우활한 학설을 만들어 내고,『종시(終始)』『대성(大聖)』등 십여 만언의 저작을 저술하였다." 라고 나옴. 봉선서(封禪書)에는 오덕종시(五德終始.오덕·토덕·목덕·금덕·화덕·수덕)의 운행에 대한 논술 부분이 나오고,『칠략(七略)』에서도 추연을 언급하고 있다. 그 외 제자략(諸子略)의 음양가 21가 396편, 병서략(兵書略)의 음양가 16가 249편, 술수략(術數略)의 오행가 31가 652권 등이 있다.
976) 동중서-『춘추번로(春秋繁露)』의 동중서는 이 천 년 동안 순수한 유학자로 평가 받아 왔다. 하지만 17권 82편중 23편 정도를 음양가의 사상을 조술(祖述.선인의 말을 서술)하는데 할애함. 그리고 그 때의 '금문경학자(今文經學者)'들의 학설 중에 '음양오행사상'을 벗어난 저술은 3할도 되지 않는다 함.

이다. 그러니까 추연에서 시작, 유향 유흠 두 부자에 의해 더 확산 되었다 볼 수 있다.

■1. 추연에 대하여『사기』「맹자순경열전(孟子荀卿列傳)」에서는 "음양의 운동을 깊이 관찰하여 괴이하고 우활한 학설을 만들어 냐고,『종시(終始)』『대성(大聖)』등 십여 만언의 저작을 저술하였다."라고 나온다.

봉선서(封禪書)에는 오덕종시(五德終始.오덕-토덕, 목덕, 금덕, 화덕, 수덕)의 운행에 대한 논술부분이 나오고,『칠략(七略)』에서도 '추연'을 언급하고 있다.

그 외 제자략(諸子略)의 음양가 21가 396편, 병서략(兵書略)의 음양가 16가 249편, 술수략(術數略)의 오행가 31가 652권 등이 있다.

■2. 동중서는『춘추번로(春秋繁露)』를 썼는데 순수한 유학자로 평가 받아왔다. 하지만 17권 82편중 23편 정도를 음양가의 사상을 조술(祖述.선인의 달을 서술)하는데 할애하고 있다. 그리고 그 때의 '금문경학자(今文經學者)들의 학설 중에 '음양오행사상'을 벗어난 저술은 3할도 되지 않는다고 한다.

■3. 유향을 보면『한서』「오행지」에서 유향의『홍범오행전(洪範五行傳)』을 대체로 기술하였다. 여기에 "동중서가 춘추공양전(春秋公羊傳)을 연구하여 처음으로 음양을 추론함으로써 유자의 으뜸이 되었다. 유향은 춘추곡량전(春秋穀梁傳)을 연구하여 그 화복을 헤아리고 홍범을 전함으로써 동중서와 함께 하게 되었다. 유향의 아들 유흠에 이르러서는……"라고 나온다.

5131-2	음양오행사상(陰陽五行思想)

음양은 음(陰)과 양(陽), 오행(五行)은 목(木) 화(火) 토(土) 금(金) 수(水)이다.

대만의 남회근 선생은『역경잡설(易經雜說)』에서 "「역경 문화는 상고시대의 중원 즉 산서와 하남성 일대의 문화가 발전한 것이다. 음양오행의 문화는 황제나 복희(伏羲) 시대의 문화와 마찬가지로 황하(黃河) 하류인 북경이나 하북(河北) 일대의 문화이다. 이는 역경문화에 비해 보다 더 오래 된 문화라 할 수 있다." 라고 음양오행의 역사가 매우 오래되었음을 언급하고 있다.

---

977) 유향-『한서』「오행지」는 유향의『홍범오행전(洪範五行傳)』을 대처로 기술. 여기에 "동증서가 춘추공양전(春秋公羊傳)을 연구하여 처음으로 음양을 추론함으로써 유자의 으뜸이 됨. 유향은 춘추곡량전(春秋穀梁傳)을 연구히여 그 화복을 헤아리고 홍범을 전함으로써 동중서와 함께하게 되었다. 유향의 아들 유흠에 이르러서는……"라고 나옴.

| ●=1 | 음양오행과 고대과학 |

음양오행사상은 고대 천문학과 의학의 발전에 일정한 영향을 미쳤다. 고대의 과학자(천문학자)들은 음양과 오행의 상이한 성질을 가진 물질적 원소를 파악하여 물질의 구성을 설명하기도 하였다. 그리고 음양오행의 상호작용을 통하여 물질 현상의 상호 연관을 설명하기도 한다.

또한 고대 천문학자들은 대부분 점술가(음양가)들이며 음양오행론을 발전시키고 활용한 선구자들이다. 이들은 음양오행의 설명을 통해서 하늘과 인간의 관계를 보다 구체화시키고, 그에 입각하여 '천인감응(天人感應)'을 강조하였다.

| ●=2 | 음양오행과 중도 |

음양오행의 조화는 지나치거나 모자라지 않는 것이다. 그래서 중심을 이루어 만물이 안정되는 중도를 얻을 수 있다. 그리하여 중도를 터득한 사람은 만사를 뜻대로 이루게 되는 확률이 높다.

한의학의 보사법(補瀉法)에서 보듯이 음양은 부족하면 '보(補 돕다)'하고 지나치면 '사(瀉 쏟아내다)'하는 원리이다. 한의학에서는 인체에 음양오행의 균형이 이루어지면 건강하고 평형이 깨지면 질병이 발생하는 것으로 본다.

| ●=3 | 기(氣)와 음양오행 |

동양학에서 우주의 근원을 '기(氣)'라 한다. 그것을 음양오행으로 나타낸다. ▶어느 곳이든 없는 곳이 없고 새로 생기거나 없어지지도 않는 불생불멸(不生不滅)이다 ▶시작도 없고 끝도 없는 무시무종(無始無終)이다.

■1. 춘추전국시대 이후의 동양학에서 세상을 해석하는 근본적인 원칙이 음양오행사상(陰陽五行思想)이다. ▶기가 만물을 형성하고 그 작용을 드러내는 것 자체를 음양오행의 법칙이라 한다. ▶우주만상의 변화 과정을 음양오행이 관장한다고 생각하였다.

음양오행사상은 서로 연결되어 있으면서도 떨어져 있고, 끊임없이 대립하면서 보완적 관계에 있다. 이는 어느 한쪽만으로는 존재할 수 없고 어느 쪽으로도 영원히 치우치는 것도 없다.

■2. 『주역』에 「강유(剛柔)가 서로 밀어 변화가 생긴다.」라고 나온다. 강유는 음양에 비유되는데 강은 양이고 유는 음이다. 세상의 모든 변화는 음양의 상호작용으로 일어난다. 음양의 변화와 활동은 우주만물의 창조와 변화를 해석할

수 있는 대원칙을 제공한다. 그래서 음양오행 철학은 변화와 순환의 속성 즉 반복적으로 돌고 돈다. 그리고 이는 동양사상의 핵심인 역(易)의 기본 이론이기도 하다. 역이라는 글자는 '바뀐다.'는 의미이니 '역의 본질'[978]은 변화이다. 그리고 그 변화의 작용을 세 가지로 나타낼 수 있는데 이는 다음에 나오는 '상호대대' '상호보완' '상흐순환'이다.

음양의 작용은 사상(四象.사 계절)으로 분화되는 변화를 맞이한다. 이는 시간과 방위 등으로 연결되어 자연의 운행법칙을 설명하는 단서와 기초가 되었다. 이러한 자연과 사람을 연관시키는 사상은 문명 창출로 이어진다.

컴퓨터 이진법의 0은 음이고 1은 양이다. 전자에서 -는 음이고 +는 양이다. 건축은 물론 주역을 비롯한 동양 철학과 사주명리 및 모든 산명술, 한의학과 훈민정음 등 동양의 많은 정신과 문화에 기본적인 이론을 제공한다.

●=4   음양오행설의 명(明)과 암(暗)

사주명리는 음양오행설을 기반으로 한다. 음양오행설은 일련의 유사한 현상들을 묶어서 그것들의 연관성을 보여주기 위한 상징체계를 설명한 것이지 현상 사이의 연관성을 과학적으로 증명해낸 법칙체계는 아니다.

또한 현상에 기초하고 있기 때문에 아직 발견되지 않거나 혹은 증명되지 않은 어떤 과학적 법칙이 존재할 수도 있다. 한의학의 실제적인 효능을 생각하면 발견되지 않고 잠재되어 있을 확률이 너무 높다. 하지만 그 존재의 유무가 확인되기 전에는 현상 사이의 연관에 대한 관찰을 유지할 수밖에 없다.

■1. 그래서 법칙의 적용에 있어서 지나침이 없이 평이해야 한다. 즉 극은 분산 용일 뿐인데 그 작용의 파생을 지나치게 추론하면 무리수가 된다. 예를 들어 상관견관(傷官見官)에서 상관을 무자비하게 해석하면 무자비한 자식이 아버지를 극상(剋傷)하는 불효자가 된다. 실제로 불효자가 있기는 하지만 강한 상관을 모두 불효자라 할 수 없다.

실제 상담현장에서 상관견관 사주라고 통변하면 당사자들이 불효팔자라고 한숨을 쉬게 될 것이다. 철학을 얻더라도 건전하고 긍정적이어야 한다. 상담하다 자괴감을 일으키게 하는 것은 분명 선한 일이 아니다.

■2. 설탕처럼 단 음식을 많이 먹으면 신장이 나빠진다 한다. 단 음식을 많이 먹으면 토기가 왕성해지고 상극작용인 토극수가 일어나면 수기가 약해지게 된

---

[978] 4-2-3 이간(易簡), 변역(變易), 불역(不易)

다. 결국 토 위장이 왕성해지면 수 신장이 손상된다는 논리이다.

 그러나 실제 모두가 신장이 손상되지 않는다. 그래서 이를 과학적으로 증명하지 못하면 논리의 비약이자 증명되지 않은 것을 신뢰하는 것은 위험한 일이 된다. 즉 인과관계를 증명하지 못하고 주장만 한다면 미신행위와 같은 사고에 머무르고 말 것이다. 그래서 감추어진 것들을 발견하고 증명해 내는 것이 우리들의 몫이다.

| 5-1-3-2 | 음양론(陰陽論) |

정반합979)은 독일 철학자 '게오르크 헤겔(Georg Wilhelm Friedrich Hegel)'의 사상을 반영하는 도식이다. 물론 헤겔 이전에 독일의 철학자 '임마누엘 칸트(Immanuel Kant)'에게서 정반합을 사용해 철학적 난제를 해결하고자 하는 시도를 발견할 수 있다. 헤겔의 변증법'980)이라고도 알려진 이 삼단 도식에는 ▶'테제(These)981)의 정명제', ▶'안티테제(Antithese)982)의 반명제인 반대의견이나 반대주장', ▶'진테제(Synthese)983)의 합명제인 총합'이 제시된다. 정반합은 이러한 변증법이 이루어지는 과정 또는 그 결과물이며, 변증법과 동의어로서 쓰이기도 한다.

우주에서 일어나는 음양의 기운을 사람이 어찌할 수 없다. 그러나 음양의 조화를 사람은 사유(思惟)할 수는 있다. 음양 중에 한 쪽이 정명제(테제)라면, 다른 한쪽은 반명제(안티테제)가 될 것이고, 합이라 불리는 총합(진테제)을 음양의 조화와 중화로 볼 수 있다. 이는 저울로 표현되는 우리 책의 상신과 용신의 원리와 같다. 또한 이를 얻는 방법으로 '천도의 정성론'984)이 대안일 수 있다.

| 5132-1 | 음양의 의미 |

음양(陰陽)985)을 『설문해자(說文解字)』 「부부(阜部)」에서 "음은 어둡다는 의미

---

979) 헤겔의 변증법-헤겔이 직접적으로 쓴 용어는 아니고, 18세기 독일 관념론자 요한 피히테가 변화를 설명하며 "지식학의 특성의 개요 Grundriss des Eigentümlichen der Wissenschaftslehre》(1795)"에서 처음 사용
980) 변증법-이 말은 그리스어의 dialektike에서 유래, 원래는 대화술·문답법이라는 뜻. 일반적으로 변증법의 창시자라 엘레아학파의 '제논'은 상대방의 입장에 어떤 자기모순이 있는가를 논증함으로써, 자기 입장의 올바름을 입증하려고 함. 이와 같은 문답법은 소크라테스에 의해 훌륭하게 전개되고, 그것을 이어받은 플라톤에 의해 변증법은 진리를 인식하기 위한 방법으로서 중시 됨.
981) 테제(These)-명제, 정립이라고 불리는 추상적이고 오성적인 하나의 일체(一體)의 주장 혹은 규정에서부터 시작. 이 단계는 발전되지 못한 상태를 나타내기에, 아직 분열이나 대립에 이르지 않은 잠재적이며 무자각적인 명제를 표현.
982) 안티테제(Antithese)-정립과 대립하거나 모순되는 명제, 곧 정립 혹은 변증법적이고 부정적이며 이성적인 명제가 제시. 이 단계에서 제시되는 명제는 첫 단계에서 제시된 명제와 직접적이고 명백히 대립하고 있음. 뿐만 아니라 한 단계 발전했기에 자각적인 단계라고 봄.
983) 진테제(Synthese)-합, 총합이라고 불리는 명제가 제시 됨, 이는 정립과 반정립의 모순을 통일하는 역할로 테제와 안티테제의 대립이 해결된 상태. 이 상태는 전체적이며 총체적이기에 자기 자신의 내용을 인식하며, 이는 진정으로 자각적인 단계로 분류.
984) 4-2-1-2 정성론-인도(人道)의 본원으로서 성(誠)
985) 음양(陰陽)-시경(時經), 서경(書經), 등에 몇 번 그리고 역경(易經)의 괘사와 효사에 음(陰)이 한 번 나타남. 그 후 연속된 명사가 되고 변화무쌍한 두 가지 대대적인 작용으로 정립되기 시작한 시기를 본다면 대개 공자 혹은 노자부터라고 할 수 있음. 다만 공자는 '역을 음양'으로 표현하기보다 '역을 강유(剛柔)와 소식(消息)'으로 더 많이 표현함.

이다. 강 남쪽 산의 북쪽을 가리킨다. 양은 밝다는 의미이다."라 나온다. 여기에서 부(阜)는 후대에 붙여진 것으로 원래 글자는 '음양(侌昜)'이다.

그러나 같은 책 운부(雲部)에서는 음(霒)은 구름이 해를 가리는 것으로 음(侌)은 이것의 옛 글자라고 나온다.

물부(勿部)에서는 "양(昜)은 연다는 의미이다. 일(日)과 일(一)과 물(勿)을 합한 것인데, 날린다는 뜻도 있고 길다는 뜻도 있고 굳센 것이 많은 모습이기도 하다."라고 하였다.

■1. "음(霒)에 들어 있는 운(云) 자는 옛날의 운(雲)이다." 그래서 음의 본 뜻은 해를 가리는 것인데 확대되어 일반적으로 가린다는 의미를 지니게 되었다.

그리고 가리면 어둡게 되니 어둡다는 뜻으로 확대 되었다. 해를 등지면 어둡게 되고 성시(城市=도읍)는 북쪽에 기대어 해를 등지고 있기에 이것이 확대되어 뒤쪽이나 이면 혹은 북쪽이라는 뜻이 되었음을 알 수 있다.

■2. 양(昜)은 일(日)과 일(一)을 합한다고 한다. 해가 땅 위에 있는 모습으로 일출을 의미. 또한 물(勿)을 합한다고 하였는데 설문해자에서는 "물은 마을에 내거는 깃발"의 모습이라 전한다.

해가 땅 위에 뜨고 깃발이 힘차게 날리는 모습이 양(昜)의 본래 의미이다. 이 의미가 확대되어 해의 광채를 나타내게 되었고 그리하여 해를 태양(太陽), 아침 해를 조양(朝陽), 저녁 해를 석양(夕陽)이라 하게 되었다.

또 해가 뜨면 따뜻해지므로 따뜻한 기운을 양기(陽氣)라 하게 된다. 또한 해를 향하면 밝은 빛을 볼 수 있어서 그 의미가 다시 앞쪽이나 표면 혹은 남쪽이라는 뜻으로 확대 되었다.

5132-2	음양의 발전

●=1	음양 발전

주역(周易)에 「일음일양지위도(一陰一陽之謂道)」라 나온다. 우주 안에 모든 것은 한 번 음하고 한 번 양 한다. 즉 밤이 낮을, 낮이 밤을 밀어 낸다는 뜻이다. 즉 본래는 특별한 의미가 없는 평범한 개념으로서, 낮과 밤 등이 서로 대응하고 있는 자연의 현상을 말했다 할 수 있다.

그러나 전국시대(BC 403~221) 무렵에 이르러 음양 관념은 점차 복잡해지고 자연적 속성에서 추상적 사유로 변화되어 가기 시작한다.

즉 처음에 음양은 우주 만물의 변화를 낳는 원인으로 인식 되었다. 그러나 사물 내부에 존재하는 두 가지 힘의 대립과 통일적 관계. 그리고 내재적 모순을 파악하는 변증법적 사유와 논리적 과정을 설명하는 이른으로 발달하였다.

●=2	중도와 중용의 철학

중도986)와 중용987)은 어느 쪽으로도 치우치지 않는 것을 말하는데, 보통 "음과 양은 평등하며 비록 정반대의 관계이지만 서로 조화함으로써 균형을 유지한다."라고 나온다. 즉 음양은 흠이 없는 '완전성'과 여타 염려가 없는 '안전성'의 극치 자체이다.

노자988)의 공성신퇴(功成身退)989), 공자의 과유불급(過猶不及)990)은 모자라지도 않고 넘치지도 않는 음양의 균형을 표현하는데 아주 적절하다 하겠다.

5132-3	천간지지의 음양

●=1	간지음양

	1	2	3	4	5	6	7	8	9	10
천간	갑(甲)	을(乙)	병(丙)	정(丁)	무(戊)	기(己)	경(庚)	신(辛)	임(壬)	계(癸)

---

986) 중도(中道)-팔정도의 실천을 통해 고와 낙의 양면을 떠나 심신의 조화를 얻는 길을 의미하는 불교 교리. 불교의 중도사상(majjihimā paṭipada)은 양극단에 치우치지 않는 바른 길이라는 의미로 초기 불교부터 근본진리의 중요한 특징을 나타내는 표현으로 사용. 이어 대승·소승 각 교파에서도 중도야말로 불교적 진리관의 요체라는 의미에서 중도실상(中道實相)이라는 용어를 사용하고 있음.

987) 중용(中庸)-공자의 손자연 자사의 저작. 사서(四書)의 하나이며 동양철학의 중요한 개념을 담음. 오늘날 전해지는 것은 오경(五經)의 하나인 『예기(禮記)』에 있는 「중용편(中庸篇)」. 이는 송(宋)나라 때 단행본으로 저작 된 것으로 『대학(大學)』『논어(論語)』『맹자(孟子)』오 함께 사서(四書)로 불리고 있음. 송학(宋學)의 중요한 고재가 됨. 여기서 '中'이란 어느 한쪽으로 지우치지 않는다는 것, '庸'이란 평상(平常)을 의미. "인간의 본성은 천부적(天賦的)인 것이기 때문에 인간은 그 본성을 따르지 않으면 안 됨. 따라서 본성을 좆아 행동하는 것이 인간의 도(道)이며, 도를 닦기 위해서는 궁리(窮理)가 필요". 이 궁리를 교(敎)라고 함.

988) 노자(老子)-초나라 출생 사상가. 도가(道家)의 시조. 성은 이(李), 이름은 이(耳), 자는 담(聃). 자신의 저서 도덕경에서 정치사상에서는 무위자연(無爲自然)을, 겸양의 처세로 무위무욕(無爲無慾)의 사상을 보여줌. 이를 토대로 현상의 배후에 불가지(不可知)의 실재(實在)인 도(道)를 설정하여, 우주생성설과 음양의 자연학을 도입하여 "세겨는 도(道)로부터 나오고 '도'에 의하여 생성 사멸의 운동을 한다."고 하는 객관적 관념론을 전개함.

989) 공성신퇴(功成身退)-노자(老子)의 《도덕경(道德經)》제9장-공을 이루면 몸소 물러나는 것이 하늘의 도이다. "금은보화가 집에 넘쳐나 그것을 지키는 것만도 어려운 일인데, 부귀해지려는 마음에 교만하여 욕심을 부리는 것은 스스로에게 화를 부르는 것".

990) 과유불급(過猶不及)-논어(論語)의 선진편(先進篇). 「지나침은 못 미침과 같으니라.」. 공자(孔子)가 자공과의 대화에서 「자장은 지나쳤고, 자하는 미치지 못했다.」며 자장의 허영심을 나무라고 자하에게는 모자람을 타일렀다는 사자성어.

	1	2	3	4	5	6	7	8	9	10	11	12
지지	자(子)	축(丑)	인(寅)	묘(卯)	진(辰)	사(巳)	오(午)	미(未)	신(申)	유(酉)	술(戌)	해(亥)

● =2   간지 상생상극

음과 양 양과 음은 상생하고, 음대음 양대양은 상극으로 작용한다.

● =3   간지음양의 물상

 양은 크고 강하며 음은 작고 약하게 표현된다. 갑이 낙락장송(落落長松)이라면 을은 화초나 관목인 것이 그 예이다.

| 5-1-3-3 | 음양의 작용 |

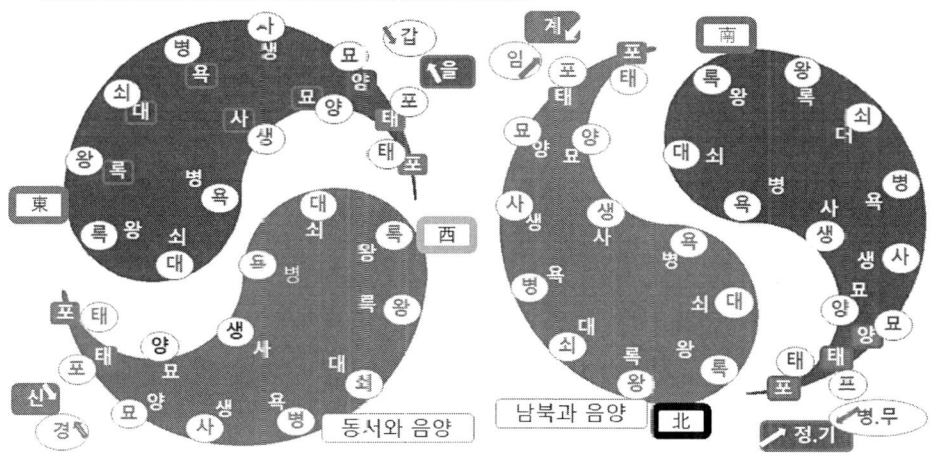

　모든 사물은 음양으로 나눌 수 있고 음양은 세 가지의 특징으로 요약된다.
▶상호대대(相互待對)=상호대립(相互對立) ▶상호보완(相互補完)=상호의존(相互依存) ▶상호순환(相互順環)=상호전화(相互轉化) 등이다.
　이는 서로 상대적이면서 대립하고 보완하며 순환(순행 또는 역행)하는 협력관계로서 서로가 영향을 주고받는다.
　사주간명에서 실질적 음양의 작용은 광범위하다. 그 중 '체용론', '의식 무의식의 신법과 고법', '오행의 음양 관계', '월령과 왕쇠' 등의 자리에 음양론이 이미 작동되고 있다. 그러나 우리가 아는 음양의 세계도 전제의 5%일 수 있고, 우리가 활용하고 있는 음양의 법칙도 각자 능력의 채 6%가 안 되는지 모른다.991)

　음양을 나타나는 것은 양이고 나타나지 않는 것은 음이라 했는데, 멘델992)은 유전법칙에서 이를 우성과 열성으로 설명하면서 그 비율을 3:1 이라고 발표

---

991) 4-1-6 서문 (1) "▶안다고 하는 이 세계는 우주 전체의 5%에 불과. ▶뇌의 활용'에 있어서 개인들의 능력은 전체 뇌의 채 6%가 안 된다"
992) 멘델(Mendel, Gregor Johann 1822~1884)-오스트리아의 성직자, 박물학자. 사제를 지내면서 빈 대학에서 공부. 중등학교의 교사를 지나고 수도원의 정원에서 완두의 교배실험을 하던 중 1865년에 유전의 모든 법칙을 명확하게 밝혔는데, 당시의 학계로부터는 인정받지 못함. 완두실험은 단위형질에 주목했기 때문에 성공했으나, 그 후 다른 재료를 사용해서 한 실험은 형질분석을 결여했기 때문에 실패로 끝남. 논문으로 「식물잡종에 대한 실험」(Versuche über Pflanzenhybriden, 1865)가 있음.

(1865년1866년 사이)하였다. 그 당시에는 이 연구의 중요성을 인식하는 이가 없었다. 우리의 'YVWQ' 역시 멘델처럼 주목을 받지 못할 수 있다. 그러나 우리 사후에라도 멘델처럼 인정받을 수 있는 것이 허상이나 망상은 아닐 것이다.

5133-1	상호대대

상호대대는 상대적 개념이다. 남녀·대소·천지·명암·물불 등 음이 있으면 상대적으로 양이 존재한다. 모든 사물은 그 내부에 두 가지 서로 상대적인 면을 공유한다. 음양의 비율에 따라 발현되는 상황이나 양상이 다를 뿐이다.

음	금수	여성적	내향적	감성적	어둠	유연함	고요함	공간
양	목화	남성적	외향적	이성적	밝음	딱딱함	움직임	시간

5133-2	상호보완

음양은 둘이면서 하나이고 하나이면서 둘이다. 암수는 한 쌍이면서 암컷과 수컷은 별개이다. 생명 창조는 암수의 작용이 절대적이다. 한 쪽이 있어야 다른 쪽도 있다. 한 쪽이 없으면 다른 쪽도 창조가 없다는 말이다.

●=1	십이운성의 군집

 위 도표 왼쪽은 십이운성993)의 '경신(庚辛)' 수장도이다. 그리고 오른쪽 아래는 수장도를 태극으로 형상화 하였다. 지지 '신' 자리에는 경(庚)의 '록'과 신(辛)의 '왕'이 공존하고 있다. '경신'은 그 기세가 서쪽에서 왕 한 것을 '왕상쇠사994)'에서 공부하였다.
 다른 지지도 음양 즉 '포태', '록왕'이 한자리에 있는 것처럼 기세가 비슷하다. 그리고 쇠지는 '태·포·사·묘'의 약한 기운끼리, 왕지는 '욕·대·록·왕'의 왕한 기운끼리 군집을 이루고 있어 보완의 의미가 거의 없다.

●=2	상호대대, 보완, 순환과 십이운성

 도표 오른쪽 아래 태극에서는 '상호대대' 즉 마주보는 음양을 각기 다른 선의 색깔로 이어서 설명하고 있다. 예를 들어 '포(+)'와 '왕(-)'이 마주보고 '록(+)'과

---

993) 7-1-1 십이 운성
994) 5-1-4-6 왕상쇠사(旺相衰死)

'태(-)'가 마주보고 있다. 그리고 태극의 꼬리 부분은 '듣'이 성(盛)한 자리로 기운이 응축되어 있다. 이를 팽창된 양 기운의 '록과 왕'이 보완하고 있다. 즉 '쇠지와 왕지'가 서로 마즈 보면서 보완하고 있다. 그래서 '포와 태'가 '록과 왕'처럼 작용이 드러나기도 하고 '록과 왕'이 '포와 태'처럼 될 수도 있다는 이야기이다.

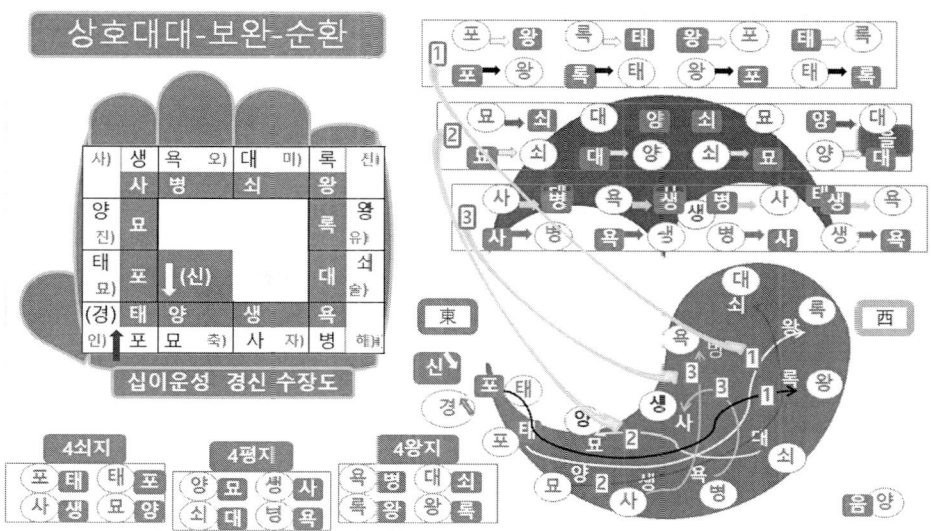

| ●=3 | 도표 1, 2, 3 소개 |

 도표 우측 상단의 ▶1.은 '포왕과 록태'의 조합으로 '쇠지와 왕지'가 만나 대대와 보완이 이루어지는 경우로 기세가 양과 음으로 극즉이다.▶2.는 '묘쇠와 대양'의 조합으로 대대 보완이 이루어져 기세가 약하다. 성년이 된 형이 어린 동생을 돌보는 것과 조손양육의 현상 정도다. ▶3.은 '사병과 욕생'의 조합으로 '평지끼리의 군집이니 기세가 순탄하다. 단지 '생과 욕'은 적극적이고 '쇠와 병'은 소극적으로 간명하던 된다.

| 5133-3 | 상호순환 |

 위 도표의 1.2.3의 기운들은 '포'에서 '묘로 상승하고 하강하고 계속 반복적으로 순환한다. 그래서 물극필반(物極必反)이다. 음이 극에 달하면 양이 생기고 양이 극에 달하면 음이 생긴다. 달이 차면 기울고 기운 달은 다시 뜬다.

천지는 언제나 음이 양이 되기도 하고, 양이 음이 되기도 하는 등 변화한다.

| 5133-4 | 사주명리와 음양 |

사주명리에서 가장 중요한 음양의 작용은 '중정지제와 부정지제'[995]이다.
☐중정지제(中正之制)는 음과양 양과음의 조합을 말한다. 서로 마주보면서(상호대대) 상대를 생(상호보완)한다. 물론 생이 과다하면 삶이 지체되는 것은 그 다음 공부다.
☐부정지제(不正之制)는 음대음 양대양의 조합이다. 서로 마주보면서(상호대대) 서로를 극하는데 '자극제나 단련'(상호보완)이 되거나 심하면 몸도 마음도 아프게 된다.
☐그리고 육십갑자의 순환(상호순환)이 세운(태세)은 물론 대운의 순행과 역행으로 나타난다.

---

[995] 3-2-9-4 ●=2 ■1 정(正)작용과 편(偏)작용

| 5-1-3-4 | 오행론(五行論) |

오행이 경전에 가장 처음 나타나는 것은 『상서(尙書)』「감시(甘誓)」에 '유호씨(有扈氏)는 오행을 어기고 삼정(三正.-건자建子 건축建丑 건인建寅)을 태만히 하였다."이다. 그러나 '김홍경'[996] 선생은 "오행의 분명한 뜻을 파악할 수 없고, 삼정은 시기적인 문제"로 해석케 논란이 많다고 분석한다.

그 다음은 홍범(洪範)이다 할 수 있다. 홍범에 대하여 『서효사[997]』는 단군조선의 통치 이념으로 나온다. 어떻든 한나라 때 『홍범오행전(洪範五行傳)』이 저술되었고 그것은 오행의 연원을 찾는 근거가 되었다. 다만 오행을 다섯 가지로 구분하고 각각의 기능과 성질을 설명하는 것에 불과한 것인지, 아니면 철학적 또는 술수적 의미가 존재하는지에 대한 논란은 계속되고 있다. 그럼에도 춘추전국시대부터 유가(儒家)에서는 모든 사물을 오행에 편입시키려는 노력을 계속하였다.

정리하자면 '서경'의 '감시와 홍범' 외에 시경 의례 역경 역전 그리고 노자 논어 맹자에 오행이 인용된 경우가 '저자 김홍경'의 기억에는 거의 없다고 기술하였다.

이러한 부분은 어느 때부터 역(易)의 사상(四象-봄 여름 가을 겨울)에 오행이 자리를 같이 했는지의 의문과 일치하기도 한다. 다만 음양오행사상은 추역 등에 의해서 완성되었다고 전해질 뿐이다.

| ●=1 | 일월오성(日月五星) |

조선 세종 때 편찬한『칠정산(七政算)』이 있다. 일곱 천체의 운행을 계산하는 방법에 관한 책인데, 지상에 영향을 미치는 중요한 일곱 천체라는 뜻으로 '칠정(七政)'이라고도 한다. 밤하늘의 별 중에서 육안으로 확인 할 수 있는 행성은 오성(五星 수성·화성·목성·금성·토성) 이었다. 이는 갈릴레오 갈릴레이가 망원경을 사용하기 전의 일이다. 여기에 태양과 달을 합하여 일월오성이라 하였다.

여기까지는 현대의 천체물리학과 다를 바 없다. 하지만 오행을 기운으로 보지 않고 고대 선배들처럼 오성에 근거를 두는 순간 신화로서 미신이 되고 만다.

오행은 빅뱅 후 계속 팽창하고 있는 광대한 우주의 파장(기 機)이다. 즉 천문학이 천체물리학에 근거를 두지 않으면 신화가 되고 마는 이유이다.

---

996) 김홍경-『음양오행설의 연구』.'양계즈 풍우란 외 지음'의 역자 정리하자면 '서경'의 '감시와 홍범' 외에 시경·의례·역경·역전 그리고 노자·논어·맹자에 오행이 인용된 경우가 '저자 김홍경'의 기억에는 거의 없다고 기술하였다. 이러한 부분은 어느 때부터 역(易)의 사상(四象 봄 여름 가을 겨울)에 오행이 자리를 같이 했는지의 의문과 일치하기도 한다.
997) 4-3-1 ●=2 ■2 ●Tip 신지비사(=서효사)

| ●=2 | 오행은 운동과 변화의 법칙이다. |

 만물의 형상은 생장화수장의 전제 위에 나타나는 오행(탄생·성장·중화·성숙·저장) 운동의 변화 과정이다. 음양작용과 함께 우주 일체를 분석하고 판별하는 기본 법칙이 된다.

| ●=3 | 기(氣) 증감의 법칙 |

 사람과 사물은 생과 극이 균형을 이루어야 생명유지와 평형에 유리하다.
 "상생은 낳고 부양하며 서로 북돋아주고, 상극은 누르고 이기고 억제 한다."라고 알려져 왔다. 즉 상생은 기운을 증가시키고 상극은 기운을 분산시킨다는 뜻이다. 다만 증감의 좋고 나쁜 결과는 사주마다 다르다.

| 5-1-3-5 | 오행의 기운과 작용 |

'목' 기운은 봄에 왕하고 여름에 쇠하며 가을에 사하고 겨울에는 상한다.

	봄	여름	가을	겨울
목 기운	왕	쇠	사	상
화토 기운	상	왕	쇠	사
금 기운	사	상	왕	쇠
수 기운	쇠	사	상	왕

왕 자신의 입장에서 보면
☐왕(旺)은 상의 생을 받고 스스로 왕하다.
☐상(相)은 왕을 생하고 약해지는 어머니와 같다.
☐쇠(衰)는 자신이 쇠를 생극, 자식을 키우고 경제활동 하느라 힘들어 쇠이다.
☐사(死)는 칠살이 자신을 극하니 죽을 지경이다.

| 5135-1 | 오행의 기운 |

위 도표는 월령의 '왕상쇠사[998]'를 십이운성의 왕쇠로 나타내고 있다. 당절(當節)[999]에 태어난 사람은 당절의 기운이 왕 하다. 봄에 태어나면 동쪽의 '목 기운'이 왕하고, 겨울에 태어나면 북쪽의 '수 기운'이 왕 하다. 이는 개운법에서 방위로 행운을 찾는 근거가 되었다. 즉 이론상으로는 '목의 기운'이 얻으려면 동쪽으로 가야 한다. 오행은 물상 자체를 의미하이기도 하지만 더 중요한 작용[1000]은 '**기운**'이다. 오행은 '생장화수장'의 기운을 전제로 한다.

목	**생의 기운**-새로운 생명이 움트는 기운 ▶곡직-세상을 향해 곧거나 곡선으로 뻗어나감. 신맛
화	**성장의 기운**-성장 팽창 확장하여 꽃을 피우는 기운 ▶염상-불꽃이 번지면서 위로 올라가는 특성. 쓴맛
토	**중화의 기운**-한없이 번성에 치우치지 않는 중도. 무성 속 열매 맺을 준비 ▶가색(심고 거둠)-농사, 농경, 자연의 생명 활동 공간
금	**성숙의 기운**-성장을 멈추고 단단하게 결실을 맺음 ▶종혁-변신을 수용하고 따르는 단계. 매운맛
수	**장의 기운**-다음 생을 위하여 저장 보관하는 숙성의 기운 ▶윤하-기운이 스며듦. 아래로 조금씩 흘러 내려감. 짠맛

---

998) 5-1-4-6 왕상쇠사(旺相衰死)
999) 5-1-4 월령과 왕쇠
1000) 5-1-4-1 생장화수장

| 5135-2 | 오행의 작용 |

 명리의 해석은 오행의 생극제화(生剋制化)를 기본으로 한다. 그러나 오행의 상생상극[1001]은 그리 간단하지 않다. 상생은 좋고 상극은 흉한 것으로 판단하는 것은 단편적이다. 그것은 오행의 '희신과 기신의 구별'[1002]에 따라 결정된다. 명리 입문과정에서는 이러한 구별이 몹시 어려운 일이다. 하지만 사주해석을 잘하려면 기초를 시작할 때부터 이렇게 방향을 잡고 훈련해야 한다.
 상생은 기운이 증가되는 의미이고 상극은 기운이 분산되는 의미이다. 기운이 성장하여도 삶은 퇴보할 수 있고, 반대로 분산되어도 삶은 생성 변화 발전이 일어날 수 있다.

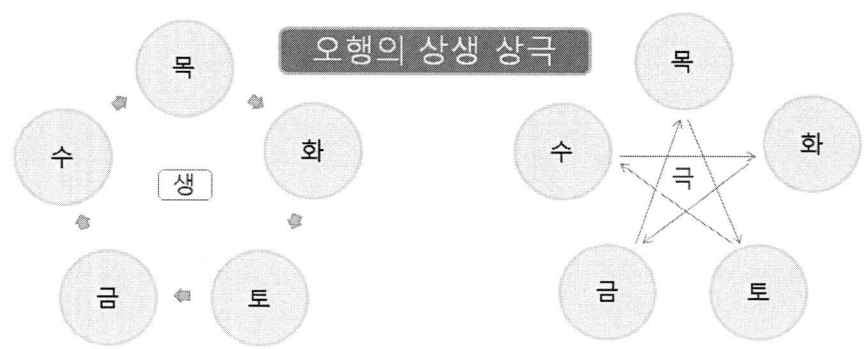

 상생상극을 다르게 표현하면 '합 충 극'[1003]이다. 삶의 변화를 유발하는 요인이 있는데, 강하면 삶의 구조적 변화가 오고 약하면 생활상의 변화가 온다. 또한 사주의 진행이 '고요할 때는 약한 충격(정중동靜中動)'에도 구조상에 변화가 오고, 사주가 요동치는 경우는 강한 자극에도 생활상의 변화뿐일 때도 있다.

□상생(相生) 작용 ▶수생목(물은 나무를 키우고) ▶목생화(나무가 타서 불을 일으키고) ▶화생토(불은 도자기를 만들고) ▶토생금(흙 속에 쇠가 묻혀 있고) ▶금생수(쇠 가을은 물 겨울을 낳고)

□상극(相剋) 작용 ▶수극화(물은 불을 끄고) ▶화극금(불은 쇠 녹이고) ▶금극목

1001) 5135-3 생과 극의 역작용
1002) 제3장 서문 자신의 의지(생각과 행동, 감정, 마음)를 절제 조절 즉 마인드 컨트롤(mind control)
1003) 제3장 서문 (2) "간명의 기능은 기운의 증감(생극제화)과 스토리화(story化)

(쇠 연장으로 나무를 다듬고 자르고) ▶목극토(나무는 흙에 뿌리 내리고) ▶토극수(흙은 제방, 간척지 등 물길을 막고)

●=1 상생작용

생에 있어서 생을 받는 쪽은 왕성해 지지만 생을 베푸는 쪽은 희생하므로 허약해진다. '왕상휴수사'[1004]에서 휴수와 '왕상쇠사'[1005]의 쇠와 같다.

목이 강하게 생을 받으면 목극토를 일으키고 수의 생이 과다하면 목이 썩는다. 나머지도 같다. 이렇듯 오행의 작용은 더도 덜도 말고 균형이 중요하다.

생	생의 결과	작용과 현상
수생목 하면	목 극토	흙(토)이 물길을 막고 물웅덩이를 메우는 것을 제압한다.
	수 과다	뿌리를 내리지 못하고 썩거나 부목이 되어 떠내려간다.
목생화 하면	화 극금	도끼나 가위(금)가 나무를 베어버리지 못하게 막는다.
	목 과다	약한 불에 지나치게 많은 나무를 넣으면 불 꺼진다.
화생토 하면	토 극수	물(수)이 불을 끄는 것을 못하게 제압한다.
	화 과다	화 지나치게 많으면 땅이 마름, 조토 -농사 생식불가
토생금 하면	금 극목	(금)이 나무가 토양 속 양분을 가져가는 것을 막는다.
	토 과다	토 지나치게 많으면 쇠가 땅 속에 매장되어 사용 불가
금생수 하면	수 극화	불(화)이 쇠를 녹이는 것을 막아 준다.
	금 과다	쇠 지나치게 많으면 철분 과다로 탁수-용수 불가하다.

●=2 상극작용

극(분산)을 하는 쪽이나 당하는 쪽이나 서로 소모가 일어나서 약해진다. 왕상휴수사의 '사'와 왕상쇠사의 '사'는 같다.

수는 불을 끈다. 그러나 화의 도움으로 온기를 얻는 공생도 존재한다. 또 한편으로 화가 강하면 오히려 수가 증발하는 역현상이 발생한다.

극	극의 작용과 현상	
수극화	화 과다하면	수가 증발한다.
물은 불을 끈다.	그러나 물은 불 온기로 만물이 소생-불도 물 있어야 만물 소생	
화극금	금 과다하면	화가 꺼진다.
불은 금을 녹임	그러나 쇠는 불(제련)의 도움이 없으면 도구가 될 수 없다.	
금극목	목 과다하면	금이 일그러진다.

1004) 5-1-4-3 왕상휴수사
1005) 5-1-4-6 왕상쇠사(旺相衰死)

쇠는 나무 성형	그러나 금의 도움으로 가지치고 열매 맺고 재목이 된다.	
목극토 흙에서 양분흡수	토 과다하면	목이 꺾인다.
	그러나 뿌리는 흙이 유실되지 않도록 돕는다.	
토극수 물길을 막는다.	수 과다하면	토가 떠내려간다.
	그러나 토의 도움(제방)으로 호수가 된다.-용수확보	

5135-3	생과 극의 역작용[1006]

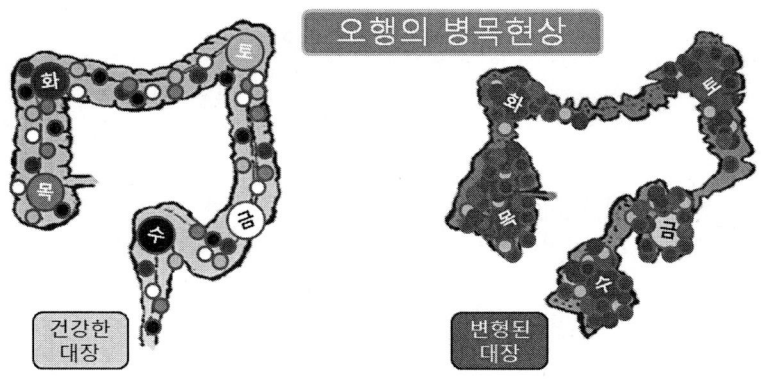

 오행의 상생상극은 소통이 중요하다. 과다하면 병목 현상이 발생하게 되는데, 사주에서의 병목현상은 오행의 과다에서 일어난다. 우리들의 삶은 대부분 아래 도표의 '변형된 대장'과 유사하다. 건강한 대장을 선호하기는 하나 인생의 한 때를 제외하고 이 경우는 거의 없다고 본다. 평생 동안 부하를 받아서 변형된 대장은, 산 넘고 강을 건너 인생의 난관(=병목현상)을 헤쳐 나가는 우리 모두의 모습이라 할 수 있다. 삶에서 병목 현상을 유발하는 가장 큰 요소가 편벽(偏僻 생각이 한쪽으로 치우치거나 지나침)이다. 즉 '편견'과 '인지부조화'[1007]이다.

 상담현장에서 보면 삶이 막혀서 병목 현상이 발생할 때 하늘의 뜻을 구하러 온다. 하지만 전문가의 눈에는 자신에게 구해야 할 문제가 더 많아 보인다. '편벽과 인지부조화'는 자신의 깨우침으로 해결이 가능하기 때문이다. 다만 그 기

1006) 2-1-8 상생상극의 유래와 통변
1007) 인지 부조화(cognitive dissonance)-우리의 신념 간에 또는 신념과 실제로 보는 것 간에 불일치나 비일관성이 있을 때 생기는 것으로, 인지 부조화 이론에 따르면 개인이 믿는 것과 실제로 보는 것 간의 차이가 불편하듯이 인지 간의 불일치가 불편하므로 사람들은 이 불일치를 제거하려 한다는 것.

회를 '얻고 못 얻고'는 하늘의 뜻일지 모른다.

●=1	생의 역작용	
생	생 과다의 부작용	생하려다 역작용
수생목(水生木) 물이 있어야 나무 자람	수다목표(水多木標). 수다목부(水多木浮) 물에 뜸	목다-수갈(木多水渴) 나무 무성하면 물 많이 흡수
목생화(木生火) 나무는 불을 타게 함	목다화식(木多火熄) 나무 많으면 불이 꺼짐	화다-목분(火多木焚) 불에 타서 재가 됨
화생토(火生土) 불이 도자기를 구워냄	화다토초(火多土焦) 불이 치열하면 흙이 마름	토다-화식(土多火熄) 흙을 덮으면 불이 꺼짐
토생금(土生金) 흙 속에서 철광석 생산	토다금매(土多金埋) 흙 많으면 금 매몰	금다-토박(金多土薄) 금 많으면 흙 성분 변질
금생수(金生水) 가을이 겨울을 생함	금다수탁(金多水濁) 금이 많으면 물이 탁해짐	수다금침(水多金沈) 물 깊으면 금이 잠김

●=2	극과 극의 역작용
상극	상극 반작용-극하려다 역으로 당함
수극화(水克火)-물은 불을 끈다	화다수갈(火多水渴)-불이 강하면 물 증발
화극금(火克金)-불은 금을 녹임	금다화식(金多火熄)-금속에 눌려 불이 꺼짐
금극목(金克木)-쇠로 나무를 자름	목다금결(木多金缺)-나무에 금이 일그러짐
목극토(木克土)-나무로 흙을 소토	토다목절(土多木折)-흙더미에 나무 꺾임
토극수(土克水)-흙으로 물을 막음	수다토류(水多土流)-물에 흙이 쓸려 내려감

● 간명의 원리

○사주명리는 체상[1008]을 제외한 생극의 원리가 각 단원에서 끝나지 않고 다음 단계로 연이어집니다. 여기 오행의 '생과 극의 역작용'은 육신의 기본 바탕이기도 합니다.
○이는 다시 십신으로 이어지는데 그 중심에 '중정지계와 부정지제'[1009]가 있습니다.
○그리고 마지막은 순역(용신 격국)에 이르게 되고 그 때 '생과 극의 역작용'은 '육신의 작용'[1010]과 더불어 최종격을 스토리화[1011]하는 도구가 됩니다 꼭 외우기 바랍니다.

[1008] 3장 들어가기 2-1 ●=3 망령과 신살, 체상
[1009] 3-2-9-4 ●=2 ■1 정(正)작용과 편(偏)작용
[1010] 3-2-4-4 ■2 육신의 작용과 부(역)작용
[1011] 제3장 ■2 스토리화(story化)와 메타포(metaphor)

5-1-3-6		음양오행의 활용								

		목(木)		화(火)		토(土)		금(金)		수(水)	
음양(陰陽)		양	음	양	음	양	음	양	음	양	음
천간(天干)		갑	을	병	정	무	기	경	신	임	계
지지(地支)		인	묘	사	오	진술	축미	신	유	해	자
동물의 상		호랑이	토끼	뱀	말	용개	소양	원숭이	닭	돼지	쥐
선천	生수	3		2		5		4		1	
	成수	8		7		10		9		6	
후천(後天)		3-4		9		2-5-8		6-7		1	
오방(方)		동		남		중앙		서		북	
오계(季)		봄		여름		환절기		가을		겨울	
오색	正色	청		적		노랑		백		흑	
	間色		녹		벽옥		유황		자주		주홍
오기(氣)		풍(바람)		열(더움)		습(젖음)		조(마름)		한(추위)	
오미(味)		신 맛		쓴 맛		단 맛		매운 맛		짠 맛	
오화(化)		날 생(生)		길 장(長)		될 화(化)		거둘 수(收)		저장 장(藏)	
오성(性)		인		예		신		의		지	
오정(政)		너그러움		밝음		공손		힘		고요	
오궁(宮)		청룡		주작		황룡		백호		현무	
오상(象)		곧음		뾰쪽		네모		원		굽음	
오장(臟)		간		심장		눈물		폐		신장	
육부(腑)		담		소장		위장		대장		방광	
오관(官)		눈		혀		입		코		귀	
형체(形體)		근육		맥박		살		피부		뼈	
정지(精志)		성냄		기쁨		생각		슬픔		두려움	
오사(事)		보다		말		생각		듣다		행동(자태)	
오음(音)		각		치		궁		상		우	
(헤레본)		ㄱㅋ		ㄴㄷㄹ		ㅁㅂ		ㅅㅈㅊ		ㅇㅎ	
오생(牲)		양		닭		소		개		돼지	
오충(蟲)		비늘		깃털		알몸		털		껍질	
오곡(穀)		삼		보리		쌀		기장		콩	
오기(器)		법		저울		먹줄		표시		저울추	
오성(聲)		부름		웃음		노래		울음		신음	
오신(神)		넋		정신		뜻		형체		마음	
오액(液)		흐름		땀		가래		눈물		침	
조운(助運) 인형		새끼고양이 토끼		말, 거북 뱀		양, 용 개, 소		원숭이 참새		작은 돼지 미키마우스	
조운(助運) 물품		분재·꽃·책·녹수정		붉은꽃·금강석·		도자기·황옥·황수정		금속·유리·길조(吉鳥)·백		어류·배·선상용품·남수정	

		뾰족·자수정		수정	
상 생	목생화	화생토	토생금	금생수	수생목
상 극	목극토	화극금	토극수	금극목	수극화

5136-1   오행(五行)의 유상(類象)

유상은 사람에 의해 만들어지고 분류된 것이다. 전국시대 이후 음양오행사상을 바탕으로 오행에 만물의 배속이 이루어졌었다. 그 후에도 여러 상수역학자들의 노력에 의하여 거듭 다듬어진 것이다.

오행의 유상은 생장화수장[1012]을 전제로 ▶1.생-발아(시작)는 '목' ▶2.장-성장은 '화' ▶3.화-중화는 '토' ▶4.결실은 '금' ▶5.저장은 '수' 등의 성분과 성격이 발생 시키는 확대된 경우의 수에 불과하다.

기초에서는 이러한 물상[1013]이 절대적인 것으로 생각하고 외운다. 그래서 "이것은 이것이다." 라고 주장하는 자료와 시원한 족집게 강의를 선호한다. 하지만 '무의식, 전의식, 의식의 구조'[1014] 없이는 사주해석의 확률이 떨어진다. 그래서 물상의 개념을 이해하고 스스로 물상을 만들어내는 능력이 중요하다.

다만 현대의 천문학과 과학으로 드러난 부분을 도외시하고 자의적이거나 황당해서는 안 된다. 즉 자연 법칙이 막연한 신화가 되서는 안 된다는 이야기이다.

간명에서 물상(物象) 자체로는 2~30%의 적중률 이하다. 하지만 더 중요한 것은 상상력의 확장이다. 오행의 하나하나 글자들에서 이렇게 많은 파생이 일어나는 것을 유심히 관찰한다면 사실을 바탕으로 꾸며지는 소설처럼 통변의 향상을 도모할 수 있을 것이다.

그래서 꼭 오행의 희와 기의 결과에 따라 간명해야 한다. 즉 갑이 희신일 때는 우아하지만 기신이면 편굴하다. 또한 모방력이 희신이면 탁월한 재능을 보이지만 기신이면 주체성 없이 남 따라하다 손해 본다. 측은지심이 희신이면 남을 돕는 덕이 되지만 기신이면 도와주고 원성 얻는다. 직업에서도 마찬가지로 목재업이 희신이면 돈이 되지만 기신이면 돈이 안 된다. 다른 오행도 해석은 동일하다.

1012) 5-1-4-1 생장화수장
1013) 3장 들어가기 1-3 ●=2 ■2 ●간명의 원리 ○물상의 원리는 육서의 영향이 큽니다.
1014) 5-1 기초 들어가기 사주보는 법과 사주총량

| 5136-2 | 태과 |

사주명리에서의 태과1015)는 같은 오행이 셋 이상인 경우를 말한다. 세 글자가 편중된 것이니 흉의 피해가 크다. 태과를 극(소통)하면 구응 된다.

격국에서 종격(從格)으로 성격(成格)이 이루어지면 길(吉)의 덕망(德望)을 입을 수 있으나 이러한 경우는 극히 소수로 흔하지 않다. 가종격(假從格)은 더러 볼 수 있으나 가(假)로는 종격의 덕망을 쫓을 수 없어 흉(凶) 그림자가 현저하다.

| ●=1 | 태과 경우의 수 |

☐천간 세 개의 태과가 가장 심하다.-천간의 오행이 둘이면 쟁합, 셋이면 태과이다. 지지에 통근할수록 작용이 더 심하다.
☐천간2 지지1 역시 심하다-오행의 증강 하강의 차이 커서 삶의 변화도 크다.
☐천간1 지지2은 태과로 보지 않는다.-지지의 세력을 입어 강왕한 경우가 된다. 강왕해서 좋고 나쁨은 그 다음이다.
☐지지에 세 개가 있으면 경우에 따라 다르다.

| ●=2 | 통변의 표출 |

통변을 위한 메타포(Metaphor 비유)1016)는 주관적인 상(象)보다 상생상극과 육신에서 파생되는 객관적인 비유가 품위 있다 하겠다. 기존의 물상을 옮기기보다 생극의 파생에서의 상상력이 자신의 통변을 만드는데 도움이 된다.

1015) 2-1-4-9 ■3 ▣1 3개는 과다, 4개 이상이면 태과
    2-1-4-9 ■3 ▣4 "왕신(旺神)이 태과 한 것은 마땅히 설(洩)하고, 태과하지 않으면 마땅히 극(剋)"
1016) 제3장 ■2 ●간명의 원리 "메타포(metaphor은유, 비유)". 들어가기-3 ●=2 "언부진의(言不盡意), 입상진의(立象盡意)"

5-1-4	월령과 왕쇠

사주 명리는 하나의 작용만으로 사주의 현상을 특정할 수 없다. ▶생장화수장1017) ▶오행의 파생 ▶왕상휴수사 ▶육신의 파생 ▶왕상쇠사 등이 이법과 함께 복합적으로 작용하여 오행의 희기를 얻기 때문이다.

5-1-4-1	생장화수장

생성과 소멸 과정으로 ▶1.생-싹아(시작) ▶2.장-성장 ▶3.화-중화 ▶4.결실 ▶5.저장의 의미를 담고 있다. 또한 생멸이 끝없이 반복되는 순환의 법칙이 숨어있다. 모든 일에는 '시작과 끝'이 있다. 우리는 앞에서 '창조론과 성주괴공(成住壞空)'1018)을 공부하였다. 이 또한 생성과 소멸의 이야기이다. 오래전에는 무시무종(無始無終)이었다. 시작도 끝도 알 수 없었다.

그러나 현대 우주론에서는 유시무종(有始無終)이다. 빅뱅으로 시작은 알았으나 끝은 알지 못하고 있다. 다단 시작과 끝 사이에 우주가 계속 팽창하고 있다는 '과정'이 있을 뿐이다.

■1. 생장화수장 안에서 '사람'이 태어나서 성장하고 죽어 가지만 아이를 낳아서 생명을 이어가게 한다. '식물은 발아되어 무성해지고 씨앗을 남기고 사라진다. 그리고 그 씨앗에서 다시 싹이 돋아난다. 상황과 사건은 '발단'이 일어나고

1017) 5-1-4-1 생장화수장
1018) 4-1-1 ●=2 ■3 성주괴공(成住壞空). 4-1-1 ●=2 ■3 창조론

'전개'되어 '위기'에 봉착하고 '절정'에 올랐다가 '결말'에 이른다. 이는 희곡의 5요소로서 생장화수장의 또 다른 표현이다.

■2. 위 도표를 보면 '생' 안에서도 '생장화수장'이 일어나고 각기 '장' '화' '수' '장' 안에서도 '생장화수장'이 일어난다. 이렇게 각기에서 일어나는 '생' '장' '화' '수' '장'의 작용들은 사주명리에서 중요한 전제(前提)를 제공한다. 여기에 오행과 연결되고 왕상휴수사와 육신이 파생되기 때문이다.

5-1-4-2	오행과 생장화수장

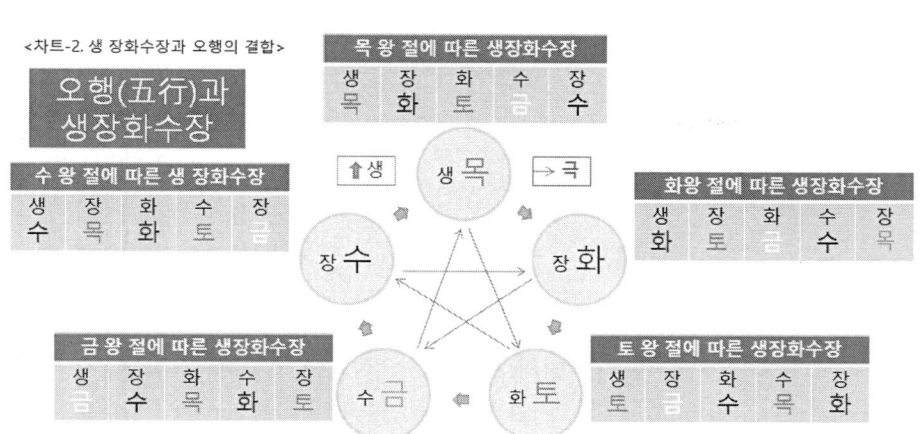

오행은 우주의 기운이 파장1019)으로 우리에게 도달 되었을 때 부호로 나타낸 것임을 공부하였다. 그 오행의 기능이 생장화수장과 결합하게 된다.
▶1.생-발아(시작)는 '목' ▶2.장-성장은 '화' ▶3.화-중화는 '토' ▶4.결실은 '금' ▶5.저장은 '수'와 만난다. 그리고 동시에 상생 상극이 일어난다.

오행도 천간 지지처럼 '천문학적 부호'1020)이다. 부호는 '정하여 쓰는 기호'라는 뜻이다. 그래서 '목화토금수'를 'ABCDE', '12345', '가나다라마' 등으로 쓸 수도 있다. 다만 동양의 우리 선조들은 '목화토금수'로 정하고 활용하며 분야별로 발전시켜 왔다. 이러한 부호는 강약에 있어서 동일하기 보다 저마다의 '왕상휴수사'를 지니게 된다.

1019) 4-2-1-1 ●=3 파동으로 연결
1020) 4-2-4-1 "천문학적 부호', "부호는 '정하여 쓰는 기호"

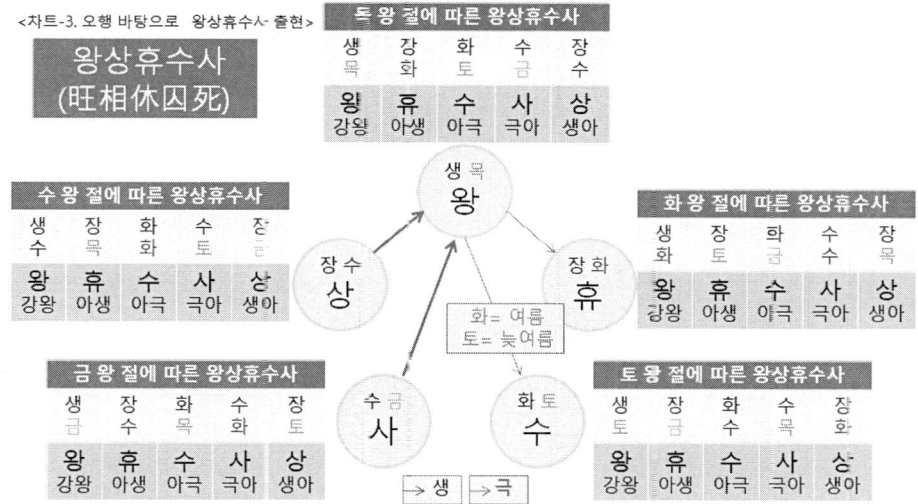

| 5-1-4-3 | 왕상휴수사 |

 '목', '화', '토', '금', '수'의 기운들은 각기의 왕 절에 따라 기세와 강약이 서로 다르다. 그 강약의 다름이 왕상휴수사이다. 위 도표는 왕절(旺節)에 따라 '자평술1021)에 의거'1022)하여 완성된 '왕상휴수사'다.
 예를 들어 목을 왕산휴수사로 설명하면 아래와 같다. ▶1.봄에 '왕(旺)'하고, ▶2.여름에는 생왕묘(生旺墓) 중의 '묘' 즉 '휴(休)'지로 휴식해야 되며, ▶3.늦여름에는 기운이 다하여 활동을 못하니 '수(囚)'즉 갇힌 사람과 같다. ▶4.가을에 목은 낙엽 되어 '사(死)'하게 되고, ▶5.겨울 목은 수의 생을 받으니 은혜에 보상(輔相)해야 되서 '상(相)'이라 하였다.

| 5-1-4-4 | 육신오행의 파생 |

1021) 3장 들어가기 1-3 ●=를 ■1 □1 자평술(子平術)『사고전서(四庫全書)』 "슈퍼컴퓨터"
1022) 자평술 근거- 삼명통회와 차이가 있다. 이는 고법의 삼명통회를 따르지 않고 '자평술'의 적천수나 자평진전에 의거하기 대문. ▶1.계절과 오행의 관계로 보는 경우. ▶2.계절과 왕휴의 관계로 오행을 보는 경우 ▶3.오행과 왕휴의 관계로 계절을 보는 경우. ▶4.사계토월로 보는 경우. ▶5.각 월의 여기와 중기 정기 중 사령으로 보는 경우.

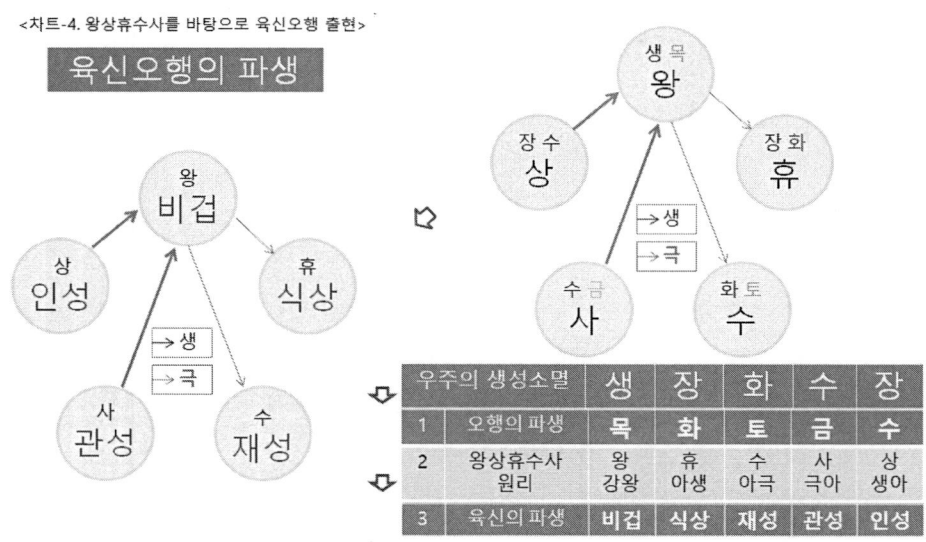
<차트-4. 왕상휴수사를 바탕으로 육신오행 출현>

육신의 최대 장점은 오행의 불변성을 향하여 다양성의 지평을 열어준 것이다. 그로 인하여 오행이 오행으로만 존재하지 않고 즉 모든 오행이 비겁, 식상, 재성, 관성, 인성의 다섯 가지 역할로 확대 되었다. 그래서 '목'이 발아의 기능만으로 고착화 되지 않으니 비겁이면 주체, 식상이면 분출, 재성이면 욕망, 관성이면 직업, 인성이면 지혜로 변신을 이룬다.

자평술에 의한 왕상휴수사는 육신오행의 상생상극과 동행한다.
☐1. 왕(旺)한 것은 자신이 왕(王)과 같다. 그래서 군왕 즉 주체로써 '비겁'이다.
☐2. 상(相)은 자신을 생해주고 쇠약해지는 어머니의 은혜로 이루어지는 보상(輔相)이다. 따라서 어머니 '인성'이 된다.
☐3. 휴(休)는 자식(식상)을 양육하느라 자신의 기운을 소모하였으니 '식상'이 휴식이 필요한 상태이다.
☐4. 수(囚)는 극 받아 자유가 없는 감금 상태다. 아버지와 아내는 가족을 돌보느라 가정에 갇힌다. 마음대로 날아갈 수 없도록 제재(극) 받는 '재성'이다.
☐5. 사(死)는 자신을 지배(극)하려 하니 죽을 만큼 힘들다. 자신을 지배하는 법과 법도 즉 '관성' 이다.

5-1-4-5	왕절에 따른 육신오행

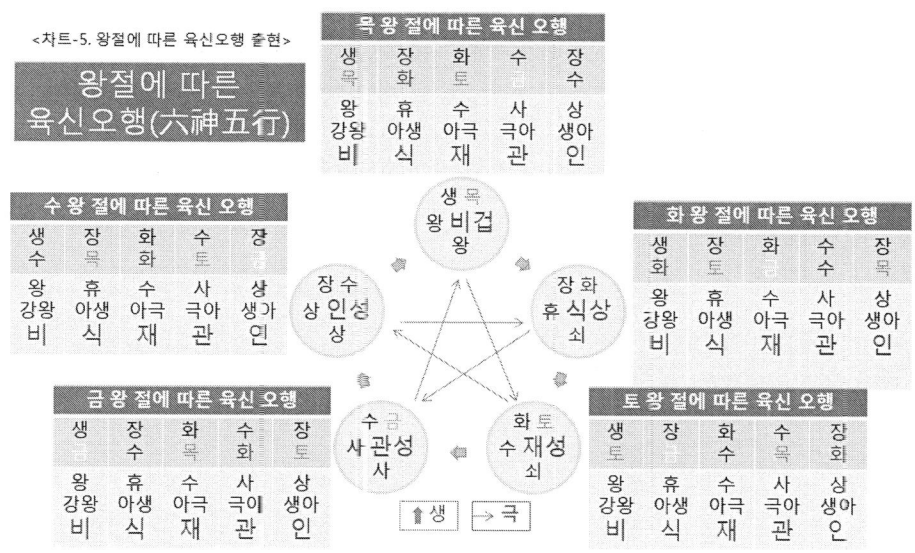

육신도 오행처럼 왕절(旺節)에 따라 반드시 왕쇠와 강약의 변화를 보인다.

■1. 아래 도표에서처럼 수 왕 절의 수는 스스로 왕(旺)하여 왕(王)이 된다. 그래서 스스로 주체인 비겁이다. 금 왕 절에는 금이 왕 하여 비겁, 토 왕 절에는 토가, 화 왕 절에는 화가, 목 왕 절에는 목이 비겁이 된다. 그러니까 생장화수장과 연결된 불변성(不變性)의 목화토금수가 가변성(可變性)의 육신오행을 만난 것이다.

그래서 전제(前提) 즉 불변성(오행)의 체(體)깔고 그 위에 육신이 용(用)으로 뜬다. 즉 '수가 비겁이 되기도 하고 식상, 재성, 관성, 인성 등으로 발현'[1023]되기도 한다.

이는 '구성학에서의 동회와 피동회'[1024]일 수 있고, '시베리아의 통토'[1025] 위에 피어난 이끼와 침엽수림일 수 있다.

1023) 13-2-9-4 육신의 상(像)
1024) 구성학(九星學)-북두칠성이 아홉 가의 별을 따라 순환하는데 그 변화의 기운을 나타내는 것을 활용하는 길흉을 살피는 행위. 동회(同會) 혹은 피동회(被同會)라 함은 '만남'을 의미. 기성과 기성이 만나는 것 혹은 기성과 궁이 만나는 것 모두 이에 해당되는 개념. 동회 혹은 피동회는 구성命學, 구성方位學, 구성占術 등 모든 분야에 활용되는 원리가 됨.
1025) 시베리아 동토-타이가(-aiga) 지대는 유라시아 대륙에서 북아메리카를 동서방향 띠 모양으로 둘러싼 침엽수림의 총칭. 북쪽의 툰드라(tundra)l에 가까울수록 지표층 50~100Cm 이하는 영구 동토층. 그 동토 위 툰드라에서도 키 작은 관목, 사초과와 벼과 식물, 선태류와 지의류 등이 자람. 툰드라 지대와 삼림 지대 사이의 '추이대'를 교목 한계선(tree line)이라 부름.

■2. 재성과 관성은 왕상휴수사의 '수(囚)'와 '사(死)'에 앉아 약하다.

그래서 약한 오행 또는 육신오행은 생과 합을 받아 강해져야 한다. 재성이 있어도 모두 재성이 아닌 이유가 강약에 있다. 물론 신약의 경우에는 강할 이유가 없다. 기초에서는 이러한 이론이 어려울 수 있다. 하지만 이 수준을 목표로 쉬운 부분부터 공부하다가 마침내 이 자리로 돌아오면, 사주 간명의 정확도가 높아질 수 있다.

5-1-4-6	왕상쇠사(旺相衰死)

왕상쇠사는 계절의 월령에서 왔다. 화토공존(火土共存)[1026]을 따라서 화(여름), 토(늦여름)의 휴(休)와 수(囚)를 합하니 쇠(衰)가 되고 사계절이 되었다. 따라서 생장화수장의 장(長), 화(化) 그리고 육신오행의 식상, 재성도 쇠(衰)로 표기된다.

사주명리에서 사계절의 당령(當領-그 달의 월률분야) 및 월령(月令-그 달의 정

[1026] 화토공존(火土共存)-화토의 자리가 같다는 말. 사주명리를 제외한 동양역술은 수토동궁(水土同宮)을 따름. 사주명리 중에서 고법 명리의 12운성(포태법)은 수토동궁을 사용. 고법은 임수와 무토, 계수와 기토의 생왕묘절 동일, 신법은 병화와 무토, 정화와 기토의 생왕묘절이 같음.

기)은 대단히 중요한 자리를 차지한다.

 신약신강, 격국 용신에서 더욱 그렇다. 또한 '이법'을 기반으로 하는 '이기법(理氣法)'의 적천수와 난간망의 구성도 사계절과 월령을 떠날 수 없다. 우리는 계절의 왕쇠에 따라 체온이 결정된다. 체온 즉 기분이 인식과 성격 형성에 영향을 미치고, 성격은 행동을 유발하는데, 반복 되면 습관 즉 삶이 된다.

| 5-1-5 | 근묘화실(根苗花實) |

근묘화실의 연원에 대한 언급은 그나마 『삼명통회』에서 엿볼 수 있다.
『삼명통회』「둔월시(遁月時)」편에서 근묘화실을 "연을 뿌리로, 월을 곡식의 싹으로, 일을 꽃으로, 시를 열매라고 말하였다."

그리고 "곡식의 싹은 뿌리가 없으면 생활 수 없고, 과일은 꽃이 없으면 열매가 달리지 못한 고로..(중략)." 이어서 "월은 연을 따르고 시는 일을 따르니 둔월이라...(중략)" 라고 나온다.

운을 보는 법은 크게 ▶'궁성별 해석'(체)과 ▶대운을 통한 '행운별 해석'(용)의 두 가지 큰 줄기가 있다. 여기 근묘화실로는 궁성(宮城.궁은 일간, 성은 연 월 시주)의 위치에 따라 본주(일주)의 운을 본다. 그러나 체(근묘화실)만으로 간명이 완성되지 않는다. 용(육신)과 같이 보아야 한다.

| ●=1 | 궁성별 해석의 근거 |

『명리약언』「간운법 二(看運法 二)」에는 "초운은 소년을, 중운은 중년을, 말운은 말년을 관장하니 이것이 운을 보는 법"이라고 나온다. 이어서 "다시 또 구법에 섞어서 쓸 만한 것이 있는데, 곧 이것을 사주로 추론하면 연은 소년(초운)을, 월일은 중년을, 시는 만년을 관장한다. 가령 년이 희신에 속하면 소년에 발달하고, 기신에 속하면 소년에 막히고 어려우며...(중략)". 나머지 중년 말년도 같다.[1027]

| ●=3 | 궁성이론과 삼명통회 |

□사주의 주인(본주)을 중심으로 연주를 아버지로도, 조상으로도 본다.

> ● 간명의 원리
>
> ○『삼명통회』「둔월시(遁月時)」편에 "▶연을 기본으로 아버지라 했고 ▶월을 형제와 친구로 일을 주인과 아내와 자기본신으로 하였으며 ▶시를 자손으로 하였다."합니다.
> ○「연월일시」편에는 "▶사주가 연을 조상으로 한다면 세세대대로 종파들의 흥망성쇠의 이치를 알게 될 것이다. ▶월을 부모로 한다면 친척들의 명리 유무를, ▶일을 일신으로 하면 일간을 추산할 수 있으며, 내외의 원천을 취하여 일간이 허약하면 왕성한 기를 빌리거나 구할 수 있다."라고 적혀 있습니다.

1027) 3-2-4-6 15세 지학(志學), 30세 이립(而立), 40세 불혹(不惑), 50세 지천명(知天命), 60세 이순(耳順), 70세 종심(從心)

□참고로 하건충 선생의 궁성이론은 삼명통회와 그 궁위와 다르다. 또한 그렇게 십신을 배치한 설명의 근거가 불충분하며, 그 심리분석에 대한 술사들의 선호도에 비해 실제 간명 받는 사람들이 그다지 동의하지 않는다.

| 5-1-5-1 | | 근묘화실(根苗花實)로 자신을 보는 경우 | |

☐1.『삼명통회』「연월일시」편을 보면 "사주의 주인을 본주(本主)라 한다."하고, 또한 "옛날에는 연을 보고, 자평은 일을 보았다."라고 나온다. 여기 옛날은 연이 본주인 고법명리를 말하고, 자평은 일간이 본주인 신법 자평평리를 말한다.
☐2.그리고 "연은 월을 따르고, 시가 일을 따르면 본주가 모두 왕 하다."라는 말은 월이 연을, 시가 일을 따르면(생하면) 본주가 왕 하다는 말이다.

	시 (실)	일 (화)	월 (묘)	연 (근)
	통관	득령	득령	월령
천간 상체	아들 손자 조카 남성 대인관계 -아랫사람 직원 자신의 말년	※아신 (남, 여) 자신의 중년 이후	부 형제 동료 직업 관운 (월간의 관-최고) ○월주- 사주 기운의 80% 자신의 청, 장년	조부 조상주 선천주 묘지-5대조 까지 나의 중요 임무 자신의 유년 초, 청년
지지 하체	딸 손녀 말년효손 여성 대인관계 -아랫사람 직원 자신의 수명 말년 부의변화	자신의 변화 남녀 대인관계- 상사, 참모, 부하 여성은 남친 남성은 여친 자신의 재물 장수	모 자매 (활동무대) 직장 상사 동료 사업 직업이동 이사 사무실 이전 승진 유산 자신-사주바탕 (천시궁) 당해 기운측정	조모 외기(인연) 집터 생활 직장 터전 자신의 학업, 질병 (유년 길흉)
	자식궁, 말년주 65 이후	처궁, 배우자궁 65세 정도	남편궁, 가족주 45세 정도	유년궁, 조상주 25세 정도

● 간명의 원리

○예전에는 사주를 이렇게 보았습니다. 아마도 고법명리의 산물로 여겨지는데, 그래서 인지 공부한 수고에 비하여 실제 적중률이 현저하게 낮습니다.
○근묘화실로 보는 간명법은 '체용' 중 '체'에 속합니다. 그러나 '체'가 전부는 아닙니다.
○'용'으로 볼 수 있어야 하는데, '용'은 생극 작용에 자유롭지 못한 십신을 말합니다.

5-1-5-2		근묘화실로 사회적 관계를 보는 경우		
	시	일	월	연
	65세 이후	65세 정도	45세 정도	25세 정도
	통관, 왕상 하면서 합이나 국을 이룬 것이 길한 경우 = ※자식이 *번창 *효자자식 *학식, 지위 높음의 형상 ※자신 말년 *말년 청수 *자식 복과 말년 다복지상	득령, 왕상, 합, 길성과의 조화가 길한 경우 = ※자신 *좋은 가문 生 *학식 등 좋은 배우자 만남 *만사순탄-행복 *배우자 조력-부귀공명의 상	득령, 왕상, 합. 길성과의 조화가 길한 경우 = ※부모 형제가 *사업번창*공명(功名)과 관운양호 *장수(長壽)의 상 ※자신직업가정 *좋은직업-출세*의식풍족*재력가*지도자*부모형제 화목의 상	월령을 받고 왕상(旺相)하며 길성 또는 합이 길한 경우 = ※선대가 *친척, 자손화목 *선대부귀 형국 ※자신 유년기 *유년행복 *가정 넉넉 (우산, 전답) *학업우수의 상
	형충파해나 공망, 괴강, 백호가 있어 흉한 경우 = ※자식이 * 불구 *심리장애 *만사불성의 형상 ※자신 말년 *말년고독 *무자팔자 *불구자식 *자식조별 *산액, 질병 *악질환의 형상	형충파해나 공망, 괴강, 백호가 있어 흉한 경우 = ※자신 *악처, 악부의 인연으로 패망 *배우자로 인한 조난, 질병, 시비구설, 흉액 *배우자-마다 질병, 불구*이혼 다혼 빈번의 형상	형충파해나 공망, 괴강, 백호가 있어 흉한 경우 = ※부모형제가 *고생-사업부진 *고통과 화(禍) *가족이산-일가 친척 이산의 형국 ※자신직업가정 *만사불성 *재난 *고통의 형상	형충파해, 공망, 괴강, 백호, 흉살로 흉한 경우 = ※선대으 *몰락, 선대의 한, 고단한 직업, 7-난의 형상 ※자신 유년기 *악사(惡死) *악질(惡疾) *의식주 궁핍 *학업중단 형국

■1) 연월일시와 삼주, 삼한

□『삼명통회』「연월일시」에 "옛 사람은 명을 논할 때 삼주(三主)로 분별하였고 삼한(三限)으로 정하여 놓았다. ▶"삼주는 1)연과 월로 첫 주인 관찰, 2)월과 일로 두 번째 주인 관찰, 3)일과 시로 세 번째 주인 관찰하였다." ▶"삼한이란 1)연에 생하면 첫 번째 한이라 ○ 십오 년을 관할할 수 있고, 2)월에 생하면 이십

오 년을 생 할 수 있으며, 3)시와 생하면 말한(末限)이라 오십 년을 관할할 수 있다."
□여기서 『삼명통회』는 하나 한(경계)을 25년씩 말하고 있다. 지금의 한 주(柱)를 15년 씩 간명하는 것과 차이가 있는데 오히려 25년이 현대수명과 더 어울린다.
□자평명리는 기운이 일간을 향해 모여야 합니다.1028)

■2) 도표와 길흉
□위 도표를 보면 합은 길하고 형충은 흉한 것으로 기술되어 있다. 그러나 길흉은 앞에서 공부한 것처럼 합은 길, 충은 흉한 것이라고 정해진 것이 아니다.
□도표에서 월주가 ▶'길신'이면 부모 형제가 사업번창, 공명(功名)과 관운양호, 장수(長壽)의 상으로 해석하고 ▶흉신이면 부모형제가 고생-사업부진, 고통과 화(禍), 가족이산-일가친척 이산의 형국이라고 해석할 수 있다.
□그렇다고 여기에서 합이니까 길한 것이고, 흉이란 형충이니까 흉하다는 말이 되어서는 곤란하다. 길 흉신은 결국 최종격의 배합에 따라 희기가 갈라진다.
□이런 신약신강이 반영 안 된 극히 원시적인 점을 감안하면서 공부해야 한다.

● 간명의 원리

○『삼명통회』「연월일시」에 "연이 월일시를 생하면 흉, 시가 일월년을 생하면 길...(중략)".이라 나옵니다. 좀 더 지세히 보면 ▶"연이 월일시를 생하면 위가 아래를 생하는 것이니 주인은 본기를 손해 보는 것이니 조상 때부터 내려오던 가업이 파산되고" ▶ "시가 일월년을 생하면 아래가 위와 생하는 것이니 주인은 복되고 덕이 있을 것이요, 행복의 신이 서로 도와주므로 길할 명이다. 이와 반대면 흉할 징조다"라고 합니다.
○여기 행복의 신은 생합을 의미하고, 흉할 징조는 형충파해 자체를 의미합니다. 그러니까 최종격에 의한 희기신의 구별 없이 형충이 있는 자체만으로 흉할 징조라는 것입니다.

■3) 사주는 회국(回局)한다. 우주 운동은 볼텍스(Vortex)이자 나선운동이다.1029)

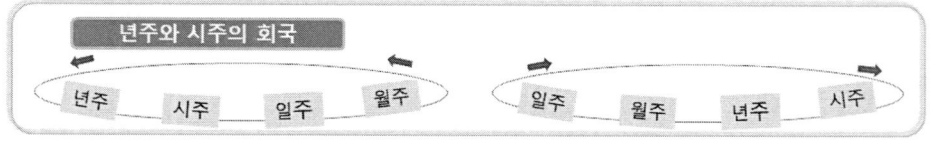

1028) 2-1-1 원류(源流) 2-1-1 원류와 원두
1029) 3-2-5-2 육친(六親)과 나선구조

다만 회국(回局)의 원리에는 조건이 있다. 연지나 시지가 회국하여 기능을 발휘하려면 일이 시를 그리고 율의 연 간섭(합충)이 없어야 하고, 주변에서 극하면 기능이 사장된다. 이는 천간이 합이어도 앉은 자리 지지가가 극하고 있으면 합이 아닌 것과 같다.1030)

■4) 실제사주의 예

1)정계충-묘 주변 목 뿌리(임계갑을2경)6=480으로 계240 통관, 2)묘유충 상시 계 통관(유생계생묘)되어 충이 성립되지 않는다. 연간 정화가 회국(回局)하여 관생인(화생토) 하는데, 자(계)수와 충 하여 생인 불가하다.

●-53 실제사주			2-1-3				3-2-3-1> ●=3 ■2. 천간충 자료							
☞ 1. 신약 신강			남. 정형외과 교수			9 8	8 8	7 8	6 8	5 4 8 8	3 8	2 8	▸1-적천수 쓸 때 신약 ▸용신-무 ▸희신-금		
무120	경80		계240	정240		계	갑	을	병	정 무	기	경	신	임	
자	자		묘	유 년											
사	임계	사	임계	태	갑을	왕	경신	사	오	미	신	유 술	해	자 축	인

□만약 충을 적용하면 아버지와 조상이 충하니(정계충) 형편없는 집안어 태어나서 고아처럼 크거나 양자 갔을 것이다. 그러나 그렇지 않고 부친과 집안 우수하다.

□어머니와 외부의 기운이 충하니(모유충) 어머니의 보살핌 부족으로 허약 체질은 물론 공부도 못하고 어머니가 재가하는 형국이다. 그러나 그렇지 않다.

□의사는 23경계인에 닿다. 비록 평상인이지만 충이 있는 것만으로 흉하다면 의사가 되기 어려웠을 것이다.-(충이어도 인비 아닌 식재관 충은 신약에 보약)

> ● Tip
> ○참고로 이분의 선산을 치산할 때 손수 수맥봉과 나경(나침반) 들고 봉분 위치와 좌향(풍수) 봐 드렸습니다. 그래서 집안 사정을 어느 정도 압니다.

1030) 6311-2 ●=3 대운 간지의 강약 판단

| 5-1-5-3 | 근묘화실과 시퀀스(Sequences) |

"행복한 가정은 모두 엇비슷하고, 불행한 가정은 불행한 이유가 제각기 다르다." 톨스토이[1031]의 소설 『안나 카레니나』의 첫 문장이다. 행이든 불행이든 삶은 상황의 연속이다. 그 속에 시간이 있다. 작은 조각들을 하나씩 붙이면 완성되는 모자이크처럼 상황이 한 장씩 붙여져 인생의 그림은 완성된다.

상담할 때 매번 곤란한 경우는 내담자가 일과 사건의 성패만을 물을 때이다. 지금은 다음으로 이어지는 과정으로서 찢어진 종이 한 조각을 붙이는 순간이라고 답한다면, '좋은가' '나쁜가'를 묻는 질문에 예의가 아니기 때문이다.

시퀀스(사건의 기억)끼리 생하기도 하고 극하기도 한다. 또한 어떤 시퀀스는 곤란하게도 흔적도 없다. 그러나 심령치료를 하다 보면 존재를 크게 드러낼 때가 너무도 많다.

■1. 근묘화실로 생의 주기를 보는 것은 행운 산출이 어려워 원국만 가지고 간명할 때 일 것이다. 어떻든 근묘화실에는 생의 주기별로 붙여지는 모자이크가 있다.

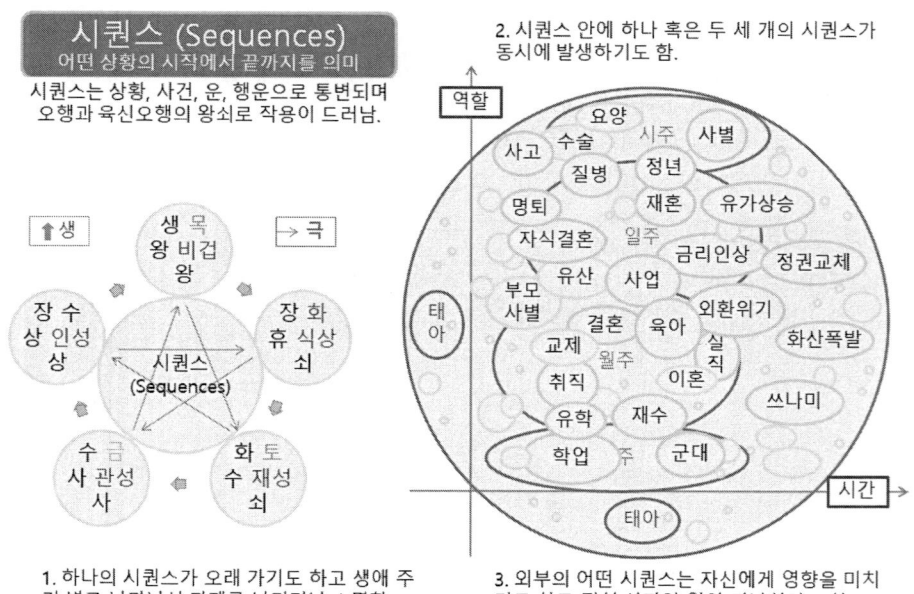

1. 하나의 시퀀스가 오래 가기도 하고 생애 주기 별로 나타나서 과제를 남기거나 소멸함

2. 시퀀스 안에 하나 혹은 두 세 개의 시퀀스가 동시에 발생하기도 함.

3. 외부의 어떤 시퀀스는 자신에게 영향을 미치기도 하고 전혀 상관이 없이 지나치기도 함.

☐1.주기별로 나타나서 과제를 남기거나 그냥 소멸되기도 한다. 원국은 행운의

1031) 4-2-1-2 ●=2 "톨스토이"

영향을 받는다. 일주 월주 도표처럼 학업에서 유학, 취직, 교제, 결혼으로 연결되기도 하고 군대처럼 재수로 연결되거나 제대로 끝나기도 한다.

☐2.하나의 시퀀스가 오래가기도 하고, 시퀀스 안에서 하나 혹은 두세 개의 시퀀스가 동시에 발생하기도 한다. 월주의 교제상황이 오래가기도 하고 교제와 더불어 취직, 결혼, 부모사별 등의 시퀀스가 다중 발생하기도 한다.

☐3.외부의 어떤 시퀀스는 자신에게 영향을 미치기도 하고 전혀 상관이 없이 지나치기도 한다. 도표에서처럼 정권교체, 사회적 패러다임, 화산폭발이나 쓰나미가 자신에게 영향을 미치기도 하고 상관없이 지나기도 하는 것을 말한다.

■2. 근묘화실에서 나이를 분류할 때 예전에는 일주를 31~45세 즈음으로 보았는데 이는 '체'에 속한다. 그러나 시대적 차이와 개인차가 존재한다. 현대인의 정년은 남녀 대략 65세이다. 여성의 장년기는 갱년기를 위주로 할 때 55세 전이다. 『삼명통회』에서는 51~75세이다. 하지만 세상사 십 년이면 강산이 변하는데, 사람의 인사가 15 또는 25년이 같을 수 없다.

그래서 근묘화실에 얽매이지 말고 시시각각 이합집산 즉 행운(대운, 세운, 월운, 일운, 시운)이 일으키는 생극제화의 결과 '용'을 같이 보아야 한다.

☐1.연주(유소청년기. 25세 전후)-청소년기의 감정 변화가 변화무쌍한 때이다. 양육의 질, 특기, 학업과 학교생활. 군대, 유학, 취업준비가 주 시퀀스이다. 특히 학교생활과 진학문제가 크다 하겠다.

☐2.월주(청장년기. 25-50세 전후)-십이운성의 관대(冠帶)와 비교된다. 사회진출과 사회생활의 시퀀스가 겹겹이 나타난다. 재수, 유학, 취직, 교제, 결혼, 육아, 이혼, 실직 등이 주 관심사가 된다.

☐3.일주(장년기. 50-75세 전후)-청년기 보다 인생의 책무가 많은 시기이다. 유산상속, 자식결혼, 사업, 명퇴, 정년. 이혼, 재혼, 질병 등의 시퀀스가 도래한다.

☐4.시주(말년. 75세 이상)-힌두교에서는 이때가 유랑기[1032]다. 사고, 질병, 수술, 요양, 사별의 시퀀스가 온다.

[1032] 인도 힌두교의 생애 4단계.-▶학습기(學習期)-25세 정도까지 공부하는 시기. ▶가주기(家住期)-50세 정도로 결혼해서 가정을 이루고 자식도 키우고 사회적 의무를 다하는 시기. ▶임서기(林棲期)-75세 정도로 사회적 역할을 마치고 집을 떠나 숲 속에서 자신의 영혼구제를 위한 시기. ▶유랑기(流浪期)-76세 정도로 무소유(無所有)를 체험하기 위해 거지처럼 유랑하다가 길에서 죽는 시기.

5-2 들어가기

　기초에서는 육십갑자, 천간, 지지, 지장간, 형충회합, 육신과 십신, 용신과 격국의 두 글자 간의 '구성 원리'와 그에 대한 '물상'을 공부한다.
　그러나 너무 잘하려다 두 글자에 함몰되면 두 글자가 사주에 미치는 파급을 놓치게 된다. 그 결과 공부는 했으나 "님 오지 않고 빨래소리 물소리에 눈물 흘리게 된다."처럼 해석의 먼 길을 돌고 돌다 눈물 흘리게 된다.

　예를 들어
□지지는 만물을 생육하는 실리이지만 투출[1033]되지 못하면 실리가 허명무실하게 된다. 그러면 투출한 천간이 실리인 것과 중복되는 모순 아닌 모순을 경험하게 된다.
□재가 있으면 그 파급이 재다신약(재 많아 일간 허약)인지 재투식신(재가 투출했는데 식신이 있음)인지를 보아야 한다.
□합 충이 있으면 '어떻다'는 작용과 그에 대한 물상을 적용하면 사주가 바로 풀릴 것 같으나 그렇지 않다. 합 충의 결과로 나타나는 순역[1034]을 보아야 사주가 풀린다.

　그래서 결론은 학문을 하고 논문을 써야하는 경우를 제외하고 간명이 우선인 사람은 기초과정에서 '구성 원리'와 '물상'을 가볍게 공부하기 권한다. 그리고 다음에 시간이 될 때 예전에는 이렇게 공부했구나 하고 깊게 사유(思惟)하며 참고했으면 한다.

1033) 3-2-2-1 통근과 사령
1034) 3-2-1 ■5 순역(順逆) "그 기세에 순응하는 것"

5-2	천간 지지 지장간

 오행에서 다시 음양으로 분화된 천간지지의 음은 어둡고 응축된 폐쇄성의 상징이자 양은 밝고 확장된 개방성의 상징이다.
 간지의 기원은 갑골문으로 올라간다. 상(商)나라 제왕들의 명칭에 십간(十干)이 나오고 은대(殷代, BC1751~BC1050)에는 간지로 날짜를 기록하였다. 고대문헌에 나타나는 관련기록들을 보면 크게 대요(大撓)창제설, 천황씨(天皇氏)창제설, 황제(黃帝)시대 하강설로 나눌 수 있다. 이러한 점들을 역사적 사실로 보기에 무리가 있으나, 그전부터 초고도문명이 지구상에 존재했음을 볼 때 신화와 전설로만 보는 것도 무리가 있다 하겠다.
 간지(干支)의 명칭은 후한(後漢) 때 왕충(王充, 27~100?)의 『논형(論衡)』 힐술편(詰術篇)에 처음으로 등장한다. 그 전에는 '일진(日辰)', 그리고 오행생승설(五行生勝設)과 결부되어 '모자(母子)' 등으로 불렸다.

 『연해자평』의 천간지지에 대한 기록을 요약하면 이렇다.
 "치우가 어지럽게 난리를 피우니 황제께서 백성들 근심되었다. 탁록의 들에서 전투를 하는 동안 피가 백리나 흘렀지만 치우를 항복시키지는 못하였다. 황제가 목욕재계(沐浴齋戒) 후 단(壇)을 쌓고 천신께 예(禮)를 다하니 하늘에서 십간과 십이지를 내려주셨다. 십간을 원(圓)[1035]으로 펼쳐 하늘 모양을 본뜨고 십이지를 방(方)으로 펼쳐 땅의 모양을 본떠서 간(干)을 하늘을 삼고 지(支)로는 땅을 삼았다. 천간과 지지를 밝히자 제후들이 황제에게 복종하게 되고 그 힘으로 치우를 죽이고 사냥으로 시신을 찢어버린 뒤에야 세상을 다스릴 수 있었다."고 나온다.

[1035] 천원지방(天圓地方)은 "하늘은 둥글고 땅은 모나다"는 뜻. 고대 수학 및 천문학 문헌인 『주비산경(周髀算經)』에서, "모난 것은 땅에 속하며, 둥근 것은 하늘에 속하니, 하늘은 둥글고 땅은 모나다"라고 선언. 고대의 여러 문헌에서 비슷한 표현을 찾아 볼 수 있음. 이 명제는 전근대 시기 말까지 동아시아 사회에서 하늘과 땅의 모양에 관한 권위 있는 학설로 받아들여짐.

| 5-2-1 | 간지 |

| 5-2-1-1 | 천간 |

간지는 천문학적 현상을 귀납시켜 부호로 만든 것이다. 지구는 각 행성들과 상호 인력작용으로 영향을 주고받는다. 천간은 보이지 않는 양의 기운 즉 하늘의 기운을 5개의 오행 속성으로 분류하고 각 오행을 다시 음양으로 나누어 10간이라 한다.

계 절	봄		여름		환절기		가을		겨울	
방 위	동		남		중앙		서		북	
오 행	목(木)		화(火)		토(土)		금(金)		수(水)	
천 간	**갑**(甲)	을(乙)	**병**(丙)	정(丁)	**무**(戊)	기(己)	**경**(庚)	신(辛)	**임**(壬)	계(癸)
음 양	양	음	양	음	양	음	양	음	양	음
물 상	대목	화초	태양	등촉	큰산	전원	무쇠	보석	강하	우로

명나라 유백온의 『적천수』에서「양간은 기(氣)에는 따르나 세력(勢力)에는 따르지 않고 음간은 세력에 따라 인정과 의리가 없다.」하였다.

■양간(陽干)은 "측은지심(惻隱之心)을 갖고 있어서 처세함이 구차하지 않다"
□사주에 양기가 순정(純情)하면 의협심이 있고 불의에 분노하는 강계심 있다.
□양간은 남자와 같은 성질이니 근성이 있어서 설사 본인이 궁핍한데 부귀한 친구가 있더라도 그 친구에게 아첨하지 않고 자신의 자존심을 지키고 궁핍함에 머문다.

■음간(陰干)은 "유순(柔順)하다. 사주에 음기가 불순한 사람은 세력이 강한 자를 만나면 의리를 잃고 그 세력을 따름이다."
□음간은 여성과 같은 성격이니 독립심이 약하고 세력에 의지하려는 경향 있다.
□부귀한 남성을 만나면 동조하게 되는 형국이다.

| 5-2-1-2 | 지지 |

동양의 '운기학運氣學'에서는 하늘은 목화토금수의 오행을, 땅은 상화(相火)를 추가하여 육행으로 본다. 화가 둘인 셈이다. 그래서 지지는 육행을 음양으로 나누어 십이지로 설명하고 있다. 상화(相火) 또한 지축으로 인하여 발생한다고 본다. 지구는 지축이 23.5도 기울어져 있다. 이 때문에 춘·하·추·동 사시(四時)의 변화가 생기며, 24절기가 순환하게 된다는 이야기이다.

대만의 남회근 선생은 지지가 만들어진 과정을 『역경잡설(易經雜說)』에서 다음과 같이 말하였다. "지지는 천문학상에서 말하는 황도 12궁이다. '황도(黃道)'란 태양이 동쪽에서 떠올라 서쪽으로 지기까지 그리는 궤적으로 황도면이라고도 하는데 월 마다 달라진다. 저녁에 동쪽에서 솟아오르는 28개 별자리는 황도면 상에서 매달 그 위치가 달라진다.

이 현상을 12궁으로 귀납시켜 글자로 표현한 것이 12지다. 이렇게 천문현상을 추상적 형태로 변화시켜 쉽게 활용할 수 있도록 간순화시키는 정도를 보면 상고시대 인류의 지혜가 극도로 뛰어났으며 과학과 철학의 발달 역시 극치에 이르렀다는 것을 알 수 있다. 그러나 현재에 와서는 단지 운용만 할 수 있을 뿐이고 그렇게 된 원인을 모르는 것이 아쉬운 일이다." 하였다.

다시 말하자면 태양은 천구(天球)상의 별자리 사이를 매일 1도씩 서에서 동으로 이동하고(황도) 달(백도)은 매일 13도씩 동에서 서로 이동한다. 해의 황도(黃道)와 달의 백도(白道)는 서로 비슷한 궤도를 그리므로 1년 365일 동안 12번을 만나게 된다. 이에 1년에 12번씩 만나는 곳의 평균 하늘을 12간격으로 나누어서 12진(辰)이라 불렀고 장차 12지로 발전하였다.

참고로 자시(당일 23;30~다음날 01;29 까지)에는 야자시와 조자시가 있다. 한국시간 ▶야자시는 당일 23;30~23;59이고 ▶조자시는 24;00~다음날 01;29이다.

계절	겨울		봄			여름			가을			겨울
방위	북		동			남			서			북
오행	수[水]		목[木]			화[火]			금[金]			수
지지	자(子)	축(丑)	**인(寅)**	묘(卯)	**진(辰)**	**사(巳)**	오(午)	미(未)	**신(申)**	유(酉)	**술(戌)**	**해(亥)**

음양	음	음	양	음	양	양	음	음	양	음	양	양
동물	쥐	소	호랑이	토끼	용	뱀	말	양	원숭이	닭	개	돼지
음력	11	12	1	2	3	4	5	6	7	8	9	10
한국시간	23;31~01;30	01;31~03;30	03;31~05;30	05;31~07;30	07;31~09;30	09;31~11;30	11;31~13;30	13;31~15;30	15;31~17;30	17;31~19;30	19;31~21;30	21;31~23;30
물상	종자이슬	동토	대목	화초덩굴	습토	불꽃	열기	열토	암반무쇠	차돌금속	조토	강하

| 5-2-1-3 | 육십갑자 육십화갑자 |

육십갑자는 간지력으로써 십 천과 십이 지지를 배합하여 육십 개의 조합이 발생한 결과이다. 육십화갑자는 납음화갑자(納音化甲子)라고도 하는데 육십갑자와 오음(五音.궁상각치우)이 짝을 이루게 한 것으로서 오늘날 자평명리에서는 거의 사용하지 않는다.

| 5213-1 | 육십갑자 |

『연해자평』에서는 황제 이후 대요씨(大撓氏)가 십간과 십이지를 안배하여 육십갑자를 만들었다고 한다. 그러니까 "성인 황제께서도 악살(惡煞)을 다스릴 수 없었으니 후세 사람들이 만날 재앙과 고통이 염려된다."는 배경에서 육십갑자를 완성하게 되었다는 말이다.

「소길(蕭吉)」의 『오행대의(五行大義)』[1036]에서도 "간지는 오행을 따라 세운 것이니, 옛날에 대요씨가 제작한 것이다."라고 하였다. 소길은 『오행대의』를 통하여 "천간은 홀로 서지 못하고 지지는 천간 없이 헛되이 자리하지 않으므로, 반드시 배합을 해서 세월일시를 정함으로서 용(月)한다." 라고 하여 간지를 반드시 배합해서 사용하는 이유를 말하고 있다.

| ●=1 | 60진법 |

60갑자의 60진법은 간지로 날짜를 기록한 은대(殷代, BC1751~BC1050)의 일이다. 한편 수메르 아카드의 기수법(記數法)을 이어받은 바빌로니아(BC2000년경)에서 사용한 것으로 나타난다.

□1. 10간과 12지 중 어느 것이 먼저 만들어졌는지 알 수 없으나 은대의 역법(曆法)을 통해 은대의 숫자기호를 보면 10진법을 사용했다는 것을 알 수 있다. 기수법(記數法, algorism)은 10진법이다. 은대에서는 10일을 1순(旬)으로 묶어 사용했다.

□2. 2세기경에 유럽어 전해진 아라비아 숫자도 10진법으로써 산스크리트어(梵字)에 그 기원을 두고 모양이 변형되면서 전해 졌다 흔·다. 이미 우리의 십진법인 '일적십거[1037]'와 전혀 다른 이야기이다. 그래서 12보다는 10간이 먼저 사용

[1036] 『오행대의』-북주 말엽과 수나라 초기의 음양학과 산술학의 대가인 '소길'이 쓴 책. 수-라나의 초기까지 전개되어 온 오행학설을 문헌을 토대로 하여 24종류로 분류해서 정리한 것으로, 오행의 정의에서부터 천문·지리·인사적 요소는 물론, 각 동식물의 분류와 맛·오장육부, 왕조의 변천에 이르기까지 오행에 의하지 않음이 없음을 밝히고 있음.

[1037] 4222-2 ●=2 ■1 "일적십거(一積十鉅)"

되었으리라 추측되고 이렇게 10과 12삭망월이 합쳐져서 60진법이 창안된 것으로 추정된다.

●=2 간지와 28수 천문도

우리 은하계 내에는 2,000억 개의 별이 있고 태양처럼 행성을 소유한 별이 60억 개나 된다. 그리고 우리의 은하계는 이 우주 속에서 1억 2,500만 개중 하나이다. 동양의 우주론은 프레드 호일의 「정상우주론」보다」 「빅뱅이론」을 처음 주창한 벨기에 카톨릭 신부인 조르주 르메트르(Georges Lemaître)의 「빅뱅우주론」과 가깝다는 것을 '우리은하와 태양계'에서 공부하였다.

■1. 별들의 탄생과정 "3권 4-1-2-2 별들의 탄생" 참조하시라.

■2. 28수 별자리

이십팔수(二十八宿)는 바벨론, 인도와 더불어 고대 동아시아에서 사용되어온 황도(黃道)와 천구(天球)의 적도 주변에 있는 28개의 별자리이다.

별자리의 기원을 보면 ▶동양에서는 사마천의 『사기』에 요순(BC2000년 이전) 임금 시기의 별자리를 관측한 기록이 있고, 춘추전국시대에 별자리의 명칭이 등장하고 있다. 그러나 실제로 유물을 통해 확인된 것은 BC 5세기경에 만들어진 청동 거울에서였다. ▶서양에서는 이집트에서 최초로 별자리가 등장하였고 고대 바빌로니아에서 12궁이 탄생한 것과 기원전 419년에 만들어진 설형문자판에 처음으로 12궁의 이름이 등장한 것을 그 근거로 볼 수 있다고 알려졌다.

■3. 28수의 전래

▣-28수 전래설은 대체로 수메르 이후 바벨론에서 세계로 퍼져 나갔다 한다.
☐1.메소포타미아에 점토판 Manzils(2286~BC539)과 바벨론 표지석(BC 3000)이 있다.
☐2.이집트 별자리(BC 2000경)는 페니키아인들에 의해 그리스로 전래 되었다.
☐3.인도에 전래(BC 500년)된 Manzils는 힌두교의 Nakshatras의 체계와 동일하다. Nakshatras는 힌두교의 뿌리인 베다(BC1500~500)에서 유래한 천문학과 점성술을 말한다.

▣-동아시아에 전래는 ▶BC 1000년 주나라 전래설. ▶BC 400년 춘추전국시대 전래설. ▶BC 206~AD8년의 전한(前漢) 시대 전래 등 세 가지 학설이 있다.
☐1.그러나 "성수신앙(聖宿信仰)이 동한(22~220)말 환제(147~167)때 불교와 함

께 전래 되었다."는 것을 앞의 점성술(占星術)에서 공부한 점을 볼 때, 우리 민족의 칠성신앙(七星信仰)은 불교가 유입되기 이전부터 북두칠성1038)과 관련하여 한국의 토착신앙이나 도교적 신앙의 형태로써의 존재 확률이 높을 수 있다.

□2.또한 십이지는 성수신앙과 함께 전해졌다는 설도 있는데, 약 3,300년 전 상나라(B.C.1600~B.C.1046)후기 은허(殷墟) 갑골문에 나오는 간지는 주나라 전래설 보다 오히려 연대가 높다. 이는 『부도지1039)』에 나오는 파미르의 우리와 수메르 조상이 같을 수 있다는 전제를 반영하지 않은 결과이기도 하다.

□3.28수와 3원1040)(자미원, 태미원, 천시원)으로부터 하늘이 3개의 담과 나머지 28개의 영역으로 구분된다. 동,북,서,남의 방위에 따라 사신이 7개씩의 별자리를 주관한다. 각 별자리(宿)의 해당 영역에는 또한 여러 별자리들이 속해 있다. 예를 들어 우수에는 직녀, 하고, 천부, 좌기, 우기 등이 속한다. 이러한 체계의 차이로, '3원 28수'의 별자리와 서양 88개 별자리는 1:1 대응이 되지 않지만 크게 다르지 않다.

●=3 육십 간지력

「소길(蕭吉)」의 『오행대의(五行大義)』에서 "갑(甲)은 천간의 첫머리가 되고, 자(子)는 지지의 첫 번째로 서로 배합이 된다. 태양의 기운이 황천의 아래로 움직여 자 월에 있게 되면, '황종의 율'1041)이 기의 근원이 되어서 '자'에 있게 되기 때문에 '자'를 먼저 삼는 것이다." 고 설명한다.

"또 만물은 인(寅) 월에서 다투어 형체를 나타낸다. 갑이 이달에 속하므로 갑을 머리로 삼아 자와 배합시킨 것이다. 즉 나타나는 것은 양이 되기 때문에 천간을 따르고 나타나지 않은 것은 음이 되기 때문에 지지를 따른다. 그래서 갑과 자를 서로 배합시켜서 6순의 시작으로 삼았다."고 갑자를 머리로 삼은 이유를 설명하고 있다.

갑자(甲子)	갑술(甲戌)	갑신(甲申)	갑오(甲午)	갑진(甲辰)	갑인(甲寅)
을축(乙丑)	을해(乙亥)	을유(乙酉)	을미(乙未)	을사(乙巳)	을묘(乙卯)
병인(丙寅)	병자(丙子)	병술(丙戌)	병신(丙申)	병오(丙午)	병진(丙辰)

1038) 북두칠성-논문. 연세대학교 국학연구원> 동방학지> 저목-성수신앙의 일환으로서 북두칠성의 신앙적 화현 양상. 논문 내용-고인돌 별자리 구멍(고조선)—고분벽화의 북두칠성 그림(고구려·고려)—칠성판의 북두칠성(조선 이후)
1039) 4-1-1 ●=2 박금이 저술한 「부도지」지
1040) 4-1-2-1 동이족의 정신적 고향 자미궁
1041) 황종-서양음악에서는 "음", 국악에서는 "율". 황종은 서양음악의 "도"-첫 번째로 나오는 시작 음.

정묘(丁卯)	정축(丁丑)	정해(丁亥)	정유(丁酉)	정미(丁未)	정사(丁巳)
무진(戊辰)	무인(戊寅)	무자(戊子)	무술(戊戌)	무신(戊申)	무오(戊午)
기사(己巳)	기묘(己卯)	기축(己丑)	기해(己亥)	기유(己酉)	기미(己未)
경오(庚午)	경진(庚辰)	경인(庚寅)	경자(庚子)	경술(庚戌)	경신(庚申)
신미(辛未)	신사(辛巳)	신묘(辛卯)	신축(辛丑)	신해(辛亥)	신유(辛酉)
임신(壬申)	임오(壬午)	임진(壬辰)	임인(壬寅)	임자(壬子)	임술(壬戌)
계유(癸酉)	계미(癸未)	계사(癸巳)	계묘(癸卯)	계축(癸丑)	계해(癸亥)

□1.위처럼 육십갑자는 10개의 천간과 12개의 지지가 서로 돌아가면서 짝을 이룬다. 그렇게 10개와 12개가 짝을 이룬다면 120개가 되는데 결과는 60개이다. 그 이유는 천간은 하늘이니 양이 되고 지지는 땅이니 음이 된다. 그러므로 천간과 지지가 이미 음양으로 짝을 이루고 있다. 그래서 육십갑자를 만들 때 천간의 양은 지지의 양과, 천간의 음은 지지의 음하고 만 짝을 이루게 하니 60개이다.

□2.갑자(甲子)에서 시작하여 계해(癸亥)로 끝나는데 갑이 여섯 번 움직인다고 하여 육갑이라 한다. 천간의 10은 일(日)을 주관하게 되는데 10일은 1순((一旬. 열흘)이라고도 한다. 10일이 1순이므로 60일은 6순(六旬)이 된다. 60갑자는 천체 운행 60년을 하나의 주기로 삼은 것이다. 1주(周.180년)을 3등분하여 상원갑자(上元甲子)1042), 중원갑자(中元甲子), 하원갑자(下元甲子)라 한다.

5213-2	육십화갑자(納音化甲子)

『연해자평』「납음과 주해」편에 "갑자(甲子)란 대요씨로부터 비로소 나왔고, 납음은 귀곡자1043)로부터 완성되었으며, 상(象)은 동방(東方) 만천자(曼倩子) 때에 이미 그 상을 완성하였던 것에 연유하여 화갑자(花甲子)라고 부르는 것이다."고 나온다.

1042) 상원갑자-▶민속 음양설에서, 시대 변화의 큰 단위로 잡는 세 묶음의 육십갑자 가운데 첫째 육십갑자의 60년. 한 시대가 시작하는 단계. ▶상수학(象數學)에서는 1백 80년을 1주(周)로 하고 그것을 3분한 상원갑자(上元甲子)•중원갑자(中元甲子)•하원갑자(下元甲子)로 하였는데, 그 가운데 제1갑자 60년을 이름. 임금의 즉위를 종묘에 고하는 등 왕실이나 국가의 중대한 일을 행함에 있어 그 중요성을 강조하기 위해 끌어다 씀.

1043) 귀곡자-전국시대 위나라출생(BC.400~BC.320) 본명은 왕후(王詡), 호는 현미자(玄微子). 이칭왕선(王禪), 귀곡선생(鬼穀先生)으로도 불림. 중국 역사상 신비한 인물로 천고의 기인. 종횡가(縱橫家. 언변술을 기본으로 하여 천하정세를 분석하여 각국 통치자에게 유세하는 것을 목표로 삼은 제자백가의 일파)의 시조로 도가(道家)와 병가(兵家)의 사상에도 정통했고, 양성(養性, 본성을 기르고 수양함)과 사람의 심리에 정통하고 강유(剛柔, 강함과 유함)의 세(勢, 강약)와 종횡가의 패합술4)에 능통. 주양성(周陽城) 청계(淸溪)의 귀곡(鬼穀)에서 은거하였기에 귀곡선생으로 불림. 저서 귀곡자유문(鬼谷子遺文.납음과 산살을 위주로 한 고법)

갑자	을축	갑술	을해	갑신	을유	갑오	을미	갑진	을사	갑인	을묘
해중금 (海中金)		산두화 (山斗火)		천중수 (泉中水)		사중금 (砂中金)		복등화 (覆燈火)		대해수 (大海水)	
병인	정묘	병자	정축	병술	정해	병신	정유	병오	정미	병진	정사
노중화 (爐中火)		간하수 (澗下水)		옥상토 (屋上土)		산하화 (山河火)		천하수 (天河水)		사중토 (沙中土)	
무진	기사	무인	기묘	무자	기축	무술	기해	므신	기유	무오	기미
대림목 (大林木)		성두토 (城頭土)		벽력화 (壁歷火)		평지목 (平地木)		대역토 (大驛土)		천상화 (天上火)	
경오	신미	경진	신사	경인	신묘	경자	신축	경술	신해	경신	신유
노방토 (路傍土)		백랍금 (白臘金)		송백목 (松柏木)		벽상토 (壁上土)		차천금 (釵釧金)		석류목 (石榴木)	
임신	계유	임오	계사	임진	계사	임인	계묘	임자	계축	임술	계혜
검봉금 (劍鋒金)		양류목 (楊柳木)		장류수 (長流水)		금박금 (金箔金)		상자목 (桑柘木)		대해수 (大海水)	

공(空)					
수	무(無)	금	수	무(無)	금

공망(空亡)					
술해	신유	오미	진사	인묘	자축

로(爐) 화로		방(傍) 곁		검(劍) 칼		봉(鋒) 칼끝	
간(澗) 산골 물		납(鑞) 땜납		양(楊) 버드나무		천(泉) 샘	
옥(屋) 집		벽(霹) 벼락		력(靂) 벼락		벽(壁) 울타리	
박(箔) 발		복(覆) 덮을		등(燈) 등잔		채(釵) 비녀	
천(釧) 팔지		자(柘) 산뽕나무		계(溪) 시내		류(榴) 석류	
백(柏) 잣나무		역(驛) 역참		상(桑) 뽕나무		사(沙) 모래	

납음오행은 천지의 더연수인 49수를 육십화갑자의 오행수에 적용한 것이다. 납음은 원래 육십갑자와 오음(五音.궁상각치우)이 짝을 이루게 한 것으로써 오행의 수리에 의하여 추산된다. 이는 나름대로의 체계적인 방법을 통해 만들어 졌다.

■1. 그러나 사주명리에서의 납음오행은 신살처럼 다소 부정적이다. 특히 궁합에 많이 활용 되었으나 지금은 적중률이 높지 않아 거의 사용되지 않는다. 그럼에도 불구하고 상수역학과 동양의학 등에서 아주 중요한 자리를 차지하였다.

○선천수는 일반적으로 주역의 괘효, 육효1044), 육임1045), 초씨역림1046), 납음오행 등
○후천수는 사주명리, 자미두수1047), 기문둔갑1048), 성명학1049) 등에 사용된다.

■2. 사주명리에서는 오행과 용신이나 기신 등의 숫자로 활용된다. 예를 들어 金기운이 기신인데 49번지나 49호에 산다면 분명 폐(肺)나 대장(大腸) 질환으로 고생한다. 합충으로 기신작용이 크면 암 등의 중병으로 고생을 하거나 사망하게 될 것이다. 그러나 적중률이 떨어진다.-(안 하는 것만 못함)
○전화번호에서도 4나 9가 들어가면 행운이 덜하다고 해석한다.
○금이 재성일 때 그 크기를 4천 또는 4억과 9천, 9억 등으로 나타낼 수 있다. 기신이면 4, 9의 채무를 지고 희신이면 자산이 된다.
○4 9 서쪽이 기신이면 악연을 만나고 희신이면 귀인을 만난다고 할 수 있다. 일단 이론상으로는 이렇다는 이야기다.

5213-3	선천수(先天數)와 후천수(後天數)

●=1	선천수(先天數)의 기원

음양학의 중심 숫자를 선천수라 하는데 4,5,6,7,8,9를 말한다. 선천수는 천지인(1.2.3)1050)에서 만들어졌기 때문에 선천수에서 1.2.3 숫자는 없다.
○위 납음화갑자 도표 갑자 줄에서 세로로 임신까지 세어보면 ▶갑자에서 임신까지 9번째 ▶을축은 임신까지 8번째 ▶병인은 임신까지 7번째 ▶정묘에서 임신까지 6번째 ▶무진은 임신까지 5번째 ▶기사는 임신까지 4번째다.
○천간은 간합 되는 오행끼리 숫자가 같고, 지지는 지충되는 오행끼리 같다.

	9	8	7	6	5	4	9	8	7	6	5	4
천간	갑	을	병	정	무		기	경	신	임	계	

1044) 육효(六爻)-주역의 괘를 바탕으로 점 침. 해석은 주역과는 상관없고 점치는 날과 계절에 따라 다르게 해석.
1045) 육임(六壬)-천반과 지반의 방위와의 배합관계로써 4과 3전의 법을 써서 길흉을 점치는 것.
1046) 초씨역림(焦氏易林) 주역의 64괘에 64괘를 곱하여 4,096괘로 구성하여 점을 침.
1047) 자미두수(紫微斗數)에서는 납음오행이 중요한 역할을 함. 자미성이 어디에 있는지를 알려면 명궁 간지의 납음오행과 납음수를 알아야하고, 또한 대운수의 기준이 되기도 함.
1048) 기문둔갑(奇門遁甲)에서는 궁에서 발생하는 합, 원진, 형, 충 등을 모두 후천수로 분석하며 통변.
1049) 4-2-5-2 ●=4 ■2 성명학과 일본식 81수 수리작명법
1050) 천지인-하늘은 시작과 같음이니 무(無)에서 유(有)가 되며 동시에 첫 일(一)이 됨. 그리고 천일(天一), 지이(地二), 인삼(人三)이 여기에서 비롯됨. 하늘에서 생겨난 기운이 땅으로 내려와 이(二)가 되고, 하늘과 땅 사이에 사람이 서 있는 것이 삼(三). 一과 三이 合하여 사(四), 二와 三이 合하여 오(五), 一과 二와 三이 合하여 육(六)이 됨.

| 지지 | 자 | 축 | 인 | 묘 | 진 | 사 | 오 | 미 | 신 | 유 | 술 | 해 |

기사는 기토가 이미 앞의 갑과 합하여 선천수 9가 나왔음으로 기는 제외하고 사만 취한다. 해의 경우도 마찬가지다. 다시 정리하면 아래 도표와 같다

| 갑기 자오 | 9 | 병신 인신 | 7 | 무계 진술 | 5 |
| 을경 축미 | 8 | 정임 묘임 | 6 | 사해 | 4 |

●=2 후천수(後天數)의 기원

"▶1) 최초 빅뱅에서 생성된 수소는 태역의 '수'와 ▶2) 10억 년 후 핵융합 반응에서 생성된 산소는 태초의 '화'와 태시의 '목'과 ▶3) 90억 년 후 초신성 폭발과정에서 생성된 황, 인, 철은 태소의 '금'과 태극의 '토'의 생성 과정과 유사하다."는 것을 '<1-1-1 우주의 시작>'에서 공부하였다.

순서	상태	생성	수(數)
1.태역(太易)	무극-아직 기가 있지 않음(하나의 기운이 서리고 얽힌 것)	수	1
2.태초(太初)	기(氣)는 시작되었으나 체(體)가 있지 않음	화	2
3.태시(太始)	형(形) 모양은 있으나 질(質)이 없음	목	3
4.태소(太素)	질(質)은 시작되었으나 체(體)가 있지 않음	금	4
5.태극(太極)	형체가 이미 갖추어진 것(음양의 균형이 온전한 상태-분화 전)	토	5

『연해자평』의 저자 송나라 서대승은 태극(太極)에 대하여 삼라만상의 모체인 동시에 기(氣), 영(靈)의 핵심인 오행의 일체를 다 가지고 있다 했다. 또한 1 2 3 4 5의 수리 까지 생겼으니 지금의 우주나 지구를 표현한 것이다 할 수 있다.
□ 1 2 3 4 5의 생수에 오행수(五行數) 5를 더하면 성수가 나온다.
□<1+5=6이다. 그래서 1과 6은 '수'.>, □<2+5=7이다. 그래서 2와 7은 '화'>,
□<3+5=8이다. 그래서 3과 8은 '목'>, □<4+5=9이다. 그래서 4와 9는 '금'>,
□<5+5=10이다. 그래서 5와 10은 '토'>이다.

●=3 납음오행의 표출과정

천지(天地) 생수(生數) 1 2 3 4 5와, 천지(天地) 성수(成數)는 6 7 8 9 10을 합하면 55수가 된다, 이를 천지본체수(天地本體數)라 한다. 본체수 55에서 오행수 5를 빼면 나머지가 50이다 이 50수에서 태극수(太極數) 1을 빼면 49가 남는데 이를 대연수(大衍數)라 한다.

■1. 해중금

○대연수 49에서 갑9 자9 을8 축8의 선천(先天)수 34수를 빼면 15수가 남는다. 15를 오행수 5로 나누면 남는 수가 없어진다.
○5로 나누어서 나머지가 없을 때는 5수 자체를 용(用)하는데 5는 오행에서 토다. 토는 토생금 하니 갑자 을축은 해중금(海中金)이 되는 것이다

■2. 노중화
○병인 정묘를 보면 선천수 병7 인7 정6 묘6=26이다. 대연수 49에서 26을 빼면 23이 남고 오행수 5로 나누면 3이 남는다.
○3은 오행 중 목에 속함으로 목생화 하면 병인 정묘는 노중화(爐中火)가 되어 이러한 방법으로 납음오행이 이루어진다. 나머지도 마찬가지다.

| 5-2-1-4 | 지장간(支藏干) |

지장간은 지지 속에 감추어져 있는 천간(天干)을 말한다.

원국은 천간(天干), 지지(地支), 지장간(支藏干) 등 세 가지로 구성된다. 천간은 하늘이자 양(陽)으로서 오행이 겉으로 나타나고, 지지는 땅이자 음(陰)으로서 드러나지 않고 감추어져 있다. 지지장간(地支藏干)이 더 옳은 말이다. 지지 속에 감춰져 있는 잠재된 하늘의 기운을 말한다. 다른 갈로는 지지암장(地支暗藏)법이다.

지장간의 초기 형태는 동진(東晉) 때 이미 자평명리학(子平命理學)의 논지를 담고 있던 『옥조신응진경(玉照神應眞經)』에 등장 한다. 이는 추후에 천원(天元) 지원(地元)과 대응하는 인원(人元)의 개념으로서 고법명리학의 생년 간(干)의 납음오행이 자평명리학의 상징인 지장간(支藏干)으로 대체되는 시발점이 되었다.

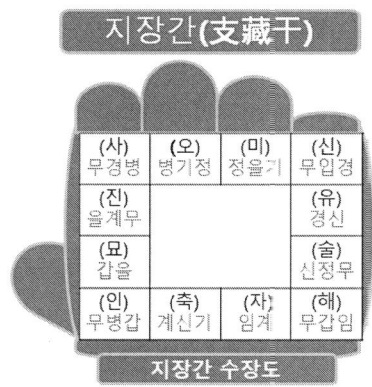

인	무-세상 바람 참. 병-햇빛으로 따뜻하게 해야 갑-나무 성장
묘	갑-낙락장송을 을-넝쿨이 타고 올라가 무성해짐
진	을-뿌리로 사방(沙防)하고 계-봄비로 적시고 무-농사 준비
사	무-세상에 꽃이 피고 경-열매 맺고 병-햇빛에 열대 성장
오	병-햇빛 뜨겁고 기-옥토에 정-열기 가득. 가색의 계절
미	정-무더위에 을-이파리 시들고 기-옥토에 음기 서림
신	무-더위가 물러나며 임-수기 차가움에 경-열매 영글어 감
유	경-열매 수확 신-열매 속에 씨가 더욱 단단
술	신-늦 가을까지 정-불씨가 남아 무-세상을 더욱 건조하게
해	무-온난한 소춘에 갑-나무가 임-수의 생을 받음
자	임-호수도 얼고 계-개울물도 어는 계절
축	계-눈보라 치고 신-한랭하며 기-흙도 얼고 엉켜있음. 퇴비

중기는 그 달의 환경과 성격을 나타낸다. 중기의 특성을 잘 이해하면서 외우면 자연스럽게 왕쇠를 익히는 장점이 있다. 특히 '이기법'과 난강망(=궁통보감)을 준비하는 기본 토대가 된다

■1. 인묘진
□1. 인월은 바람이 차다. 병아리가 햇빛만 보고 어미 품을 나왔다가 찬바람에 오들 오들 떨고 있다. 그래서 중기 병화로 따뜻하게 한다.
□2. 묘월 을목은 갑목기 없으면 높이 오르지 못하고 땅에 엎드린 채로 바닥을 헤매일 뿐이다.

☐3. 진월은 중기 계수가 있어 습토로 농사철 비가 내려 농사를 가능하게 한다.

■2. 사오미
☐1. 사월의 중기 경금은 겉은 덥고 속은 차니 겉 다르고 속 다르다. 열매를 맺으면서 더위를 식히도록 금생수를 이끈다.
☐2. 오월의 중기 기토는 열기가 가득하니 농작물이 무성해진다.
☐3. 미월의 중기 을목은 이파리가 시들고 기운을 뿌리에 저장하며 점차 목이 퇴기를 준비한다.

■3. 신유술
☐1. 신월은 아직 더위가 남아있다. 중기 임수의 차가움으로 더위를 물러가게 하며 가을과 겨울(신자진 수국)을 준비한다.
☐2. 유월 경금(한가위 보름달)은 연중 가장 맑고 밝고 환하다. 예쁘고 청백한 달과 유금 보석이 대비를 이룬다.
☐3. 술월의 중기 정화는 불씨로써 세상을 더욱 건조하게 하니 숙살지기(肅殺之氣)의 시간이다.

■4. 해자축
☐1. 해월의 중기 갑목은 해묘미 목국의 생지로 목의 성장을 준비를 한다.
☐2. 자월 임수는 계수와 함께 꽁꽁 얼어 한랭지수(寒冷指數)가 된다.
☐3. 축월의 중기 신금은 수(차가움)의 원천이자 토를 얼고 엉키게 하면서 비료(철분)가 된다.

5214-1	지장간(支藏干)의 특성

●=1	사계 십팔일 설(四季 十八日 說)

전국시대 말기에 천인합일(天人合一)과 천인감응(天人感應)사상을 바탕으로 천시에 순응하여 인사(人事)를 행해야 한다는 월령(月令)사상이 오행과 연관 되게 되었다. 따라서 월령과 오행의 배속관계는 다양한 관점에서 시도되었는데 그 중 가장 대표적인 것이 사계 18일 설이다.

『연해자평』「논생왕(論生旺)」에 "또한 토는 사계가 되어 18일씩 왕하니 합해서 72일이다. 금목수화토와 더불어 각각 72일이니 모두 합하면 360일을 얻어

1년의 공을 이룬다."1051)라고 나온다.

□사계월마다 18일씩 총 72일에 토행을 배속하면, 일 년 360일을 기준했을 때 오행이 72일씩 상호 고루 균형을 이루게 된다.

□단순히 순차적 차례를 의미하던 월령이 명리학의 월률(月律)분야에 도입 확장 되면서부터 매우 복잡해 졌고 사계 18일 설도 변형되었다.

□이 과정에서 지지 안에 소장된 천간이라는 의미의 지장간 개념이 등장 하는데, 이는 삼재(三才)사상의 명리학적 표현이다.

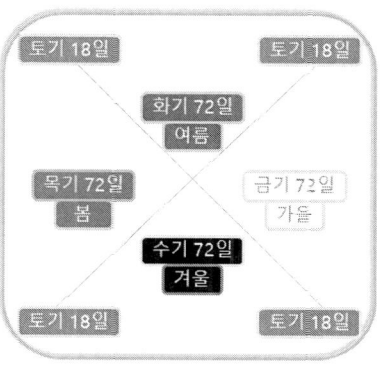

<사계 18일 설>

| ●=2 | 삼재(三才)사상 |

삼재(三才)사상을 명리학에서는 천간과 지지의 상관관계로 나타낸다.

□고법명리학에서는 대체로 천원(天元)은 생년의 천간, 지원(地元)은 생년의 지지, 인원(人元)은 생년 간지의 납음오행으로 본다.

□자평명리학에서는 천원(天元)은 천간(天干), 지원(地元)은 지지(地支), 인원(人元)은 지장간(支藏干)이다.

| ●=3 | 통근(通根)과 투출(透出) |

□천간이 지지에 뿌리를 내리면 통근(通根), 암장간(暗藏干)에 뿌리를 내리면 심장(深藏) 되었다 한다.

□지지가 천간에 나타나면 투출(透出)이나 투간(透干), 지장간이 천간에 나타나면 암장투출(暗藏透出) 또는 암장투간(暗藏透干)이라 한다. 지장간이 천간에 투출하였다면 그 능력이 밖으로 들어난 것이고, 투출되지 않았다면 잠재된 능력이다.

| ●=4 | 사화와 해수의 음양변화 |

□사(巳)의 체(體)가 음(陰)이면서 양(陽)인 것은 사중의 정기 병(丙)화가 양이기 때문이고, 오(午)가 양이면서 음인 것은 오중에 정기 정(丁)화가 음이기 때문이

1051) 차토위사계 각왕일십팔일 공칠십이일 변금목수화토 각칠십이일 공득삼백육십일 이성세공 차량법야(叉土爲四季 各旺一十八日 共七十二日 弁金木水火土 各七十二日 共得三百六十日 以成歲功 此良法也

다.
□해(亥)의 체(體)가 음이면서 양인 것은 해중에 정기 임(壬)수가 양(陽)인 이유이고, 자(子)는 양이면서 음인 것은 자중에 정기 계(癸)수가 음이기 때문이다.

| 5214-2 | 지장간(支藏干)의 구성 |

 지장간의 활용에 대하여 『연해자평』의 「보법제일(寶法第一)」에서는 "자평법에서는 일간을 주로 하여 제강에 암장된 오행을 취해서 영(令)을 삼는다."1052)라고 나온다. 여기서 '제강에 암장된 오행'은 월지 지장간(월률분야)을 말한다.

| 5214-3 | 절기와 자장간 |

절기와 지장간

	지장간	24 절기	양력	음력	2017 서울 강수량(기상청)
인(寅)	무 7 병 7	입춘(立春)	2월 4일 경	정월시작	14.9mm
	갑 16	우수(雨水)	2월 19일 경	해동시작	
묘(卯)	갑 10	경칩(驚蟄)	3월 6일 경	2월-잠 깸 시작	11.1mm
	을 20	춘분(春分)	3월 21일 경	낮-길어짐	
진(辰)	을 9 계 3	청명(淸明)	4월 5일 경	3월-농사준비	7.9mm
	무 18	곡우(穀雨)	4월 20일 경	농사 비	

	지장간	24 절기	양력	음력	강수량
사(巳)	무 7 경 7	입하(入荷)	5월 5일 경	4월-여름시작	61.6mm
	병 16	소만(小滿)	5월 21일 경	농사철시작	
오(午)	병 10 기 9	망종(芒種)	6월 6일 경	5월-파종시작	16.1mm
	정 11	하지(夏至)	6월 21일 경	낮-가장 김	
미(未)	정 9 을 3	소서(小暑)	7월 7일 경	6월-더위 시작	66.6mm
	기 18	대서(大暑)	7월 23일 경	큰 더위	

1052) 자평일법 전이일간위주 이취제강 소장지물위영(子平一法 專以日干爲主 而取提綱 所藏之物爲令)

신(申)	무 7 / 임 7 / 경 16	입추(立秋) / 처서(處暑)	8월 6일 경 / 8월 23일 경	7월-가을시작 / 더위 물러감	620.0mm
유(酉)	경 10 / 신 20	백로(白露) / 추분(秋分)	9월 9일 경 / 9월 23일 경	8월-맑은 이슬 / 밤-길어짐	297.0mm
술(戌)	신 9 / 정 3 / 무 18	한로(寒露) / 상강(霜降)	10월 8일 경 / 10월 23일 경	9월-이슬이 참 / 서리시작	35.0mm

해(亥)	무 7 / 갑 7 / 임 16	입동(立冬) / 소설	11월 7일 경 / 11월 23일 경	10월-겨울시작 / 작은 눈	26.5mm
자(子)	임 10 / 계 20	대설(大雪) / 동지(冬至)	12월 7일 경 / 12월 22일 경	11월-큰눈 시작 / 밤-가장 김	40.7mm
축(丑)	계 9 / 신 3 / 기 18	소한(小寒) / 대한(大寒)	1월 5일 경 / 1월 20일 경	12월-추위시작 / 큰 추위	34.8mm

음력 1월1일을 설로 정한 기준에 대한 정확한 근원을 찾을 수 없다. 다만 옛 선현들로부터 농사일에 편리하기 위해 24절기를 기준으로 정했다고 전해 온다. 그리고 음력 1월 1일은 대한(大寒)과 우수(雨水) 사이에 드는데, 19년에 1번은 우수가 음력 1월 1일이며 200년에 2번은 우수가 지난 뒤에 설이 온다.

■1) 지장간은 대략 화북지방의 환경을 중심으로 만들어 졌다고 보는 것이 타당할 것 같다.
□봄에 내리는 비를 '태종우'라고 한다. 농사 시작 철에 비가 오지 않으니 조선왕조의 태종은 "죽은 후라도 비를 내리게 하겠다."고 허서 훗날 사람들이 그리 불렀다 한다. 절기로는 곡우인데 7.9mm 밖에 안 된다. 왕자의 난으로 피를 많이 흘린 대가인지, 곡우 때는 이름과 달리 비가 귀한 것인지 모호하다.
□또한 수왕절보다 금왕절에 비가 더 많이 내린다. 우리의 환경 차이가 있다.

■2) 『자평진전평주』「12월령의 인원 사령을 논함」에서 '서락오' 선생은 "인원사령의 날짜 수에 너무 집착할 필요는 없다."라고 말한다. 그리고 "언제 누가 만든 이론인지는 고증이 되지 않았으나 누구든지 그 원류를 밝혀내어 보여준다면 더할 나위 없이 고맙겠다."라고 하였다.

■3) 『명리약언』저자 '진소암' 선생도 「월령을 보는 법2」에서 "총괄하여 논하자면 다만 그 기(氣)만 있을 뿐이지, 여러 가지의 자리를 분담하여 각각 얼마쯤의 날짜를 맡을 수 있는 것은 아니다."라고 적었다.

5214-4	절입일과 윤달

사주명리에서는 태양력도 태음력도 아닌 태음태양력 24절기를 사용한다.[1053] 그래서 입춘 날 절입 일시부터 새해가 된다. 음력 새해 1월 출생이 입춘 입절 전에 태어났다면, 1월이 아닌 전년 년간과 전년도 12월의 월건을 쓴다. 만약 음력 6월 중기인 대서 전에 출생했다면, 중기 출생은 절입 영향을 받지 않으니 대서가 입절하지 않았어도, 월주 6월생이 된다.

그리고 절입일부터 인신사해는 7번째 날까지는 여기, 그 다음 7번째는 중기, 그리고 16번째 정기로 월률분야를 나눈다. 나머지 자묘유 오(10 20, 10 9 11) 진술축미(9 3 18)도 마찬가지다.

●=1	절입(節入)

절입이란 절분(節分-입춘 전 날, 계절의 마디)의 날과 월분(月分-월의 마디)의 날을 뜻한다. 양력을 기준으로 할 때, 월절(月節)은 해마다 다소 차이는 있으나 위 도표처럼 절기는 매월 4에서 8일 사이에, 중기는 매월 19에서 23일 사이에 나타난다.

24절기는 12개의 절기(節氣)와 12개의 중기(中氣)로 되어있다. 이는 주(周)나라 당시 달의 삭망변화에 따른 태음력의 오차를 보완하기 위해, 태양의 움직임을 기준으로 24절기 역법과 윤달이 고안되었다 한다. 24절기는 천구상에서 황도(태양이 움직이는 길)를 동쪽으로 15도씩 24점으로 나누었을 때 태양이 각점을 지나는 시기이다. 즉 지구 입장에서 보면 자전축 23.5도 기울기에서 계절의 변화가 나온 것을 24개로 구분한 것이다.

●=2	윤달

윤달은 태양년과 태음년을 일치시키기 위한 방법으로 평기법(平氣法)을 사용한다. 평기법이란 1년 365를 24로 나누면 15.2일 정도이고, 절기 한번 중기 한

[1053] 태양력, 태음력, 태음태양력-지구의 자전주기는 1태양일, 지구 공전 주기는 1태양년, 달의 공전 주기는 1태음월을 정함. 태음태양력은 달의 삭망을 따르면서 가끔 윤달을 넣어 계절과 맞추는 책력. 동북아에서는 태음력과 종시에 일찍부터 사용.

번을 합하면 30.4일이다. 그러나 음력 한 달의 절기와 중기를 합하면 29일이나 30일이다. 이를 모두 계산하면 0.9일 정도의 차이가 발생한다. 그래서 19년에 7번이나 21년에 8번의 윤달을 끼워서 맞춘다.

이 차이가 쌓여 33개월이 지나면 중기점이 전달의 끝기나 다음 달의 갠 앞에 위치하게 된다. 즉 두 중기 사이의 간격이 29일이나 30일을 넘어서게 된다. 이 때가 무중월(無中月-중기 없이 건너 뛴 달)이고, 이를 윤달로 정하는 것이 무중치윤법(無中置閏法)1054)이다.-(윤달은 절기도 중기도 없음-그냥 몇 월 윤달로 불림)

●=3 표준시

한국은 일본보다 30분 먼저 하루를 시작한다. 정오(正午)는 낮 12시인데 우리의 정오는 12시가 아니다. 이는 일본의 동경시를 표준시로 사용하기 때문이고, 그 차이가 32분 정도이다. 그러니까 우리시간 11시 30분을 정오라 하고 있다.

그래서 '한국천문연구원'의 자료를 바탕으로 제작된 만세력은 표준시와 절입 일시가 다를 수 있다. 동경 135도가 정오 12시 일 때, 동에서 서쪽으로 각 지역의 시간은 아래와 같다.

포항 22분 33초	강릉 23분 23초	부산 23분 48초	대구 25분 32초
대전 30분 19초	서울 32분 05초	인천 33분 32초	제주 33분 52초
목포 34분 26초			

시간의 경계에 태어난 사주는 순간적으로 동경시와 우리시 두 가지를 볼 수 있어야 한다. 사람의 사는 모습과 성격에서 원 출생 시가 보일 수 있기 때문이다. 특히 날짜변경선상에 있는 자(子)시 사주에서 오류가 자주 발생한다.

●=4 썸머타임(Summer Time)

'일광절약시간'이라고 하는데, 미국의 영향으로 시작되었다 한다. 이 기간에는 시계 바늘이 한 시간 빨라지고 썸머타임이 끝나면 환원되었다. 과거 이 기간에 태어난 경우 혼돈이 발생하게 된다.

이들은 전후세대 또는 베에비붐 세대로 불린다. 지금은 은퇴 세대로서 사회적 활동이 빈번하지 않다. 그러나 87년 88년 출생은 2차 베이비붐 세대로서 간명 현장에서 자주 만나게 된다. 어떻든 이 세대를 만나면 썸머타임과 정상시간 두 가지를 한 눈에 볼 수 있어야 한다.

1054) 무중치윤법-전국시대부터 19년에 7회의 윤달을 두는 기본적인 방법. 윤달에는 중기가 들어 있지 않으며, 33개월마다 나타남. 전국시대 이후 동북아에서 지금까지 사용.

연도	시작	종료	연도	시작	종료
1948	5월 31일 23시	9월 13일 0시	1957	5월 5일 0시	9월 22일 1시
1949	4월 2일 23시	9월 11일 0시	1958	5월 4일 0시	9월 21일 1시
1950	3월31일 23시	9월 10일 0시	1959	5월 3일 0시	9월 20일 1시
1951	5월 6일 0시	9월 9일 0시	1960	5월 1일 0시	9월 18일 1시
1955	5월 5일 0시	9월 9일 1시	1987	5월 10일 02	10월 11일 03
1956	5월 20일 0시	9월 30일 1시	1988	5월 8일 02시	10월 9일 03

5214-5	월률분야(月律分野)

■1. 월률분야(月律分野)는 월지의 지장간을 말하고 그 외 연, 일, 시지에 지장간은 인원용사(人元用事)라 한다. 즉 ▶월률분야는 사람이 태어난 달의 기상 변화를 천간의 구성(여기 중기 정기)으로 표현한 개념이다. ▶인원용사는 월령(月令)의 계절적 상황과 무관하게 각 지지 속에 들어있는 천간을 뜻한다. 따라서 인원용사(人元用事)는 월률분야와 달리 지장간을 계절의 흐름에 따라 구분하지 않는다.

■2. 지장간은 한 달을 대략 30일로 가정하고 기(氣)를 구분 한다. 이는 각 달의 절입(節入)일부터 일수에 따라 기(氣)가 차례로 달라지기 때문이다. 지장간 중에서 자·묘·유는 천간이 2개이고 나머지는 3개이다. 지장간이 2개이면 여기와 정기로 구성되고, 3개이면 여기(餘氣) 또는 초기(初氣), 중기(中氣), 정기(正氣)로 구성된다.

(생)生地	초기 7일	중기 7일	정기 16일	(왕)旺地	초기 10일	중기	정기 20일	(묘)墓地	초기 9일	중기 3일	정기 18일
인	무	병	갑	자	임		계	진	을	계	무
신	무	임	경	오	병10	기10	정10	술	신	정	무
사	무	경	병	묘	갑		을	축	계	신	기
해	무	갑	임	유	경		신	미	정	을	기

▶(여기)는 초기라고도 한다. 입절한 후에도 아직 남은 전월(前月)의 기운이 영향을 미친다는 이야기다.(예-사월 입절 후에도 전달 진월의 정기 무토 기운이 7일 동안 남아 있음) ▶(중기)는 여기와 정기를 제외한 중간의 기운이다. ▶(정기)는 그 달의 본래의 기운 즉 월령으로 본기, 또는 말기라고도 한다.

□1. 인신사해(寅申巳亥)
 공통적으로 무토가 여기로 7일간 지배하고, 중기는 인신사해와 삼합하여 변화되는 오행(인오술 제외, 신자진-임, 사유축-경, 해묘미-갑)의 양간이 7일간 지배하며, 정기는 본기로서 16일을 지배 한다.

☐2. 자오묘유(子午卯酉)
 12지지 중에서 자오묘유 월 중 오월만 제외하고 여기와 정기의 두 기(氣)로만 구성 되어 있으며 여기가 10일 정기가 20일을 지배한다. 오(午)월은 여기, 중기. 정기가 모두 있어서 10일씩 지배 한다

☐3. 진술축미(辰戌丑未)
 진술축미 월은 여기가 9일, 중기는 삼합화(三合化)하여 변화되는 오행의 음간(신자진-계, 인오술-정, 사-유축-신, 해묘미-을)이 3일간 지배하며, 정기 진 술월은 무토가, 축 미월은 기토가 18일을 지배 한다.

5214-6	중기(中氣)와 조후

『연해자평』「논생왕(論生旺)」게 "금은 사화, 목은 해수, 수는 신금, 화는 인목에서 장생하고 토는 중앙에 거하며 어머니인 화(무토-사화, 기토-오화)에 기생한다."1055)라고 나온다.

> ● 간명의 원리
> ○지장간 "중기(中氣)와 조후"와 다음 장 "정기와 12지지의 성정(性情)"은 기법을 공부하는 자료입니다. 기법 대명사인 난강망(궁통보감)도 자평법을 바탕으로 씌어졌습니다.
> ○그래서 우리책의 중기와 정기는 난강망의 기초이자 핵심을 공부하는 것과 같습니다.
> ○난강망(궁통보감) 공부는 시간도 많이 걸리고, 하드라도 모두 외울 수가 없습니다.
> ○또한 외우더라도 술사들의 선호도와 달리, 실제 간명에서 난강망을 대비하면 그 경우의 수가 현저하게 부족하다는 갈증에 처하게 됩니다. 그래서 난강망을 참고는 하되 학문이나 논문의 용도가 아니라면, 실제 우리책 중기와 정기를 잘 응용하기 바랍니다.

 인신사해의 중기 즉 계절의 생지에서 당절의 조후용신이 보인다.
☐1.봄은 '인중의 병'-봄에는 바람이 차다. 그래서 대브분이 병화의 따-뜻함을 사모하는데 '인' 속에 병화가 있다. 인월은 갑 정 계만기 경금을, 나머지 모두는 병화를 사모한다.

☐2.여름은 '사중의 경'-여름에는 열기를 식히기 위하여 임계수가 필수인데 '사'

1055) 상법이금생사 목생해수생신 토거중앙 기모생 여무재사 기재오(常法以金生巳 木生亥水生申 火生寅 土居中央 寄母生 如戊在巳 己在午

속에 경금이 있어 수의 원천이 된다. 여름은 계수만 경신으로 수원을 삼고 나머지 모두는 임계 수가 필수이다.

☐3.가을은 '신중의 임'-가을에도 목화가 필요한데 '신'중 임수가 수생목으로 목을 생산하고 있다. 가을에는 병 기 계수를 제외하고 모든 천간에서 목화를 필요로 한다.

☐4.겨울은 '해중의 갑'-겨울 역시 병화의 따뜻함으로 얼음을 녹여야하는데 '해'속에 갑목이 목생화로 목이 화의 에너지원이 된다. 겨울에 갑목은 경금을, 병정은 갑목을, 나머지 모두는 병화가 대세이다.

| 5214-7 | 정기와 12지지의 성정(性情) |

정기는 그 달을 대표하는 기운 즉 월령이다.
인월-갑, 묘월-을, 진월-무토, 사월-병, 오월-정, 미월-기토, 신(申)월-경, 유월-신(辛), 술월-무토, 해월-임, 자월-계, 축월-기토로 지지와 천간의 음양오행이다.

| ●=1 | 봄 |

		특성	성정
1	인(寅) 무병갑	바람이 차다. 병화로 따뜻하게	인(寅)은 갑목 양(陽)의 달 동량목(棟梁木.용마루, 대들보)이다.

☐정월은 봄 시작으로 화기(火氣)를 품고 있다. 인(寅)시는 새벽으로 낮의 시작.
☐(寅)중 병화는 조목(燥木)에 기여, 동시에 인화물질로서 화약과 같다.
☐인은 목이면서도 병화 있어 화로 변화 가능하다. 인오술(寅午戌) 화국(火局)
☐갑-하늘에서는 우레, 땅에서는 동량이다.

| 2 | 묘(卯)
갑을 | 왕한 을목을 경금으로 다스림 | 묘(卯)는 을(乙)목의 달로 적은 나무이자 습(濕)목으로 살아 있는 나무다. |

☐을-하늘에서는 바람, 땅에서는 새싹이자 초목, 양류목(楊柳木.버드나무)이다.

| 3 | 진(辰)
을계무 | 왕한 무토를 갑목 쟁기로 소토 | 진의 무토는 습(濕)토이다. 심고 거두는 가색지토(稼穡之土)다. |

☐진(辰)토-을(乙)목과 계(癸)수가 있어 농사 가능한 흙으로 전답이자 재물이다.
☐습토이면서 신(申) 자(子) 만나면 수(水)로 변화할 수 있다. 수의 고(庫)이다.

○무토-하늘에서는 노을, 땅에서는 큰 산 큰 대지이다.

●=2	여름		
4	사(巳) 무경병	강한 빛을 식히려면 임수가 필수	병화의 달로 강열지화(强烈之化)이다. 체(體)는 음이지만 용(用)은 양이다.

○사 중의 경금은 가을 금(金)의 사유축의 시작이다, 한 더위에 금기 시작된다.
○병-하늘에서는 태양, 땅에서는 햇빛이다.

5	오(午) 병기정	더위 식히려면 임수 비와 계수 비구름이 절실	음(陰) 정(丁)화의 달로 무더운 열기 왕성하다. 체는 양, 용은 음이다.

○정-하늘에서는 별빛이고 땅에서는 등불이다. 용(用)은 무더운 열기이다.

6	미(未) 정을기	장마 끝나가고 본격 무더위 계수 절실	열(熱)토이자 토중에 가장 왕성하다. 정화의 화기를 장(藏)하고 있다.

○미(未)월은 기(己) 음토로 적은 흙으로 보기 쉬우나 여름철 흙으로 가장 열기 왕성 하다. ○기-하늘에서는 구름, 땅에서는 전원, 문전옥답이다.

●=3	가을		
7	신(申) 무임경	무더위 끝자락 아직 임수 필요	경금의 달이다. 신(申) 중 경(庚)금은 무쇠(살기)이자 숙살지기이다.

○경금-하늘에서는 달, 땅에서는 완금(무쇠)이다

8	유(酉) 경신	특성	성정
		임수로 보석을 씻어서 광채나게	유는 신금이 왕한 달이다. 금, 은, 주옥(珠玉)이다.

○신금-하늘에서는 구름, 땅에서는 보석이다.

9	술(戌) 신정무	특성	성정
		왕한 무토를 갑목으로 소토	조(燥)토의 달-꺼져가는 잿불 비 생금토이다.

○무토 하늘에서는 노을, 땅에서는 큰 산 큰대지이다.

| ●=4 | | 겨울 | |

10	해(亥) 무갑임	특성 임수는 무토로 제방, 계수는 경신금으로 수의 원천을 삼아야 함.	성정 해수의 달. 양(陽) 임수-바닷물이자 온난수. 체(體)는 음, 용(用)은 양.

☐해의 온난지수(溫暖之水)는 목을 생함-소춘. 그래서 해묘미 목의 생지.
☐임수-하늘에서는 가을 이슬, 땅에서는 강과 하천이다.

11	자(子) 임계	특성 동장군-병화로 따뜻하게 녹여야 용수로 가능	성정 겨울 한랭지수(寒冷之水)의 달. 적은 물-우로수(雨露水), 천수(泉水.샘물)

☐계수-하늘에서는 봄장마, 땅에서는 우로(비와 이슬)이다.

12	축(丑) 계신기	특성 혹한기- 병화로 녹여야 토생금 금생수로 활용	성정 동토(冬土.휴지기休止期). 음(陰)토로 얇은 흙. 辛의 철분(비료) 많은 흙.

☐사유축(巳酉丑)-금국(金局), 축은 금(金)의 고(庫)이다.
☐기토-하늘에서는 구름, 땅에서는 전원 전답이다.

| 5-2-2 | 간지(干支) 물상 |

성격심리 분야에서 특질이론은 그 한 자리를 차지한다. 개인의 성향을 말하는데 오랜 시간을 거쳐 여러 학자들에 의해서 완성되었다. 1930년경 고든 올포트(Allport)에서부터 골드버그(Goldberg)에 이르러 5가지 요인을 발견하게 된다.

그 요인분석을 보면 17,953개의 단어들 중에서 4,500개의 특질 형용사들을 추출하였다. 그리고 노만(Noman)이 안정적 특질 2,800개를 10개의 카테고리로 추출한다. 이에 골드버그는 노만의 2,800개 단어들을 75개의 중간 카테고리로 나눈 후 5개의 큰 요인들을 추출하였다. 이를 토대로 코스타와 멕크레이(Costa & Mc Crae)가 성격검사를 개발하게 되는데 그때가 1985년경이다. 빅 파이브(Big Five)로 명명된 5요인은 1.개방성 2.성실성 3.외향성 4.호감성 5.신경증적 기질 등인데 단어들을 요인 분석한 결과이다. 그러나 명리학에서는 5요인보다 더 다양하게 개인의 성향들을 십신으로 분류하고 있다.

동양 역학의 세계는 빅 파이브(Big Five)와 비교될 수 없다. 역경은 주나라 문왕을 거쳐 3천 년 이상 4천 년을 거슬러 올라가야 하고 명리학은 동진의 곽박(317~420)에서부터 대략 일천 육백 년을 이어져 오고 있기 때문이다.

이러한 맥락에서 보면 사주명리학은 신이 만든 학문이 아니다. 혹시 '동중서'나 '추연'과 '유향'[1056) 그리고 '이허중[1057)' '서자평[1058)'이 신의 영감을 받았을 수는 있다. 그러나 전국시대 이후 음양오행사상의 확립과 함께 수많은 유학자와 상수역학자들에 의해서 만물의 음양배속이 이루어졌다. 물상은 이러한 시간의 산물이다.

| 5-2-2-1 | 간지물상과 근거 |

간지의 물상은 각각의 천간지지에 배속된 인체와 물체를 설명한 것이고, 간지물상의 근거는 이들이 배속된 배경과 근거를 설명하고 있다.

즉 물상은 정해진바가 없다. 다만 오랜 시간을 거치면서 암묵적 동의하에 우리가 사용하고 있다. 간명하려면 물상을 외울 수밖에 없다. 그러나 이 많은 것을 외워도 적용의 빈도는 낮다. 그래서 외우는 동안 근거에서 원리를 찾는다면

1056) 5131-1 추연, 동중서, 유향
1057) 3장 들어가기 1-1 ■1 ⊃1 이허중
1058) 3장 들어가기 1-1 자평법 계통도 ■1 서자평

외우는데도 도움이 될 뿐만 아니라 스스로 물상을 만들어 내는 역량이 높아질 수 있다.

고대의 문자학자들은 한자의 여러 가지 구성형태에 근거하여 "육서(六書)1059)"라는 한자의 구성 원칙을 내놓았다.

> ● Tip
>
> ○동한(東漢)때 허신(許愼)의 육서(六書)를 보면 ▶1.지사(指事-사물의 추상적 개념을 본떠 만든 글자), ▶2.상형(象形-어떤 물건의 형상), ▶3.형성(形聲-글자의 반은 뜻 반은 음을 나타냄), ▶4.회의(會意-글자의 뜻을 합하여 새롭게 만든 글자), ▶5.전주(轉注-글자 뜻을 확대. 음이 바뀌기도 함), ▶6.가차 즉 외래어(假借-마땅한 글자가 없어서 글자의 음만 빌려서 표기.) 등으로 분류하고 있습니다.

동양권에서 이러한 육서의 생활화는 사주명리에 있어서도 글자의 뜻, 글자의 형상, 글자의 발음 등을 통하여 물상을 파생시키게 되는데, '갑골문' '설문해자' '사기' '한서' 등에서 물상의 그 근원을 찾을 수 있다.

■1. 갑골문(甲骨文)

갑골문에서도 위의 여섯 가지 형태를 모두 찾아낼 수 있지만 상형, 형성, 가차의 세 종류가 더욱 빈번하게 나타난다.

갑골문(甲骨文)1060)은 약 3,300년 전 상나라(B.C.1600~B.C.1046)후기 은허(殷墟) 시대에 사용되었던 문자로 갑골문은 귀갑수골(龜甲獸骨)의 약칭이다. 갑(甲)은 거북의 뼈를 의미하고 골(骨)은 짐승의 뼈를 의미한다. 여기에 새겨진 문자를 갑골문이라 한다. 상나라 때의 갑골문은 대부분 점복과 관계가 있다.

<갑골문. 출처-네이버>

■2. 설문해자(說文解字)

1059) 3장 들어가기 1-3 ●=2 ■1 ●Tip 육서(六書)-한자 생성(生成)의 여섯가지 원리
1060) 갑골문의 발견시점에 대하여 1898년과 1899년이라는 두 가지 설이 있음. 즉, 글자가 있는 갑골의 발견은 1898년 후기에 이루어졌으며, 골동상들이 일부 갑골 조각을 천진의 맹정생(孟定生)과 왕양(王襄,1876~1965)등에게 가져다 보였는데 그들은 그것을 고대의 죽간으로 여김. 그 후 1899년 저명한 금석학자였던 왕의영(王懿榮,1845~1900)에 의해 이것이 거북딱지에 새겨진 문자라는 사실이 밝혀졌으며 갑골이라는 것이 세상에 비로소 세상에 알려지게 됨.

동한(東漢)시대의 허신(許愼)이 필생의 노력을 기울여 저술한『설문해자(說文解字)1061)』는 무려 1만(萬)여 자에 달하는 한자(漢字) 하나하나에 대하여, 본래의 글자 모양과 뜻 그리고 발음을 종합적으로 해설한 책이다.

즉, 처음 만들어질 때의 뜻과 모양 그리고 독음(讀音)에 대해 종합적으로 해설한 중국 최초의 자전(字典)인 것이다. 이 때문에 이 책은 한자의 자형(字形)을 연구하는 문자학(文字學), 자음(字音)을 연구하는 성운학(聲韻學), 자의(字義)를 연구하는 훈고학(訓詁學), 그리고 유가(儒家)의 경전(經傳)을 연구하는 경학(經學) 등의 분야에서 필독서로 쓰이고 있다.

■3. 사기(史記)

전한(前漢)의 사마천(司馬遷)이 상고시대의 오제(五帝)에서 한나라 무제 태초년간(BC 104~101년)까지의 중원과 그 주변 민족의 역사를 포괄하여 저술한 통사이다. 사기1062)의 가장 큰 특색은 역대왕조 정사의 모범이 된 기전체(紀傳體)의 효시이다. 제왕의 연대기인 본기(本紀) 12편, 제후 왕을 중심으로 한 세가(世家) 30편, 역대 제도 문물의 연혁에 관한 서(書) 8편, 연표인 표(表) 10편, 시대를 상징하는 뛰어난 개인의 활동을 다룬 전기 열전(列傳) 70편, 총 130편으로 구성되어 있다.

■4. 한서(漢書)

『한서1063)』는 전한(前漢)만을 다룬 단대사(斷代史)이다. 한고조(漢高祖) 유방(劉邦)부터 왕망(王莽)의 난(亂)까지 12대(代) 230년간의 기록이라는 점이 특징이다.『전한서(前漢書)』또는『서한서(西漢書)』라고도 불리운다. 12제기(帝紀)·8표(表)·10지(志), 70열전(列傳)으로 전 100권으로 이루어졌으며『사기(史記)』와 더

1061) 설문해자-우리나라에는 그렇게 많이 알려져 있지 않지만, 중국인들에게는 경전(經典)에 버금가는 대우를 받음.『설문해자』가 이렇게 높은 평가를 받는 이유는, 이 책이 동한(東漢)시대 이전의 중국 문자학(文字學), 즉 한자학(漢字學)의 연구 성과를 집대성하였을 뿐만 아니라, 고대 유가(儒家)의 경전은 물론이고, 제자백가서(諸子百家書)를 비롯한『설문해자』이전의 모든 문헌들을 해독하는 데에는 그 어떤 책보다 훌륭한 길잡이 역할을 하는 불후의 명작이기 때문.

1062) 사기-사마천(司馬遷)에 의해 한(漢)나라 무제 때 쓰여진 역사서로 본격적인 저술은 BC 108~BC 91년 사이에 이루어진 것으로 봄. 사마천은 '가문의 전통인 사관의 소명의식에 따라『춘추』를 계승하고 아울러 궁형의 치욕에 발분하여 입신양명으로 대효를 이루기 위한 것'이 저술의 동기. 저술의 목표는 '인간과 하늘의 관계를 구경하고 고금의 변화에 통관하여 일가의 주장을 이루려는 것'으로 각각 설명하는데, 전체적 구성과 서술에 이 입장이 잘 견지되어 있음.

1063) 한서의 저자 반고-아버지 반표(班彪)가『사기』에 부족한 점을 느꼈고, 또 무제(武帝) 이후의 일은 사기에 기록되지 않았으므로 스스로 사서를 편집코자『후전(後傳)』65편을 편집. 하지만 반표는 완성을 보지 못하고 54년에 사망. 반고는 아버지의 뜻을 이어 수사(修史)의 일을 시작하였으나 한때 국사(國史)를 마음대로 한다는 모함을 받아 투옥. 이후 누명을 벗어 명제(明帝)의 명으로 한서 저작에 종사.

불어 중원의 사학사상(史學史上) 대표적인 저작이다. 한 무제에서 끊긴 사마천의 사기(史記)의 뒤를 이은 정사(正史)로 여겨지므로 '두 번째의 정사(正史)'라 하기도 한다.

| 5-2-2-2 | 천간의 물상 |

여기의 물상1064)은 하늘에서 떨어진 학문이 아니다. 이는 대대로 그리고 한나라 초 관변에서 벼슬하는 금문경학(今文經學) 학파(3권 4222-2 ●=1 참조)에 의해서 분류되고 배속되며 시작도었다, 이 어렵고 많은 공부를 하고도 실제 간명에서의 적중률은 그다지 높지 않다.

다만 관념적이기는 하지만 공부 과정에서 학문의 발달 그리고 연관성 및 상상력을 높이는 훈련에 의미를 부여할 수는 있다. 따라서 천간 지지의 물상은 단독으로 해석되어지지 않는다. 육신 등 사주배합과 함께 어우러진다.1065)

| ●=1 | 갑(⼲) |

■1. (기초)-물상
□청하면-시작·곧음·지도자·이상적. □탁하면-성급(독선)·용두사미

신체	천문	물상	數	方	季	
담·머리·두발·눈썹 팔다리·경맥·신경	우레	동량	3	동	봄	갑갑-재물파산. 생활기복
귀성(貴星)-경금, 정화	갑목-경이 다듬고, 여름은 수 나머지 계절은 화 필요.					

□갑목은 경금으로 몸간장. 경금은 사철 정화로 제련해야 예리함. 정화는 항상 갑목의 연로가 있어야 안 꺼짐.

■2. 고문헌에서의 갑
(주 단어) □껍질 벗고 나옴(시작) □양기 움틈(양지-관직) □움직임(뻗어남)

갑골문	물고기 비늘 4개가 모인형상	한서	껍질을 벗고 나오는 것
사기	갑은 껍질을 깨고 나오는 것		
설문해자	갑은 동쪽의 첫 머리에 자리한다. 양기가 싹이 트며 움직이는 것이다. 나무가 껍질을 머리에 이고 있는 모양을 따랐다. <일설에는 사람 머리가 갑이 되었고 그 머리를 본뜬 것이라 함>		

■상징) 1.움틈-큰 나무(갑은 양목陽木) 2.곧음 3.솟음 4.바람
□움틈-솟음-시작-희망(출세) □양목1-(뻗어남1)-우뚝 섬-지도자(조직-공문-공직, 공무원. (뻗어남2)-진취적-적극적-외향적-성급, 독선-용두사미)
□양목2-목은 바람(정치바람-기업은 바람 즉 시류를 잘 타야 성공)

1064) 3장 들어가기 1-3 ●=2 ■2 ●간명의 원리 ○물상의 원리는 육서의 영향이 큽니다.
1065) 6112-4 ■2 ■9) ■2 ■10-부성 입묘 실제사주 해석의 예

□곧음-직선적-수직적 □솟음-우뚝 섬-지도자(지혜-용기-용맹-지모-조직)

■성정) 낙락장송은 동량(인재, 재능)이자 아름답고 고상함(이상적-고상-고귀-인자-너그러움-의젓함)

■3. 조후

인	묘	진	사	오	미	신	유	술	해	자	축
병화	경금		계수			정화			경금		

■4. '적천수'에서의 갑(甲)
□1.갑은 한 번 쓰러지면 재기(再起)하기 어렵다. ▶나무는 위로 뻗으려는 의지와 따뜻한 기운을 가지고 있다. ▶10천간 중 처음으로서 항상 대장이고 우두머리다.
□2.갑(匣)은 작은 상자, 담아 놓은 것, 감춰 놓은 것, 그래서 감추기 좋아한다. ▶목이 하늘로 뻗고 치솟고 자라나려면 병화가 필요하다. ▶봄에는 금을 허용하지 않고 ▶가을에는 토를 꺼린다. ▶화가 치열하면 진(辰)에 앉아야 하고 ▶수가 넘쳐도 인(寅)을 타고 앉으면 아름답다.

□3.갑목은 순양(純陽)의 목, 왕성하면 하늘 높이 솟을 수 있다.-승진 합격
□4.왕성한 목이 병화 만나면-목화통명(문명을 떨침)-소원성취, 칠살 막아 준다.
□5.지지 인오술 화국에 천간 병 정화 투출하면-조열하여 화다목분으로 탄다. 이때 진토 있어야 화기를 설하고 생목하게 된다. 병화 투출하면 신금도 좋다.
□6.지지 신자진 수국에 천간 임 계수 투출하면-수다목부로 폭류에 떠내려간다. 이때 지지에 인목이 있다면 뿌리가 되어 전화위복이 된다.

| ●=2 | 을(乙) |

■1. (기초)-물상
□청하면-생명력·인내·끼·관목·곡선·초지. □탁하면-저돌성(고집 편벽)· 다성다패

신체	천문	물상	數	方	季	
간·목·척추·종아리 두발·경맥	바람	초목 관목	8	동	봄	을을-짝(남편이나 아내, 동지)을 잃고 슬피 운다.
귀성(貴星)-병화, 계수	나무가 크려면 여름-수, 나머지 계절은 화가 필수다.					

□을목-가지. 모발이 가지처럼 바람에 흔들림 □을은 과유불급-넝쿨 무성, 을이

꼬불꼬불 뒤엉킴-남편도 아내도 뒤엉킴

■2. 고문헌에서의 을
(주 단어) □힘들게 생김(음기 강) □창자(굽음) □사람의 목(가늘다. 연결) □가까스로 자람(노력 인내)

갑골문	물고기 창자. 칼-검은 지비<현도(玄島)>에서 島의 乙과의 관련설	한서	힘내어 헤집고 가까스로 자람
사기	을이란 만물이 힘들게 생겨나는 것		
설문해자	을은 봄의 초목이 굽고 굽어서 나오는 모양이다. 음기가 아직 강하다. 사람의 목을 본뜬 것이다		

■상징) 1.펼침 2.조소 3.조경
□펼침-자수성가(새싹-흔들림-끼-바람) □조성-꾸밈(공원 난간-울타리-초지-숲-숲에 사는 동물-모피) □관목-조경-수작업(화원-꽃나무-등나무-교목-일 년생나무-잡초-채소-실-직물)

■)성정) 관목 화초 정원수로 멋과 우아함이 특징.(곡선-소극적-생존력-인내)
□곡선(멋-유연성<우회적-우아-소량-인자) □생존력(외향적<집념-고집-인내)
□소극적(수평적-현실적-솔직함-실리추구)

■3. 조후

인	묘	진	사	오	미	신	유	술	해	자	축
병계			계수			병계			병		

■4. '적천수'에서의 을(乙)
□1.을은 막 돋아나는 새싹으로 여리고 약하나 생명력이 강하여 재기(再起)를 잘한다. ▶새싹의 모양이 새와 같아서 새처럼 강인하고 끈질긴 생명력과 추진력이 특징이다. ▶비비고 뚫고 올라가는데 탁월하다. ▶넝쿨이니 꼬임과 끼 다분하다.
□2.비록 유약하나 미를 극하고 축을 해부할 수 있다. 병정을 품으면 신이나 유에 앉아도 두렵지 않으며 허습(虛濕)한 지지를 싫어하고 오(午)가 오면 근심이 많다. 갑목이 있으면 봄도 좋고 가을도 좋다.
▶봄에 새싹이 자라기 위해서는 화가 필요하고 ▶여름에는 건조한 땅을 윤택하게 하기 위해 수, ▶가을에는 금을 제압하기 위해서 화, ▶겨울에도 얼어붙은 땅을 녹이기 위해서 화가 필요하다.

☐3.을목이 축미월생이거나 을축, 을미 일주라면 미는 을목을 암장하고 있으니 뿌리가 되고 축은 계수를 암장하고 있어 목생화(득령 신강)로 유정(有情)하다.
☐4.을목 7,8월생과 을유일 생이 병정화 투출 되면 금을 꺼리지 않는다.-화극금
☐5.갑목 인목을 좋아 한다-의지 처, 넝쿨이 큰 나무를 감고 올라감
☐6.을목은 정화를 좋아 한다-신금 칠살을 막아 주는 이유

●=3	병(丙)

■1. (기초)-물상
☐청하면-소식(정보)·문화·화려함·권력·정열. ☐탁하면-근심·무례·열등감

신체	천문	물상	數	方	季	병병-평생 근심 걱정 많다.-우울, 불안, 강박
혈압·소장·어깨·신경 눈동자·대뇌	日	태양	7	남	여름	
귀성(貴星)-임수		병화는 임수의 사랑(소통. 극)을 극진히 사모한다.				

☐임은 병의 문안을 외면하지만 병은 임수 죽도록 짝사랑

■2. 고문헌에서의 병
(주 단어) ☐밝음(권위) ☐환하고 빛남(자존심) ☐만물의 완성(권력), 음기상승 양기 점차 하강

갑골문	물고기 꼬리 모양, 물건 받침대, 그릇 모양	한서	병에서 환히 밝고 빛남
사기	병이란 양도(陽道)가 뚜렷하게 밝은 것		
설문해자	만물이 이루어지고 밝게 빛나는 것이다. 음기가 처음으로 일어나고 양기가 점차 이지러진다.		

■상징) 권위-빛남-완성-상승하강
☐(권위)-하늘-제왕-권력-궁궐-성문-거대함(☐빛남과 동일)-자존심-용기(상승하강)
☐(완성)-권력

■성정) 빛 에너지, 찬란하고, 밝고, 정신 맑고, 정열적이고, 문화적(빛-빛의 화려함-빛은 에너지-정신세계-정열-빛의 그림자)
☐빛-공평하게 비춤(빛의 이동-공간-표면 반사-소식도달)
☐에너지(온난-전기-전기부품-변환) ☐정신1-종교(신부-승려-철학) ☐정신2-찬란함(문화-서화-문장-연출-극장-연기) ☐정열적(쾌활함-격정-외향적-수다-정열)
☐빛의 그림자(근심-무례-열등감) ☐화려함(색채-화훼-시각-안경-영상-장식)

■3.조후

인	묘	진	사	오	미	신	유	술	해	자	축
임수							갑목				

■4. 적천수에서의 병(丙)

☐1.강렬한 태양이다. 높은데서 세상을 밝게 비춘다. 군왕의 표상이다.
 ▶만인에게 평등하며 밝고 정직한 성격에 비밀이 없고 정열적이다. ▶그러나 태양열로는 쇠를 녹이지 못한다. ▶빛의 펼치는 속성상 각 처에 일을 벌여 놓는다. ▶빛의 투시력으로 초능력 투시력이 우수하다.

☐2.양간 중 가장 양기가 강하다. 병화는 맹렬하여 눈·서리를 녹일 수 있다.
 ▶경금을 제련하지는 못하지만 밝음으로 능히 살기를 다스릴 수 있다. ▶신금을 만나면 겁을 내고 ▶토가 많으면 생으로 자비를 베푼다. ▶수가 창궐하여도 충절을 잃지 않으며 인오술 호·국에 갑목이 오면 오히려 목을 분멸시킨다.

☐3.경금을 극벌(剋伐)하며 신금을 만나면 누그러져 합을 이루고 토가 많으면 아래로 자비를 베푼다.
☐4.수가 많아도 구차하게 비굴하거나 도움을 바라기보다 당당하다. 지지가 인오술 화국인데 갑목 트출하면 오히려 불로 태운다.
☐5.병화는 기토를 만나면 설기되고 무토는 사막의 올토가 된다.
☐6.임수를 만나면 제압되고 횡포하면 신금으로 합화 하는 것이 아름답다.

●=4	정(丁)

■1. (기초)-물상

☐청하면-명예·불빛(정신)·문명·학문·열정. ☐탁하면-변덕(감성의 노예)·화병·중풍

신체	천문	물상	數	方	季	정정-재앙, 사고 다반사
심장·혈관·신경·눈동자	별빛	등촉	2	남	여름	
귀성(貴星)-갑목 경금	갑목의 목생화만 있으면 정화는 가을 겨울에도 OK					

☐정화는 열기-몸의 열기-체온-체온은 혈 신경관(통로)의 수축 방지.

■2. 고문헌에서의 정

(주 단어) ☐높은 곳(불꽃 높이 오름) ☐만물의 장정(정신. 학문. 문화. 종교) ☐튼튼함 ☐성대함(불) ☐올정(불꽃)

갑골문	궁실의 가장 높은 곳, 정수리 정(頂)에서 차용	한서	정에서 성대함
사기	정이란 만물의 장정(壯丁)을 말한다.		
설문해자	정이란 여름에 만물이 튼튼해지는 모양이다. 정은 병 다음이고 심장을 본뜬 것이다.		

■상징) 작은 불빛-밝힘-불-불꽃-꽃
□작은 불빛-신비-종교(별-별빛-등불-등대-촛불-향불) □꽃-우아<작은 꽃-작은 것)
□불1-제련<쇠 녹이는 불> 불2-마음의 불<감성>
□밝힘1-정신(문화-문명-문자-문장-서적-신문-안경) □밝힘2-전기(전자-인터넷, 가로등) □밝힘3-학문(사상-철학-현학-신학-의학)

■성정) 성대함-열정-장정-튼튼함-실용-불꽃의 타오르고 내리는 변덕
□성대함-열정-강열-감성(심장-가슴-마음-심리-지혜)
□실용(창조-특허-영예-명망) □변덕-감성의 노예(다혈질-화병 중풍)

■3. 조후

인	묘	진	사	오	미	신	유	술	해	자	축
경금	갑목	임수				갑목					

■4. 적천수에서의 정(丁)
□1.장정(壯丁)의 정(丁)으로 힘이 세다.
  ▶하절기 맹위를 떨치는 왕성한 화가 장정처럼 세다. ▶제 힘 키우기에 능한 반면 변덕 심하다. ▶남자 정 일주는 바람둥이 많고 정(精)으로 뭉친 사람이다.

□2.정화는 부드럽고 중용을 지키니 그 성품이 밝고 지혜롭다.
  ▶인색한 을을 만나도 효도하고 ▶임과 합하여 충성하고 왕 하여도 치열하지 않고 쇠약하여도 없어지지 않으며 ▶갑만 있으면 가을도 겨울도 좋다.

□3. 을목을 만나면 화극금하여 신금으로부터 을목을 보호하니 효도가 된다.
□4.무토가 임수를 극하는데 정임 합하면 임수가 보호되고 임수가 관성이니 정화는 관에 충성한다.
□5.정화는 갑을목이 투출하면 가을에도 금이 두렵지 않고 지지에 인묘가 있으면 나무로 불을 지피니 겨울에도 두렵지 않다.
□6.정화가 득령하면 천근철(千斤鐵)도 용해시키나 실령하면 일촌금(一寸金)도 용해가 불가능하다.
□7.을목처럼 습목(지지 해자, 습토 위에 앉은 목-진토)은 정화를 생하지 못한다.

●=5	무(戊)

■1. (기초)-물상
□청하면-활동무대·나라·중후함·고전적·중재. □탁하면-까칠·느림·무딤(무감각)

신체	천문	물상	數	方	季	무무-일생 2인자
위장·가슴·피부·살·코	노을	큰산	5	중앙	환절기	(첩살이)를 면하기 어렵다.
귀성(貴星)-병화 갑목 계수						무토는 봄 여름은 수, 가을 겨울은 화 필요

□더부살이-예전 첩살이-큰 산(무)-큰 산은 첩첩산중-든 산봉우리-혼자 떨어져 있는 봉우리는 낮아도 산이라 함

■2. 고문헌에서의 무
(주 단어) □도끼 □중심(중용, 중앙) 얽히고설킴(제방) □풍성 무성(큰 뜻. 큰 세상)

갑골문	도끼, <도끼 월(戊), 도끼 척(戚)>과 관련설	한서	무에서 풍성하고 무성해 짐
사기	x		
설문해자	무는 가운데다. 여섯 거북과 다섯 용이 서로 얽히고설킨 모양이다. 두는 정 다음이고 사람 옆구리를 본뜬 모양이다		

■상징) 제방(흙 자갈이 얽히고설킴)-큰 땅(풍성)-세상-흙(무성)
□제방(네모진 것-튀어난·온 물건)   □큰 땅(산-성곽-성벽-언덕-벌판-대지-운동장)
□사람 사는 세상(나라-정부-사원(종교)-강단-무대-기업체-창고-건축-부동산)
□흙 활용1(도료-도장-염색) □활용2(기와-도자기-골동품-소장품-완성품)

■성정) 중후함(중용)-건조한 토
□종후함(고전적-보수적) □건조한 토(까칠-탁함-느림-무딤-무감각)

■3. 조후

인	묘	진	사	오	미	신	유	술	해	자	축
병화		갑목	임수	계수	병화		갑목		병화		

■4. 적천수에서의 무(戊)
□1.무토는 견고하고 무거우며 중용을 지킨다.
  ▶고요하면 안으로 닫아 감추고 ▶움직이면 활짝 열어 만물의 사명을 맡는다.

○2.수가 윤택하면 만물을 발생시키고 화로 조열하면 만물이 병들게 되고 인신충보다는 안정을 원한다.
○3.봄 여름은 기운이 동하므로 열어서 발생 시키고 가을 겨울은 기를 안으로 수장(열기 간직)시킴으로 만물의 사명(司命)이라 한다.
○4.무토는 조토-여름에는 조열하여 수로써 윤택하게 하여야 만물을 무성하게 하지만 조열하면 병든다.
○5.가을 겨울은 수가 많은 계절-화로써 온난하게 하여야 만물이 성숙, 화 없고 습하면 만물이 얼고 병든다.
○6.무토는 인월에 극을 받으니 마땅히 안정되어야 하고 신월에도 설기가 심하여 약하니 충동 없이 안정 되어야 한다.
○7.환절기 3, 6, 9, 12월에는 토가 왕하니 기운을 설기로 소통 시키려면 경신과 신유금이 좋다.

●=6	기(己)

■1. (기초)-물상
○청하면-재물·경작·신용·중재·조정. ○탁하면-우유부단·오염·비천(궁상)

신체	천문	물상	數	方	季	기기⇒독신 독선 독립 독신생활이 많다.
비장·배·피부·췌장	구름	전원	10	중앙	환절기	
귀성(貴星)-병화 계수 갑목			기-뿌리 튼튼하고 병화 만나야 길-인수 비겁 선호			

○기토는 음토로 허약하니 주위의 조력을 받고 왕 해야 함. ○논과 밭은 서로 독립되어 제자리에서 할 일만 함.

■2. 고문헌에서의 기
(주 단어). ○주살, 줄(생명 줄-임산부) ○가운데 중심-만물이 모여듦(재물) ○벼리를 당김(실리)

갑골문	새를 쏘는 주살, 주살 익(弋)과 관련, 낚시 줄	한서	기에서 다스려 벼리를 잡음
사기	x		
설문해자	기는 가운데이다. 만물이 돌아들어 모이며 굽은 모양이다. 기는 무 다음이고 사람의 배를 본뜬 것이다.		

○한서에 벼리는 그물을 잡아당길 수 있게 하는 동아줄. 그래서 그물은 벼리를 이탈하지 못한다고 나온다.
■상징) 경작지-재물(모여듦)-활용-역할-기타

☐경작지1(평원-논밭-기름진 땅) ☐경작지2(야산-개척지-먼지-굴곡진 길-묘지)
☐흙-재물-신용(건재-독축-토산물-과실) ☐흙의 꾸밈(방-전원-정원-화단-잔디밭)
☐흙의 역할(접착제-중재-조정) ☐기타(흙-오염-비천한 것, 지형 특성-신체반점)

■성정) 실질적이고 실리를 챙김(당김). 생산-조절
☐생산(임산부-자아-모성-양육-의류) ☐조절(핸들-중재-조절-타협-우유부단)

■3. 조후

인	묘	진	사	오	미	신	유	술	해	자	축
병화	계수	병화	계수						병화		

■4. 적천수에서의 기(己)
☐1.논밭처럼 기름진 땅이다. 모든 것을 양보하며 실리를 위해 생명을 키운다.
▶순한 성품에 착하고 정직하며 신용이 있다. ▶단거리에 강하고 싹싹하고 사교성이 있다. ▶지나치면 줏대가 없고 잘 놀란다.

☐2.기토는 비습(肥濕)하고 중정을 지키며 안으로 축장(蓄藏)한다.
▶목이 왕성한 것을 근심하지 않고 ▶수가 광분함도 두려워하지 않고 화가 적으면 화를 가려버리고 ▶금이 많으면 금을 빛낸다. ▶만약 만물이 왕성하면 생조할 것은 생조하고 방조할 것은 방조하는 것이 중요하다.

☐3.기토는 음습(陰濕)한 토다.
☐4.그 성정이 유순하고 화목하여 목을 도우니 목의 극을 받지 않는다.
☐5.수를 받아들일 수 있기에 수를 두려워하지 않는다.-진 축토=습토
☐6.음습한데 정화가 약하면 정화를 가려버려 어둡게 한다.-토다화식
☐7.신금이 있으면 금을 생하여 윤택하게 한다.
☐8.사주에 토의 뿌리가 튼튼하고 병화를 만나면 병화가 음습한 토의 기운을 제거 하여 만물을 자상시킬 수 있으니 인수든 비겁이든 모두 좋다.

●=7	경(庚)

■1. (기초)-물상
☐청하면-수술·변혁·무쇠·강인·결단력. ☐탁하면-편집성(편벽)·살기·천진함

신체	천문	물상	數	方	季	경경-만인의 연인, 애정 문제로 야반도주
신체·대장·큰·골격·폐 배꼽·치아·목소리	달	완금	9	서	가을	
귀성(貴星)-정화	갑목과 경금은 사철 정화와 동행해야 좋다. 삼형제다.					

□폐 연조직이 단단한 경금인 이유-폐의 괘상(兌·태괘).☰-맨 위 음, 아래 양 두 개는 하강의 의미. 가을 기운은 하강하고 서늘. 폐기는 내려서 마른 기운을 만들어 낸다는 의미. 폐는 태음에 속하고 서늘하고 음이 내리는 형국. 그래서 서늘하고 건조한 금에 배속.

■2. 고문헌에서의 경

(주 단어). □손잡이(권력) □여물게-열매(권력) □단단함(무쇠) □고침(변혁)

갑골문	손을 쥐어 흔들 수 있는 악기에 귀가 달려 있음	한서	경에서 거두어
사기	음기가 만물을 여물게 하는 것		고침(고칠 경-更)
설문해자	경은 가을에 만물이 여물어 단단해지고 열매를 맺는 모양이다. 경은 기 다음이고 사람의 배꼽을 본뜬 것이다.		

■상징) 단단함-강함-변혁-용체로 변함-(원피 무두질-가죽, 무쇠-제련-칼)
□단단함1-굵고 강함-날카로움(바위-돌, 얼음) □단단함2-노면(대로-포장도로)
□강함(원석-무쇠-강철-철기-금속-광물-광산-제조업-자동차)
□철<순수-천진함> □변혁-칼1<수술-의사-병원> □칼2<검사-군인-경찰-권력-무력-혁명-살기-폭력>

■성정) 결단력-고집-강인함-인내-인장강도-절도 있는 행동

■3. 조후

인	묘	진	사	오	미	신	유	술	해	자	축
병화	정화	갑목	임수			정화		갑목	정화		병화

■4. 적천수에서의 경(庚)
□1.다듬어지지 않은 원석 그 자체이다.
▶성품이 곧고 강하며 겉으로는 냉정하지만 속은 따뜻하다. ▶무두질처럼 갱신의 뜻이 있으므로 혁신과 변화를 추구한다. ▶경금 일주에 무인이나 권력계 많다.

□2.경금은 살을 대동하니 강건함(무력)이 앞선다.

▶수를 득하면 청(淸)하고 ▶화를 득하면 예리하고 ▶토가 윤택하면 생을 받고 ▶건조하면 취약해진다. ▶형님 갑을 풀어 해체 시킬 수 있고 ▶을 누이에게 정성을 다한다.

□3.숙살지기로 강건하며 갑목을 만나면 극벌(剋伐)해 버린다.-금극목
□4.임수를 만나면 살기 설기 되어서 청해진다.-금생수
□5.정화를 만나면 제련(화극금)되어 예리해 진다.- 경금은 사철 정화가 필요
□6.경금이 봄, 여름에 생하면 약하니 지지에 진, 축을 만나야 하며 술, 미 조토를 만나면 취약해 진다.
□7.을을 만나면 다정하게 합한다. 만약 을경합 금으로 화하지 못하면 나약해 지고 을목은 경금의 난폭함을 돕게 된다.

●=8	신(辛)

■1. (기초)-물상
□청하면-새로움·냉정·예리함·제련된 금. □탁하면-예민함·자만(타인경시)·오만

신체	천문	물상	數	方	季	
폐·기관지·허벅지·목 콧구멍·귀·작은 골격	구름	보석	4	서	가을	신신-비참, 흉사가 닿다.
귀성(貴星)-임수	보석은 물로 먼지를 씻어 내야 광채가 산다.					

□신은 음으로서 그냥 작은 금, 섬세하게 가공된 금

■2. 고문헌에서의 신
(주 단어). □조각칼(예리) □매운 맛(통달) □단단, 매워서 눈물 □새로움(변혁)

갑골문	조각칼 모양	한서	신에서 모두를 새롭게 함
사기	신이란 만물의 마운 맛이 생겨나는 것		
설문해자	만물이 무르익고 금이 단단해지며 맛이 매워지는 것이다. 매운 맛이 심하여 눈물기 난다. 신은 경 다음이고 사람의 허벅지를 본뜬 것이다.		

■상징) 제련 금-수작업-예민함-치밀함-새로움
□음(陰)금-제련된 금-귀금속-윤택(엽전-금장식-코발트-수정-옥-거울) □장신구-수작업-수제품(전자제품-시계-그릇-악기-붓-필기구) □예민함-예리(서리-칼-가위-바늘-못-침-면도) □치밀함(법률-금융-의약-정밀가공) □새로움-변혁(금은보석이 장신구로 변함-멋-호기심-화장품-유행)

■성정) 매운 맛, 뜨거운 맛을 본 사람은 냉정하며 초월 달관한다.(통달-영활-분명-냉혹함-냉정-자만-오만-타인경시)

■3. 조후

인	묘	진	사	오	미	신	유	술	해	자	축
기토			임수			갑목	무토		임수		병화

■4. 적천수에서의 신(辛)

☐1.사람의 손길로 다듬어진 제련된 금은보석이다.
  ▶예민하고 유약하며 여려 보이지만 마음은 굳고 굳세다. ▶금이 반지가 되듯 장신구처럼 새로운 변화를 좋아한다. ▶청결하고 멋쟁이다. ▶깍쟁이에 자존심이 강하고 신유 일주는 미녀가 많다.

☐2.따뜻하고 윤택하며 청(淸)하고, 토가 중첩되는 것을 싫어한다.-토다금매
  ▶수가 많은 것을 좋아하고 능히 사직을 붙들고 생명을 구한다. ▶열이 많으면 토를 좋아하고 추우면 정을 기뻐한다.

☐3.귀금속과 같이 신금은 깨끗하고 보기 좋다.
☐4.무토의 중첩을 꺼린다.-토다금매로 매몰 된다.
☐5.임수를 좋아한다.-먼지를 세척하여 윤택하게 함.
☐6.무토가 임수를 극하는데 병화가 있으면 무토를 생한다. 그러나 신금이 있으면 병신 합으로 오히려 수가 되어 임수를 돕는다. 그래서 사직을 돕는 거다.
☐7.왕성한 병화가 갑목을 태우는 것을 구원한다. 병화와 합으로 수로 화하니 갑목을 생한다. 생명을 구원하는 것이다.
☐8.신금이 여름에 생하여 화 많아도 기토만 있으면 화기를 설하여 생금한다.
☐9.겨울 출생-수 많아도 정화만 있으면 수의 습기를 흡수하여 양금(養金)한다.

●=9	임(壬)

■1. (기초)-물상

☐청하면-큰 재물·흐름(이동)-정지·도량·지혜. ☐탁하면-억지·사면초가·차가움

신체	천문	물상	數	方	季	
신체·입·방광·혈액 순환계통	가을 이슬	강하	1	북	겨울	임임-음란이 도를 넘어 지나치다.
귀성(貴星)-병화, 무토	임수는 무토로 제방 쌓고 병화로 따뜻해야 용수 가능					

□임수는 정지의 개념과 흐름의 개념 공존. 가두면 용수, 물소리가 요란하게 흐르면 인생살이도 요란

■2. 고문헌에서의 임
(주 단어). □도끼(죽음) □임신(양육-생명-재물) □음양의 교접(생명. 전환점-지혜)

갑골문	양날 도끼, 참스할 참(譖)과 관련	한서	임에서 아이를 뱀
사기	아이를 밴다는 말이다. 양기가 아래(땅, 생식기)로부터 만물을 낳고 길러 냄을 말함		
설문해자	임은 음이 극성해지며 양이 생겨나므로 역(易)에서 용이 들에서 싸운다.(용전우야-龍戰于野)>라 했는데 전(戰)은 교접(交接)이다. 임은 생명이 생겨나는 것이다. 임은 신 다음이고 사람의 종아리(정강이)를 본뜬 것이며 정강이에 몸을 맡기는 것이다.		

■상징) 물-차가움-생명-지혜
□물-재물-지혜(큰 바다-호수-강-하천-연못-물감-석유) □차가움-죽음-정지(감옥-도살장-사면초가) □생명-이동성-흐름-교통-무역(구름-해운-운수-수산-무역-목욕)

■성정). 물은 형태가 없다.(도량-지혜-지모-침착-고요)
□담는 그릇에 따라 모양이 다양-무유정법(제 마음대로-억지)

■3. 조후

인	묘	진	사	오	미	신	유	술	해	자	축
경금	무토	갑목	임수	계수	신금	무토	갑목		무토		병화

■4. 적천수에서의 김(壬)
□1.큰 물은 많은 생명체의 삶의 터전이 되는바 그 마음이 넓고 크다.
  ▶모든 만물을 잉태하는 장본인이며 시작, 창의력, 창안력이 좋다. ▶발명가가 많이 나온다.

□2.임수는 강하(江河)로 통한다.
  ▶능히 금기를 설기시키고 강한 중용의 덕이 두루 흘러서 멈추거나 머물지 않는다. ▶계수를 투출시켜 통근하면 충천분지(沖天奔地-하늘을 충격하고 땅을 달림)의 저돌적 기상으로 건강 악화와 재화(財禍)가 따른다. ▶화(化)하면 유정하고 종(從)하면 함께 동행 한다.

□3.신(申)에서 생하여 경금의 기운을 소통시킨다.
□4.만약 지지에 신자진 수국이 있고 계수가 투출하였다면 그 폭류를 토로 막

을 수 없으니 목으로 설기해야 한다.
☐5.수가 왕성할 때 정화가 있어 합하면 목으로 화해서 다시 정화를 생하니 상생이 되어 다정하다. 또 합으로 목이 되면 무토 칠살을 제압한다.
☐6.여름출생 임수가 화왕하면 아무리 임수라도 어쩔 수 없이 화로 종해야 한다.(증기-에너지). 또한 토 왕 하면 토로 종 해서 조화 되어야 윤택하게 된다.-(간척지)
☐7.무토에 병화 투출하면 조열하니 신금이 있어야 한다.

●=10	계(癸)

■1. (기초)-물상
☐청하면-생식(종자)·작은 재물·지모·총명. ☐탁하면-어둠(우울)·소심·모략·음흉

신체	천문	물상	數	方	季	계계-짝사랑으로 주의를 깜짝 놀라게 한다.
신장·발·눈물·뇌 골수·정액·진액	봄 장마	우로	6	북	겨울	
귀성(貴星)-경금		계수는 윤토양금(潤土養金)한다.-경금으로 수원(水源)				

☐계수 체는 음간, 용은 양간의 성격. 경금 만이 금생수. 계수 비견 오면 더 어두워지고, 임수 겁재(계) 오면 바다가 구름으로 덮혀서 오히려 임이 강해진다.

■2. 고문헌에서의 계
(주 단어) ☐빛남(정신) ☐헤아림-지혜 ☐물이 가운데로 몰려듦(재물) ☐펼침(학문)

갑골문	十의 변형=上 3개는 산봉우리, 下기둥은 만물이 빛나는 상, 쌍 화살	한서	계에서 펼쳐 헤아림
사기	헤아린다는 말이다. 만물을 헤아릴 수 있음을 말한다.		
설문 해자	계는 물과 흙이 평평해지는 것을 미루어 헤아릴 수 있는 것이다. 물이 사방으로부터 가운데로 몰려들어 오는 모양을 본뜬 것이다. 임 다음으로 사람 발을 본뜬 것이다.		

■상징) 정신(지혜)-호르몬(물)-재물
☐수-정신-생명(비-이슬-서리-눈-정화수) ☐호르몬(정액(종자 씨앗)-난자-눈물)
☐작은 물-재물(시냇물-목욕-연못-샘물-옹달샘-약수-석간수-물장사-수산업)
☐빛남-지혜-지모-지식-총명-기민함(학문-신학-현학-가르침-지식업종-정보)

■성정) 헤아림과 어두움이 공존(윤택-온유-참모-은밀함-뒷면-어둠-우울-소심-모략-음흉)

■3. 조후

인	묘	진	사	오	미	신	유	술	해	자	축
경금	↓	신금	경금	경신	경신	신금		경금		병화	

☐ 진 조후 (상반월-병화), (하반월-병, 보조-신 갑)

■4. 적천수에서의 계(癸)

☐1. 마음이 넓고 애교 많으며 내성적이다. 규(揆-헤아릴 규)로 규범 잘 지킨다.
▶살아 있는 생수로 지혜롭고 총명하다. 음간 중 가장 음기가 강하다.

☐2.계수는 지극히 약하나 하늘 끝에 도달하고 진을 만나 운전하면 그 신(神)을 변화시키는 공이 었다.
▶화토를 무서워하지 않고 ▶경신에 상관없이 무와 합하면 화(火)로 화(化)하는데 그 화(火)가 참하다.

☐3.순음(純陰)으로 매우 약하고 고요하다.
☐4.계수가 해자에 통근 하면 임수와 같이 강하로 본다.
☐5.계수는 윤토양금(潤土養金-토를 윤택, 금을 생함)한다.
☐6.화, 토를 많이 만나면 종(從)해 버린다. 따라서 화토를 무서워하지 않는다.
☐7.금이 많으면 탁수다.-계수는 경, 신금을 설기시키지 못하기 때문이다-.
☐8.무토를 만나면 합하여 화(火)가 되니 여름철에 병 정화가 투출하였다면 전정한 합화격(合化格)이 된다. 특히 진토를 만나면 진격(眞格)이다.

5-2-2-3	지지의 물상

●=1	자(子)

■1. (기초)-물상

☐온난과 밝음(木火)과 오름(양기)을 좋아한다. 마음속으로만 원함-실행력 미약
☐일양(一陽)-종자(생식-시작-시도) 이슬(호르몬-생식)
☐귀성(貴星)=병화, 무토 ☐방위(方位)=감궁 북방 ☐像=어둡고 낮은 상

물상	음료·종자·생선·땀·채소	인물	아이들·임산부·종교·철학
신체	비뇨기·신장·자궁·고환·귀		자자-뜻하지 않는 사건이 발생

☐자-종자. 이슬-임신부-아이들. 이슬-지혜. 수는 돈-돈은 지혜로 법-철학(지혜) 공부(돈)-종교(지혜) 생활(헌금)

■2. 고문헌에서의 자

(주 단어) ☐잉태 ☐번식-생식기 ☐동함 ☐싹이 틈 ☐아이

자의(子意)	아이 밸잉(孕)에서 자(子) 유래	갑골문	유아의 머리와 다리
사기	번식한다. 아래(땅, 생식기)로부터 불어나는 것	한	자에서
설문해자	번식한다.-11월은 양기가 동함-만물 번식시작	서	싹이 틈

■상징) 번식-(생식-물(재물-지혜)-호르몬-잉태)
☐번식-종자(정액-씨앗-난자-임산부-아이)-재물 ☐물1-음란(음탕-구설수-파탄)
☐물2-(음료 생선 채소 땀) ☐물3-정화수(제사-종교-철학) ☐물4-질병(습-한랭)
☐잉태(태교-사색-공상-궁상) ☐잉태순간 태교가 중요(좋은 사색은 좋은 태교-사색은 공상 유발-공상이 지나치면 궁상)
■성정) 한 밤의 꿈 ☐현실성 낮음. 잉태(공상-궁상-고독-슬픔-비관적 성향)

●=2	축(丑)

■1. (기초)-물상

☐한랭하여 따뜻함(목화) 찾는다.(밝음을 기다림)-좋은 일하고 좋은 소리 못 들음
☐이양(二陽)-동토-엉킴(간직-우직-비밀-고독)
☐귀성(貴星)=병화, 무토 ☐방위(方位)=간궁 ☐像=튀어 오르려고 움츠린 상

물상	무기·음식·금고·의복·농토	인물	군인, 은행원, 세무, 중개, 숙박
신체	위장·비장·복부·손발·입		축축⇒부부사이가 원만하지 못함, 고독하다.

☐축-얼고 엉킴(잠 숙박)-얼면 단단. 군인도 단단. 돈 엉킴-은행원 돈 묶음(엉킴)-대출 중개-세무 돈(세금) 걷음

■2. 고문헌에서의 축
(주 단어) □얽어 맴(돈. 사람) □못나오고 엉킴(동토) □묶음 □얽혀서 나옴 □손톱

자의(子意)	얽어 맬 뉴(紐)에서 축(丑) 유래	갑골문	손톱, 손의 모양
사기	얽어맨다. 양기가 아래로 내려오지 않아 얽혀 못 나옴	한서	축에서 얽혀 나옴
설문해자	묶는다. 에서 묶을 때의 손의 모양을 본뜸		

■상징) 얽어매다-묶음-땅-동토
□1얽어매다.-돈을 얽어매다.<금고-은행원-세무사> □2얽어매다.-엉킴<행동이 굼뜸-고집-구두쇠> □3얽어매다.-베-실로 엮음<의복> □4얽어매다.-사람을 묶음<징집-군인-무기-관재구설> □5얽어매다.-이야기 엮음<소설-수필>
□땅1<중개-매매> 땅2<농토-음식>
□동토(凍土)-그때그때 변신 귀재-변성 □얼면-금, 자 오면-습토, 해 만나-면-수

■성정) 흙(퇴비-엉킴)-곳집-얽어 맴
□썩은 흙(퇴비-희생)으로 악취(불쾌감) 있다. □곳집-휴식(보관-정자-잠-숙박업)
□얽어 맴(고집-구두쇠) (생각을 얽어 맴-얽어매면 바뀌지 않는 고집 발생-고집부리는 사람은 인색, 인색하면 구두쇠)

●=3	인(寅)

■1. (기초)-물상
□실패를 두려워하지 않으나 좌충우돌 뜻대로 안 된다.-(우직, 체험은 자산)
□삼양(三陽)-▶1목-큰 나무<수직적-지도자> ▶2목-펄프<서적-신문-언론-학자-문화> ▶3목-의복<삼베>
□귀성(貴星)=병화, 계수 □방위(方位)=간궁 □像=목표 향해 솟아오르는 상

물상	고층건물·서적·신문·의복	인물	위엄·장사·환자·언론·문화·학자
신체	심장·근육·무릎·머리·눈		인인⇒자식이 귀하고 병치러, 신병 따름

□호랑이의 위엄. 힘이 장사-장사도 아프면 환자. □목-펄프 제지(제지는 신문-신문은 언론-제지 문화 책-책 쓰는 학자)

■2. 고문헌에서의 인(寅)
(주 단어) □멀리 흐름(진취적) □꿈틀꿈틀 □분출욕구(솟음) □나옴-시작 □화살

자의(子意)	멀리 흐를 연(演)에서 인(寅) 유래	갑골문	활 화살 등 여러가지 설
사기	만물이 꿈틀꿈틀 일어나기 시작하는 것	한서	인에서 당겨 나옴
설문해자	분출욕구가 강하다. 음기가 강해서 양기가 위로 솟지 못하기 때문이다. 인(寅)은 종지뼈를 뜻한다. 강한 음기(인월 바람은 춥다.)에 억눌려서 양기가 솟지는 못하나 솟아 오르려고 무릎아래서 꿈틀(저항)거린다는 뜻		

■상징) 분출욕구(솟음)-꿈틀꿈틀-나옴-시작

☐솟음(고층건물-고위층-책임) ☐꿈틀꿈틀-비전-꿈틀꿈틀-선견지명-자신감-잘 속음-자충수(비전이 꿈틀꿈틀-비전은 선견지명이 필수-비전은 자신감에서-자신 만만하다 잘 속음-자충수에 빠짐) ☐나옴-시작(양기 충만-진취적-용감함)

■성정) 분출욕구

☐호랑이1(위엄-용감함-강권적-호랑이 힘셈-장사-장사가 아프면 환자)
☐호랑이2(호랑이의 순수함(잡식성이 아님)-순수예술)
☐고문헌의 인목은 분출욕구이고 양목에서는 낙락장송이 된다. 그래서 분출욕구는 내면의 심리로도 해석한다. 그리고 뿌리는 땅속에 감추어져 있으면서 뿌리에서부터 양분을 솟구치게 하니 수생목의 결과로 해석을 넓혀도 좋다.

●=4	묘(卯)

■1. (기초)-물상

☐도전적이고 집요하지만 시작에 비하여 결과가 허무하다.-(우거질수록 엉킴)
☐사양(四陽)-음목-관목-화초(온화-미모)
☐귀성(貴星)=병화, 계수 ☐방위(方位)=진궁 ☐像=분출하는 상, 새싹

물상	섬유·운동기구·화초·의복	인물	활동·건축·유아·지휘·스포츠
신체	간장·수족·근육·눈·이마	묘묘⇒	몸이 마르고 신병, 매사불성 다성다패

☐새싹(유아) 생명-생명활동-건축활동-乙자로 설계-꼬불 꼬불 乙자로 몸을 흔들며 지휘-몸을 흔드는 스포츠 춤

■2. 고문헌에서의 묘(卯)

(주 단어) ☐말뚝 ☐무성 ☐나옴-열림(변화) ☐뚫고 나옴(생명력) ☐나란히

자의(子意)	말뚝 앙(柳)의 유래 설 묘(卯)	갑골문	칼이 나란히 있는 모양
사기	무성하다는 뜻으로 무성한 것을 말함	한서	묘에서 뚫고 나옴
설문해자	무릅쓴다-땅을 뚫고 나옴, 문이 열린 형상		

■상징) 뚫고 나옴-열림-무성

☐뚫고나옴-열림(생명력-강인함) ☐1무성-덩굴(꼬임-스트레스(뜻대로 안되면))

☐2무성(생존력-번식력-수평적-다성다패(펼쳐놓고 감당 못함))

■성정) 문이 열림
☐들고 남-변화(바람-끼-새로움-새로운 만남의 연속) ☐문이 열림-들고 남(바람도-끼도-새로움도-사람도 들고 남-만남도 변화발생)

●=5	진(辰)

■1. (기초)-물상
☐학구적이다. 욕심이 많고 도전적이어서 깜짝(번개) 엉뚱한 결과를 초래한다.
☐오양(五陽)-습토-진흙(매사 지체)
☐귀성(貴星)=갑목 ☐방위(方位)=손궁 ☐像=꿈틀 꿈틀. 아지랑이-피어오르는 상

물상	외래품·비밀장소·위조·약재	인물	불청객·미용·중개·비행사·광고
신체	망각증·위장·피부·등허리·가슴		진진⇒스스로의 욕심과 과오로 매사 지체

☐용 승천시 비구름-불청객. ☐진흙마사지-피부미용. ☐용솟음 높게-높이 나는 비행사-광고판은 높은 곳에. 토-중개

■2. 고문헌에서의 진(辰)
(주 단어) ☐진동(놀람) ☐아름다움 ☐움직임(도약) ☐떨침 ☐조개껍질(재물)

자의(子意)	진동 할 진(震)에서 진(辰) 유래	갑골문	낫 도양의 조개껍질을 노끈으로 손가락과 감은 형상
한서	진어서 아름다움을 떨침		
사기	만물이 움직인다는 뜻이다		
설문해자	떨친다-3월은 양기 동함-우레 번개 떨침.		

■상징) ≪놀람-용-연못-옥토-풍요≫
☐우레-번개(놀람-놀라운 일-일거리-과제) ☐움직임-용(승천-용솟음-도약-진취적)
☐용이 사는 연못은 그릇(모여드는 기운-부탁 청탁도 모이고) ☐연못-사람 모이고(재물 모이고-학문이 쌓이고) ☐모여 듦-움직임(농사-근면-의식풍부-음식탐-색탐-욕심-무모) ☐연못-아름다움(의식 풍요-미덕)

■성정) 습토(진흙). 떨침(옥토-생산-생식기-생육의 덕-교육)
☐생식기1-여성 자신보호(방어-투쟁) ☐생식기2(색(色)탐-바람-소리 소문-우레-번개) ☐색(色)탐-탐하다 바람나고-바람나니 소리 소문 들리고-우레-번개(바람피우다 풍지박산 나고)

●=6	사(巳)

■1. (기초)-물상

□잃는 것이 있으면 얻는 것이 있다. 때를 기다려야 한다.-(양의 끝, 음양교체기)
□육양(六陽)-불꽃1-흩어짐(불꽃의 흩어짐-변덕) 불꽃2-왕성함(정열적-적극적-주관적-외골수)
□귀성(貴星)=계수, 임수 □방위(方位)=손방 □像=모이고 흩어지고

물상	정류장·전화·미용·사진	인물	부녀자·불·보일러·미용·전자
신체	소장·복부·편도선·얼굴·치아		사사⇒객사 염려, 시비구설이 많음

□사는 육양, 일양보다 오래 됨-부녀자도 오래 됨-보일러 오래 탐. 사화-빛(망.전자)-빛 천연색-화폭-색칠 화장. 화는 화공약품-파마 미용

■2. 고문헌에서의 사(巳)

(주 단어) □일어남 □양기소진(정리-마무리) □흩어짐(변화) □왕성 □아이

자의(子意)	일어 날 기(起)에서 사(巳) 유래	갑골문	강보에 쌓인 아이 모습
사기	사는 양기가 이미 쇠진했음을 말한다.	한서	사에서 매우 왕성함
설문해자	그치는 것-양기가 다 펼쳐지고 흩어짐		

■상징) 펼쳐지고 흩어짐-양기소진-변화
□펼쳐지고 흩어지는 곳(광장-사원-학교-터미널-카페-교차로-사거리-갈림 길)
□흩어짐(이동수-이민-이별-사별) □음양 전환기의 변화-정리(빛-직업-관계)
■성정) 분산, 소멸 □양기가 그치고 쇠하고 흩어짐(생명-사업-애정-대인관계)

●=7	오(午)

■1. (기초)-물상

□처음은 미약하지만 결과는 희망적이다.-(음 시작, 점점 커짐)
□일음(一陰)-1열기(열정-감성-민감)-분위기에 약함. 2불꽃(작은 불-제련-용접)
□귀성(貴星)=계수, 임수 □방위(方位)=리궁 남 □像=팽창. 장대히 높게 솟는 상

물상	장식·화장품·유흥·안경	인물	문화·도시·교육·화가·서예·발명
신체	심장·신경통·정신·눈·혀		오오⇒다혈질, 화병, 중풍 위험

□오-불빛 별빛-루미나리에의 도시-빛 희망-희망은 교육에서. 빛 밝음-문화 예술-화가 서예. 빛 밝음-찾음 발명

■2. 고문헌에서의 오(午)

(주 단어) □화살 □교류(소식) □음기시작(퍼짐) □음기더짐(유행) □밧줄

자의(子意)	화살 시(矢)에서 오(午) 유래	갑골문	밧줄 모양
사기	오는 음양이 교류하는 것을 말함	한서	오에서 널리 퍼짐
설문해자	거스르는 것-음기가 양을 거슬러 나오는 것		

■상징) 시작
□음의 시작(퍼짐)1(새 출발-새 소식-새 유행), 시작2<과도기적 현상-시행착오>
■성정) 음양교류
□새 질서-새로운 일-새 환경-새 관계(충신이거나 배신하거나)

●=8   미(未)

■1. (기초)-물상
□변화 보다는 안정(안락)을 선호한다.-투쟁 보다는 화해(풍류객)
□이음(二陰)-열토-불타는 사막-이글거리는 잿불-아궁이 흙-가색불능) 금 용해-토생금 불가
□귀성(貴星)=계수, 임수 □방위(方位)=곤궁 □像= 한량(하는 일 없이 지냄)

물상	수표·물감·조미료·접착·의상	인물	주색·요리·석공·잡역·농사·참모
신체	허로·척추·위장·잇몸·입·입술		미미⇒역마성 강함-유랑, 정신적 방황

□미-맛-요리-안주-주색. 미토-도자기 도예가-수정. 옥 가공-석공. 토-농사. 음토 양토(회장) 아래-비서 참모

■2. 고문헌에서의 미(未)
(주 단어) □맛(채움) □맛 더해짐(꾸밈) □어둑해짐(수집 본능) □맛이 듦(꾸밈)
□이삭

자의(子意)	맛 볼 미(味)에서 미(未) 유래	갑골문	벼이삭 모양
사기	만물이 모두 성장하여 맛(味)이 더해지는 것 만물을 거듭 헤치기 때문에 신(申-거듭 신)이라 한다.	설문해자	맛이 드는 것 -木에 지엽을 더해 未자 완성
한서	미에서 어둑해지며 우거진다. 미애어미(味薆於未-어둑해지고 무성해지고)라 하였으니 밝음이 어둑해지고 맛과 어둠은 무성해진다 할 수 있음		

■상징) 창고-잿불-맛을 더함-맛
□목(木) 창고-어둑해진 창고(끝맺음-결실-보관) □맛을 더함-맛 수집(≒집본능)
□맛(여행-무위도식-피서-사교적-여유-허기-채움), (맛 따라 여행 떠남-여행은 자연 무위도식-피서와 여행-역마는 사교성이 최고-여행의 자유로움-여행하면 허기지고-허기지면 채우고 싶고)

■성정) 맛이 더해짐
□맛을 더함-맛을 꾸밈-맛을 장식 □1맛<식도락가-화려한 밥상-밥상의 화려한 색상> □2맛-사람의 맛과 꾸밈<정신-문화-교육-학자-가르치는 사람>

●=9	신(申)

■1.(기초)-물상
□쇠는 살기(殺氣)다. 사철 따뜻함(정화)을 원한다. 쇠는 문화적이어야 한다.
□삼음(三陰)-암반-바위-무쇠-칼
□귀성(貴星)=정화, 병화 □방위(方位)=곤궁 □像=노련하면서도 예리한 상

물상	은행·극장·차량·비행기·수도	인물	군인·교통·항공·통신·참모
신체	대장·폐·경락·근골·피부·음성	신신⇒교통사고, 큰 사고, 큰 사건에 연루	

□신은 역마, 무쇠-무쇠처럼 강한 군인-군인은 장수 아니면 참모. 역마-배타고 기차 비행기 타고 이동-이동통신

■2. 고문헌에서의 신(申)
(주 단어) □펼침 □음기서림(신령) □신령함(영감) □단단함(무기. 칼) □연결(역마)

자의(子意)	펼 신(伸)에서 신(申) 유래	갑골문	두 물체를 선으로 연결
사기	음기가 사물에 작용한다는 뜻	한	신에서 거듭
설문해자	신령함-음기가 몸에 퍼져 단단, 스스로 소유	서	단단해짐

■상징 ≪신령함-단단함-바위-음기서림≫
□신령함(영-직관-직선적-단순) □단단함(쇠-무기-농기구-완숙한 열매)
□음기서림-바위-미네랄-신령함-영발(영감-종교-무속), (바위-암자는 미네랄 많이 방출-미네랄은 정신을 맑게-암자에서 기도하고-기도하면 신령하고-신령한 영발)

■성정) 칼(음기서림)-교통(연결)
□칼1-수술<의사> □칼2-검도(劍道)-이성적-사유-선견지명-직관 □칼3-순수(우직-과감-적선) □교통-도로(역마-방황-역마성)

●=10	유(酉)

■1. (기초)-물상
□현실적 사고로 결단과 수습(맺고 끊음) 분명하다. 그럴수록 정의로워야 한다.
□사음(四陰)-차돌-금속<냉정-실리선호>
□귀성(貴星)=정화, 병화 □방위(方位)=태궁 서방 □像=영글어 오래 된 상

물상	그릇·악기·보석·양념·된장	인물	소녀·가수·유흥·은행·침술
신체	폐장·혈관·피부·신경·음성·코		유유⇒고집으로 망신, 발아가 잘 안 됨

☐유는 오래된 것-오라 발효시킨 술-술 먹고 유흥-가무 즐기고-노래와 춤은 소녀가 잘하고-노래 잘하면 가수

■2. 고문헌에서의 유(酉)
(주 단어) ☐줄 선(오랜 인연) ☐늙음(경륜. 무르익음) ☐술을 빚음(숙성) ☐오래 무르익음(경륜) ☐술병 술잔

자의(子意)	줄 선(繩)에서 유(酉) 유래	갑골문	술병 술잔 모양
사기	유는 만물이 늙었다는 뜻	한	유에서 오래
설문해자	이루는 것-8월 기장이 익으면 술을 빚음	서	무르익음

■상징) 늙음-오래 무르익음(경륜)-해결사-이타적
☐해결사-매조지(경륜-마무리-분리정리-범주화-유목화). ☐이타적(성실-냉정)
☐경륜-늙음(잘못되면 고집-교만-타인경시-까다로움)

■성정) 숙성-술
☐무르익음 1술(숙성-노숙-노련) ☐2술-한량(낭만적-예술적) ☐3술(주색잡기)
☐보석-악기(가수-유흥)

●=11	술(戌)

■1. (기초)-물상
☐신의와 의리가 있으나 했던 일 또 하고 한 말 또 한다.
☐오음(五陰)-조토-토상금 불가(지장간 丁화는 불씨-식어가는 잿불)
☐귀성(貴星)=갑목 ☐방위(方位)=건궁 ☐像= 성곽과 창

물상	보안·화로·시계·골동품·서적	인물	비밀·공예·경찰·변호·예술
신체	공포증·두뇌·갈비·대퇴부·항문·위장		술술⇒자녀와의 인연이 박약

☐술토-성벽-오래된 성(예술-공예)-비밀의 성(예술 기술도 자기만의 비밀)-성 수비-경찰경비대-법-변호사

■2. 고문헌에서의 술(戌)
(주 단어) ☐이룰 성 ☐성곽-자루(보관. 화) ☐숙살지기(거둠) ☐양기 쇠함(감성. 보수적) ☐도끼

자의(子意)	배 융(絨),이룰 성(成)자에서 술(戌)유래	갑골문	도끼 모양
	술은 성곽과 창의 의미 외에 곡식 담는 자루라는 설도 있다.		
사기	만물이 모두 없어진다는 뜻	한서	술에서 모두 들어감
설문해자	없어지는 것이다. 9월은 양기가 쇠하고 땅속으로 들어감.		
	토는 무(戊)에서 태어나 술(戌)에서 왕성하니 戊에 一을 더해서 戌자 완성		

■상징) 성곽-숙살지기-쇠멸
○성곽-자루(보관)-건들면 화냄(불씨 살아남)-저항-투사-집념 ○숙살지기(거둠)
○성곽(수비적-수성(守城)-무사안일) (수성-방어-수비 반복-태만하면 무사안일)

■성정).양기 쇠하면 감성적-보수적
○가을의 감성(회상-한 말 또 한다.) ○보수적(한 번 믿으면 변치 않는다.)
○성 쌓기-돌 반복 쌓기-(반복-한일 또 하기-한말 또 하기).

●=12	해(亥)

■1. (기초)-물상
○고요히 사색을 즐기며 정적이다. 소극적이다.
○육음(六陰)-오래된 것(일음에서 시작 육음까지). 강-호수(물-호르몬)
○귀성(貴星)=병화, 무토 ○방위(方位)=건궁 ○像=움직임 없이 잠자는 상

물상	가방·음료·주류·섬유·비누	인물	투기·임산부·어부·공예
신체	방광·생식기·혈맥·자궁·장딴지		해해⇒몸에 상처 많고 욕심, 상념 많음

○해-겨울-농한기(공예)-도박-투기. 해-바다-어부. 수는 재물-해수(양수) 큰 재물-큰 돈 벌려면 투기 잘해야 함

■2. 고문헌에서의 해(亥)
(주 단어) ○끝 ○감추어짐(막힘. 저장) ○교접-접합(음쇠 양 시작-음양교접). 교역. 재물 ○갈무리(죽음) ○돼지

자의(子意)	땅 끝, 낮을(아래), 경계 해(垓)와 알갱이 핵(核)에서 유래	갑골문	돼지 등 여러 가지 설
사기	막히고 감추어지는 것, 양기가 아래(땅)에 감추어짐	한서	해에서 모두 갈무리 됨
설문해자	해는 약한 양기인 풀뿌리로 왕성한 음과 접함		

■상징) 막힘-갈무리-감추어짐-눈물
○막힘-벽(답답함-어두움-차가움) ○갈무리(정지-고요-죽음-잠-꿈)
○감추어짐-마음(생각-상념-사색) ○물1-호르몬-뇌-저장(지혜-학문-직관-영감)
○물2-눈물(기쁨-슬픔-슬픈 명상-공상-궁상-비관)

■)성정) 오래된 것
□고전적(고서-골동품-중고-먼지(패)-오물-낭패), (오래되면 그전적-고서 골동품도 오래됨-오래되면 중고-중고는 먼지나 패 많이 탐-때는 오물-오물은 낭패)

| 5-3 | 합 형충파해 |

　이장은 "3-2-3 생극제화(生剋制化)"[1066]의 기초에 해당된다. 오행의 작용은 크게 왕쇠와 생극제화이다. 이렇듯 오행은 작용하기 전 이미 쇠왕이라는 기세 즉 동북아의 자연환경이 전제로 깔려있다. 그러나 공부할 때는 생극제화라고 하는 '이법' 위에 왕쇠라고 하는 '기법'을 더한다. 그래서 '이 기법'이라 한다.
　이러한 목적을 달성하기 위하여 기초에서 두 글자 합 형충파해의 공부과정을 거치게 된다. 즉 두 글자 합 충이 일어나는 자체가 전부가 아니다. 이는 배합으로 가는 과정이다.[1067]

> ● 간명의 원리
> ○1.우리는 어떻게 길들여지는지 즉 교육 환경과 질에 따라 결이 다른 사람이 됩니다.
> ○2.심리학에 먼저가 더 강렬한 '초두효과', 나중이 더 기억 되는 최신효과 나옵니다.[1068]
> ○3.처음 생극제화 두 글자를 신살처럼 인식하면 나중에 배합을 구사하기 어렵습니다.
> ○4.특히 사주명리를 공부하다 기초에서 중단하면 평생 두 글자 사고에 머물게 됩니다.
> ○5.예를 들면 갑기는 중정지합이니 점잖고 고상하다는 적중률 몇%에 머물지 말고, 합이 되는지 그리고 화(化) 되는지에 따라 격이 어떻게 변하는지를 볼 수 있어야 합니다.
> ○6.그래서 처음부터 합충 두 글자를 배합의 일부로, 배합은 최종격으로 이어지는 것을 염두에 두고 공부하기 바랍니다.

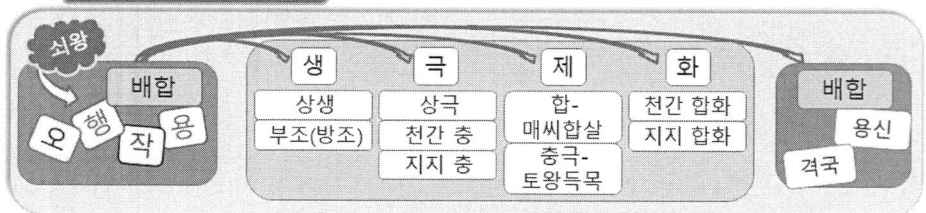

　오행의 작용은 도표처럼 주어진 배합 안에서 생극제화가 진행되고 용신 격국으로 귀결된다. 그 과정을 보면 아래와 같다.
□생, 극, 화는 두 글자가 작용하는데, 목생화, 금극목, 갑기합 등 보편적이다.
□제는 세 글자 이상의 작용인데 매씨합살, 방국, 삼합 등 상대적이다.

1066) 제3장 서문 (2) "간명의 기능은 기운의 증감(생극제화)과 스토리화(story化)
1067) 3-2-3 서문 "배합의 문제"
1068) 6112-4 ■2 □9 ●간명의 원리 ○5 "초두효과, 최신효과"

□배합은 여덟 글자의 배치를 보는 일인데 이는 용신고 · 격국으로 귀결된다. 이는 『적천수천미』에서 공부한 "배합간지(配合干支)1069)와 맥을 같이 한다.

■1. 합 형충파해에 있어서 세력이 강한 무엇이 주가 된다는 설이 다양하다.
□합하는데 약하거나 뿌리 없으면 강한 쪽에 흡수 된다든지(합반 합제 합거 등),
□충하면 약한 쪽이 파괴나 펴 기된다든지 등이다. 맞는 이야기이다.
□그러나 이는 두 글자를 보는 원리이다. 세 글자 이상이 모이면 중화가 일어난다.-(YQ-2 및 YVWQ 기본영역 참조)

■2. 아래는 합 형충파해와 그 상(像)을 요약한 도표이다.
□1. 천간 합

합	성	갑기	을경	병신	정임	무계
		어짐 공명정대	과감 강직	위엄 호색	감정적 호색	화려함 사치
충		갑경	을신	병임	정계	무갑	기을	경병	신정	임무	계기
	상	두통	간장	심장	소장	피부	비장	대장	정신	방광	신장

□2. 지지 합

	육합	자축	인해	묘술	진유	사신	오미	부부합
삼합	삼합	해묘미		인오술		사유축		신자진	3개 연합체
	음양합	해묘		인오		사유		신자	2개 연합체
	반합	묘미		오술		유축		자진	화(化)불능-각자 강해짐
	가합	해미		인술		사축		신진	화(化)불능-각자 강해짐
방합	방합	인묘진		사오미		신유술		해자축	친구(비겁)합, 계절합
	음양합	인묘		사오		신유		해자	친구(비겁)합
	반합	묘진		오미		유술		자축	오미 합 외 각자 강해짐
	가합	인진		사미		신술		해자	화(化)불능-각자 강해짐
	암합	자화천간합(自化天干合) 천간과 지장간의 합						형충파해 만큼 +
	동합	자 축 인 묘 진 사 오 미 신 유 술 해						
		자 축 인 묘 진 사 오 미 신 유 술 해						

□3. 지지 형

삼형살	인사신			축술미		
	은인을 몰라보는 냉정			자신을 과신하다 좌절. 산액		
육형	인사	사신	인신	축술	술미	축미
	관재 시비	점차 불화	지출 과다	쟁투 불화	과신 실패	배경 낭패
자묘형	자묘		묘자	예절에 벗어나고 냉랭한 성격		

1069) 3장 들어가기 2-3 ■2 풍선효과(風船效果, balloon effect)

자형	진진	오오	유유	해해
	관계 사회적어려움	배우자 가족 불화	사물성장억제 살기	실수사서고생 고독

☐4. 지지 충

충	자오	축미	인신	묘유	진술	사해
해설	일신불안정 유랑생활	만사지체 형제財다툼	다정하지만 남여구설수	가족상해 부부불화	인간고독 풍파부절	헛수고반복 결국손해

☐5. 지지 파

파	자유	축진	인해	오묘	사신	미술
해설	가족무정	화 자초	파 작용 小	색정 실패	결국 손재	사회적불화

☐6. 지지 해

해	자미	축오	인사	묘진	신해	유술
해설	관재구설	부부불화	시비구설	발전 더딤	희비교차	하늘뜻수용

☐7. 지지 원진

원진	자미	축오	인유	묘신	진해	사술
해설	산액 원한	유산정신병	신병, 장애	질병 단명	수술 도난	화액 질병

● Tip

○여기 상(象-해설))은 두 글자 물상입니다. 그래서 자료로 여길 뿐 가볍게 스쳐야합니다. 모든 합 형충파해는 그 자체 상보다 사주 전체에 미치는 파장이 중요합니다.
○그 파장은 전제(배합과 순역)[1070] 안에서 오행의 희(상, 용신) 기(상, 용신을 극)로 나타납니다. 다만 아주 부분적인 것을 볼 때 물상이 어느 정도 활용될 가능성은 있습니다.
○거듭 말씀드리지만 두 글자 체상[1071]에 대한 갈망 때문에 사주가 안 풀리는 일이 없기를 바랍니다. 또한 그러한 마음으로 자료 올립니다.

1070) 3장 들어가기 2-1 ●=2 배합. 3-2-1 ■5 순역(順逆) "그 기세에 순응하는 것"
1071) 3장 들어가기 2-1 ●=3 망령과 신살, 체상

5-3-1	천간의 합충

5-3-1-1	천간합

```
천간합          무계-합화
          정임-합곡
       병신-합수
    을경-합금
  갑기-합토
               1  2  3  4  5  6  7  8  9  10
  6번째 합     갑 을 병 정 무 기 경 신 임 계
```

☐1.합은 만나다. 모이다. 화합하다. 끌어당기다 즉 기운의 증가를 의미한다.
☐2.일간 중심으로 시간 월간과 합 성립된다. 예)경일간-을이 시간이자 월간
☐3.월지에 합하는 오행 있을 경우 화(化)한다. 예)갑기 기갑합-월지 진술축미
☐4.갑에서 시작하여 여섯 번째 기와 만남이고 음양의 배합이다. 다른 합도 여섯 번째와 합이 된다.
☐5.천간 합은 부부관계이다. 십신으로 정재(처)와 정관(남편) 합이다.-(중정지제)
☐6.천간합은 실제 성립이 어렵고 되더라도 합이불화가 많다.
☐7.천간합 도표해설

합	성	갑기	을경	병신	정임	무계
		어짐 공명정대	과감 강직	위엄 호색	감정적 호색	화려함 사치

天干 合	甲	乙	丙	丁	戊
	己	庚	辛	壬	癸
合化	土	金	水	木	火
性精	중정지합 (中正之合)	인의지합 (仁義之合)	위엄지합 (威嚴之合)	음욕지합 (淫慾之合)	무정지합 (無情之合)
현상	어질고 공명정대	부드럽고 강함, 과감하고 강직	외모는 위엄 호색, 재물 좋아함	애교 많음, 감정적이며 호색	화려하고 사치를 즐김

■1. 갑기합토(甲己合土), 기갑합토(己甲合土)-중정지합(中正之合)
☐다른 사람들과 다투지 않고 타협과 이해로 존경을 받는다. ☐책임과 직분을

잘 지킨다. □처와 남편이 행복한 부부생활을 하는 형이다.

■2. 을경합금(乙庚合金), 경을합금(庚乙合金)-인의지합(仁義之合)
□옳고 그름을 분별한다.-용감한 성격으로 유혹에 강하다.
□처와 다정다감하고 남편을 존경하고 선행이 가능한 합이다.

■3. 병신합수(丙辛合水), 신병합수(辛丙合水)-위엄지합(威嚴之合)
□위엄이 있으나 경우에 따라서 비굴 잔인하다.
□이기적이고 모질다.-베풀기보다 받기를 좋아하고 주색을 즐긴다..

■4. 정임합목(丁壬合木), 임정합목(壬丁合木)-음화지합(淫慾之合)
□민감한 성격, 청결 좋아한다. □처 불화, 여성은 부정으로 곤란 겪기도 한다.

■5. 무계합화(戊癸合火)-무정지합(無情之合)
□아름다운 것을 좋아한다. □냉정 박정하다. □결혼에 장애 요소가 많다.

> ● Tip
> ○'심효첨' 선생의 말처럼 이런 해석1072)이 왜 나왔는지 알 수 없습니다.1073) 실제 정임합이 있어도 음란하지 않습니다.-(▶본인들은 이러한 통변 앞에 매우 불쾌해하고, ▶간명하는 사람은 책에 그렇게 써져있다고 변명합니다.)
> ○정화 일간이라면 몇 월에 태어났는지, 신약 신강인가에 따라 임 쓰임이 달라집니다.
> ○형충회합 해석도 이렇습니다. "예전에는 이렇게 통변 했구나?"고 지나치면 됩니다.
> ○허무한 해석이지만 이 간합 자료 없어서 사주가 풀리지 않을까봐 올려드립니다.

■6. 암합(暗合)
천간과 지장간과의 합을 말한다. 자화전간합(自化天干合)이라고도 한다.

5-3-1-2	천간의 충

□1.일곱 번째와 충이며 칠살이라고도 한다.-예(갑에서 시작 일곱 번째 경과 충)
□2.두 천간이 상극관계이자 음과음 양과양 대립, 거부 반응으로 밀어내기이다.
□3.충돌, 분리, 반발, 대립, 파신, 비애, 질병, 수술 즉 기운의 감소를 의미한다.
□4.무기토는 중앙에 있어(7-1-2-1 ■4. 우합의 문왕팔괘 참조) 조절의 신(神)이므

1072) 3232-3 ●간명의 원리 "와전된 학설". 3-2-9-2 ■2 ●간명의 원리 ○3 "속설"
1073) 3-2-9-3 ■3 ●Tip ■2 ○2 "병신합"

로 충으로 보지 않는다. 그렇지만 무임, 무갑, 기계, 기을은 편극(부정지제)이다. 극을 충으로 보지 않을 뿐 자성이나 관성의 극작용은 여전하다. 결론은 언의 유희일 뿐 충은 편극이다. 충으로 보나 안 보나 작용은 같다.-(언어의 우희 공부의 혼란만 가중)
▶양간 ; 갑경충, 경병충, 병임충, (무임극), (갑무극)
▶음간 ; 을신충, 신정충, 정계충, (기계극), (을기극)

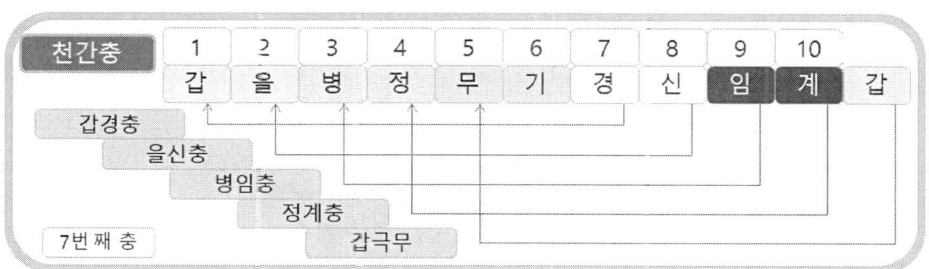

□5.충 도표해설-갑을 경이 충 하면 머리 두경부(갑)가 아프다는 것인데, 여기에는 '극의 역작용'이 반영되지 않았다.

충\상	갑경 두통	을신 간장	병임 심장	정계 소장	무갑 피부	기을 비장	경병 대장	신정 정신	임무 방광	계기 신장
갑 경	두통, 안질, 신경통, 중풍, 혈압, 급상 발생										
을 신	간장, 신경통, 하초(배꼽아라), 담병, 치통, 관절염 발생										
병 임	대장, 심장, 중풍, 폐병, 안질, 간장, 색난 발생										
정 계	소장, 안질, 열병, 중풍, 심장, 수화 액, 신병, 손재, 신경통 발생										
무 갑	피부, 적혈, 우장, 적담, 허리, 폐, 중풍, 암석 사, 관액, 송사 발생										
기 을	복막염, 중풍, 비장, 장부, 복부, 관액, 형액, 하체상해 발생										
경 병	관질, 두통, 입병, 귓병, 사지 병, 근골, 화재, 대장 병 발생										
신 정	폐렴, 수족, 신경, 화재, 신병 발생										
임 무	간암, 두통, 복부, 방광, 혈액, 문서 폐병 발생										
계 기	간담, 복부, 중풍, 안질, 신장, 설사, 급병 발생										

□6.연월일시 상충-(5-1-5-2 ■2 근묘화실 참조)
▶연-유년 성장의 장애, 조실부모하고 자신이 불구단명, 질병으로 고생
▶월-초년 풍파, 부모형제 급변사고, 불구단명, 횡액 수, 고생 발생
▶일-중년 굴곡, 본인이 단명, 고질병, 원인모를 질병 발생
▶시-노년 고독, 자식이 단명하거나 급변사고, 불구, 고질병 발생

5-3-2 지지의 합충

지지의 변화에는 합(合), 형(刑), 충(沖), 파(波), 해(害), 등이 있다. 천간의 10개는 각각 하나의 고유한 의미를 가진다. 그러나 지지 12개는 복합적인 의미를 가진다. 따라서 지지의 변화는 단순하게 음양이나 극관계로 설명할 수는 없다.-(위치, 띠, 점성술 등의 유입이 복잡한 원인을 제공)

5-3-2-1 지지의 합

●=1 지지 육합

□1.육합이란 자와 축의 합처럼 일전(日纏)과 월건(月建)이 서로 합하는 것이다. 일전이 우측으로 돌면 월건은 좌측으로 돌아 만나는 곳에서 합이 된다.

□2. 12지지가 쌍을 이루어 6개의 합을 이루는데, ▶자축 합화 토 ▶인해 합화 목 ▶묘술 합화 화 ▶진유 합화 금 ▶사신 합화 수 ▶오미 합 불변 등이 있다.

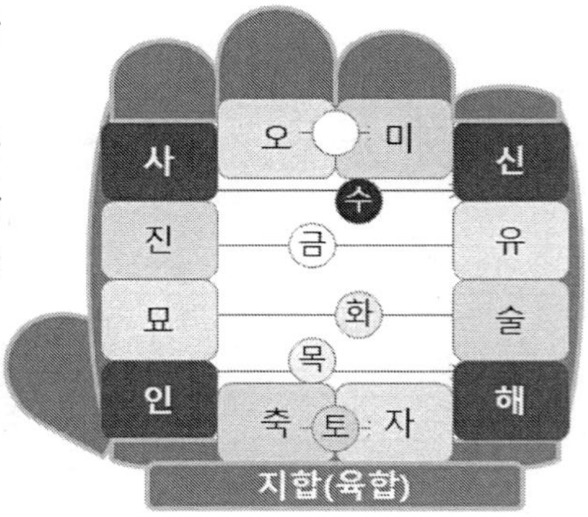

□3.오미 합은 자연적 현상일뿐 다른 뜻은 없다. 오는 태양 미는 토로써 지합은 하늘과 땅 사이에서 생겨나는 자연적 변화의 현상을 말한다.

□4.육합은 부부(음양) 합으로 다른 합보다 결속이 강하다고 전해진다.

□6. 육합도표 해설

생합(진유금-토생금)이 극합(묘술합-목극토)보다 강력하다.-(통변에 활용)

육합	자축	인해	묘술	진유	사신	오미	부부합

	오	미		하늘 천	午未 合	화생토	생 합
사			신	겨울 수	巳申 合水	화극금	극 합
진			유	가을 금	辰酉 合金	토생금	생 합
묘			술	여름 화	卯戌 合火	목극토	극 합
인			해	봄 목	寅亥 合木	수생목	생 합
	축	자		땅 지	子丑 合土	토극수	극 합

●=2 삼합과 방합

□1. 삼합과 방합은 지지 12개가 3개씩 한 쌍으로 묶이는 것으로 4가지가 있

다

三合	장생(長生)	왕(旺)	묘고(墓庫)	合局	方合
亥卯未	해	묘	미	목국	寅卯辰
寅午戌	인	오	술	화국	巳午未
巳酉丑	사	유	축	금국	申酉戌
申子辰	신	자	진	수국	亥子丑

☐2. 삼합은 이질성(생왕묘)연합공동체, 방합은 동질성(같은 계절과 방위)공동체이다. 공동체는 화(化)로 변화하지만, 반합과 가합은 화(化) 없고 각자 강해진다.

삼합	연합체	장생(長生)	제왕(帝旺)	묘(墓)
방합	공동체	건록(建祿)	제왕(帝旺)	쇠(衰)

■1. 삼합에는 해묘미-목, 인오술-화, 사유축-금, 신자진-수가 있다.

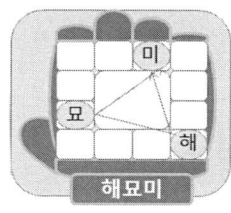 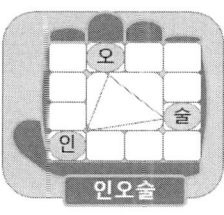 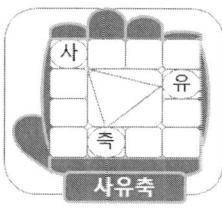 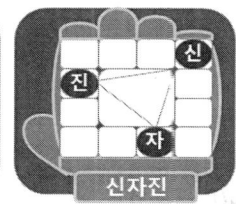

☐1.삼합은 4정(四正-자오묘유)을 위주로 본다. 4정은 자-감(坎) 오-리(離) 묘-진(震) 유-태(兌)이다.

☐2.해묘 음양합, 묘미를 반합이라고 한다. 해묘, 묘미는 약한 목국이 된다.『자평진전평주』의 저자 '서락오' 선생은 「논형충회합(論刑沖會合)」에서 "절반의 목국을 이룬다."라고 하였다. 해미는 가합이라고 하는데, 정(묘)이 없어서 국을 이룰 수 없다. 목 기운을 내포하지만 합화(合化)가 아닌 합(合)으로만 본다.-(해, 미 강해짐), (다른 삼합과 방합도 가합의 원리는 동일)

삼합		해묘미	인오술	사유축	신자진	3개 연합체
삼합	음양합	해묘	인오	사유	신자	2개 연합체
	반합	묘미	오술	유축	자진	화(化)불능-각자 강해짐
	가합	해미	인술	사축	신진	화(化)불능-각자 강해짐

▶나머지 절반은 화(化)국이 되지 않아도 생이나 극으로 인한 기운의 감소가 없으니 합의 의미가 여전하다. ▶예-오는 술을 생하다 약해짐, 자는 토극수 당하여 약해짐, 그러나 합 되면 각자 강해질 뿐 약해지는 것이 없음.

☐3.그러나, 지지 해미가 천간 갑을 만나면 목국을 이룰 수 있다고 '서락오' 선생은 말한다.-(다른 가합도 적용동일)

■2. 방합에는 인묘진-목, 사오미-화, 신유술-금, 해자축-수가 있다. 계절합이라고도 하며, 형제(비겁)의 합이다,

방합	방합	인묘진	사오미	신유술	해자축	친구(비겁)합, 계절합
	음양합	인묘	사오	신유	해자	친구(비겁)합
	반합	묘진	오미	유술	자축	오미 합 외 각자 강해짐
	가합	인진	사미	신술	해자	화(化)불능-각자 강해짐

※(방합과 음양합은 화(化)국으로 변화, 가합은 화(化) 못한다.)

■3.동(同)합-자자, 축축, 인인, 묘묘, 진진, 사사, 오오, 미미, 신신, 유유, 술술, 해해를 말한다, 특히 행운과 합을 이루면 뿌리와 세력이 된다. 그러나 태과(太過)를 가장 경계해야 한다.

■4. 우(隅)합은 축인, 진사, 미신, 술해가 합인데, 동서남북 모서리 합이다. 우합은 문왕 팔괘를 기초로 한다. 건(乾)은 술해, 간(艮)은 축인, 손(巽)은 진사, 곤(坤)은 미신이 자리한다.

<문왕팔괘와 우합>

5-3-2-2	지지의 형충파해
●=1	형의 원리

형은 방합 삼합이 만나서 이루어진 것이다. '3232-2'의 "▶해자축은 수생목으로 목이 너무 강해져서 중화를 잃고 형을 하게 된다는 말이다. 그러니까 해자축 겨울에 목이 왕해져도 수목이 중화를 잃는다고 말한다. 결론적으로 목은 두 계절 왕해지게 된다. 형이라는 것을 다시 정리하면 너무 강해져서 중화의 도를

잃은 것을 말한다."를 참고 하시라

> ● 간명의 원리
>
> ○사오미 인오술 방 삼합에 인 또는 오가 올 수 있지만, 삼형살이나 육형에 방 삼합이 올 수 없습니다. 혹 인사신에 인오가 온다 하여도 인사신 전체가 아닌 인 또는 사가 강해질 뿐입니다.-(앞서 언급하였듯이 형살 몰라서 사주가 안 풀킬가봐 자료 드립니다.)
> ○형은 방 삼합이 만나 강하다는 것이고, 두 개 형은 삼형보다 힘이 절반이라 합니다.
> ○그런데 방합 삼합이 만나는 절반도 아니고, 자묘는 수생목 오오 유유 등 오행 두 글자가 만나는 것은 형이 아니라 동합에 불과 합니다. 그래서 '심효첨' 선생은 '7-5 합 형 충파해' 서문에서 형(刑)을 취하는 이유는 잘 모르겠다고 했는지 모릅니다.

| ●=2 | 삼형살 |

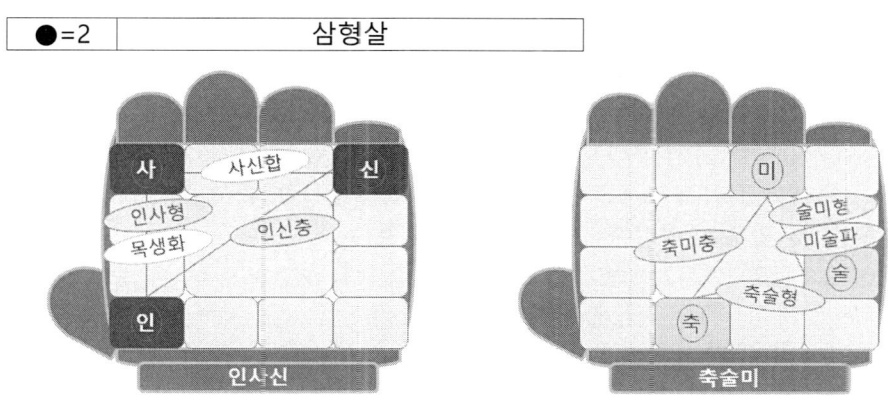

□1."삼형(三刑)은 삼호(三會)에서 왔다."라고 『자평진전평주』「논형중회합(論刑沖會合)」에 나온다. 삼형(三形)살은 상충(相沖)과 비슷하지만 결과가 다르다.
　▶상충-순식간에 충돌(지장간의 충이 자체적으로 통관 해소)1074)
　▶삼형-끈질기게 흉을 부름, 상충보다 재앙의 후유증기 '해'처럼 오래갈 수도 있다.-(지장간의 충이 자체 미해결, 원국 타주나 행운에서 구응해야 해소-YQ-2 참조)

□2.삼형살 세 개가 있으면 삼형살, 두 개만 있으면 육형 또는 형살이라 한다.
　▶세 개가 두 개보다 작용이 강력하다.
　▶원국과 행운 어디나 작용하는데, 길 흉의 선악은 원국의 배합에 있다.

□3.삼형살이 생왕(生旺)하면-부모와 거리가 멀다.-(강할수록 중화를 잃기 때문).
　▶성장기는 사별, 병환, 이별, 조손양육, 유학　▶성장 후는 관재, 관액, 옥살이

1074) 3232-3 지충의 조합

에 해당
☐4.법학(판사) 검사 교사 의사 약사 군인 경찰 직업-(남을 구속하든지 당하든지)
☐5.식육점, 양복 양장점, 이 미용사 등 끊고 자르는 직업,-(가르치든지 배우든지)

☐6. 형살도표 해설

삼형살	인사신			축술미		
	은인을 몰라보는 냉정			자신을 과신하다 좌절. 산액		
육형	인사	사신	인신	축술	술미	축미
	관재 시비	점차 불화	지출 과다	쟁투 불화	과신 실패	배경 낭패
자묘형	자묘		묘자	예절에 벗어나고 냉랭한 성격		
자형	진진		오오	유유		해해
	관계 사회적어려움		배우자 가족 불화	사물성장억제 살기		실수사서고생 고독

▶인사신-인은 사를 생하는데 형, 사신은 합인데 형, 즉 생합의 은혜를 모름
▶축술미-토의 군집으로 강하여 중화를 잃음, 그래서 세력 믿다 좌절.

▶인사-목생화인데 육형 중 형살이 가장 강하다 함-화 왕한 사주에 목이 장작이 되는 것 말고는 마땅한 근거를 찾을 수 없음.
▶사신-합 먼저 형은 나중이기 때문 ▶인신-금극목(편관-순수 순정)-순애보를 위해 지출과다 ▶축술-지장간에서 신정충, 그래서 토 쟁투불화
▶술미-열토와 건토가 합세(과신) 그러나 더욱 메말라서 실패
▶축미-지장간에서 정계충 을신충, 겉은 비겁합 내부는 충, 그래서 낭패

▶자묘-자가 묘를 생하여 강-중화를 잃고 자신의 우월감 팽배. 그래서 무례함
▶진진-진흙탕 길, 왕래(관계) 더딤 ▶오오-자오묘유는 도화, 바람-가정불화
▶유유-가위가 두 개, 싹 자름 ▶해해-물은 차가움, 차가우면 되는 것이 없음

☐7.위와 같은 해설은 생극제화에 바탕을 두고 있다. 일정한 법칙 안에서 각자 다른 방법으로 설명할 수 있어도 무방하다.

●=3	충(沖)

"육충(六沖)이란 자오처럼 본궁의 반대 방향인데, 천간에서는 7번째가 칠살이 되고, 지지에서도 7번째가 충이 된다. 충이란 곧 극이다."라고『자평진전평주』의 저자 서락오 선생은 「논형충회합(論刑沖會合)」에서 말했다.
☐1.충은 쌍방이 마주보는 오행과 충돌한다. 충은 편극인데 작용이 동일하다.
☐2.충돌과 이별 분산은 기운의 감소를 뜻한다.-(서로 충돌하여 싸우다 기진맥진)

☐3.충에서 자수가 오화를 충 극하지만 오화는 자수에 대하여 충만 있을 뿐 극은 없다. 그러나 충 극이 되면 쌍방이 상해를 입어 기운이 반감된다.1075)

☐4.지지(地支) 뿐만 아니라 지중에 암장된 지장간도 충극(沖剋)이 성립된다.
☐5.인신사해는 내부에서, 그리고 자오묘유 진술축미가 서로 충하고 있다.
☐6.그러나 자오충을 제외하고는 자체적으로 지장간 안에서 통관으로 충이 해소된다.1076) 그래서 충은 파괴력은 크지만 오래가지 않는다고 했을 것 같다.
☐7.▶인신사해는 사생지-상충을 기(忌). ▶자오묘유는 사왕지-상충을 가장 기(忌) ▶진술축미-사고지로 상충(문 열림)을 좋아한다.

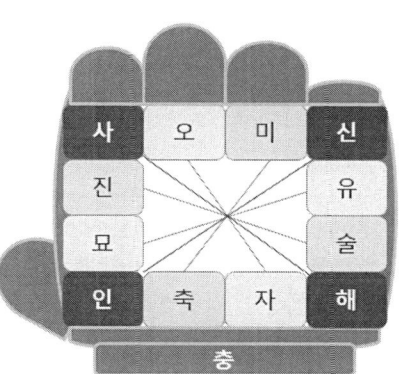

☐8.『적천수』는 "왕신이 쇠신(衰神)을 충 하면 쇠한 것이 발(拔-뽑힐 발)하고 쇠신이 왕신(旺神)을 충하면 왕신이 발(發)한다."라고 한다. 맞는 말이다.
☐9.그러나 사주는 유빙처럼 해류(행운)를 따라 순간순간 떠돈다. 그래서 머무름이 없다. 예를 들어 대운에서 원국의 충이 뽑혔다 할지라도, 세운 월운 일운에 의해서 언제든지 뽑힌 충이 되살아난다.
☐10.이러한 원리를 유소작위(有所作爲-적극적으로 참여해서 뜻을 반영)하기 위해서 YVWQ가 탄생하였다 만약 YVWQ를 믿기 어렵거나 싫다면 여러분도 다른 방법을 찾아야 한다. 막연하게 충이 뽑혔다고 하기보다 언제 얼마나 뽑혔는지 그 정도를 간명에 반영할 수 있어야 한다.-(YQ-2 및 YVWQ 기본영역1077) 참조)

☐9. 자오충 도표해설

충	자오	축미	인신	묘유	진술	사해
해설	일신불안정 유랑생활	만사지체 형제財다툼	다정하지만 남여구설수	가족상해 부부불화	인간고독 풍파부절	헛수고반복 결국손해

▶자오-2정이 충하여 수화쌍전이다. 모두 사라지고 토만 남는다. 많은 것이 사라지니 일신불안 주거불안 유랑생활이다.
▶축미-토 두꺼울수록 통관난망 관사지체, 토 비겁 강해 중화 잃음-형제다툼

1075) 1-3-2 반감의 원리(이기법) 1-3-2-2 반감기호
1076) 제3장 서문 (2) "간명의 기능은 기운의 증감(생극제화)과 스토리화(story化). 5-3 형충파해
1077) 1-3-1 기본영역(원국, 대운, 태세)

▶인신-신 편관의 순애보로 다정지상-결국 극 손해. 인신(역마장애)-교통사고
▶묘유-2정 지장간-갑경 신을 충 모두 사라진다. 가족도 부부도 남지 않는다.
▶진술-습토 건토가 습건 보완적하여 경사, 그러나 충은 충돌 풍파부절이다.
▶사해-해해처럼 물은 퍼내도 흔적이 없다. 흔적이 없으니 헛수고, 또 하면 반복하여 헛 수고다.

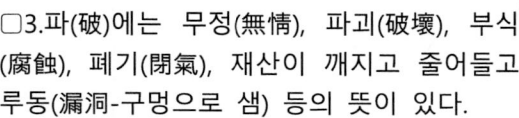

●=4   파(波)

위 파 도표를 보면 파는 인신사해끼리 자오묘유끼리 진술축미끼리 충돌한다.
□1.파는 생합 육합 동합으로 이루어져 있다. 그래서 형충보다 약하고 파괴라는 뜻이 담겨져 있지만 극상작용이 크지는 않다.
□2.그러나 합이 강해지면 중화를 잃고 기신작용이 커진다. 커지면 상충과 삼형 못지 않게 어렵고 고달프다.

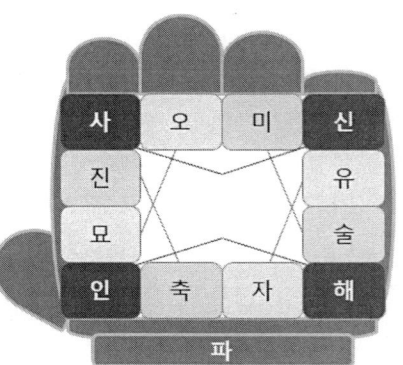

□3.파(破)에는 무정(無情), 파괴(破壞), 부식(腐蝕), 폐기(閉氣), 재산이 깨지고 줄어들고 루동(漏洞-구멍으로 샘) 등의 뜻이 있다.
□4.흉신을 파하면 길하고 길신을 파하면 흉하게 된다.

□5.파 도표해설

파	자유	축진	인해	오묘	사신	미술
해설	가족무정	화 자초	파 작용 小	색정 실패	결국 손재	사회적불화

▶자유(금생수)-수 범람하면 파(波)다.(모자멸자) 자는 도화-가정 가족문제 발생
▶축진(동합)-두 습토 엉키면 진흙탕, 엉킴(구속 관재구설-화 자초-심신이 아픔)
▶인해(육합)-합이어서 파 약함
▶오묘(목생화)-자오묘오 도화-유흥 오락 쾌락(섹스포함), 놀다가 사업 애정실패
▶사신(육합)-합 먼저 파 나중, 지장간 병임 충-목 없어 통관불능, 결국손재
▶미술(동합)-비겁합 강해 중화 상실-형제다툼, 친구불화는 사회적불화, 시비구설

●=5   해(害)

"육해(六害)는 육합(六合)에서 나온 것이다."라고 『자평진전평주』「논형충회합(論刑沖會合)」에 나온다.

□1.맹파명리에서는 상천(相穿)이라고 하는데, 합(合)하는 신(神)을 충(沖)하는 것을 말한다. 해 도표를 보면 자가 축과 합하려는데 미가 축을 충하고 있다.

□2.해(害)란 장애살이라고도 한다. 대치하며 투쟁한다는 의미를 포함, 은혜를 입은 가까운 사람이 오히려 원수 되어 해라는 의미다.
□3.살 작용이 가볍지 않다. 흉상(凶相)을 일으키는 방해적인 살성(殺聖)이다.
▶전면이 아닌 측면에서 자신에게 해를 가한다. ▶충돌은 시작이고 해는 결과이니 후유증이다.-(장애를 입거나 장애물을 만나는 고난)

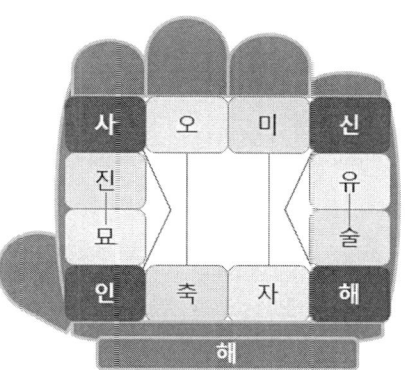

□4.원진과 귀문관살 등 여러 가지 형태를 갖추고 있다.
▶변덕스럽고 포악한 성질과 광(狂)기를 띄기도 함. ▶이해할 수 없는 반응을 보이기도 함.-(반면 상층은 부분적이며 확실한 살로 작용)

□5.해 도표해설

해	자미	축오	인사	묘진	신해	유술
해설	관재구설	부부불화	시비구설	발전 더딤	희비교차	하늘뜻수용

▶자미(토극수-편관)-자미 지장간에 정계충(수극화-편관) 있다. 편관은 관재구설
▶축오(화생토)-축오 지장간에 정계충 있다. 자오묘유 도화-관재구설 부부불화
▶인사(목생화)-생하는데 중화를 잃으면 해이다. 인사 형과 같다.
▶묘진(반합)-묘 관목도 진 습토(진흙탕)도 합 되어 엉키니 발전 더디다.
▶신해(금생수)-인신사해는 역마, 그래서 이동-교통사고-희비교차와 연결된다.
▶유술(반합)-술 토상금 하지 만 보석을 태움, 그래서 하늘의 뜻을 빌어야 한다.

●=6   원진(怨嗔)

□1.살 중에서 원진살의 해(害)가 가장 심하다 한다. 원진띠끼리 결혼하면 원망과 불평 많아 평생고생이라 한다.-(재혼과 해외생활자는 부귀)

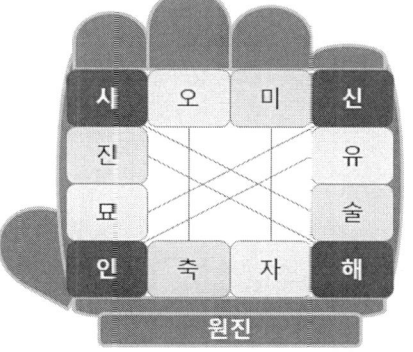

☐2.원진으로 인한 침해-어려운 일이 안에서 일어나기보다 밖에서부터 발생한다.-(불화 중오, 이별, 고독 등)

☐3.원진은 각 육친의 애상(哀喪)으로 나타난다.
▶인성에 임하면 부모,
▶비겁에 임하면 형제,
▶식상에 임하면 여성은 자식
▶재성에 임하면 처,
▶관성에 임하면 남성은 자식, 여성은 남편에게 나타난다.

☐4.원진 도표해설

원진	자미	축오	인유	묘신	진해	사술
해설	산액 원한	유산정신병	신병, 장애	질병 단명	수술 도난	화액 질병

자미 (토극수)	자수(잉태)를 극-산액, 편관-원한, 이별, 고독, 횡액	쥐는 양머리(뿔)의 모짐을 꺼림
축오 (화생토)	식상이 중화를 잃음-산액유산, 자식실패-머리아픔(정신병)-고독	소는 말이 밭을 갈지 않음이 불만
인유 (정관)	자오묘유는 도화-중화 잃으면 호색-부부불화 생사이별	범이 닭 부리의 짧음을 미워함
묘신 (정관)	정관이 중화 잃으면-부부(자식)이별, 질병, 수족상해, 단명	토끼는 원숭이 종알종알함을 원망
진해 (편재)	진해 지장간 수생목인데 진극해 -겉과 속 다름, 재물손재	용은 돼지의 얼굴이 검어서 싫음
사술 (편재)	건토를 사화가 화생토-화액, 질병, 편재-고독, 부부이별은 자식실패,	뱀은 개 짖는 소리에 놀람

●=7　　　합 형충파해와 지장간

	합	형	충	파	해	원진	지장간
자	자축 신자진 인묘진	자묘	자오	자유	자미	자미	임계
축	축자 사유축 해자축	축술미	축미	축진	축오	축오	계신기
인	인해 인오술 인묘진	인사신	인신	인사	인사	인유	무병갑
묘	묘술 해묘미 인묘진	묘자	묘유	오묘	묘진	묘신	갑을
진	진유 신자진 인묘진		진술	축진	신해	진해	을계무
사	사신 사유축 사오미	인사신	사해	인사	인사	사술	무경병
오	오미 인오술 사오미		자오	오묘	축오	축오	병기정
미	오미 해묘미 사오미	축술미	축미	미술	자미	자미	정을기
신	사신 신자진 신유술	인사신	인신	신해	신해	묘신	무임경

유	진유 사유축 신유술		묘유	자유	유술	인유	경신
술	묘술 인오술 신유술	축술미	진술	술미	유술	사술	신정무
해	인해 해묘미 해자축		사해	신해	신해	진해	무갑임

찾아보기-4권 5장

5-1 기초 들어가기 사주보는 법과 사주총량
5-1-2-1 체용론(體用論)
5121-2 ●=2 "체용의 정법"
5121-2 ●=3 서문 "용이 분화되면 자신은 체이고 용이 새로 태어난다."
5131-1 추연, 동중서, 유향
5-1-3-2 서문 "상신과 용신의 원리"
5132-1 음양의 의미
5-1-3-3 음양의 작용(상호대대, 상호의존, 상호순환)
5-1-3-3 서문 "멘델 유전법칙"
5135-3 생과 극의 역작용
5133-4 중정지제(中正之制) 부정지제(不正之制)
5136-1 전국시대 이후 음양오행사상을 바탕으로 오행에 만물의 배속이 이루어졌었다. 그 후에도 여러 상수역학자들의 노력에 의하여 거듭 다듬어진 것이다.
5-1-4 월령과 왕쇠
5-1-4-1 생장화수장
5-1-4-2 "천문학적 부호", "부호는 '정하여 쓰는 기호"
5-1-4-3 왕상휴수사
5-1-4-5 ■1 '시베리아의 통토'
5-1-4-6 왕상쇠사(旺相衰死)
5-1-4-6 화토공존

5-1-5 서문 "체(근묘화실)만으로 간명이 완성되지 않는다. 용(육신)과 같이 보아야"
5-1-5 "체(근묘화실만)으로 간명이 완성되지 않는다."
5-1-5 ●=1『명리약언』「간운법 二(看運法 二)」에 "구법에 섞어서 쓸 만한 것이 있는데 연은 소년(초운)을, 월일은 중년을, 시는 만년을 관장한다."
5-1-5 ●=3 ●간명의 원리 ○『삼명통회』「둔월시(遁月時)」편에 "▶연을 기본으로 아버지라 하였고 ▶월을 형제와 친구로 일을 주인과 아내과 자기본신으로 하였으며 ▶시를 자손으로 하였다.
5-1-5-1 □1『삼명통회』「연월일시」편을 보면 "사주의 주인을 본주(本主)라 한다."고 나온다. 또한 "옛날에는 연을 보고, 자평은 일을 보았다."라고 나온다.
5-1-5-1 □2 본주가 모두 왕
5-1-5-2 ■2) 도표와 길흉
5-1-5-2 ■3) 사주는 회국(回局)한다.
5-1-5-2 ■3) "앉은 자리 지지가 극"
5-1-5-3 서문 "행복한 가정은 모두 엇비슷하고, 불행한 가정은 불행한 이유가 제각기 다르다." 톨스토이의 소설『안나 카레니나』의 첫 문장이다.
5-1-5-3 근묘화실과 시퀀스
5-1-5-3 ■1 "생의 주기별로 붙여지는 모자이크-시퀀스(Sequences)" 도표

5-2-1-2 참고로 자시(당일 23;30~다음날 01;29 까지)에는 야자시와 조자시가 있다. 한국 시간 ▶야자시는 당일 23;30~23;59이고 ▶조자시는 24'00~다음날 01;29이다.
5213-2 육십화갑자
5214-5 월률분야
5-2-2-1 간지물상과 근거
5-2-2-1 서문 "육서의 생활화"
5-2-2-1 ■3 사기
5-2-2-1 ■3 ■4 한서-전한 "단대사"
5-2-2-2 ●=6 기토 ■2 □동아줄
5-3 형충파해
5-3 ●간명의 원리 ○2 "초두효과, 최신효과"

제 6 장 기초 2-자평명리학
6-1 육신(六神)
6-1-1 육신의 파생 ··· 490
6-1-1-1 육신오행(六神五行)
6111-1 육신오행(六神五行)의 종류 ··· 491
6111-2 육신의 상생상극 ··· 491

6-1-1-2 육신의 작용
6112-1 비겁(比劫)의 작용(作用) ··· 493
6112-2 식상(食傷)의 작용(作用) ··· 495
6112-3 재성(財星)의 작용(作用) ··· 497
6112-4 관성(官星)의 작용(作用) ··· 499
6112-5 인수(印綬)의 작용(作用) ··· 503

6-1-1-3 육신의 과다 ·· 505

6-1-2 십신(十神) ··· 507
6-1-2-1 십신(十神)의 표출(表出) ··· 508
6121-1 십신과 육친가계도(六親家系圖) ··································· 509
6121-2 십신의 성향 ·· 510
6121-3 십신의 생극 관계 용어 ·· 157

6-1-2-2 십신(十神)의 문자적 의미
6122-1 비견(比肩) ·· 511
6122-2 겁재(劫財) ·· 511
6122-3 식신(食神) ·· 511

6122-4 상관(傷官) ·· 512
6122-5 편재(偏財) ·· 512
6122-6 정재(正財) ·· 512
6122-7 편관(偏官) ·· 512
6122-8 정관(正官) ·· 512
6122-9 편인(偏印) ·· 513
6122-10 정인(正印) ·· 513

6-2 용신 격국 ·· 514
6-2-1 용신(用神) ·· 515
6-2-1-1 용신(用神)정법
6-2-1-2 용신(用神)의 종류
6212-1 억부용신(抑扶用神) ·· 516
6212-2 조후용신(調候用神) ·· 518
6212-3 통관용신(通關用神) ·· 520
6212-4 병약용신(病藥用神) ·· 520
6212-5 전왕용신(專旺用神) ·· 521

6-2-1-3 내격용신(內格用神)
6213-1 비겁용(比肩用) ···························· <전자책 참고>177
6213-2 식상용(食傷用) ·· 178
6213-3 재용(財用) ·· 179
6213-4 관살용(官殺用) ·· 180
6213-5 인수용(印綬用) ·· 181

6-2-1-4 용신 변화 원직과 대운 길흉 ·· 183

6-2-2 격국(格局)
6-2-2-1 격국의 종류 ·· 524
6-2-2-2 격국이란?
6222-1 격의 분류 ·· 524
6222-2 십정격(十正格) 선정의 원칙 ··· 526

6-2-2-3 내격(內格) 론
6223-1 건록(建錄) 격 ·· 527
6223-2 양인(羊刃) 격 ·· 527
6223-3 식신(食神) 격 ·· 527
6223-4 상관(傷官) 격 ·· 527
6223-5 편재(偏財) 격 ·· 527
6223-6 정재(正財) 격 ·· 528
6223-7 편관(偏官)격 ·· 528
6223-8 정관(正官)격 ·· 528
6223-9 편인(偏印) 격 ·· 528
6223-10 인수(印綬)격 ·· 528

6-2-2-4 외격(外格)론
6224-1 전왕(專旺)격 ·· 529
6224-2 종(從)격 ··· 531

6224-3 화(化)격 ·· <전자책 참고>206
6224-4 특수격의 종류 ··· 207

6-3 행운 궁합 직업
6-3-1 행운(行運) ··· 534
6-3-1-1 대운(大運)
6311-1 대운의 흐름과 대운수 ································· 535
6311-2 대운 해석 ··· 537

6-3-1-2 세운(歲運) ··· 543
6-3-1-3 대, 세운(大, 歲運) 해설(解說) ·········· <전자책 참고>234
6-3-1-4 세운(歲運)과 육신(六神) ································ 237
6-3-1-5 월건(月建) 해설 ··· 546
6-3-1-6 소운(小運) 해설 ··· 548

6-3-2 궁합 ··· 579
6-3-2-1 복식궁합(複式宮合) 법 ··································· 551
6-3-2-2 단식궁합(單式宮合) 법 ··································· 553

6-3-3 직업
6-3-3-1 학과 ··· 554
6-3-3-2 직업 ··· 556
6-3-3-3 사주와 직업 분류 ··· 558
6-3-3-4 정리하기 ··· 560

제 6 장	기초 2-자평명리학

6-1	육신(六神)

육신오행을 줄여서 육신으로 부르는데 사주명리학의 핵심이자 꽃이라고 한다. 육신의 신(神)은 귀신, 신령, ㅁ-음, 정신, 혼, 덕이 높은 사람, 해박한 사람, 불가사의한 것을 의미하는데 사주명리에서는 글자를 귀하게 여겨 높여 사용하는 말이다. 그래서 용신(月神), 희신(喜神), 기신(忌神) 등에 쓰일 때도 이러한 의미가 내포되어 있다.

6-1-1	육신의 파생

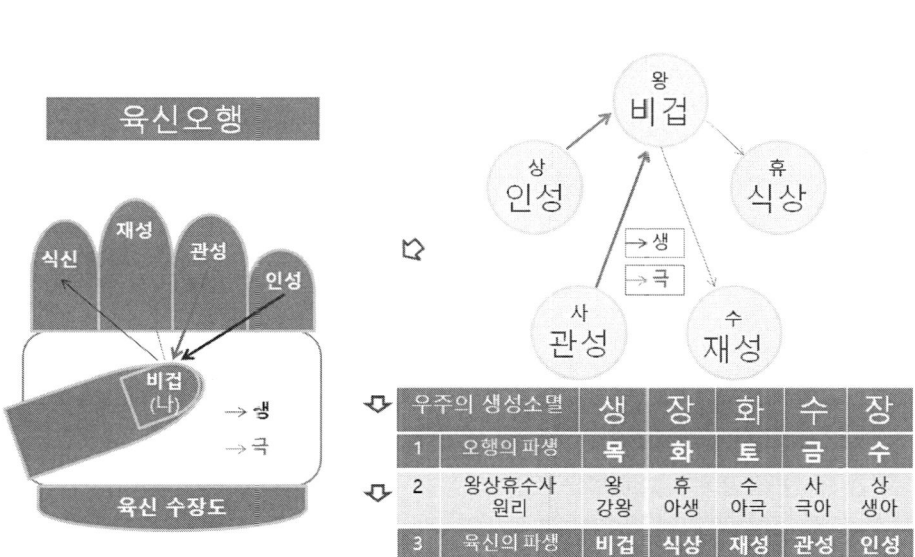

육신의 최대 장점은 오행의 불변성을 향하여 다양성의 지평을 열어준 것이다. 그로 인하여 오행이 오행으로만 존재하지 않고 즉 모든 오행이 비겁, 식상, 재성, 관성, 인성의 다섯 가지 역할로 확대된 것을 앞서 '7-3-4 육신오행의 파생'에서 공부하였다.

6-1-1-1	육신오행(六神五行)

 육신은 육친(六親)이라고도 한다. 육친은 부모형제처자(父母兄弟妻子)를 말하는데 사주명리에서는 일간을 중심으로 상생상극에 따라 일지 및 타주에서 다섯 가지로 나타난다. 즉 ▶일간은 사주의 주인인 '나'이며 명주(命主), 일주(日主), 아신(我身) 이라고도 한다. 그리고 ▶ 육신오행으로 비겁, 식상, 재성, 관성, 인성이 있다. 이는 음양오행의 성질에 사회적 의미를 부여한 것이다.

6111-1	육신오행(六神五行)의 종류

■1. 육신의 종류

■2. 육신의 해석
□육신은 사회적 지위, 명예, 인간관계, 지식, 기술, 의식주, 재산, 권리, 의무, 수명, 건강 등을 포함하고 있다.
□육신의 주체는 반드시 일간만이 아니다. 육신 그 자체를 중심으로도 성립된다. 그래서 다양성의 지평을 열었다고 한 것이다.

6111-2	육신의 상생상극

■1. 육신의 상생관계(일간과 음양이 다름)

1	비겁은	식상을 생하는 어머니	겁생식상(劫生食傷)
2	식상은	재성을 생하는 어머니	식상생재(食傷生財)

3	재성은	관성을 생하는 어머니	재생관(財生官)
4	관성은	인성을 생하는 어머니	관생인(官生印)
5	인성은	비겁을 생하는 어머니	인생아(印生我)

■2. 육신의 상극관계(일간과 음양이 같음)

1	비겁은	재성을 극 한다.	극재(剋財) 파재(波財)
2	식상은	관성을 극 한다	식상견관(食傷見官), 식상제살(食傷制殺)
3	재성은	인성을 극 한다	재극인(財剋印)
4	관성은	비겁을 극 한다	관극겁(官剋財), 칠살(七殺)
5	인성은	식상을 극 한다	인극식상,(印剋食傷) 도식(倒食) 탈식(奪食)

■3. 육신의 물상

육신	십신	청	탁
비겁	비견	형제, 동료의 도움으로 돈이 들어 옴	재물 경시, 파재, 파산. 처나 여자 친구와 이별
	겁재		
식상	식신	재물취득, 이성교제	실직, 명예실추, 재물손재
	상관		
재성	편재	재물취득, 남성은 여성 만남	산재-가난, 이성-일시적 만남
	정재		
관성	편관	직장 얻거나 승진, 재물획득, 남편사업 잘됨	실직 좌천, 명예실추, 형제동료 불화
	정관		
인성	편인	문서계약으로 재물취득, 윗사람의 도움으로 결혼	매사 부침, 산재, 문서계약으로 손해
	정인		

6-1-1-2	육신의 작용

 오행을 공부하고 오행에서 음양으로 분화된 십 천간과 십이 지지를 공부하듯이 육신도 육신을 공부한 후 육신에서 음양으로 분화된 십신(십성)을 공부하게 된다.

6112-1	비겁(比劫) 의 작용(作用)

■1. 비겁(比劫)의 대표적 특성

청	○주체성, 독립심, 주관이 강하다.	비겁은 나와 동등-나는 심신의 주체
	○지인으로 부터 도움과 인덕이 많음	신약 비겁은 우군
	○자신의 주관에 따라 인정과 동료애가 많고 타인 배려에 능하다.-	그래서 불교-자비심, 기독교-사랑, 인류애 등 보편성과 다름(주관)

탁	○겁 태과가 제압, 설기되지 못하면-아집 독선으로 소통불능	신강 비겁태과 원인
	○타인의 충고나 조언 무시-독불장군	주관태과는 옹고집 독불장군
	○불필요하게 자존심이 강하고 투기와 우격다짐 심함	주관태과-파괴력 큼
	○따르는 사람이 적어서 고독	겁강-옹고집 독불장군이 원인

□종왕격(從旺格-비겁으로 구성)-종격을 말하는데, 오히려 귀격이다.-(극하는 관살이 없어야 성격)

■2.비겁의 주역할
■1) 비겁은 인수의 생을 받고 식상을 생하며 관살의 극을 받고 재를 극하며 일간과는 비화한다.

○비겁의 입장은 일간과 동일		재성은	재성
비겁끼리	비겁	관성은	관성
식상은	식상	인수는	인수

■2) 겁극재(劫剋財)-줄여서 극재(剋財), 파재(波財)
□신강 겁 과다에 재성이 파극 당하면 부부마찰 부자갈등 그리고 가난하다.-남성 재는 처, 남녀 재는 아버지와 재물, 극재로 파재가 일어나기 때문

● 간명의 원리

○비겁태과에서 재가 파극 당하면 가난합니다. 그러나 모든 사주에서 태과가 소통(극) 받지 못하면 이미 가난합니다. 그러니까 이미 가난한데 또 극 당해 파재된 결과입니다.
○타 육신도 과다태과에 극 당하면 가난합니다. 이는 오행 균형이 무너진 결과입니다. 이를 두고 재성을 물상대로 가난하다고 하면 발상의 비약이자 허무한 해석이 됩니다.

○가난하다고 하는 것은 '재' 한 글자 물상적 체상적 해석이 아닌 배합1078)에서 옵니다.
○매번 이러한 상황을 설명할 수 없으니 허무한 것을 감안해서 공부하기 바랍니다.

□군비쟁재(群比爭財-여러 비겁이 재를 두고 다툼)-일생 빈궁 흉액(凶厄)이 따른다.-신강한데 비겁이 서너 개 있고 재가 하나 뿐인 사주를 말한다.-(파재가 원인)

■3) 겁생식상(劫生食傷)-식상을 생함
□왕한 자아가 수기(秀氣=설기식상))를 만나 겁생 모두 온전하고 건강하다.
□겁은 식상을 생한다. 이때 신약하면 몸이 허약하고 소극적이다.-겁생식상에서는 신약신강의 경계가 허물어지고 없다.-(관인상생도 마찬가지)
□신약 음간은 식상을 만나면 대부분 종 한다.-(신약 양간도 조건에 따라 종)-종은 변화대처능력이 탁월한 유능과 유연성의 대명사다.-(곡 변절 이중성 아님)

■4) 관살극겁(官殺剋劫)-관살이 아신을 극
□신약이 극 받을 때 겁인 무능하면-(비겁의 탁 작용 발생)
□신강이 극 받을 때 식재관 유능-아신과 관이 살아난다.-(비겁의 청 작용 발생)

● 간명의 원리

○여기 모든 육신 분석의 결과는 일간입니다.-(예, 관왕신약하면 일간이 가난하고 허약하다.)
○"~면, ~어떻다."는, "~면, 일간이 어떻다."의 뜻입니다. 즉 '일간'이 생략된 것을 감안하기 바랍니다.

■5) 이외 비겁의 역할
□협력자-일간이 신약할 때 비겁은 일간을 도우는 우군 즉 협력자가 된다. 재관이 많을수록 더욱 우군이 절실하다.
□경쟁자-일간이 신강한데 여러 개의 비겁이 있는 경우를 말한다.
□신강에서 비겁(경쟁자)이 많고 재성이 약하면 빈궁하다. 일생 성공하기 힘들다.-인기, 재물 여성과 곤·직 그리고 명예를 놓고 경쟁하기 때문.

■6) 허무한 비겁
□신강사주에 겁재와 편인이 모두 있으면 고달프다.-육친으로 편인은 생모가 아니니 편인의 친자녀는 이복형제로 보기 때문.

1078) 3장-4 ■3 ●간명의 원리 ⊃질량 보존 법칙(質量保存法則)
3장 들어가기 2-1 ●=3 망령과 신살, 체상

> ● 간명의 원리
>
> ○앞으로 우리 책으로 공부하는 동안 이러한 해석과 통변을 경계해야 합니다.
> ○신강한 사주가 겁인이 많아도 일간태왕이 되면 고달프지 않습니다. 그러나 신강한데 식재관으로 설기되지 못하면 겁인과다(태과)로 고달프게 됩니다.[1079]
> ○이복형제는 아버지의 문제이고 그런 아버지는 실제 몇%로 되지 않는 발상입니다.
> ○이렇게 적중도가 낮은 비약은 고서에서부터 내려오는 공부과정으로 생각해야 합니다. 이러한 언급이 없으면 공부에 허무를 느끼는 사람이 있어서 참고자료로 올립니다.

■7) 남성에게 비겁 많은 경우
□혼인이 늦고 교재도 어렵다.-(경쟁자가 많은 원인)
□겨우 성사 되더라도 아내의 건강이상 또는 생사이별이다.-(극 파재가 원인)
□남성은 과거 있는 여성을 만날 확률이 높다.-(극재는 파재, 손상 훼손되면 중고)
□비겁이 많으면 오히려 형제 단출하여 고독하다.-(과유불급이 원인)
□동기가 많은 사주는 하나의 비겁만이라도 뿌리가 튼튼해야 그 유익을 본다.

■8) 여성에게 비겁 많은 경우
□결혼 늦거나 남편의 외도로 독수공방이다.-경쟁하다 늦고, 과다는 품격저하-배우자도 품격 저하.
□스스로 기혼자의 애인이거나 이중관계가 되기도 한다.-(품격저하-상품성 하락)
□여성 태강은 독신생활 선호-겁강신강은 관 남편이 상대적으로 무력한 이유.
□허무하게도[1080] 옛적에는 여 태강하거나 혼자 살면 팔자 세다 했다.
□결혼을 하더라도 내(內) 주장 형국이다.-(공처가나 과부이거나-남편무력이 원인)

6112-2	식상(食傷)의 작용(作用)

■1.식상(食상)의 대표적 특성

청	○신강하면-활동적, 사교성 높으며 복덕이 많음	식상 속성(분출)-겉으로 드러남
	○생산 창조(생명창조), 연구심 높고 명석	겉으로 드러남-생명 학문 드러남
탁	○식상 과다 설기불능-게으름	활동과다-분출이 넘쳐서 일보다 놀기 좋아함
	○남여 모두 교제에 능하나 끼 많아 고난.	일보다 놀기 우선, 생산(아이)과다

■2.식상의 주역할
■1) 일간과 비겁의 생을 받고 재성 생하며 인수의 극을 받고 관살을 극한다.

[1079] 3-2-4-5 생극의 과다(過多)
[1080] 3-2-9-3 ■3 ●Tip ■2 ○2 "병신합

	○식상의 입장에서는	식상이 극(재성)-관성	식신대살
식상 끼리	비겁	식상을 극(관성)-인성	도식, 탈식
식상의 식상은 재성	식상생재	식상의 인수는 일간	겁생식상

■2) 상관견관(傷官見官)-줄여서 견관(정관을 하침-음대음 양대양의 관계가 원인)
○신약상관은 정관(관직)을 극하는 의미지만, 신강상관은 강약의 문제일 뿐 꼭 그렇지 않다.(상쇠관대-상관보다 관이 크면 해가 없음)
○그래서 식상은 관을 극하고 재를 생하는 기능으로 이해하는 것이 타당하다.

■3) 식상생재(食傷生財)-줄여서 생재(재를 생함)
○욕구가 생재되면 열정적인 재성이지만 과유불급하면 무욕의 둔한 사람이다.
○신강 식신은 정재를 생하고 식신대살로 관살을 다스리니 나와 정재가 모두 좋다. 그래서 식상이 적당히 왕 하면 복이다.-(식상은 수복신)
○식상이 왕한 비겁의 생을 받고 약한 재성을 생하면 재물이 풍족하다
○신강식상이 왕 하면 식생재르 재물의 보급로가 되어 의식 풍족하다

■4) 탈식(奪食) 도식(到食)-인극식상(식상이 극 받음)
○신약의 식상이 극 받으면 아신이 좋아진다.-식상 청작용 발생
○신강의 식상이 극 받을 때 겁통관이나 재극이 무능하면-식상 탁 작용 발생

■5) 이외 식상의 역할
○신약한데 식상을 만나면 쉽게 식상으로 종하여 종아격이 된다.
○두뇌총명하고 창의성이 우수하다.-식상은 생명창조-창조는 창의-머리우수.
○사주에 비겁이 많고 재성이 약한 경우에 식상의 역할-중간에서 재겁통관(財劫通關)을 시켜 극을 덜하게 한다.(아생식상, 식상생재)
○신약하고 인수 없을 경우 식상의 역할-식상이 관살을 극하여 식상제살(食傷制殺)하면 일간을 이론적으로 보호할 수 있다.-(실제 신약은 식상의 설기가 부담)
○비겁이 많을 때 식상과의 관계-(겁왕하면 대부분 신강)
▶식상으로 비겁을 설기하여 극 파재를 막는다.-'아생식상(我生食傷)',
▶식상이 없을 경우-관으로 관극아(官剋我)하여 파재로부터 재를 보호한다.

○식상이 대부분인 종아격(從我格)은 인수 탈식(도식) 없어야 귀하거나 부하다.
○신약한데 식상 약하여 제살 불능하여 왕한 편관(칠살) 극겁하니 일주가 견디지 못한다.
▶이때 인수가 가운데서 통관하고 있으면 길하다-살인상생(殺印相生)
▶인수가 없는 경우-식상으로 관살을 극해야 한다.-식상제살;食傷制殺)

■6) 식상이 많은 사주
○자유분방하고 관직이 불리하다.-관성이 극 당하니 자기통제가 약함.
○관재를 당하기 쉽다.-식상견관(食傷見官-법을 경시, 탈법적 위법적 행동이 원인)
○하극상으로 액을 당한다.-강한 관성(직장 상사) 극하다 역작용 발생-(관대식쇠)
○식상이 많고 왕 하더라도 인수가 미약 하지 않으면-도식(倒食)으로 식상 억제-(인수의 유무를 살핀 후 길 흉 관계 파악해야 함.)

■7) 허무한 식상
○여성-식상이 약하면 남편 운이 흉하다. 남편과 사별 과부, 남편 덕이 없거나 유명무실하다.-(자식인 식상이 약한 것은, 자식 낳아 줄 남편도 약하다는 발상)
○여성의 경우 월지 식신을 길하게 보고 상관을 흉하게 보지만 인수가 약하지 않다 면 해가 없다.-(상관견관이 원인)
○여성 식상이 태왕해도 관성 없는 무관사주는 남편에게 해가 없고 다만 역할이 작다.-하지만 식상 왕하고 관살 미약 할 경우 남편을 해한다.-(식상태과 원인)
○여성 식상 왕하고 관살이 없으면-독신생활 고수한다.-(극할 대상이 없는 이유)
○남성-식상 강하면 자식 운이 흉하다.-(관 자식이 식신대살로 극 당하는 발상)
○남성 식상혼잡은 장모가 둘이거나 장모 동기가 많다.-(남성 식상은 장모, 조모)

6112-3	재성(財星)의 작용(作用)

■1. 재성(財星)의 대표적 특성

청	○신강재왕은 재물이 떠나지 않는다.	신강하면 재를 능히 감당하는 이유
	○신강재왕은 계획성이 있다.	신강 일신이 재에 흔들리지 않음

탁	○재성태과가 설기되지 못하면-공부 못한다.	재극인이 원인
	○재성과다에 초년 운이 재성-학업중단, 부모덕 없다	공부 인성을 재극인
	○재성이 강할 경우-이성관계가 문란하다	신약일간-극재(색) 불능

■2. 재성의 주역할
■1) 식상의 생을 받고 관성을 생하며 비겁의 극을 받고 인수를 극한다.

○재성의 입장에서는		재성이 극(재성)-인성	재극인
재성 끼리	비겁	재성을 극(관성)-일간	극재, 파재
재성의 식상은 관성	재생관	재성의 인수는 식상	식상생재

○내가 튼튼(신강)해야 처와 재물을 다스릴 수 있다.-(쇠약하면 극의 역작용 발생)

■2) 재극인(財剋印)-줄여서 극인(인수를 극함)

○남명 인수(印綬)가 재 옆에 있으면서 중화(中和)를 얻지 못한다.-재와 인수가 투전지상(鬪戰之像)으로 모처 간의 불화가 크다.-(재는 처, 인수는 모)
○신약해도 돈은 만진다.-은행, 회사 등에서 금전출납 업무에 종사.

■3) 재생관(財生官)-관성을 생한다.
○꿈과 비전이 생관 되면 큰 인물이지만 과유불급하면 무욕 무직 감정 앞선다.
○여성에게 재생관(財生官)은-재 자약살(財滋弱殺-관성이 허약)의 관을 생하여 재가 약하지만 않으면 남편을 발달시킨다. 자신의 직장 운도 좋다,
○재가 없는 사주에 식상이 왕 할 경우 생재는 되나 재생관이 안 된다.

■4) 극재(剋財) 파재(波財)-재가 극을 당함
○신약의 재성이 극을 당하면 일간과 재성이 좋아진다.-재성의 청작용 발생.
○신강의 재성이 극 받는데 겁인이 왕하면-재성의 탁 작용 발생.

■5) 이외 재성의 역할
○양인 겁재 옆에 재성기 왕 할 경우, 식상이 통관해야 길-재겁통관(財劫通關)
○재다신약(財多身弱)은-신강운에 부를 누린다.-(재다신약하면 부옥빈인(富屋貧人))
○비겁 많은데 재가 하나뿐이면-군비쟁재(群劫爭財)로 매우 곤경(困境)한 형국이다.-차라리 인수 비겁 일색의 종강격과 종왕격은 재 없어도 빈궁하지 않다.
○재 공망은 돈 벌이가 불가하다.-공탕치고 허망하게 지출되어 모이지 않는다.
○정재가 도화살과 동주하면 아내의 외도가 문제된다.
○편재도화(偏財桃花)-여성이 직접 활동(바람)하여 재물획득한다.-정재의 정은 정적, 편재의 동은 동적 그래서 편은 흐름 이동, 변화 변신의 귀재.

■6) 재 많은 사주
○신약은 모친과 조별이나 모친 건강이상으로 고생-(재극인 원인-관살통관이 답)
○신약하면 재물 탐, 여자 탐으로 허송세월한다.-(신약은 극재불능-여자 통제불능)
○신약사주 재가 태왕하면 공처가다
○재가 약하지 않아도 식상(식상생재)으로 보좌해야 길하다.-(식상은 재성 뿌리)
○아내가 모친을 학대하는 상-모친에게 불효이다.-(인수 어머니를 처 재가 극)

○재다신약(財多身弱)에 비겁이 없으면-인수로 일간을 도와 재성을 견제해야 한다. ▶그러나 재왕하면 자체로 탐재괴인(貪財壞印-재물 탐에 학문붕괴)되어 불리하다
  ▶이러하면 일생 여자 조심해야 한다. 허약해진다.-(재다신약이 원인)
  ▶신약은 뇌물로 관재 당하는 것과 명예실추를 경계해야 한다.-(극 역작용)

■7) 허무한 재성
□여성은 시어머니의 구박이 심하다.-(재극인의 역작용-인왕재쇠)
□정 편재과다-양자나 모친 따라 의부 섬김, 부친(재성) 형제 많다고 추리한다.

6112-4	관성(官星)의 작용(作用)

■1. 관성(官星)의 대표적 특성

청	○관성이 청하면 출세하거나 관직을 얻는다.	관은 명예-직업-직업활동-돈
	○신강관성은 합리적이며 명예가 높고, 신약관성은 겁인이 방조해야 높아진다.	신강해야 관을 감당할 수 있는 원인
	○여명-남편이 총명함, 남명-자녀가 총명함	육친 가족관계에 근거
탁	○관성태왕이 제압 또는 설기되지 못한 것이나 관살 혼잡의 경우-가난하고 질병 고통이 많다	정관은 살 혼잡이 싫은 원인 -모든 태왕 태과의 공통현상

■2. 관성의 주역할
■1) 재의 생을 받고 인수를 생하며 식상의 극을 받고 일간과 비겁을 극한다.

○관성의 입장에서는		관성이 극(재성)-일간	관극겁
관성 끼리	비겁	관성을 극(관성)-식상	식신대살
관성의 식상은 인성	관생인	관성의 인수는 재성	재생관

■2) 관극겁(官剋劫)-줄여서 극겁(나를 극함)
□관은 제도(직업)와 습관(하는 일-돈)을 통해 나(숙성)를 만든다.-(싫든 좋든)
▶제도 운영에는 어느 시대고 직위와 신분에 따라 지배자와 피지배자가 있다.
▶지배를 통해 만들어지는 동안 단련(鍛鍊)을 이겨내는 강단(剛斷) 필수이다.
▶하지만 관성이 태왕 태과 과다하거나 반대로 불급이 미해결되면 가난(무직업)과 관재구설 등 역작용이 일어난다. 이는 모든 오행과 육신에 나타나는 현상이다.

□나를 단련(지배)하는 관이지만 규제와 질서는 사회를 유지하는 근간이다.
▶최상위에는 헌법, 직장에서는 상사와 조직문화 아래는 사회적 규범이 있다
▶관의 극을 받을 때는 받고 생이 필요하면 생을 받아야 사주가 유통된다.
▶이러한 관성을 나를 억압하고 구속하는 것으로만 보면 허무한 일이다.

■3) 관생인(官生印)-인수를 생함
□욕망(재성)이 단련(관성)되면 온전한 가치관(관생인)이 확립되지만 과유불급하

면 편인의 부정적인 면이 나타난다.

■4) 식신대살(食神帶殺), 식신제살(食神制殺)-관살이 극 당함
□신약의 관살이 극 받으면 이론상 호사, 그러나 결국 일간이 식신에 설기-탁 발생-이때 일간은 인수가 있어 관생인(인수통관)이 답
□신강의 관살이 식신에 극 당하면 식신대살 되어 관직 직업-청작용 발생

■5) 이외 관성의 역할
□관살은 일간의 강약에 따라 귀(貴)도 되고 액(厄)의 관재, 부상, 질병도 된다.
▶정 편관이 관성으로 작용하면=귀(貴), 극을 감당하지 못하면=살(殺)이다.

□신강 사주에서는 관살의 제어가 필요하니 칠살이 아니고 관성이다.
▶신강사주는 관살 견제가 없으면 둔탁하고 무직 탈법 위법의 천방지축이다.
▶신약사주를 극하면 관살이 되고 정관보다 편관의 극이 더 두렵다.

□신강 관성이 적당히 왕하고 스통(극)되면 정 편관이 벼슬이고 직장이다.
▶정관 -국가고시 입사시험 등 합격을 통해 채용된 직장
▶편관 -사법계(검사, 무관), 선출직, 임명직, 별정직, 고용직
▶분류가 이러할 뿐 꼭 명확하게 구별되지 않는다. 정관이 없거나 기능을 못하면 편관이 대신하기 때문이다.
▶군대를 예로 들면 직업은 군인인데 하는 일은 행정 경리 의무 등 다양하다.

■6) 명관과마(明官跨馬)-관성이 지지에 재를 깔고 앉은 경우-(행정고시)

●-59 실제사주			3-3-1			1-5-3-2 희신의 상승과 고시합격 시퀀스 자료							
YQ -1	☞ 1. 신약 신강		남. 행정고시			9 4	8 4	7 4	6 4	5 4	4 4	3 2 4 4	1 4	▶음신관합 불가-신약 ▶용-무 ▶상신-존재
	무300	을120	경400		정120	경	신	임	계	갑	을	병 정	무 기	▶평상인
	자	축	술		유	자	축	인	묘	진	사	오 미	선 유	▶2이상형
병	임계	신	계신기	묘	신정무									

□지지 축 술이 경 관성을 생하고 있다. 승승장구, 직위향상 등 출세의 경이다
-(자수가 있어 축술형 불가)
□명관과마의 여성도 전문인으로서 직장 운이 좋고 남편 크게 발달시킨다.

□신약이 아니면 정 편관을 막론하고 천간 지지에 관성 하나가 최고 귀덩이다
□관살혼잡(官殺混雜)은 이중 직업을 갖는다.
▶정관도 있고 편관도 있고, 즉 일자리가 둘인 것은 확실한 직장 없다는 말.
▶남녀 불문하고 관살혼잡을 꺼림.-둘 중 하나가 간합(干合)을 이루든지 식상

에 제거되어 하나만 남으면 본래보다 더 귀(貴)하고 기(奇)하다.
▶관살혼잡은 초혼 실패와 재혼의 형국이다
▶남성-두 여성에게서 자식을 생산, 여성-두 남자 이상의 인연으로 추리한다.

■7) 관살이 많은 사주
□사주에 관살이 많으면 일간은 자연적으로 기가 약해진다.
▶신약-인수로 소통-관인상생(官印相生), 신강-식상으로 제살-식상제살;食傷制殺) ▶관살 미 해결은 관재, 질병, 부상, 허약, 실패-관액이 따른다.

■8) 여성의 관살
□관이 없으면 남편 덕이 없고 있어도 무능하다. 혹시 유능하더라도 되는 일이 없고 심하면 이별 사별이다
□여성 신강 관살이 미약한데 식상 태왕하면-관살 운에 발전한다.
▶관살이 생 받지 못하면 식상제살로 과부 팔자다.(남성-직장과 자식 운 나쁨)
▶여성은 남편 사망하거나 있어도 무능, 유능해도 운이 없어 받을 것이 없다.

□여성이 신약하고 식상 태왕하면 혼자 살아도 대체적으로 경제적 어려움은 적다-식상이 생재하여 재물을 생하기 때문이다. 그러나 허약체질 고달프다.

■9) 부성 입묘의 해석
□여성은 부성입묘(夫星入墓)를 꺼린다.-남편이 묘고(墓庫)에 든 형상이기 때문.
▶묘고(墓庫)는 창고, 정적인 생활, 입원, 감옥, 무덤으로 비유 된다.
▶무능하여 아무 일도 못 하거나 운이 없어 되는 일이 없는 백수신세다.

□부성 입묘에 해당하는 여성의 사주는 일주를 중심으로 시주에서 본다.

갑을일생	신축 시	남편 신금이 축 고 안에
병정일생	임진 시	남편 임수가 진 고 안에
무기일생	을미 시	남편 을목이 미 고 안에
경신일생	병술 시	남편 병화가 술 고 안에
임계일생	무술 시	남편 무토가 술 고 안에

□부성 입묘도 생극제화와 함께 활용하여 간명할 수 있어야 한다.
□생극제화와 합충 외 모든 요소가 신살인데, 신살적 해석에 그치면 안 된다.

● 간명의 원리

○1.그러나 모든 신살적 해석처럼 부성입묘 있다고 모두가 부정적이지 않습니다. 신살(체상)을 공부할 때는 그럴싸한데, 실제 간명에 적용해 보면 적중률이 그렇지 않습니다.

○2.앞으로 우리 아끼는 미래들이 많은 시간과 공을 들이고도 이러지 않기를 바랍니다.
○3.벤허는 영화로도 유명합니다 거기에 주인공 유다 벤허(찰톤헤스톤 역)가 노 젓는 장면이 나옵니다. 노예는 배 향방과 관계없이 북, 나팔 소리에 맞춰 노만 저으면 됩니다.
○4.공부를 쉽게 하겠다고 신살적으로 접근하는 것은 사주명리의 향방과 관계없이 노 젓는 일에 불과 합니다 영화에 느 잘 저으라고 채찍 든 선생님(병사)도 나옵니다.
○5.심리학에 초두효과(첫 인식이 중요)와 최신효과(나중 본 것을 더 기억)가 있습니다.1081)
○6.지금 공부하는 자평명리학 기초는 사주 공부의 첫 걸음에 해당됩니다. 첫 인식에 빠지면 고집으로 정보 수정이 어렵고, 새로운 것만 선호하면 자기부정에 빠집니다.
○7.처음 기초는 신설적으로 노를 젓지만 향방은 배합(순역)1082)이어야 합니다.

■10)부성 입묘 실제사주 해석의 예(여. 대학 4학년)

●-27 실제사주　　1-5-5　　　1-4-6 YVWQ 해석 샘플

YQ-1	1. 신약 신강	여. 대학 4학년	9 8 7 6 5 4 3 2 1 1	▶3-자평식 쓸 때 신약
임80	병320	정400	무60	·용- 무 ▶상신-정
진	진	사	근 년	정 무 기 경 신 임 계 갑 을 병	▶평상인
대 을계무	대 을계무	록 구경병	생 두병갑	미 신 유 술 해 자 축 인 묘 진	▶1이상형

1)자신과 국중지신
□사월 병화의 핵심은 임 조후다. 조후결함은 대발불능 만사지체 빈곤이다.
□임수 길신을 얻으려면 지지 진을 타야한다. 그런데 진을 타면 부성 입묘.
□임은 생명 지혜 학문 차갑고 냉철하다. 병은 정신세계 말 글 화려하다.
□임수 남편이 진에 뿌리를 두고 있어 지혜와 학덕 등 세덕이 깊은 사람이다.
□진은 진취적이고 옥토이니 재물을 구조적으로 생산하고 경영한다.
□진을 타는 편관 임수는 극스(식신대살)로 벼슬에 오르고, 총명 영리 순수하다.
□내면(임수=저장)의 향기를 말과 글로 풀어내니 학자나 선비 형이 틀림없다.
□병화 득령하여 주관 막강하고 건록(사화)에 관대(진-식신)가 따라 활동적이다.
▶남편(임수)의 재물과 건강을 관리하며 왕성하게 활동(진-식신)하며 행복하다.
▶식신(진) 생활력에 남편(임수)의 뿌리(계수)가 있어 그 활동성이 남편 살린다.

2)배우자
□생왕수장으로 사월 임수(남편)는 극히 약해 사회적으로 큰 직위는 어렵다.
□다행히 임수는 진중 계수에 뿌리 내려 아내와 가정에서는 소중한 사람이다.
□사월 더위에 진시는 더 더워지니 임수의 증발 심하다.-(임이 생 받아야 한다)
□유산이나 살림을 아내에게 맡기고 평생 자신의 일에 묻혀 사는 부성 입묘.

1081) 6112-4 ●간명의 윤리 ○2 "초두효과, 최신효과"
1082) 3장 들어가기 2-1 ●=2 배합. 3-2-1 ■5 순역(順逆) "그 기세에 순응하는 것"

□임수가 흉신이면 남편의 말과 글이 흉하여 그야말로 부성 입묘로 감옥 간다.
□총평-남편이 부성 입묘이나 결코 나쁘다 할 수 없다. 오히려 좋아졌다

| 6112-5 | 인수(印綬)의 작용(作用) |

■1. 인성(印星)의 대표적 특성

청	○학문이 깊고 박식하며 지혜와 지모가 있다.	신약신강이 중화되면
	○윗사람을 공경하고 예의 바르며 유산을 받는다.	나타나는 정인의 긍정적 현상
탁	○인성이 태왕하고 제압, 설기가 되지 못하면	탈식으로 수기(秀氣)가 사라져
	-식상을 극하니 활동제한과 매사 난관 봉착이다.	인강신왕이 병목현상 발생

■2. 인성의 주역할
■1) 관의 생을 받고 일간과 비겁을 생, 식상을 극하고 재성의 극을 받는다.

○인성의 입장에서는		인성이 극(재성)-식상	인극식
인성 끼리	비겁	인성을 극(관성)-재성	재극인
인성의 식상은 일간	인생아	인성의 인수-관성	관생인

■2) 탈식(奪食) 도식(到食)-인수가 식상을 극하는 인극식상을 말한다.
□강한 인수 옆에 식상이 있으면 극상을 당한다.-(신약하면 출세)
▶신강할 경우 수기(秀氣) 식상이 사라지고, 관살 억제불능-무직 백수대살
▶일간태왕이나 종왕격이 되어도 수기가 사라지는 것은 곤란(가난)하다.

■3) 인생아(印生我)-일간을 생하는 것을 말한다.
□신약의 인수는 자아(일간)를 생하여 온전하게 한다.-(일체유심조, 대인관계 원만)
□신강인수는 일간태왕이나 종강격, 아니면 식신과 칠살이 식신대살의 조화를 이루면 대성한다.

■4) 재극인(財剋印), 탐재괴인(貪財壞印)-재물을 탐하고 인수를 무너뜨린다.
□신약의 인수가 극을 받을 때 비겁이 무능하면-인성의 탁 작용 발생한다.
□신강 인수가 재의 극을 당하면 일간과 재 모두 좋아진다.-(인성 청작용 발생)

■5) 이외 인성의 역할
□신약신강이 중화되면 인수는 궁지에서 벗어나고 죽을 고비에서도 소생하는 공덕이 있다.-(인수의 속성 자체가 생인 이유)
□편업(偏業)은 공부 많이 하고 관직이 아닌 다른 전문직을 갖는다.-(편인격)
▶개성과 전문성이 강조되는 의사, 학자, 예술가, 예능, 장인 등이 많다.

▶세무회계, 법무사, 화가, 서예, 연구 발명, 디자이너, 학원 등에도 많이 분포

□인성이 연이나 월에 있고 손상되지 않으면-부모의 덕이 있다.-(정인격)
 ▶타고난 성격이 온후(溫厚) 단정 원만하다.-학자와 교육계가 유망하다
 ▶군자다운 풍모, 신사다운 언행으로 존경의 대상이다.

■6) 인수 많은 사주
□인수(편인, 정인) 과다하면 예의 없고 빈궁한 삶이다-다마보이, 응석둥이
□신약이든 신강이든 인수가 태왕하거나 과다한데 조호-되지 못하면
 ▶도식(倒食)과 효신살(梟神殺)이 되어 재난을 막기가 어렵고 박복무덕하다.
 ▶여성은 자식 귀하고 있더라도 별거하거나 병약하다.-(설기로 허약한 이유)
 ▶특히 여성 금일주는 삼형살(축술미)이 인성이어서 산액까지 더해진다.

□신강 인수가 식상을 극하면-식상생재를 못하여 재물의 보급로가 차단된다.
 ▶편인은 식복 식신을 극하는 칠살인 원인-감정이 앞서 밥상을 걷어찼다.

■7) 허무한 인성
□인수가 많으면 모친이 여럿 있는 상이다.-(인수 혼잡은 인수과다일 뿐이다.)
 ▶서모 계모 유모-편인도 하나면 생모가 된다.
 ▶정인이 둘 이상이면 섬길 도친이 한 명 더 있거나 모친 사랑을 못 받거나

□재극인은 아내나 여성으로 인해 불효하는 경우가 많다.-(아내 재가 모 긴을 극)

| 6-1-1-3 | 육신의 과다 |

오행의 과다가 육신의 과다로 그리고 일간의 강약으로 연결되어 결국 격국과 용신으로 이어진다. 여기에서는 과다를 따라서 나타나는 일곱 가지 현상을 요약한 자료이다.

■1. 인성(印星)-생의 과다로 불리한 경우

인수	아신	생 과다	현상
수	생목	수다목부 (水多木浮)	부목(유랑)으로 고생
목	생화	목다화식 (木多火熄)	소멸되어 활동중단
화	생토	화다토초 (化多土焦)	열 토가 되어 생육불능
토	생금	토다금매 (土多金埋)	매몰되어 결실, 용처상실
금	생수	금다수탁 (金多水濁)	탁해져서 정신혼미

(갑목은 썩고 을목은 뜨고)

■2. 식상(食傷)

□1.패왕(覇旺) 할 때 설기로 개운되는 경우

아신	아생자	신강 아생식상	현상
목	생화	강목득화 (强木得火)	밝은 빛에 본분(역할)회복
화	생토	강화득토 (强火得土)	예의(행동)가 제자리로 돌아오는 기쁨
토	생금	강토득금 (强土得金)	주장만 펴다 상대를 이해하고 배려
금	생수	강금득수 (强金得水)	중화되어 살기가 용처로 변함
수	생목	강수득목 (强水得木)	흐름이 약해져 머리(정신)가 맑아짐

□2.신약 할 때 도기(盜氣)로 악화되는 경우

아신	아생자	신약 아생식상	현상
목	생화	화다목분 (火多木焚)	재가 되어 본분실각
화	생토	토다화식 (土多火熄)	빛을 잃고 방향상실
토	생금	금다토박 (金多土薄)	야박해져 변절의 수난
금	생수	수다금침 (水多金沈)	침몰하여 용처상실
수	생목	목다수갈 (木多水渴)	고갈되어 심리(정신)위축

■3. 재성(財星)

□1.강왕한 기운을 극으로 분산시켜서 좋아지는 경우

아신	아극자	신강 재성	현상
목	극토	목왕득토 (木旺得土)	새 세상, 새로운 역할
화	극금	화왕득금 (火旺得金)	금속제련, 용처회복
토	극수	토왕득수 (旺土得水)	사막이 경작지로 실리창출
금	극목	금왕득목 (金旺得木)	예리한 도구로 예술창작
수	극화	수왕득화 (水旺得火)	전기 자극, 시설가동

□2.신약할 때 극하다 스스로 피상되는 경우

아신	아극자	신약 재성	현상
목	극토	토다목절 (土多木折)	기능훼손 역할 장애의 고통
화	극금	금다화식 (金多火熄)	활동 중단의 고통
토	극수	수다토류 (水多土流)	정처 없는 방황의 고통
금	극목	목다금결 (木多金缺)	무디어져 수고 반복의 고통
수	극화	화다수갈 (火多水渴)	강한 빛에 정신혼란의 고통

■4. 관성 (官星)

□1.강왕한 자신이 극을 받아 좋아지는 경우

극아자	아신	신강 관극아	현상
금	극목	목왕득금 (木旺得金)	비목이 예술품이 되는 기쁨
수	극화	화왕득수 (火旺得水)	격한 성정이 다듬어지는 수양의 기쁨
목	극토	토왕득목 (土旺得木)	황무지가 소토되어 생산성 향상의 기쁨
화	극금	금왕득화 (金旺得火)	무쇠가 좋은 그릇으로 활용되는 기쁨
토	극수	수왕득토 (水旺得土)	제방을 만나 값진 용수로 쓰이는 기쁨

□2.약할 때 극을 받아 악화되는 경우

극아자	아신	신약 칠살의 역작용	현상
금	극목	금능목절 (金能木折)	부러져서 본분훼손 역할장애
수	극화	수능화멸 (水能火滅)	소멸되어 활동중단의 고통
목	극토	목능토경 (木能土傾)	모래가 되어 소출허무
화	극금	화능금용 (火能金鎔)	액체로 변하여 용체훼손
토	극수	토능수매 (土能水埋)	매립되어 정신매몰-판단력 혼란

6-1-2	십신(十神)

십성(十星)이라고도 하는데 육신이 음양에 의해서 10가지로 분화되었다. 일간 중심으로 양대양 음대음은 편(偏), 양대음은 정(正)이 된다. 이 결과 '비겁, 식상'은 '재성, 관성, 인성'과 편(偏) 정(正)이 다르다

■1. 길신과 흉신의 기초적 구별
□1. 비견 자신은 길 흉신에서 제외다. 하지만 비견(형제자매) 많으면 겁재다.
□2. 4길신-식신, 정인, 정관, 재성(정재, 편재). 5길신-편인
 ▶재성(재물)은 편정을 가르지 않고 길신으로 봄. ▶편인은 그때그때 다름
 ▶식신-상관과 반대. 일간 덜 허약-길 ▶정재, 장관, 정인-일간과 정극(음대양 양대음)으로 극 적게 발생-길

□3. 4흉신-겁재, 상관, 편관, (편인)
 ▶겁재-음양합으로 겁강-흉, ▶상관-일간이 크게(음대양) 생하다 허약-흉
 ▶편관 편인-일간과 편극(음대음 양대양)으로 극 크게 발생-흉

■2. 그러나 길신과 흉신은 무조건적으로 정해진 것이 아니다.

> ● 간명의 원리
>
> ○"상관견관(정관을 상관이 극)이라는 것, 즉 그래도 정관은 길신인데 관을 상하게 하는 것은 아름답지 않다."라는 속설은 사실과 거리가 멀고멉니다.
> ○이는 '종격은 잘 살고 가종격은 못 산다', '신강이 신약보다 무엇이든 유리하다'는 것과 같은 사람의 이기적 발상[1083]에 불과합니다.
> ○정관도 길신으로 정해진 것이 아니라 극의 일부일 뿐이고, 종격은 진신에 가종격은 가신에 해당 되는 것도 아닙니다.
> ○신강은 신강대로 신약은 신약대로 거부가 나오는 등 어느 쪽이라고 정해지지 않았습니다.

[1083] 3-2-4-3 ●=2 ●Tip ○6 "사람의 이기적 본능과 구복적인 발상"

| 6-1-2-1 | 십신(十神)의 표출(表出) |

오행에서 음양으로 분화된 천간지지의 음이 어둡고 응축된 의미이자 양은 밝고 확장된 의미라면, 육신에서 음양으로 분화된 십신의 정작용은 이성적 의미이고 편작용은 감정적 의미를 지닌다.

	비겁(比劫)	식상(食傷)	재성(財星)	관성(官星)	인성(印星)
일주와 음양 동일	비견(比肩)	식신(食神)	편재(偏財)	편관(偏官)	편인(偏印)
일주와 음양 다름	겁재(劫財)	상관(傷官)	정재(正財)	정관(正官)	정인(正印)
오행의 생극 관계	비화자比和者 -일간과 동일	아생자我生者 -일간이 생	아극자我剋者 -일간이 극	극아자剋我者 일간을 극	생아자生我者 -일간을 생
육친	형제, 자매	자, 손, 조모, 장모	처, 부, 처 부친 형제	여-남편 남-자식	모 이모, 고모

● Tip

○성격심리 분야에서 빅 파이브(Big Five) 특질이론은 중요한 자리를 차지합니다. 개인의 성향을 말하는데 오랜 시간을 거쳐 여러 학자들에 의해서 완성되었습니다. 1930년경 고든 올포트(Allport)에서부터 골드버그(Goldberg)에 이르러 5가지 요인을 발견하게 됩니다.

○그 요인분석을 보면 17,953개의 단어들 중에서 4,500개의 특질 형용사들을 추출하였습니다. 그리고 노만(Noman)이 간정적 특질 2,800개를 10개의 카테고리로 추출합니다. 이에 골드버그는 노만의 2,800가 단어들을 75개의 중간 카테고리로 나눈 후 5개의 큰 요인들을 추출하였습니다. 이를 토대로 코스타와 맥크레이(Costa & Mc Crae)가 성격검사를 개발하게 되는데 이때가 1985년경입니다. 빅 파이브(Big Five)로 명명된 5요인은 1.개방성 2.성실성 3.외향성 4.호감성 5.신경증적 기질 등인데 단어들을 요인 분석한 결과입니다.

○그러나 사주명리는 개인 성향을 5요인보다 더 다양하게 십신으로 분류합니다.

■1. 십성의 상생-음대양은 생을 받고 생을 한다.

생	상생 용어	생
비견이 상관 생	겁생식상(劫生食傷)	겁재가 식신 생
식신이 정재 생	식상생재(食傷生財)	상관이 편재 생
편재가 정관 생	재생관(財生官)	정재가 편관 생
편관이 정인 생	관생인(官生印)	정관이 편인 생
편인이 겁재 생	인생아(印生我)	정인이 비견 생

■2. 십성의 상극-음대음 양대양은 극을 하고 극을 받는다.

극	상극 용어	극
비견이 편재 극	극재(剋財), 파재(破財)	겁재가 정재 극
식신이 편관 극	식신제살(食神制殺), 상관견관(傷官見官)	상관이 정관 극
편재가 편인 극	재극인(財剋印)	정재가 정인 극
편관이 비견 극	칠살(七殺), 관극겁(官剋劫)	정관이 겁재 극
편인이 식신 극	도식(盜食), 인극상(印剋傷)	정인이 상관 극

■3. 극(剋=제압)으로 중화를 얻어 좋아지는 경우

칠살을 식신이 극(식신제살)	칠살이 순화되어 재물, 권세가 살아난다.
편인을 편재가 극(재극인-식신보호)	편인이 순화되어 인덕을 선물한다.
겁재 정관이 극 (극겁-파재에서 재 보호)	겁재가 순화되어 재물을 선사한다.
상관을 정인이 극(상관패인-관을 보호)	상관이 순화되어 재물, 명예를 부른다.

6121-1	십신과 육친가계도(六親家系圖)

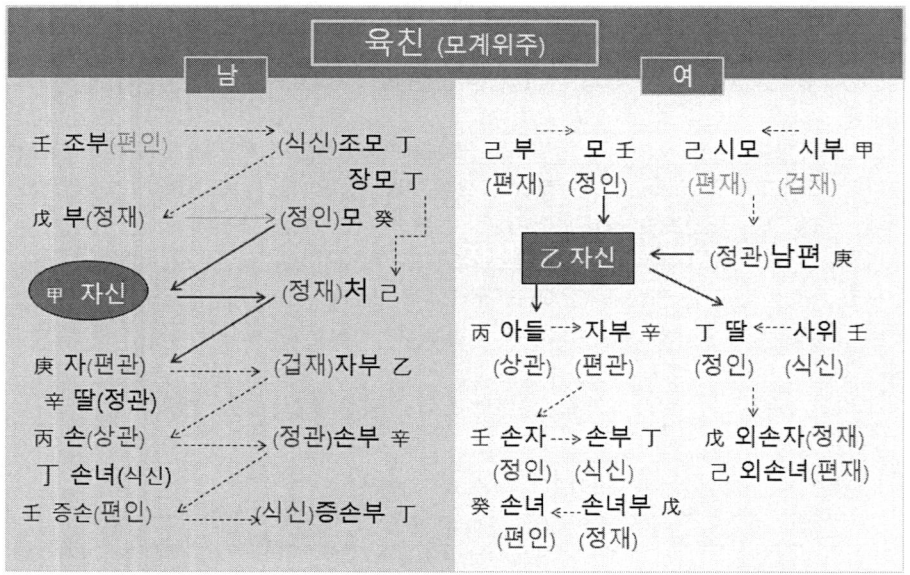

■1. 남명에 있어서의 아들

체(體)로 보면 편관 경금이 아들, 용(用)으로 보면 정관 신금이 아들이다.-(딸은 출가하고 아들은 남아서 가계를 이어가기 때문)

▶그러면 정관은 관살혼잡을 싫어하는데 신금이 아들이면 누이나 여동생이

장애가 되는 모순이 발생한다.-(신금이 딸이어도 오빠 남등생이 장애)
▶편관이 아들이면-비견이 며느리, 정관이 아들이면-겁재가 며느리이다.
▶하지만 너무 체용에 얽매이지 않아도 된다. 관성을 자녀로 보고 성별은 아내의 자녀를 참고하면 된다.

■2. 육친은 모계를 위주로 파생 된다. 남성은 여성이 낳은 아이가 내 자식이다.
□'이석영' 저 『사주첩경』에 '육친화현법'이 나온다[1084].
□나로부터 멀어지는 육친은 멀어질수록 적중률이 떨어진다. 다만 원리가 이렇다는 이야기다. 우리에게 아버지는 가까운 존재이지만 '육친회현법'으로는 멀다. 모계 위주로 보면 어머니 인수를 극하는 아버지가 재성이다. 그런데 내가 극하는 재성이 아내이자 우연하게도 아버지가 된다.

| 6121-2 | 십신의 성향 |

■1. 십신 요약

비견	형제자매, 동료, 위치가 같은 사람	겁재	형제자매, 자부 손사나 부하, 경쟁자
식신	여-자녀 남-장모, 조모, 손자	상관	여-자녀 남-손녀
편재	여-부친 시어머니 남-부친, 첩	정재	여 부친, 시어머니형제 남명/ 처
편관	여-남친, 자부, 시 형제 남-아들	정관	여-남편, 자부, 시동생 시느이 남-딸, 질녀(조카), 매부
편인	여-손 자녀, 이모 남-계모, 이모	정인	여-모, 사위 남-어머니

1084) 3-2-5-2 ●=1 ■1 육친화현법(六親化現法)

| 6-1-2-2 | 십신(十神)의 문자적 의미 |

성격심리학에서 "사람의 성격은 주위의 영향을 받아 합목적으로 변한다. 그러나 기질은 바뀌지 않는다." 라고 한다, 다만 성격은 기질이 발현 되어질 때 긍정적이거나 부정적으로 영향을 미칠 수 있다. 다시 말하자면 이 둘 사이의 구별이 모호하다 하겠다. 어떻든 이 기질은 사주명리학의 십신의 성격과 연결된다. 십신의 성정이나 성향으로도 많이 사용되고 있다. 그러나 십신 자체만으로는 다분히 신살적(神殺的)인 요소에 지니지 않는다. 성향은 오행의 과다와 합형충파해에 의해서 그때마다 길과 흉작용으로 변성을 일으키기 때문이다.

십신의 성향은 통변에서의 소통을 융성하게 한다. 여기에서는 변성을 일으키기 전의 고유한 성향에 대하여 알아본다.

| 6122-1 | 비견 (比肩) |

십성	청	탁
비견 (比肩)	주체성, 독립성, 고독, 자기주장, 배짱(기죽지 않고 신세지지 않음), 스포츠	재물경시, 파재, 분리, 동업실패

※(비견은 의미1, 2, 3과 같은 단어가 주를 이룬다.)

| 6122-2 | 겁재 (劫財) |

십성	청	탁
겁재 (劫財)	분리, 자존심, 경쟁심, 승부, 옹고집, 투쟁, 교만, 외부내빈, 불만, 다중성격(인정받지 못하면 반발, 성냄)	파재, 분리, 폭력적-뜻대로 안 되면

※(겁제는 의미1, 2, 3과 같은 단어가 주를 이룬다.)

| 6122-3 | 식신(食神) |

십성	청	탁
식신 (食神)	분출, 수복신, 호기심(연구, 창의 발명) 생산, 발전, 호인, 취업, 사교(유머와 해학), 경영, 다소 이기적	나태, 이기적, 내성적

※(식신은 의미1, 2, 3, 4와 같은 단어가 주를 이룬다.)

6122-4	상관(傷官)	
십성	청	탁
상관(傷官)	자유분방, 임기응변(응용), 사교(말, 재치), 다재다능(화려한 외모, 지도자 상), 허영심(과시욕), 타인경시(우월감이 원인)	비판(험담) 시비구설 비웃음(조롱)

※(상관은 의미1, 2, 3, 4, 5와 같은 단어가 주를 이룬다.)

6122-5	편재(偏財)	
십성	청	탁
편재(偏財)	인내소, 직관발달(임기응변, 협상, 즉흥적), 공간관리(돈 단드는 재주), 기브(적선, 외쿠내빈, 풍류객, 무골호인), 순수	가난, 호색, 모사, 사기

※(편재는 의미1, 2, 3과 같은 단어가 주를 이룬다.)

6122-6	정재(正財)	
십성	청	탁
정재(正財)	육감발달, 정 편재 혼잡 남성(이성문제 유발-고난) 정직(가정적, 검스, 성실, 착실 착함), 실용(조직 돈 관리),	소심, 인색

※(정재는 의미1, 2, 3과 같은 단어가 주를 이룬다.)

5332-7	편관(偏官)	
십성	청	탁
편관(偏官)	총명 과목, 권력(권세, 조직 통제관리), 관재구설, 용감(강직 야성적), 순수함(인정, 의리 눈물), 여성 편관-지도자	조급, 난폭

※(편관은 의미1, 2, 3, 4와 같은 단어가 주를 이룬다.)

6122-8	정관(正官)	
십성	청	탁

| 정관
(正官) | 권위(공정, 공직자), 정직, 세밀, 착실, 근면, 성실, 온화,
명예, 합리성, 여 정관1-좋은 남편,
정 편관 혼잡-이성문제 | 고지식(답답함),
수동적 |

※(편관은 의미1, 2, 3, 4와 같은 단어가 주를 이룬다.)

| 6122-9 | 편인(偏印) |

십성	청	탁
편인 (偏印)	임기응변(가식), 고독-직관(종교, 영감), 예술 예능(끼 재주), 두뇌 빠름, 용두사미, 실증-권태, 나태-일 미루기-굼뜸	용두사미, 변동, 튀는 행동

※(편인은 의미1, 2, 3, 4, 5와 같은 단어가 주를 이룬다.)

| 6122-10 | 정인(正印) |

십성	청	탁
정인 (正印)	문화 교육(총명, 학문, 교직, 자격증), 자애, 인장, 유산, 관습, 상식적, 통찰력, 온화(온순 착함), 자기중심적-개성 약	보수적, 수동적, 나태, 무 재미

※(편인은 의미1, 2, 3, 4, 5와 같은 단어가 주를 이룬다.)

6-2	용신 격국

 여기 용신과 격국은 내 스승님이신 D대학원 대학교 거해(巨海) 유방현 교수(명리학 박사)님의 「명리학 개른(命里學 槪論)」을 바탕으로 씌어진 자료이다. 이만한 우수 자료가 드물 뿐 아니라 제자로서 그 존함을 남기고 싶어서다.

 우리 책은 사주명리가 존재하는 한 사라지지 않는다. 처음으로 왕(旺.Vigor) 쇠(衰.Weak)의 계량화(計量化.Quantification)를 시도한 사건은 베스트셀러로서가 아니더라도 사주명리 발전과정의 연구 자료로서, 어느 책장의 먼지에 쌓여서라도 한 자리를 차지하고 있을 것이기 때문이다.

 또한 YVWQ가 맞든지 맞지 않든지 싫든지 좋든지를 떠나서, 수많은 수재들에 의해서 더욱 또 다른 패턴(Pattern)의 파생을 일으키는 자극제가 되기에 충분하다 할 것이다. 물론 이렇게 되기까지 YVWQ 출판 후 한 세대 동안은 검증과 비평의 심판대에 오르게 될 것이다. 그리고 한 세대가 지나기 전 YVWQ를 공부하는 사람들이 생겨날 것이고, 한 세기가 지나기 전에 역사의 한 자리를 허락 받게 될 것이다.

> ● Tip
> ○그때 내 스승님도 그 자리에 계실 것을 의심하지 않습니다. 이는 40초반 수련을 통해 연허합도(煉虛合道)에 이른 통찰의 눈을 빌리자면 그렇다는 이야기입니다.
> ○더불어서 우리 책이 탄생하기 까지 내게 영감을 주신 K대학교 대학원의 석사과정에서 만난 양0, 이00, 조00 그리고 D대학원 대학교 석 박사 과정에서 만난 김00 등 여러 교수 분들도 자리를 같이하고 싶습니다.

6-2-1	용신(用神)

연해자평(淵海子平)의 계선편(繼善編)에서 서대승은 "월령자 제강야 간명선간 제강 방간기여(月令者 提綱也 看命先看提綱 方看其餘)"라고 하였다. 그리고 "사주는 월령(月令)과 방(方)으로 보는 것이다"라고 나온다.

이를 심효첨은 『자평진전』에서 "팔자용신 전구월령(八字用神 專求月令)"이라고 쉽게 정의하였는데 팔자에서 용신은 오로지 월령에서 구한다는 뜻이다. 그리고 "팔자의 용신은 오직 월령에서 구하고, 월령에서 이미 용신을 얻었으면 팔자의 다른 곳에 반드시 상신(相神)이 있다"1085)고 한다. 즉 월령을 체(體)로 보고 격국을 성격시키는 중요한 글자를 용(用)이라 했는데 그 용이라는 저울판을 충족시키는 저울의 추를 '자평진전'은 상신(相神)이라 했다. 상신을 지금의 희신(喜神) 개념으로 설명하는데 아니다.

□용신의 자격

1) 용신은 우선 건왕(建旺)해야 한다.	4) 일, 시 용신이 더욱 좋다.
2) 득국(得局)을 해야 한다.	5) 파상(破傷) 되지 않아야 한다.
3) 천간에 투출(透出)된 것이 좋다	

□상신은 자평용법에서만 쓴다. 적천수용법은 상신이 없다,(3-2-1-2 성격참조) 상신 쓰는 법은 "3-2-1-3, 1,2,3,4,5-자평용법을 용 할 때"와 "2-1-4, 용법의 적용"를 참고 하시라.

□1,2,3,4,5-자평용법에서 '상관 용 재격' '정재 용 관격' '편관 용 겁격' 등의 표현을 볼 수 있다. 용은 용신을, 격은 대부분 상신을 말한다.1086)

□1,2,3-적천수용법에서는 즉 '재격'은 재성이 용신이자 격이고 관격은 관성이 용신이자 격이라는 말이다. 즉 상신이 없다. 용신이 적으면 희신이 용신을 방조해야 한다. 그래서 상신(상생상극)과 희신(상생)은 개념이 다르다.

□체(體) 재성은 성격으로, 용(用) 재성은 하는 일로 해석하면 효과적이다.

□여기에 나오는 모든 용신은 1,2,3-적천수용법을 의미한다. 신강하면 식재관, 신약하면 인비가 용신이다.

1085) 월령기득용신 즉별위역필유상 약군지유상 보자시야 여관봉재생 즉관위용 재위상(月令旣得用神 則別位亦必有相 若君之有相 輔者是也, 如官逢財生 則官爲用財爲相)
1086) 3-2-1-3 『자평진전』으로 성격(成格)

| 6-2-1-1 | 용신(用神)정법 |

☐1.우선 월령(月令)을 살펴서 천간에 투출한 것을 용신으로 삼는다.
 투출한 천간을 용신으로 사용해야 하더라도 절기상 휴수지(休囚地)이고 뿌리가 전혀 없으면 용신으로는 불용(不用)이다.
☐2.천간에 용(用)이 어려우면 지지에서 찾는다.
☐3.지지에 용(用)이 없으면 지 장간[특히 월령장간]에서 살핀다.
☐4.꼭 필요한 오행이 사주에 없으면 행운 운로에서 오면 발복한다.

| 6-2-1-2 | 용신(用神)의 종류 |
| 6212-1 | 억부용신(抑扶用神) |

 강약에 의한 용신 판단은 중화의 원리에서 나온 것이다. 일주가 태왕하면 약화시켜서 중화를 이루어야 발복하며, 일주가 약하면 도와서 중화를 이루어야 발복하는 것이다. 이때는 설(洩), 상(傷), 방(幇), 조(助)의 네 가지의 법이 나온다. 약 70% 이상의 사주가 강약으로 용신이 판단된다.

 ■1. 신왕(身旺)사주 판단순서
 ■) 우선 천간의 관살을 살핀다.
☐1.관살이 투출 되었고 절기(節氣)상 관살의 왕지이거나 지지에 재관의 뿌리가 있다면 관성(官星)을 선택한다.
☐2.천간지지에 관성 없고 식상이 투출하였다면 식상을 선택할 수 있다.-(식상설기)
☐3.만약 일주가 너무 태왕하다면 관성이 있어도 쓸 수 없다 이때는 설기(洩氣)해야 한다.-겁재의 지지에 국(局)이 형성되었고 천간에 투출한 경우
☐4.식상과 관살이 동시에 투출하였을 경우 상관견관(傷官見官)으로 까다로운 사주가 되는데 둘 중 대세가 약한 쪽 하나만 선택한다. 그러나 휴수지(休囚地)에 뿌리도 없고 태약하면 쓸 수 없다. 만약 관성을 선택하면 상관 운은 기신이 되나 상관생재(傷官生財)로 재물을 얻을 수 있다. 이 경우 세밀한 관찰이 필요하다.

☐5.설(洩)-일주가 태왕하여 그 기운을 설(洩)하는 식상을 용신으로 하는 것
 ▶비겁이 태왕하고 인수가 있으면 식상용신, 재희신
 ▶재관이 없거나 미약하고 식상이 있으면 식상용신, 재희신
 ▶인수가 태왕하고 비겁이 약하고 식상이 있으면 재용신. 식상희신

▶식상이 왕하고 재가 힘이 있으면 재용신, 식상희신

□6.상(傷)-일주를 제압하는 관성을 용신으로 하는 것
 ▶비겁이 태왕하고 인수가 약하고 관이 있으면 관용신, 재희신
 ▶비겁이 태왕하고 재, 관이 모두 약할 때 재용신, 관희신

■2. 신약사주 판단순서
 ■) 우선 관살의 힘을 살핀 뒤 인수가 있는지 여부를 본다.
□1.관살이 태왕하고 인수가 있다면 인수를 최우선으로 선택한다.-(살중용인격)
□2.하지만 인수가 없고 식상이 있다면 식상을 취한다.-(살중용식상)
 재성과 관살이 모두 태왕한데 인수가 없다면 그 힘이 관성으로 모였으니 식상으로 왕한 관성을 제어 한다.-(상관견관, 식신제살)
□3.재성의 힘을 본다, 재성이 태왕하고 관성이 없으면 비겁을 쓴다.
□4.식상의 힘을 본다, 식상이 태왕하고 재가 없거나 미약하면 인수를 쓴다.

□5.방(幇) ; 일주가 약하니 비겁으로 용신, 인수로 용신
 ▶제다신약(財多身弱)하고 관성이 없거나 약하면 비겁용신, 인수희신
 ▶비겁이 약하고 상관이 태왕하면 비겁용신, 인수희신-(상관용겁격)

□6.조(助) ; 일주가 약하니 인수로 용신, 비겁으로 용신
 ▶살왕 신약하고 인수가 있으면 인수용신, 비겁희신-(살중용인격)
 ▶상관이 태왕하고 재가 없고 인수가 있으면 인수용신, 비겁용신-(상관용인격)

> ● Tip
> ○여기의 신왕판단은 오랜 시간 동안에 걸쳐 내려오는 전통이론입니다.
> ○이러한 방법으로 판단이 되는 분들은 이를 따르고, 안 되는 경우 "1-4-1-2, YQ-1의 천간산출과 실제 예"를 활용하기 바랍니다.

■3.일간의 강약에 따른 억부 용신 선택

강약	강약의 정도	용신	내용
신강 (신왕)	+신왕 (필히 재관이 용신)	재성	○삼합 반합이 아니라도 재가 관보다 유리하면 재가 용신.-지지에 삼합 반합국을 이루면 대길하다. ○인성으로 신왕하면 재가 유리
			○재왕 관왕하면 관을 용. ○관이 투출하고 지지의 도움을

		관성	받으면 관이 최선. ○투출이 아니라도 재보다 유리하면 관성이 용신. ○비겁으로 신왕하면 관 유리
	++태강 (식상 설기가 원칙)	식상	○비겁으로 일주 태강이면 기가 넘쳐 불리하니 관으로 억제하거나 식상으로 소모해야 한다. ○관이 있더라도 식상이 왕 하면 식상설기가 초선.
		관살	비겁으로 일주 태강에 식상 없으면 관살로 억제-차선.
		재성	사주에 인성이 많으면 일주가 도리어 불리하니 재를 용하여 인을 억제한다.
		종비	비겁으로 태왕한데 무식, 무관이면 종비 한다.
	+++ 극왕	종비	인비가 대부분이고 재, 관, 식상이 없으면 자연히 극 왕 일주이다. 무조건 비겁에 종하는 종격 성립
신약 (신쇠)	-신약	인수	신약에 식상과 관살이 왕하고 재가 약하면 인성 용신
		비겁	관살, 재, 식상 등이 왕 할 때 비겁이 용신
		식상	보통 신약에 관살이 왕 하면 식상으로 제살
	--태약	인수	식상이나 관살로 태약한데 인이 있으면 인성 용신
		비겁	식상과 재가 왕 하여 일주 태약하면 비겁 용신
		종세 (從勢)	태약 일주에 인, 비의 도움이 없으면 식상, 재, 관 중에서 유리한 육신에 종 한다.
	--- 극약	종아	일주 태약에 인성 없고 식상이 태과한 경우
		종재	일주 극약에 재성이 사주 대부분을 차지한 경우
		종살	일주 극약에 식상이 없고 관살이 가장 왕한 경우
		종인	사주 대부분이 인성이고 재가 없으면 종인 한다.

※참고문헌 <유방현 '명리학개론'>

■4. 용신의 희기

용신의 원칙과 작용에 있어서 용신을 생하면 길하고, 극하면 흉하다.

용신	희신	약신	기신-현상(대운의 기신도 동일)
인수	관살	비겁	재성-탐재괴인(貪財壞印)
비겁	인수	식상	관살-사면초가격(四面楚歌格)
식상	비겁	재성	인수-파료상관(破了傷官),상관상진傷官傷盡)
재성	식상	관살	비겁-군겁쟁재(群劫爭財)
관살	재성	인수	식상-제살태과(制殺太過),진 겁무민(盡法無民)

6212-2	조후용신(調候用神)

조후에 의한 용신판단은 일주가 태어난 절기와 사주의 간지를 보고 한난조습

(寒暖燥濕)에 의해 용신을 판단하는 것이다. 조후도 역시 중화의 원리이다. 즉 음양이 한쪽으로 치우쳤다면 음양의 조화가 필요하다. 음양의 조화 없이는 만물의 생성, 발육이 있을 수 없기 때문이다. 대략 20% 정도의 사주가 조후에 의한 용신 판단이 가능하다. 한난조습의 상태를 잘 살펴서 중화가 되도록 하는 것이 용신을 취하는 묘법이다.
☐1.추위를 막는 간지 ; 병, 정, 무, 인, 사, 오, 미, 술
☐2.더위를 막는 간지 ; 경, 신, 임, 계, 자, 축, 묘, 진, 신
☐3.한(寒) ; 경, 신, 임, 계, 기
☐4.난(暖) ; 갑, 을, 병, 정, 무
☐5.조(燥) ; 인, 사, 오, 미, 술
☐6.습(濕) ; 묘, 신, 유, 해, 자, 축, 진

■1. 절기(節氣)
 일단 태어난 달이 사오미월이거나 해자축월이면 우선적으로 조후가 필요하다.
☐1.또한 인월은 비록 봄철이나 아직 바람이 추우므로 조후가 필요하다.
☐2.묘진 신유술 월은 기후가 적당하므로 반드시 필요하지 않다

■2. 한난(寒暖)
 월령이 해자축 인월이고 사주에 금수, 습토가 많다면 추우니 목화로 따뜻하게 해주어야 한다.
☐1.월령이 사오미월이고 사주에 건토가 많다면 더우니 금수로 식혀야 한다.
☐2.겨울의 동(冬)목(木)은 얼어서 화(火)가 필요하다.
☐3.금한수빙(金寒水冷-금은 차갑고 물은 얼었다.)은 금생수가 어렵다. 그러므로 반드시 화가 있어야만 비로소 수를 생하고 기가 유통된다.
☐4.지지에 수(水)가 많아도 천간에 병화가 있으면 습(濕)하지 않고 지지에 화가 많아도 천간에 계가 있으면 조(操)가 되지 않는다.

■3.조습(燥濕)
 지지가 사오 인묘, 술미 조토로 이루어지고 천간(天干)이 병정 갑을 무(戊)로 되어 있으면 조(燥)하니 수(水) 진축 습(濕)토가 절실히 요구된다.
☐1.화염조토(火炎燥土-불은 뜨겁고 흙은 마르고)는 생금불능(生金不能-금을 생하지 못함)이다
☐2.여름은 불이 거세기 때문에 목화가 많을 경우 목생화가 아니라 화다목분(火多木焚)이 되어버린다. 이때 수가 있어서 윤택하게 해주어야만 목생화가 원

할하게 이루어진다.
☐3.지지가 해자신유, 축진 습(濕)토로 이루어지고 천간에 임계경신기(己)로 되어 있으면 습하니 화, 미술 조토가 필요하다.
이때 일주가 금이면 화, 조토가 절실히 필요하다.
☐4.지지에 수(水)가 닿아도 천간에 병화가 있으면 습(濕)하지 않고 지지에 화가 많아도 천간에 계가 있으면 조(燥)가 되지 않는다.

■3. 양반생(陰陽反生)의 원리
☐1.음양즉양생(陰陽卽陽生)-음기가 지극하면 양기가 생한다. ▶사주가 지나치게 추운데 천간에 떠 있는 1~2개 목화가 무기하면 오히려 금수 운으로 가야 발복한다.-(일간태왕이나 종격을 의미)
☐2.양극즉음생(陽極卽陰生)-양기가 지극하면 음기가 생한다. ▶사주가 지나치게 더운데 천간에 떠 있는 1~2개 금수가 무기하면 오히려 목화 운으로 가야 발복한다.-(역시 일간태왕이나 종격을 의미)

6212-3	통관용신(通關用神)

 오행이 서로 상극하고 막혀 있을 경우 그 사이에서 오행의 기를 유통시키는 것이다. 통관신(通關神)은 합이 되었을 경우 작용이 묶겨버리므로 통관 불능이다. 이때 충하여 합신(合神)을 풀어 줄 때 대길하다.
☐1.일주와 재관의 세력이 서로 비등하여 싸우거나, 기타 오행이 없거나 약하면 통관해야 한다. 약 3~5%의 사주가 통관용신이다.-(●-50 실제사주 참조)
☐2.일주와 재의 힘이 비등하고 타 오행이 없거나 약한 상태에서 일주가 득령(得令) 하면 식상으로 통관해야 한다.-(겁재통관, 겁생식상)
☐3.일주와 관살의 힘이 비등하고 타 오행이 없거나 약하면 인수로 통관하는 것이 아름답다.-("2-2"의 신약의 살인 관인상생. 신강-살인 관인상생. 참조)
☐4.사주 내에 통관신이 없으면 행운에서 오기를 기다려야 한다.

6212-4	병약용신(病藥用神)

 사주 내의 오행 중 지나치게 많거나 또한 없느니만 못한 것은 병이 된다. 이 병을 제거시켜 약이 되는 오행을 용신으로 삼는 것을 병약용신(病藥用神)이라 한다. 가령 목일주가 수왕절인 해자월에 출생하여 부목지상이 되면 수가 병인데 사주 내에 토가 수를 제거하면 토가 약으로 용신이 된다.

☐1.용신지병(用神之病)은 사주에 필요한 용신을 충, 극하여 괴롭히는 오행은 용신지병이 되는데, 이때 병이 되는 오행을 극제하여 용신을 구하는 오행은 약신(藥神)이 된다.
☐2.행운에서도 용신을 극하는 운을 만나면 용신지병 운이 된다. 병이 되는 지병을 제거시켜주는 오행이 약(藥)용신이며 사주 내의 병을 제거시켜주는 운을 만나면 약운(藥運)이 되어 길하다. 반대로 병이 되는 오행을 생해주는 오행이 왕할 때는 건강, 재물 등 모든 일이 흉하다.
☐3."유병(有病)이고 유약(有藥)이면 방위기(方爲貴)"라 병이 있어도 귀하니 만약 상함이 없다면 평범하고 병이 있는데 제거(사주 원국 또는 운에서)되면 재물과 명예가 스스로 따른다.

6212-5	전왕용신(專(旺用神)

 전왕용신이란 사주팔자의 구성이 일간과 같은 동일 오행으로 구성되었거나 인성이나 비겁으로 구성되어 그 왕한 세력을 따라가는 것을 말한다. "2-2"의 전왕격 및 종격, 일간태왕(가종격)"을 참고 하시라.

6-2-2	격국(格局)
6-2-2-1	격국의 종류

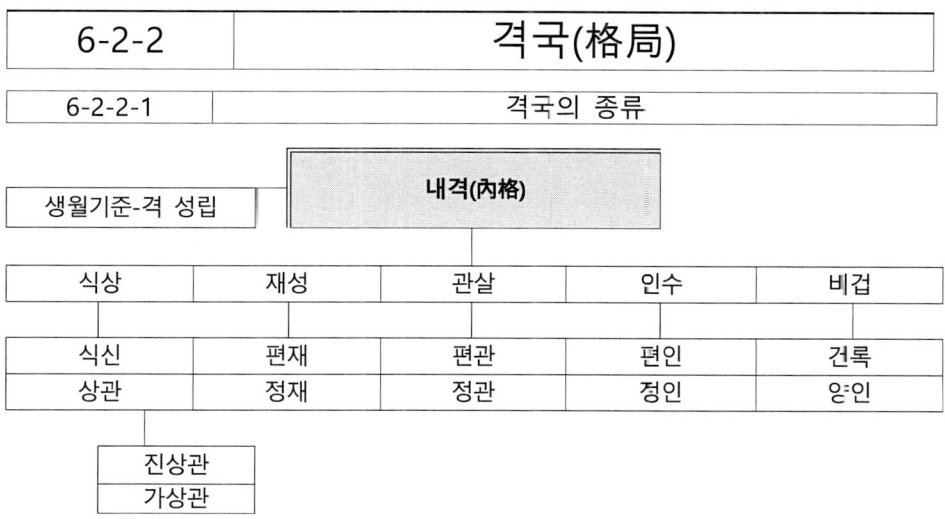

※ 참고문헌 <유방현 '명리학개론'>

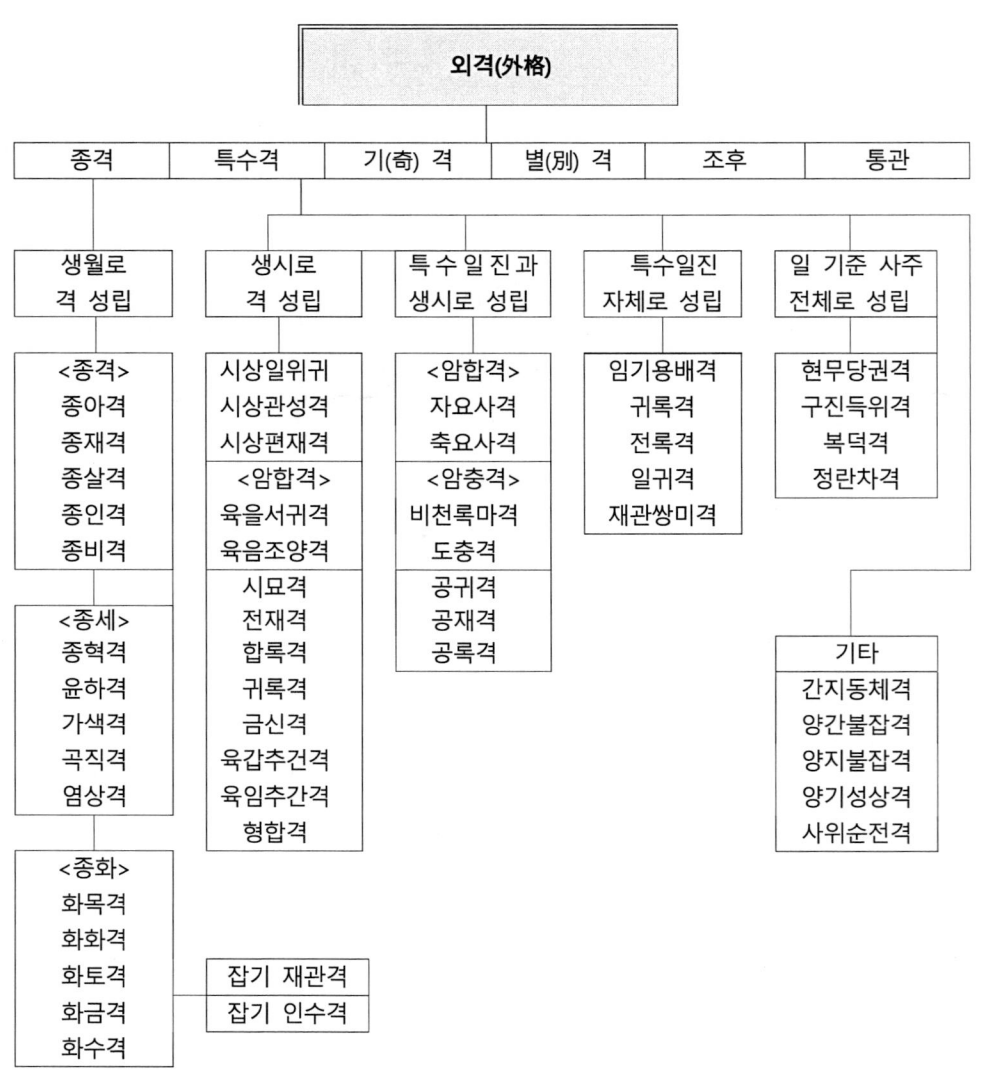

※ 참고문헌 <유방현 '명리학개론'>

| 6-2-2-2 | 격국이란? |

사람은 누구나 성과 이름이 있듯이 사주에도 성이 있고 이름이 있다. 성씨는 가문이요 혈족이니 근본이요 뿌리가 되고 이름은 개인의 호칭대명사이니 싹이요 줄기요 가지요 꽃이요 열매라 하겠다. 이와 같이 사주에도 사람과 같이 명칭이 있으니 이를 격국(格局)이라 한다. 그러므로 일간인 이름과 월지의 성이 합성하여 사주의 근본, 기반이 되니 비로소 한 인간이 어떤 형상으로 구성되었으며 어떤 구격의 형태로 형국을 이루었는가를 가늠하여 정하는 것이다.

격국은 사주의 그릇이며 틀이다. 커다란 그릇 안에는 수가지 물건들이 담길 수 있고 또 무엇을 담아 두느냐에 따라 그릇은 각각 다른 역할을 한다.

또 격국은 사람에게 있어 체질과도 같다. 같은 병이라도 체질에 따라 각기 다른 처방을 하듯 사주도 어느 격이냐에 따라서 다른 작용을 하게 된다. 즉 사주의 격국에 따라 용신도 다르게 결정되는 것이다.

| 6222-1 | 격의 분류 |

'이석영' 선생은 『사주첩경』4권에서 아래와 같이 격을 분류하였다.

■1. 생월로 구성되는 격
육격과 팔격 그리고 십격은 내격에 속한다.
□1.육격-인수와 재성은 길신으로 장편을 나누지 않는다. 그래서 육격이다.

| 정관격 | 편관격 | 식신격 | 상관격 | 재격 | 인수격 |
| (正官格) | (偏官格) | (食神格) | (傷官格) | (財格) | (印綬格) |

□2.팔격-육격의 인수와 재성을 정(正)·편(偏)으로 나누면 팔격이 된다.

| 정관격 | 편관격 | 식신격 | 상관격 | 정재격 | 편재격 | 정인격 | 편인격 |
| (正官格) | (偏官格) | (食神格) | (傷官格) | (正財格) | (偏財格) | (正印格) | (偏印格) |

□3.건록격(建祿格)과 양인격(陽刃格)을 합쳐서 십격(十格)으로 분류되기도 하는데 실질적으로 가장 많이 활용된다.
□4.종격(從格), 종세(從勢), 종화(從化)-잡기재관격(雜氣財官格), 잡기인수격(雜氣印綬格)이 있다.

■2. 생시로 구성되는 격

시상일위귀격(時上一位貴格)	시상관성격(時上官星格)	시상편재격(時上偏財格)
귀록격(歸祿格)	금신격(金神格)	육을서귀격(六乙鼠貴格)
육음조양격(六陰朝陽格)	시묘격(時墓格)	육갑추건격(六甲趨乾格)
형합격(刑合格)	육임추간격(六壬趨艮格)	합록격(合祿格)
전재격(專財格)		

■3. 특수일진을 기준하여 생시로 구성

자요사격(子遙巳格)	축요사격(丑遙巳格)	비천록마격(飛天祿馬格)
공록격(拱祿格)	협구공재격(夾丘拱財格)	

■4. 특수일진 자체로 구성

전록격(專祿格)	일귀격(日貴格)	일덕격(日德格)
괴강격(魁罡格)	임기용배격(壬騎龍背格)	재관쌍미격(財官雙美格)
일인격(日刃格)		

■5. 일주기준 사주전체로 구성

곡직격(曲直格)	염상격(炎上格)	가색격(稼穡格)
종혁격(從革格)	윤하격(潤下格)	정란차격(井欄叉格)
현무당권격(玄武當權格)	구진득위격(句陳得位格)	복덕격(福德格)
종재격(從財格)	종살격(從殺格)	종아격(從兒格)
종강격(從強格)	종기격(從氣格)	화기격(化氣格)

■6. 일주와 관계없이 사주전체로 구성

천원일기격(天元一氣格)	지지일기격(地支一氣格)	간지동체격(干支同體格)
오행구족격(五行俱足格)	팔자연주격(八字連珠格)	양간부잡격(兩干不雜格)
순중부잡격(旬中不雜格)	오합취집격(五合聚集格)	지지공협격(地支拱夾格)
천간순식격(天干順食格)	사위순전격(四位純全格)	천지덕합격(天地德合格)
일기위근격(一氣爲根格)	지지연여격(地支連茹格)	

이석영 선생의 『사주첩경』은 "위의 격들은 사주에 관성(官星)이 나타나 있지 않음에도 불구하고 벼슬하는 사람들이 많으니 도대체 어디에 관성(官星)이 있어서 벼슬하게 되었는가? 라는 의문점에서 시작하여 관성(官星)을 재성(財星)을 충래(沖來)케 하여 맞춘 격이다. 고로 정격(正格)을 위주로 하되 참작하여야 할 뿐이다."라고 말하고 있다.

그리고 "위의 격들은 사주가 귀격(貴格)일 때 그 귀기(貴氣)를 더할 뿐이고, 천격(賤格)에 있어서는 큰 의미가 있는 것은 아니다"라고 나온다.

그러나 이 말은 반은 맞고 반은 틀리다. 꼭 문자이자 기호인 "관"만 직업(벼슬)이 아니다. 모든 사주의 '희노애락'은 모든 기호의 조화와 조합에서 발생한다. "적천수천미"의 하지장을 보시라.[1087)

| 6222-2 | 십정격(十正格) 선정의 원칙 |

십정격이란 위에서 공부한 "격의 분류"에서 정관 편관 식신 상관 정재 편재 정인 편인 팔격에 견록격과 양인격을 더한 것을 말한다.

상신에 대한 언급이 없는 용신과 격은 우리책의 1,2,3-적천수용법을 의미한다. 십정격은 자평용법인데, 오늘날 용법과 용어의 구별이 없어 공부하는데 혼란이 일어난다. 자세한 설명은 "3권 3-2-1-2 성격(成格)"을 참조하시라.

■1.월지의 지장간(地藏干)에서 투출된 천간을 격으로 정한다.
□정기가 투출(投出)되어 있는 것을 격으로 정한다.
□정기 투출(投出)이 없으면 중기가 투출(投出)되어 있는 것을 격으로 정한다.
□정기 중기 투출도 없으면 초기가 투출되어 있는 것을 격으로 정한다.

■2.초 중 정기 모두 투출되지 않았다면 월지의 정기로 격국을 정한다.
□오행의 세력이 강한 쪽을 선택하기도 하나 몇몇을 제외하고는 월지 자체가 가장세력이 강하기 쉽다.

■3.월지가 자오묘유인 경우는 그 정기 오행의 육신으로 격국을 정한다.
■4.월지가 일간의 비견일 경우는 건록격, 겁재일 경우는 양인격이라 한다.

[1087) 3장 들어가기 2-3 ■3『적천수천미』「하지장(何知章)」

| 6-2-2-3 | 내격(內格) 론 |

 여기서 소개되는 내격은 전통적인 월지를 격으로 하고 있다. 그러나 YVWQ에서는 앞서 언급하였듯이, 월지가 아닌 투출한 천간을 중심으로 격이 이루어진다. 다만 격의 성립에 집중하지 말고 격의 성격에 대해서 공부하는 장으로 활용하기를 권한다.

| 6223-1 | 건록(建錄) 격 |

 건록격이란 일간과 월지가 같은 오행이고 음양도 같은 경우를 말한다. 즉 갑일주는 인 월, 을 일주는 묘 월과 같은 형태이다. 나머지는 육신의 건록과 같다.

| 6223-2 | 양인(羊刃) 격 |

 양인 격은 비겁과 같이 일간과 월지의 오행이 같으나 음양이 다른 경우가 된다. 갑일간이 묘 월, 을일간이 인 월에 태어난 경우다,
 을 일간처럼 음일주인 경우를 제외하고 갑일간이 묘 월생, 병일간이 오 월생, 무일간이 오 월생, 경일간이 유 월생, 임일간이 자 월생인 경우만 양인격으로 본다. 나머지는 육신의 겁재와 같다.

| 6223-3 | 식신(食神) 격 |

 일간이 월지를 생하되 음양이 서로 같은 경우를 식신이라 하고 이러한 사주를 식신격이라 한다. 나머지는 육신의 식신과 같다.

| 6223-4 | 상관(傷官) 격 |

 상관격도 식신 격과 같이 일간이 생하는 월지의 경우를 말하는데 다만 그 음양이 다를 뿐이다. 따라서 갑 일주는 오월, 을 일주는 사월이 된다. 나머지는 육신의 상관과 같다.

| 6223-5 | 편재(偏財) 격 |

 일간이 월지를 극하되 음양이 같은 것이 음 일간에 음 월지, 양일간에 양월지

로 같게 되면 편재 격이다, 나머지는 육신의 편재와 같다.

| 6223-6 | 정재(正財) 격 |

 일간이 일지를 극하고 음양이 서로 다른 사주를 말하니 갑일간은 축, 기월 을일간은 진, 술 월에 =하는 것과 같은 형태를 정재 격이라 한다. 나머지는 육신의 전재와 같다.

| 6223-7 | 편관(偏官)격 |

 일간을 극하는 오행이 월지에 있고 음양이 같으면 편관 격이라 한다. 즉 양일간에 양 월지, 음 일간에 음일주가 편관이 되니 갑일간은 신월, 을일간은 유월에 태어난 것과 같은 형태이다.

| 6223-8 | 정관(正官)격 |

 일간을 극하는 오행이 월지에 있고 음양이 서로 다른 사주를 말한다. 즉 갑일간이 유월, 을일간이 신월에 태어난 형태이다. 나머지는 육신의 정관과 같다.

| 6223-9 | 편인(偏印) 격 |

 편인격은 일간을 생해주는 오항이 월지에 있고 음양 같으면 성립된다. 따라서 갑을간은 해월, 을일간은 자 월에 태어난 것과 같은 형타가 되면 편인 격이다. 나머지는 육신의 편인과 같다.

| 6223-10 | 인수(印綬)격 |

 일간을 생해주는 오행이 월지에 있고 음양이 서로 다르던 성립된다. 갑일간은 자월, 을일간은 해월에 태어난 것과 같은 형태가 되면 인수격이라 한다. 나머지는 육신의 정인과 같다.

6-2-2-4	외격(外格)론

■1. 외격의 정의
 보통의 격국이 아닌 특별한 의미와 성격을 갖추고 있는 격을 말한다. 내격이 아닌 격이 외격이다. 내격에 대한 상대적인 격국으로 편(偏)격, 변(變)격, 난(難)격, 변칙(變則) 등이 있다.

■2. 외격의 해석과 기준
☐외격의 성격에 따른 원칙에 의하여 판단한다.
☐외격의 성립이 되기 위한 조건을 충족하였는지를 일단 확인 하고 그에 적합한 원칙과 특성에 준하여 판단하여야한다.

6224-1	전왕(專旺)격

●=1	곡직격(曲直格)

☐1.곡직격의 특성과 용신의 희기

일간	갑을	용신	목-갑을 인묘
지지	해묘미 삼합, 인묘진 방합	희신	수-임계 해자, 화-병정 사오
		기신	금-경신 신유, 토-무기 진술축미

☐2.곡직격이란 갑을일생이 지지에 해묘미 삼합이나 인묘진 방합으로 되어 있고 전지지가 모두 동방일편 수기의 목 국으로 구성된다. 나머지는 오행의 목과 같다.

●=3	염상격(炎上格)

☐1.염상격의 특성과 용신의 희기

일간	병정	용신	화-병정 사오
지지	인오술 삼합, 사오미 방합	희신	목-갑을 인묘, 토-무기 진술축미
		기신	수-임계 해자, 금-경신 신유

☐2.염상격이란 병정일생이 지지에 인오술 삼합이나 사오미 방(方)합(合)으로 되어 있고 전 지지가 화(火)국으로 형성된 경우를 말한다. 나머지는 오행의 화와 같다.

●=3 가색격(稼穡格)

☐1.가색격의 특성과 용신의 희기

일간	무기	용신	토-무기 진술축미
지지	진술축미	희신	화-병정 사오, 금-경신 신유
		기신	목-갑을 인묘], 수-임계 해자

☐2.가색이란 무기일성이 지지에 진술축미이거나 사오미월에 전국이 토로 되어 있으면 성립된다. 단 일점의 목 관살이 없어야 하며 진술축미월중 미월만 기한다. 미는 정화가 암장되어 있고 하(夏)월 염천지토(念天之土)로 화염토조(火炎土燥)가 되어 가색지공(稼穡之功)을 거두기 어렵기 때문이다.

하지만 미월에 출생 하였어도 지지에 사유축 금국이 있으면 가색격은 불용이나 토왕호설정금(土旺好泄精金)으로서 가상관(假傷官)격으로 위용하게 되어 대길한 사주가 됨으로 근본상황을 잘 살펴야 한다. 나머지는 오행의 토와 같다.

●=4 종혁격(從革格)

☐종혁격의 특성과 용신의 희기

일간	경신	용신	금-경신 신유
지지	사유축삼합, 신유술 방합	희신	수-임계 해자, 토-무기 진술축미
		기신	화-병정 사오

☐1.종혁격이란 경 신일생이 지지에 사유축 삼합, 신유술 방합으로 금국을 이룬다. 단 천간지지에 병정사오가 없어야 성립된다.

☐2.혁(革)이란 '고친다. 다시 한다. 또는 가죽과 같이 벗겨낸다.'는 뜻이다 즉 경신(更新)이란 뜻으로 통하며 혁신, 변혁의 의미가 포함 되어 있어 경신(庚辛)의 원의(原義)로서 금의 성질을 나타내기도 한다. 나머지는 오행의 금과 같다.

●=5 윤하격(潤下格)

☐1.윤하격의 특성과 용신의 희기

일간	임수	용신	수-임계 해자
지지	신자진 삼합, 해자축 방합	희신	목-갑을 임묘, 금-경신 신유
		기신	화-병정 사오, 토-무기 진술축미

☐2.윤하격이란 임계월생이 지지에 신자진 삼합이나 해자축 방합으로 금국을 이루고 있으면 성립된다. 나머지는 오행의 수와 같다.

| 6224-2 | 종(從)격 |

■1. 종격의 성립 요건
"양간은 기에 순응하여 따르고 음간은 세력을 따른다.-오양종기불종세(五陽從氣不從勢) 오음종세무정의(五陰從勢無精義)" 적천수에 나오는 말이다.

위와 같은 법칙에 의하면 양간의 경우는 기인 계절 즉 득령(得令)을 얻으면 종할 수 없다. 그러나 우리 책은 실제(3배수 참고)[1088] 그렇지 않다.

□1.득령(得令)을 득했다는 것은 월지의 본기가 일간의 오행인 경우를 말한다. 월지의 본기를 이르는 말이다 그리고 천간에 투출하여 월지에 통근한 경우는 월령이라 한다. 예를 들어 양간인 임수 일간이 자월에 태어났다고 하면 이는 수의 계절인 겨울에 태어나 득령을 득한 경우로 계절을 얻어 종(從)할 수 없다

□2.그러나 음간인 경우 세력에 잘 따르고 정의가 없는 것으로 득령을 득하더라도 나머지 세력에 따라 종할 수 있게 된다.
예로 음간인 신금일간이 유월에 태어나서 득령을 득했다 하더라도 일간을 생조(生助)하는 통근한 인성의 조력이 없고 일간의 기를 누출해가는 식상이 세력이 강하면 종격으로 성립된다.

■2.양간의 경우 지지에 통근한 인성이 투출하여 있으면 종하지 않는다.
□1.양간 ▶양간이 득령을 득할 경우 종격이 성립되지 않는다. ▶양간이 득령을 잃더라도 허약한 인성의 생조를 받으면 종격이 성립되지 않는다. ▶양간이 득령을 잃고 허약한 인성의 조력마저 잃는다면 종격은 성립된다.

□2.음간 ▶음간이 득령을 얻어도 통근하여 투출한 인성의 조력이 없다면 종격이 성립된다.
▶음간이 통근하여 투출한 인성의 조력이 있으면 종격이 성립되지 않는다.
▶이처럼 인성의 유무 형태는 종격을 판별하는 중요한 요소가 된다.
▶음간, 양간을 막론하고 종 하려는 천간의 세력이 상극으로 구성되어 있으면 종이 성립되지 않는다. 예를 들어 명식(命式)이 음간으로 득령을 득하지 못하고 투출한 인성의 조력이 없을 경우 식, 재. 관으로 종할 수 있으나 식상과 관성만 공히 투출하여 서로 상극으로 대립하면 종할 수 없다.

[1088] 1-5-4-1 ●=1 ■2 □2 그러나 종 대상이 일간과 천간 인수와의 합산보다 3배수 이상이면 종한다.

▶이는 서로 종하는 세력을 막아 어느 곳으로도 종할 수 없기 때문으로 즉 식-재, 재-관의 형태로 구성되어야 하며 식-관의 살극으로 구성되면 종할 수 없다.

□3.신강의 종격일 경우 일간이 무근하면 종할 수 없다.
이는 일간이 무근하여 태약 할 경우와 근이 훼손되어 상한 경우를 말한다. 일간이 크게 허약하면 자신을 생하는 인성조차 받아 들이기 힘들게 된다. 그래서 인성마저 부담스럽게 되어 오히려 그것을 기피하기 때문이다.
별격(別格)의 체계에 들어가는 모자멸자(母慈滅子)의 경우가 되기 때문이다.

□4.적천수 통천(通天)론에 "오양개양병위최(五陽皆陽丙爲最)" 이는 다섯 가지 양간이 모두 양이지만 그 중 가장 양적인 것은 병화라는 말이다.
병화는 양간 중 그 속성이 가장 강열한 것으로 그 자체로서의 자립심이 상당히 강열하다. 그렇기 때문에 지지 어느 한 곳에 통근하기만 하면 좀처럼 종하지 않게 된다. 하지만 일간 병화가 통근한 지지가 충으로 훼손될 경우 종할 수 있게 된다.

●=1   종왕(從旺) 격

□1.종왕격의 구성과 희기

월지	비겁, 인성	용신	비견, 겁재
전지지	비겁, 인성	희신	인성, 식상
		기신	재성, 관성

□2.종왕격이란 지지가 모두 비견과 겁재로 국을 이룬 것으로 성립된다.
천간에 관살이 있으면 다격이다. 그러나 인수가 1~2개 섞여 있는 것은 문제가 되지 않는다. 나머지는 육신의 비겁과 같다.

●=2   종아(從兒) 격

□1.종아격의 구성과 희기

월지	식신, 상관	용신	식상, 상관
전지지	식상 합국, 식상 방합국	희신	비겁, 재성
		기신	관살, 인수

□2.종아격이란 월지에 식신이나 상관이 있고 식상이 합극이나 방합을 이루고 천간에 인수나 비겁이 있어도 일주에 전혀 도움이 되지 않을 때 성립된다. 나머지는 육신의 식상과 같다.

●=3　　　종재(從財) 격

□1.종아격의 구성과 희기

월지	편재, 정재	용신	편재, 정재
전지지	재성합국, 재성방합국	희신	식신, 상관
		기신	비겁, 인수

□2.종재격이란 월지에 편재와 정재가 있고 재성이 합국이나 방합을 이루고 천간에 인수나 비겁이 있어도 일주에 아무런 영향을 주지 않으면 성립된다. 나머지는 육신의 재성과 같다.

●=4　　　종살(從殺) 격

□1.종살격의 구성과 희기

월지	편관, 정관	용신	편관, 정관
전지지	관살합국, 관살방합국	희신	편재, 정재
		기신	식상, 인비

□2.종살격이란 월지에 편관이나 정관이 있고 관살이 합국 되거나 관살 방합국을 이루고 천간에 인수나 비겁이 있어도 일주에 전혀 영향이 미치지 않을 때 성립된다. 나머지는 육신의 관살과 같다.

●=5　　　종인(從印) 격

□1.종인격의 구성과 희기

월지	편인, 정인	용신	편인, 정인
전지지	인수합국, 인수방합국	희신	비겁, 관살
		기신	식상, 재성

□2.종인격이란 월지에 편인이 있고 전지지(全地支)가 인수합국이 되거나 인수방합국이 되고 식상이나 재성이 없을 경우이다.

　인수격은 순수하게 인수격으로 구성되어야 길격이 되는데, 만약 인수 국이 부실하면 풍류지객에 불과하다. 나머지는 육신의 인성과 같다.

6-3	행운 궁합 직업

6-3-1	행운(行運)

□1.『삼명통회』논대운(論大運) -명나라
　만민영(육오)은 『삼명통회』에서「대운이 천간에 있다면 지지도 함께 쓰며 지지에 있다면 천간은 버린다.」하였다.
□2.『명리정종』-명나라
　장남(신봉)은 『명리정종』에서「천간이 지지를 극할 수 없고 지지가 천간을 극할 수 없다. 천간은 천간끼리 지지는 지지끼리만 생극 할 수 있다.」하였다.
□3.그러나 이는 만민영과 장남이 천간과 지지가 서로 감응하는 것, 즉 천복지재(天覆地載)1089)를 간과한 서술이다.

□4.이러한 행운의 해석이 명나라 『연해자평』이후 자평법에 오면 아래와 같이 변한다.-(참조, '3-1-1 명리고전에서의 행운(行運)')

1	『연해자평』「논대운(論大運)」	행운 해석의 기초적 자료 제공
2	『명리약언』「간운법(看運法)」	대운 10년을 나누지 않는 해석의 방향 제시
3	『적천수』「세운(歲運)」	원국과 행운의 생극관계로 희기 구별
4	『적천수천미』개두(蓋頭) 절각(截脚)	개두와 절각에 따른 반감의 기법 서술
5	『자평진전』「논행운(論行運)」	희기의 파격과 성격을 구체적으로 나열

□4.결론부터 말하자면 『명리약언』에 "상하의 간지가 함께 10년씩을 관장하는 것이 옳으며,"라고 나온다. 그리고 이 원칙은 더욱 발전하여 지금에 이르게 된

1089) 3-2-10-2 ●=7 천복지재(天覆地載.천간으로 덮어주고 지지는 실어서 뿌리내리게 함)

다.
□5.그리고 위 도표는 원국과 대운과 태세의 천지가 중화를 이루는 내용이다. 그러나 여기 전해 오는 이야기들은 겨우 두 글자 대운만을 논하고 있다.

| 6-3-1-1 | 대운(大運) |

 대운은 과거, 현재와 미래를 알아볼 수 있는 시공간(時空間)이다. 대운으로 10년의 운세를 본다. 태양의 흑점이 10년 주기로 크게 변화한다는 설에 근거하고 있다는데 확인할 방법은 없다.
 사주원국이 배라면 대운은 고요의 바다나 풍랑의 바다가 된다. 사주가 자동차라면 대운은 도로에 비유된다. 중화되고 좋은 성능의 자동차가 평탄한 고속도로를 흐르는 것과, 중화되지 못하고 부실한 자동차가 흐름이 험한 비포장도로를 달리는 것은 인생의 행로에 있어서 효율성과 비효율성의 차이가 크다고 전해 온다.

| 6311-1 | 대운의 흐름과 대운수 |

| ●=1 | 순행과 역행 |

대운은 흐르는 방향에 따라 순행과 역행이 있다.
■1) 연간이 양남음녀인 사람은 순행하고
■2) 음남양녀는 역행한다. 역행과 순행의 기준은 태생 연간의 음양에 있다.
■3) 대운 시작은 월주다. 월주오행의 순서상 전 후 간지가 첫 대운이 된다.
□대운은 월주에서 파생되니 어머니한테 받는 선천궁이 된다. 즉 큰 운이다.
□대운은 지지를 중요시한다. □대운과 대운 오행은 공망(空亡)이 없다.

 ■4) 첫 대운부터 시작하여 5번째 대운 천간이 월간과 합이 되고, 6번째 대운 지지는 월지와 충이 된다.

| ●=2 | 대운수(大運數) |

『연해자평』「논기대운법(論起大運法)」에 "양남음녀는 순행으로 세어서 미래절에 이르고 양녀음남은 역행으로 세어서 과거절에서 그친다. 모두 3일로 끊고 나누어서 일세를 정한다."[1090]라고 나온다.

1090) 범기대운 구종소생지일 양남음녀 순행수지미래절 양녀음남 역행수이과거절 구절도삼일이위일세
 (凡起大運 俱從所生之日 陽男陰女 順行數至未來節 陽女陰男 逆行數已過去節 俱折㪺三日以爲一歲)

■1) 대운 수는 대운의 흐름이 시작되는 나이를 밝히는 법칙이다.
□순행대운-생일 직후 절입(節入)일까지의 남은 날짜를 3으로 나눈 수
□역행대운-생일 직전 절입(節入)일까지의 경과 날짜를 3으로 나눈 수이다.
□날짜수를 3으로 나눈 후 나머지가 1이면 버리고, 2이면 나눈 수에 1을 더해 대운수를 정한다.
□정확하게 생일 및 절입(節入)일의 시간까지를 계산해야 하나 보통은 생일을 가산하면 절입일을 빼고 생일을 빼면 절입(節入)일을 가산하여 사용한다.
□대운수가 표시된 만세력을 활용해 왔으나 요즘은 사주 앱을 많이 사용한다.

■2) 대운의 나이는 태어나면 1살이 시작되는 한국 나이를 사용한다. 동양에서의 시작은 0이 아니라 1에서 시작하기 때문이다. 없다가 생겨나면 1이 되고 새해가 시작되면 1살을 더 먹는다.

●=3   사주 힘의 크기

힘의 크기로 보자면 사주원국>대운>세운>월운>일운의 순이다
■1) 사주원국-기질, 성격, 자원, 소질
□부모, 혼인, 자녀, 직업, 취미 등 전 생애에 걸쳐서 관계되고 유지된다.

■2) 대운(몇 년이 걸리는 장기적 계획)-학위 국가고시 자격증 민사소송 등
□10년마다 바뀌는데 천간5, 지지 5년으로 나누거나 나누지 않을 수도 있다.
□우리 책 YVWQ는 나누지 않는다. 개두절각의 원리를 참고하시라.[1091]

■3) 지지의 대운은 지장간의 비율로 세분화 할 수도 있다.-(실제 활용 안 함)
□초기-1년, □중기-2년, □정기-2년, □지장간 2개인 지지는 초기-2년, 정기-3년

■4) 세운은 한 달 이상 일 년 이내에 끝나는 일-창업, 폐업, 이직, 이사 등
□연운은 매년 바뀐다. 구체화된 사건, 몇 달의 단기적 고민은 세운일 수 있다.

■5) 월운은 매달 바뀐다. 절기마다 바뀌는 일이나 하루 이상 한 달 이내에 끝나는 일이 월운에 해당된다.
■6) 일운은 매일 바뀐다.(=일진) 하루 일이며 다음 날에 영향을 주지 않은 일

● 간명의 원리

[1091] 3-1-1-4 ●=1 개두(蓋頭) ●=2 절각(截脚)

○행운에서 일어나는 운은 그 순간이 지나면 본래의 명(命)으로 환원됩니다. 그러나 행운에서 얻어진 삶의 어떠한 계기(契機) 즉 시퀀스는 계속되고 다음 삶으로 이어집니다.

6311-2 대운의 해석

여기는 앞서 공부한 『자평진전』과 『명리약언』의 "상하의 간지가 함께 10년씩을 관장"하는 것을 반영하지 않은 일반적인 서술이다. 다만 사주명리 역사와 발전과정에 있어서 하나의 참고자료가 될 수 있기를 기대한다.1092)

●=1 천간 5년, 지지 5년

■1) 천간 지지의 오행을 5년씩 10년을 간명하되 춘하추동 계절은 관계치 않고 개체적으로 일어나는 오행의 형상과 육신을 본다.
□인성 운이 오면 주위의 도움, 재산-문서, 공부-수양 등으로 통변한다.
□비겁 운이 오면 신체건강, 형제의 도움, 손재 발생한다.
□식상 운이 오면 활동력, 자식(여), 실직을 통변한다.
□재성 운이 오면 활동 공간, 재물과 여자, 건강 등이 발생된다.
□관성 운이 오면 사회제도-금전, 직업, 자식(남), 남편에 관한 일이 발생한다.

■2) 조후와의 관계
□한습(寒濕)할 때 동, 남방으로 조후하면 신상이 좋아진다고 할 수 있다. 그러나 조후(調候) 자체보다 좋아진 인상(인심)이 재물에 영향을 미칠 수 있다.
□한습한데 재(財)가 금이라면 봄과 여름은 처와 재물인 금(金)을 녹여버리니 상처와 손재의 운이 된다.

■3) 지지는 매년마다 고정이다. 그래서 매번 바쁜 달은 해마다 바쁘게 된다.
□형충파해가 오면 길흉이 바뀐다.
□육신이 합, 형충 되면 변화가 일어난다.-(비겁-형제의 일, 재성-이성 재산의 일)
□인체에 영향이 나타난다.-(자를 충하면-신장 방광에 이상-꼭 그렇지 않다.)
□천간과 지지의 대운이 끝날 무렵에 변동이 일어난다고 전해진다.

■4) 갑오 대운이라면
□갑목 천간 5년은 생육과 성장에 관한 일이 일어나고, 금이 재성이면 재물에 관한 일이 일어난다.-(갑은 생육 성장)

1092) 2-1-3-2 ●=3 ■3 □1 3) 3)"서락오" 선생께서 행운의 원리를 모르고 이렇게 설명하고 있는 것이 아닐 것이다. 그분이 이를 모르리가 없다.

○오화 지지 5년은 새로움에 대한 욕구가 일어나고, 화가 인성이라면 문서나 학문에 관한 일이 일어난다.-(午는 새로운 변화 변성)

■5) 글자의 뜻대로 간명할 수도 있다.
○인 대운에 승진 출세한다.-인은 호랑이 위엄, 인중 무토는 세상, 위엄 있는 세상으로 나아감.
○인 대운에 쉬어간다.-호랑이가 인중 병화의 햇살에 졸고 있다.
○오 대운에 경마 한다.-午는 말, 午의 지장간 중 기토는 좁은 경기장.

■6) 그러나 이러한 해석은 허무하다. 위 갑오대운도 아래 인 대운에도 일주와 월령등 사주의 배합과 순도에 근거를 두지 않았다.

| ●=3 | 대은 간지의 강약 판단 |

○1.대운과 원국의 상생상극 결과로 강약을 판단하는데 대운은 지지를 더 중요시한다.-(설기 충 극-흉, 생 합-길)

	1	2	3	4	5	6	7
천간생극결과	↓길	흉	길	생↓	생↓	극	극↓
지지생극결과	1)극↑	생↑	생↑	길	흉	흉↑	길
길흉판단	吉減	무해	더욱吉	대길	대흉	凶滅	소길
일의 시작	O	O	X	O	O	X	X
일의 결과	X	X	O	O	O	X	X	O

○2.위 도표를 다시 설명하면 아래가 된다. 원국 지지로 기운(생조)이 모이고 지지가 강할수록 좋다. 여기에는 간여지동(지생천)1093)과 개두절각1094)의 원리가 들어 있다.

1 1)	천간이 길해도 지지끼리 극하면 / 천간이 길해도 지지가 극하면	길이 사라진다.	시작 좋고 결과 나쁘고
2	천간이 흉인데 지지에서 생하면	무해(無害)하다	시작 나쁜데 결과 좋고
3	천간이 길인데 지지에서 생하면	더욱 길하다	시작 나쁜데 결과 좋고
4	지지 길인데 천간이 생하면	대길하다.	시작 좋고 결과도 좋고
5	지지 흉인데 천간이 생하면	대흉하다.	시작 좋고 결과 나쁘고
8	지지-흉, 천간끼리-극. 흉 덮어 짐	무덤덤한 일상	시작 결과 나쁨
7	지지 길인데 천간이 극하면	소길 하다.	시작 나쁜데 결과 좋고

○3.용신의 기세가 순하고 생시가 기운을 얻고 있으면 대운의 기운이 빠르고

1093) 3-2-10-2 ●=7 "간여지동(干如支同간지동체, 간지겹인)"
1094) 3-1-1-4 ●=1 개두(蓋頭) ●=2 절각(截脚)

반대로 용신이 무기하고 생시의 운이 쇠하면 운세가 흉하다.
☐4.역행대운은 변화의 조짐이 한두 해 빠르고 순행대운은 변화의 조짐이 제때 일어나는 편이다.

> ● 간명의 원리
> ○1.내용을 보면 이해는 가는데 실제 간명에 적용하기가 쉽지 않습니다.
> ○2.만약 YQ-3를 사용할 경우 여기의 내용을 통변으로 활용하면 도움이 됩니다.

●=4 간지의 동(同) 충(沖) 합(合)

일주와 충(沖) 합(合)의 결과로 강해지거나 약해지는 변화가 중요하다. 일주 외에 희용신이나 생의 주기에 따라서 다른 주와도 대조할 수 있다.

■1) 간지합(干支合)
☐일주의 간지와 행운의 간지가 서로 합하는 것을 말한다.(갑인-기해, 을사-경신)
☐합과 합화의 결과가 중요하다.(흉, 길신의 작용 증감에 따라 결과가 달라진다.)

■2) 간충지합(干沖支合)
☐일주의 천간을 행운에서 충하고 지지는 합이 되는 것을 말한다.-(갑술-경인)
☐시작은 나빠도 결과는 좋다.-(사주 내에 충이 많으면 편안한 날이 없음)

■) .간지동(干支同)
☐신강에서 일주가 경자라면 행운(行運)에서 경자가 오는 것을 말한다.
☐구설, 누명, 시비, 반목, 중상모략, 사기, 이동 이사 전직 전업, 유혹, 손재 발생
☐육친과 분리, 처액이나 처와 애정문제 발생한다.
☐되는 일도 안 된다. 주인 둘이니 배가 산으로 간다. 비견 용신이면 발복한다.

■4) 간충지충(干沖支沖)
☐일주 간지를 행운에서 충하는 것을 말한다.(갑인-경신, 병오-임자, 정사-계해)
☐신약은 피해가 더 크다. 필사적 투쟁으로 자신의 역량을 극대화하나 관재구설, 도난, 횡액, 교통사고 질병 등 발생한다.
☐시작도 결과도 나쁘다. 부모, 자식, 배우자에게 비운(悲運), 흉액(凶厄)이 따른다.

■5) 간충지동(干沖支同)
☐행운과 천간끼리 충하고 지지는 동일한 경우를 말한다.-(갑인-경인, 경술-병술)
☐계획이 무너지나 결과는 오히려 좋다.(허무한 꿈-실현 불가능, 의외의 결과)

■6) 간동지충(干同支冲)
□행운간지와 일간이 동일, 일지와 충하는 것을 말한다.-(갑인-갑신. 경오-경자)
□계획대로 안 되고 손실이 많다.-겉과 속이 다르니 생각대로 현실이 안 된다.

> ● 간명의 원리
> ○이러한 내용들은 전하져 오는 이야기일 뿐입니다. 신약신강의 구별 없이 일주의 충합만으로 간명이 완성되지 않습니다. 이를 우리 책의 YQ-2에서 확인 할 수 있습니다.
> ○다만 YQ-2를 사용할 경우 위와 같은 내용을 통변으로 활용하면 도움이 됩니다.

●=5   충기(冲氣)와 충왕(冲旺)

상충이 충기(冲氣)와 충왕(冲旺)이 된다는 것은 '왕신이 쇠신(衰神)을 충하면 쇠한 것이 발(拔-뽑힐 발)하고 쇠신이 왕신(旺神)을 충하면 왕신이 발(發)한다'라고 『적천수』에 나온 말이다.
□1.왕자충발(旺者沖發)-주중의 왕자가 충을 받으면 더욱 억세지고 강왕하다.
□2.쇠자충발(衰者沖拔)-쇠자는 충 되면 기진맥진이거나 기운이 완전 소멸된다.
□3.왕한 원국을 쇠한 대운이 충하면 원국이 강해진다. 약한 원국을 강한 대운이 충하면 원국의 기운이 약해진다.

●=6   대운과 세운의 관계

1	대운도 길, 세운도 길하면	만사형통이다.
2	대운과 세운 모두 흉하면	매사불성 매사난관에 봉착한다.
3	대운 길, 세운이 흉하면	큰 피해가 없다. 이때 세운은 한신이 된다.
4	대운 흉, 세운이 길하면	행운이 적으며 그 해만 길하고 사라진다.

□1.자축인묘진사는 양이 많으니 오미신유술해에 음기를 타고 발복하며
□2.오미신유술해는 음이 많으니 자축인묘진사에 양기를 타고 발복한다.

> ● 간명의 원리
> ○1.여기에는 대운과 원국의 관계 네 자, 세운과 원국의 관계 네 자가 빠져 있습니다.
> ○2.대운과 세운의 관계는 대운 두자 세운 두자, 합하면 네 자의 해석에 불과합니다.

| 6-3-1-2 | 세운(歲運) |

 세운은 태세(太歲)라고도 하는데 당해년의 운세를 알아보는 것을 말한다. ▶천간을 위주로 12달의 운세를 판단하는데, 세운에서는 공망(空亡)을 본다. ▶지지는 형충파해와 삼합, 육합의 변화를 참작하여 감정한다.

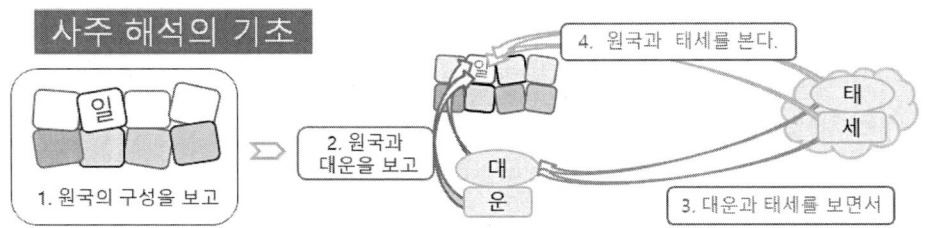

 그러나 여기 어떠한 자료에도 대운에서처럼 두 글자 세운 이야기만 있을 뿐, 위 도표처럼 원국 대운 태세의 천간지지가 감응하면서 중화를 이루는 12글자 이야기는 없다.-(참조. 3권 3장-4 ■2) 그러나 이러한 과정을 공부하는 동안 사주 명리에 대한 시야 확대는 물론 통변에 도움이 될 수 있을 것이다.

| ●=1 | 사상(四象)으로 본다. |

■1. 목-봄(인묘진), 화-여름(사오미), 금-가을(신유술), 수-겨울(해자축)
□1.목이 재(財)라면 여름과 가을이 아닌 봄에 재수가 있고
□2.금이 관성이라면 가을과 겨울에 취직이 되는 법이다,

■2. 각 천간대 세운 천간의 해당 육신을 보고 지지는 합충의 길흉만 참고한다.
□1.연주-봄(인묘진), 월주-여름(사오미), 일주-가을(신유술), 시주-겨울(해자축)
□2.봄이 인성 운이 되면-문서, 학습욕구 등의 일이 발생한다.
□3.겨울이 식상 운이 되면-자식, 활동에 관한 일이 발생한다.

■3. 일간과 매월의 간지(干支)가 어느 육신(六神)에 해당하는지 살핀다.
□1.정월의 간지가 비견이면-형제나 지인의 일이 □2. 5월 월건이 재성이면-재물이나 처의 일이 발생한다. □3.다른 육신도 동일하게 통변한다.

| ● 간명의 원리 |

○사상의 맹점은 목이 재인 사람이 매 봄에 재운이 온다는 것인데, 이러한 모순을 해

명할 수 있어야 합니다. 사람의 삶이 복잡다양한데 매년 봄이만 재운이 발생하는 것을 일반인들은 불합리하게 여깁니다

| 6-3-1-6 | 소운(小運) 해설 |

 대운에 들기 전 어린 시절을 참고하는 운이나,『명리약언』에서는 소운을 참고하지 않는다.『명리약언』에 "대운은 음, 양년으로 나누어 월주에서 일어나는 이치가 있지만 소운은『연해자평』이나『삼명통회』나 묘년 묘월을 막론하고 일률적으로 일어나니 이치가 없다."하였다.

■1. 연해자평 산출법
☐1.남자는 병인을 1세로 무조건 순행(2세-정묘, 3세-무진, 4세-기사, 5세-경자...)
☐2.여성은 임신을 1세로 무조건 역행(2세-신미, 3세-경오, 4세-기사, 5세-무진...)

■2.삼명통회 산출법
 시주로부터 양남음녀는 순행, 음남양녀는 역행한다. 시주가 기미라면
☐1.순행. 1세-경신, 2세-신유, 3세-임술, 4세-계해...
☐2.역행. 1세-무오, 2세-정사, 3세-병진, 4세-을묘...

■3.유년은 부모의 운이 많이 작용하므로 부모의 운을 참고하는 것도 하나의 방법이다.

■4.그러나 소운은 절대 적중률이 떨어지는 단점이 있다. 그리고 사람의 생명이 시작 되었는데 10 대운인 사람은 생후 10년의 공백기가 나타나는 단점도 있다.
 그래서 대운 이전의 연도를 그대로 보는 것이 훨씬 적중률 면에서 높다. 이는 유아기에 병치레하는 아이들을 통해 확인할 수 있다.

| 6-3-2 | 궁합 |

 궁합(宮合)이란 혼인할 남녀의 사주를 오행에 맞추어 부부로서의 길흉(吉凶)을 알아보는 행위이다.

● 간명의 원리

○궁합을 오행 한 글자나 육신 한 글자로 예단할 수 없습니다 배합으로 보아야 합니다.
○자평용법에서 기운이 가장 강한 것은 용신입니다. 그리고 상신 운이 오면 사주가 중화와 조화를 이루어 삶이 가장 안정됩니다. 그 상신을 생 방조하는 때가 활성기입니다.
○그래서 상신을 생 방조하는 오행을 공유하는 궁합이 가장 이상적입니다.
○제2장 "●-36, 48, 51, (26) 실지사주 ●총론"에서 그 예를 볼 수 있습니다.

●=1 궁합법의 종류

■1. 복식궁합(複式宮合) 법
 □1.상호명조(相互命造) 간명(看命) 법 □2.육신(六神) 궁합 법

■2. 단식궁합(單式宮合) 법
 □1.육합(六合)으로 보는 법 □2.삼합(三合)으로 보는 법 □3.방합(方合)으로 보는 법 □4.납음오행(納音五行)으로 보는 법

■3.궁합(宮合)은 학자마다 보는 법에 따라 납음오행 궁합, 구성궁합 등 여러 가지가 있으나 정확도를 논하기가 곤란하다. 그 중에서도 음양오행(陰陽五行)과 생극제화(生剋制化)의 원리에 의거한 궁합론(宮合論)이 명리학을 하는 사람에게 가장 중요하다고 본다.
 속칭 겉 궁합(단순 궁합법)이라 하여 남녀의 생년(生年)만으로 길흉(吉凶)을 논하는 것은 전문가로서 취하지 않는 것이 좋은 태도이다.

●=1 합(合)을 중요시 한다.

■1. 합 앞에서는 흉악살(凶惡殺)도 견디지 못하니 궁합에서는 합이 중요하다. 이는 합을 해서 좋은 경우를 말하고 있다.
 □1.남녀 각기 사주 자체가 형충 없이 연, 월, 일, 시간지합(時干支合) 등이 적당하면 호명이다.
 □2.남녀 상호간에 양호한 명조이면 길명(吉命)이고 더욱 좋은 궁합이다.

> ● 간명의 원리
> ○합을 중요시하는 것은 합이 희신인 경우만 그렇습니다. 기신은 충 되어야 길합니다.

■2. 상합(相合) 상극(相剋)을 고찰하여 천기(天氣)의 상생(相生)을 본다.
☐1.합을 해서 좋은지 극을 해서 좋은지의 희기가 선행되어야 한다.
☐2.연간 대 연간, 월간 대 월간, 일간 대 일간, 시간 대 시간끼리 대조한다.
☐3.상생 상합이 이루어지면 좋은데 만약 사간합과 사지합이면 더욱 길하다.

■3.만약 한쪽은 흉하고 한쪽은 길한데 합을 이루고 있다면
☐1.흉한 쪽이 길로 변하며 합으로 인하여 흉이 해소되는 경우가 많다.
☐2.설사 두 사람의 명조가 흉하다 하더라도 합될 때 합되고, 극될 때 극이 잘 이루어지는 궁합이면 무난한 삶을 사는 경우가 허다하다.

■4.한쪽의 명조에 자식이나 재물이 없어도 합이나 극이 희신이면
☐1.성격이나 행동까지도 변화하며 질병도 치료 되고 가정, 자식, 사업 등 만사형통(萬事亨通)의 길조가 되어 부귀를 누리게 된다.

| ●=2 | 상호보완을 중시한다. |

 사주 내의 결신(缺神)을 보완(補完)하고 다신(多神)을 설기(洩氣)하는 것을 합당하게 본다.

| ●=3 | 소통(극)을 본다. |

 목이 많은 사람은 금이나 토, 금이 많으면 화나 목, 화가 많으면 수나 금, 토가 많으면 목이나 수, 수가 많으면 토나 화와 결혼하여야 음양오행의 소통의 이치에 맞다 하겠다.

| 6-3-2-1 | 복식궁합(複式宮合) 법 |

복식궁합을 볼 때도 사주배합과 순역에 의한 오행과 육신의 희기를 따른다. 아래 열거된 기법들 역시 희기에 대한 언급이 없다. 이점 감안하고 공부해야 한다.

| ●=1 | 상호명조(相互命造) 간명 법 |

□1.순수한 마음 하나로 결혼을 한다면 궁합을 볼 필요가 없다 하겠다. 그러나 혼인의 조건을 본다면 사주 명리학의 궁합으로 인물, 귀천, 빈부, 학업의 정도, 종교, 문화, 성격, 삶의 가치관 신체적 건상상태, 인종 지역 등의 문제를 간명 할 수 있다.

□2.남녀 각각 명조를 간명하여 궁합을 판단하는 것이 가장 정확하고 적중률도 높다. 비겁이 많은 사주는 남녀 부부이별이 많고 여성에게 식상이 많으면 과부 지상의 사주이다.

 그 외 종합적인 간명을 통해서 고란살, 음욕살, 과숙살 등 많은 독신살 등을 파악해야 한다. 그리하여 남성과 여성의 사주 특성을 대조하여 길흉관계를 판단한다. 남녀 상호간에 길과 흉의 정도가 비슷하면 양호한 궁합이라 하겠다.

| ●=2 | 상호명조 보는 순서 |

□1.조후(調候)와 월령(月令)
 ▶오행의 구성과 성국, 미국을 통하여 인생의 전반적인 흐름을 본다.

□2.상호대대(相互待對)
 ▶오행의 치우침이나 부족함. 장점, 단점이 서로 비슷하게 마주하는가를 본다.

□3.상호보완(相互補完)
 ▶오행의 부족한 부분을 상호간에 어떻게 보완하고 있는가를 본다.

□4.상호순환(相互順環)
 ▶성국과 대운을 비교, 때와 시기가 중복 또는 교차되는 삶의 순환을 본다.

| ●=3 | 참고사항 |

□1.연합, 월합, 일합 시합이 적당하면 길하다.
□2.일간끼리 상충되기보다 간합이 길하고 일지 지충보다 삼합, 육합이 길하다.

-만약 남성 일지가 기신이라면 여성이 일지를 충해야 길.
☐3.각자 월지에서 삼합, 육합이 되면서 일지에도 삼합, 육합이 되면 길하다.
☐4.천을귀인, 월덕귀인, 천덕귀인, 암록 등 귀성이 중첩되지 않으면 길하다.
☐5.남녀 처궁과 남편궁의 길흉을 파악한다.

☐6.형충은 금물이다. 일생 파란곡절 한탄으로 살아간다.-(희신을 형충한 경우)
▶궁합법에서 상충(相沖) 중첩(重疊)하면 충파되어 파멸(破滅)이 빠르다.
▶상형(相刑)은 무은(無恩), 배신(背信), 무례(無禮), 지세(持勢) 등 나타난다.

☐7.원진(怨嗔)은 결론 없는 투쟁으로 인생을 소모하고 만다. 각 지지끼리 형충 파해와 공망, 도화, 양인, 원진이면-(원진이 있다고 모두 원진 아님. 생극이 우선)
▶남녀 서로 불화하여 이별 또는 사별하고
▶일생 많은 고초를 겪으면서 고독하고 후손들에게 기대하기도 어렵다.

☐8.여성은
▶관성이 뿌리를 내리고 왕성하며 형충이나 공망이 없고-(신강에서만)
▶일간이 간합 되면서 일지나 월지, 연지에 합이 되면 최상 길격이다.

☐9.남성의 재성도 위와 같아야 길명이다.
☐10.사주의 강약에 있어서도 균형이 맞아야 한다.
▶격국(格局)의 극전(剋戰)이 되지 말아야 하고
▶사주의 중요한 부분에 형충(刑沖)과 기신(忌神)이 없어야 하며
▶태과(太過)는 감세(減勢)하고 불급(不及)은 생부(生扶) 하여야한다.

☐11.궁합은 남녀 서로 중왕(中旺) 사주끼리의 만남이 좋다.-YVWQ에서는 경지와 활성기가 비슷해야 좋은 궁합.
▶길-신왕과 중왕의 만남, 신왕과 신약의 만남, 중왕과 신약의 만남
▶흉-신왕과 신왕의 만남, 신약과 신약의 만남

☐12.위와 같이 간명하여 길성 많으면 길격, 흉성이 많으면 흉격으로 판단한다.
☐13.그러나 원리가 이러할 뿐이다. 경지와 절정기 등과 함께 참고 하시라.

| 6-3-2-2 | 단식궁합(單式宮合) 법 |

사주명리를 전문적으로 공부하지 않는 사람들이 보는 궁합법이라 할 수 있다. 육합, 삼합, 방합 등을 겉 궁합으로 많이 사용 하지만. 단식궁합법은 적중률이 현저하게 떨어진다.

생년으로 본다. 남자와 여자의 생년 간지를 배합하여 서로 충이 되지 말아야 하며 더욱이 지지 형충은 피해야 한다. 연간이나 연지는 사주의 뿌리가 되기 때문에 형충이 없어야 길한 사주가 된다. 우선적으로 연간끼리 형충보다 간합이 길하며 연지끼리도 제합(諸合)되어야지 형충을 하게 되면 뿌리를 뽑아 버리는 형상이니 흉액이 심하다. 이 경우는 복식 판단법에서도 마찬가지다.

■1. 육합(六合)으로 보는 법
□육합(六合)은 부부지합(夫婦之合)으로서 궁합이 대길(大吉)하다
□자축, 인해, 묘술, 진유, 사신, 오미합 등 여섯가지가 있다.
□예를 들어 남성이 자(子)이견 여성은 축(丑), 여성이 자(子)이면 남성은 축(丑)의 만남이다.

■2. 삼합(三合)으로 보는 법
□삼합은 육합만은 못하지만 평길(平吉)하다. 신자진, 인오술, 사유축, 해묘미 등 네 가지를 말한다.
□예를 들자면 남성이 해(亥)이면 여성은 미(未), 남성이 묘(卯)이면 여성은 해(亥),남성이 미(未)이던 여성은 묘(卯)이다. 미(未)에서 해(亥)까지 4살, 그래서 각기 4살 차이가 된다.

■3. 방합(方合)으로 보는 법
□방합은 삼합만 못해도 길(吉)하다. 인묘진, 사오미, 신유술, 해자축을 말한다.
□예를 들자면 남성이 인묘진생이고 여성도 인묘진생이면 길하다

6-3-3	직업

 직업 또한 궁합처럼 오행 한 글자나 육신 한 글자로 예단할 수 없다. 배합(총량)으로 보아야 한다.-("12-2" ● 간명의 원리 참조)
 제2장 "●-67 사우나, ●-38 정년, ●-50 세무사, ●-56 여. 아웃도어" "●총론의 직업"을 참고 하시라.

> ● 간명의 원리
>
> ○모든 사주명리의 간명 과정이 그러하듯 직업도 배합으로 보아야합니다.
> ○일지, 월지 그리고 용신 한 글자로 직업을 볼 수 없는 것은 여러분의 잘못이 아닌 사주 공부의 한계입니다. 각자 이러한 한계를 어떻게 극복할지 대안을 찾기 바랍니다.

6-3-3-1	학과

 아래는 홀랜드 "직업선택이론"을 바탕으로 실시되는 고용노동부 "워크 넷"의 직업심리검사의 일부이다.

●=1	H 흥미검사와 학과

■1. 흥미-문학 분야

문학	국어국문학과, 문예창작학과, 일어일문학과, 영어영문학과, 독어독문학과, 노어노문학과, 스페인어문학과, 불어불문학과, 중어중문학과	소설가, 수필가, 구성작가, 시나리오작가, 번역가, 카피라이터, 시인, 문학평론가

문학	73	■■■■■■■■■	최상	사상과 감정을 글을 통해 전달하는 것에 대한 흥미

■2. 추천 학과

추천 학문 계열	추천 학과
인문계열	문화인류학, 고고학, 철학, 신학/종교학, 역사학
의/약학계열	의학과, 치의학, 치기공학, 한의학, 간호학, 약학, 보건학, 방사선학
법정계열	행정학, 법학, 외교학, 정치학

■3. 분석

☐1. 위 도표는 어는 중 2학년생의 H 직업흥미적성검사 중 흥미검사 내용이다.
☐2. 여섯 개 항목중 A-예술형에 가장 흥미가 높았고, 그 다음이 C-관습형, 나머지는 항목은 낮게 나왔다.
☐3. 검사 결과 우선적으로 문학 분야와 관련된 학과를, 그리고 나머지 학과를 순차적으로 추천하고 있다.

●=2	사주명리와 학과

 직업은 학과 선택에서부터 시작된다. 직업의 기운은 사주의 흐름에 따라 달라진다. 흐름의 여부에 따라 눈높이를 정해야 한다. 사주의 구성은 보통이나 유달리 인성 운이 좋으면 시험 취직 등에서 유리하다고 전해진다. 사주에서 가장 강한 오행을 일간이 감당하면 좋은 학과와 직업이 될 수 있다. 통근하거나 생을 받으면 좋고 삼형살이나 백호, 양인, 칠살, 화개도 그 쓰임에 따라 길흉이 달라진다.

■1. 문과와 이과, 예체능

문과	이과
수나 목이 본신(목화) 생하여 신강한 경우	토나 금이 본신(금수) 생하여 신강한 경우
봄이나 여름에 출생하여 득령한 경우	가을이나 겨울에 출생하여 득령한 경우
양날에 태어나고 살성이 많이 비출 때	음날에 태어나서 신약할 때

예체능	식신과 상관이 많은 경우	사주에 유난하게 화가 많은 경우
	비겁-체력, 재성-육감, 편관 양인-무도 무술, 편인-예능 예술	

☐무 계일생도 흐름이 맞으면 예체능에 속한다.

■2. 대운과 학과

두 번째 대운	문과	이과
인신사해 - 의 과학 권력계열	인 사	신 해
자오묘유 - 수학 공업계열	묘 오	자 유
진술축미 - 어학 인문계열	진 미	축 술

☐둘째 대운이 괴강, 백호이면 특수학과에 많이 간다.

| 6-3-3-2 | 직업 |

■1. 대운과 직업
☐1.진(辰)과 술(戌)은 고장(庫藏)이니 공장, 공업성으로 본다.
☐2.여성은 비견 운을 경과하면 재취업 어렵다 한다.-(허약하면 재관을 못 다스림)
☐3.순행대운은 월간과 대운 천간이 간합(干合)할 때 사업이 어렵고 역행대운은 간합(干合)할 때 발복하나 형충하면 몰락이다.-(월간 희기에 대한 논거 빈약)
☐4.첫째대운이 비견, 식신, 정재, 정관, 인수이면 공직이나 직장생활로 사회에 진출한다.
☐5.둘째대운이 겁재, 상관, 편재, 편관, 편인은 독립 사업을 한다.
☐6.특히 둘째대운 상관은 직장이나 사업에서 실익이 적거나 없다.
☐7.셋째대운의 지지가 진술축미이면 기술만능에 재주다양하나 이직률이 높다.
☐8.월지에 진술축미도 만능재주에 비하여 직업이 자주 바뀐다.
☐9.직업의 변화는 월지의 합 형충과 대운의 오행과 육신을 참고로 간명한다.

■2. 원국이나 대운에서의 직업
☐1.백호살-살상이나 살상을 다스림. 외과, 침술, 도살, 목축, 운수, 기술계통
☐2.양인-검사, 군인, 경찰, 스포츠, 의사, 정육점, 주물공장, 재단사, 미용. 제재업
☐3.화개살-예술가, 승려, 수녀, 종교계통, 역학, 점술, 신앙인
☐4.술해-역술가, 점술가, 신앙인
☐5.술해미-점술가나 점보는 사람, 신앙인, 유(酉) 있으면-더 모시고 섬김
☐6.인신사-사법관, 의사, 약사, 한약사, 교사, 교육행정, 은행, 이 미용, 운전, 재단, 정육
☐7.축술미-사법, 군인, 경찰
☐8.건록-공직자

■3. 명조별 특성
■1) 사법관의 사주
☐삼형살이 있는 사주-성국(成局)하여 청(공망, 형충, 사절이 없음)하고 격국의 흐름(성국대로-대운해설 참조)이 순수한 사주
☐월주가 양인이거나 편관이 재생관 되어 왕성한 사주

■2) 행정관의 사주
☐관살이 재생관되고 인성으로 살인상생 하여 왕하며 흐름이 순수한 명조

■3) 금융 재무행정
□식상이 없고 재성이 용신이며 관성이 유기한 사주

■4) 군인의 명조
□상관이 강왕한 사주
-형충파해가 많고 흐름이 맞으면 장군사주, 안 맞으면 계급이 낮음 (흐름=금(金) 기가 강한 사주와 화(火)가 많은 사주에서 금(金) 대 세운을 만나는 것)
□양인이 있는 명국, 편관이 식상의 제살을 받고 소통된 명국

■5) 종교인의 사주
□상관이 많고 신강하거나 토 왕성하면 신앙심이 두터우니 성직자의 명조이다.

■6) 예술가의 사주
□화개가 많거나 화개가 정 편인과 공존한 사주
□식상이 왕성한 사주, 관살이 왕성하고 정 편인과 공존하여 살인통관 한 사주
□봄에 태어나고 일주가 병(丙)정(丁)일, 겨울 태생이고 일주가 경(庚)신(辛)일-문학에 소질

■7) 교육자의 사주
□사주가 중화되며 순수하여 기운이 청하고, 대운이 기구 신으로 흐르지 않으면 학문으로 출세한다.-성국대로(成局大路)

■8) 횡액흉사(橫厄凶死)
□양인 다과와 편관이 태왕한 경우, 역마와 양인이 강왕하면 객사의 명이다.
□도화, 양인, 목욕, 편관이 공존하면 색정으로 사망한다. 복상사 조심하라.
□양인과 상관이 공존하면 흉사한다.-(상관을 무조건 흉신으로 보는 견해, 그 흉을 양인이 생)

| 6-3-3-3 | 사주와 직업 분류 |

■1. 해당 육신과 오행으로 통변한다.
☐1.조후(調候)와 월령(月令)으로 사주의 구성, 성국과 미국, 대운의 흐름을 본다. 상격 호운은 좋은 직업을 갖는다.

☐2.일지를 본다.-앉아서 일하는 자리-적성, 흥미, 심리적으로 본능적인 일.
☐3.월지로 본다.-월지는 활동무대-사주 중 월지 기운을 가장 강하게 봄.
☐4.월지의 지장간 중 태어난 월률분야(여기, 중기, 정기)를 본다.-직업 전문성.

☐5.상신 용신으로 본다.
▶상 용신은 이미 지지 지장간에 통근하고 있어서 직업으로 유망하다.
▶가장 강한 오행을 해결한다.-일간이 감당하고 중화되면 좋은 직업.

☐6.일지와 월지, 일간과 천간과 암장간의 합충을 본다.(충-용신으로 사용 불가)
▶형 충은 관직은 아니고 일반 사무 행정직이거나 기술직, 고용직이다.
▶형 충을 당하면 아마추어 활동은 가능하나 프로는 어렵다.

☐7.상 용신이 ▶비겁-자영독립 신체적 사업, ▶식상-재능 활동욕구(식생재 하면 직업 활동), ▶재성=경제활동 공간, ▶관성=제도 형식, ▶인성=제도적 도움이다.

■2. 직업과 개운법(開運法)
☐1.명리학의 꽃은 개운법(開運法)에 있다 하겠다.

개운법	1	2	3	4	5
	습관(직업)	배경(스승)	체험(독서)	환경(풍수)	파동(성명)

☐2.개운법으로 그 첫째가 직업이다. 직업의 전문성에서 오는 인식과 직업적 행위에서 일어나는 행동과 습관이 삶의 형식과 현상을 파생하기 때문이다.

☐3.명리학에서의 직업은 5만 개 정도로 짐작하는데 다음 3가지 방법으로 직업을 간명할 수 있다.
☐4.직업 분류는 ▶오행의 전공과 직업 직종 ▶월지나 일지의 육신과 직 ▶용신으로 보는 직업 등 세 가지로 서술된다.

| ●=1 | 오행의 전공과 직업 직종 |

인생은 오행에 속하는 적성을 통하여 자신이 가진 자원과 재능을 개발하고

일로써 직업이나 취미로 유지 발전시키는 과정이다. 적성의 사전적 의미를 보면 "어떤 일에 알맞은 성질이나 적응 능력, 또는 그와 같은 소질이나 성격"으로 묘사된다. 적성에 맞지 않는 직업을 갖는다는 것은 물고기가 역류를 거슬러 올라가는 것처럼 삶이 힘들다 하겠다.

오행별 전공 분야를 요약하면 아래와 같다. 이는 학문발전 과정상의 분류이지 실제 간명에서는 그 이상도 이하도 아니다. 나머지 분류도 마찬가지다

오행	전공 분야
목	법학, 경영, 행정, 교육, 종교, 임산, 건축, 조경, 가구, 의류, 인문학, 문학, 언어, 방송, 언론
화	철학, 신학, 문예, 문학, 교육, 상담, 사회복지, 뷰티, 예술, 예능, 방송, 관광, 광학, 석유, 화학, 약학, 전자, 컴퓨터
토	부동산, 법학, 철학, 종교, 역사, 고고학, 건축, 설계, 토목, 농학, 목축, 축산, 제과, 제빵, 스포츠, 도자기
금	금융, 경제, 무역, 논학, 군인, 경찰, 무술, 금속, 기계, 자동차, 의학, 치의학, 수의사, 간호사, 보건계열, 역학, 무속
수	유통, 무역, 어학, 외국, 해양, 수산, 식품영양, 의학, 약학, 간호, 생물, 유전, 생명과학, 수학, 물리, 통계, 유아교육, 관광

■1. 목(木)
 경영, 행정, 인사, 총무, 기획, 창업컨설팅, 인문 사회과학, 설계, 보험, 유아 청소년 전문, 교육, 가구, 실내장식, 목재, 목공, 제지, 과수, 임업, 분재, 화원, 분식, 건축, 의류, 섬유, 의상, 침구, 홈패션, 수예, 악기(현악기), 학원, 서점, 출판, 도서관, 문구, 언론, 신문, 잡지 등.

■2. 화(火)
 종교, 무속, 정신, 요가, 교육, 연구, 강의, 창조, 상담, 법률, 사회단체, 정보통신, 방송언론, 문화예술, 예능, 패션, 디자인, 광고, 이벤트, 엔터테인먼트, 화장품, 난방, 유류, 화학, 화학제품, 에너지, 약품, 완구, 이 미용, 전기, 전자, 컴퓨터, 애니메이션, 인터넷, 통신, 게임, 오락, 조명, 광고 등.

■3. 토(土)
 중개, 중매, 보험, 경영 행정, 부동산, 종교, 교육, 철학, 전통문화, 무속, 스포츠(필드), 산악, 등산용품, 도예, 도자기, 골동품, 토목, 건축, 건설, 주택, 토지, 농학, 역사, 곡물, 식품, 토속음식, 제분, 약초, 토산품, 농산물, 농업, 목축, 창고, 보관, 숙박, 피부, 상담, 노인사업, 사회복지 등.

■4. 금(金)
 금융, 감사, 경영 법률행정, 회계, 무역, 특수직, 법무, 국방, 형사, 군인, 경찰, 법조계, 공학, 기술직, 기계, 자동차, 선박, 정비업, 운수, 교통, 광산, 금속, 철강, 주물, 금형, 고철, 철물, 보석 금은세공, 엑세사리, 의사, 보건, 간호사, 치과의사, 침술사, 건강원, 피혁, 정육, 기공(선 수련), 관악기, 타악기, 음악, 음향, 가수 등.

■5. 수(水)
 유통, 보험, 관광, 숙박, 유흥, 노래방, 음향, 어학, 운송, 조선, 해운, 무역, 정수기, 목욕탕, 생수, 주류, 수도, 수산, 양어, 양식, 냉동, 빙과, 우유, 음식점, 농수산, 유전자, 생명과학, 수질환경, 건강, 실버산업, 생명, 유아용품, 교육, 경제, 회계, 사회복지, 자연과학, 지적재산 등.

■6. 참고
☐1.물이 필요한 사주-수산업, 운수업, 유통업
☐2.흙이 필요한 사주-건축, 부동산, 토목
☐3.물과 불이 많으면 해외활동이나 무역이 어울린다.-특히 병자, 정해일생은 무역업이 잘 맞다.

6-3-3-4	정리하기

 행운 궁합 직업 등 기존의 간명 방식으로 우리 사회의 발전 속도를 따라 갈 수 있는지 고민해 보아야 한다.
 그래서 기존의 원리가 어떻게 이 사회에 작동하는지를 확인할 수 있어야 한다. 직접 그대로 옮겨오면 어떤 기법이든 거의 맞지 않다.

● Tip
○1.우리나라 한국고용정보원, 고용노동부 등에 직업분류에 의한 직업코드가 있습니다. 앞서 보았던 고용노동부 "워크 넷"의 직업심리검사도 그중의 하나입니다. 남녀노소 전 국민이 누구나 활용할 수 있고 필요하다면 전문 상담사와의 상담도 모두 무료입니다.
○2.한편으로 학생들은 성적에 따라 전국의 학교와 직업이 거의 서열화 되어 있습니다.

○3.그런데 토 많다고 부동산 팔자라고 하고, 의사 경금 일주면 외과라고 합니다.[1095]
○4.하지만 답은 물상 체상에 의존한 사주명리학적 분류가 아니라 성적입니다. 토 많다

고 부동산 팔자가 아니라 성적이 되어야 한다는 말입니다. 의대도 마찬가지입니다. 비록 의대에 합격했어도 성적이 안 되면 다양하게 세분화되어 있는 성형 정형 흉부 등 어느 외과도 못합니다.

○5.어떻든 이러한 오행이나 육신 용신에 의한 직업 분류르는 산업화 이후 다양하고 세분화된 우리 사회의 직업과 직업코드를 따라 갈수 없게 되었습니다.
○6.그래서 우리는 시대에 뒤떨어지고 신뢰가 떨어지는 간명을 경계해야 합니다. 따라서 앞에서 보았던 직업 학과검사의 체계화된 시스템과 비교 병행할 수 있어야 합니다.
○7.그리 되려면 그때그때 마다 '제1장의 원하는 것'이나 '소년기 부조화'[1096]처럼 자신이 원하는 것을 얻을 수 있는 성적이 되는지를 간명할 수 있어야합니다. 직업 코드가 성적까지는 간명하지 못합니다.

1095) 3-2-4-5 ●=1 □3 ●간명의 원리 ○4 정리하면 사주를 배합으로 보더라도 '경지와 패'를 얻으면 기호를 떠나야합니다.
1096) 2-1-3-3 ●=3 ■2 □2소년기 부조화는 소년기 고교 시절(대략 16 17 18세)의 상위경역(원국 대운 태세)수치가 하강하여 원하는 공부를 얻을 수 없는 경우를 말한다.

찾아보기-4권 6장

6-1-1 육신의 파생
6112-4 ■2 ◰9) ●간명의 원리 "부성입묘"
6112-4 ■2 ◰9) ●간명의 원리 ○5 "초두효과, 최신효과"
6112-4 ■2 ◰9) ■2 ◰10-부성 입묘 실제사주 해석의 예
6-2-1-2 용신(用神)의 종류
6222-2 십정격(十正格) 선정의 원칙
6223-4 ※상관의 종류 "금수상관"
6224-3 ●=2 을경합화금(乙庚合金金) 격
6224-4 ●=30 천원일기(天元一氣) 격, ●=31 지지일기(地支一氣) 격
6311-2 ●=1 ◰1 "5년씩 10년"
6-3-2 궁합
6311-2 ●=3 대운 간지의 강약 판단
6-3-2-2 생년으로 보는 "단식궁합(單式宮合) 법"
6-3-3-2 ■1 □7 "셋째대운의 지지가 진술축미". □8 "월지에 진술축미도"
6-3-3-4 ●Tip ○3 그런데 토 많다고 부동산 팔자라고 하고, 의사 경금 일주면 외과라고 합니다.

제 7 장 신살 및 기타
7-1 십이운성 공망 신살 ····· 565
7-1-1 십이 운성이란?
7-1-1-1 자평명리와 12운성 ····· 566
7-1-1-2 12운성 해석 ····· 274

7-1-2 공망(空亡)
7-1-2-1 공망(空亡)이란? ····· 570
7-1-2-2 공망(空亡)의 종류 ····· 572
7-1-2-3 공망(空亡) 통변 ····· <전자책 참고>283
7-1-2-4 운과 해공 ····· 574

7-1-3 십이 신살
7-1-3-1 십이 신살의 속성
7131-1 겁살(劫殺) ····· 578
7131-2 재살(災殺) ····· <전자책 참고>290
7131-3 천살(天殺) ····· 291
7131-4 지살(地殺) ····· 291
7131-5 연살(年殺)-도화(桃花) ····· 292
7131-6 월살(月殺) ····· 295
7131-7 망신(亡身)살 ····· 296
7131-8 장성(將星)살 ····· 297
7131-9 반안(攀鞍)살 ····· 298
7131-10 역마(驛馬)살 ····· 298
7131-11 육해(六害)살 ····· 300
7131-12 화개(華蓋)살 ····· 301

7-1-3-2 십이 신살과 운
7132-1 겁살(劫殺) ································ <전자책 참고>303
7132-2 재살(災殺) ·· 304
7132-3 천살(天殺) ·· 304
7132-4 지살(地殺) ·· 305
7132-5 연살(年殺)-도화(桃花) ···································· 306
7132-6 월살(月殺) ·· 307
7132-7 망신(亡身)살 ··· 308
7132-8 장성(將星)살 ··· 309
7132-9 반안(攀鞍)살 ··· 310
7132-10 역마(驛馬)살 ··· 310
7132-11 육해(六害)살 ··· 311
7132-12 화개(華蓋)살 ··· 312

7-1-4 일반 신살
7-1-4-1 신살의 분류 ·· 581

7-1-4-2 신살 해설
■1. 일간에서 본다. ····························· <전자책 참고>316
■2. 일에서 보는 길흉성(吉凶星) ······························ 317
■3. 연지에서 본다. ··· 318
■4. 월지에서 본다. ··· 318
■5. 잡기(雜記) 길흉신(吉凶神) ································ 320
■6. 일진(日辰) 제살(諸殺) ······································· 321
■7. 납음(納音), 기타 및 소아관살(小兒關殺) ·········· 322

7-1-4-3 주요 신살 서부해설
7143-1 길신(吉神) ·· 326
7143-2 흉살(凶殺) ·· 329

7-2 기타 자료
7-2-1 두 글자 물상
7-2-1-1 육십갑자 상(像) ····················· <전자책 참고>338
7-2-1-2 육십화갑자 상(像) ··· 341
7-2-1-3 천간의 희기 ·· 347
7-2-1-4 지지와 지지의 만남 ··· 360

7-2-2 일간과 두 글자
7-2-2-1 일주와 오행 태과 ·· 365
7-2-2-2 일주론 ··· 369
7-2-2-3 육신의 문자적 함의 ··· 383

7-2-3 월지와 두 글자
7-2-3-1 출생 월과 신약신강 ··· 389
7-2-3-2 득령 실령과 강약 ·· 394
7-2-3-3 두세 글자와 육신 통변 ··· 397

7-2-4 간지 찾는 법 ·· 401
7-2-5 생시 모를 때 ·· 403

제 7 장	신살 및 기타

● 간명의 원리

○이 장에 나오는 자료들은 사주명리 이론일 뿐 실제 적중률은 몇% 되지 않습니다.
○그러나 처음 대하는 경우 그야말로 절묘하고 신묘하게 적중할 것처럼 보입니다.
○어떻든 물상적 발상을 공부하지 않으면 서운하고 허전하며, 그 많은 시간을 할애하여 공부해도 활용도는 몇%에 불과합니다. 마치 계륵과 같습니다.
○그래서 "학문이나 논문 연구가 아니면 체상(물상), 신살을 자제해야 한다."(3장 들어가기 2-2 ■1 ▫2))고 말한 것입니다.

7-1	십이운성 공망 신살

● 간명의 원리

○사람마다 사주에 신살을 몇 개씩 가지고 있는데, 이래서 안 되고 저래서 안 되는 등 대부분 부정적입니다. 그리고 이런 트집이나 잡는 말들은 들을수록 기분이 상합니다.
○가령 재 공망이 있어서 안 된다는 것도 썩 유쾌하지 않는데, 언제 반전되는지에 대한 대안도 없이 볼 때마다 공망 타령을 듣는다면 상심을 넘어 불신으로 이어집니다. 용기와 희망을 주는 타 학문의 긍정적인 면과의 괴리를 비교해 보았으면 합니다.
○즉 근거 없는 신살로 계속 마음을 상하게 하면 그 학문은 사회에서 도태될 겁니다.
○신살과 상(像)은 생극의 작용과 다릅니다. 부호와 생극을 다시 생각해 보기 바랍니다. 오행은 부호일 뿐 상과 아무런 연관성이 없고 있다면 사람의 기발한 상상뿐입니다.
○즉 꾸불꾸불한 것이 부호 을목과 아무 상관이 없듯이 육신의 상도 마찬가지로 부호 재극인은 처와 어머니의 고부 갈등이나 재승박덕(才勝薄德)이 결코 아닙니다.
○더욱 우리 사회는 처녀가 아이를 낳았다는 말은 믿어도 수천 년 동안 동양 정신문화의 바탕이 된 생극은 불신하고 도외시 합니다.
○그런데 우리 스스로 생극의 철학과 조건에도 부합을 못하는 삼재 공망 신살의 망령[1097]에 사로잡히면, 떠나는 수요(상한 마음) 앞에 도태를 자청하는 일과 다름없습니다.
○다만 신살이나 이러한 물상적 훈련은 두뇌를 개발하는 과정일 수 있습니다. 이를 간과하면 동양이 서양에게 역전[1098] 당하고도 아무런 교훈을 얻지 못하는 것과 같습니다.

1097) 3장 들어가기 2-1 ●=3 망령과 신살, 체상
1098) 4-1-6-3 서양의 동양 역전

| 7-1-1 | 십이 운성이란? |

포태(胞胎)법이라고도 한다. 세상의 모든 생명체들은 어머니 자궁(씨앗)에서 태어나서 자라고, 성숙해서 왕성하게 활동하다가 결국에는 병들고 죽게 된다. 생로병사(生老病死)나, 생장화수장(生長化收藏)의 또 다른 표현이다.

| 7-1-1-1 | 자평명리와 12운성 |

| ●=1 | 12운성법의 양론(兩論) |

☐ 1.수토공존-명리정종은 수와 토의 공존, 극은 부부(인륜)를 의미한다.
☐ 2.화토공존-연해자평은 화와 토의 공존, 생은 부모와 자손(천륜)을 의미한다.
☐ 3.사주명리에서는 연해자평법을 따른다.-천륜이 인륜보다 앞선다고 생각.
 ▶ 명리정종에서도 실제 응용에 있어서는 화토공존을 택하였다
 ▶ 음장(陰藏)법에서도 사(巳) 중 병무, 오(午) 중 병기의 화토가 공존으로 작용
 ▶ 토를 분리시키지 않은 이유-포태법이 사계절을 중심으로 성립되었기 때문

| ●=2 | 구성과 상 |

12운성은 사람의 생로병사를 12가지 과정에 비유하고 있다.

12운성	속성	현상
포(胞)	포, 세포, 원형질-절멸의 상태	무아-존재, 환생을 기다림
태(胎)	잉태-정자와 난자의 만남	상황 시작-실족(낙타)의 위험 있음
양(養)	태교-모체 안에서 자람	형태 시작-10개월 당시 거처
생(生)	출생-모체를 벗어남	의기양양-시행착오, 좌충우돌
욕(浴)	목욕, 나체-양수를 씻어 냄	색정, 도화-민망, 남우세
대(帶)	성장-학업	성인식-갓을 쓰고 허리띠를 두름
록(祿)	건록-사회활동	취업-학군 마치고 벼슬길에 오름
왕(旺)	제왕-자신의 능력을 최대한 발휘	전성기-독선 아집, 부부불화 이혼
쇠(衰)	건강악화-기력이 소 약해짐	은퇴-회상, 관록으로 유지
병(病)	노환-고질병	노회함-인생 경험, 지혜, 노련
사(死)	죽음-충 되는 욕지 운에서는 염습	종교 철학-육신死, 정신으로 유지
묘(墓)	무덤-저장	꿈-저축, 보험, 훗날 대비

| ●=3 | 12운성의 강약 |

 12운성은 오행의 생극제화(이법)가 아닌 '기(氣) 흐름'(기법)의 순환과 변화를 다루고 있다.

사왕지	사평지	사쇠지
제왕 - 가장 정력 왕성	장생 - 출생의 기쁨	절 - 영혼의 개입 전
건록 - 사회활동의 중추	양 - 새로운 생기	묘 -묘에 들어 편안 시기
관대 - 사회에 나감	쇠 - 왕성의 다음	사 - 노환
목욕- 싹이 아직 무름	병 - 원기 쇠약	태 - 모체의 생명
왕성(旺盛) 기를 얻으면 강해짐	평운(平運) 기를 설기하여 약해짐	몰지(沒地) 상충(相沖)하면 기가 생김

☐1.일간 강약을 쉽게 알 수 있고 길흉화복과 수명까지도 볼 수 있는 기초다.
☐2.12운성은 천간의 강약을 정한다. 천간이 좌(坐)하는 즉 앉아있는 자리이다.
예) 갑술은 술이 갑의 태지이니 갑이 태(정자와 난자의 만남)처럼 허약하다.
☐3.그러나 계절의 왕쇠(월령-왕상쇠사)를 나타내지는 못하는 단점이 있다.
☐4.생, 왕, 사, 묘, 절지의 사용-팔자에 절이 있을 때, 대운에서 오는 절
▶사주나 대운에서 일간의 병, 사, 묘, 절지를 보면 일간에게 흉(凶)으로 본다.

☐5.12운성은 일간을 위주로 볼 수도 있고, 각 주를 위주로 볼 수도 있다.

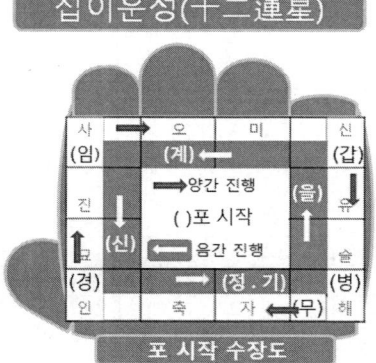
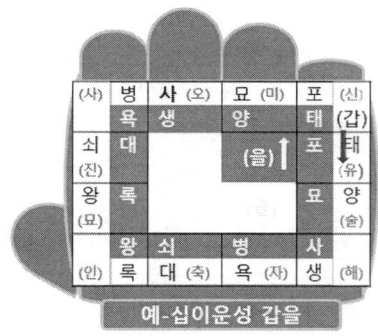

☐6.구성 원리가 삼합과 밀접하다.
▶양간의 생, 왕, 묘는 자신을 생(인수)하는 오행으로 시작해서 삼합을 이룬다.
▶음간의 생, 왕, 묘는 일간이 생(식상)하는 오행으로 시작해서 삼합을 이룬다.

양간				음간			
	생	왕	묘		생	왕	묘
갑목	해	묘	미	을목	오	인	술
병화, 무토	인	오	술	정화, 기토	유	사	축

경금	사	유	축	신금	자	신	진
임수	신	자	진	계수	묘	해	미

☐7. 12운성 수장도
  ▶양간(갑, 병, 무, 경, 임)은 각 포(胞)지에서 시계 방향으로 순행
  ▶음간(을, 정, 기, 신, 계)은 각 포(胞)지에서 시계 반대 방향으로 역행

> ● Tip
>
> ○여기 십이 운성의 자료는 12운성을 몰라서 사주가 안 풀린다 하는 경우를 위해서,
> ○그리고 우리 책에 없으면 다른 곳을 찾아, 멀고 먼 사주명리의 길을 더 돌고 돌지 않기를 바라는 마음에 자료 올립니다.

"●3222-2 십이운성"『자평진전』의 "▶장생(長生)과 록왕(祿王)은 뿌리가 깊은 것이고 ▶묘고(墓庫)와 여기(餘氣)는 뿌리가 얕은 것이다."라고 나오는 것을 참고하시라.

> ● 간명의 원리
>
> ○'심효첨' 선생은 『자평진전』「논음양생사(論陰陽生死)」에서 "양이 출생하는 곳에서 음이 사망하고 음양이 서로 교환되는 것은 자연의 이치다. ▶갑은 목 가운데 양이므로 하늘의 생기이니 해월에서 기가 생하고 오월에 사한다.-비록 잎이 무성해도 그 속의 생기는 이미 발설. ▶을은 목 가운데 음이므로 지엽(枝葉)이 되는데 하늘의 성기를 받아들인 것이다. 그래서 오에서 생하고 해에서 사한다.-오에서 잎이 무성. 이것은 질과 기의 다른 점을 논한 것이다."라고 나옵니다.
>
> ○'서락오' 선생은『자-평진전평주』「음간과 양간의 생왕사절을 논함」에서 "생왕묘절이란 오행의 영역이지 십천간의 생왕묘절이 아니다. 십천간의 명칭은 오행의 음양을 대표하는 것으로 비록 음양이 나누어져 있지만 하나이다.(중략) 모든 사물을 음양을 지니고 있고 양이 극에 이르면 음이 생기게 된다. 자석에 비유하면 자침의 한쪽이 양의 극일 때 다른 끝은 음이 극에 이른 상태다. 기가 가장 왕성한 곳이 중심이 되는데 이곳이 녹왕이다. 그래서 오행으로 구분하면 충분하고 음양을 나눌 필요가 없다."라고 말합니다.
>
> ○12운성은 인접한 옆 주(柱)와도 뿌리를 공유(유정)하지 못합니다. 이는 해당되는 기둥의 천간이 지지에 내리는 뿌리의 깊고 낮음 즉 여기인지 중기인지 본기인지를 말합니다. 두 석학의 의견이 상반되는데 판단은 여러분의 몫입니다.

●=2	그(庫-진술축미) 해설

☐1.재고(財庫)는 집합, 무덤, 저장, 창고, 옛 것, 늙은 것 등으로 활용한다. 또한 숨겨 놓은 것이니 열지 않으면 사용 불능이다-(형, 충 좋아함)
☐2.태과(太過) 하면 병이 되므로 흉하다.-(약해서 소유 불능이면 흉)
☐3.같은 충형도 왕자충발(旺者冲發), 쇠자충발(衰者冲發) 가려서 간명(簡明)
☐4.같은 '고(庫)'라도 재고(財庫)를 금고, 즉 사물로 간주할 때 충형을 기뻐한다. 육친으로 고를 응용하게 되면 반대로 고가 되는 육신은 크게 꺼린다.

☐5.일주에 대한 고(庫)뿐만 아니라 육친에 의한 인수고, 비겁고, 식상고, 재고, 관고 등을 모두 구분 응용 요한다.

▶인수고(印綬庫) ; 고서, 고가, 잔질, 노쇠한 어머니, 어머니 무덤
▶비겁고(比劫庫) ; 형제의 무덤, 조별, 친구의 집합
▶식상고(食傷庫) ; 수하의 사고, 집단, 여성 - 손자 무덤, 집합, 질병, 사고 등
▶재고(財庫) ; 금고, 처의 변성, 연상 여인, 여자들의 집합, 옛 애인, 묵은 돈, 숨겨 놓은 여자
▶관고(官庫) ; 관의 금고 , 부군의 무덤, 부군의 모임, 옛 남자, 남자는 자손의 무덤, 상심, 변괴 등으로 응용

	목일주	화일주	토일주	금일주	수일주
인수고	진	미	술	술	축
비겁고	미	술	술	축	진
식상고	술	술	축	진	미
재고	술	축	진	미	술
관고	축	진	미	술	술

| 7-1-2 | 공망(空亡) |

공망은 고법명리의 산물로서 자평명리학의 근본인 생극제화가 없다. 그래서 재성 공망인데 부자 많고 북쪽이 공망인데 북쪽에서 성공하는 경우 흔다하다.
■1) 예를 들어 재다신약의 재성은 흉신이다. 이때 재성이 약하거나 공망이면 오히려 신약한 일간이 좋아진다. 오히려 건강하고 경제 사회활동 잘한다.
■2) 또한 행운의 변화를 따라 재성의 상승과 하강으로 공망의 정도와 때를 통변한다. 이는 12신살 일반신살(삼재 포함) 등도 예외가 아니다.

| 7-1-2-1 | 공망(空亡)이란 ? |

□천중살(天中殺)이라고도 한다. 지지는 열두 개인데 천간은 열개인 까닭에 두 개의 지지는 천간과 조합을 이루지 못해 공망이 된다. 공망은 자손 뿐 아니라, 매사 꽃을 피울 수 없는 등 공치고 허탕치고 망하는 것을 의미한다.

● 간명의 원리

○공망을 12진법으로 보면 천간 2개 부족하고 10진법으로 보면 지지 2개가 남습니다.
○그러나 60진법으로 보면 부족하지도 남지도 않습니다. 60진법은 고대 수메르나 인도에서도 사용되었는데 실제 60진법의 책력에는 공당이 없습니다.
○책력에 빈 날짜가 없으니 현대적 의미로 해석하면 공휴일이 없다는 말이 됩니다. 즉 자연의 시간에 없는 공휴일이 사람에게는 상상으로 존재하고 있다는 말입니다
○이러한 허무한 일을 위해서 이 많은 공부를 해야 하는지는 의문입니다. 다만 사주명리학의 발달사적인 측면과 공망 신살 삼재를 몰라 사주가 안 풀릴까봐 자료 올립니다.

| ●=1 | 공망(空亡) |

술해(戌亥)	신유(辛酉)	오미(午未)	진사(辰巳)	인묘(寅卯)	자축(子丑)
1.갑자(甲子)	2.갑술(甲戌)	3.갑신(甲申)	4.갑오(甲午)	5.갑진(甲辰)	6.갑인(甲寅)
을축(乙丑)	을해(乙亥)	을유(乙酉)	을미(乙未)	을사(乙巳)	을묘(乙卯)
병인(丙寅)	병자(丙子)	병술(丙戌)	병신(丙申)	병오(丙午)	병진(丙辰)
정묘(丁卯)	정축(丁丑)	정해(丁亥)	정유(丁酉)	정미(丁未)	정사(丁巳)
무진(戊辰)	무인(戊寅)	무자(戊子)	무술(戊戌)	무신(戊申)	무오(戊午)
기사(己巳)	기묘(己卯)	기축(己丑)	기해(己亥)	기유(己酉)	기미(己未)

경오(庚午)	경진(庚辰)	경인(庚寅)	경자(庚子)	경술(庚戌)	경신(庚申)
신미(辛未)	신사(辛巳)	신묘(辛卯)	신축(辛丑)	신해(辛亥)	신유(辛酉)
임신(壬申)	임오(壬午)	임진(壬辰)	임인(壬寅)	임자(壬子)	임술(壬戌)
계유(癸酉)	계미(癸未)	계사(癸巳)	계묘(癸卯)	계축(癸丑)	계해(癸亥)

□1.갑자 줄을 보면 계유까지 10개의 지지와 10개의 천간이 조합을 이룬다. 그러나 술해는 조합을 이룰 천간이 없다.
□2.갑술 줄에서-신유 3.갑신 줄에서-오미 4.갑오 줄에서-진사 5.갑진 줄에서-인묘 6.갑인 줄에서-자축도 마찬가지다. 그래서 공망이다.

| ●=2 | 공망(空亡)의 활용 |

 공망 지지는 물론 지지 위에 좌(座)한 천간도 공망이다. 그러니까 자평명리의 배합1099)이나 우리 책의 16글자 간명이 아닌 두 글자 간명이면서 천간까지도 공망이다.
■1. 공망 보는 법
□1.연주에서 본다.-용(用)으로서 자신의 전반적인 것을 본다.-재물 직업 등
□2.일주에서 본다.-체(體)로서 자신의 부분적인 것을 볼 때-부모 형제 방위 등
□3.월주에서 연, 일, 시의 공망을 시주에서 연, 일, 시의 공망을 보기도 한다.

■2. 양지(陽支) 공망을 공(空), 음지(陰支) 공망을 망(亡)이라 한다.
□1.양일주 양지(陽支) 공망은 진공(眞空), 음지 공망을 반공(半空)이라 하고
□2.음일주 음지(陰支) 공망은 진공, 양지 공망을 반공이라 한다.

■3. 공망의 속성
□1.공망은 성국 과정이나 조후가 급한 사주에서는 무시하거나 가볍게 본다. 신살의 고법명리 보다는 신법인 자평명리의 생극제화와 사주의 중화가 우선이기 때문이다.-(신살, 형, 파해, 원진, 12운성, 삼재도 동일)

-6	-5	-4	-3	-2	-1	0	+1	+2	+3	+4	+5	+6

흉 감소▶　　　　　　　　　　　0　　　　　　　　　　　◀길 감소

1099) 3장-4 ■3 ●간명의 원리 ○질량 보존 법칙(質量保存法則). 3장 들어가기 2-1 ●=2 배합

☐2.공망은 같은 공망을 만나거나 합 또는 형충파해를 만나면 해소된다.
☐3.세운에서도 공망을 만나던 진공이 해소되고 공망이 없어진다.
☐4.길일이 공망이면 길성이 감하여 지는 것인데 보통 흉(凶)하다 하고 흉성이 공망이면 흉성이 감소하는 것인데 감소 자체를 더욱 길(吉)하다 한다.

| 7-1-2-4 | 운과 해공 |

■1. 행운과 생왕묘
☐1.(생) 인신사해-역마지살 즉 말(이동수단)을 잃는 것은 삶의 날개를 잃는 것이다.
☐2.(왕) 자오묘유-도화는 장성에 해당되므로 피해가 가장 크다.
☐3.(묘) 진술축미-고(庫)에 해당되므로 피해가 가장 적다.

■2. 행운(行運) 공망(空亡)
☐1.대운(大運)은 공망(空亡)이 없다. 글자 자체의 역량, 기운, 희석, 오행의 속성을 많이 취해오기 때문에 고서(古書)에서 는 대운은 시간이나 계절의 개념으로 공망을 논하지 않는다 했다.
☐2.월운도 공망을 논하지 않는다.   ☐3.시의 공망은 미약하다.
☐4.다만 세운과 일운의 공망은 영향이 크다.

■3. 해공(解空)
☐1.공망을 충이 해공.-(조건부 해공) 70~80%, 충은 조건을 충족하기 위한 투쟁
☐2.합에 의해 해공-육합, 삼합(60%), 반합(30%), 방합은 동일 오행-해공 불가
☐3.형에 의한 해공-50% 정도   ☐4.파해로 해공-30% 정도 해공된다.

■4. 결론
☐그러나 공망은 신살과 더불어서 이렇다고 전해질 뿐, 양적 질적 데이터가 없어 이를 확인할 방법이 없다.
☐앞에서 말한 바와 같이 생극제화가 적용되지 않으니 희 기신 구별도 없다. 적용해 보면 순역의 희신이 공망을 포함한 모든 신살에서는 기신일 때가 많다.

7-1-3 십이 신살

■1. 12신살의 구성

	겁살	재살	천살	지살	연살	월살	망신	장성	반안	역마	육해	화개
해묘미	신	유	술	해	자	축	인	묘	진	사	오	미
인오술	해	자	축	인	묘	진	사	오	미	신	유	술
사유축	인	묘	진	사	오	미	신	유	술	해	자	축
신자진	사	오	미	신	유	술	해	자	축	인	묘	진

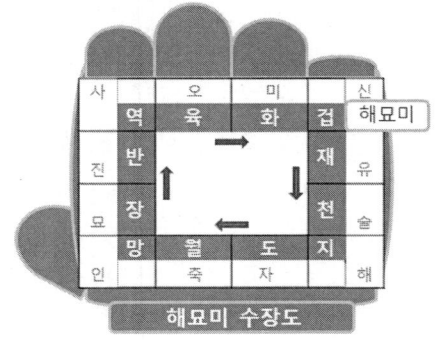
해묘미 수장도

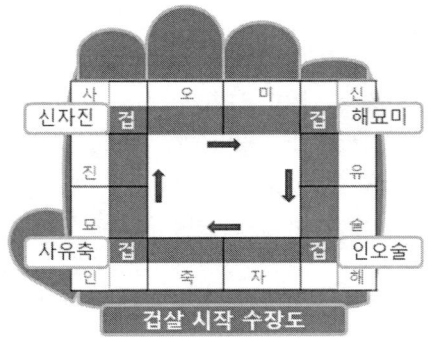
겁살 시작 수장도

12신살은 연주나 일주로 보는데, 전통적으로 ▶연지는 외부환경(유산, 재물의 크기)을 ▶일지는 개인의 대소사를 본다 하는데 이 경계가 명확하지 않다.

12신살은 삼합과 관계가 깊다. 위 도표처럼 해 묘 미에 태어나는 사람들은 모두 신살이 같다. 다시 말해 지구상에서 연이나 일의 지지에 해나 묘나 미가 있는 사람이 타지에 신이 있다면 모두 겁살에 해당된다.

사람의 삶이란 너와 내가 다르고 어제와 오늘이 다른데, 이러한 천편일률적인 상황을 왜 공부해야 하는지 의문을 품지 않을 수가 없다 다만 고법명리와 신법 자평명리의 비교를 통해서, 사주명리학을 공부하는데 도움이 되는 영감의 통로 하나가 열리기를 바랄 뿐이다.

■2. 12신살의 요약

12신살	속성	현상

겁살(劫殺)	겁탈 당하는 의미, 비겁의 작용	사고, 교통사고, 강탈, 압류
재살(災殺)	재난을 당하는 의미	교통사고, 관재, 송사, 소송
천살(天殺)	하늘에서 내리는 재앙	천재지변을 당하는 살
지살(地殺)	활동력, 이동, 객지생활	이사, 여행, 외국출입, 이민
연살(年殺)	당해년의 재난/색난을 의미	시비연속, 원통 슬픔 많음
월살(月殺)	당해 월의 재앙을 의미함	구설, 관재, 송사, 사업부진
망신(亡身)	명예를 크게 손상시킴	망신, 관재구설, 사업실패, 손재
장성(將星)	중심이 있어 흔들림이 없음	주체가 강하고 고집이 있고 단순
반안(攀鞍)	등과, 지도자, 승진, 진학, 출세	총명 글 말재주 탁월 임기응변
역마(驛馬)	이동거리가 지살 보다 멀다	장거리여행, 이사, 운동경기
육해(六害)	여섯 가지 해로운 일의 발생	재발 병, 같은 일의 반복 일어남
화개(華蓋)	창고로 표현	학문, 문학, 예술, 기술, 종교

■3. 신살의 학문적 배경

신살은 '고법명리'와 그 이전의 산물이다. 지금의 자평명리에서는 세 가지 원리 즉 ▶월령에 따른 왕쇠와 순역 ▶오행의 생극제화(生剋制化) ▶통변성의 희기(喜忌) 가 중요한데 신살에는 이 같은 내용이 없다.

그래서 오행과 간지의 생극제화와 합충을 제외한 모든 간명 요소가 신살 이다.-12신살, 일반신살, 형 파해, 원진, 12운성, 공망, 삼재 등.

■4. 신살의 술수적 관점

예전부터 사용된 신살은 180가지 정도인데, 각 신살의 중요성에 대한 정설이 없다. 즉 개인의 특징이 없고 간명이 번잡하다.

그래서 신살 사용할 때는 아래와 같은 사항을 주의해야 한다.
☐1.사주오행의 배합에서 나오는 형국과 기세를 먼저 파악한다.
☐2.신살의 글자 하나만을 추용하여 길흉을 간명하는 우매함을 경계해야한다.

| 7-1-3-1 | 십이 신살의 속성 |

 사주명리의 간명에 있어서 자평명리학처럼 오행의 희기가 선행되지 않으면 허구가 되고 만다. 이는 실제 간명현장에서 각종 신살의 적중률이 떨어지는 문제와 연결된다. 그래서 신살에 대한 논란이 멈추지 않은 이유이기도 하다.
 여기에도 역시 희기에 대한 개념이 없다. 따라서 허무한 것을 감안하고 공부해야 한다. 다만 신살의 경우의 수를 공부하는 동안 동원된 상상력으로 인하여 통변을 풍성하게 하는데 일조할 것이다.

| 7131-1 | 겁살(劫殺) |

■1. 정의
□1.자평법에서 국중의 비겁이 희신이면 채무자의 빚을 강탈해 가는 행운이 온다. 그럼에도 불구하고 신살만 있을 뿐 오행의 희기에 대한 구별이 전혀 없다.
□2.겁살은 육친에서 비겁과 동일, 비겁의 겁살은 친구에게 재물 탈재 당한다.
□3.여성 관성에 겁살은 만나는 남자에게 재물 탈재 당한다.
□4.남성 관성에 겁살은 숙직하며 놀음 외박 등 일탈행위 발생한다.
□5.여기 비겁이든 관성이든 흉작용만을 거론하고 있다. 그러나 ▶비겁이 희신이면 친구가 자신의 아픈 빚을 강탈해 줄 것이고, ▶여성 관성이 희신이면 남자가 자신의 빚을 강탈해 갈 것이고, ▶남성 관성이 희신이면 일탈행위가 오히려 삶의 스트레스를 강탈해 가니 인생충전의 계기가 될 것이다.

■2. 특성
□1.겁탈을 당한다는 의미다. □2.해묘미 생이 일지에 겁살이 있으면 '한번 실패한 사람'이다.-해묘미의 목(木)국이나 묘목은 지지 신금이 겁살인데,'신금'이 목을 금극목하니 파산이 오는 이유다.
□3.겁살 재살운에 교통사고, 혈관사, 횡사, 괴질 발생한다. 재살 방향의 사람을 경계하고 그 방향 출입도 삼가라.

□4.겁살, 재살, 장성, 관록 왕 하면 큰 인물이다.-(자평에서 비겁 희신일 때 가능)
□5.신일생이 겁살 있으면 양기가 부족하다.-(지지 사가 신금을 화극금하는 이유)
□6.신일생이 금수와 동행-칼로 인한 상해나 차량 전복과 같은 재난이 일어난다.-(신-지살, 유-도화살, 술-월살, 해-망신살 자-장성살이 악살이기 때문)

□7.길성(생왕좌, 귀인성)과 좌(座)하면-무예의 덕을 겸비, 가문을 일으킨다.

☐8.흉성과 좌(座)하면-욕심 많고 야비하다-(여기 흉성은 사절 등, 자평 희기신과 다름)
☐9.도난, 탈재, 손재, 이별, 사고, 교통사고, 강탈, 압류, 강제철거, 납치 등 불의의 사고로 재물을 빼앗기거나 강탈당한다.
☐10.헛돈 쓴다. 낭비벽 있어 물건 또 사고 착각으로 불필요한 물건 또 사온다.
☐11.외부로부터의 갈탈에 변명하느라 괴변과 예상치 못한 일로 낭패 부른다.
☐12.원진과 공망이 겹치면 드벽이 생겨난다.

■3. 대인관계
☐1.겁살 해당 자녀는 건강과 공부를 강탈당하니 발육과 성장에 고난 따른다.

7131-10	역마(驛馬)살

■1. 정의
☐1.지살과 같고 역마살이 더 멀리 이동-타향살이, 해외출입 등 활동성을 의미
☐2.말이 달리다 쉬는 정거장, 혹은 달리는 말, 도로를 의미한다.

■2. 특성
☐1.장거리 여행, 이사, 이민, 이동, 해외여행, 운동경기, 택배, 운수, 운전직, 신문기자, 정보교환, 전화, 통신기기, 우체국, 전보, 서적, 출판업, 외교, 무역, 등 직업
☐2.역마살 ▶인(목 길게 뻗은 상-전동차 전차), ▶신-철드, ▶사-항공, ▶해-배
☐3.역마의 응용-인(寅)목(木)이 재이면-수목이 많은 곳으로 데이트
☐4.국제결혼-▶인목-일본 ▶수화 병존하면-동남아 수목이 병존-동북아인 과 인연 ▶해수가 재이견-배에서 여성과 인연 ▶사해가 재면-비행기 승무원이 예뻐 보임

☐5.인신사해가 월이나 일-움직임이 많은 날이니 교통사고 주의. 또한 많은 변화 일어나는 해
☐6.역마살 띠의 자식은 키우기 힘드나 성장하면 크게 된다.
☐7.역마살이 합 되면 마구간 속의 말이 되어 할 일을 상실한다.
☐8.사주에 반안살 부재 시 말을 모는 마부의 신세, 도화와 병존하면 객사 신세
☐9. ▶길성 병존-외교 무역 운수 통신 출판 ▶흉성 병존-떠돌이 생활, 객사

■3. 대인관계
☐1.역마살 해당 사람은 조산(早産) 가능성이 높다.-그러나 잘 키우면 큰 인물
☐2.젊은 시절 고락을 함께 한 사람은 이상하게도 역마살 띠가 많다.-역마살 사람과 관계가 단절되면 외국이나 원지로 이동
☐3.역마살 자녀나 손자는 가문 번창의 지름길
  ▶사유축생의 해, 인오술생의 신, 해묘미생의 사, 신자진생의 인의 출생자.

☐4.역마살 있는 사람은 가문을 빛 낼 큰 인물
  ▶자오묘유생의 사람이 인신사해생의 자식을 두면 자식이 큰 인물
  ▶자오묘유생의 자손에 인신사해의 할아버지는 할아버지 때 빛이 났음

7-1-4	일반 신살

7-1-4-1	신살 분류

■1. 일간에서 본다.
태극귀인(太極貴人), 천을귀인(天乙貴人), 복성귀인(福星貴人), 천주귀인(天廚貴人), 천관귀인(天官貴人), 천복귀인(天福貴人), 문창귀인(文昌貴人), 관귀학관(官貴學館) 문곡귀인(文曲貴人), 학당귀인(學堂貴人), 암록(暗祿), 금여록(金輿祿), 홍염(紅艷), 유하(流霞), 협록(夾祿), 건록(建祿), 양인(陽刃), 비인(飛刃), 교록(交祿), 낙정관살(落井關殺), 괴강살(魁罡殺), 고란살(孤鸞殺), 백호대살(白虎大殺), 효신살(梟信殺)

■2. 일지에서 본다.
탕화살(湯火殺), 음양차착살(陰陽差錯殺)

■3. 연지에서 본다.
태백(太白), 오귀(五鬼), 상문(喪門), 고진(孤辰), 과숙(寡宿), 조객(弔客)

■4. 월지에서 본다.
천덕귀인(天德貴人), 월덕귀인(月德貴人) 천덕합(天德合), 월덕합(月德合), 천사(天赦), 천희신(天喜神), 홍란성(紅鸞星), 황은대사(皇恩大赦), 혈지(血支), 금쇄(金鎖), 단교관살(斷橋關殺), 급각살(急脚殺)

■5. 기타
귀문관살(鬼門關殺), 부벽살(斧劈殺)

■6. 잡기(雜記) 길흉신(吉凶神)
천라지망(天羅地網), 삼기(三奇), 삼재팔난(三災八難), 그장살(庫葬殺)

■7. 일진(日辰) 제살(諸殺)
일귀일(日貴日), 일덕일(日德日), 음욕일(淫慾日), 고란일(孤鸞日), 현침일(懸針日), 평두일(平頭日), 곡각일(曲脚日), 괴강일(魁罡日), 음양착일(陰陽錯日), 효신일(梟神日), 백호일(白虎日), 수정일(隨精日), 양인일(陽刃日), 구추일(九醜日), 록마동향일(祿馬同鄉日), 고살일(戈殺日), 오귀일(五鬼日), 음양일(陰陽日), 탕화일(湯火日), 진신일(進神日), 교신일(交神日), 퇴신일(退神日), 복신일(伏神日)

■1) 생년납음(生年納音)과 일진(日辰)
간학일(干學日), 귀한일(鬼恨日), 재고일(財庫日), 신음일(呻吟日), 정수일(正綬日), 방해일(妨害日), 정도화일(正桃花日)

■2) 일진(日辰)과 생월(生月) 길흉일
천사일(天赦日), 좌패일(座敗日), 천전일(天轉日), 지전일(地轉日), 팔풍일(八風日), 사폐일(四廢日)

■3) 일지(日支)와 생월(生月) 길흉살(吉凶殺)
격각살(隔角殺), 하정살(下精殺), 장군살(將軍殺), 심수살(深水殺), 폭패살(暴敗殺), 욕분살(浴盆殺), 급각살(急脚殺)

■4) 생년납음(生年納音)과 생일(生日) 대패살(大敗殺)

■5) 연지소아(年支小兒) 관살(關殺)
□1. 연지대사지(年支對四支)
귀문관(鬼門關), 오귀관(五鬼關), 단명관(短命關), 천구관(天狗關), 천조관(天弔關), 탕화관(湯火關), 당명관(撞明關), 매아관(埋兒關)

□2. 월지대사지(月支對四支)
사주관(四柱關), 사계관(四季關), 야제관(夜蹄關), 수혈관(水穴關), 백처관(白處關), 장군관(將軍關), 급각관(急脚關), 단교관(斷橋關), 무살관(無煞關), 욕분관(浴盆關), 수화관(水火關), 심목관(深木關), 금쇄관(金鎖關)

□3. 연일시대사지(年日時對四支) 관살(關殺)
뇌공관(腦公關), 계비관(鷄飛關), 낙정관(落井關), 천일관(千日關), 뢰공관(雷公關), 취명관(取命關), 백호 철사관(白虎 鐵j蛇關)

7-2	기타

7-2-2	일간과 두 글자

7-2-2-1	일주와 오행 태과

 사주명리에서의 태과는 같은 오행이 셋 이상인 경우를 말한다. 이는 일간을 포함하는 경우와 포함하지 않은 경우로 나뉜다. 격국의 성격(成格)이나 종격(從格)이 이루어지면 길(吉)의 덕망(德望)을 입을 수 있다.-(2권 2149-1 과다와 태과 참조)

■1) 태과 경우의 수
□천간 세 개 태과가 가장 심하다.-천간 오행이 둘이던 쟁합 셋이면 태과이다.
□지지는 세 개가 있어도 그리 심하지 않다.-통근이 되고 안 되고의 문제이다.
□천간2 지지1도 역시 심하다-천간중첩처럼 해당 오행의 편중이 심하다.□천간1 지지2은 태과로 보지 않는다.-지지의 세력을 입어 강왕한 경우가 된다. 그러나 사주 8글자 중 3글자 동일 오행의 좋고 나쁨은 그 다음이다.

■2) 태과는 어떻게 성격되어 어느 때(활성기와 비활성기) 중화를 이루느냐에 따라 희기가 갈라진다. 일주 태과도 오행 태과와 같다.

■3) 아래는 성격되기 전의 기초적인 자료이다. 성격된 다음 때를 만나면 반전이 일어난다. 예를 들어 독다목왕이 반전이 일어나면 경쟁(좁은공간)을 이기고 새로운 열매를 맞고 비겁의 장점(리더 쉽, 신체건강)이 나타난다. 나머지 경우도 동일하다.

■1. 갑목 태과

목다목왕 木多木旺	○목 강왕 -밀집 공간 덜 익은 열매	○비겁 왕-꽃만 무성, 이별분산 그독(파재波財), 신상질병(파신波身)
화다목분 火多木焚	○생의 역작용 -타다 남은 죽정이	○설기과다(모살耗殺)-외부내빈, 봉사(하정살-남 좋은 일) 구제 활인 신세
토다목절 土多木折	○극 역작용 -마른땅에 꺾인 삽자루	○재성과다 -수확은 없고 산재 질병 많음(산재散財)
금다목절 金多木折	○극의 역작용 -한 줌 톱밥	○관성과다-질병 초래, 형제 분산, 남성은 자식 많아 재물파산
수다목표	○생 과다	○인성과다-용두사미

| 水多木漂 | -표류하는 가랑잎 | 아는 것 많으나 깊은 지식 없음, |

■2. 을목 태과

목다목왕 木多木旺	○목 강왕 -좁은 공간 음지식물	○비겁 왕-(도살盜殺) 일신상해, 흉액 장애, 배우자 화액(파재)
화다목분 火多木焚	○생의 역작용 -불쏘시개	○설기과다 -신체허약, 허풍세월, 불구단명
토다목절 折多木折	○극 역작용 -마른땅의 타는 곡식	○재성과다 -위장장애, 시모불화, 과다지출
금다목절 金多木折	○극의 역작용 -꽃을 베는 전정가위	○관성과다-(칠살七殺-질병 정신혼미) 일신고통, 고질잔병, 정처 없이 유랑
수다목부 水多木浮	○생 과다 -뿌리 뽑힌 수련	○인성과다-평생유랑, 남편이별(관생인), 자식걱정(인극식상)

■3. 병화 태과

목다화식 木多火熄	○생 과다 -멍석에 깔려 질식된 불꽃	○인성과다-경금(화왕득금) 있으면 빛나고 없으면 몰락, 부부이별 독신생활(도식盜食)
화다화왕 火多火旺	○화 강왕 -불난 집에 기름 붓기	○비겁 왕-(파재波財. 파신波身)매사 실천미약, 부모형제 이별, 부부자손 몰락
토다화식 土多火熄	○생의 역작용 -깊은 계곡 반나절 햇빛	○설기과다 -불평불만, 떠돌이 활인구제 신세
금다화식 金多火熄	○극 역작용 -헛수고 미완성 그릇	○재성과다 -외부내빈, 신용실추
수다화멸 水多火滅	○극의 역작용 -북풍한설과 구름 속의 태양	○관성과다-(칠살七殺-질병) 고독, 눈병, 심장, 괴질, 정신질환

※화왕득금 (火旺得金)-제련, 금은보석 세공. 욕망-활동왕성

■4. 정화 태과

목다화식 木多火熄	○생 과다 -고목에 꽃피기를 기다림	○인성과다-열매부재(도식盜食), 재물파산, 부부이별, 부평신세
화다화왕 火多火旺	○화 강왕 -강한 불에 녹는 금	○비겁 왕-경금 만나면 부귀다복, 없으면 부부이별(화왕득금), 결단성결여(도살)
土多火熄 토다화식	○생의 역작용 -사막에서 시든 분재	○설기과다-(모살耗殺-무늬만 거창) 자식 남편조별 탄식, 독방신세
金多火熄 금다화식	○극 역작용 -못 다 핀 꽃 한 송이	○재성과다-병든 몸(산재散財-몸도 흩어짐) 허약체질에 무거운 짐, 주색잡기 패가
수다화멸	○극의 역작용	○관성과다-외부내빈,

| 水多火滅 | -풍전등화 폭설 불씨 | 재주는 많으나 성공 빈약(칠살七殺) |

■5. 무토 태과

목다토경 木多土傾	○극의 역작용 -뿌리에 붙어있는 모래흙	○관성과다-(칠살七殺) 외부내빈, 구설수, 노고막중
화다토초 火多土焦	○생 과다 -오아시스 없이 불타는 사막	○인성과다-욕소 낭패부름, 고독, 가련, 자식 남자무덕(자식 덕 없으면 남편 덕도 없음)
토다토왕 土多土旺	○토 강왕 -흙 더미에 묻힌 새싹	○비겁 왕-부부이별(파재波財) 독신 신세, 빈 창고, 기진댁진,
금다토박 金多土薄	○생의 역작용 -자갈논밭의 주정이	○설기과다-빈방 가련한 신세, 여성 -상부. 남성-자식질병(모살耗殺-무늬만 거창)
수다토류 水多土流	○극 역작용 -홍수에 흙톤물	○재성과다 -의욕상실(산재散財), 여성-텅 빈 가정

■6. 기토 태과

목다토경 木多土傾	○극의 역작용 -작은 화분에 잡목과다	○곤·성과다-부부별거, 대중 상대 노고 과다, 괴질(칠살七殺)
화다토초 火多土焦	○생 과다 -가뭄의 전답, 타는 곡식	○인성과다-수다스런 성격, 울화 분통, 천리만리 부평신세(도식盜食)
토다토왕 土多土旺	○토 강왕 -큰 길 준공 후 또 토목공사	○비겁 왕-총명 우둔 양면성(토 재물이자 자체는 탁탁), 두 흙덩이-인연부재(파재波財)
금다토박 金多土薄	○생의 역작용 -생산불능 모래사막	○설기과다-(모살耗殺-무늬만 거창) 헛된 욕심. 마사 헛수고(금이 토를 오염)
수다토류 水多土流	○극 역작용 -수마에 토사 덮친 문전옥답	○재성과다- -성과 부재, 결실 부재(산재散財)

■7. 경금 태과

목다금결 木多金抉	○극 역작용 -일그러진 쟁기 날, 빈 곡간	○재성과다- -도화(파신波身) 가정파탄, 인간구설,
화다금용 火多金鎔	○극의 역작용 -마른 풀, 타는 용광로	○관성과다 -신체질병(칠살七殺), 끝없는 유랑
토다금매 土多金埋	○생 과다 -타산성 없는 오지 광산	○인성과다-허기 욕심이 커서 기력대몰, 부부 자식 무덕
금다금왕 金多金旺	○금 강왕 -인적 없는 폐 금 광산	○비겁 왕-무뚝뚝 무리한 생각으로 가족 간 시비 잦음
수다금침 水多金枕	○생의 역작용-부하 없는 절름발이 장수(생다-아랫사람)	○설기과다 -공을 남에게 빼앗김, 봉사 활인 직업

■8. 신금 태과

목다금결 木多金抉	○극 역작용 -군중 속의 고독	○재성과다 -물질경시, 외부내빈,
화다금용 火多金鎔	○극의 역작용 -허기진 잡부	○관성과다-(칠살七殺-질병) 허약체질 친척 동기 부하 없는 패장
토다금매 土多金埋	○생 과다 -진흙에 묻힌 보석	○인성과다-매사 허송세월, 파종무산으로 추수불가
금다금왕 金多金旺	○금 강왕 -잡티 섞인 보석	○비겁 왕 -시비구설, 경쟁과 투쟁
수다금침 水多金枕	○생의 역작용 -물속에 잠긴 보석	○설기과다 -배고프고 허약, 병으로 기진맥진

■9. 임수 태과

목다수갈 木多水渴	○생의 역작용 -비바람 잦은 오동나무	○설기과다 -자식 욕심 다 출산, 남편 자식 무덕
화다수갈 火多水渴	○극 역작용 -물 증발 타는 가마솥	○재성과다 -손재와 지출 허다(산재散財)
토다수매 土多水埋	○극의 역작용 -논 밭 거북등-타는 곡식	○관성과다-(칠살七殺-질병) 정신질환, 두통 복통, 혈액 심장병 발생
금다수탁 金多水濁	○생 과다 -홍수에 물벼락	○인성과다-(도식盜食) 자식으로 마음고생, 속으로 애간장
수다수왕 水多水旺	○수 강왕 -장마철 북상태풍	○비겁 왕-(도살盜殺-정체상실) 정신착란, 고집으로 조언고사, 심장병

■10. 계수 태과

목다수갈 木多水渴	○생의 역작용 -과다모종 잡종씨앗(수-종자)	○설기과다 -수치에 무감각, 활인 구제 사업
화다수갈 火多水渴	○극 역작용-앞 못 보는 장님과 과적수레(욕심)	○재성과다 -두주불사 취중 실수(수-정신 고갈)
토다수매 土多水埋	○극의 역작용 -제방에 물길 막힌 운하	○관성과다-(칠살七殺-질병) 정신질환, 습진악창, 부스럼, 부부곡절
금다수탁 金多水濁	○생 과다 -그릇 많고 음식 적고	○인성과다 -배움 적어 지식천박, 초년 유랑 생활
수다수왕 水多水旺	○수 강왕 -그릇 적고 물 넘치고	○비겁 왕-(도살盜殺-정체상실) 예절상실, 독신독주, 조언고사(독불장군)

7-2-4	간지 찾는 법

지금은 육십갑자와 연도를 수 백 번 이상 쓰면서 외우지 않는다. 예전에는 이랬었다.

■1. 생년찾기 수장도

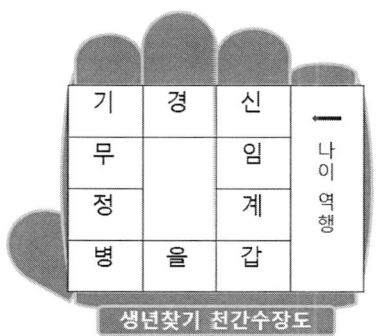

■2. 생년으로 간지 찾는 법

□1. 2009년 출생- 중원갑자 갑신 2004에서 시작하여 년도 순행하면 을유-05, 병술-06, 정해-07, 무자-08, 기축-09 그래서 기축년이 된다.

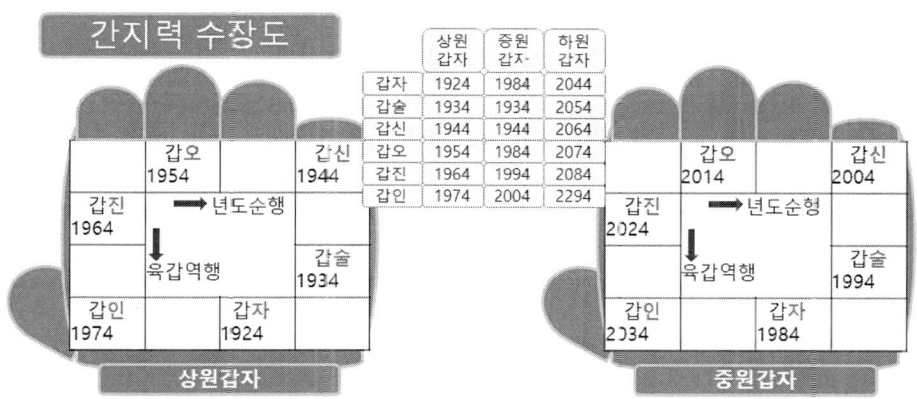

□2. 1980년 출생은 ▶1984에서 년도 역행하면 계해-83, 임술-82, 신유-81, 경신-80으로 역행시켜 경신년이 된다. ▶1974에서지지 년도 순행하면 갑인-74, 을묘-75, 병진-76, 정사-77, 무오-78, 기미-79, 경신80으로 경신년 결과는 같다. 초보자는 순행하는 것이 더 편하다.

■3. 무술년에 55세인 사람의 나이로 생년 간지를 찾는 방법(아래 수장도 참조)
☐1.천간- '무'에서 끝수인 5를 역행하면 '갑'이 된다. 5, 15, 25, 35, 45, 55, 65, 75, 85세는 천간이 갑이다.
☐2.지지- '술'에서 55를 역행한다. 55÷12=48 나머지 7이다. '술'에서 7번 역행하면 '진'이다. 그래서 무술년의 55세는 갑진년 출생이다.

■4. 55세의 20년 전의 간지도 방법은 같다.
☐1.천간 5무에서 끝수 0은 '기'에 해당되고
☐2.지지 술에서 20÷12=8. 8번 역행하면 '묘'가 된다. 그래서 기묘년 36세(한국나이 +1)이다.

| 7-2-5 | | 생시 모를 때 | | |

정확한 생시가 식전 식후인지, 초저녁인지 한밤중인지 모르는 경우에 사용했던 하나의 방법이다. 여성은 모친 사주의 연지로, 남성은 부친 사주의 연간으로 자신의 출생시를 보는 궁여지책 중의 하나일 것이다.

여성		남성	
출생시	모친(생년 연지)	출생시	부친(생년 연간)
자	자축, 인묘 ,진사	자	갑을, 병정, 무기
축	오미, 신유, 술해	축	경신, 임계, 갑을
인	자축, 인묘 ,진사	인	병정, 무기, 경신
묘	오미, 신유, 술해	묘	임계, 갑을, 병정
진	자축, 인묘 ,진사	진	무기, 경신, 임계
사	오미, 신유, 술해	사	갑을, 병정, 무기
오	자축, 인묘 ,진사	오	경신, 임계, 갑을
미	오미, 신유, 술해	미	병정, 무기, 경신
신	자축, 인묘 ,진사	신	임계, 갑을, 병정
유	오미, 신유, 술해	유	무기, 경신, 임계
술	자축, 인묘 ,진사	술	갑을, 병정, 무기
해	오미, 신유, 술해	해	경신, 임계, 갑을

■1. 여성

여성이 점심쯤 태어났다면 진시나 오시 전에 해당된다. 만약 여성 거머니의 생년 연지가 인이나 묘라면 자신은 진시가 된다.

■2. 남성

남성이 초저녁쯤 출생했다면 해지고 얼마 후이니 계절마다 일몰 시간이 다른 것을 감안해야 한다. 만약 봄이라면 음력 4월의 일몰 시간이 동경사로 대략 19시 24분 정도. 0는 한국시로 유시 말이나 신시 초에 해당된다.

이때 자신 아버지의 생년 연간이 병이나 정이라면 이 남성을 신시 출생으로 보는 방법이다.

■3. 생시 모르면 우리 책에서 활용하는 "●-22 여. 교사"를 참고 하시라.

찾아보기-4권 7장

7-1-1 십이 운성
7-1-1-2 ●=2 고(庫-진술축미) 해설 □5 도표
7-1-4-1 "음덕" ■1 ▣1) 금여록
7-1-4-1 ■5 □3 삼재팔난(三災八難)
7-1-4-1 "음덕" ■2 천덕(天德), 월덕귀인(月德貴人)
7-2-5 생시 모를 때
7-2-1-3 ●=1 □5 삼목위림(三木爲林)
7-2-1-3 ●=5 □4 조주위학(助紂爲虐) 주왕을 도와 악행을 자행
7-2-1-3 ●=7 관부형격(官府刑格)
7-2-2-3 육신의 문자적 함의

제 8 장 주역
8-1 팔괘(八卦)와 물상 ·· 592

8-2 팔괘별 분류와 간단해석 ··· 594

8-3 64 괘상(卦象) 해석
8-3-1 건(乾) 금궁(金宮) ····················· <전자책 참고>411
8-3-2 태(兌) 금궁(金宮) ································· 414
8-3-3 리(離) 화궁(火宮) ································· 417
8-3-4 진(震) 목궁(木宮) ································· 419
8-3-5 손(巽) 목궁(木宮) ································· 421
8-3-6 감(坎) 수궁(水宮) ································· 423
8-3-7 간(艮) 토궁(土宮) ································· 425
8-3-8 곤(坤) 토궁(土宮) ································· 427

8-4 주역과 사주명리
8-4-1 변효(變爻)와 변괘(變卦) ······················ 429
8-4-2 실제사주와 괘사(卦辭)
8-4-2-1 천택리와 이별 ································· 432
8-4-2-2 택수곤과 이사 ································· 434
8-4-2-3 산천대축과 계약불발 ······················ 436

제 8 장	주역

'5-2-2-1 상수역(象數易)'의 연장이다. 일찍이 어떤 일의 결과나 승패를 추단하는 점법 계열에 주역(周易), 육효(六爻), 육임(六壬), 구성학의 점법, 기문둔갑의 단시점(短時占) 등이 자리하는데 그 원천은 문왕팔괘이다.1100) 여기에 주역 64괘의 괘사(卦辭)와 각 괘의 여섯 효사(爻辭)가 점술의 바탕이 된다.

● Tip
○간명 현장에서 개인차에 따라 다르겠지만 사주명리로 어떠한 문제를 해결 못하는 경우가 있을 수 있습니다. 이때 여타 상수역을 동원하여 도움을 받을 수밖에 없습니다.
○여기 14장은 그 일환으로 64괘상을 활용하는 기법을 소개하고 있습니다.
○요즘은 50개 산대(설시법(設蓍法))를 통하지 않고도 수월하게 괘를 얻을 수 있습니다.

8-1	팔괘(八卦)와 물상

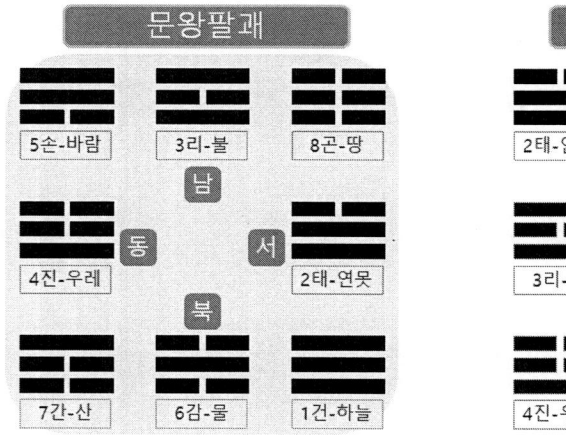

육효학을 완성한 한나라 경방1101)은 괘효에 오행을 배속하여 모든 괘상의 기미와 길흉을 추단하는 방법을 시도하였다.

1100) 4222-3 상수역(象數易)의 종류
1101) 4-3-4 ●=3 □5 경방(京房)의 육효(六爻)

이것을 혼천갑자(渾天甲子) 혹은 납갑법(納甲法)이라 한다.-(그의 스승 초연수(초씨역림焦氏易林의 저자)로부터 전해진 것이라고도 함)

괘상	☰	☱	☲	☳	☴	☵	☶	☷
순서	1	2	3	4	5	6	7	8
괘명	건(乾)	태(兌)	리(離)	진(震)	손(巽)	감(坎)	간(艮)	곤(坤)
괘의	천 하늘	택 연못	화 불	뢰 우뢰	풍 바람	수 물	산 산	지 땅
음양	양	음	음	양	음	양	양	음
오행	금	금	화	목	목	수	토	토
성질	건강 굳셈	기쁨 온순	열 밝음	결단 분발	우유부단	정착 지혜	멈춤 적막	온순 고요
인사	노부	소녀	중년여	장년남	장년여	중년남	소년	노년여
가족	부	막내딸	가운데딸	큰아들	큰딸	가운데아들	막내아들	모
계절	9,10월	가을	여름	봄	3,4월	겨울	12,1월	6,7월
시간	19~23	18시	12시	6시	7~11	24시	1~5	13~17
지지	술,해	유	오	묘	진,사	자	축,인	미,신
동물	말	양	꿩	용	닭	돼지	개	소
신체	머리	입	눈	발	허벅지	귀	손	배
물상	대평원 궁궐 사원 저택 쇠뭉치	금은 보석 악기 달,별 이슬 눈	문서 편지 사치품 공장 무기	차 선박 수레 꽃 뜬구름 과일	목공예 화원 초목 부채 과수원	술, 약 음료수 강가 바닷가 술집	큰 산 큰 물 무덤 사당 야채류	농가 농부 창고 토지 농산물

● Tip

○육효학의 납갑법에서 작괘(作卦)가 끝나면 괘효 옆에 비신(飛神), 육친(六親), 육수(六獸) 및 세응(世應), 신명(身命), 괘신(卦神)에 해당하는 신살(神殺)까지 배속되어 있습니다.

○그러나 사주명리에서도 두 글자 해석을 경계합니다. 그래서 육효에 붙혀진 두 글자의 판단은 여러분의 몫입니다. 다만 우리 책은 괘상을 통하여 "의리역은 점서(占筮)의 학문적인 기능에 주목하였다."1102)처럼 통변의 학문적 철학을 얻고자 합니다.

1102) 4222-1 의리역(義理易)

8-2	팔괘별 분류와 간단해석

아래 건☰, 태☱, 리☲, 진☳, 손☴, 감☵, 간☶, 곤☷은 소성괘(小成卦)에 따른 분류이다. 도표 오행분류는 다음 장에 나오는 "64 괘상 해석"과의 비교이다.

●=1	건천(乾天)

8괘 분류	오행 분류	64괘	간단해석
1-1	1-1	건위천(乾爲天)	큰 발전을 상징, 결과는 미약. 앞으로 내리막길
1-2	7-6	천택리(天澤履)	과거의 전철을 밟는다. 남의 뒤를 따른다.
1-3	3-3	천화동인(天火同人)	남과 같이 행동하거나 동지를 만나는 상
1-4	5-5	천뢰무망(天雷無妄)	욕심 없이 순리대로 하면서 변함이 없어야 좋다.
1-5	1-2	천풍구(天風姤)	우연히 만나다. 기가 센 여자를 만난다는 그런 상
1-6	3-7	천수송(天水訟)	소송이나 재판 등과 같이 남과 싸우고 다투는 상
1-7	1-3	천산둔(千山遯)	숨거나 달아나야 좋은 상
1-8	1-4	천지비(天地否)	막혀서 일이 안 된다. 위기가 온다는 괘

●=2	태택(兌澤)

8괘 분류	오행 분류	64괘	간단해석
2-1	8-6	택천쾌(澤天快)	좋은 일이 있으니 결정해야 한다. 쾌快=결결
2-2	2-1	태위택(兌爲澤)	물은 재물, 고이면 좋은 일이 있다.
2-3	5-5	태화혁(澤火革)	변화가 있으니 대비하라
2-4	4-8	택뢰수(澤雷隨)	순리를 따라야 한다.
2-5	4-7	택풍대과(澤風大過)	너무 지나치니 조금 참으라는 뜻
2-6	2-2	택수곤(澤水困)	곤경에 빠진 형국
2-7	2-4	택산함(澤山咸)	함咸은 감감과 같은 뜻, 서로 사랑을 느낀다는 뜻
2-8	2-3	택지췌(澤地萃)	모인다. 무성하다. 경쟁에서 이긴다.

●=3	리화(離火)

8괘 분류	오행 분류	64괘	간단해석
3-1	1-8	화천대유(火天大有)	크게 소유한다. 지금 적극적으로 일 시작해야 한다.
3-2	7-5	화택규(火澤睽)	한 남자를 두 여자가 시샘하는 상, 동상이몽의 상
3-3	3-1	이위화(李爲火)	불이 활활 타고 있는 상으로 천하태평한 때
3-4	5-6	화뢰서합(火雷噬嗑)	위아래 치아의 조화, 순리를 따르면 길하다는 의미
3-5	3-3	화풍정(火風鼎)	조건이 구비되었으니 협력하면 대길

3-6	3-4	화수미제(火水未濟)	아직 어려운 상태에 있지만 노력하면 가능하다.
3-7	3-2	화산여(火山旅)	고달프지만 얻는 것도 있음. 여행을 한다는 괘
3-8	1-7	화지진(火池晋)	진은 나아간다는 의미. 밝은 태양이 솟아오르는 괘

●=4　　진뢰(震雷)

8괘 분류	오행 분류	64괘	간단해석
4-1	8-5	뇌천대장(雷天大壯)	크게 번성하고 왕성하게 진행한다.
4-2	2-8	뇌택귀매(雷澤歸妹)	소녀가 나이 많은 남성에게 시집가는 형국
4-3	6-6	뇌화풍(雷火豊)	풍성하다는 뜻으로 번영을 상징한다.
4-4	4-1	진위뢰(震爲雷)	크게 놀라지만 소리만 요란하고 실속이 없는 괘
4-5	4-4	뇌풍항(雷風恒)	좋은 일이 많다는 괘
4-6	4-3	뇌수해(雷水解)	어려운 일이 풀린다는 괘
4-7	2-7	뇌산소과(雷山小過)	일이 조금 지나치니 조심 하라는 괘
4-8	4-2	뇌지예(雷地豫)	앞으로 좋은 일이 있으니 준비하라

●=5　　손풍(巽風)

8괘 분류	오행 분류	64괘	간단해석
5-1	5-2	풍천소축(風天小畜)	조금씩 저축한다. 기다리면 크게 얻는다.
5-2	7-7	풍택중부(風澤中孚)	새가 알을 품듯이 정성을 다하면 좋다는 괘
5-3	5-3	풍화가인(風火家人)	집안이 화목하다. 여자들이 애를 쓰고 있다는 괘
5-4	5-4	풍뢰익(風雷益)	이득이 있다는 괘
5-5	5-1	손위풍(巽爲風)	바람이 불어오는 격으로 조금씩 발전하는 상
5-6	3-6	풍수환(風水渙)	근심 걱정이 사라지면서 발전을 예감
5-7	7-8	풍산점(風山漸)	점점 좋아지고 있는 상. 결혼(새 일)하면 좋은 때
5-8	1-5	풍지관(風地觀)	어려운 일이 있을 때, 잘 관망하여 행동하라는 뜻

●=6　　감수(坎水)

8괘 분류	오행 분류	64괘	간단해석
6-1	8-7	수천수(水天需)	수需는 수須와 같은 뜻, 기다리면 좋은 일이 있다.
6-2	6-2	수택절(水澤節)	절약하고 절도 있게 행동하라
6-3	6-4	수화기제(水火旣濟)	어려운 일이 지나간 상태. 앞으로는 내리막길
6-4	6-3	수뢰둔(水雷屯)	둔은 막히고 고난이 있다는 괘
6-5	4-6	수풍정(水風井)	우물가에서 두레박을 얻은 격.
6-6	6-1	감위수(感爲水)	험난한데 빠져 있는 격. 앞뒤로 홍수가 일고 있음
6-7	2-5	수산건(水山蹇)	진퇴양난의 처지, 신중하게 행동해야 한다.

| 6-8 | 8-8 | 수지비(水地比) | 서로 돕고 협력해야 길하다는 괘 |

●=7   간산(艮山)

8괘 분류	오행 분류	64괘	간단해석
7-1	7-3	산천대축(山天大畜)	풍족한 상태. 인재를 키우고 덕을 길러야
7-2	7-4	산택손(山澤損)	손해를 보는 상. 앞으로 언젠가는 이익이 있다.
7-3	7-2	산화분(山火賁)	저녁노을이 아름답지만, 앞으로는 암흑이 온다.
7-4	5-7	산뢰이(山雷頤)	이는 턱이라는 뜻. 입과 관련된 괘
7-5	5-8	산풍고(山風蠱)	벌레가 음식을 먹고 있는 상. 내부의 병폐를 제거
7-6	3-5	산수몽(山水蒙)	갈 길을 잃은 상으로 스승을 만나 지도를 받음
7-7	7-1	간위산(艮爲山)	산 넘어 산. 노력을 배로 해야 풀린다.
7-8	1-6	산지박(山地剝)	장차 무너지기 직전으로 인내가 필요하다는 상.

●=8   곤지(坤地)

8괘 분류	오행 분류	64괘	간단해석
8-1	8-4	지천태(地天泰)	태평하고 순조롭게 모든 일이 잘 되가는 형국
8-2	8-3	지택림(地澤臨)	군림하고 지배, 부하의 반발이 있을 수 있다.
8-3	6-7	지화명이(地火明夷)	이夷는 상傷과 동일. 해가 지고 암흑이 온다는 괘
8-4	8-2	지뢰복(地雷復)	앞으로 좋은 일이 있으니 적극적으로 준비하라
8-5	4-4	지풍승(地風升)	크게 발전한다는 괘
8-6	6-8	지수사(地水師)	우두머리가 되려면 인화와 통솔력을 길러야 한다.
8-7	2-6	지산겸(地山謙)	겸손하게 행동하면 잘 풀린 다는 괘
8-8	8-1	곤위지(坤爲地)	자신의 도리를 지켜 순응하면 대길

찾아보기-4권 8장

제8장 주역
8-1 팔괘(八卦)와 물상 "초씨역림"
8-1 팔괘(八卦)와 물상 ""문왕팔괘""
8-3 "64 괘상(卦象) 해석"
8-4-1변효(變爻)와 변괘(變卦)(관성)
8-4-1 ●=3 한 개나 두 개의 효가 변호일 때. 본괘의 괘사로 통변-변괘는 참고